501

SPANISH VERBS

fully conjugated in all the tenses
in a new easy to learn format

alphabetically arranged

Second Edition

501

SPANISH VERBS

fully conjugated in all the tenses
in a new easy to learn format
alphabetically arranged

by

Christopher Kendris

B.S., M.S., Columbia University
M.A., Ph.D., Northwestern University
Diplômé, Faculté des Lettres, Sorbonne

Department of Foreign Languages
MONT PLEASANT PUBLIC HIGH SCHOOL
The City School District of
Schenectady, New York

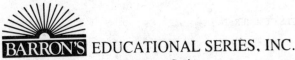

BARRON'S EDUCATIONAL SERIES, INC.
New York • London • Toronto • Sydney

All inquiries should be addressed to:
Barron's Educational Series, Inc.
250 Wireless Boulevard
Hauppauge, New York 11788

Library of Congress Catalog Card No. 82-6688

International Standard Book No. 0-8120-2602-0

Library of Congress Cataloging in Publication Data

Kendris, Christopher.
  501 Spanish verbs fully conjugated in all the tenses
in a new easy to learn format, alphabetically arranged.

  Rev. ed. of: Dictionary of 501 Spanish verbs, fully
conjugated in all the tenses, alphabetically arranged.
1971.
  Includes indexes.
  1. Spanish language — Verbs — Tables.   I. Title: Five
hundred one Spanish verbs fully conjugated in all the
tenses in a new easy to learn format, alphabetically
arranged.   II. Title: Five hundred one Spanish verbs
fully conjugated in all the tenses in a new easy to
learn format, alphabetically arranged.   III. Title.
PC4271.K38   1982   468.2'421   82-6688
ISBN 0-8120-2602-0   AACR2

PRINTED IN THE UNITED STATES OF AMERICA

90   800   21 20 19

About the Author

Dr. Kendris earned his B.S. and M.S. degrees at Columbia University in the City of New York, where he held a New York State Scholarship, and his M.A. and Ph.D. degrees at Northwestern University in Evanston, Illinois. He also earned two diplomas with *Mention Très Honorable* at the Université de Paris (en Sorbonne), Faculté des Lettres, Ecole Supérieure de Préparation et de Perfectionnement des Professeurs de Français à l'Etranger, and at the Institut de Phonétique, Paris.

Dr. Kendris has taught at the College of The University of Chicago as visiting summer lecturer and at Northwestern University, where he held a Teaching Assistantship and Tutorial Fellowship for four years. He has also taught at Colby College, Duke University, Rutgers—The State University of New Jersey, and the State University of New York at Albany. He was Chairman of the Foreign Languages Department at Farmingdale High School, Farmingdale, New York, where he was also a teacher of Spanish and French. He is the author of numerous school and college books, workbooks, and other language aids. Among his most popular works are *201* and *301 Spanish Verbs Fully Conjugated in All the Tenses* (with special new features), *201* and *301 French Verbs Fully Conjugated in All the Tenses* (with special new features), *How to Prepare for the College Board Achievement Test in Spanish, How to Prepare for the College Board Achievement Test in French, French Now!* for French Level One, and two workbooks: *Beginning to Write in Spanish* and *Beginning to Write in French,* all of which have been issued by this publisher.

Dr. Kendris has lived in France, Greece, and Germany and has traveled in Spain, Portugal, Canada, Belgium, England, Switzerland, and Italy. He is listed in *Contemporary Authors* and *Directory of American Scholars.*

Contents

Abbreviations

adj. adjetivo (adjective)

ant. anterior

comp. compuesto (compound, perfect)

e.g. for example

fut. futuro (future)

i.e. that is, that is to say

imp. imperfecto (imperfect)

ind. indicativo (indicative)

inf. infinitivo (infinitive)

p. page

part. participio (participle)

part. pas. participio de pasado, participio pasivo (past participle)

part. pr. participio de presente, participio activo, gerundio (present participle)

pas. pasado, pasivo (past, passive)

perf. perfecto (perfect)

perf. ind. perfecto de indicativo (present perfect indicative)

perf. subj. perfecto de subjuntivo (present perfect or past subjunctive)

plpf. pluscuamperfecto (pluperfect)

pot. potencial (conditional)

pot. comp. potencial compuesto (conditional perfect)

pr. or *pres.* presente (present)

prep. preposición (preposition)

pres. or *pr.* presente (present)

pret. pretérito (preterit)

subj. subjuntivo (subjunctive)

This dictionary of 501 commonly used Spanish verbs for students and travelers provides fingertip access to correct verb forms.

Verb conjugations are usually found scattered in Spanish grammar books and they are difficult to find quickly when needed. Verbs have always been a major problem for students no matter what system or approach the teacher uses. You will master Spanish verb forms if you study this book a few minutes every day, especially the pages before and after the alphabetical listing of the 501 verbs.

I compiled this book in order to help make your work easier and at the same time to teach you Spanish verb forms systematically. It is a useful book because it provides a quick and easy way to find the full conjugation of many Spanish verbs.

The 501 verbs included here are arranged alphabetically by infinitive at the top of each page. The book contains many common verbs of high frequency, both reflexive and non-reflexive, which you need to know. It also contains many other frequently used verbs which are irregular in some way. On page 549 I give you an additional 1,000 Spanish verbs that are conjugated in the same way as model verbs among the 501. If the verb you have in mind is not given among the 501, consult the list on page 549.

The subject pronouns have been omitted from the conjugations in order to emphasize the verb forms. I give you the subject pronouns on page xli. Turn to that page now and become acquainted with them.

The first thing to do when you use this book is to become familiar with it from cover to cover—in particular, the front and back pages where you will find valuable and useful information to make your work easier and more enjoyable. Take a minute right now and turn to the table of contents at the beginning of this book as I guide you in the following way:

(a) Beginning on page xi I show you how to form a present participle regularly in Spanish and I give you examples. I also give you the common irregular present participles and the many uses of the present participle.

(b) Beginning on page xii I show you how to form a past participle regularly in Spanish and I give you examples. I also give you the common irregular past participles and the many uses of the past participle.

(c) On page xiv I explain the Passive and Active voices and I give numerous examples.

(d) Beginning on page xvi you will find the principal parts of some important Spanish verbs. This is useful because if you know these you are well on your way to mastering Spanish verb forms.

(e) Beginning on page xviii I give you a sample English verb conjugation so that you can get an idea of the way a verb is expressed in the English tenses. Many people do not know one tense from another because they have never learned the use of verb tenses in a systematic and organized way—not even in English! How can you, for example, know that you need the conditional form of a verb in Spanish when you want to say "*I would go* to the movies if . . ." or the pluperfect tense in Spanish if you want to say "*I had gone* . . ."? The sample English verb conjugation with the names of the tenses and their numerical ranking will help you to distinguish one tense from another so that you will know what tense you need to express a verb in Spanish

(f) On page xx I begin a summary of meanings and uses of Spanish verb tenses and moods as related to English verb tenses and moods. That section is very important and useful because I separate the seven simple tenses from the seven compound tenses. I give you the name of each tense in Spanish and English starting with the present indicative, which I call tense number one because it is the tense most frequently used. I assign a number to each tense name so that you can fix each one in your mind and associate the tense names and numbers in their logical order. I explain briefly what each tense is, when you use it, and I give examples using verbs in sentences in Spanish and English. At the end of each tense I show you how to form that tense for regular verbs.

(g) Beginning on page xxxiv I explain the Imperative, which is a mood, not a tense, and I give numerous examples using it.

(h) Beginning on page xxxvi I explain briefly the progressive forms of tenses and I give examples. I also note the future subjunctive and the future perfect subjunctive. I explain how these two rarely used tenses are formed, and I give examples of what tenses are used in place of them in informal writing and in conversation.

(i) Beginning on page xxxviii I give you a summary of all the fourteen tenses in Spanish with English equivalents, which I have divided into the seven simple tenses and the seven compound tenses. After referring to that summary frequently, you will soon know that tense number 1 is the present indicative, tense number 2 is the imperfect indicative, and so on. I also explain how each compound tense is based on each simple tense. Try to see these two divisions as two frames, two pictures, with the seven simple tenses in one frame and the seven compound tenses in another frame. Place them side by side in your mind, and you will see how tense number 8 is related to tense number 1, tense number 9 to tense number 2, and so on. If you study the numerical arrangement of each of the seven simple tenses and associate the tense number with the tense name, you will find it very easy to learn the names of the seven compound tenses, how they rank numerically according to use, how they are formed, and when they are used. Spend at least ten minutes every day studying these preliminary pages to help you understand better the fourteen tenses in Spanish.

Finally, in the back pages of this book there are useful indexes: an index of English-Spanish verbs, an index of common irregular Spanish verb forms identified by infinitive, and a list of over 1,000 Spanish verbs that are conjugated like model verbs among the 501. I also give many examples of Spanish verbs used in idiomatic expressions and simple sentences, verbs that require certain prepositions, and Spanish proverbs and weather expressions using verbs — all of which are special features. If you refer to these back pages each time you look up verb tense forms for a particular verb, you will increase your knowledge of Spanish vocabulary and Spanish idioms by leaps and bounds.

I sincerely hope that this book will be of some help to you in learning and using Spanish verbs.

Christopher Kendris, B.S., M.S., M.A., Ph.D.

Formation of the Present and Past Participles in Spanish

Formation of the present participle in Spanish

A present participle is a verb form which, in English, ends in *-ing*; for example, *singing, eating, receiving*. In Spanish, a present participle is regularly formed as follows:

drop the **ar** of an **-ar** ending verb, like **cantar**, and add **ando: cantando**/singing

drop the **er** of an **-er** ending verb, like **comer**, and add **-iendo: comiendo**/eating

drop the **ir** of an **-ir** ending verb, like **recibir**, and add **iendo: recibiendo**/receiving

In English, a gerund also ends in **-ing**, but there is a distinct difference in use between a gerund and a present participle in English. In brief, it is this: in English, when a present participle is used as a noun it is called a gerund; for example, *Reading is good*. As a present participle in English, it would be used as follows: *While reading*, the boy fell asleep.

In the first example (*Reading is good*), *reading* is a gerund because it is the subject of the verb *is*. In Spanish, however, we do not use the present participle form as a noun to serve as a subject; we use the infinitive form of the verb: *Leer es bueno.*

Common irregular present participles

INFINITIVE		PRESENT PARTICIPLE	
caer	to fall	**cayendo**	falling
conseguir	to attain, to achieve	**consiguiendo**	attaining, achieving
construir	to construct	**construyendo**	constructing
corregir	to correct	**corrigiendo**	correcting
creer	to believe	**creyendo**	believing
decir	to say, to tell	**diciendo**	saying, telling
despedirse	to say good-bye	**despidiéndose**	saying good-bye
destruir	to destroy	**destruyendo**	destroying
divertirse	to enjoy oneself	**divirtiéndose**	enjoying oneself
dormir	to sleep	**durmiendo**	sleeping
huir	to flee	**huyendo**	fleeing
ir	to go	**yendo**	going
leer	to read	**leyendo**	reading
mentir	to lie (tell a falsehood)	**mintiendo**	lying
morir	to die	**muriendo**	dying
oír	to hear	**oyendo**	hearing
pedir	to ask (for), to request	**pidiendo**	asking (for), requesting
poder	to be able	**pudiendo**	being able
reír	to laugh	**riendo**	laughing
repetir	to repeat	**repitiendo**	repeating
seguir	to follow	**siguiendo**	following
sentir	to feel	**sintiendo**	feeling
servir	to serve	**sirviendo**	serving
traer	to bring	**trayendo**	bringing
venir	to come	**viniendo**	coming
vestir	to dress	**vistiendo**	dressing
vestirse	to dress oneself	**vistiéndose**	dressing oneself

Uses of the present participle

1. To form the progressive tenses: **The Progressive Present** is formed by using **estar** in the present tense plus the present participle of the main verb you are using. **The Progressive Past** is formed by using **estar** in the imperfect indicative plus the present participle of the main verb you are using. (See pages xxxvi–xxxvii for a complete description of the uses and formation of the progressive tenses.)

2. To express vividly an action that occurred (preterit + present participle): *El niño entró llorando en la casa*/The little boy came into the house crying.

3. To express the English use of *by* + present participle in Spanish, we use the gerund form, which has the same ending as a present participle explained above: *Trabajando, se gana dinero*/By working, one earns (a person earns) money; *Estudiando mucho, Pepe recibió buenas notas*/By studying hard, Joe received good grades.

   Note that no preposition is used in front of the present participle (the Spanish gerund) even though it is expressed in English as *by* + present participle.

   Note, too, that in Spanish we use **al** + inf. (not + present part.) to express *on* or *upon* + present part. in English: *Al entrar en la casa, el niño comenzó a llorar*/Upon entering the house, the little boy began to cry.

4. To form the Perfect Participle: **habiendo hablado**/having talked.

   Finally, note that the only preposition that may be used in front of the Spanish gerund (English present participle) is **en** which gives the meaning of *after* + present part. in English: *En corriendo rápidamente, el viejo cayó y murió*/After running rapidly, the old man fell and died.

Formation of the past participle in Spanish

A past participle is a verb form which, in English, usually ends in *-ed*: for example, *worked, talked, arrived,* as in *I have worked, I have talked, I have arrived.* There are many irregular past participles in English; for example, *gone, sung,* as in *She has gone, We have sung.* In Spanish, a past participle is regularly formed as follows:

drop the **ar** of an **-ar** ending verb, like **cantar**, and add **-ado: cantado**/sung
drop the **er** of an **-er** ending verb, like **comer**, and add **-ido: comido**/eaten
drop the **ir** of an **-ir** ending verb, like **recibir**, and add **-ido: recibido**/received

Common irregular past participles

INFINITIVE		PAST PARTICIPLE	
abrir	to open	abierto	opened
caer	to fall	caído	fallen
creer	to believe	creído	believed
cubrir	to cover	cubierto	covered
decir	to say, to tell	dicho	said, told
descubrir	to discover	descubierto	discovered
deshacer	to undo	deshecho	undone
devolver	to return (something)	devuelto	returned (something)
escribir	to write	escrito	written
hacer	to do, to make	hecho	done, made
imponer	to impose	impuesto	imposed
imprimir	to print	impreso	printed
ir	to go	ido	gone
leer	to read	leído	read
morir	to die	muerto	died
oír	to hear	oído	heard
poner	to put	puesto	put
rehacer	to redo, to remake	rehecho	redone, remade
reír	to laugh	reído	laughed
resolver	to resolve, to solve	resuelto	resolved, solved
romper	to break	roto	broken
traer	to bring	traído	brought
ver	to see	visto	seen
volver	to return	vuelto	returned

Uses of the past participle

1. To form the seven compound tenses

2. To form the Perfect Infinitive: *haber hablado*/to have spoken

3. To form the Perfect Participle: *habiendo hablado*/having spoken

4. To serve as an adjective, which must agree in gender and number with the noun it modifies: *El señor Molina es muy respetado de todos los alumnos*/Mr. Molina is very respected by all the students; *La señora González es muy conocida*/Mrs. González is very well known.

5. To express the result of an action with **estar** and sometimes with **quedar** or **quedarse:** *La puerta está abierta*/The door is open; *Las cartas están escritas* /The letters are written; *Los niños se quedaron asustados*/The children remained frightened.

6. To express the passive voice with **ser:** *La ventana fue abierta por el ladrón*/The window was opened by the robber.

Passive Voice and Active Voice

Passive voice means that the action of the verb falls on the subject; in other words, the subject receives the action: *La ventana fue abierta por el ladrón/*The window was opened by the robber. Note that *abierta* (really a form of the past part. *abrir/ abierto*) is used as an adjective and it must agree in gender and number with the subject that it describes.

Active voice means that the subject performs the action and the subject is always stated: *El ladrón abrió la ventana/*The robber opened the window.

To form the true passive, use **ser** + the past part. of the verb you have in mind; the past part. then serves as an adjective and it must agree in gender and number with the subject that it describes. In the true passive, the agent (the doer) is always expressed with the prep. **por** in front of it. The formula for the true passive construction is: subject + tense of **ser** + past part. + **por** + the agent (the doer): *Estas composiciones fueron escritas por Juan/*These compositions were written by John.

The reflexive pronoun **se** may be used to substitute for the true passive voice construction. When you use the **se** construction, the subject is a thing (not a person) and the doer (agent) is not stated: *Aquí se habla español/*Spanish is spoken here; *Aquí se hablan español e inglés/*Spanish and English are spoken here; *Se venden libros en esta tienda/*Books are sold in this store.

There are a few standard idiomatic expressions that are commonly used with the pronoun **se**. These expressions are not truly passive, the pronoun **se** is not truly a reflexive pronoun, and the verb form is in the 3rd pers. sing. only. In this construction, there is no subject expressed; the subject is contained in the use of **se** + the 3rd pers. sing. of the verb at all times and the common translations into English are: it is . . . , people . . . , they . . . , one . . .

Se cree que . . .   It is believed that . . . , people believe that . . . , they believe that . . . , one believes that . . .

Se cree que este criminal es culpable.   It is believed that this criminal is guilty.

Se dice que . . .   It is said that . . . , people say that . . . , they say that . . . , one says that . . . , you say . . .

Se dice que va a nevar esta noche.   They say that it's going to snow tonight.
¿Cómo se dice en español "ice cream"?   How do you say *ice cream* in Spanish?

Se sabe que . . .   It is known that . . . , people know that . . . , they know that . . . , one knows that . . .

*Se sabe que María va a casarse con Juan./*People know that Mary is going to marry John.

The **se** reflexive pronoun construction is avoided if the subject is a person because there can be ambiguity in meaning. For example, how would you translate into English the following? **Se da un regalo.** Which of the following two meanings is intended? She (he) is being given a present, *or* She (he) is giving a present to himself (to herself). In correct Spanish you would have to say: **Le da (a María, a Juan, etc.) un regalo**/He (she) is giving a present to Mary (to John, etc.). Avoid using the **se** construction in the passive when the subject is a person; change your sentence around and state it in the active voice to make the meaning clear. Otherwise, the pronoun **se** seems to go with the verb, as if the verb itself is reflexive, which gives an entirely different meaning. Another example: **Se miró** would mean *He (she) looked at himself (herself)*, not *He (she) was looked at*! If you mean to say *He (she) looked at her*, say: **La miró** or, if in the plural, say: **La miraron**/They looked at her.

Principal Parts of Some Important Spanish Verbs

INFINITIVE	PRESENT PARTICIPLE	PAST PARTICIPLE	PRESENT INDICATIVE	PRETERIT
abrir	abriendo	abierto	abro	abrí
andar	andando	andado	ando	anduve
caber	cabiendo	cabido	quepo	cupe
caer	cayendo	caído	caigo	caí
conseguir	consiguiendo	conseguido	consigo	conseguí
construir	construyendo	construido	construyo	construí
corregir	corrigiendo	corregido	corrijo	corregí
creer	creyendo	creído	creo	creí
cubrir	cubriendo	cubierto	cubro	cubrí
dar	dando	dado	doy	di
decir	diciendo	dicho	digo	dije
descubrir	descubriendo	descubierto	descubro	descubrí
deshacer	deshaciendo	deshecho	deshago	deshice
despedirse	despidiéndose	despedido	me despido	me despedí
destruir	destruyendo	destruido	destruyo	destruí
devolver	devolviendo	devuelto	devuelvo	devolví
divertirse	divirtiéndose	divertido	me divierto	me divertí
dormir	durmiendo	dormido	duermo	dormí
escribir	escribiendo	escrito	escribo	escribí
estar	estando	estado	estoy	estuve
haber	habiendo	habido	he	hube
hacer	haciendo	hecho	hago	hice
huir	huyendo	huido	huyo	huí
ir	yendo	ido	voy	fui
irse	yéndose	ido	me voy	me fui
leer	leyendo	leído	leo	leí
mentir	mintiendo	mentido	miento	mentí
morir	muriendo	muerto	muero	morí
oír	oyendo	oído	oigo	oí
oler	oliendo	olido	huelo	olí
pedir	pidiendo	pedido	pido	pedí
poder	pudiendo	podido	puedo	pude
poner	poniendo	puesto	pongo	puse
querer	queriendo	querido	quiero	quise
reír	riendo	reído	río	reí
repetir	repitiendo	repetido	repito	repetí
resolver	resolviendo	resuelto	resuelvo	resolví
romper	rompiendo	roto	rompo	rompí
saber	sabiendo	sabido	sé	supe
salir	saliendo	salido	salgo	salí

INFINITIVE	PRESENT PARTICIPLE	PAST PARTICIPLE	PRESENT INDICATIVE	PRETERIT
seguir	siguiendo	seguido	sigo	seguí
sentir	sintiendo	sentido	siento	sentí
ser	siendo	sido	soy	fui
servir	sirviendo	servido	sirvo	serví
tener	teniendo	tenido	tengo	tuve
traer	trayendo	traído	traigo	traje
venir	viniendo	venido	vengo	vine
ver	viendo	visto	veo	vi
vestir	vistiendo	vestido	visto	vestí
volver	volviendo	vuelto	vuelvo	volví

Sample English Verb Conjugation

INFINITIVE **to eat**
PRESENT PARTICIPLE eating   *PAST PARTICIPLE* eaten

Tense no.	The seven simple tenses
1 *Present Indicative*	I eat, you eat, he (she, it) eats; we eat, you eat, they eat
	or: I do eat, you do eat, he (she, it) does eat; we do eat, you do eat, they do eat
	or: I am eating, you are eating, he (she, it) is eating; we are eating, you are eating, they are eating
2 *Imperfect Indicative*	I was eating, you were eating, he (she, it) was eating; we were eating, you were eating, they were eating
	or: I ate, you ate, he (she, it) ate; we ate, you ate, they ate
	or: I used to eat, you used to eat, he (she, it) used to eat; we used to eat, you used to eat, they used to eat
3 *Preterit*	I ate, you ate, he (she, it) ate; we ate, you ate, they ate
	or: I did eat, you did eat, he (she, it) did eat; we did eat, you did eat, they did eat
4 *Future*	I shall eat, you will eat, he (she, it) will eat; we shall eat, you will eat, they will eat
5 *Conditional*	I would eat, you would eat, he (she, it) would eat; we would eat, you would eat, they would eat
6 *Present Subjunctive*	that I may eat, that you may eat, that he (she, it) may eat; that we may eat, that you may eat, that they may eat
7 *Imperfect or Past Subjunctive*	that I might eat, that you might eat, that he (she, it) might eat; that we might eat, that you might eat, that they might eat

Tense no.	The seven compound tenses
8 *Present Perfect or Past Indefinite*	I have eaten, you have eaten, he (she, it) has eaten; we have eaten, you have eaten, they have eaten
9 *Pluperfect Indic. or Past Perfect*	I had eaten, you had eaten, he (she, it) had eaten; we had eaten, you had eaten, they had eaten
10 *Past Anterior or Preterit Perfect*	I had eaten, you had eaten, he (she, it) had eaten; we had eaten, you had eaten, they had eaten
11 *Future Perfect or Future Anterior*	I shall have eaten, you will have eaten, he (she, it) will have eaten; we shall have eaten, you will have eaten, they will have eaten
12 *Conditional Perfect*	I would have eaten, you would have eaten, he (she, it) would have eaten; we would have eaten, you would have eaten, they would have eaten
13 *Present Perfect or Past Subjunctive*	that I may have eaten, that you may have eaten, that he (she, it) may have eaten; that we may have eaten, that you may have eaten, that they may have eaten
14 *Pluperfect or Past Perfect Subjunctive*	that I might have eaten, that you might have eaten, that he (she, it) might have eaten; that we might have eaten, that you might have eaten, that they might have eaten
Imperative or Command	—— eat, let him (her) eat; let us eat, eat, let them eat

A Summary of Meanings and Uses of Spanish Verb Tenses and Moods as Related to English Verb Tenses and Moods

A verb is where the action is! A verb is a word that expresses an action (like *go, eat, write*) or a state of being (like *think, believe, be*). Tense means time. Spanish and English verb tenses are divided into three main groups of time: past, present, and future. A verb tense shows if an action or state of being took place, is taking place, or will take place.

Spanish and English verbs are also used in four moods, or modes. (There is also the Infinitive Mood, but we are not concerned with that here.) Mood has to do with the *way* a person regards an action or a state that he expresses. For example, a person may merely make a statement or ask a question – this is the Indicative Mood, which we use most of the time in Spanish and English. A person may say that he *would do* something if something else were possible or that he *would have done* something if something else had been possible – this is the Conditional Mood. A person may use a verb *in such a way* that he indicates a wish, a fear, a regret, a joy, a request, a supposition, or something of this sort – this is the Subjunctive Mood. The Subjunctive Mood is used in Spanish much more than in English. Finally, a person may command someone to do something or demand that something be done – this is the Imperative Mood.

There are six tenses in English: Present, Past, Future, Present Perfect, Past Perfect, and Future Perfect. The first three are simple tenses. The other three are compound tenses and are based on the simple tenses. In Spanish, however, there are fourteen tenses, seven of which are simple and seven of which are compound. The seven compound tenses are based on the seven simple tenses. In Spanish and English a verb tense is simple if it consists of one verb form, e.g., *estudio*. A verb tense is compound if it consists of two parts – the auxiliary (or helping) verb plus the past participle, e.g., *he estudiado*. See the Summary of verb tenses and moods in Spanish with English equivalents on page xxxviii. I have numbered each tense name for easy reference and recognition.

In Spanish there is also another tense which is used to express an action in the present. It is called the Progressive Present. It is used only if an action is actually in progress at the present time; for example, *Estoy leyendo*/I am reading (right now). It is formed by using the Present Indicative of *estar* plus the present participle of the verb. There is still another tense in Spanish which is used to express an action that was taking place in the past. It is called the Progressive Past. It is used if an action was actually in progress at a certain moment in the past; for example, *Estaba leyendo cuando mi hermano entró*/I was reading when my brother came in. The Progressive Past is formed by using the Imperfect Indicative of *estar* plus the present participle of the verb.

In the pages that follow, the tenses and moods are given in Spanish and the equivalent name or names in English are given in parentheses. Although some of the names given in English are not considered to be tenses (for there are only six), they are given for the purpose of identification as they are related to the Spanish names. The comparison includes only the essential points you need to know about the meanings and uses of Spanish verb tenses and moods as related to English usage. I shall use examples to illustrate their meanings and uses. This is not intended to be a treatise in detail. It is merely a summary. I hope you find it helpful.

Tense No. 1 Presente de Indicativo
(Present Indicative)

This tense is used most of the time in Spanish and English. It indicates:

(a) An action or a state of being at the present time.

  EXAMPLES:
  1. **Hablo** español. *I speak* Spanish.
          I am speaking Spanish.
          I do speak Spanish.
  2. **Creo en** Dios. *I believe* in God.

(b) Habitual action.

  EXAMPLE:
  Voy a la biblioteca todos los días.
  I go to the library every day.
  I do go to the library every day.

(c) A general truth, something which is permanently true.

  EXAMPLES:
  1. Seis menos dos **son** cuatro.
     Six minus two *are* four.
  2. El ejercicio **hace** maestro al novicio.
     Practice *makes* perfect.

(d) Vividness when talking or writing about past events.

  EXAMPLE:
  Es asesino **se pone** pálido. **Tiene** miedo. **Sale** de la casa y **corre** a lo largo del río.
  The murderer *turns* pale. *He is* afraid. *He goes out* of the house and *runs* along the river.

(e) A near future.

  EXAMPLES:
  1. Mi hermano **llega** mañana.
     My brother *arrives* tomorrow.
  2. ¿**Escuchamos** un disco ahora?
     Shall we *listen* to a record now?

(f) An action or state of being that occurred in the past and *continues up to the present*. In Spanish this is an idiomatic use of the present tense of a verb with **hace**, which is also in the present.

  EXAMPLE:
  Hace tres horas que **miro** la televisión.
  I have been watching television for three hours.

(g) The meaning of *almost* or *nearly* when used with **por poco**.

  EXAMPLE:
  Por poco me **matan.**
  They almost *killed* me.

This tense is regularly formed as follows:

Drop the -ar ending of an infinitive, like **hablar**, and add the following endings: **o, as, a; amos, áis, an**

You then get: hablo, hablas, habla;
                hablamos, habláis, hablan

Drop the -er ending of an infinitive, like **beber**, and add the following endings: **o, es, e; emos, éis, en**

You then get: bebo, bebes, bebe;
                bebemos, bebéis, beben

Drop the **ir** ending of an infinitive, like **recibir**, and add the following endings: **o, es, e; imos, ís, en**

You then get: recibo, recibes, recibe;
                recibimos, recibís, reciben

Tense No. 2 Imperfecto de Indicativo
(Imperfect Indicative)

This is a past tense. Imperfect suggests incomplete. The imperfect tense expresses an action or a state of being that was continuous in the past and its completion is not indicated. This tense is used, therefore, to express:

(a) An action that was going on in the past at the same time as another action.
EXAMPLE:
Mi hermano leía y mi padre **hablaba**.
My brother *was reading* and my father *was talking*.

(b) An action that was going on in the past when another action occurred.
EXAMPLE:
Mi hermana **cantaba** cuando yo entré.
My sister *was singing* when I came in.

(c) An action that a person did habitually in the past.
EXAMPLE:
1. Cuando **estábamos** en Nueva York, **íbamos** al cine todos los sábados.
When *we were* in New York, *we went* to the movies every Saturday.
When *we were* in New York, *we used to go* to the movies every Saturday.
2. Cuando **vivíamos** en California, **íbamos** a la playa todos los días.
When *we used to live* in California, *we would go* to the beach every day.
NOTE: In this last example, *we would go* looks like the conditional, but it is not. It is the imperfect tense in this sentence because habitual action in the past is expressed.

(d) A description of a mental, emotional, or physical condition in the past.
EXAMPLES:
1. (mental condition)   **Quería** ir al cine.
                         I *wanted* to go to the movies.
Common verbs in this use are **creer, desear, pensar, poder, preferir, querer, saber, sentir.**
2. (emotional condition)   **Estaba** contento de verlo.
                         I *was* happy to see him.
3. (physical condition)   Mi madre **era** hermosa cuando **era** pequeña.
                      My mother *was* beautiful when she *was* young.

(e) The time of day in the past.

EXAMPLES:

1. ¿Qué hora **era**?
   What time *was* it?
2. **Eran** las tres.
   It was three o'clock.

(f) An action or state of being that occurred in the past and *lasted for a certain length of time* prior to another past action. In English it is usually translated as a pluperfect tense and is formed with *had been* plus the present participle of the verb you are using. It is like the special use of the presente de indicativo explained in the above section in paragraph (f), except that the action or state of being no longer exists at present. This is an idiomatic use of the imperfect tense of a verb with **hacía**, which is also in the imperfect.

EXAMPLE:

Hacía tres horas que **miraba** la televisión cuando mi hermano **entró**.
I had been watching television for three hours when my brother came in.

(g) An indirect quotation in the past.

EXAMPLE:

Present: Dice que **quiere** venir a mi casa.
He says *he wants* to come to my house.

Past: Dijo que **quería** venir a mi casa.
He said *he wanted* to come to my house.

This tense is regularly formed as follows:

Drop the **-ar** ending of an infinitive, like **hablar**, and add the following endings: **aba, abas, aba; ábamos, abais, aban**

You then get: **hablaba, hablabas, hablaba;**
                hablábamos, hablabais, hablaban

The usual equivalent in English is: I was talking OR I used to talk OR I talked; you were talking OR you used to talk OR you talked, etc.

Drop the **-er** ending of an infinitive, like **beber**, or the **-ir** ending of an infinitive, like **recibir**, and add the following endings: **ía, ías, ía; íamos, íais, ían**

You then get: **bebía, bebías, bebía;**
                bebíamos, bebíais, bebían

                recibía, recibías, recibía;
                recibíamos, recibíais, recibían

The usual equivalent in English is: I was drinking OR I used to drink OR I drank; you were drinking OR you used to drink OR you drank, etc.; I was receiving OR I used to receive OR I received; you were receiving OR you used to receive OR you received, etc.

Verbs irregular in the imperfect indicative:

ir/to go   **iba, ibas, iba;** (I was going, I used to go, etc.)
                íbamos, ibais, iban

ser/to be   **era, eras, era;** (I was, I used to be, etc.)
                éramos, erais, eran

ver/to see   **veía, veías, veía;** (I was seeing, I used to see, etc.)
                veíamos, veíais, veían

Tense No. 3 Pretérito
(Preterit)

This tense expresses an action that was completed at some time in the past.

EXAMPLES:

1. Mi padre **llegó** ayer.
   My father *arrived* yesterday.
   My father *did arrive* yesterday.
2. María **fue** a la iglesia esta mañana.
   Mary *went* to church this morning.
   Mary *did go* to church this morning.
3. ¿Qué **pasó**?
   What *happened*?
   What *did happen*?
4. **Tomé** el desayuno a las siete.
   I *had* breakfast at seven o'clock.
   I *did have* breakfast at seven o'clock.
5. **Salí** de casa, **tomé** el autobús y **llegué** a la escuela a las ocho.
   I left the house, *I took* the bus and *I arrived* at school at eight o'clock.

In Spanish, some verbs that express a mental state have a different meaning when used in the preterit.

EXAMPLES:

1. La **conocí** la semana pasada en el baile.
   I *met* her last week at the dance.
   (**Conocer**, which means *to know* or *be acquainted with*, means *met*, that is, introduced to for the first time, in the preterit.)
2. **Pude** hacerlo.
   I *succeeded* in doing it.
   (**poder**, which means *to be able*, means *succeeded* in the preterit.
3. **No pude** hacerlo.
   I *failed* to do it.
   (**Poder**, when used in the negative in the preterit, means *failed* or *did not succeed*.)
4. **Quise** llamarle.
   I *tried* to call you.
   (**Querer**, which means *to wish* or *want*, means *tried* in the preterit.)
5. **No quise** hacerlo.
   I *refused* to do it.
   (**Querer**, when used in the negative in the preterit, means *refused*.)
6. **Supe** la verdad.
   I *found out* the truth.
   (**Saber**, which means *to know*, means *found out* in the preterit.)
7. **Tuve** una carta de mi amigo Roberto.
   I *received* a letter from my friend Robert.
   (**Tener**, which means *to have*, means *received* in the preterit.)

This tense is regularly formed as follows:

Drop the **-ar** ending of an infinitive, like **hablar**, and add the following endings: **é, aste, ó; amos, asteis, aron**

You then get: **hablé, hablaste, habló;
                  hablamos, hablasteis, hablaron**

The usual equivalent in English is: I talked OR I did talk; you talked OR you did talk, etc. OR I spoke OR I did speak; you spoke OR you did speak, etc.

Drop the **-er** ending of an infinitive, like **beber**, or the **-ir** ending of an infinitive, like **recibir**, and add the following endings: **í, iste, ió; imos, isteis, ieron**

You then get: **bebí, bebiste, bebió;**
   bebimos, bebisteis, bebieron

   recibí, recibiste, recibió;
   recibimos, recibisteis, recibieron

The usual equivalent in English is: I drank OR I did drink; you drank OR you did drink, etc.; I received OR I did receive, etc.

Tense No. 4   Futuro
   (Future)

In Spanish and English, the future tense is used to express an action or a state of being that will take place at some time in the future.

   EXAMPLES:
   1. Lo **haré.**
      I shall do it.
      I will do it.
   2. **Iremos** al campo la semana que viene.
      We shall go to the country next week.
      We will go to the country next week.

Also, in Spanish the future tense is used to indicate:

   (a) Conjecture regarding the present.
      EXAMPLES:
      1. ¿Qué hora **será?**
         I wonder what time *it is.*
      2. ¿Quién **será** a la puerta?
         Who *can that be* at the door?
         I wonder who is at the door.

   (b) Probability regarding the present.
      EXAMPLES:
      1. **Serán** las cinco.
         It is probably five o'clock.
         It must be five o'clock.
      2. **Tendrá** muchos amigos.
         He probably has many friends.
         He must have many friends.
      3. María **estará** enferma.
         Mary *is probably* sick.
         Mary *must be* sick.

   (c) An indirect quotation.
      EXAMPLE:
      María dice que **vendrá** mañana.
      Mary says that she *will come* tomorrow.

Finally, remember that the future is never used in Spanish after *si* when *si* means *if*.

This tense is regularly formed as follows:

Add the following endings to the whole infinitive: **é, ás, á; emos, éis, án**

Note that these Future endings happen to be the endings of **haber** in the present indicative: **he, has, ha; hemos, habéis, han.** Also note the accent marks on the Future endings, except for **emos.**

You then get:　　**hablaré, hablarás, hablará;**
　　　　　　　　hablaremos, hablaréis, hablarán

　　　　　　　　beberé, beberás, beberá;
　　　　　　　　beberemos, beberéis, beberán

　　　　　　　　recibiré, recibirás, recibirá;
　　　　　　　　recibiremos, recibiréis, recibirán

Tense No. 5　Potencial Simple
　　　　　　　　(Conditional)

The conditional is used in Spanish and in English to express:

(a) An action that you *would do* if something else were possible.
　　EXAMPLE:
　　Iría a España si tuviera dinero.
　　I would go to Spain if I had money.

(b) A conditional desire. This is a conditional of courtesy.
　　EXAMPLE:
　　Me **gustaría** tomar una limonada.
　　I would like (*I should like*) to have a lemonade . . . (if you are willing to let me have it).

(c) An indirect quotation.
　　EXAMPLES:
　　1. María **dijo** que **vendría** mañana.
　　　　Mary *said* that she *would come* tomorrow.
　　2. María **decía** que **vendría** mañana.
　　　　Mary *was saying* that she *would come* tomorrow.
　　3. María **había dicho** que **vendría** nañana.
　　　　Mary *had said* that she *would come* tomorrow.

(d) Conjecture regarding the past.
　　EXAMPLE:
　　¡Quién **sería**?
　　I wonder who that was.

(e) Probability regarding the past.
　　EXAMPLE:
　　Serían las cinco cuando salieron.
　　It was probably five o'clock when they went out.

This tense is regularly formed as follows:

Add the following endings to the whole infinitive:

　ía, ías, ía; íamos, íais, ían

Note that these conditional endings are the same endings of the imperfect indicative for **-er** and **-ir** verbs.

You then get: **hablaría, hablarías, hablaría;**
hablaríamos, hablaríais, hablarían

bebería, beberías, bebería;
beberíamos, beberíais, beberían

recibiría, recibirías, recibiría;
recibiríamos, recibiríais, recibirían

The usual translation in English is: I would talk, you would talk, etc.; I would drink, you would drink, etc.; I would receive, you would receive, etc.

Tense No. 6   Presente de Subjuntivo
(Present Subjunctive)

The subjunctive mood is used in Spanish much more than in English. In Spanish the present subjunctive is used:

(a) To express a command in the **usted** or **ustedes** form, either in the affirmative or negative.

EXAMPLES:

1. **Siéntese** Vd. *Sit down.*
2. **No se siente** Vd. *Don't sit down.*
3. **Cierren** Vds. la puerta. *Close* the door.
4. **No cierren** Vds. la puerta. *Don't close* the door.
5. **Dígame** Vd. la verdad. *Tell me* the truth.

(b) To express a negative command in the familiar form (**tú**).

EXAMPLES:

1. **No te sientes.** *Don't sit down.*   3. **No duermas.** *Don't sleep.*
2. **No entres.** *Don't come in.*   4. **No lo hagas.** *Don't do it.*

(c) To express a negative command in the second person plural (**vosotros**).

EXAMPLES:

1. **No os sentéis.** *Don't sit down.*   3. **No durmáis.** *Don't sleep.*
2. **No entréis.** *Don't come in.*   4. **No lo hagáis.** *Don't do it.*

(d) To express a command in the first person plural, either in the affirmative or negative (**nosotros**).

EXAMPLES:

1. **Sentémonos.** *Let's sit down.*
2. **No entremos.** *Let's not go in.*

See also **Imperativo** (Imperative) farther on.

(e) After a verb that expresses some kind of wish, insistence, preference, suggestion, or request.

EXAMPLES:

1. *Quiero* que María lo **haga.**
   I want Mary to do it.

   NOTE: In this example, English uses the infinitive form, *to do.* In Spanish, however, a new clause is needed introduced by *que* because there is a new subject, María. The present subjunctive of *hacer* is used (haga) because the main verb is *Quiero*, which indicates a wish. If there were no change in subject, Spanish would use the infinitive form, as we do in English, for example, *Quiero hacerlo*/ I want to do it.

2. *Insisto* en que María lo **haga**.
   I insist that Mary *do* it.
3. *Prefiero* que María lo **haga**.
   I prefer that Mary *do* it.
4. *Pido* que María lo **haga**.
   I ask that Mary *do* it.
   NOTE: In examples 2, 3, and 4 here, English also uses the subjunctive form *do*. Not so in example no. 1, however.

(f) After a verb that expresses doubt, fear, joy, hope, sorrow, or some other emotion. Notice in the following examples, however, that the subjunctive is not used in English.
   EXAMPLES:
1. *Dudo* que María lo **haga**.
   I doubt that Mary *is doing* it.
   I doubt that Mary *will do* it.
2. *No creo* que María **venga**.
   I don't believe (I doubt) that Mary *is coming*.
   I don't believe (I doubt) that Mary *will come*.
3. *Temo* que María **esté** enferma.
   I fear that Mary *is* ill.
4. *Me alegro* de que **venga** María.
   I'm glad that Mary *is coming*.
   I'm glad that Mary *will come*.
5. *Espero* que María no **esté** enferma.
   I hope that Mary *is* not ill.

(g) After certain impersonal expressions that show necessity, doubt, regret, importance, urgency, or possibility. Notice, however, that the subjunctive is not used in English in some of the following examples.
   EXAMPLES:
1. *Es necesario que* María lo **haga**.
   It is necessary for Mary to do it.
   It is necessary that Mary *do* it.
2. *No es cierto que* María **venga**.
   It is doubtful (not certain) that Mary *is coming*.
   It is doubtful (not certain) that Mary *will come*.
3. *Es lástima que* María **no venga**.
   It's too bad (a pity) that Mary *isn't coming*.
4. *Es importante que* María **venga**.
   It is important for Mary to come.
   It is important that Mary *come*.
5. *Es preciso que* María **venga**.
   It is necessary for Mary to come.
   It is necessary that Mary *come*.
6. *Es urgente que* María **venga**.
   It is urgent for Mary to come.
   It is urgent that Mary *come*.

(h) After certain conjunctions of time, such as, **antes (de) que, cuando, en cuanto, después (de) que, hasta que, mientras,** and the like. The subjunctive form of the verb is used when introduced by any of these time conjunctions if the time referred to is either indefinite or is expected to take place in the future. However, if the action was completed in the past, the indicative mood is used.

EXAMPLES:

1. Le hablaré a María cuando **venga**.
   I shall talk to Mary when she *comes*.
2. Vámonos antes (de) que **llueva**.
   Let's go before *it rains*.
3. En cuanto la **vea** yo, le hablaré.
   As soon as *I see* her, I shall talk to her.
4. Me quedo aquí hasta que **vuelva**.
   I'm staying here until *he returns*.

NOTE: In the above examples, the subjunctive is not used in English.

(i) After certain conjunctions that express a condition, negation, purpose, such as, **a menos que, con tal que, para que, a fin de que, sin que, en caso (de) que**, and the like. Notice, however, that the subjunctive is not used in English in the following examples.

EXAMPLES:

1. Démelo con tal que **sea** bueno.
   Give it to me provided that *it is* good.
2. Me voy a menos que **venga**.
   I'm leaving unless *he comes*.

(j) After certain adverbs, such as, **acaso, quizá**, and **tal vez**.

EXAMPLE:

Acaso **venga** mañana.
Perhaps *he will come* tomorrow.
Perhaps *he is coming* tomorrow.

(k) After **aunque** if the action has not yet occurred.

EXAMPLE:

Aunque María **venga** esta noche, no me quedo.
Although Mary *may come* tonight, I'm not staying.
Although Mary *is coming* tonight, I'm not staying.

(l) In an adjectival clause if the antecedent is something or someone that is indefinite, negative, vague, or nonexistent.

EXAMPLES:

1. Busco un libro que **sea** interesante.
   I'm looking for a book that *is* interesting.
   NOTE: In this example, *que* (which is the relative pronoun) refers to *un libro* (which is the antecedent). Since *un libro* is indefinite, the verb in the following clause must be in the subjunctive (*sea*). Notice, however, that the subjunctive is not used in English.
2. ¿Hay alguien aquí que **hable** francés?
   Is there anyone here who *speaks* French?
   NOTE: In this example, *que* (which is the relative pronoun) refers to *alguien* (which is the antecedent). Since *alguien* is indefinite and somewhat vague — we do not know who this anyone might be — the verb in the following clause must be in the subjunctive (*hable*). Notice, however, that the subjunctive is not used in English.
3. No hay nadie que **pueda** hacerlo.
   There is no one who *can* do it.
   NOTE: In this example, *que* (which is the relative pronoun) refers to *nadie* (which is the antecedent). Since *nadie* is nonexistent, the verb in the following clause must be in the subjunctive (*pueda*). Notice, however, that the subjunctive is not used in English.

(m) After **por más que** or **por mucho que.**

EXAMPLES:

1. **Por más que hable usted,** no quiero escuchar.
   No matter how much you talk, I don't want to listen.
2. **Por mucho que se alegre,** no me importa.
   No matter how glad he is, I don't care.

(n) After the expression **ojalá (que)**, which expresses a great desire. This interjection means *would to God!* or *may God grant! . . .* It is derived from the Arabic, *ya Allah!* (Oh, God!)

EXAMPLE:

¿Ojalá que vengan mañana!
Would to God that they come tomorrow!
May God grant that they come tomorrow!
How I wish that they would come tomorrow!
If only they would come tomorrow!

Finally, remember that the present subjunctive is never used in Spanish after *si* when *si* means *if.*

The present subjunctive of regular verbs and many irregular verbs is normally formed as follows:

Go to the present indicative, 1st pers. sing., of the verb you have in mind, drop the ending **o,** and

for an **-ar** ending type, add: **e, es, e; emos, éis, en**
for an **-er** or **-ir** ending type, add: **a, as, a; amos, áis, an**

As you can see, the characteristic vowel in the present subjunctive endings for an **-ar** type verb is **e** in the six persons.

As you can see, the characteristic vowel in the present subjunctive endings for an **-er** or **-ir** type verb is **a** in the six persons.

Since the present subjunctive of some irregular verbs is not normally formed as stated above (*e.g.,* **dar, dormir, haber, ir, secar, sentir, ser, tocar**), you must look up the verb you have in mind in the alphabetical listing in this book.

Tense No. 7 Imperfecto de Subjuntivo
(Imperfect Subjunctive)

This past tense is used for the same reasons as the presente de subjuntivo — that is, after certain verbs, conjunctions, impersonal expressions, etc., which were explained and illustrated above in tense no. 6. The main difference between these two tenses is the time of the action.

If the verb in the main clause is in the present indicative or future or present perfect indicative or imperative, the *present subjunctive* or the *present perfect subjunctive* is used in the dependent clause — provided, of course, that there is some element which requires the use of the subjunctive.

However, if the verb in the main clause is in the imperfect indicative, preterit, conditional, or pluperfect indicative, the *imperfect subjunctive* (this tense) or *pluperfect subjunctive* is ordinarily used in the dependent clause — provided, of course, that there is some element which requires the use of the subjunctive.

EXAMPLES:

1. *Insistí* en que María lo **hiciera.**
   I insisted that Mary *do* it.
2. Se lo *explicaba* a María **para que lo comprendiera.**
   I was explaining it to Mary *so that she might understand it.*

Note that the imperfect subjunctive is used after **como si** to express a condition contrary to fact.

EXAMPLE:

Me habla como si **fuera** un niño.

He speaks to me as if *I were* a child.

NOTE: In this last example, the subjunctive is used in English also for the same reason.

Finally, note that **quisiera** (the imperfect subjunctive of **querer**) can be used to express politely a wish or desire, as in *I should like*: **Quisiera hablar ahora**/I should like to speak now.

The imperfect subjunctive is regularly formed as follows:

For all verbs, drop the **ron** ending of the 3rd pers. pl. of the preterit and add the following endings:

ra, ras, ra;	OR	**se, ses, se;**
ramos, rais, ran		**semos, seis, sen**

The only accent mark on the forms of the imperfect subjunctive is on the 1st pers. pl. form (**nosotros**) and it is placed on the vowel which is right in front of the ending **ramos** or **semos**.

THE SEVEN COMPOUND TENSES

Tense No. 8   Perfecto de Indicativo
(Present Perfect Indicative)

This is the first of the seven compound tenses that follow here. This tense expresses an action that took place at no definite time in the past. It is also called the past indefinite. It is a compound tense because it is formed with the present indicative of **haber** (the auxiliary or helping verb) plus the past participle of your main verb. Note the translation into English in the examples that follow. Then compare this tense with the **perfecto de subjuntivo,** which is tense no. 13. For the seven smple tenses of **haber** (which you need to know to form these seven compound tenses), see **haber** listed alphabetically among the 501 verbs in this book.

EXAMPLES:

1. (Yo) **he hablado.**
   I have spoken.
2. (Tú) no **has venido** a verme.
   You have not come to see me.
3. Elena **ha ganado** el premio.
   Helen *has won* the prize.

Tense No. 9   Pluscuamperfecto de Indicativo
(Pluperfect *or* Past Perfect Indicative)

This is the second of the compound tenses. In Spanish and English, this past tense is used to express an action which happened in the past *before* another past action. Since it is used in relation to another past action, the other past action is ordinarily expressed in the preterit. However, it is not always necessary to have the other past action expressed, as in example 2 on the following page.

In English, this tense is formed with the past tense of *to have* (had) plus the past participle of your main verb. In Spanish, this tense is formed with the imperfect indicative of **haber** plus the past participle of the verb you have in mind. Note the translation into English in the examples that follow. Then compare this tense with the **pluscuamperfecto de subjuntivo,** which is tense no. 14. For the seven simple tenses of **haber** (which you need to know to form these seven compound tense), see **haber** listed alphabetically among the 501 verbs in this book.

EXAMPLES:

1. Cuando **llegué a casa, mi hermano había salido.**
   When I *arrived* home, my brother *had gone out*.
   NOTE: *First,* my brother went out; *then,* I arrived home. Both actions happened in the past. The action that occurred in the past *before* the other past action is in the pluperfect, and in this example, it is *my brother had gone out* (**mi hermano había salido**).
   NOTE also that **llegué** (*I arrived*) is in the preterit because it is an action that happened in the past and it was completed.

2. Juan lo **había perdido** en la calle.
   John *had lost* it in the street.
   NOTE: In this example, the pluperfect indicative is used even though no other past action is expressed. It is assumed that John *had lost* something *before* some other past action.

Tense No. 10 Pretérito Anterior *or* Pretérito Perfecto
(Past Anterior *or* Preterit Perfect)

This is the third of the compound tenses. This past tense is compound because it is formed with the preterit of **haber** plus the past participle of the verb you are using. It is translated into English like the pluperfect indicative, which is tense no. 9. This tense is not used much in spoken Spanish. Ordinarily, the pluperfect indicative is used in spoken Spanish (and sometimes even the simple preterit) in place of the past anterior.

This tense is ordinarily used in formal writing, such as history and literature. It is normally used after certain conjunctions of time, e.g., **después que, cuando, apenas, luego que, en cuanto.**

EXAMPLE:
Después que **hubo hablado,** salió.
After *he had spoken,* he left.

Tense No. 11 Futuro Perfecto
(Future Perfect *or* Future Anterior)

This is the fourth of the compound tenses. This compound tense is formed with the future of **haber** plus the past participle of the verb you have in mind. In Spanish and in English, this tense is used to express an action that will happen in the future *before* another future action. In English, this tense is formed by using *shall have* or *will have* plus the past participle of the verb you have in mind.

EXAMPLE:
María llegará mañana y **habré terminado** mi trabajo.
Mary will arrive tomorrow and *I shall have finished* my work.

NOTE: *First*, I shall finish my work; *then*, Mary will arrive. The action that will occur in the future *before* the other future action is in the **Futuro perfecto**, and in this example it is (yo) **habré terminado mi trabajo**.

Also, in Spanish the future perfect is used to indicate conjecture or probability regarding recent past time.

EXAMPLES:

1. María **se habrá acostado**.
   Mary *has probably gone to bed*.
   Mary *must have gone to bed*.
2. José **habrá llegado**.
   Joseph *has probably arrived*.
   Joseph *must have arrived*.

Tense No. 12   Potencial Compuesto
(Conditional Perfect)

This is the fifth of the compound tenses. It is formed with the conditional of **haber** plus the past participle of your main verb. It is used in Spanish and English to express an action that you *would have done* if something else had been possible; that is, you would have done something *on condition* that something else had been possible.

In English it is formed by using *would have* plus the past participle of the verb you have in mind. Observe the difference between the following example and the one given for the use of the potencial simple.

EXAMPLE:

Habría ido a España si hubiera tenido dinero.
I would have gone to Spain if I had had money.

Also, in Spanish the conditional perfect is used to indicate probability or conjecture in the past.

EXAMPLES:

1. **Habrían sido** las cinco cuando salieron.
   It must have been five o'clock when they went out.
   (Compare this with the example given for the simple conditional.)
2. ¡Quién **habría sido**?
   Who *could that have been*? (*or* I wonder *who that could have been*.)
   (Compare this with the example given for the simple conditional.)

Tense No. 13   Perfecto de Subjuntivo
(Present Perfect *or* Past Subjunctive)

This is the sixth of the compound tenses. It is formed by using the present subjunctive of **haber** as the helping verb plus the past participle of the verb you have in mind.

If the verb in the main clause is in the present indicative, future, or present perfect tense, the present subjunctive is used *or* this tense is used in the dependent clause — provided, of course, that there is some element which requires the use of the subjunctive.

The present subjunctive is used if the action is not past. However, if the action is past, this tense (present perfect subjunctive) is used, as in the examples given below.

EXAMPLES:

1. María duda que yo le **haya hablado** al profesor.
   Mary doubts that *I have spoken* to the professor.
2. Siento que tú no **hayas venido** a verme.
   I am sorry that you *have not come* to see me.
3. Me alegro de que Elena **haya ganado** el premio.
   I am glad that Helen *has won* the prize.

In these three examples, the auxiliary verb **haber** is used in the present subjunctive because the main verb in the clause that precedes is one that requires the subjunctive mood of the verb in the dependent clause.

Tense No. 14 Pluscuamperfecto de Subjuntivo
(Pluperfect *or* Past Perfect Subjunctive)

This is the seventh of the compound tenses. It is formed by using the imperfect subjunctive of **haber** as the helping verb plus the past participle of your main verb.

The translation of this tense into English is often like the pluperfect indicative.

If the verb in the main clause is in a past tense, this tense is used in the dependent clause — provided, of course, that there is some element which requires the use of the subjunctive.

EXAMPLES:

1. Sentí mucho que **no hubiera venido** María.
   I was very sorry that Mary *had not come*.
2. Me alegraba de que **hubiera venido** María.
   I was glad that Mary *had come*.
3. No creía que María **hubiera llegado**.
   I did not believe that Mary *had arrived*.

So much for the seven simple tenses and the seven compound tenses. Now, let's look at the Imperative Mood.

Imperativo
(Imperative *or* Command)

The imperative mood is used in Spanish and in English to express a command. We saw earlier that the subjunctive mood is used to express commands in the **Ud.** and **Uds.** forms, in addition to other uses of the subjunctive mood.

Here are other points you ought to know about the imperative.

(a) An indirect command or deep desire expressed in the third pers. sing. or pl. is in the subjunctive. Notice the use of *Let* or *May* in the English translations. **Que** introduces this kind of command.

EXAMPLES:

1. ¡Que lo **haga** Jorge!
   Let George do it!
2. ¡Que Dios se lo pague!
   May God reward you!
3. ¡Que **vengan** pronto!
   Let them come quickly!
4. ¡Que **entre** Roberto!
   Let Robert enter!
5. ¡Que **salgan**!
   Let them leave!
6. ¡Que **entren** las muchachas!
   Let the girls come in!

(b) In some indirect commands, **que** is omitted. Here, too, the subjunctive is used.

EXAMPLE:

¡**Viva** el presidente!

Long live the president!

(c) The verb form of the affirmative sing. familiar (**tú**) is the same as the 3rd pers. sing. of the present indicative when expressing a command.

EXAMPLES:

1. ¡**Entra** pronto!
   Come in quickly!
2. ¡**Sigue** leyendo!
   Keep on reading!
   Continue reading!

(d) There are some exceptions, however, to (c) above. The following verb forms are irregular in the affirmative sing. imperative (**tú** form only).

di (decir)	**sal** (salir)	**val** (valer)
haz (hacer)	**sé** (ser)	**ve** (ir)
he (haber)	**ten** (tener)	**ven** (venir)
pon (poner)		

(e) In the affirmative command, 1st pers. pl., instead of using the present subjunctive hortatory command, **vamos a** (*Let's* or *Let us*) + **inf.** may be used.

EXAMPLES:

1. **Vamos a comer**/Let's eat.
   or: **Comamos** (1st pers. pl., present subj., hortatory command)
2. **Vamos a cantar**/Let's sing.
   or: **Cantemos** (1st pers. pl., present subj., hortatory command)

(f) In the affirmative command, 1st pers. pl., **vamos** may be used to mean *Let's go*: **Vamos** al cine/Let's go to the movies.

(g) However, if in the negative (*Let's not go*), the present subjunctive of **ir** must be used: **No vayamos** al cine/Let's not go to the movies.

(h) Note that **vámonos** (1st pers. pl. of **irse**, imperative) means *Let's go*, or *Let's go away*, or *Let's leave*. See (m) below.

(i) Also note that **no nos vayamos** (1st pers. pl. of **irse**, present subjunctive) means *Let's not go*, or *Let's not go away*, or *Let's not leave*.

(j) The imperative in the affirmative familiar plural (**vosotros, vosotras**) is formed by dropping the final **r** of the inf. and adding **d**.

EXAMPLES:

1. ¡**Hablad!**/Speak!
2. ¡**Comed!**/Eat!
3. ¡**Id!**/Go!
4. ¡**Venid!**/Come!

(k) When forming the affirmative familiar plural (**vosotros, vosotras**) imperative of a reflexive verb, the final **d** on the inf. must be dropped before the reflexive pronoun **os** is added, and both elements are joined to make one word.

EXAMPLES:

1. ¡**Levantaos!**/Get up!
2. ¡**Sentaos!**/Sit down!

(l) Referring to (k) above, when the final **d** is dropped in a reflexive verb ending in **-ir**, an accent mark must be written on the **i**.

EXAMPLES:

1. ¡**Vestíos!**/Get dressed!
2. ¡**Divertíos!**/Have a good time!

(m) When forming the 1st pers. pl. affirmative imperative of a reflexive verb, the final **s** must drop before the reflexive pronoun **os** is added, and both elements are joined to make one word. This requires an accent mark on the vowel of the syllable that was stressed before **os** was added.

EXAMPLE:

Vamos + **nos** changes to: **Vámonos!**/*Let's go!* or *Let's go away!* or *Let's leave!* See (h) above.

(n) All negative imperatives in the familiar 2nd pers. sing. (**tú**) and plural (**vosotros, vosotras**) are expressed in the present subjunctive.

EXAMPLES:

1. **¡No corras (tú)!**/Don't run!
2. **¡No corráis (vosotros or vosotras)!**/Don't run!
3. **¡No vengas (tú)!**/Don't come!
4. **¡No vengáis (vosotros or vosotras)!**/Don't come!

(o) Object pronouns (direct, indirect, or reflexive) with an imperative verb form in the **affirmative** are attached to the verb form.

EXAMPLES:

1. **¡Hágalo (Ud.)!**/Do it!
2. **¡Díganoslo (Ud.)!**/Tell it to us!
3. **¡Dímelo (tú)!**/Tell it to me!
4. **¡Levántate (tú)!**/Get up!
5. **¡Siéntese (Ud.)!**/Sit down!
6. **¡Hacedlo (vosotros, vosotras)!**/Do it!
7. **¡Démelo (Ud.)!**/Give it to me!

(p) Object pronouns (direct, indirect, or reflexive) with an imperative verb form in the **negative** are placed in front of the verb form. Compare the following examples with those given in (o) above:

EXAMPLES:

1. **¡No lo haga (Ud.)!**/Don't do it!
2. **¡No nos lo diga (Ud.)!**/Don't tell it to us!
3. **¡No me lo digas (tú)!**/Don't tell it to me!
4. **¡No te levantes (tú)!**/Don't get up!
5. **¡No se siente (Ud.)!**/Don't sit down!
6. **¡No lo hagáis (vosotros, vosotras)!**/Don't do it!
7. **¡No me lo dé (Ud.)!**/Don't give it to me!

(q) Note that in some Latin American countries the 2nd pers. pl. familiar (**vosotros, vosotras**) forms are avoided. In place of them, the 3rd pers. pl. **Uds.** forms are customarily used.

The Progressive forms of tenses: a note

(1) In Spanish, there are also progressive forms of tenses. They are the Progressive Present and the Progressive Past.

(2) The **Progressive Present** is formed by using *estar* in the present tense plus the present participle of your main verb; e.g., *Estoy hablando*/I am talking, i.e., I am (in the act of) talking (right now).

(3) The **Progressive Past** is formed by using *estar* in the imperfect indicative plus the present participle of your main verb; e.g., *Estaba hablando*/I was talking, i.e., I was (in the act of) talking (right then).

(4) The progressive forms are generally used when you want to emphasize or intensify an action; if you don't want to do that, then just use the simple present or simple imperfect; e.g., say *Hablo*, not *Estoy hablando*; or *Hablaba*, not *Estaba hablando*.

(5) Sometimes *ir* is used instead of *estar* to form the progressive tenses; e.g., *Va hablando*/He (she) keeps right on talking, *Iba hablando*/He (she) kept right on talking. Note that they do not have the exact same meaning as *Está hablando* and *Estaba hablando*. See (2) and (3) above.

(6) Also, at times *andar, continuar, seguir,* and *venir* are used as helping verbs in the present or imperfect indicative tenses plus the present participle to express the progressive forms: *Los muchachos andaban cantando*/The boys were walking along singing; *La maestra seguía leyendo a la clase*/The teacher kept right on reading to the class.

The Future Subjunctive and the Future Perfect Subjunctive: a note

The future subjunctive and the future perfect subjunctive exist in Spanish, but they are rarely used. Nowadays, instead of using the future subjunctive, one uses the present subjunctive or the present indicative. Instead of using the future perfect subjunctive, one uses the future perfect indicative or the present perfect subjunctive. However, if you are curious to know how to form the future subjunctive and the future perfect subjunctive in Spanish, the following is offered:

(1) To form the future subjunctive, take the third person plural of the preterit of any Spanish verb and change the ending **-ron** to **re, res, re; remos, reis, ren**. An accent mark is needed as shown below on the first person plural form to preserve the stress.

EXAMPLES:

amar	**amare, amares, amare;** **amáremos, amareis, amaren**
comer	**comiere, comieres, comiere;** **comiéremos, comiereis, comieren**
dar	**diere, dieres, diere;** **diéremos, diereis, dieren**
haber	**hubiere, hubieres, hubiere;** **hubiéremos, hubiereis, hubieren**
hablar	**hablare, hablares, hablare;** **habláremos, hablareis, hablaren**
ir *or* ser	**fuere, fueres, fuere;** **fuéremos, fuereis, fueren**

(2) Let's look at the forms of **amar** above to see what the English translation is of this tense:

(que) yo amare, (that) I love . . .
(que) tú amares, (that) you love . . .
(que) Vd. (él, ella) amare, (that) you (he, she) love . . .
(que) nosotros (-tras) amáremos, (that) we love . . .
(que) vosotros (-tras) amareis, (that) you love . . .
(que) Vds. (ellos, ellas) amaren, (that) you (they) love . . .

(3) To form the future perfect subjunctive, use the future subjunctive form of **haber** (shown above) as your auxiliary plus the past participle of the verb you have in mind.

EXAMPLES:

(que) hubiere amado, hubieres amado, hubiere amado;
(que) hubiéremos amado, hubiereis amado, hubieren amado

English translation:
(that) I have *or* I shall have loved, (that) you have *or* will have loved, etc.

Summary of verb tenses and moods in Spanish with English equivalents

Los siete tiempos simples *The seven simple tenses*		Los siete tiempos compuestos *The seven compound tenses*	
Tense No.	Tense Name	Tense No.	Tense Name
1	**Presente de indicativo** *Present indicative*	8	**Perfecto de indicativo** *Present perfect indicative*
2	**Imperfecto de indicativo** *Imperfect indicative*	9	**Pluscuamperfecto de indicativo** *Pluperfect or Past perfect indicative*
3	**Pretérito** *Preterit*	10	**Pretérito anterior (Pret. perfecto)** *Past anterior or Preterit perfect*
4	**Futuro** *Future*	11	**Futuro perfecto** *Future perfect or Future anterior*
5	**Potencial simple** *Conditional*	12	**Potencial compuesto** *Conditional perfect*
6	**Presente de subjuntivo** *Present subjunctive*	13	**Perfecto de subjuntivo** *Present perfect or Past subjunctive*
7	**Imperfecto de subjuntivo** *Imperfect subjunctive*	14	**Pluscuamperfecto de subjuntivo** *Pluperfect or Past perfect subjunctive*

The imperative is not a tense; it is a mood.

In Spanish, there are 7 simple tenses and 7 compound tenses. A simple tense means that the verb form consists of one word. A compound tense means that the verb form consists of two words (the auxiliary verb and the past participle). The auxiliary verb is also called a helping verb and in Spanish, as you know, it is any of the 7 simple tenses of **haber** (*to have*).

Each compound tense is based on each simple tense. The 14 tenses given on the previous page are arranged in the following logical order:

Tense number 8 is based on Tense number 1; in other words, you form the **Perfecto de indicativo** by using the auxiliary **haber** in the **Presente de indicativo** plus the past participle of the verb you are dealing with.

Tense number 9 is based on Tense number 2; in other words, you form the **Pluscu-amperfecto de indicativo** by using the auxiliary **haber** in the **Imperfecto de indicativo** plus the past participle of the verb you are dealing with.

Tense number 10 is based on Tense number 3; in other words, you form the **Pretérito anterior** by using the auxiliary **haber** in the **Pretérito** plus the past participle of the verb you are dealing with.

Tense number 11 is based on Tense number 4; in other words, you form the **Futuro perfecto** by using the auxiliary **haber** in the **Futuro** plus the past participle of the verb you are dealing with.

Tense number 12 is based on Tense number 5; in other words, you form the **Potencial compuesto** by using the auxiliary **haber** in the **Potencial simple** plus the past participle of the verb you are dealing with.

Tense number 13 is based on Tense number 6; in other words, you form the **Perfecto de subjuntivo** by using the auxiliary **haber** in the **Presente de subjuntivo** plus the past participle of the verb you are dealing with.

Tense number 14 is based on Tense number 7; in other words, you form the **Pluscu-amperfecto de subjuntivo** by using the auxiliary **haber** in the **Imperfecto de subjuntivo** plus the past participle of the verb you are dealing with.

What does all the above mean? This: If you ever expect to know or even recognize the meaning of any of the 7 compound tenses, you certainly have to know **haber** in the 7 simple tenses. If you do not, you cannot form the 7 compound tenses. This is one perfect example to illustrate that learning Spanish verb forms is a cumulative experience. Look up **haber** where it is listed alphabetically among the 501 verbs in this book and study the seven simple tenses.

haber in the following simple tenses **+** PLUS the past participle of the verb you have in mind* **=** EQUALS the following compound tenses

1. Presente de indicativo
2. Imperfecto de indicativo
3. Pretérito
4. Futuro
5. Potencial simple
6. Presente de subjuntivo
7. Imperfecto de subjuntivo

8. Perfecto de indicativo
9. Pluscuamperfecto de indicativo
10. Pretérito anterior (Pret. Perfecto)
11. Futuro perfecto
12. Potencial compuesto
13. Perfecto de subjuntivo
14. Pluscuamperfecto de subjuntivo

*To know how to form a past participle, see p. xii.

Subject Pronouns

(a) The subject pronouns for all verb forms on the following pages have been omitted in order to emphasize the verb forms, which is what this book is all about.

(b) The subject pronouns that have been omitted are, as you know, as follows:

singular	*plural*
yo	**nosotros (nosotras)**
tú	**vosotros (vosotras)**
Ud. (él, ella)	**Uds. (ellos, ellas)**

A Note about the Spanish Alphabet

The Spanish alphabet contains the letters **ch, ll, ñ,** and **rr** which are considered separately. A Spanish word that contains **ch** is alphabetized *after* the letter **c; ll** is alphabetized *after* the letter **l;** and **ñ** is alphabetized *after* the letter **n.** Therefore, among the 501 Spanish verbs fully conjugated in this book, you will find, for example, **charlar** listed after **cumplir, llamar** listed after **luchar,** and **añadir** listed after **anunciar.** This rule also applies to Spanish words alphabetized in the indexes in the back pages of this book.

This rule does not apply to the double consonant **rr.**

Alphabetical Listing of 501 Spanish Verbs Fully Conjugated in All the Tenses

Subject Pronouns

singular	*plural*
yo	nosotros (nosotras)
tú	vosotros (vosotras)
Ud. (él, ella)	Uds. (ellos, ellas)

to knock down, to overthrow, to throw down

The Seven Simple Tenses		The Seven Compound Tenses	
Singular	Plural	Singular	Plural

1 presente de indicativo

abato	abatimos	
abates	abatís	
abate	abaten	

8 perfecto de indicativo

he abatido	hemos abatido
has abatido	habéis abatido
ha abatido	han abatido

2 imperfecto de indicativo

abatía	abatíamos
abatías	abatíais
abatía	abatían

9 pluscuamperfecto de indicativo

había abatido	habíamos abatido
habías abatido	habíais abatido
había abatido	habían abatido

3 pretérito

abatí	abatimos
abatiste	abatisteis
abatió	abatieron

10 pretérito anterior

hube abatido	hubimos abatido
hubiste abatido	hubisteis abatido
hube abatido	hubieron abatido

4 futuro

abatiré	abatiremos
abatirás	abatiréis
abatirá	abatirán

11 futuro perfecto

habré abatido	habremos abatido
habrás abatido	habréis abatido
habrá abatido	habrán abatido

5 potencial simple

abatiría	abatiríamos
abatirías	abatiríais
abatiría	abatirían

12 potencial compuesto

habría abatido	habríamos abatido
habrías abatido	habríais abatido
habría abatido	habrían abatido

6 presente de subjuntivo

abata	abatamos
abatas	abatáis
abata	abatan

13 perfecto de subjuntivo

haya abatido	hayamos abatido
hayas abatido	hayáis abatido
haya abatido	hayan abatido

7 imperfecto de subjuntivo

abatiera	abatiéramos
abatieras	abatierais
abatiera	abatieran
OR	
abatiese	abatiésemos
abatieses	abatieseis
abatiese	abatiesen

14 pluscuamperfecto de subjuntivo

hubiera abatido	hubiéramos abatido
hubieras abatido	hubierais abatido
hubiera abatido	hubieran abatido
OR	
hubiese abatido	hubiésemos abatido
hubieses abatido	hubieseis abatido
hubiese abatido	hubiesen abatido

imperativo

—	abatamos
abate; no abatas	abatid; no abatáis
abata	abatan

Words and expressions related to this verb

abatidor, abatidora depressing, discouraging
el abatimiento abasement, depression, discouragement
abatir el ánimo to feel discouraged, low in spirit

batir to beat, strike
batir palmas to applaud, clap

Consult the sections on verbs used in idiomatic expressions, verbs with prepositions, and the list of over 1,000 verbs conjugated like model verbs in the back pages.

The subject pronouns are found on the page facing page 1.

to burn, to set on fire

The Seven Simple Tenses		The Seven Compound Tenses	
Singular	Plural	Singular	Plural

1   presente de indicativo

		8 perfecto de indicativo	
abraso	abrasamos	he abrasado	hemos abrasado
abrasas	abrasáis	has abrasado	habéis abrasado
abrasa	abrasan	ha abrasado	han abrasado

2   imperfecto de indicativo

		9 pluscuamperfecto de indicativo	
abrasaba	abrasábamos	había abrasado	habíamos abrasado
abrasabas	abrasabais	habías abrasado	habíais abrasado
abrasaba	abrasaban	había abrasado	habían abrasado

3   pretérito

		10 pretérito anterior	
abrasé	abrasamos	hube abrasado	hubimos abrasado
abrasaste	abrasasteis	hubiste abrasado	hubisteis abrasado
abrasó	abrasaron	hubo abrasado	hubieron abrasado

4   futuro

		11 futuro perfecto	
abrasaré	abrasaremos	habré abrasado	habremos abrasado
abrasarás	abrasaréis	habrás abrasado	habréis abrasado
abrasará	abrasarán	habrá abrasado	habrán abrasado

5   potencial simple

		12 potencial compuesto	
abrasaría	abrasaríamos	habría abrasado	habríamos abrasado
abrasarías	abrasaríais	habrías abrasado	habríais abrasado
abrasaría	abrasarían	habría abrasado	habrían abrasado

6   presente de subjuntivo

		13 perfecto de subjuntivo	
abrase	abrasemos	haya abrasado	hayamos abrasado
abrases	abraséis	hayas abrasado	hayáis abrasado
abrase	abrasen	haya abrasado	hayan abrasado

7   imperfecto de subjuntivo

		14 pluscuamperfecto de subjuntivo	
abrasara	abrasáramos	hubiera abrasado	hubiéramos abrasado
abrasaras	abrasarais	hubieras abrasado	hubierais abrasado
abrasara	abrasaran	hubiera abrasado	hubieran abrasado
OR		OR	
abrasase	abrasásemos	hubiese abrasado	hubiésemos abrasado
abrasases	abrasaseis	hubieses abrasado	hubieseis abrasado
abrasase	abrasasen	hubiese abrasado	hubiesen abrasado

imperativo

—	abrasemos
abrasa; no abrases	abrasad; no abraséis
abrase	abrasen

Words and expressions related to this verb

abrasadamente   ardently, fervently
abrasado, abrasada   burning; flushed with anger
el abrasamiento   burning; excessive passion

abrasar vivo   to burn with passion
abrasar de amor   to be passionately
   in love

to embrace, to hug; to clamp

The Seven Simple Tenses		The Seven Compound Tenses	
Singular	Plural	Singular	Plural

1   presente de indicativo

		8 perfecto de indicativo	
abrazo	abrazamos	he abrazado	hemos abrazado
abrazas	abrazáis	has abrazado	habéis abrazado
abraza	abrazan	ha abrazado	han abrazado

2   imperfecto de indicativo

		9 pluscuamperfecto de indicativo	
abrazaba	abrazábamos	había abrazado	habíamos abrazado
abrazabas	abrazabais	habías abrazado	habíais abrazado
abrazaba	abrazaban	había abrazado	habían abrazado

3   pretérito

		10 pretérito anterior	
abracé	abrazamos	hube abrazado	hubimos abrazado
abrazaste	abrazasteis	hubiste abrazado	hubisteis abrazado
abrazó	abrazaron	hubo abrazado	hubieron abrazado

4   futuro

		11 futuro perfecto	
abrazaré	abrazaremos	habré abrazado	habremos abrazado
abrazarás	abrazaréis	habrás abrazado	habréis abrazado
abrazará	abrazarán	habrá abrazado	habrán abrazado

5   potencial simple

		12 potencial compuesto	
abrazaría	abrazaríamos	habría abrazado	habríamos abrazado
abrazarías	abrazaríais	habrías abrazado	habríais abrazado
abrazaría	abrazarían	habría abrazado	habrían abrazado

6   presente de subjuntivo

		13 perfecto de subjuntivo	
abrace	abracemos	haya abrazado	hayamos abrazado
abraces	abracéis	hayas abrazado	hayáis abrazado
abrace	abracen	haya abrazado	hayan abrazado

7   imperfecto de subjuntivo

		14 pluscuamperfecto de subjuntivo	
abrazara	abrazáramos	hubiera abrazado	hubiéramos abrazado
abrazaras	abrazarais	hubieras abrazado	hubierais abrazado
abrazara	abrazaran	hubiera abrazado	hubieran abrazado
OR		OR	
abrazase	abrazásemos	hubiese abrazado	hubiésemos abrazado
abrazases	abrazaseis	hubieses abrazado	hubieseis abrazado
abrazase	abrazasen	hubiese abrazado	hubiesen abrazado

imperativo

—	abracemos
abraza; no abraces	abrazad; no abracéis
abrace	abracen

Words related to this verb

un abrazo   embrace, hug   **una abrazada**   embrace
el abrazamiento   embracing   **un abrazador, una abrazadora**   embracer, hugger

Be sure to consult the sections on verbs used in idiomatic expressions, verbs with prepositions, and the list of over 1,000 verbs conjugated like model verbs in the back pages.

abrir Gerundio **abriendo** Part. pas. **abierto**

to open

The Seven Simple Tenses		The Seven Compound Tenses	
Singular	Plural	Singular	Plural

1 presente de indicativo

		8 perfecto de indicativo	
abro	abrimos	he abierto	hemos abierto
abres	abrís	has abierto	habéis abierto
abre	abren	ha abierto	han abierto

2 imperfecto de indicativo

		9 pluscuamperfecto de indicativo	
abría	abríamos	había abierto	habíamos abierto
abrías	abríais	habías abierto	habíais abierto
abría	abrían	había abierto	habían abierto

3 pretérito

		10 pretérito anterior	
abrí	abrimos	hube abierto	hubimos abierto
abriste	abristeis	hubiste abierto	hubisteis abierto
abrió	abrieron	hubo abierto	hubieron abierto

4 futuro

		11 futuro perfecto	
abriré	abriremos	habré abierto	habremos abierto
abrirás	abriréis	habrás abierto	habréis abierto
abrirá	abrirán	habrá abierto	habrán abierto

5 potencial simple

		12 potencial compuesto	
abriría	abriríamos	habría abierto	habríamos abierto
abrirías	abriríais	habrías abierto	habríais abierto
abriría	abrirían	habría abierto	habrían abierto

6 presente de subjuntivo

		13 perfecto de subjuntivo	
abra	abramos	haya abierto	hayamos abierto
abras	abráis	hayas abierto	hayáis abierto
abra	abran	haya abierto	hayan abierto

7 imperfecto de subjuntivo

		14 pluscuamperfecto de subjuntivo	
abriera	abriéramos	hubiera abierto	hubiéramos abierto
abrieras	abrierais	hubieras abierto	hubierais abierto
abriera	abrieran	hubiera abierto	hubieran abierto
OR		OR	
abriese	abriésemos	hubiese abierto	hubiésemos abierto
abrieses	abrieseis	hubieses abierto	hubieseis abierto
abriese	abriesen	hubiese abierto	hubiesen abierto

imperativo

—	abramos
abre; no abras	abrid; no abráis
abra	abran

Sentences using this verb and words related to it

La maestra dijo a los alumnos: —Abran los libros en la página diez, por favor.
Todos los alumnos abrieron los libros en la página diez y Pablo comenzó a leer la lectura.

un abrimiento	opening	**La puerta está abierta.**	The door is open.
abrir paso	to make way	**Los libros están abiertos.**	The books are open.

to absolve, to acquit

The Seven Simple Tenses		The Seven Compound Tenses	
Singular	Plural	Singular	Plural

1   presente de indicativo

		8 perfecto de indicativo	
absuelvo	absolvemos	he absuelto	hemos absuelto
absuelves	absolvéis	has absuelto	habéis absuelto
absuelve	absuelven	ha absuelto	han absuelto

2   imperfecto de indicativo

		9 pluscuamperfecto de indicativo	
absolvía	absolvíamos	había absuelto	habíamos absuelto
absolvías	absolvíais	habías absuelto	habíais absuelto
absolvía	absolvían	había absuelto	habían absuelto

3   pretérito

		10 pretérito anterior	
absolví	absolvimos	hube absuelto	hubimos absuelto
absolviste	absolvisteis	hubiste absuelto	hubisteis absuelto
absolvió	absolvieron	hubo absuelto	hubieron absuelto

4   futuro

		11 futuro perfecto	
absolveré	absolveremos	habré absuelto	habremos absuelto
absolverás	absolveréis	habrás absuelto	habréis absuelto
absolverá	absolverán	habrá absuelto	habrán absuelto

5   potencial simple

		12 potencial compuesto	
absolvería	absolveríamos	habría absuelto	habríamos absuelto
absolverías	absolveríais	habrías absuelto	habríais absuelto
absolvería	absolverían	habría absuelto	habrían absuelto

6   presente de subjuntivo

		13 perfecto de subjuntivo	
absuelva	absolvamos	haya absuelto	hayamos absuelto
absuelvas	absolváis	hayas absuelto	hayáis absuelto
absuelva	absuelvan	haya absuelto	hayan absuelto

7   imperfecto de subjuntivo

		14 pluscuamperfecto de subjuntivo	
absolviera	absolviéramos	hubiera absuelto	hubiéramos absuelto
absolvieras	absolvierais	hubieras absuelto	hubierais absuelto
absolviera	absolvieran	hubiera absuelto	hubieran absuelto
OR		OR	
absolviese	absolviésemos	hubiese absuelto	hubiésemos absuelto
absolvieses	absolvieseis	hubieses absuelto	hubieseis absuelto
absolviese	absolviesen	hubiese absuelto	hubiesen absuelto

imperativo

—	absolvamos
absuelve; no absuelvas	absolved; no absolváis
absuelva	absuelvan

Words related to this verb

la absolución   absolution, acquittal, pardon
absolutamente   absolutely
absoluto, absoluta   absolute, unconditional

to abstain

The Seven Simple Tenses		The Seven Compound Tenses	
Singular	Plural	Singular	Plural

1 presente de indicativo
me abstengo nos abstenemos
te abstienes os abstenéis
se abstiene se abstienen

8 perfecto de indicativo
me he abstenido nos hemos abstenido
te has abstenido os habéis abstenido
se ha abstenido se han abstenido

2 imperfecto de indicativo
me abstenía nos absteníamos
te abstenías os absteníais
se abstenía se abstenían

9 pluscuamperfecto de indicativo
me había abstenido nos habíamos abstenido
te habías abstenido os habíais abstenido
se había abstenido se habían abstenido

3 pretérito
me abstuve nos abstuvimos
te abstuviste os abstuvisteis
se abstuvo se abstuvieron

10 pretérito anterior
me hube abstenido nos hubimos abstenido
te hubiste abstenido os hubisteis abstenido
se hubo abstenido se hubieron abstenido

4 futuro
me abstendré nos abstendremos
te abstendrás os abstendréis
se abstendrá se abstendrán

11 futuro perfecto
me habré abstenido nos habremos abstenido
te habrás abstenido os habréis abstenido
se habrá abstenido se habrán abstenido

5 potencial simple
me abstendría nos abstendríamos
te abstendrías os abstendríais
se abstendría se abstendrían

12 potencial compuesto
me habría abstenido nos habríamos abstenido
te habrías abstenido os habríais abstenido
se habría abstenido se habrían abstenido

6 presente de subjuntivo
me abstenga nos abstengamos
te abstengas os abstengáis
se abstenga se abstengan

13 perfecto de subjuntivo
me haya abstenido nos hayamos abstenido
te hayas abstenido os hayáis abstenido
se haya abstenido se hayan abstenido

7 imperfecto de subjuntivo
me abstuviera nos abstuviéramos
te abstuvieras os abstuvierais
se abstuviera se abstuvieran
OR
me abstuviese nos abstuviésemos
te abstuvieses os abstuvieseis
se abstuviese se abstuviesen

14 pluscuamperfecto de subjuntivo
me hubiera abstenido nos hubiéramos abstenido
te hubieras abstenido os hubierais abstenido
se hubiera abstenido se hubieran abstenido
OR
me hubiese abstenido nos hubiésemos abstenido
te hubieses abstenido os hubieseis abstenido
se hubiese abstenido se hubiesen abstenido

imperativo

— abstengámonos
abstente; no te abstengas absteneos; no os abstengáis
absténgase absténganse

Words related to this verb

la abstención abstention, forbearance
abstenerse de to abstain from
la abstinencia abstinence, fasting

to annoy, to bore, to vex

The Seven Simple Tenses		The Seven Compound Tenses	
Singular	Plural	Singular	Plural
1 presente de indicativo		**8 perfecto de indicativo**	
aburro	aburrimos	he aburrido	hemos aburrido
aburres	aburrís	has aburrido	habéis aburrido
aburre	aburren	ha aburrido	han aburrido
2 imperfecto de indicativo		**9 pluscuamperfecto de indicativo**	
aburría	aburríamos	había aburrido	habíamos aburrido
aburrías	aburríais	habías aburrido	habíais aburrido
aburría	aburrían	había aburrido	habían aburrido
3 pretérito		**10 pretérito anterior**	
aburrí	aburrimos	hube aburrido	hubimos aburrido
aburriste	aburristeis	hubiste aburrido	hubisteis aburrido
aburrió	aburrieron	hubo aburrido	hubieron aburrido
4 futuro		**11 futuro perfecto**	
aburriré	aburriremos	habré aburrido	habremos aburrido
aburrirás	aburriréis	habrás aburrido	habréis aburrido
aburrirá	aburrirán	habrá aburrido	habrán aburrido
5 potencial simple		**12 potencial compuesto**	
aburriría	aburriríamos	habría aburrido	habríamos aburrido
aburrirías	aburriríais	habrías aburrido	habríais aburrido
aburriría	aburrirían	habría aburrido	habrían aburrido
6 presente de subjuntivo		**13 perfecto de subjuntivo**	
aburra	aburramos	haya aburrido	hayamos aburrido
aburras	aburráis	hayas aburrido	hayáis aburrido
aburra	aburran	haya aburrido	hayan aburrido
7 imperfecto de subjuntivo		**14 pluscuamperfecto de subjuntivo**	
aburriera	aburriéramos	hubiera aburrido	hubiéramos aburrido
aburrieras	aburrierais	hubieras aburrido	hubierais aburrido
aburriera	aburrieran	hubiera aburrido	hubieran aburrido
OR		OR	
aburriese	aburriésemos	hubiese aburrido	hubiésemos aburrido
aburrieses	aburrieseis	hubieses aburrido	hubieseis aburrido
aburriese	aburriesen	hubiese aburrido	hubiesen aburrido

	imperativo	
–		aburramos
aburre; no aburras		aburrid; no aburráis
aburra		aburran

Sentences using this verb and words related to it

El profesor de español cree que Pedro está aburrido, que María está aburrida, que todos los alumnos en la clase están aburridos.

un aburrimiento   annoyance, weariness   **un aburridor, una aburridora**
                                                                  boring person

See also **aburrirse.**

to be bored, to grow tired, to grow weary

The Seven Simple Tenses		The Seven Compound Tenses	
Singular	Plural	Singular	Plural
1 presente de indicativo		**8 perfecto de indicativo**	
me aburro	nos aburrimos	me he aburrido	nos hemos aburrido
te aburres	os aburrís	te has aburrido	os habéis aburrido
se aburre	se aburren	se ha aburrido	se han aburrido
2 imperfecto de indicativo		**9 pluscuamperfecto de indicativo**	
me aburría	nos aburríamos	me había aburrido	nos habíamos aburrido
te aburrías	os aburríais	te habías aburrido	os habíais aburrido
se aburría	se aburrían	se había aburrido	se habían aburrido
3 pretérito		**10 pretérito anterior**	
me aburrí	nos aburrimos	me hube aburrido	nos hubimos aburrido
te aburriste	os aburristeis	te hubiste aburrido	os hubisteis aburrido
se aburrió	se aburrieron	se hubo aburrido	se hubieron aburrido
4 futuro		**11 futuro perfecto**	
me aburriré	nos aburriremos	me habré aburrido	nos habremos aburrido
te aburrirás	os aburriréis	te habrás aburrido	os habréis aburrido
se aburrirá	se aburrirán	se habrá aburrido	se habrán aburrido
5 potencial simple		**12 potencial compuesto**	
me aburriría	nos aburriríamos	me habría aburrido	nos habríamos aburrido
te aburrirías	os aburriríais	te habrías aburrido	os habríais aburrido
se aburriría	se aburrirían	se habría aburrido	se habrían aburrido
6 presente de subjuntivo		**13 perfecto de subjuntivo**	
me aburra	nos aburramos	me haya aburrido	nos hayamos aburrido
te aburras	os aburráis	te hayas aburrido	os hayáis aburrido
se aburra	se aburran	se haya aburrido	se hayan aburrido
7 imperfecto de subjuntivo		**14 pluscuamperfecto de subjuntivo**	
me aburriera	nos aburriéramos	me hubiera aburrido	nos hubiéramos aburrido
te aburrieras	os aburrierais	te hubieras aburrido	os hubierais aburrido
se aburriera	se aburrieran	se hubiera aburrido	se hubieran aburrido
OR		OR	
me aburriese	nos aburriésemos	me hubiese aburrido	nos hubiésemos aburrido
te aburrieses	os aburrieseis	te hubieses aburrido	os hubieseis aburrido
se aburriese	se aburriesen	se hubiese aburrido	se hubiesen aburrido

imperativo	
—	aburrámonos
abúrrete; no te aburras	aburríos; no os aburráis
abúrrase	abúrranse

Sentences using this verb and words related to it

El profesor de español se aburre en la clase de español porque hace treinta años que enseña la lengua en la misma escuela.

un aburrimiento   annoyance, weariness
aburridamente   tediously
See also **aburrir.**

8

to finish, to end, to complete

The Seven Simple Tenses		The Seven Compound Tenses	
Singular	Plural	Singular	Plural

1 presente de indicativo		8 perfecto de indicativo	
acabo	acabamos	he acabado	hemos acabado
acabas	acabáis	has acabado	habéis acabado
acaba	acaban	ha acabado	han acabado

2 imperfecto de indicativo		9 pluscuamperfecto de indicativo	
acababa	acabábamos	había acabado	habíamos acabado
acababas	acababais	habías acabado	habíais acabado
acababa	acababan	había acabado	habían acabado

3 pretérito		10 pretérito anterior	
acabé	acabamos	hube acabado	hubimos acabado
acabaste	acabasteis	hubiste acabado	hubisteis acabado
acabó	acabaron	hubo acabado	hubieron acabado

4 futuro		11 futuro perfecto	
acabaré	acabaremos	habré acabado	habremos acabado
acabarás	acabaréis	habrás acabado	habréis acabado
acabará	acabarán	habrá acabado	habrán acabado

5 potencial simple		12 potencial compuesto	
acabaría	acabaríamos	habría acabado	habríamos acabado
acabarías	acabaríais	habrías acabado	habríais acabado
acabaría	acabarían	habría acabado	habrían acabado

6 presente de subjuntivo		13 perfecto de subjuntivo	
acabe	acabemos	haya acabado	hayamos acabado
acabes	acabéis	hayas acabado	hayáis acabado
acabe	acaben	haya acabado	hayan acabado

7 imperfecto de subjuntivo		14 pluscuamperfecto de subjuntivo	
acabara	acabáramos	hubiera acabado	hubiéramos acabado
acabaras	acabarais	hubieras acabado	hubierais acabado
acabara	acabaran	hubiera acabado	hubieran acabado
OR		OR	
acabase	acabásemos	hubiese acabado	hubiésemos acabado
acabases	acabaseis	hubieses acabado	hubieseis acabado
acabase	acabasen	hubiese acabado	hubiesen acabado

imperativo

—	acabemos
acaba; no acabes	acabad; no acabéis
acabe	acaben

Sentences using this verb and words related to it

Yo acabo de leer la lección de español, Miguel acaba de escribir una composición, y los otros alumnos acaban de hablar en español.

el acabamiento   completion
acabar de + inf.   to have just + past part.
acabar por   to end by, to . . . finally

Consult the back pages for
the sections on verbs in idioms
and with prepositions.

The subject pronouns are found on the page facing page 1.   **9**

to accelerate, to speed, to hasten, to hurry

The Seven Simple Tenses		The Seven Compound Tenses	
Singular	Plural	Singular	Plural
1 presente de indicativo		**8 perfecto de indicativo**	
acelero	aceleramos	he acelerado	hemos acelerado
aceleras	aceleráis	has acelerado	habéis acelerado
acelera	aceleran	ha acelerado	han acelerado
2 imperfecto de indicativo		**9 pluscuamperfecto de indicativo**	
aceleraba	acelerábamos	había acelerado	habíamos acelerado
acelerabas	acelerabais	habías acelerado	habíais acelerado
aceleraba	aceleraban	había acelerado	habían acelerado
3 pretérito		**10 pretérito anterior**	
aceleré	aceleramos	hube acelerado	hubimos acelerado
aceleraste	acelerasteis	hubiste acelerado	hubisteis acelerado
aceleró	aceleraron	hubo acelerado	hubieron acelerado
4 futuro		**11 futuro perfecto**	
aceleraré	aceleraremos	habré acelerado	habremos acelerado
acelerarás	aceleraréis	habrás acelerado	habréis acelerado
acelerará	acelerarán	habrá acelerado	habrán acelerado
5 potencial simple		**12 potencial compuesto**	
aceleraría	aceleraríamos	habría acelerado	habríamos acelerado
acelerarías	aceleraríais	habrías acelerado	habríais acelerado
aceleraría	acelerarían	habría acelerado	habrían acelerado
6 presente de subjuntivo		**13 perfecto de subjuntivo**	
acelere	aceleremos	haya acelerado	hayamos acelerado
aceleres	aceleréis	hayas acelerado	hayáis acelerado
acelere	aceleren	haya acelerado	hayan acelerado
7 imperfecto de subjuntivo		**14 pluscuamperfecto de subjuntivo**	
acelerara	aceleráramos	hubiera acelerado	hubiéramos acelerado
aceleraras	acelerarais	hubieras acelerado	hubierais acelerado
acelerara	aceleraran	hubiera acelerado	hubieran acelerado
OR		OR	
acelerase	acelerásemos	hubiese acelerado	hubiésemos acelerado
acelerases	aceleraseis	hubieses acelerado	hubieseis acelerado
acelerase	acelerasen	hubiese acelerado	hubiesen acelerado

	imperativo
—	aceleremos
acelera; no aceleres	acelerad; no aceleréis
acelere	aceleren

Words related to this verb

aceleradamente hastily, quickly, speedily   **acelerante** accelerating
la aceleración haste, acceleration   **el aceleramiento** acceleration

Be sure to consult the sections on verbsused in idiomatic expressions, verbs with prepositions, and the list of over 1,000 verbs conjugated like model verbs in the back pages.

to accept

The Seven Simple Tenses		The Seven Compound Tenses	
Singular	Plural	Singular	Plural

1   presente de indicativo

		8 perfecto de indicativo	
acepto	aceptamos	he aceptado	hemos aceptado
aceptas	aceptáis	has aceptado	habéis aceptado
acepta	aceptan	ha aceptado	han aceptado

2   imperfecto de indicativo

		9 pluscuamperfecto de indicativo	
aceptaba	aceptábamos	había aceptado	habíamos aceptado
aceptabas	aceptabais	habías aceptado	habíais aceptado
aceptaba	aceptaban	había aceptado	habían aceptado

3   pretérito

		10 pretérito anterior	
acepté	aceptamos	hube aceptado	hubimos aceptado
aceptaste	aceptasteis	hubiste aceptado	hubisteis aceptado
aceptó	aceptaron	hubo aceptado	hubieron aceptado

4   futuro

		11 futuro perfecto	
aceptaré	aceptaremos	habré aceptado	habremos aceptado
aceptarás	aceptaréis	habrás aceptado	habréis aceptado
aceptará	aceptarán	habrá aceptado	habrán aceptado

5   potencial simple

		12 potencial compuesto	
aceptaría	aceptaríamos	habría aceptado	habríamos aceptado
aceptarías	aceptaríais	habrías aceptado	habríais aceptado
aceptaría	aceptarían	habría aceptado	habrían aceptado

6   presente de subjuntivo

		13 perfecto de subjuntivo	
acepte	aceptemos	haya aceptado	hayamos aceptado
aceptes	aceptéis	hayas aceptado	hayáis aceptado
acepte	acepten	haya aceptado	hayan aceptado

7   imperfecto de subjuntivo

		14 pluscuamperfecto de subjuntivo	
aceptara	aceptáramos	hubiera aceptado	hubiéramos aceptado
aceptaras	aceptarais	hubieras aceptado	hubierais aceptado
aceptara	aceptaran	hubiera aceptado	hubieran aceptado
OR		OR	
aceptase	aceptásemos	hubiese aceptado	hubiésemos aceptado
aceptases	aceptaseis	hubieses aceptado	hubieseis aceptado
aceptase	aceptasen	hubiese aceptado	hubiesen aceptado

imperativo

—	aceptemos
acepta; no aceptes	aceptad; no aceptéis
acepte	acepten

Words and expressions related to this verb

aceptable acceptable
el aceptador, la aceptadora acceptor
el aceptante, la aceptante accepter
la aceptación acceptance, acceptation

aceptar a + inf. to agree + inf.
aceptar empleo to take a job
acepto, acepta acceptable

to bring near, to place near

The Seven Simple Tenses		The Seven Compound Tenses	
Singular	Plural	Singular	Plural

1 presente de indicativo		8 perfecto de indicativo	
acerco	acercamos	he acercado	hemos acercado
acercas	acercáis	has acercado	habéis acercado
acerca	acercan	ha acercado	han acercado

2 imperfecto de indicativo		9 pluscuamperfecto de indicativo	
acercaba	acercábamos	había acercado	habíamos acercado
acercabas	acercabais	habías acercado	habíais acercado
acercaba	acercaban	había acercado	habían acercado

3 pretérito		10 pretérito anterior	
acerqué	acercamos	hube acercado	hubimos acercado
acercaste	acercasteis	hubiste acercado	hubisteis acercado
acercó	acercaron	hubo acercado	hubieron acercado

4 futuro		11 futuro perfecto	
acercaré	acercaremos	habré acercado	habremos acercado
acercarás	acercaréis	habrás acercado	habréis acercado
acercará	acercarán	habrá acercado	habrán acercado

5 potencial simple		12 potencial compuesto	
acercaría	acercaríamos	habría acercado	habríamos acercado
acercarías	acercaríais	habrías acercado	habríais acercado
acercaría	acercarían	habría acercado	habrían acercado

6 presente de subjuntivo		13 perfecto de subjuntivo	
acerque	acerquemos	haya acercado	hayamos acercado
acerques	acerquéis	hayas acercado	hayáis acercado
acerque	acerquen-	haya acercado	hayan acercado

7 imperfecto de subjuntivo		14 pluscuamperfecto de subjuntivo	
acercara	acercáramos	hubiera acercado	hubiéramos acercado
acercaras	acercarais	hubieras acercado	hubierais acercado
acercara	acercaran	hubiera acercado	hubieran acercado
OR		OR	
acercase	acercásemos	hubiese acercado	hubiésemos acercado
acercases	acercaseis	hubieses acercado	hubieseis acercado
acercase	acercasen	hubiese acercado	hubiesen acercado

	imperativo	
—	acerquemos	
acerca; no acerques	acercad; no acerquéis	
acerque	acerquen	

Words and expressions related to this verb

acerca de   about, regarding, with regard to
el acercamiento   approaching, approximation
cerca de   near
de cerca   close at hand, closely

acerca de esto   hereof
la cerca   fence, hedge
el cercado   fenced in area

See also **acercarse.**

to approach, to draw near

The Seven Simple Tenses		The Seven Compound Tenses	
Singular	Plural	Singular	Plural

1 presente de indicativo

me acerco	nos acercamos		
te acercas	os acercáis		
se acerca	se acercan		

8 perfecto de indicativo

me he acercado	nos hemos acercado
te has acercado	os habéis acercado
se ha acercado	se han acercado

2 imperfecto de indicativo

me acercaba	nos acercábamos
te acercabas	os acercabais
se acercaba	se acercaban

9 pluscuamperfecto de indicativo

me había acercado	nos habíamos acercado
te habías acercado	os habíais acercado
se había acercado	se habían acercado

3 pretérito

me acerqué	nos acercamos
te acercaste	os acercasteis
se acercó	se acercaron

10 pretérito anterior

me hube acercado	nos hubimos acercado
te hubiste acercado	os hubisteis acercado
se hubo acercado	se hubieron acercado

4 futuro

me acercaré	nos acercaremos
te acercarás	os acercaréis
se acercará	se acercarán

11 futuro perfecto

me habré acercado	nos habremos acercado
te habrás acercado	os habréis acercado
se habrá acercado	se habrán acercado

5 potencial simple

me acercaría	nos acercaríamos
te acercarías	os acercaríais
se acercaría	se acercarían

12 potencial compuesto

me habría acercado	nos habríamos acercado
te habrías acercado	os habríais acercado
se habría acercado	se habrían acercado

6 presente de subjuntivo

me acerque	nos acerquemos
te acerques	os acerquéis
se acerque	se acerquen

13 perfecto de subjuntivo

me haya acercado	nos hayamos acercado
te hayas acercado	os hayáis acercado
se haya acercado	se hayan acercado

7 imperfecto de subjuntivo

me acercara	nos acercáramos
te acercaras	os acercarais
se acercara	se acercaran
OR	
me acercase	nos acercásemos
te acercases	os acercaseis
se acercase	se acercasen

14 pluscuamperfecto de subjuntivo

me hubiera acercado	nos hubiéramos acercado
te hubieras acercado	os hubierais acercado
se hubiera acercado	se hubieran acercado
OR	
me hubiese acercado	nos hubiésemos acercado
te hubieses acercado	os hubieseis acercado
se hubiese acercado	se hubiesen acercado

imperativo

—	acerquémonos
acércate; no te acerques	acercaos; no os acerquéis
acérquese	acérquense

Words and expressions related to this verb

acerca de   about, regarding, with regard to
el acercamiento   approaching, approximation
cerca de   near
de cerca   close at hand, closely

la cercadura   fence
cercano, cercana   near
cercar   to enclose, fence in
las cercanías   neighborhood

See also **acercar**.

The subject pronouns are found on the page facing page 1.

to hit the mark, to hit upon, to do (something) right, to succeed in

The Seven Simple Tenses		The Seven Compound Tenses	
Singular	Plural	Singular	Plural
1 presente de indicativo		**8 perfecto de indicativo**	
acierto	acertamos	he acertado	hemos acertado
aciertas	acertáis	has acertado	habéis acertado
acierta	aciertan	ha acertado	han acertado
2 imperfecto de indicativo		**9 pluscuamperfecto de indicativo**	
acertaba	acertábamos	había acertado	habíamos acertado
acertabas	acertabais	habías acertado	habíais acertado
acertaba	acertaban	había acertado	habían acertado
3 pretérito		**10 pretérito anterior**	
acerté	acertamos	hube acertado	hubimos acertado
acertaste	acertasteis	hubiste acertado	hubisteis acertado
acertó	acertaron	hubo acertado	hubieron acertado
4 futuro		**11 futuro perfecto**	
acertaré	acertaremos	habré acertado	habremos acertado
acertarás	acertaréis	habrás acertado	habréis acertado
acertará	acertarán	habrá acertado	habrán acertado
5 potencial simple		**12 potencial compuesto**	
acertaría	acertaríamos	habría acertado	habríamos acertado
acertarías	acertaríais	habrías acertado	habríais acertado
acertaría	acertarían	habría acertado	habrían acertado
6 presente de subjuntivo		**13 perfecto de subjuntivo**	
acierte	acertemos	haya acertado	hayamos acertado
aciertes	acertéis	hayas acertado	hayáis acertado
acierte	acierten	haya acertado	hayan acertado
7 imperfecto de subjuntivo		**14 pluscuamperfecto de subjuntivo**	
acertara	acertáramos	hubiera acertado	hubiéramos acertado
acertaras	acertarais	hubieras acertado	hubierais acertado
acertara	acertaran	hubiera acertado	hubieran acertado
OR		OR	
acertase	acertásemos	hubiese acertado	hubiésemos acertado
acertases	acertaseis	hubieses acertado	hubieseis acertado
acertase	acertasen	hubiese acertado	hubiesen acertado

imperativo

—	acertemos
acierta; no aciertes	acertad; no acertéis
acierte	acierten

Words and expressions related to this verb

acertado, acertada proper, fit
el acertador, la acertadora good guesser
acertar a to happen
acertar con to come across, to find

el acertamiento tact, ability
el acertajo riddle
acertadamente opportunely
ciertamente certainly

14

to acclaim, to applaud, to shout, to hail

The Seven Simple Tenses		The Seven Compound Tenses	
Singular	Plural	Singular	Plural

1   presente de indicativo

		8 perfecto de indicativo	
aclamo	aclamamos	he aclamado	hemos aclamado
aclamas	aclamáis	has aclamado	habéis aclamado
aclama	aclaman	ha aclamado	han aclamado

2   imperfecto de indicativo

		9 pluscuamperfecto de indicativo	
aclamaba	aclamábamos	había aclamado	habíamos aclamado
aclamabas	aclamabais	habías aclamado	habíais aclamado
aclamaba	aclamaban	había aclamado	habían aclamado

3   pretérito

		10 pretérito anterior	
aclamé	aclamamos	hube aclamado	hubimos aclamado
aclamaste	aclamasteis	hubiste aclamado	hubisteis aclamado
aclamó	aclamaron	hubo aclamado	hubieron aclamado

4   futuro

		11 futuro perfecto	
aclamaré	aclamaremos	habré aclamado	habremos aclamado
aclamarás	aclamaréis	habrás aclamado	habréis aclamado
aclamará	aclamarán	habrá aclamado	habrán aclamado

5   potencial simple

		12 potencial compuesto	
aclamaría	aclamaríamos	habría aclamado	habríamos aclamado
aclamarías	aclamaríais	habrías aclamado	habríais aclamado
aclamaría	aclamarían	habría aclamado	habrían aclamado

6   presente de subjuntivo

		13 perfecto de subjuntivo	
aclame	aclamemos	haya aclamado	hayamos aclamado
aclames	aclaméis	hayas aclamado	hayáis aclamado
aclame	aclamen	haya aclamado	hayan aclamado

7   imperfecto de subjuntivo

		14 pluscuamperfecto de subjuntivo	
aclamara	aclamáramos	hubiera aclamado	hubiéramos aclamado
aclamaras	aclamarais	hubieras aclamado	hubierais aclamado
aclamara	aclamaran	hubiera aclamado	hubieran aclamado
OR		OR	
aclamase	aclamásemos	hubiese aclamado	hubiésemos aclamado
aclamases	aclamaseis	hubieses aclamado	hubieseis aclamado
aclamase	aclamasen	hubiese aclamado	hubiesen aclamado

imperativo

–	aclamemos
aclama; no aclames	aclamad; no aclaméis
aclame	aclamen

Words and expressions related to this verb

aclamado, aclamada acclaimed
la aclamación acclaim, acclamation
la reclamación claim, demand
reclamar en juicio to sue

aclamable laudable
por aclamación unanimously
reclamar to claim, to demand, to reclaim
reclamar por daños to claim damages

The subject pronouns are found on the page facing page 1.   **15**

to explain, to clarify, to make clear, to rinse, to clear

The Seven Simple Tenses		The Seven Compound Tenses	
Singular	Plural	Singular	Plural
1 presente de indicativo		**8 perfecto de indicativo**	
aclaro	aclaramos	he aclarado	hemos aclarado
aclaras	aclaráis	has aclarado	habéis aclarado
aclara	aclaran	ha aclarado	han aclarado
2 imperfecto de indicativo		**9 pluscuamperfecto de indicativo**	
aclaraba	aclarábamos	había aclarado	habíamos aclarado
aclarabas	aclarabais	habías aclarado	habíais aclarado
aclaraba	aclaraban	había aclarado	habían aclarado
3 pretérito		**10 pretérito anterior**	
aclaré	aclaramos	hube aclarado	hubimos aclarado
aclaraste	aclarasteis	hubiste aclarado	hubisteis aclarado
aclaró	aclararon	hubo aclarado	hubieron aclarado
4 futuro		**11 futuro perfecto**	
aclararé	aclararemos	habré aclarado	habremos aclarado
aclararás	aclararéis	habrás aclarado	habréis aclarado
aclarará	aclararán	habrá aclarado	habrán aclarado
5 potencial simple		**12 potencial compuesto**	
aclararía	aclararíamos	habría aclarado	habríamos aclarado
aclararías	aclararíais	habrías aclarado	habríais aclarado
aclararía	aclararían	habría aclarado	habrían aclarado
6 presente de subjuntivo		**13 perfecto de subjuntivo**	
aclare	aclaremos	haya aclarado	hayamos aclarado
aclares	aclaréis	hayas aclarado	hayáis aclarado
aclare	aclaren	haya aclarado	hayan aclarado
7 imperfecto de subjuntivo		**14 pluscuamperfecto de subjuntivo**	
aclarara	aclaráramos	hubiera aclarado	hubiéramos aclarado
aclararas	aclararais	hubieras aclarado	hubierais aclarado
aclarara	aclararan	hubiera aclarado	hubieran aclarado
OR		OR	
aclarase	aclarásemos	hubiese aclarado	hubiésemos aclarado
aclarases	aclaraseis	hubieses aclarado	hubieseis aclarado
aclarase	aclarasen	hubiese aclarado	hubiesen aclarado

imperativo	
—	aclaremos
aclara; no aclares	aclarad; no aclaréis
aclare	aclaren

Words and expressions related to this verb

una aclaración explanation
aclarado, aclarada cleared, made clear; rinsed
aclarar la voz to clear one's throat

aclarecer to make clear
¡Claro que sí! Of course!
¡Claro que no! Of course not!

to accompany, to escort, to go with, to keep company

The Seven Simple Tenses		The Seven Compound Tenses	
Singular	Plural	Singular	Plural

1   presente de indicativo

		8 perfecto de indicativo	
acompaño	acompañamos	he acompañado	hemos acompañado
acompañas	acompañáis	has acompañado	habéis acompañado
acompaña	acompañan	ha acompañado	han acompañado

2   imperfecto de indicativo

		9 pluscuamperfecto de indicativo	
acompañaba	acompañábamos	había acompañado	habíamos acompañado
acompañabas	acompañabais	habías acompañado	habíais acompañado
acompañaba	acompañaban	había acompañado	habían acompañado

3   pretérito

		10 pretérito anterior	
acompañé	acompañamos	hube acompañado	hubimos acompañado
acompañaste	acompañasteis	hubiste acompañado	hubisteis acompañado
acompañó	acompañaron	hubo acompañado	hubieron acompañado

4   futuro

		11 futuro perfecto	
acompañaré	acompañaremos	habré acompañado	habremos acompañado
acompañarás	acompañaréis	habrás acompañado	habréis acompañado
acompañará	acompañarán	habrá acompañado	habrán acompañado

5   potencial simple

		12 potencial compuesto	
acompañaría	acompañaríamos	habría acompañado	habríamos acompañado
acompañarías	acompañaríais	habrías acompañado	habríais acompañado
acompañaría	acompañarían	habría acompañado	habrían acompañado

6   presente de subjuntivo

		13 perfecto de subjuntivo	
acompañe	acompañemos	haya acompañado	hayamos acompañado
acompañes	acompañéis	hayas acompañado	hayáis acompañado
acompañe	acompañen	haya acompañado	hayan acompañado

7   imperfecto de subjuntivo

		14 pluscuamperfecto de subjuntivo	
acompañara	acompañáramos	hubiera acompañado	hubiéramos acompañado
acompañaras	acompañarais	hubieras acompañado	hubierais acompañado
acompañara	acompañaran	hubiera acompañado	hubieran acompañado
OR		OR	
acompañase	acompañásemos	hubiese acompañado	hubiésemos acompañado
acompañases	acompañaseis	hubieses acompañado	hubieseis acompañado
acompañase	acompañasen	hubiese acompañado	hubiesen acompañado

imperativo

–	acompañemos
acompaña; no acompañes	acompañad; no acompañéis
acompañe	acompañen

Words and expressions related to this verb

el acompañador, la acompañadora   companion, chaperon, accompanist
el acompañamiento   accompaniment, attendance
el acompañado, la acompañada   assistant
un compañero, una compañera   friend, mate, companion;
   compañero de cuarto   roommate; **compañero de juego**   playmate

to advise, to counsel

The Seven Simple Tenses		The Seven Compound Tenses	
Singular	Plural	Singular	Plural
1 presente de indicativo		**8 perfecto de indicativo**	
aconsejo	aconsejamos	he aconsejado	hemos aconsejado
aconsejas	aconsejáis	has aconsejado	habéis aconsejado
aconseja	aconsejan	ha aconsejado	han aconsejado
2 imperfecto de indicativo		**9 pluscuamperfecto de indicativo**	
aconsejaba	aconsejábamos	había aconsejado	habíamos aconsejado
aconsejabas	aconsejabais	habías aconsejado	habíais aconsejado
aconsejaba	aconsejaban	había aconsejado	habían aconsejado
3 pretérito		**10 pretérito anterior**	
aconsejé	aconsejamos	hube aconsejado	hubimos aconsejado
aconsejaste	aconsejasteis	hubiste aconsejado	hubisteis aconsejado
aconsejó	aconsejaron	hubo aconsejado	hubieron aconsejado
4 futuro		**11 futuro perfecto**	
aconsejaré	aconsejaremos	habré aconsejado	habremos aconsejado
aconsejarás	aconsejaréis	habrás aconsejado	habréis aconsejado
aconsejará	aconsejarán	habrá aconsejado	habrán aconsejado
5 potencial simple		**12 potencial compuesto**	
aconsejaría	aconsejaríamos	habría aconsejado	habríamos aconsejado
aconsejarías	aconsejaríais	habrías aconsejado	habríais aconsejado
aconsejaría	aconsejarían	habría aconsejado	habrían aconsejado
6 presente de subjuntivo		**13 perfecto de subjuntivo**	
aconseje	aconsejemos	haya aconsejado	hayamos aconsejado
aconsejes	aconsejéis	hayas aconsejado	hayáis aconsejado
aconseje	aconsejen	haya aconsejado	hayan aconsejado
7 imperfecto de subjuntivo		**14 pluscuamperfecto de subjuntivo**	
aconsejara	aconsejáramos	hubiera aconsejado	hubiéramos aconsejado
aconsejaras	aconsejarais	hubieras aconsejado	hubierais aconsejado
aconsejara	aconsejaran	hubiera aconsejado	hubieran aconsejado
OR		OR	
aconsejase	aconsejásemos	hubiese aconsejado	hubiésemos aconsejado
aconsejases	aconsejaseis	hubieses aconsejado	hubieseis aconsejado
aconsejase	aconsejasen	hubiese aconsejado	hubiesen aconsejado

imperativo

—	aconsejemos
aconseja; no aconsejes	aconsejad; no aconsejéis
aconseje	aconsejen

Words and expressions related to this verb

el aconsejador, la aconsejadora adviser, counselor
aconsejar con to consult
el consejo advice, counsel
El tiempo da buen consejo. Time will tell.

aconsejarse to seek advice
aconsejarse de to consult with
el aconsejamiento counselling
desaconsejadamente ill-advisedly

to agree (upon)

The Seven Simple Tenses		The Seven Compound Tenses	
Singular	Plural	Singular	Plural
1 presente de indicativo		**8 perfecto de indicativo**	
acuerdo	acordamos	he acordado	hemos acordado
acuerdas	acordáis	has acordado	habéis acordado
acuerda	acuerdan	ha acordado	han acordado
2 imperfecto de indicativo		**9 pluscuamperfecto de indicativo**	
acordaba	acordábamos	había acordado	habíamos acordado
acordabas	acordabais	habías acordado	habíais acordado
acordaba	acordaban	había acordado	habían acordado
3 pretérito		**10 pretérito anterior**	
acordé	acordamos	hube acordado	hubimos acordado
acordaste	acordasteis	hubiste acordado	hubisteis acordado
acordó	acordaron	hubo acordado	hubieron acordado
4 futuro		**11 futuro perfecto**	
acordaré	acordaremos	habré acordado	habremos acordado
acordarás	acordaréis	habrás acordado	habréis acordado
acordará	acordarán	habrá acordado	habrán acordado
5 potencial simple		**12 potencial compuesto**	
acordaría	acordaríamos	habría acordado	habríamos acordado
acordarías	acordaríais	habrías acordado	habríais acordado
acordaría	acordarían	habría acordado	habrían acordado
6 presente de subjuntivo		**13 perfecto de subjuntivo**	
acuerde	acordemos	haya acordado	hayamos acordado
acuerdes	acordéis	hayas acordado	hayáis acordado
acuerde	acuerden	haya acordado	hayan acordado
7 imperfecto de subjuntivo		**14 pluscuamperfecto de subjuntivo**	
acordara	acordáramos	hubiera acordado	hubiéramos acordado
acordaras	acordarais	hubieras acordado	hubierais acordado
acordara	acordaran	hubiera acordado	hubieran acordado
OR		OR	
acordase	acordásemos	hubiese acordado	hubiésemos acordado
acordases	acordaseis	hubieses acordado	hubieseis acordado
acordase	acordasen	hubiese acordado	hubiesen acordado

	imperativo	
—	acordemos	
acuerda; no acuerdes	**acordad; no acordéis**	
acuerde	**acuerden**	

Words and expressions related to this verb

la acordada decision, resolution
acordadamente jointly, by common consent
un acuerdo agreement
de acuerdo in agreement
de común acuerdo unanimously, by mutual agreement

desacordar to put out of tune
desacordante discordant
desacordado, desacordada
  out of tune (music)

See also **acordarse.**

The subject pronouns are found on the page facing page 1.

19

acordarse

to remember

The Seven Simple Tenses		The Seven Compound Tenses	
Singular	Plural	Singular	Plural
1 presente de indicativo		**8 perfecto de indicativo**	
me acuerdo	nos acordamos	me he acordado	nos hemos acordado
te acuerdas	os acordáis	te has acordado	os habéis acordado
se acuerda	se acuerdan	se ha acordado	se han acordado
2 imperfecto de indicativo		**9 pluscuamperfecto de indicativo**	
me acordaba	nos acordábamos	me había acordado	nos habíamos acordado
te acordabas	os acordabais	te habías acordado	os habíais acordado
se acordaba	se acordaban	se había acordado	se habían acordado
3 pretérito		**10 pretérito anterior**	
me acordé	nos acordamos	me hube acordado	nos hubimos acordado
te acordaste	os acordasteis	te hubiste acordado	os hubisteis acordado
se acordó	se acordaron	se hubo acordado	se hubieron acordado
4 futuro		**11 futuro perfecto**	
me acordaré	nos acordaremos	me habré acordado	nos habremos acordado
te acordarás	os acordaréis	te habrás acordado	os habréis acordado
se acordará	se acordarán	se habrá acordado	se habrán acordado
5 potencial simple		**12 potencial compuesto**	
me acordaría	nos acordaríamos	me habría acordado	nos habríamos acordado
te acordarías	os acordaríais	te habrías acordado	os habríais acordado
se acordaría	se acordarían	se habría acordado	se habrían acordado
6 presente de subjuntivo		**13 perfecto de subjuntivo**	
me acuerde	nos acordemos	me haya acordado	nos hayamos acordado
te acuerdes	os acordéis	te hayas acordado	os hayáis acordado
se acuerde	se acuerden	se haya acordado	se hayan acordado
7 imperfecto de subjuntivo		**14 pluscuamperfecto de subjuntivo**	
me acordara	nos acordáramos	me hubiera acordado	nos hubiéramos acordado
te acordaras	os acordarais	te hubieras acordado	os hubierais acordado
se acordara	se acordaran	se hubiera acordado	se hubieran acordado
OR		OR	
me acordase	nos acordásemos	me hubiese acordado	nos hubiésemos acordado
te acordases	os acordaseis	te hubieses acordado	os hubieseis acordado
se acordase	se acordasen	se hubiese acordado	se hubiesen acordado

imperativo	
—	acordémonos
acuérdate; no te acuerdes	acordaos; no os acordéis
acuérdese	acuérdense

Words and expressions related to this verb

si mal no me acuerdo   if I remember correctly, if my memory does not fail me
un acuerdo   agreement
de acuerdo   in agreement
de común acuerdo   unanimously, by mutual agreement
desacordarse   to become forgetful

See also **acordar.**

20

Gerundio **acostándose**   Part. pas. **acostado**   **acostarse**

to go to bed, to lie down

The Seven Simple Tenses		The Seven Compound Tenses	
Singular	Plural	Singular	Plural
1 presente de indicativo		**8 perfecto de indicativo**	
me acuesto	nos acostamos	me he acostado	nos hemos acostado
te acuestas	os acostáis	te has acostado	os habéis acostado
se acuesta	se acuestan	se ha acostado	se han acostado
2 imperfecto de indicativo		**9 pluscuamperfecto de indicativo**	
me acostaba	nos acostábamos	me había acostado	nos habíamos acostado
te acostabas	os acostabais	te habías acostado	os habíais acostado
se acostaba	se acostaban	se había acostado	se habían acostado
3 pretérito		**10 pretérito anterior**	
me acosté	nos acostamos	me hube acostado	nos hubimos acostado
te acostaste	os acostasteis	te hubiste acostado	os hubisteis acostado
se acostó	se acostaron	se hubo acostado	se hubieron acostado
4 futuro		**11 futuro perfecto**	
me acostaré	nos acostaremos	me habré acostado	nos habremos acostado
te acostarás	os acostaréis	te habrás acostado	os habréis acostado
se acostará	se acostarán	se habrá acostado	se habrán acostado
5 potencial simple		**12 potencial compuesto**	
me acostaría	nos acostaríamos	me habría acostado	nos habríamos acostado
te acostarías	os acostaríais	te habrías acostado	os habríais acostado
se acostaría	se acostarían	se habría acostado	se habrían acostado
6 presente de subjuntivo		**13 perfecto de subjuntivo**	
me acueste	nos acostemos	me haya acostado	nos hayamos acostado
te acuestes	os acostéis	te hayas acostado	os hayáis acostado
se acueste	se acuesten	se haya acostado	se hayan acostado
7 imperfecto de subjuntivo		**14 pluscuamperfecto de subjuntivo**	
me acostara	nos acostáramos	me hubiera acostado	nos hubiéramos acostado
te acostaras	os acostarais	te hubieras acostado	os hubierais acostado
se acostara	se acostaran	se hubiera acostado	se hubieran acostado
me acostase	nos acostásemos	me hubiese acostado	nos hubiésemos acostado
te acostases	os acostaseis	te hubieses acostado	os hubieseis acostado
se acostase	se acostasen	se hubiese acostado	se hubiesen acostado

imperativo

—	acostémonos; no nos acostemos
acuéstate; no te acuestes	acostaos; no os acostéis
acuéstese; no se acueste	acuéstense; no se acuesten

Sentences using this verb and words and expressions related to it

Todas las noches me acuesto a las diez, mi hermanito se acuesta a las ocho, y mis padres se acuestan a las once.

el acostamiento lying down, stretching
acostado, acostada in bed, lying down

acostar to put to bed
acostarse con las gallinas to go to bed very early

21

acostumbrar   Gerundio **acostumbrando**   Part. pas. **acostumbrado**

to be accustomed, to be in the habit of

The Seven Simple Tenses		The Seven Compound Tenses	
Singular	Plural	Singular	Plural
1 presente de indicativo		**8 perfecto de indicativo**	
acostumbro	acostumbramos	he acostumbrado	hemos acostumbrado
acostumbras	acostumbráis	has acostumbrado	habéis acostumbrado
acostumbra	acostumbran	ha acostumbrado	han acostumbrado
2 imperfecto de indicativo		**9 pluscuamperfecto de indicativo**	
acostumbraba	acostumbrábamos	había acostumbrado	habíamos acostumbrado
acostumbrabas	acostumbrabais	habías acostumbrado	habíais acostumbrado
acostumbraba	acostumbraban	había acostumbrado	habían acostumbrado
3 pretérito		**10 pretérito anterior**	
acostumbré	acostumbramos	hube acostumbrado	hubimos acostumbrado
acostumbraste	acostumbrasteis	hubiste acostumbrado	hubisteis acostumbrado
acostumbró	acostumbraron	hubo acostumbrado	hubieron acostumbrado
4 futuro		**11 futuro perfecto**	
acostumbraré	acostumbraremos	habré acostumbrado	habremos acostumbrado
acostumbrarás	acostumbraréis	habrás acostumbrado	habréis acostumbrado
acostumbrará	acostumbrarán	habrá acostumbrado	habrán acostumbrado
5 potencial simple		**12 potencial compuesto**	
acostumbraría	acostumbraríamos	habría acostumbrado	habríamos acostumbrado
acostumbrarías	acostumbraríais	habrías acostumbrado	habríais acostumbrado
acostumbraría	acostumbrarían	habría acostumbrado	habrían acostumbrado
6 presente de subjuntivo		**13 perfecto de subjuntivo**	
acostumbre	acostumbremos	haya acostumbrado	hayamos acostumbrado
acostumbres	acostumbréis	hayas acostumbrado	hayáis acostumbrado
acostumbre	acostumbren	haya acostumbrado	hayan acostumbrado
7 imperfecto de subjuntivo		**14 pluscuamperfecto de subjuntivo**	
acostumbrara	acostumbráramos	hubiera acostumbrado	hubiéramos acostumbrado
acostumbraras	acostumbrarais	hubieras acostumbrado	hubierais acostumbrado
acostumbrara	acostumbraran	hubiera acostumbrado	hubieran acostumbrado
OR		OR	
acostumbrase	acostumbrásemos	hubiese acostumbrado	hubiésemos acostumbrado
acostumbrases	acostumbraseis	hubieses acostumbrado	hubieseis acostumbrado
acostumbrase	acostumbrasen	hubiese acostumbrado	hubiesen acostumbrado

imperativo	
—	acostumbremos
acostumbra; no acostumbres	acostumbrad; no acostumbréis
acostumbre	acostumbren

Words and expressions related to this verb

acostumbradamente customarily
la costumbre custom, habit
de costumbre customary, usual
tener por costumbre to be in the habit of

to knife, to cut, to slash, to cut open

The Seven Simple Tenses		The Seven Compound Tenses	
Singular	Plural	Singular	Plural

1   presente de indicativo

acuchillo	acuchillamos	
acuchillas	acuchilláis	
acuchilla	acuchillan	

8   perfecto de indicativo

he acuchillado	hemos acuchillado
has acuchillado	habéis acuchillado
ha acuchillado	han acuchillado

2   imperfecto de indicativo

acuchillaba	acuchillábamos
acuchillabas	acuchillabais
acuchillaba	acuchillaban

9   pluscuamperfecto de indicativo

había acuchillado	habíamos acuchillado
habías acuchillado	habíais acuchillado
había acuchillado	habían acuchillado

3   pretérito

acuchillé	acuchillamos
acuchillaste	acuchillasteis
acuchilló	acuchillaron

10   pretérito anterior

hube acuchillado	hubimos acuchillado
hubiste acuchillado	hubisteis acuchillado
hubo acuchillado	hubieron acuchillado

4   futuro

acuchillaré	acuchillaremos
acuchillarás	acuchillaréis
acuchillará	acuchillarán

11   futuro perfecto

habré acuchillado	habremos acuchillado
habrás acuchillado	habréis acuchillado
habrá acuchillado	habrán acuchillado

5   potencial simple

acuchillaría	acuchillaríamos
acuchillarías	acuchillaríais
acuchillaría	acuchillarían

12   potencial compuesto

habría acuchillado	habríamos acuchillado
habrías acuchillado	habríais acuchillado
habría acuchillado	habrían acuchillado

6   presente de subjuntivo

acuchille	acuchillemos
acuchilles	acuchilléis
acuchille	acuchillen

13   perfecto de subjuntivo

haya acuchillado	hayamos acuchillado
hayas acuchillado	hayáis acuchillado
haya acuchillado	hayan acuchillado

7   imperfecto de subjuntivo

acuchillara	acuchilláramos
acuchillaras	acuchillarais
acuchillara	acuchillaran
OR	
acuchillase	acuchillásemos
acuchillases	acuchillaseis
acuchillase	acuchillasen

14   pluscuamperfecto de subjuntivo

hubiera acuchillado	hubiéramos acuchillado
hubieras acuchillado	hubierais acuchillado
hubiera acuchillado	hubieran acuchillado
OR	
hubiese acuchillado	hubiésemos acuchillado
hubieses acuchillado	hubieseis acuchillado
hubiese acuchillado	hubiesen acuchillado

imperativo

—	acuchillemos
acuchilla; no acuchilles	acuchillad; no acuchilléis
acuchille	acuchillen

Words and expressions related to this verb

un cuchillo   knife
un acuchilladizo   fencer
un cuchillo de cocina   kitchen knife
ser cuchillo de otro   to be a thorn in someone's side
un acuchillador, una acuchilladora   quarrelsome person; bully

The subject pronouns are found on the page facing page 1.   **23**

to attend, to be present frequently, to respond (to a call), to come to the rescue

The Seven Simple Tenses		The Seven Compound Tenses	
Singular	Plural	Singular	Plural
1 presente de indicativo		**8 perfecto de indicativo**	
acudo	acudimos	he acudido	hemos acudido
acudes	acudís	has acudido	habéis acudido
acude	acuden	ha acudido	han acudido
2 imperfecto de indicativo		**9 pluscuamperfecto de indicativo**	
acudía	acudíamos	había acudido	habíamos acudido
acudías	acudíais	habías acudido	habíais acudido
acudía	acudían	había acudido	habían acudido
3 pretérito		**10 pretérito anterior**	
acudí	acudimos	hube acudido	hubimos acudido
acudiste	acudisteis	hubiste acudido	hubisteis acudido
acudió	acudieron	hubo acudido	hubieron acudido
4 futuro		**11 futuro perfecto**	
acudiré	acudiremos	habré acudido	habremos acudido
acudirás	acudiréis	habrás acudido	habréis acudido
acudirá	acudirán	habrá acudido	habrán acudido
5 potencial simple		**12 potencial compuesto**	
acudiría	acudiríamos	habría acudido	habríamos acudido
acudirías	acudiríais	habrías acudido	habríais acudido
acudiría	acudirían	habría acudido	habrían acudido
6 presente de subjuntivo		**13 perfecto de subjuntivo**	
acuda	acudamos	haya acudido	hayamos acudido
acudas	acudáis	hayas acudido	hayáis acudido
acuda	acudan	haya acudido	hayan acudido
7 imperfecto de subjuntivo		**14 pluscuamperfecto de subjuntivo**	
acudiera	acudiéramos	hubiera acudido	hubiéramos acudido
acudieras	acudierais	hubieras acudido	hubierais acudido
acudiera	acudieran	hubiera acudido	hubieran acudido
OR		OR	
acudiese	acudiésemos	hubiese acudido	hubiésemos acudido
acudieses	acudieseis	hubieses acudido	hubieseis acudido
acudiese	acudiesen	hubiese acudido	hubiesen acudido

imperativo

—	acudamos
acude; no acudas	acudid; no acudáis
acuda	acudan

Words and expressions related to this verb

el acudimiento   aid
el acudidero   a place where people assemble
acudir con el remedio   to get there with the remedy
acudir a los tribunales   to go to court (law)

The Seven Simple Tenses		The Seven Compound Tenses	
Singular	Plural	Singular	Plural

1   presente de indicativo

		8 perfecto de indicativo	
acuso	acusamos	he acusado	hemos acusado
acusas	acusáis	has acusado	habéis acusado
acusa	acusan	ha acusado	han acusado

2   imperfecto de indicativo   **9   pluscuamperfecto de indicativo**

acusaba	acusábamos	había acusado	habíamos acusado
acusabas	acusabais	habías acusado	habíais acusado
acusaba	acusaban	había acusado	habían acusado

3   pretérito   **10   pretérito anterior**

acusé	acusamos	hube acusado	hubimos acusado
acusaste	acusasteis	hubiste acusado	hubisteis acusado
acusó	acusaron	hubo acusado	hubieron acusado

4   futuro   **11   futuro perfecto**

acusaré	acusaremos	habré acusado	habremos acusado
acusarás	acusaréis	habrás acusado	habréis acusado
acusará	acusarán	habrá acusado	habrán acusado

5   potencial simple   **12   potencial compuesto**

acusaría	acusaríamos	habría acusado	habríamos acusado
acusarías	acusaríais	habrías acusado	habríais acusado
acusaría	acusarían	habría acusado	habrían acusado

6   presente de subjuntivo   **13   perfecto de subjuntivo**

acuse	acusemos	haya acusado	hayamos acusado
acuses	acuséis	hayas acusado	hayáis acusado
acuse	acusen	haya acusado	hayan acusado

7   imperfecto de subjuntivo   **14   pluscuamperfecto de subjuntivo**

acusara	acusáramos	hubiera acusado	hubiéramos acusado
acusaras	acusarais	hubieras acusado	hubierais acusado
acusara	acusaran	hubiera acusado	hubieran acusado
OR		OR	
acusase	acusásemos	hubiese acusado	hubiésemos acusado
acusases	acusaseis	hubieses acusado	hubieseis acusado
acusase	acusasen	hubiese acusado	hubiesen acusado

imperativo

—	acusemos
acusa; no acuses	acusad; no acuséis
acuse	acusen

Words related to this verb

el acusado, la acusada   defendant, accused
la acusación   accusation
el acusador, la acusadora   accuser

adelantar

to advance, to keep on, to progress, to go ahead

The Seven Simple Tenses		The Seven Compound Tenses	
Singular	Plural	Singular	Plural
1 presente de indicativo		**8 perfecto de indicativo**	
adelanto	adelantamos	he adelantado	hemos adelantado
adelantas	adelantáis	has adelantado	habéis adelantado
adelanta	adelantan	ha adelantado	han adelantado
2 imperfecto de indicativo		**9 pluscuamperfecto de indicativo**	
adelantaba	adelantábamos	había adelantado	habíamos adelantado
adelantabas	adelantabais	habías adelantado	habíais adelantado
adelantaba	adelantaban	había adelantado	habían adelantado
3 pretérito		**10 pretérito anterior**	
adelanté	adelantamos	hube adelantado	hubimos adelantado
adelantaste	adelantasteis	hubiste adelantado	hubisteis adelantado
adelantó	adelantaron	hubo adelantado	hubieron adelantado
4 futuro		**11 futuro perfecto**	
adelantaré	adelantaremos	habré adelantado	habremos adelantado
adelantarás	adelantaréis	habrás adelantado	habréis adelantado
adelantará	adelantarán	habrá adelantado	habrán adelantado
5 potencial simple		**12 potencial compuesto**	
adelantaría	adelantaríamos	habría adelantado	habríamos adelantado
adelantarías	adelantaríais	habrías adelantado	habríais adelantado
adelantaría	adelantarían	habría adelantado	habrían adelantado
6 presente de subjuntivo		**13 perfecto de subjuntivo**	
adelante	adelantemos	haya adelantado	hayamos adelantado
adelantes	adelantéis	hayas adelantado	hayáis adelantado
adelante	adelanten	haya adelantado	hayan adelantado
7 imperfecto de subjuntivo		**14 pluscuamperfecto de subjuntivo**	
adelantara	adelantáramos	hubiera adelantado	hubiéramos adelantado
adelantaras	adelantarais	hubieras adelantado	hubierais adelantado
adelantara	adelantaran	hubiera adelantado	hubieran adelantado
OR		OR	
adelantase	adelantásemos	hubiese adelantado	hubiésemos adelantado
adelantases	adelantaseis	hubieses adelantado	hubieseis adelantado
adelantase	adelantasen	hubiese adelantado	hubiesen adelantado

	imperativo	
—	adelantemos
adelanta; no adelantes	adelantad; no adelantéis
adelante	adelanten

Words and expressions related to this verb
el adelantamiento advance, growth, increase, progress
adelante ahead, forward; **¡Adelante!** Come in! Go ahead!
adelantar dinero to advance money; **un adelanto** advance payment
en adelante in the future
de aquí en adelante henceforth
de hoy en adelante from now on
For other words and expressions related to this verb, see **adelantarse.**

to go forward, to go ahead, to move ahead, to take the lead

The Seven Simple Tenses		The Seven Compound Tenses	
Singular	Plural	Singular	Plural

1 presente de indicativo		8 perfecto de indicativo	
me adelanto	nos adelantamos	me he adelantado	nos hemos adelantado
te adelantas	os adelantáis	te has adelantado	os habéis adelantado
se adelanta	se adelantan	se ha adelantado	se han adelantado

2 imperfecto de indicativo		9 pluscuamperfecto de indicativo	
me adelantaba	nos adelantábamos	me había adelantado	nos habíamos adelantado
te adelantabas	os adelantabais	te habías adelantado	os habíais adelantado
se adelantaba	se adelantaban	se había adelantado	se habían adelantado

3 pretérito		10 pretérito anterior	
me adelanté	nos adelantamos	me hube adelantado	nos hubimos adelantado
te adelantaste	os adelantasteis	te hubiste adelantado	os hubisteis adelantado
se adelantó	se adelantaron	se hubo adelantado	se hubieron adelantado

4 futuro		11 futuro perfecto	
me adelantaré	nos adelantaremos	me habré adelantado	nos habremos adelantado
te adelantarás	os adelantaréis	te habrás adelantado	os habréis adelantado
se adelantará	se adelantarán	se habrá adelantado	se habrán adelantado

5 potencial simple		12 potencial compuesto	
me adelantaría	nos adelantaríamos	me habría adelantado	nos habríamos adelantado
te adelantarías	os adelantaríais	te habrías adelantado	os habríais adelantado
se adelantaría	se adelantarían	se habría adelantado	se habrían adelantado

6 presente de subjuntivo		13 perfecto de subjuntivo	
me adelante	nos adelantemos	me haya adelantado	nos hayamos adelantado
te adelantes	os adelantéis	te hayas adelantado	os hayáis adelantado
se adelante	se adelanten	se haya adelantado	se hayan adelantado

7 imperfecto de subjuntivo		14 pluscuamperfecto de subjuntivo	
me adelantara	nos adelantáramos	me hubiera adelantado	nos hubiéramos adelantado
te adelantaras	os adelantarais	te hubieras adelantado	os hubierais adelantado
se adelantara	se adelantaran	se hubiera adelantado	se hubieran adelantado
OR		OR	
me adelantase	nos adelantásemos	me hubiese adelantado	nos hubiésemos adelantado
te adelantases	os adelantaseis	te hubieses adelantado	os hubieseis adelantado
se adelantase	se adelantasen	se hubiese adelantado	se hubiesen adelantado

imperativo

—	adelantémonos
adelántate; no te adelantes	adelantaos; no os adelantéis
adelántese	adelántense

Words and expressions related to this verb

adelantado, adelantada   bold; anticipated; fast (watch or clock)
adelantadamente   in anticipation, beforehand
más adelante   later on; farther on
llevar adelante   to carry on, to go ahead

For other words and expressions related to this verb, see **adelantar.**

adivinar

to divine, to foretell, to guess

The Seven Simple Tenses		The Seven Compound Tenses	
Singular	Plural	Singular	Plural
1 presente de indicativo		**8 perfecto de indicativo**	
adivino	adivinamos	he adivinado	hemos adivinado
adivinas	adivináis	has adivinado	habéis adivinado
adivina	adivinan	ha adivinado	han adivinado
2 imperfecto de indicativo		**9 pluscuamperfecto de indicativo**	
adivinaba	adivinábamos	había adivinado	habíamos adivinado
adivinabas	adivinabais	habías adivinado	habíais adivinado
adivinaba	adivinaban	había adivinado	habían adivinado
3 pretérito		**10 pretérito anterior**	
adiviné	adivinamos	hube adivinado	hubimos adivinado
adivinaste	adivinasteis	hubiste adivinado	hubisteis adivinado
adivinó	adivinaron	hubo adivinado	hubieron adivinado
4 futuro		**11 futuro perfecto**	
adivinaré	adivinaremos	habré adivinado	habremos adivinado
adivinarás	adivinaréis	habrás adivinado	habréis adivinado
adivinará	adivinarán	habrá adivinado	habrán adivinado
5 potencial simple		**12 potencial compuesto**	
adivinaría	adivinaríamos	habría adivinado	habríamos adivinado
adivinarías	adivinaríais	habrías adivinado	habríais adivinado
adivinaría	adivinarían	habría adivinado	habrían adivinado
6 presente de subjuntivo		**13 perfecto de subjuntivo**	
adivine	adivinemos	haya adivinado	hayamos adivinado
adivines	adivinéis	hayas adivinado	hayáis adivinado
adivine	adivinen	haya adivinado	hayan adivinado
7 imperfecto de subjuntivo		**14 pluscuamperfecto de subjuntivo**	
adivinara	adivináramos	hubiera adivinado	hubiéramos adivinado
adivinaras	adivinarais	hubieras adivinado	hubierais adivinado
adivinara	adivinaran	hubiera adivinado	hubieran adivinado
OR		OR	
adivinase	adivinásemos	hubiese adivinado	hubiésemos adivinado
adivinases	adivinaseis	hubieses adivinado	hubieseis adivinado
adivinase	adivinasen	hubiese adivinado	hubiesen adivinado

	imperativo	
—	adivinemos	
adivina; no adivines	adivinad; no adivinéis	
adivine	adivinen	

Words related to this verb

un adivino, una adivina   prophet; fortune teller; guesser
una adivinanza   prophecy, prediction; enigma, riddle
una adivinaja, una adivinalla   riddle, puzzle
una adivina   riddle

The Seven Simple Tenses		The Seven Compound Tenses	
Singular	Plural	Singular	Plural

1   presente de indicativo

		8 perfecto de indicativo	
admiro	admiramos	he admirado	hemos admirado
admiras	admiráis	has admirado	habéis admirado
admira	admiran	ha admirado	han admirado

2   imperfecto de indicativo   **9   pluscuamperfecto de indicativo**

admiraba	admirábamos	había admirado	habíamos admirado
admirabas	admirabais	habías admirado	habíais admirado
admiraba	admiraban	había admirado	habían admirado

3   pretérito   **10   pretérito anterior**

admiré	admiramos	hube admirado	hubimos admirado
admiraste	admirasteis	hubiste admirado	hubisteis admirado
admiró	admiraron	hubo admirado	hubieron admirado

4   futuro   **11   futuro perfecto**

admiraré	admiraremos	habré admirado	habremos admirado
admirarás	admiraréis	habrás admirado	habréis admirado
admirará	admirarán	habrá admirado	habrán admirado

5   potencial simple   **12   potencial compuesto**

admiraría	admiraríamos	habría admirado	habríamos admirado
admirarías	admiraríais	habrías admirado	habríais admirado
admiraría	admirarían	habría admirado	habrían admirado

6   presente de subjuntivo   **13   perfecto de subjuntivo**

admire	admiremos	haya admirado	hayamos admirado
admires	admiréis	hayas admirado	hayáis admirado
admire	admiren	haya admirado	hayan admirado

7   imperfecto de subjuntivo   **14   pluscuamperfecto de subjuntivo**

admirara	admiráramos	hubiera admirado	hubiéramos admirado
admiraras	admirarais	hubieras admirado	hubierais admirado
admirara	admiraran	hubiera admirado	hubieran admirado
OR		OR	
admirase	admirásemos	hubiese admirado	hubiésemos admirado
admirases	admiraseis	hubieses admirado	hubieseis admirado
admirase	admirasen	hubiese admirado	hubiesen admirado

imperativo

—	admiremos
admira; no admires	admirad; no admiréis
admire	admiren

Words related to this verb

el admirador, la admiradora   admirer
la admiración   admiration
admirable   admirable
admirablemente   admirably

to admit, to grant, to permit

The Seven Simple Tenses		The Seven Compound Tenses	
Singular	Plural	Singular	Plural
1 presente de indicativo		**8 perfecto de indicativo**	
admito	admitimos	he admitido	hemos admitido
admites	admitís	has admitido	habéis admitido
admite	admiten	ha admitido	han admitido
2 imperfecto de indicativo		**9 pluscuamperfecto de indicativo**	
admitía	admitíamos	había admitido	habíamos admitido
admitías	admitíais	habías admitido	habíais admitido
admitía	admitían	había admitido	habían admitido
3 pretérito		**10 pretérito anterior**	
admití	admitimos	hube admitido	hubimos admitido
admitiste	admitisteis	hubiste admitido	hubisteis admitido
admitió	admitieron	hubo admitido	hubieron admitido
4 futuro		**11 futuro perfecto**	
admitiré	admitiremos	habré admitido	habremos admitido
admitirás	admitiréis	habrás admitido	habréis admitido
admitirá	admitirán	habrá admitido	habrán admitido
5 potencial simple		**12 potencial compuesto**	
admitiría	admitiríamos	habría admitido	habríamos admitido
admitirías	admitiríais	habrías admitido	habríais admitido
admitiría	admitirían	habría admitido	habrían admitido
6 presente de subjuntivo		**13 perfecto de subjuntivo**	
admita	admitamos	haya admitido	hayamos admitido
admitas	admitáis	hayas admitido	hayáis admitido
admita	admitan	haya admitido	hayan admitido
7 imperfecto de subjuntivo		**14 pluscuamperfecto de subjuntivo**	
admitiera	admitiéramos	hubiera admitido	hubiéramos admitido
admitieras	admitierais	hubieras admitido	hubierais admitido
admitiera	admitieran	hubiera admitido	hubieran admitido
OR		OR	
admitiese	admitiésemos	hubiese admitido	hubiésemos admitido
admitieses	admitieseis	hubieses admitido	hubieseis admitido
admitiese	admitiesen	hubiese admitido	hubiesen admitido

	imperativo	
—	**admitamos**	
admite; no admitas	**admitid; no admitáis**	
admita	**admitan**	

Words related to this verb

la admisión   acceptance, admission
admisible   admissible

Consult the back pages for verbs used in idiomatic expressions, Spanish proverbs using verbs, weather expressions using verbs, verbs with prepositions, and over 1,000 Spanish verbs conjugated like model verbs.

The Seven Simple Tenses		The Seven Compound Tenses	
Singular	Plural	Singular	Plural

1   presente de indicativo

		8 perfecto de indicativo	
adopto	adoptamos	he adoptado	hemos adoptado
adoptas	adoptáis	has adoptado	habéis adoptado
adopta	adoptan	ha adoptado	han adoptado

2   imperfecto de indicativo

		9 pluscuamperfecto de indicativo	
adoptaba	adoptábamos	había adoptado	habíamos adoptado
adoptabas	adoptabais	habías adoptado	habíais adoptado
adoptaba	adoptaban	había adoptado	habían adoptado

3   pretérito

		10 pretérito anterior	
adopté	adoptamos	hube adoptado	hubimos adoptado
adoptaste	adoptasteis	hubiste adoptado	hubisteis adoptado
adoptó	adoptaron	hubo adoptado	hubieron adoptado

4   futuro

		11 futuro perfecto	
adoptaré	adoptaremos	habré adoptado	habremos adoptado
adoptarás	adoptaréis	habrás adoptado	habréis adoptado
adoptará	adoptarán	habrá adoptado	habrán adoptado

5   potencial simple

		12 potencial compuesto	
adoptaría	adoptaríamos	habría adoptado	habríamos adoptado
adoptarías	adoptaríais	habrías adoptado	habríais adoptado
adoptaría	adoptarían	habría adoptado	habrían adoptado

6   presente de subjuntivo

		13 perfecto de subjuntivo	
adopte	adoptemos	haya adoptado	hayamos adoptado
adoptes	adoptéis	hayas adoptado	hayáis adoptado
adopte	adopten	haya adoptado	hayan adoptado

7   imperfecto de subjuntivo

		14 pluscuamperfecto de subjuntivo	
adoptara	adoptáramos	hubiera adoptado	hubiéramos adoptado
adoptaras	adoptarais	hubieras adoptado	hubierais adoptado
adoptara	adoptaran	hubiera adoptado	hubieran adoptado
OR		OR	
adoptase	adoptásemos	hubiese adoptado	hubiésemos adoptado
adoptases	adoptaseis	hubieses adoptado	hubieseis adoptado
adoptase	adoptasen	hubiese adoptado	hubiesen adoptado

imperativo

—	adoptemos
adopta; no adoptes	adoptad; no adoptéis
adopte	adopten

Words related to this verb

la adopción, la adoptación adoption
el adopcionismo adoptionism
el, la adopcionista adoptionist

adoptable adoptable
adoptado, adoptada adopted
adoptivamente adoptively

to adore, to worship

The Seven Simple Tenses		The Seven Compound Tenses	
Singular	Plural	Singular	Plural
1 presente de indicativo		**8 perfecto de indicativo**	
adoro	adoramos	he adorado	hemos adorado
adoras	adoráis	has adorado	habéis adorado
adora	adoran	ha adorado	han adorado
2 imperfecto de indicativo		**9 pluscuamperfecto de indicativo**	
adoraba	adorábamos	había adorado	habíamos adorado
adorabas	adorabais	habías adorado	habíais adorado
adoraba	adoraban	había adorado	habían adorado
3 pretérito		**10 pretérito anterior**	
adoré	adoramos	hube adorado	hubimos adorado
adoraste	adorasteis	hubiste adorado	hubisteis adorado
adoró	adoraron	hubo adorado	hubieron adorado
4 futuro		**11 futuro perfecto**	
adoraré	adoraremos	habré adorado	habremos adorado
adorarás	adoraréis	habrás adorado	habréis adorado
adorará	adorarán	habrá adorado	habrán adorado
5 potencial simple		**12 potencial compuesto**	
adoraría	adoraríamos	habría adorado	habríamos adorado
adorarías	adoraríais	habrías adorado	habríais adorado
adoraría	adorarían	habría adorado	habrían adorado
6 presente de subjuntivo		**13 perfecto de subjuntivo**	
adore	adoremos	haya adorado	hayamos adorado
adores	adoréis	hayas adorado	hayáis adorado
adore	adoren	haya adorado	hayan adorado
7 imperfecto de subjuntivo		**14 pluscuamperfecto de subjuntivo**	
adorara	adoráramos	hubiera adorado	hubiéramos adorado
adoraras	adorarais	hubieras adorado	hubierais adorado
adorara	adoraran	hubiera adorado	hubieran adorado
OR		OR	
adorase	adorásemos	hubiese adorado	hubiésemos adorado
adorases	adoraseis	hubieses adorado	hubieseis adorado
adorase	adorasen	hubiese adorado	hubiesen adorado

imperativo

—	adoremos
adora; no adores	adorad; no adoréis
adore	adoren

Words related to this verb

el adorador, la adoradora   adorer, worshipper
adorable   adorable
la adoración   adoration

to acquire, to get, to obtain

The Seven Simple Tenses		The Seven Compound Tenses	
Singular	Plural	Singular	Plural

1   presente de indicativo

adquiero	adquirimos
adquieres	adquirís
adquiere	adquieren

8   perfecto de indicativo

he adquirido	hemos adquirido
has adquirido	habéis adquirido
ha adquirido	han adquirido

2   imperfecto de indicativo

adquiría	adquiríamos
adquirías	adquiríais
adquiría	adquirían

9   pluscuamperfecto de indicativo

había adquirido	habíamos adquirido
habías adquirido	habíais adquirido
había adquirido	habían adquirido

3   pretérito

adquirí	adquirimos
adquiriste	adquiristeis
adquirió	adquirieron

10   pretérito anterior

hube adquirido	hubimos adquirido
hubiste adquirido	hubisteis adquirido
hubo adquirido	hubieron adquirido

4   futuro

adquiriré	adquiriremos
adquirirás	adquiriréis
adquirirá	adquirirán

11   futuro perfecto

habré adquirido	habremos adquirido
habrás adquirido	habréis adquirido
habrá adquirido	habrán adquirido

5   potencial simple

adquiriría	adquiriríamos
adquirirías	adquiriríais
adquiriría	adquirirían

12   potencial compuesto

habría adquirido	habríamos adquirido
habrías adquirido	habríais adquirido
habría adquirido	habrían adquirido

6   presente de subjuntivo

adquiera	adquiramos
adquieras	adquiráis
adquiera	adquieran

13   perfecto de subjuntivo

haya adquirido	hayamos adquirido
hayas adquirido	hayáis adquirido
haya adquirido	hayan adquirido

7   imperfecto de subjuntivo

adquiriera	adquiriéramos
adquirieras	adquirierais
adquiriera	adquirieran
OR	
adquiriese	adquiriésemos
adquirieses	adquirieseis
adquiriese	adquiriesen

14   pluscuamperfecto de subjuntivo

hubiera adquirido	hubiéramos adquirido
hubieras adquirido	hubierais adquirido
hubiera adquirido	hubieran adquirido
OR	
hubiese adquirido	hubiésemos adquirido
hubieses adquirido	hubieseis adquirido
hubiese adquirido	hubiesen adquirido

imperativo

—	adquiramos
adquiere; no adquieras	adquirid; no adquiráis
adquiera	adquieran

Words related to this verb

el adquiridor, la adquiridora   acquirer
el (la) adquirente, el (la) adquiriente   acquirer
la adquisición   acquisition, attainment

The subject pronouns are found on the page facing page 1.   **33**

to advise, to give notice, to give warning, to take notice of, to warn

The Seven Simple Tenses		The Seven Compound Tenses	
Singular	Plural	Singular	Plural
1 presente de indicativo		**8 perfecto de indicativo**	
advierto	advertimos	he advertido	hemos advertido
adviertes	advertís	has advertido	habéis advertido
advierte	advierten	ha advertido	han advertido
2 imperfecto de indicativo		**9 pluscuamperfecto de indicativo**	
advertía	advertíamos	había advertido	habíamos advertido
advertías	advertíais	habías advertido	habíais advertido
advertía	advertían	había advertido	habían advertido
3 pretérito		**10 pretérito anterior**	
advertí	advertimos	hube advertido	hubimos advertido
advertiste	advertisteis	hubiste advertido	hubisteis advertido
advirtió	advirtieron	hubo advertido	hubieron advertido
4 futuro		**11 futuro perfecto**	
advertiré	advertiremos	habré advertido	habremos advertido
advertirás	advertiréis	habrás advertido	habréis advertido
advertirá	advertirán	habrá advertido	habrán advertido
5 potencial simple		**12 potencial compuesto**	
advertiría	advertiríamos	habría advertido	habríamos advertido
advertirías	advertiríais	habrías advertido	habríais advertido
advertiría	advertirían	habría advertido	habrían advertido
6 presente de subjuntivo		**13 perfecto de subjuntivo**	
advierta	advirtamos	haya advertido	hayamos advertido
adviertas	advirtáis	hayas advertido	hayáis advertido
advierta	adviertan	haya advertido	hayan advertido
7 imperfecto de subjuntivo		**14 pluscuamperfecto de subjuntivo**	
advirtiera	advirtiéramos	hubiera advertido	hubiéramos advertido
advirtieras	advirtierais	hubieras advertido	hubierais advertido
advirtiera	advirtieran	hubiera advertido	hubieran advertido
OR		OR	
advirtiese	advirtiésemos	hubiese advertido	hubiésemos advertido
advirtieses	advirtieseis	hubieses advertido	hubieseis advertido
advirtiese	advirtiesen	hubiese advertido	hubiesen advertido

imperativo	
—	advirtamos
advierte; no adviertas	advertid; no advirtáis
advierta	adviertan

Words related to this verb

advertido, advertida   skillful, clever
la advertencia   warning, notice, foreword
advertidamente   advisedly

to shave oneself

The Seven Simple Tenses		The Seven Compound Tenses	
Singular	Plural	Singular	Plural
1 presente de indicativo		**8 perfecto de indicativo**	
me afeito	nos afeitamos	me he afeitado	nos hemos afeitado
te afeitas	os afeitáis	te has afeitado	os habéis afeitado
se afeita	se afeitan	se ha afeitado	se han afeitado
2 imperfecto de indicativo		**9 pluscuamperfecto de indicativo**	
me afeitaba	nos afeitábamos	me había afeitado	nos habíamos afeitado
te afeitabas	os afeitabais	te habías afeitado	os habíais afeitado
se afeitaba	se afeitaban	se había afeitado	se habían afeitado
3 pretérito		**10 pretérito anterior**	
me afeité	nos afeitamos	me hube afeitado	nos hubimos afeitado
te afeitaste	os afeitasteis	te hubiste afeitado	os hubisteis afeitado
se afeitó	se afeitaron	se hubo afeitado	se hubieron afeitado
4 futuro		**11 futuro perfecto**	
me afeitaré	nos afeitaremos	me habré afeitado	nos habremos afeitado
te afeitarás	os afeitaréis	te habrás afeitado	os habréis afeitado
se afeitará	se afeitarán	se habrá afeitado	se habrán afeitado
5 potencial simple		**12 potencial compuesto**	
me afeitaría	nos afeitaríamos	me habría afeitado	nos habríamos afeitado
te afeitarías	os afeitaríais	te habrías afeitado	os habríais afeitado
se afeitaría	se afeitarían	se habría afeitado	se habrían afeitado
6 presente de subjuntivo		**13 perfecto de subjuntivo**	
me afeite	nos afeitemos	me haya afeitado	nos hayamos afeitado
te afeites	os afeitéis	te hayas afeitado	os hayáis afeitado
se afeite	se afeiten	se haya afeitado	se hayan afeitado
7 imperfecto de subjuntivo		**14 pluscuamperfecto de subjuntivo**	
me afeitara	nos afeitáramos	me hubiera afeitado	nos hubiéramos afeitado
te afeitaras	os afeitarais	te hubieras afeitado	os hubierais afeitado
se afeitara	se afeitaran	se hubiera afeitado	se hubieran afeitado
OR		OR	
me afeitase	nos afeitásemos	me hubiese afeitado	nos hubiésemos afeitado
te afeitases	os afeitaseis	te hubieses afeitado	os hubieseis afeitado
se afeitase	se afeitasen	se hubiese afeitado	se hubiesen afeitado

imperativo

—	afeitémonos
aféitate; no te afeites	afeitaos; no os afeitéis
aféitese	aféitense

Words related to this verb

afeitar   to shave
una afeitada   a shave
el afeite   cosmetic, makeup

Consult the back pages for verbs with prepositions.

to grasp, to obtain, to seize, to catch, to clutch, to come upon

The Seven Simple Tenses		The Seven Compound Tenses	
Singular	Plural	Singular	Plural
1 presente de indicativo		**8 perfecto de indicativo**	
agarro	agarramos	he agarrado	hemos agarrado
agarras	agarráis	has agarrado	habéis agarrado
agarra	agarran	ha agarrado	han agarrado
2 imperfecto de indicativo		**9 pluscuamperfecto de indicativo**	
agarraba	agarrábamos	había agarrado	habíamos agarrado
agarrabas	agarrabais	habías agarrado	habíais agarrado
agarraba	agarraban	había agarrado	habían agarrado
3 pretérito		**10 pretérito anterior**	
agarré	agarramos	hube agarrado	hubimos agarrado
agarraste	agarrasteis	hubiste agarrado	hubisteis agarrado
agarró	agarraron	hubo agarrado	hubieron agarrado
4 futuro		**11 futuro perfecto**	
agarraré	agarraremos	habré agarrado	habremos agarrado
agarrarás	agarraréis	habrás agarrado	habréis agarrado
agarrará	agarrarán	habrá agarrado	habrán agarrado
5 potencial simple		**12 potencial compuesto**	
agarraría	agarraríamos	habría agarrado	habríamos agarrado
agarrarías	agarraríais	habrías agarrado	habríais agarrado
agarraría	agarrarían	habría agarrado	habrían agarrado
6 presente de subjuntivo		**13 perfecto de subjuntivo**	
agarre	agarremos	haya agarrado	hayamos agarrado
agarres	agarréis	hayas agarrado	hayáis agarrado
agarre	agarren	haya agarrado	hayan agarrado
7 imperfecto de subjuntivo		**14 pluscuamperfecto de subjuntivo**	
agarrara	agarráramos	hubiera agarrado	hubiéramos agarrado
agarraras	agarrarais	hubieras agarrado	hubierais agarrado
agarrara	agarraran	hubiera agarrado	hubieran agarrado
OR		OR	
agarrase	agarrásemos	hubiese agarrado	hubiésemos agarrado
agarrases	agarraseis	hubieses agarrado	hubieseis agarrado
agarrase	agarrasen	hubiese agarrado	hubiesen agarrado

imperativo	
—	agarremos
agarra; no agarres	agarrad; no agarréis
agarre	agarren

Words and expressions related to this verb

el agarro grasp
el agarre handle, hold
agarrarse a *or* **de** to seize

agarrante grasping
agarrar de un pelo to provide an excuse
desgarrar to rend, rip, tear

Be sure to consult the back pages for sections on verbs used in idiomatic expressions, verbs with prepositions, and the list of over 1,000 verbs conjugated like model verbs.

to agitate, to wave, to shake up, to stir

The Seven Simple Tenses		The Seven Compound Tenses	
Singular	Plural	Singular	Plural
1 presente de indicativo		**8 perfecto de indicativo**	
agito	agitamos	he agitado	hemos agitado
agitas	agitáis	has agitado	habéis agitado
agita	agitan	ha agitado	han agitado
2 imperfecto de indicativo		**9 pluscuamperfecto de indicativo**	
agitaba	agitábamos	había agitado	habíamos agitado
agitabas	agitabais	habías agitado	habíais agitado
agitaba	agitaban	había agitado	habían agitado
3 pretérito		**10 pretérito anterior**	
agité	agitamos	hube agitado	hubimos agitado
agitaste	agitasteis	hubiste agitado	hubisteis agitado
agitó	agitaron	hubo agitado	hubieron agitado
4 futuro		**11 futuro perfecto**	
agitaré	agitaremos	habré agitado	habremos agitado
agitarás	agitaréis	habrás agitado	habréis agitado
agitará	agitarán	habrá agitado	habrán agitado
5 potencial simple		**12 potencial compuesto**	
agitaría	agitaríamos	habría agitado	habríamos agitado
agitarías	agitaríais	habrías agitado	habríais agitado
agitaría	agitarían	habría agitado	habrían agitado
6 presente de subjuntivo		**13 perfecto de subjuntivo**	
agite	agitemos	haya agitado	hayamos agitado
agites	agitéis	hayas agitado	hayáis agitado
agite	agiten	haya agitado	hayan agitado
7 imperfecto de subjuntivo		**14 pluscuamperfecto de subjuntivo**	
agitara	agitáramos	hubiera agitado	hubiéramos agitado
agitaras	agitarais	hubieras agitado	hubierais agitado
agitara	agitaran	hubiera agitado	hubieran agitado
OR		OR	
agitase	agitásemos	hubiese agitado	hubiésemos agitado
agitases	agitaseis	hubieses agitado	hubieseis agitado
agitase	agitasen	hubiese agitado	hubiesen agitado

	imperativo
–	**agitemos**
agita; no agites	**agitad; no agitéis**
agite	**agiten**

Words related to this verb

la agitación agitation, excitement   **agitable** agitable
agitado, agitada agitated, excited   **un agitador, una agitadora** agitator, shaker

Consult the back pages for over 1,000 verbs conjugated like model verbs.

to exhaust, to use up

The Seven Simple Tenses		The Seven Compound Tenses	
Singular	Plural	Singular	Plural
1 presente de indicativo		**8 perfecto de indicativo**	
agoto	agotamos	he agotado	hemos agotado
agotas	agotáis	has agotado	habéis agotado
agota	agotan	ha agotado	han agotado
2 imperfecto de índicativo		**9 pluscuamperfecto de indicativo**	
agotaba	agotábamos	había agotado	habíamos agotado
agotabas	agotabais	habías agotado	habíais agotado
agotaba	agotaban	había agotado	habían agotado
3 pretérito		**10 pretérito anterior**	
agoté	agotamos	hube agotado	hubimos agotado
agotaste	agotasteis	hubiste agotado	hubisteis agoado
agotó	agotaron	hubo agotado	hubieron agotado
4 futuro		**11 futuro perfecto**	
agotaré	agotaremos	habré agotado	habremos agotado
agotarás	agotaréis	habrás agotado	habréis agotado
agotará	agotarán	habrá agotado	habrán agotado
5 potencial simple		**12 potencial compuesto**	
agotaría	agotaríamos	habría agotado	habríamos agotado
agotarías	agotaríais	habrías agotado	habríais agotado
agotaría	agotarían	habría agotado	habrían agotado
6 presente de subjuntivo		**13 perfecto de subjuntivo**	
agote	agotemos	haya agotado	hayamos agotado
agotes	agotéis	hayas agotado	hayáis agotado
agote	agoten	haya agotado	hayan agotado
7 imperfecto de subjuntivo		**14 pluscuamperfecto de subjuntivo**	
agotara	agotáramos	hubiera agotado	hubiéramos agotado
agotaras	agotarais	hubieras agotado	hubierais agotado
agotara	agotaran	hubiera agotado	hubieran agotado
OR		OR	
agotase	agotásemos	hubiese agotado	hubiésemos agotado
agotases	agotaseis	hubieses agotado	hubieseis agotado
agotase	agotasen	hubiese agotado	hubiesen agotado

	imperativo
—	agotemos
agota; no agotes	agotad; no agotéis
agote	agoten

Words related to this verb

agotante exhausting
el agotamiento exhaustion

agotable exhaustible
agotado, agotada exhausted; out of print, out of stock, sold out

Consult the back pages for verbs used in idiomatic expressions.

to please, to be pleasing

The Seven Simple Tenses		The Seven Compound Tenses	
Singular	Plural	Singular	Plural
1 presente de indicativo		**8 perfecto de indicativo**	
agrado	agradamos	he agradado	hemos agradado
agradas	agradáis	has agradado	habéis agradado
agrada	agradan	ha agradado	han agradado
2 imperfecto de indicativo		**9 pluscuamperfecto de indicativo**	
agradaba	agradábamos	había agradado	habíamos agradado
agradabas	agradabais	habías agradado	habíais agradado
agradaba	agradaban	había agradado	habían agradado
3 pretérito		**10 pretérito anterior**	
agradé	agradamos	hube agradado	hubimos agradado
agradaste	agradasteis	hubiste agradado	hubisteis agradado
agradó	agradaron	hubo agradado	hubieron agradado
4 futuro		**11 futuro perfecto**	
agradaré	agradaremos	habré agradado	habremos agradado
agradarás	agradaréis	habrás agradado	habréis agradado
agradará	agradarán	habrá agradado	habrán agradado
5 potencial simple		**12 potencial compuesto**	
agradaría	agradaríamos	habría agradado	habríamos agradado
agradarías	agradaríais	habrías agradado	habríais agradado
agradaría	agradarían	habría agradado	habrían agradado
6 presente de subjuntivo		**13 perfecto de subjuntivo**	
agrade	agrademos	haya agradado	hayamos agradado
agrades	agradéis	hayas agradado	hayáis agradado
agrade	agraden	haya agradado	hayan agradado
7 imperfecto de subjuntivo		**14 pluscuamperfecto de subjuntivo**	
agradara	agradáramos	hubiera agradado	hubiéramos agradado
agradaras	agradarais	hubieras agradado	hubierais agradado
agradara	agradaran	hubiera agradado	hubieran agradado
OR		OR	
agradase	agradásemos	hubiese agradado	hubiésemos agradado
agradases	agradaseis	hubieses agradado	hubieseis agradado
agradase	agradasen	hubiese agradado	hubiesen agradado

	imperativo	
	—	agrademos
	agrada; no agrades	agradad; no agradéis
	agrade	agraden

Words and expressions related to this verb

agradable   pleasing, pleasant, agreeable
agradablemente   agreeably, pleasantly
el agrado   pleasure, liking
Es de mi agrado.   It's to my liking.

The subject pronouns are found on the page facing page 1.

agradecer

to thank, to be thankful for

The Seven Simple Tenses		The Seven Compound Tenses	
Singular	Plural	Singular	Plural
1 presente de indicativo		**8 perfecto de indicativo**	
agradezco	agradecemos	he agradecido	hemos agradecido
agradeces	agradecéis	has agradecido	habéis agradecido
agradece	agradecen	ha agradecido	han agradecido
2 imperfecto de indicativo		**9 pluscuamperfecto de indicativo**	
agradecía	agradecíamos	había agradecido	habíamos agradecido
agradecías	agradecíais	habías agradecido	habíais agradecido
agradecía	agradecían	había agradecido	habían agradecido
3 pretérito		**10 pretérito anterior**	
agradecí	agradecimos	hube agradecido	hubimos agradecido
agradeciste	agradecisteis	hubiste agradecido	hubisteis agradecido
agradeció	agradecieron	hubo agradecido	hubieron agradecido
4 futuro		**11 futuro perfecto**	
agradeceré	agradeceremos	habré agradecido	habremos agradecido
agradecerás	agradeceréis	habrás agradecido	habréis agradecido
agradecerá	agradecerán	habrá agradecido	habrán agradecido
5 potencial simple		**12 potencial compuesto**	
agradecería	agradeceríamos	habría agradecido	habríamos agradecido
agradecerías	agradeceríais	habrías agradecido	habríais agradecido
agradecería	agradecerían	habría agradecido	habrían agradecido
6 presente de subjuntivo		**13 perfecto de subjuntivo**	
agradezca	agradezcamos	haya agradecido	hayamos agradecido
agradezcas	agradezcáis	hayas agradecido	hayáis agradecido
agradezca	agradezcan	haya agradecido	hayan agradecido
7 imperfecto de subjuntivo		**14 pluscuamperfecto de subjuntivo**	
agradeciera	agradeciéramos	hubiera agradecido	hubiéramos agradecido
agradecieras	agradecierais	hubieras agradecido	hubierais agradecido
agradeciera	agradecieran	hubiera agradecido	hubieran agradecido
OR		OR	
agradeciese	agradeciésemos	hubiese agradecido	hubiésemos agradecido
agradecieses	agradecieseis	hubieses agradecido	hubieseis agradecido
agradeciese	agradeciesen	hubiese agradecido	hubiesen agradecido

	imperativo
—	**agradezcamos**
agradece; no agradezcas	**agradeced; no agradezcáis**
agradezca	**agradezcan**

Words and expressions related to this verb

agradecido, agradecida   thankful, grateful
el agradecimiento   gratitude, gratefulness

desagradecer   to be ungrateful
desagradecidamente   ungratefully

Consult the back pages for verbs used in idiomatic expressions.

to enlarge, to grow larger, to increase

The Seven Simple Tenses		The Seven Compound Tenses	
Singular	Plural	Singular	Plural
1 presente de indicativo		**8 perfecto de indicativo**	
agrando	agrandamos	he agrandado	hemos agrandado
agrandas	agrandáis	has agrandado	habéis agrandado
agranda	agrandan	ha agrandado	han agrandado
2 imperfecto de indicativo		**9 pluscuamperfecto de indicativo**	
agrandaba	agrandábamos	había agrandado	habíamos agrandado
agrandabas	agrandabais	habías agrandado	habíais agrandado
agrandaba	agrandaban	había agrandado	habían agrandado
3 pretérito		**10 pretérito anterior**	
agrandé	agrandamos	hube agrandado	hubimos agrandado
agrandaste	agrandasteis	hubiste agrandado	hubisteis agrandado
agrandó	agrandaron	hubo agrandado	hubieron agrandado
4 futuro		**11 futuro perfecto**	
agrandaré	agrandaremos	habré agrandado	habremos agrandado
agrandarás	agrandaréis	habrás agrandado	habréis agrandado
agrandará	agrandarán	habrá agrandado	habrán agrandado
5 potencial simple		**12 potencial compuesto**	
agrandaría	agrandaríamos	habría agrandado	habríamos agrandado
agrandarías	agrandaríais	habrías agrandado	habríais agrandado
agrandaría	agrandarían	habría agrandado	habrían agrandado
6 presente de subjuntivo		**13 perfecto de subjuntivo**	
agrande	agrandemos	haya agrandado	hayamos agrandado
agrandes	agrandéis	hayas agrandado	hayáis agrandado
agrande	agranden	haya agrandado	hayan agrandado
7 imperfecto de subjuntivo		**14 pluscuamperfecto de subjuntivo**	
agrandara	agrandáramos	hubiera agrandado	hubiéramos agrandado
agrandaras	agrandarais	hubieras agrandado	hubierais agrandado
agrandara	agrandaran	hubiera agrandado	hubieran agrandado
OR		OR	
agrandase	agrandásemos	hubiese agrandado	hubiésemos agrandado
agrandases	agrandaseis	hubieses agrandado	hubieseis agrandado
agrandase	agrandasen	hubiese agrandado	hubiesen agrandado

imperativo

—	agrandemos
agranda; no agrandes	agrandad; no agrandéis
agrande	agranden

Words and expressions related to this verb

el agrandamiento aggrandizement, increase
agrandable increasable
grandemente greatly

grande great, big, large, grand, huge
vivir en grande to live high (live it up)
dárselas de grande to swagger

Consult the back pages for Spanish proverbs using verbs.

to aggravate, to make worse

The Seven Simple Tenses		The Seven Compound Tenses	
Singular	Plural	Singular	Plural
1 presente de indicativo		8 perfecto de indicativo	
agravo	agravamos	he agravado	hemos agravado
agravas	agraváis	has agravado	habéis agravado
agrava	agravan	ha agravado	han agravado
2 imperfecto de indicativo		9 pluscuamperfecto de indicativo	
agravaba	agravábamos	había agravado	habíamos agravado
agravabas	agravabais	habías agravado	habíais agravado
agravaba	agravaban	había agravado	habían agravado
3 pretérito		10 pretérito anterior	
agravé	agravamos	hube agravado	hubimos agravado
agravaste	agravasteis	hubiste agravado	hubisteis agravado
agravó	agravaron	hubo agravado	hubieron agravado
4 futuro		11 futuro perfecto	
agravaré	agravaremos	habré agravado	habremos agravado
agravarás	agravaréis	habrás agravado	habréis agravado
agravará	agravarán	habrá agravado	habrán agravado
5 potencial simple		12 potencial compuesto	
agravaría	agravaríamos	habría agravado	habríamos agravado
agravarías	agravaríais	habrías agravado	habríais agravado
agravaría	agravarían	habría agravado	habrían agravado
6 presente de subjuntivo		13 perfecto de subjuntivo	
agrave	agravemos	haya agravado	hayamos agravado
agraves	agravéis	hayas agravado	hayáis agravado
agrave	agraven	haya agravado	hayan agravado
7 imperfecto de subjuntivo		14 pluscuamperfecto de subjuntivo	
agravara	agraváramos	hubiera agravado	hubiéramos agravado
agravaras	agravarais	hubieras agravado	hubierais agravado
agravara	agravaran	hubiera agravado	hubieran agravado
OR		OR	
agravase	agravásemos	hubiese agravado	hubiésemos agravado
agravases	agravaseis	hubieses agravado	hubieseis agravado
agravase	agravasen	hubiese agravado	hubiesen agravado

imperativo

	agravemos
agrava; no agraves	agravad; no agravéis
agrave	agraven

Words related to this verb

agraviadamente offensively
agraviado, agraviada insulted
el agraviamiento offense, wrongful injury

agravante aggravating
una agravación, un agravamiento aggravation

Consult the back pages for weather expressions using verbs.

to add, to collect, to gather, to aggregate, to collate

The Seven Simple Tenses		The Seven Compound Tenses	
Singular	Plural	Singular	Plural
1 presente de indicativo		**8 perfecto de indicativo**	
agrego	agregamos	he agregado	hemos agregado
agregas	agregáis	has agregado	habéis agregado
agrega	agregan	ha agregado	han agregado
2 imperfecto de indicativo		**9 pluscuamperfecto de indicativo**	
agregaba	agregábamos	había agregado	habíamos agregado
agregabas	agregabais	habías agregado	habíais agregado
agregaba	agregaban	había agregado	habían agregado
3 pretérito		**10 pretérito anterior**	
agregué	agregamos	hube agregado	hubimos agregado
agregaste	agregasteis	hubiste agregado	hubisteis agregado
agregó	agregaron	hubo agregado	hubieron agregado
4 futuro		**11 futuro perfecto**	
agregaré	agregaremos	habré agregado	habremos agregado
agregarás	agregaréis	habrás agregado	habréis agregado
agregará	agregarán	habrá agregado	habrán agregado
5 potencial simple		**12 potencial compuesto**	
agregaría	agregaríamos	habría agregado	habríamos agregado
agregarías	agregaríais	habrías agregado	habríais agregado
agregaría	agregarían	habría agregado	habrían agregado
6 presente de subjuntivo		**13 perfecto de subjuntivo**	
agregue	agreguemos	haya agregado	hayamos agregado
agregues	agreguéis	hayas agregado	hayáis agregado
agregue	agreguen	haya agregado	hayan agregado
7 imperfecto de subjuntivo		**14 pluscuamperfecto de subjuntivo**	
agregara	agregáramos	hubiera agregado	hubiéramos agregado
agregaras	agregarais	hubieras agregado	hubierais agregado
agregara	agregaran	hubiera agregado	hubieran agregado
OR		OR	
agregase	agregásemos	hubiese agregado	hubiésemos agregado
agregases	agregaseis	hubieses agregado	hubieseis agregado
agregase	agregasen	hubiese agregado	hubiesen agregado

imperativo

–	agreguemos
agrega; no agregues	agregad; no agreguéis
agregue	agreguen

Words and expressions related to this verb

la agregación, el agregamiento aggregation   **un agregado commercial** commercial attaché
agredable aggregate

Consult the back pages for over 1,000 Spanish verbs conjugated like model verbs among the 501 in this book.

to group

The Seven Simple Tenses		The Seven Compound Tenses	
Singular	Plural	Singular	Plural

1   presente de indicativo

		8 perfecto de indicativo	
agrupo	agrupamos	he agrupado	hemos agrupado
agrupas	agrupáis	has agrupado	habéis agrupado
agrupa	agrupan	ha agrupado	han agrupado

2   imperfecto de indicativo

		9 pluscuamperfecto de indicativo	
agrupaba	agrupábamos	había agrupado	habíamos agrupado
agrupabas	agrupabais	habías agrupado	habíais agrupado
agrupaba	agrupaban	había agrupado	habían agrupado

3   pretérito

		10 pretérito anterior	
agrupé	agrupamos	hube agrupado	hubimos agrupado
agrupaste	agrupasteis	hubiste agrupado	hubisteis agrupado
agrupó	agruparon	hubo agrupado	hubieron agrupado

4   futuro

		11 futuro perfecto	
agruparé	agruparemos	habré agrupado	habremos agrupado
agruparás	agruparéis	habrás agrupado	habréis agrupado
agrupará	agruparán	habrá agrupado	habrán agrupado

5   potencial simple

		12 potencial compuesto	
agruparía	agruparíamos	habría agrupado	habríamos agrupado
agruparías	agruparíais	habrías agrupado	habríais agrupado
agruparía	agruparían	habría agrupado	habrían agrupado

6   presente de subjuntivo

		13 perfecto de subjuntivo	
agrupe	agrupemos	haya agrupado	hayamos agrupado
agrupes	agrupéis	hayas agrupado	hayáis agrupado
agrupe	agrupen	haya agrupado	hayan agrupado

7   imperfecto de subjuntivo

		14 pluscuamperfecto de subjuntivo	
agrupara	agrupáramos	hubiera agrupado	hubiéramos agrupado
agruparas	agruparais	hubieras agrupado	hubierais agrupado
agrupara	agruparan	hubiera agrupado	hubieran agrupado
OR		OR	
agrupase	agrupásemos	hubiese agrupado	hubiésemos agrupado
agrupases	agrupaseis	hubieses agrupado	hubieseis agrupado
agrupase	agrupasen	hubiese agrupado	hubiesen agrupado

imperativo

—	agrupemos
agrupa; no agrupes	agrupad; no agrupéis
agrupe	agrupen

Words related to this verb

una agrupación, un agrupamiento group (cluster)   **un grupo** group
agrupado, agrupada grouped

Consult the back pages for verbs used in idiomatic expressions.

to expect, to wait for

The Seven Simple Tenses		The Seven Compound Tenses	
Singular	Plural	Singular	Plural
1 presente de indicativo		**8 perfecto de indicativo**	
aguardo	aguardamos	he aguardado	hemos aguardado
aguardas	aguardáis	has aguardado	habéis aguardado
aguarda	aguardan	ha aguardado	han aguardado
2 imperfecto de indicativo		**9 pluscuamperfecto de indicativo**	
aguardaba	aguardábamos	había aguardado	habíamos aguardado
aguardabas	aguardabais	habías aguardado	habíais aguardado
aguardaba	aguardaban	había aguardado	habían aguardado
3 pretérito		**10 pretérito anterior**	
aguardé	aguardamos	hube aguardado	hubimos aguardado
aguardaste	aguardasteis	hubiste aguardado	hubisteis aguardado
aguardó	aguardaron	hubo aguardado	hubieron aguardado
4 futuro		**11 futuro perfecto**	
aguardaré	aguardaremos	habré aguardado	habremos aguardado
aguardarás	aguardaréis	habrás aguardado	habréis aguardado
aguardará	aguardarán	habrá aguardado	habrán aguardado
5 potencial simple		**12 potencial compuesto**	
aguardaría	aguardaríamos	habría aguardado	habríamos aguardado
aguardarías	aguardaríais	habrías aguardado	habríais aguardado
aguardaría	aguardarían	habría aguardado	habrían aguardado
6 presente de subjuntivo		**13 perfecto de subjuntivo**	
aguarde	aguardemos	haya aguardado	hayamos aguardado
aguardes	aguardéis	hayas aguardado	hayáis aguardado
aguarde	aguarden	haya aguardado	hayan aguardado
7 imperfecto de subjuntivo		**14 pluscuamperfecto de subjuntivo**	
aguardara	aguardáramos	hubiera aguardado	hubiéramos aguardado
aguardaras	aguardarais	hubieras aguardado	hubierais aguardado
aguardara	aguardaran	hubiera aguardado	hubieran aguardado
OR		OR	
aguardase	aguardásemos	hubiese aguardado	hubiésemos aguardado
aguardases	aguardaseis	hubieses aguardado	hubieseis aguardado
aguardase	aguardasen	hubiese aguardado	hubiesen aguardado

imperativo

—	aguardemos
aguarda; no aguardes	aguardad; no aguardéis
aguarde	aguarden

Words and expressions related to this verb

la aguardada   expecting, waiting
guardar   to guard, to watch (over)

guardar silencio   to keep silent
¡Dios guarde al Rey!   God save the King!

Consult the sections on verbs used in idiomatic expressions, verbs with prepositions, and the list of over 1,000 verbs conjugated like model verbs in the back pages.

to economize, to save

The Seven Simple Tenses		The Seven Compound Tenses	
Singular	Plural	Singular	Plural

1   presente de indicativo

		8 perfecto de indicativo	
ahorro	ahorramos	he ahorrado	hemos ahorrado
ahorras	ahorráis	has ahorrado	habéis ahorrado
ahorra	ahorran	ha ahorrado	han ahorrado

2   imperfecto de indicativo

		9 pluscuamperfecto de indicativo	
ahorraba	ahorrábamos	había ahorrado	habíamos ahorrado
ahorrabas	ahorrabais	habías ahorrado	habíais ahorrado
ahorraba	ahorraban	había ahorrado	habían ahorrado

3   pretérito

		10 pretérito anterior	
ahorré	ahorramos	hube ahorrado	hubimos ahorrado
ahorraste	ahorrasteis	hubiste ahorrado	hubisteis ahorrado
ahorró	ahorraron	hubo ahorrado	hubieron ahorrado

4   futuro

		11 futuro perfecto	
ahorraré	ahorraremos	habré ahorrado	habremos ahorrado
ahorrarás	ahorraréis	habrás ahorrado	habréis ahorrado
ahorrará	ahorrarán	habrá ahorrado	habrán ahorrado

5   potencial simple

		12 potencial compuesto	
ahorraría	ahorraríamos	habría ahorrado	habríamos ahorrado
ahorrarías	ahorraríais	habrías ahorrado	habríais ahorrado
ahorraría	ahorrarían	habría ahorrado	habrían ahorrado

6   presente de subjuntivo

		13 perfecto de subjuntivo	
ahorre	ahorremos	haya ahorrado	hayamos ahorrado
ahorres	ahorréis	hayas ahorrado	hayáis ahorrado
ahorre	ahorren	haya ahorrado	hayan ahorrado

7   imperfecto de subjuntivo

		14 pluscuamperfecto de subjuntivo	
ahorrara	ahorráramos	hubiera ahorrado	hubiéramos ahorrado
ahorraras	ahorrarais	hubieras ahorrado	hubierais ahorrado
ahorrara	ahorraran	hubiera ahorrado	hubieran ahorrado
OR		OR	
ahorrase	ahorrásemos	hubiese ahorrado	hubiésemos ahorrado
ahorrases	ahorraseis	hubieses ahorrado	hubieseis ahorrado
ahorrase	ahorrasen	hubiese ahorrado	hubiesen ahorrado

	imperativo
—	ahorremos
ahorra; no ahorres	ahorrad; no ahorréis
ahorre	ahorren

Words and expressions related to this verb

ahorrado, ahorrada   thrifty
un ahorrador de tiempo   time saver

el ahorramiento   saving, economy
no ahorrarse con nadie   not to be afraid
  of anybody

Consult the back pages for Spanish proverbs using verbs.

to reach, to overtake

The Seven Simple Tenses		The Seven Compound Tenses	
Singular	Plural	Singular	Plural

1 presente de indicativo		8 perfecto de indicativo	
alcanzo	alcanzamos	he alcanzado	hemos alcanzado
alcanzas	alcanzáis	has alcanzado	habéis alcanzado
alcanza	alcanzan	ha alcanzado	han alcanzado

2 imperfecto de indicativo		9 pluscuamperfecto de indicativo	
alcanzaba	alcanzábamos	había alcanzado	habíamos alcanzado
alcanzabas	alcanzabais	habías alcanzado	habíais alcanzado
alcanzaba	alcanzaban	había alcanzado	habían alcanzado

3 pretérito		10 pretérito anterior	
alcancé	alcanzamos	hube alcanzado	hubimos alcanzado
alcanzaste	alcanzasteis	hubiste alcanzado	hubisteis alcanzado
alcanzó	alcanzaron	hubo alcanzado	hubieron alcanzado

4 futuro		11 futuro perfecto	
alcanzaré	alcanzaremos	habré alcanzado	habremos alcanzado
alcanzarás	alcanzaréis	habrás alcanzado	habréis alcanzado
alcanzará	alcanzarán	habrá alcanzado	habrán alcanzado

5 potencial simple		12 potencial compuesto	
alcanzaría	alcanzaríamos	habría alcanzado	habríamos alcanzado
alcanzarías	alcanzaríais	habrías alcanzado	habríais alcanzado
alcanzaría	alcanzarían	habría alcanzado	habrían alcanzado

6 presente de subjuntivo		13 perfecto de subjuntivo	
alcance	alcancemos	haya alcanzado	hayamos alcanzado
alcances	alcancéis	hayas alcanzado	hayáis alcanzado
alcance	alcancen	haya alcanzado	hayan alcanzado

7 imperfecto de subjuntivo		14 pluscuamperfecto de subjuntivo	
alcanzara	alcanzáramos	hubiera alcanzado	hubiéramos alcanzado
alcanzaras	alcanzarais	hubieras alcanzado	hubierais alcanzado
alcanzara	alcanzaran	hubiera alcanzado	hubieran alcanzado
OR		OR	
alcanzase	alcanzásemos	hubiese alcanzado	hubiésemos alcanzado
alcanzases	alcanzaseis	hubieses alcanzado	hubieseis alcanzado
alcanzase	alcanzasen	hubiese alcanzado	hubiesen alcanzado

imperativo	
—	alcancemos
alcanza; no alcances	alcanzad; no alcancéis
alcance	alcancen

Words and expressions related to this verb

el alcance overtaking, reach
al alcance de within reach of
dar alcance a to overtake

Consult the back pages for verbs with prepositions.

to be glad, to rejoice

The Seven Simple Tenses		The Seven Compound Tenses	
Singular	Plural	Singular	Plural

1 presente de indicativo

me alegro	nos alegramos		
te alegras	os alegráis		
se alegra	se alegran		

8 perfecto de indicativo

me he alegrado	nos hemos alegrado
te has alegrado	os habéis alegrado
se ha alegrado	se han alegrado

2 imperfecto de indicativo

me alegraba	nos alegrábamos
te alegrabas	os alegrabais
se alegraba	se alegraban

9 pluscuamperfecto de indicativo

me había alegrado	nos habíamos alegrado
te habías alegrado	os habíais alegrado
se había alegrado	se habían alegrado

3 pretérito

me alegré	nos alegramos
te alegraste	os alegrasteis
se alegró	se alegraron

10 pretérito anterior

me hube alegrado	nos hubimos alegrado
te hubiste alegrado	os hubisteis alegrado
se hubo alegrado	se hubieron alegrado

4 futuro

me alegraré	nos alegraremos
te alegrarás	os alegraréis
se alegrará	se alegrarán

11 futuro perfecto

me habré alegrado	nos habremos alegrado
te habrás alegrado	os habréis alegrado
se habrá alegrado	se habrán alegrado

5 potencial simple

me alegraría	nos alegraríamos
te alegrarías	os alegraríais
se alegraría	se alegrarían

12 potencial compuesto

me habría alegrado	nos habríamos alegrado
te habrías alegrado	os habríais alegrado
se habría alegrado	se habrían alegrado

6 presente de subjuntivo

me alegre	nos alegremos
te alegres	os alegréis
se alegre	se alegren

13 perfecto de subjuntivo

me haya alegrado	nos hayamos alegrado
te hayas alegrado	os hayáis alegrado
se haya alegrado	se hayan alegrado

7 imperfecto de subjuntivo

me alegrara	nos alegráramos
te alegraras	os alegrarais
se alegrara	se alegraran
OR	
me alegrase	nos alegrásemos
te alegrases	os alegraseis
se alegrase	se alegrasen

14 pluscuamperfecto de subjuntivo

me hubiera alegrado	nos hubiéramos alegrado
te hubieras alegrado	os hubierais alegrado
se hubiera alegrado	se hubieran alegrado
OR	
me hubiese alegrado	nos hubiésemos alegrado
te hubieses alegrado	os hubieseis alegrado
se hubiese alegrado	se hubiesen alegrado

imperativo

–	alegrémonos
alégrate; no te alegres	alegraos; no os alegréis
alégrese	alégrense

Words related to this verb

la alegría joy, rejoicing, mirth	**alegremente** gladly, cheerfully
alegro allegro	**alegre** happy, joyful, merry

48

to lunch, to have lunch

The Seven Simple Tenses		The Seven Compound Tenses	
Singular	Plural	Singular	Plural
1 presente de indicativo		**8 perfecto de indicativo**	
almuerzo	almorzamos	he almorzado	hemos almorzado
almuerzas	almorzáis	has almorzado	habéis almorzado
almuerza	almuerzan	ha almorzado	han almorzado
2 imperfecto de indicativo		**9 pluscuamperfecto de indicativo**	
almorzaba	almorzábamos	había almorzado	habíamos almorzado
almorzabas	almorzabais	habías almorzado	habíais almorzado
almorzaba	almorzaban	había almorzado	habían almorzado
3 pretérito		**10 pretérito anterior**	
almorcé	almorzamos	hube almorzado	hubimos almorzado
almorzaste	almorzasteis	hubiste almorzado	hubisteis almorzado
almorzó	almorzaron	hubo almorzado	hubieron almorzado
4 futuro		**11 futuro perfecto**	
almorzaré	almorzaremos	habré almorzado	habremos almorzado
almorzarás	almorzaréis	habrás almorzado	habréis almorzado
almorzará	almorzarán	habrá almorzado	habrán almorzado
5 potencial simple		**12 potencial compuesto**	
almorzaría	almorzaríamos	habría almorzado	habríamos almorzado
almorzarías	almorzaríais	habrías almorzado	habríais almorzado
almorzaría	almorzarían	habría almorzado	habrían almorzado
6 presente de subjuntivo		**13 perfecto de subjuntivo**	
almuerce	almorcemos	haya almorzado	hayamos almorzado
almuerces	almorcéis	hayas almorzado	hayáis almorzado
almuerce	almuercen	haya almorzado	hayan almorzado
7 imperfecto de subjuntivo		**14 pluscuamperfecto de subjuntivo**	
almorzara	almorzáramos	hubiera almorzado	hubiéramos almorzado
almorzaras	almorzarais	hubieras almorzado	hubierais almorzado
almorzara	almorzaran	hubiera almorzado	hubieran almorzado
OR		OR	
almorzase	almorzásemos	hubiese almorzado	hubiésemos almorzado
almorzases	almorzaseis	hubieses almorzado	hubieseis almorzado
almorzase	almorzasen	hubiese almorzado	hubiesen almorzado

imperativo

–	almorcemos
almuerza; no almuerces	almorzad; no almorcéis
almuerce	almuercen

Sentences using this verb and words related to it

Todos los días tomo el desayuno en casa, tomo el almuerzo en la escuela con mis amigos, y ceno con mi familia a las ocho.

el desayuno breakfast   **la cena** dinner, supper
el almuerzo lunch   **cenar** to have dinner, supper

to hire, to rent

The Seven Simple Tenses		The Seven Compound Tenses	
Singular	Plural	Singular	Plural
1 presente de indicativo		**8 perfecto de indicativo**	
alquilo	alquilamos	he alquilado	hemos alquilado
alquilas	alquiláis	has alquilado	habéis alquilado
alquila	alquilan	ha alquilado	han alquilado
2 imperfecto de indicativo		**9 pluscuamperfecto de indicativo**	
alquilaba	alquilábamos	había alquilado	habíamos alquilado
alquilabas	alquilabais	habías alquilado	habíais alquilado
alquilaba	alquilaban	había alquilado	habían alquilado
3 pretérito		**10 pretérito anterior**	
alquilé	alquilamos	hube alquilado	hubimos alquilado
alquilaste	alquilasteis	hubiste alquilado	hubisteis alquilado
alquiló	alquilaron	hubo alquilado	hubieron alquilado
4 futuro		**11 futuro perfecto**	
alquilaré	alquilaremos	habré alquilado	habremos alquilado
alquilarás	alquilaréis	habrás alquilado	habréis alquilado
alquilará	alquilarán	habrá alquilado	habrán alquilado
5 potencial simple		**12 potencial compuesto**	
alquilaría	alquilaríamos	habría alquilado	habríamos alquilado
alquilarías	alquilaríais	habrías alquilado	habríais alquilado
alquilaría	alquilarían	habría alquilado	habrían alquilado
6 presente de subjuntivo		**13 perfecto de subjuntivo**	
alquile	alquilemos	haya alquilado	hayamos alquilado
alquiles	alquiléis	hayas alquilado	hayáis alquilado
alquile	alquilen	haya alquilado	hayan alquilado
7 imperfecto de subjuntivo		**14 pluscuamperfecto de subjuntivo**	
alquilara	alquiláramos	hubiera alquilado	hubiéramos alquilado
alquilaras	alquilarais	hubieras alquilado	hubierais alquilado
alquilara	alquilaran	hubiera alquilado	hubieran alquilado
OR		OR	
alquilase	alquilásemos	hubiese alquilado	hubiésemos alquilado
alquilases	alquilaseis	hubieses alquilado	hubieseis alquilado
alquilase	alquilasen	hubiese alquilado	hubiesen alquilado

imperativo	
—	alquilemos
alquila; no alquiles	alquilad; no alquiléis
alquile	alquilen

Words and expressions related to this verb

alquilable rentable
SE ALQUILA FOR RENT
ALQUILA AVAILABLE

desalquilar to vacate, stop renting
desalquilarse to become vacant, unrented
desalquilado, desalquilada unrented, unlet, vacant

Be sure to consult the back pages for sections on verbs used in idiomatic expressions, verbs with prepositions, and the list of over 1,000 verbs conjugated like model verbs.

to illuminate, to light, to enlighten

The Seven Simple Tenses		The Seven Compound Tenses	
Singular	Plural	Singular	Plural

1   presente de indicativo

alumbro	alumbramos		
alumbras	alumbráis		
alumbra	alumbran		

8   perfecto de indicativo

he alumbrado	hemos alumbrado
has alumbrado	habéis alumbrado
ha alumbrado	han alumbrado

2   imperfecto de indicativo

alumbraba	alumbrábamos
alumbrabas	alumbrabais
alumbraba	alumbraban

9   pluscuamperfecto de indicativo

había alumbrado	habíamos alumbrado
habías alumbrado	habíais alumbrado
había alumbrado	habían alumbrado

3   pretérito

alumbré	alumbramos
alumbraste	alumbrasteis
alumbró	alumbraron

10   pretérito anterior

hube alumbrado	hubimos alumbrado
hubiste alumbrado	hubisteis alumbrado
hubo alumbrado	hubieron alumbrado

4   futuro

alumbraré	alumbraremos
alumbrarás	alumbraréis
alumbrará	alumbrarán

11   futuro perfecto

habré alumbrado	habremos alumbrado
habrás alumbrado	habréis alumbrado
habrá alumbrado	habrán alumbrado

5   potencial simple

alumbraría	alumbraríamos
alumbrarías	alumbraríais
alumbraría	alumbrarían

12   potencial compuesto

habría alumbrado	habríamos alumbrado
habrías alumbrado	habríais alumbrado
habría alumbrado	habrían alumbrado

6   presente de subjuntivo

alumbre	alumbremos
alumbres	alumbréis
alumbre	alumbren

13   perfecto de subjuntivo

haya alumbrado	hayamos alumbrado
hayas alumbrado	hayáis alumbrado
haya alumbrado	hayan alumbrado

7   imperfecto de subjuntivo

alumbrara	alumbráramos
alumbraras	alumbrarais
alumbrara	alumbraran
OR	
alumbrase	alumbrásemos
alumbrases	alumbraseis
alumbrase	alumbrasen

14   pluscuamperfecto de subjuntivo

hubiera alumbrado	hubiéramos alumbrado
hubieras alumbrado	hubierais alumbrado
hubiera alumbrado	hubieran alumbrado
OR	
hubiese alumbrado	hubiésemos alumbrado
hubieses alumbrado	hubieseis alumbrado
hubiese alumbrado	hubiesen alumbrado

imperativo

—	alumbremos
alumbra; no alumbres	alumbrad; no alumbréis
alumbre	alumbren

Words and expressions related to this verb

alumbrante   illuminating
el alumbramiento   lighting
el alumbrado fluorescente   fluorescent lighting
el alumbrado reflejado (indirecto)   indirect lighting
la lumbre   fire, light; **calentarse a la lumbre**   to warm oneself by the fire

The subject pronouns are found on the page facing page 1.   **51**

alumbrarse   Gerundio **alumbrándose**   Part. pas. **alumbrado**

to be (get) high, to get tipsy, to become lively (from liquor)

The Seven Simple Tenses		The Seven Compound Tenses	
Singular	Plural	Singular	Plural

1 presente de indicativo

me alumbro	nos alumbramos
te alumbras	os alumbráis
se alumbra	se alumbran

8 perfecto de indicativo

me he alumbrado	nos hemos alumbrado
te has alumbrado	os habéis alumbrado
se ha alumbrado	se han alumbrado

2 imperfecto de indicativo

me alumbraba	nos alumbrábamos
te alumbrabas	os alumbrabais
se alumbraba	se alumbraban

9 pluscuamperfecto de indicativo

me había alumbrado	nos habíamos alumbrado
te habías alumbrado	os habíais alumbrado
se había alumbrado	se habían alumbrado

3 pretérito

me alumbré	nos alumbramos
te alumbraste	os alumbrasteis
se alumbró	se alumbraron

10 pretérito anterior

me hube alumbrado	nos hubimos alumbrado
te hubiste alumbrado	os hubisteis alumbrado
se hubo alumbrado	se hubieron alumbrado

4 futuro

me alumbraré	nos alumbraremos
te alumbrarás	os alumbraréis
se alumbrará	se alumbrarán

11 futuro perfecto

me habré alumbrado	nos habremos alumbrado
te habrás alumbrado	os habréis alumbrado
se habrá alumbrado	se habrán alumbrado

5 potencial simple

me alumbraría	nos alumbraríamos
te alumbrarías	os alumbraríais
se alumbraría	se alumbrarían

12 potencial compuesto

me habría alumbrado	nos habríamos alumbrado
te habrías alumbrado	os habríais alumbrado
se habría alumbrado	se habrían alumbrado

6 presente de subjuntivo

me alumbre	nos alumbremos
te alumbres	os alumbréis
se alumbre	se alumbren

13 perfecto de subjuntivo

me haya alumbrado	nos hayamos alumbrado
te hayas alumbrado	os hayáis alumbrado
se haya alumbrado	se hayan alumbrado

7 imperfecto de subjuntivo

me alumbrara	nos alumbráramos
te alumbraras	os alumbrarais
se alumbrara	se alumbraran
OR	
me alumbrase	nos alumbrásemos
te alumbrases	os alumbraseis
se alumbrase	se alumbrasen

14 pluscuamperfecto de subjuntivo

me hubiera alumbrado	nos hubiéramos alumbrado
te hubieras alumbrado	os hubierais alumbrado
se hubiera alumbrado	se hubieran alumbrado
OR	
me hubiese alumbrado	nos hubiésemos alumbrado
te hubieses alumbrado	os hubieseis alumbrado
se hubiese alumbrado	se hubiesen alumbrado

imperativo

—	alumbrémonos
alúmbrate; no te alumbres	alumbraos; no os alumbréis
alúmbrese	alúmbrense

For words and expressions related to this verb, see **alumbrar**.

Be sure to consult the back pages for sections on verbs used in idiomatic expressions, verbs with prepositions, and the list of over 1,000 verbs conjugated like model verbs.

to heave, to lift, to pick up, to raise (prices)

The Seven Simple Tenses		The Seven Compound Tenses	
Singular	Plural	Singular	Plural
1 presente de indicativo		**8 perfecto de indicativo**	
alzo	alzamos	he alzado	hemos alzado
alzas	alzáis	has alzado	habéis alzado
alza	alzan	ha alzado	han alzado
2 imperfecto de indicativo		**9 pluscuamperfecto de indicativo**	
alzaba	alzábamos	había alzado	habíamos alzado
alzabas	alzabais	habías alzado	habíais alzado
alzaba	alzaban	había alzado	habían alzado
3 pretérito		**10 pretérito anterior**	
alcé	alzamos	hube alzado	hubimos alzado
alzaste	alzasteis	hubiste alzado	hubisteis alzado
alzó	alzaron	hubo alzado	hubieron alzado
4 futuro		**11 futuro perfecto**	
alzaré	alzaremos	habré alzado	habremos alzado
alzarás	alzaréis	habrás alzado	habréis alzado
alzará	alzarán	habrá alzado	habrán alzado
5 potencial simple		**12 potencial compuesto**	
alzaría	alzaríamos	habría alzado	habríamos alzado
alzarías	alzaríais	habrías alzado	habríais alzado
alzaría	alzarían	habría alzado	habrían alzado
6 presente de subjuntivo		**13 perfecto de subjuntivo**	
alce	alcemos	haya alzado	hayamos alzado
alces	alcéis	hayas alzado	hayáis alzado
alce	alcen	haya alzado	hayan alzado
7 imperfecto de subjuntivo		**14 pluscuamperfecto de subjuntivo**	
alzara	alzáramos	hubiera alzado	hubiéramos alzado
alzaras	alzarais	hubieras alzado	hubierais alzado
alzara	alzaran	hubiera alzado	hubieran alzado
OR		OR	
alzase	alzásemos	hubiese alzado	hubiésemos alzado
alzases	alzaseis	hubieses alzado	hubieseis alzado
alzase	alzasen	hubiese alzado	hubiesen alzado

imperativo

—	alcemos
alza; no alces	alzad; no alcéis
alce	alcen

Words and expressions related to this verb

alzar velas   to set the sails
alzar con   to run off with, to steal
la alzadura   elevation
el alzamiento   raising, lifting

The subject pronouns are found on the page facing page 1.   **53**

to love

The Seven Simple Tenses		The Seven Compound Tenses	
Singular	Plural	Singular	Plural
1 presente de indicativo		**8 perfecto de indicativo**	
amo	amamos	he amado	hemos amado
amas	amáis	has amado	habéis amado
ama	aman	ha amado	han amado
2 imperfecto de indicativo		**9 pluscuamperfecto de indicativo**	
amaba	amábamos	había amado	habíamos amado
amabas	amabais	habías amado	habíais amado
amaba	amaban	había amado	habían amado
3 pretérito		**10 pretérito anterior**	
amé	amamos	hube amado	hubimos amado
amaste	amasteis	hubiste amado	hubisteis amado
amó	amaron	hubo amado	hubieron amado
4 futuro		**11 futuro perfecto**	
amaré	amaremos	habré amado	habremos amado
amarás	amaréis	habrás amado	habréis amado
amará	amarán	habrá amado	habrán amado
5 potencial simple		**12 potencial compuesto**	
amaría	amaríamos	habría amado	habríamos amado
amarías	amaríais	habrías amado	habríais amado
amaría	amarían	habría amado	habrían amado
6 presente de subjuntivo		**13 perfecto de subjuntivo**	
ame	amemos	haya amado	hayamos amado
ames	améis	hayas amado	hayáis amado
ame	amen	haya amado	hayan amado
7 imperfecto de subjuntivo		**14 pluscuamperfecto de subjuntivo**	
amara	amáramos	hubiera amado	hubiéramos amado
amaras	amarais	hubieras amado	hubierais amado
amara	amaran	hubiera amado	hubieran amado
OR		OR	
amase	amásemos	hubiese amado	hubiésemos amado
amases	amaseis	hubieses amado	hubieseis amado
amase	amasen	hubiese amado	hubiesen amado

imperativo

—	amemos
ama; no ames	amad; no améis
ame	amen

Words related to this verb

la amabilidad amiability, kindness   **amablemente** amiably, kindly
amable amiable, kind, affable   **el amor** love

Consult the back pages for verbs used in idiomatic expressions.

The Seven Simple Tenses		The Seven Compound Tenses	
Singular	Plural	Singular	Plural
1 presente de indicativo		**8 perfecto de indicativo**	
ando	andamos	he andado	hemos andado
andas	andáis	has andado	habéis andado
anda	andan	ha andado	han andado
2 imperfecto de indicativo		**9 pluscuamperfecto de indicativo**	
andaba	andábamos	había andado	habíamos andado
andabas	andabais	habías andado	habíais andado
andaba	andaban	había andado	habían andado
3 pretérito		**10 pretérito anterior**	
anduve	anduvimos	hube andado	hubimos andado
anduviste	anduvisteis	hubiste andado	hubisteis andado
anduvo	anduvieron	hubo andado	hubieron andado
4 futuro		**11 futuro perfecto**	
andaré	andaremos	habré andado	habremos andado
andarás	andaréis	habrás andado	habréis andado
andará	andarán	habrá andado	habrán andado
5 potencial simple		**12 potencial compuesto**	
andaría	andaríamos	habría andado	habríamos andado
andarías	andaríais	habrías andado	habríais andado
andaría	andarían	habría andado	habrían andado
6 presente de subjuntivo		**13 perfecto de subjuntivo**	
ande	andemos	haya andado	hayamos andado
andes	andéis	hayas andado	hayáis andado
ande	anden	haya andado	hayan andado
7 imperfecto de subjuntivo		**14 pluscuamperfecto de subjuntivo**	
anduviera	anduviéramos	hubiera andado	hubiéramos andado
anduvieras	anduvierais	hubieras andado	hubierais andado
anduviera	anduvieran	hubiera andado	hubieran andado
OR		OR	
anduviese	anduviésemos	hubiese andado	hubiésemos andado
anduvieses	anduvieseis	hubieses andado	hubieseis andado
anduviese	anduviesen	hubiese andado	hubiesen andado

imperativo

—	andemos
anda; no andes	andad; no andéis
ande	anden

Words and expressions related to this verb

las andanzas running about
buena andanza good fortune
mala andanza bad fortune

a todo andar at full speed
a largo andar in the long run
desandar to retrace

Anda despacio que tengo prisa. Make haste slowly.
Dime con quien andas y te diré quien eres. Tell me who your friends are and I will tell
  you who you are.

The subject pronouns are found on the page facing page 1.   **55**

to announce, to foretell, to proclaim

The Seven Simple Tenses		The Seven Compound Tenses	
Singular	Plural	Singular	Plural
1 presente de indicativo		**8 perfecto de indicativo**	
anuncio	anunciamos	he anunciado	hemos anunciado
anuncias	anunciáis	has anunciado	habéis anunciado
anuncia	anuncian	ha anunciado	han anunciado
2 imperfecto de indicativo		**9 pluscuamperfecto de indicativo**	
anunciaba	anunciábamos	había anunciado	habíamos anunciado
anunciabas	anunciabais	habías anunciado	habíais anunciado
anunciaba	anunciaban	había anunciado	habían anunciado
3 pretérito		**10 pretérito anterior**	
anuncié	anunciamos	hube anunciado	hubimos anunciado
anunciaste	anunciasteis	hubiste anunciado	hubisteis anunciado
anunció	anunciaron	hubo anunciado	hubieron anunciado
4 futuro		**11 futuro perfecto**	
anunciaré	anunciaremos	habré anunciado	habremos anunciado
anunciarás	anunciaréis	habrás anunciado	habréis anunciado
anunciará	anunciarán	habrá anunciado	habrán anunciado
5 potencial simple		**12 potencial compuesto**	
anunciaría	anunciaríamos	habría anunciado	habríamos anunciado
anunciarías	anunciaríais	habrías anunciado	habríais anunciado
anunciaría	anunciarían	habría anunciado	habrían anunciado
6 presente de subjuntivo		**13 perfecto de subjuntivo**	
anuncie	anunciemos	haya anunciado	hayamos anunciado
anuncies	anunciéis	hayas anunciado	hayáis anunciado
anuncie	anuncien	haya anunciado	hayan anunciado
7 imperfecto de subjuntivo		**14 pluscuamperfecto de subjuntivo**	
anunciara	anunciáramos	hubiera anunciado	hubiéramos anunciado
anunciaras	anunciarais	hubieras anunciado	hubierais anunciado
anunciara	anunciaran	hubiera anunciado	hubieran anunciado
OR		OR	
anunciase	anunciásemos	hubiese anunciado	hubiésemos anunciado
anunciases	anunciaseis	hubieses anunciado	hubieseis anunciado
anunciase	anunciasen	hubiese anunciado	hubiesen anunciado

imperativo

–	**anunciemos**
anuncia; no anuncies	**anunciad; no anunciéis**
anuncie	**anuncien**

Words related to this verb

el, la anunciante advertiser
la Anunciación Annunciation
el anunciador, la anunciadora advertiser, announcer
un anuncio advertisement, announcement

The Seven Simple Tenses		The Seven Compound Tenses	
Singular	Plural	Singular	Plural

1   presente de indicativo

añado	añadimos		
añades	añadís		
añade	añaden		

8   perfecto de indicativo

he añadido	hemos añadido		
has añadido	habéis añadido		
ha añadido	han añadido		

2   imperfecto de indicativo

añadía	añadíamos
añadías	añadíais
añadía	añadían

9   pluscuamperfecto de indicativo

había añadido	habíamos añadido
habías añadido	habíais añadido
había añadido	habían añadido

3   pretérito

añadí	añadimos
añadiste	añadisteis
añadió	añadieron

10   pretérito anterior

hube añadido	hubimos añadido
hubiste añadido	hubisteis añadido
hubo añadido	hubieron añadido

4   futuro

añadiré	añadiremos
añadirás	añadiréis
añadirá	añadirán

11   futuro perfecto

habré añadido	habremos añadido
habrás añadido	habréis añadido
habrá añadido	habrán añadido

5   potencial simple

añadiría	añadiríamos
añadirías	añadiríais
añadiría	añadirían

12   potencial compuesto

habría añadido	habríamos añadido
habrías añadido	habríais añadido
habría añadido	habrían añadido

6   presente de subjuntivo

añada	añadamos
añadas	añadáis
añada	añadan

13   perfecto de subjuntivo

haya añadido	hayamos añadido
hayas añadido	hayáis añadido
haya añadido	hayan añadido

7   imperfecto de subjuntivo

añadiera	añadiéramos
añadieras	añadierais
añadiera	añadieran
OR	
añadiese	añadiésemos
añadieses	añadieseis
añadiese	añadiesen

14   pluscuamperfecto de subjuntivo

hubiera añadido	hubiéramos añadido
hubieras añadido	hubierais añadido
hubiera añadido	hubieran añadido
OR	
hubiese añadido	hubiésemos añadido
hubieses añadido	hubieseis añadido
hubiese añadido	hubiesen añadido

imperativo

–	añadamos
añade; no añadas	añadid; no añadáis
añada	añadan

Words and expressions related to this verb

la añadidura   increase, addition
por añadidura   in addition

el añadimiento   addition
añadido, añadida   added, additional

Consult the back pages for verbs used in idioms.

to put out (flame, fire), to extinguish, to turn off (flame, fire, light)

The Seven Simple Tenses		The Seven Compound Tenses	
Singular	Plural	Singular	Plural
1 presente de indicativo		**8 perfecto de indicativo**	
apago	apagamos	he apagado	hemos apagado
apagas	apagáis	has apagado	habéis apagado
apaga	apagan	ha apagado	han apagado
2 imperfecto de indicativo		**9 pluscuamperfecto de indicativo**	
apagaba	apagábamos	había apagado	habíamos apagado
apagabas	apagabais	habías apagado	habíais apagado
apagaba	apagaban	había apagado	habían apagado
3 pretérito		**10 pretérito anterior**	
apagué	apagamos,	hube apagado	hubimos apagado
apagaste	apagasteis	hubiste apagado	hubisteis apagado
apagó	apagaron	hubo apagado	hubieron apagado
4 futuro		**11 futuro perfecto**	
apagaré	apagaremos	habré apagado	habremos apagado
apagarás	apagaréis	habrás apagado	habréis apagado
apagará	apagarán	habrá apagado	habrán apagado
5 potencial simple		**12 potencial compuesto**	
apagaría	apagaríamos	habría apagado	habríamos apagado
apagarías	apagaríais	habrías apagado	habríais apagado
apagaría	apagarían	habría apagado	habrían apagado
6 presente de subjuntivo		**13 perfecto de subjuntivo**	
apague	apaguemos	haya apagado	hayamos apagado
apagues	apaguéis	hayas apagado	hayáis apagado
apague	apaguen	haya apagado	hayan apagado
7 imperfecto de subjuntivo		**14 pluscuamperfecto de subjuntivo**	
apagara	apagáramos	hubiera apagado	hubiéramos apagado
apagaras	apagarais	hubieras apagado	hubierais apagado
apagara	apagaran	hubiera apagado	hubieran apagado
OR		OR	
apagase	apagásemos	hubiese apagado	hubiésemos apagado
apagases	apagaseis	hubieses apagado	hubieseis apagado
apagase	apagasen	hubiese apagado	hubiesen apagado

imperativo	
—	apaguemos
apaga; no apagues	apagad; no apaguéis
apague	apaguen

Words and expressions related to this verb

el apagafuegos, el apagaincendios fire extinguisher
apagadizo, apagadiza fire resistant
¡Apaga y vámonos! Let's end this and let's go! Let's put an end to all this!

58

to appear, to show up

The Seven Simple Tenses		The Seven Compound Tenses	
Singular	Plural	Singular	Plural
1 presente de indicativo		**8 perfecto de indicativo**	
aparezco	aparecemos	he aparecido	hemos aparecido
apareces	aparecéis	has aparecido	habéis aparecido
aparece	aparecen	ha aparecido	han aparecido
2 imperfecto de indicativo		**9 pluscuamperfecto de indicativo**	
aparecía	aparecíamos	había aparecido	habíamos aparecido
aparecías	aparecíais	habías aparecido	habíais aparecido
aparecía	aparecían	había aparecido	habían aparecido
3 pretérito		**10 pretérito anterior**	
aparecí	aparecimos	hube aparecido	hubimos aparecido
apareciste	aparecisteis	hubiste aparecido	hubisteis aparecido
apareció	aparecieron	hubo aparecido	hubieron aparecido
4 futuro		**11 futuro perfecto**	
apareceré	apareceremos	habré aparecido	habremos aparecido
aparecerás	apareceréis	habrás aparecido	habréis aparecido
aparecerá	aparecerán	habrá aparecido	habrán aparecido
5 potencial simple		**12 potencial compuesto**	
aparecería	apareceríamos	habría aparecido	habríamos aparecido
aparecerías	apareceríais	habrías aparecido	habríais aparecido
aparecería	aparecerían	habría aparecido	habrían aparecido
6 presente de subjuntivo		**13 perfecto de subjuntivo**	
aparezca	aparezcamos	haya aparecido	hayamos aparecido
aparezcas	aparezcáis	hayas aparecido	hayáis aparecido
aparezca	aparezcan	haya aparecido	hayan aparecido
7 imperfecto de subjuntivo		**14 pluscuamperfecto de subjuntivo**	
apareciera	apareciéramos	hubiera aparecido	hubiéramos aparecido
aparecieras	aparecierais	hubieras aparecido	hubierais aparecido
apareciera	aparecieran	hubiera aparecido	hubieran aparecido
OR		OR	
apareciese	apareciésemos	hubiese aparecido	hubiésemos aparecido
aparecieses	aparecieseis	hubieses aparecido	hubieseis aparecido
apareciese	apareciesen	hubiese aparecido	hubiesen aparecido

imperativo

—	aparezcamos
aparece; no aparezcas	apareced; no aparezcáis
aparezca	aparezcan

Words and expressions related to this verb

un aparecimiento apparition
un aparecido ghost
una aparición apparition, appearance
parecer to seem, to appear
parecerse a to look alike

aparecerse en casa to arrive home
   unexpectedly
aparecerse a alguno to see a ghost
aparecerse entre sueños to see someone
   in a dream

to applaud

The Seven Simple Tenses		The Seven Compound Tenses	
Singular	Plural	Singular	Plural

1   presente de indicativo

		8 perfecto de indicativo	
aplaudo	aplaudimos	he aplaudido	hemos aplaudido
aplaudes	aplaudís	has aplaudido	habéis aplaudido
aplaude	aplauden	ha aplaudido	han aplaudido

2   imperfecto de indicativo

		9 pluscuamperfecto de indicativo	
aplaudía	aplaudíamos	había aplaudido	habíamos aplaudido
aplaudías	aplaudíais	habías aplaudido	habíais aplaudido
aplaudía	aplaudían	había aplaudido	habían aplaudido

3   pretérito

		10 pretérito anterior	
aplaudí	aplaudimos	hube aplaudido	hubimos aplaudido
aplaudiste	aplaudisteis	hubiste aplaudido	hubisteis aplaudido
aplaudió	aplaudieron	hubo aplaudido	hubieron aplaudido

4   futuro

		11 futuro perfecto	
aplaudiré	aplaudiremos	habré aplaudido	habremos aplaudido
aplaudirás	aplaudiréis	habrás aplaudido	habréis aplaudido
aplaudirá	aplaudirán	habrá aplaudido	habrán aplaudido

5   potencial simple

		12 potencial compuesto	
aplaudiría	aplaudiríamos	habría aplaudido	habríamos aplaudido
aplaudirías	aplaudiríais	habrías aplaudido	habríais aplaudido
aplaudiría	aplaudirían	habría aplaudido	habrían aplaudido

6   presente de subjuntivo

		13 perfecto de subjuntivo	
aplauda	aplaudamos	haya aplaudido	hayamos aplaudido
aplaudas	aplaudáis	hayas aplaudido	hayáis aplaudido
aplauda	aplaudan	haya aplaudido	hayan aplaudido

7   imperfecto de subjuntivo

		14 pluscuamperfecto de subjuntivo	
aplaudiera	aplaudiéramos	hubiera aplaudido	hubiéramos aplaudido
aplaudieras	aplaudierais	hubieras aplaudido	hubierais aplaudido
aplaudiera	aplaudieran	hubiera aplaudido	hubieran aplaudido
OR		OR	
aplaudiese	aplaudiésemos	hubiese aplaudido	hubiésemos aplaudido
aplaudieses	aplaudieseis	hubieses aplaudido	hubieseis aplaudido
aplaudiese	aplaudiesen	hubiese aplaudido	hubiesen aplaudido

imperativo

—	aplaudamos
aplaude; no aplaudas	aplaudid; no aplaudáis
aplauda	aplaudan

Words related to this verb

el aplauso   applause, praise
el aplaudidor, la aplaudidora   applauder

Consult the back pages for Spanish proverbs using verbs.

to take power, to take possession

The Seven Simple Tenses		The Seven Compound Tenses	
Singular	Plural	Singular	Plural

1   presente de indicativo

		8 perfecto de indicativo	
me apodero	nos apoderamos	me he apoderado	nos hemos apoderado
te apoderas	os apoderáis	te has apoderado	os habéis apoderado
se apodera	se apoderan	se ha apoderado	se han apoderado

2   imperfecto de indicativo

		9 pluscuamperfecto de indicativo	
me apoderaba	nos apoderábamos	me había apoderado	nos habíamos apoderado
te apoderabas	os apoderabais	te habías apoderado	os habíais apoderado
se apoderaba	se apoderaban	se había apoderado	se habían apoderado

3   pretérito

		10 pretérito anterior	
me apoderé	nos apoderamos	me hube apoderado	nos hubimos apoderado
te apoderaste	os apoderasteis	te hubiste apoderado	os hubisteis apoderado
se apoderó	se apoderaron	se hubo apoderado	se hubieron apoderado

4   futuro

		11 futuro perfecto	
me apoderaré	nos apoderaremos	me habré apoderado	nos habremos apoderado
te apoderarás	os apoderaréis	te habrás apoderado	os habréis apoderado
se apoderará	se apoderarán	se habrá apoderado	se habrán apoderado

5   potencial simple

		12 potencial compuesto	
me apoderaría	nos apoderaríamos	me habría apoderado	nos habríamos apoderado
te apoderarías	os apoderaríais	te habrías apoderado	os habríais apoderado
se apoderaría	se apoderarían	se habría apoderado	se habrían apoderado

6   presente de subjuntivo

		13 perfecto de subjuntivo	
me apodere	nos apoderemos	me haya apoderado	nos hayamos apoderado
te apoderes	os apoderéis	te hayas apoderado	os hayáis apoderado
se apodere	se apoderen	se haya apoderado	se hayan apoderado

7   imperfecto de subjuntivo

		14 pluscuamperfecto de subjuntivo	
me apoderara	nos apoderáramos	me hubiera apoderado	nos hubiéramos apoderado
te apoderaras	os apoderarais	te hubieras apoderado	os hubierais apoderado
se apoderara	se apoderaran	se hubiera apoderado	se hubieran apoderado
OR		OR	
me apoderase	nos apoderásemos	me hubiese apoderado	nos hubiésemos apoderado
te apoderases	os apoderaseis	te hubieses apoderado	os hubieseis apoderado
se apoderase	se apoderasen	se hubiese apoderado	se hubiesen apoderado

imperativo

—	apoderémonos
apodérate; no te apoderes	apoderaos; no os apoderéis
apodérese	apodérense

Words and expressions related to this verb

poder   to be able
el poder   power
el apoderado   proxy

apoderarse de algo   to take possession of something
apoderado, apoderada   empowered

Consult the back pages for verbs used with certain prepositions.

to appreciate, to appraise, to esteem

The Seven Simple Tenses		The Seven Compound Tenses	
Singular	Plural	Singular	Plural

1 presente de indicativo

aprecio	apreciamos		
aprecias	apreciáis		
aprecia	aprecian		

8 perfecto de indicativo

he apreciado	hemos apreciado
has apreciado	habéis apreciado
ha apreciado	han apreciado

2 imperfecto de indicativo

apreciaba	apreciábamos
apreciabas	apreciabais
apreciaba	apreciaban

9 pluscuamperfecto de indicativo

había apreciado	habíamos apreciado
habías apreciado	habíais apreciado
había apreciado	habían apreciado

3 pretérito

aprecié	apreciamos
apreciaste	apreciasteis
apreció	apreciaron

10 pretérito anterior

hube apreciado	hubimos apreciado
hubiste apreciado	hubisteis apreciado
hubo apreciado	hubieron apreciado

4 futuro

apreciaré	apreciaremos
apreciarás	apreciaréis
apreciará	apreciarán

11 futuro perfecto

habré apreciado	habremos apreciado
habrás apreciado	habréis apreciado
habrá apreciado	habrán apreciado

5 potencial simple

apreciaría	apreciaríamos
apreciarías	apreciaríais
apreciaría	apreciarían

12 potencial compuesto

habría apreciado	habríamos apreciado
habrías apreciado	habríais apreciado
habría apreciado	habrían apreciado

6 presente de subjuntivo

aprecie	apreciemos
aprecies	apreciéis
aprecie	aprecien

13 perfecto de subjuntivo

haya apreciado	hayamos apreciado
hayas apreciado	hayáis apreciado
haya apreciado	hayan apreciado

7 imperfecto de subjuntivo

apreciara	apreciáramos
apreciaras	apreciarais
apeciara	apreciaran
OR	
apreciase	apreciásemos
apreciases	apreciaseis
apreciase	apreciasen

14 pluscuamperfecto de subjuntivo

hubiera apreciado	hubiéramos apreciado
hubieras apreciado	hubierais apreciado
hubiera apreciado	hubieran apreciado
OR	
hubiese apreciado	hubiésemos apreciado
hubieses apreciado	hubieseis apreciado
hubiese apreciado	hubiesen apreciado

imperativo

—	apreciemos
aprecia; no aprecies	apreciad; no apreciéis
aprecie	aprecien

Words and expressions related to this verb

el aprecio appreciation, esteem
la apreciación appreciation, estimation
apreciable appreciable; worthy
la apreciabilidad appreciability

preciar to appraise, to estimate
el precio price; **no tener precio** to be priceless
un precio fijo set price

to learn

The Seven Simple Tenses		The Seven Compound Tenses	
Singular	Plural	Singular	Plural

1 presente de indicativo		8 perfecto de indicativo	
aprendo	aprendemos	he aprendido	hemos aprendido
aprendes	aprendéis	has aprendido	habéis aprendido
aprende	aprenden	ha aprendido	han aprendido

2 imperfecto de indicativo		9 pluscuamperfecto de indicativo	
aprendía	aprendíamos	había aprendido	habíamos aprendido
aprendías	aprendíais	habías aprendido	habíais aprendido
aprendía	aprendían	había aprendido	habían aprendido

3 pretérito		10 pretérito anterior	
aprendí	aprendimos	hube aprendido	hubimos aprendido
aprendiste	aprendisteis	hubiste aprendido	hubisteis aprendido
aprendió	aprendieron	hubo aprendido	hubieron aprendido

4 futuro		11 futuro perfecto	
aprenderé	aprenderemos	habré aprendido	habremos aprendido
aprenderás	aprenderéis	habrás aprendido	habréis aprendido
aprenderá	aprenderán	habrá aprendido	habrán aprendido

5 potencial simple		12 potencial compuesto	
aprendería	aprenderíamos	habría aprendido	habríamos aprendido
aprenderías	aprenderíais	habrías aprendido	habríais aprendido
aprendería	aprenderían	habría aprendido	habrían aprendido

6 presente de subjuntivo		13 perfecto de subjuntivo	
aprenda	aprendamos	haya aprendido	hayamos aprendido
aprendas	aprendáis	hayas aprendido	hayáis aprendido
aprenda	aprendan	haya aprendido	hayan aprendido

7 imperfecto de subjuntivo		14 pluscuamperfecto de subjuntivo	
aprendiera	aprendiéramos	hubiera aprendido	hubiéramos aprendido
aprendieras	aprendierais	hubieras aprendido	hubierais aprendido
aprendiera	aprendieran	hubiera aprendido	hubieran aprendido
OR		OR	
aprendiese	aprendiésemos	hubiese aprendido	hubiésemos aprendido
aprendieses	aprendieseis	hubieses aprendido	hubieseis aprendido
aprendiese	aprendiesen	hubiese aprendido	hubiesen aprendido

	imperativo	
–		aprendamos
aprende; no aprendas		aprended; no aprendáis
aprenda		aprendan

Sentences using this verb and words and expressions related to it

Aprendo mucho en la escuela. En la clase de español aprendemos a hablar, a leer, y a escribir en español.

el aprendedor, la aprendedora learner	**aprender a + inf.** to learn + inf.
el aprendizaje apprenticeship	**aprender de memoria** to memorize
el aprendiz, la aprendiza apprentice	**aprender con** to study with

The subject pronouns are found on the page facing page 1.   **63**

to hasten, to hurry, to rush

The Seven Simple Tenses		The Seven Compound Tenses	
Singular	Plural	Singular	Plural

1 presente de indicativo

me apresuro	nos apresuramos		
te apresuras	os apresuráis		
se apresura	se apresuran		

8 perfecto de indicativo

me he apresurado	nos hemos apresurado		
te has apresurado	os habéis apresurado		
se ha apresurado	se han apresurado		

2 imperfecto de indicativo

me apresuraba	nos apresurábamos
te apresurabas	os apresurabais
se apresuraba	se apresuraban

9 pluscuamperfecto de indicativo

me había apresurado	nos habíamos apresurado
te habías apresurado	os habíais apresurado
se había apresurado	se habían apresurado

3 pretérito

me apresuré	nos apresuramos
te apresuraste	os apresurasteis
se apresuró	se apresuraron

10 pretérito anterior

me hube apresurado	nos hubimos apresurado
te hubiste apresurado	os hubisteis apresurado
se hubo apresurado	se hubieron apresurado

4 futuro

me apresuraré	nos apresuraremos
te apresurarás	os apresuraréis
se apresurará	se apresurarán

11 futuro perfecto

me habré apresurado	nos habremos apresurado
te habrás apresurado	os habréis apresurado
se habrá apresurado	se habrán apresurado

5 potencial simple

me apresuraría	nos apresuraríamos
te apresurarías	os apresuraríais
se apresuraría	se apresurarían

12 potencial compuesto

me habría apresurado	nos habríamos apresurado
te habrías apresurado	os habríais apresurado
se habría apresurado	se habrían apresurado

6 presente de subjuntivo

me apresure	nos apresuremos
te apresures	os apresuréis
se apresure	se apresuren

13 perfecto de subjuntivo

me haya apresurado	nos hayamos apresurado
te hayas apresurado	os hayáis apresurado
se haya apresurado	se hayan apresurado

7 imperfecto de subjuntivo

me apresurara	nos apresuráramos
te apresuraras	os apresurarais
se apresurara	se apresuraran
OR	
me apresurase	nos apresurásemos
te apresurases	os apresuraseis
se apresurase	se apresurasen

14 pluscuamperfecto de subjuntivo

me hubiera apresurado	nos hubiéramos apresurado
te hubieras apresurado	os hubierais apresurado
se hubiera apresurado	se hubieran apresurado
OR	
me hubiese apresurado	nos hubiésemos apresurado
te hubieses apresurado	os hubieseis apresurado
se hubiese apresurado	se hubiesen apresurado

imperativo

–	apresurémonos
apresúrate; no te apresures	apresuraos; no os apresuréis
apresúrese	apresúrense

Words and expressions related to this verb

la apresuración haste	**el apresuramiento** hastiness
apresurado, apresurada hasty, quick	**apresurar** to accelerate
apresuradamente hastily	**apresurarse a + inf.** to hurry + inf.
la prisa haste	**tener prisa** to be in a hurry

to approve, to pass a test

The Seven Simple Tenses		The Seven Compound Tenses	
Singular	Plural	Singular	Plural
1 presente de indicativo		**8 perfecto de indicativo**	
apruebo	aprobamos	he aprobado	hemos aprobado
apruebas	aprobáis	has aprobado	habéis aprobado
aprueba	aprueban	ha aprobado	han aprobado
2 imperfecto de indicativo		**9 pluscuamperfecto de indicativo**	
aprobaba	aprobábamos	había aprobado	habíamos aprobado
aprobabas	aprobabais	habías aprobado	habíais aprobado
aprobaba	aprobaban	había aprobado	habían aprobado
3 pretérito		**10 pretérito anterior**	
aprobé	aprobamos	hube aprobado	hubimos aprobado
aprobaste	aprobasteis	hubiste aprobado	hubisteis aprobado
aprobó	aprobaron	hubo aprobado	hubieron aprobado
4 futuro		**11 futuro perfecto**	
aprobaré	aprobaremos	habré aprobado	habremos aprobado
aprobarás	aprobaréis	habrás aprobado	habréis aprobado
aprobará	aprobarán	habrá aprobado	habrán aprobado
5 potencial simple		**12 potencial compuesto**	
aprobaría	aprobaríamos	habría aprobado	habríamos aprobado
aprobarías	aprobaríais	habrías aprobado	habríais aprobado
aprobaría	aprobarían	habría aprobado	habrían aprobado
6 presente de subjuntivo		**13 perfecto de subjuntivo**	
apruebe	aprobemos	haya aprobado	hayamos aprobado
apruebes	aprobéis	hayas aprobado	hayáis aprobado
apruebe	aprueben	haya aprobado	hayan aprobado
7 imperfecto de subjuntivo		**14 pluscuamperfecto de subjuntivo**	
aprobara	aprobáramos	hubiera aprobado	hubiéramos aprobado
aprobaras	aprobarais	hubieras aprobado	hubierais aprobado
aprobara	aprobaran	hubiera aprobado	hubieran aprobado
OR		OR	
aprobase	aprobásemos	hubiese aprobado	hubiésemos aprobado
aprobases	aprobaseis	hubieses aprobado	hubieseis aprobado
aprobase	aprobasen	hubiese aprobado	hubiesen aprobado

imperativo

–	aprobemos
aprueba; no apruebes	aprobad; no aprobéis
apruebe	aprueben

Words and expressions related to this verb

la aprobación   approbation, approval, consent
aprobatoriamente   approvingly
el aprobado   passing grade in an exam
aprobado, aprobada   accepted, admitted, approved, passed (in an exam)
aprobado por mayoría   accepted by a majority
comprobar   to verify, compare, check, prove; **desaprobar**   to disapprove
la desaprobación   disapproval

The subject pronouns are found on the page facing page 1.

to take advantage, to avail oneself

The Seven Simple Tenses		The Seven Compound Tenses	
Singular	Plural	Singular	Plural

1 presente de indicativo

		8 perfecto de indicativo	
me aprovecho	nos aprovechamos	me he aprovechado	nos hemos aprovechado
te aprovechas	os aprovecháis	te has aprovechado	os habéis aprovechado
se aprovecha	se aprovechan	se ha aprovechado	se han aprovechado

2 imperfecto de indicativo

		9 pluscuamperfecto de indicativo	
me aprovechaba	nos aprovechábamos	me había aprovechado	nos habíamos aprovechado
te aprovechabas	os aprovechabais	te habías aprovechado	os habíais aprovechado
se aprovechaba	se aprovechaban	se había aprovechado	se habían aprovechado

3 pretérito

		10 pretérito anterior	
me aproveché	nos aprovechamos	me hube aprovechado	nos hubimos aprovechado
te aprovechaste	os aprovechasteis	te hubiste aprovechado	os hubisteis aprovechado
se aprovechó	se aprovecharon	se hubo aprovechado	se hubieron aprovechado

4 futuro

		11 futuro perfecto	
me aprovecharé	nos aprovecharemos	me habré aprovechado	nos habremos aprovechado
te aprovecharás	os aprovecharéis	te habrás aprovechado	os habréis aprovechado
se aprovechará	se aprovecharán	se habrá aprovechado	se habrán aprovechado

5 potencial simple

		12 potencial compuesto	
me aprovecharía	nos aprovecharíamos	me habría aprovechado	nos habríamos aprovechado
te aprovecharías	os aprovecharíais	te habrías aprovechado	os habríais aprovechado
se aprovecharía	se aprovecharían	se habría aprovechado	se habrían aprovechado

6 presente de subjuntivo

		13 perfecto de subjuntivo	
me aproveche	nos aprovechemos	me haya aprovechado	nos hayamos aprovechado
te aproveches	os aprovechéis	te hayas aprovechado	os hayáis aprovechado
se aproveche	se aprovechen	se haya aprovechado	se hayan aprovechado

7 imperfecto de subjuntivo

		14 pluscuamperfecto de subjuntivo	
me aprovechara	nos aprovecháramos	me hubiera aprovechado	nos hubiéramos aprovechado
te aprovecharas	os aprovecharais	te hubieras aprovechado	os hubierais aprovechado
se aprovechara	se aprovecharan	se hubiera aprovechado	se hubieran aprovechado
OR		OR	
me aprovechase	nos aprovechásemos	me hubiese aprovechado	nos hubiésemos aprovechado
te aprovechases	os aprovechaseis	te hubieses aprovechado	os hubieseis aprovechado
se aprovechase	se aprovechasen	se hubiese aprovechado	se hubiesen aprovechado

imperativo

—	aprovechémonos
aprovéchate; no te aproveches	aprovechaos; no os aprovechéis
aprovéchese	aprovéchense

Words and expressions related to this verb

aprovechado, aprovechada economical
aprovechable available, profitable
aprovechamiento use, utilization
aprovecharse de to take advantage of

aprovechar to make use of
aprovechar la ocasión to take the opportunity

to fret, to grieve, to worry

The Seven Simple Tenses		The Seven Compound Tenses	
Singular	Plural	Singular	Plural
1 presente de indicativo		**8 perfecto de indicativo**	
me apuro	nos apuramos	me he apurado	nos hemos apurado
te apuras	os apuráis	te has apurado	os habéis apurado
se apura	se apuran	se ha apurado	se han apurado
2 imperfecto de indicativo		**9 pluscuamperfecto de indicativo**	
me apuraba	nos apurábamos	me había apurado	nos habíamos apurado
te apurabas	os apurabais	te habías apurado	os habíais apurado
se apuraba	se apuraban	se había apurado	se habían apurado
3 pretérito		**10 pretérito anterior**	
me apuré	nos apuramos	me hube apurado	nos hubimos apurado
te apuraste	os apurasteis	te hubiste apurado	os hubisteis apurado
se apuró	se apuraron	se hubo apurado	se hubieron apurado
4 futuro		**11 futuro perfecto**	
me apuraré	nos apuraremos	me habré apurado	nos habremos apurado
te apurarás	os apuraréis	te habrás apurado	os habréis apurado
se apurará	se apurarán	se habrá apurado	se habrán apurado
5 potencial simple		**12 potencial compuesto**	
me apuraría	nos apuraríamos	me habría apurado	nos habríamos apurado
te apurarías	os apuraríais	te habrías apurado	os habríais apurado
se apuraría	se apurarían	se habría apurado	se habrían apurado
6 presente de subjuntivo		**13 perfecto de subjuntivo**	
me apure	nos apuremos	me haya apurado	nos hayamos apurado
te apures	os apuréis	te hayas apurado	os hayáis apurado
se apure	se apuren	se haya apurado	se hayan apurado
7 imperfecto de subjuntivo		**14 pluscuamperfecto de subjuntivo**	
me apurara	nos apuráramos	me hubiera apurado	nos hubiéramos apurado
te apuraras	os apurarais	te hubieras apurado	os hubierais apurado
se apurara	se apuraran	se hubiera apurado	se hubieran apurado
OR		OR	
me apurase	nos apurásemos	me hubiese apurado	nos hubiésemos apurado
te apurases	os apuraseis	te hubieses apurado	os hubieseis apurado
se apurase	se apurasen	se hubiese apurado	se hubiesen apurado

imperativo

—	apurémonos
apúrate; no te apures	apuraos; no os apuréis
apúrese	apúrense

Words and expressions related to this verb

apurar to purify; to exhaust, consume; to annoy, to tease
apurar todos los recursos to exhaust every recourse, every means
apurar la paciencia de uno to wear out one's patience
apurarse por poco to worry over trivialities

The subject pronouns are found on the page facing page 1.

to root up (out), to pull up (out), to tear off (away), to snatch

The Seven Simple Tenses		The Seven Compound Tenses	
Singular	Plural	Singular	Plural
1 presente de indicativo		**8 perfecto de indicativo**	
arranco	arrancamos	he arrancado	hemos arrancado
arrancas	arrancáis	has arrancado	habéis arrancado
arranca	arrancan	ha arrancado	han arrancado
2 imperfecto de indicativo		**9 pluscuamperfecto de indicativo**	
arrancaba	arrancábamos	había arrancado	habíamos arrancado
arrancabas	arrancabais	habías arrancado	habíais arrancado
arrancaba	arrancaban	había arrancado	habían arrancado
3 pretérito		**10 pretérito anterior**	
arranqué	arrancamos	hube arrancado	hubimos arrancado
arrancaste	arrancasteis	hubiste arrancado	hubisteis arrancado
arrancó	arrancaron	hubo arrancado	hubieron arrancado
4 futuro		**11 futuro perfecto**	
arrancaré	arrancaremos	habré arrancado	habremos arrancado
arrancarás	arrancaréis	habrás arrancado	habréis arrancado
arrancará	arrancarán	habrá arrancado	habrán arrancado
5 potencial simple		**12 potencial compuesto**	
arrancaría	arrancaríamos	habría arrancado	habríamos arrancado
arrancarías	arrancaríais	habrías arrancado	habríais arrancado
arrancaría	arrancarían	habría arrancado	habrían arrancado
6 presente de subjuntivo		**13 perfecto de subjuntivo**	
arranque	arranquemos	haya arrancado	hayamos arrancado
arranques	arranquéis	hayas arrancado	hayáis arrancado
arranque	arranquen	haya arrancado	hayan arrancado
7 imperfecto de subjuntivo		**14 pluscuamperfecto de subjuntivo**	
arrancara	arrancáramos	hubiera arrancado	hubiéramos arrancado
arrancaras	arrancarais	hubieras arrancado	hubierais arrancado
arrancara	arrancaran	hubiera arrancado	hubieran arrancado
OR		OR	
arrancase	arrancásemos	hubiese arrancado	hubiésemos arrancado
arrancases	arrancaseis	hubieses arrancado	hubieseis arrancado
arrancase	arrancasen	hubiese arrancado	hubiesen arrancado

imperativo

—	arranquemos
arranca; no arranques	arrancad; no arranquéis
arranque	arranquen

Words and expressions related to this verb

un arrancarraíces tool to pull out roots
arrancar a to snatch away from
arrancar de raíz to cut up, to pull out by the root

to fix, to arrange, to adjust, to regulate, to settle, to repair

The Seven Simple Tenses		The Seven Compound Tenses	
Singular	Plural	Singular	Plural
1 presente de indicativo		**8 perfecto de indicativo**	
arreglo	arreglamos	he arreglado	hemos arreglado
arreglas	arregláis	has arreglado	habéis arreglado
arregla	arreglan	ha arreglado	han arreglado
2 imperfecto de indicativo		**9 pluscuamperfecto de indicativo**	
arreglaba	arreglábamos	había arreglado	habíamos arreglado
arreglabas	arreglabais	habías arreglado	habíais arreglado
arreglaba	arreglaban	había arreglado	habían arreglado
3 pretérito		**10 pretérito anterior**	
arreglé	arreglamos	hube arreglado	hubimos arreglado
arreglaste	arreglasteis	hubiste arreglado	hubisteis arreglado
arregló	arreglaron	hubo arreglado	hubieron arreglado
4 futuro		**11 futuro perfecto**	
arreglaré	arreglaremos	habré arreglado	habremos arreglado
arreglarás	arreglaréis	habrás arreglado	habréis arreglado
arreglará	arreglarán	habrá arreglado	habrán arreglado
5 potencial simple		**12 potencial compuesto**	
arreglaría	arreglaríamos	habría arreglado	habríamos arreglado
arreglarías	arreglaríais	habrías arreglado	habríais arreglado
arreglaría	arreglarían	habría arreglado	habrían arreglado
6 presente de subjuntivo		**13 perfecto de subjuntivo**	
arregle	arreglemos	haya arreglado	hayamos arreglado
arregles	arregléis	hayas arreglado	hayáis arreglado
arregle	arreglen	haya arreglado	hayan arreglado
7 imperfecto de subjuntivo		**14 pluscuamperfecto de subjuntivo**	
arreglara	arregláramos	hubiera arreglado	hubiéramos arreglado
arreglaras	arreglarais	hubieras arreglado	hubierais arreglado
arreglara	arreglaran	hubiera arreglado	hubieran arreglado
OR		OR	
arreglase	arreglásemos	hubiese arreglado	hubiésemos arreglado
arreglases	arreglaseis	hubieses arreglado	hubieseis arreglado
arreglase	arreglasen	hubiese arreglado	hubiesen arreglado

	imperativo
—	**arreglemos**
arregla; no arregles	**arreglad; no arregléis**
arregle	**arreglen**

Words and expressions related to this verb

arregladamente   regularly
arreglarse con   to settle with, to reach an agreement with
arreglarse por las buenas   to settle a matter in a friendly way
arreglar una factura   to pay a bill
un arreglo   rule, regulation
con arreglo a   according to

to fling, to hurl, to throw

The Seven Simple Tenses		The Seven Compound Tenses	
Singular	Plural	Singular	Plural
1 presente de indicativo		**8 perfecto de indicativo**	
arrojo	arrojamos	he arrojado	hemos arrojado
arrojas	arrojáis	has arrojado	habéis arrojado
arroja	arrojan	ha arrojado	han arrojado
2 imperfecto de indicativo		**9 pluscuamperfecto de indicativo**	
arrojaba	arrojábamos	había arrojado	habíamos arrojado
arrojabas	arrojabais	habías arrojado	habíais arrojado
arrojaba	arrojaban	había arrojado	habían arrojado
3 pretérito		**10 pretérito anterior**	
arrojé	arrojamos	hube arrojado	hubimos arrojado
arrojaste	arrojasteis	hubiste arrojado	hubisteis arrojado
arrojó	arrojaron	hubo arrojado	hubieron arrojado
4 futuro		**11 futuro perfecto**	
arrojaré	arrojaremos	habré arrojado	habremos arrojado
arrojarás	arrojaréis	habrás arrojado	habréis arrojado
arrojará	arrojarán	habrá arrojado	habrán arrojado
5 potencial simple		**12 potencial compuesto**	
arrojaría	arrojaríamos	habría arrojado	habríamos arrojado
arrojarías	arrojaríais	habrías arrojado	habríais arrojado
arrojaría	arrojarían	habría arrojado	habrían arrojado
6 presente de subjuntivo		**13 perfecto de subjuntivo**	
arroje	arrojemos	haya arrojado	hayamos arrojado
arrojes	arrojéis	hayas arrojado	hayáis arrojado
arroje	arrojen	haya arrojado	hayan arrojado
7 imperfecto de subjuntivo		**14 pluscuamperfecto de subjuntivo**	
arrojara	arrojáramos	hubiera arrojado	hubiéramos arrojado
arrojaras	arrojarais	hubieras arrojado	hubierais arrojado
arrojara	arrojaran	hubiera arrojado	hubieran arrojado
OR		OR	
arrojase	arrojásemos	hubiese arrojado	hubiésemos arrojado
arrojases	arrojaseis	hubieses arrojado	hubieseis arrojado
arrojase	arrojasen	hubiese arrojado	hubiesen arrojado

imperativo	
—	arrojemos
arroja; no arrojes	arrojad; no arrojéis
arroje	arrojen

Words and expressions related to this verb

el arrojador, la arrojadora thrower
arrojado, arrojada fearless
el arrojo fearlessness

arrojar la esponja to throw in the towel
   (sponge)
el arrojallamas flame thrower

to articulate, to pronounce distinctly

The Seven Simple Tenses		The Seven Compound Tenses	
Singular	Plural	Singular	Plural

1   presente de indicativo

		8 perfecto de indicativo	
articulo	articulamos	he articulado	hemos articulado
articulas	articuláis	has articulado	habéis articulado
articula	articulan	ha articulado	han articulado

2   imperfecto de indicativo   **9   pluscuamperfecto de indicativo**

articulaba	articulábamos	había articulado	habíamos articulado
articulabas	articulabais	habías articulado	habíais articulado
articulaba	articulaban	había articulado	habían articulado

3   pretérito   **10   pretérito anterior**

articulé	articulamos	hube articulado	hubimos articulado
articulaste	articulasteis	hubiste articulado	hubisteis articulado
articuló	articularon	hubo articulado	hubieron articulado

4   futuro   **11   futuro perfecto**

articularé	articularemos	habré articulado	habremos articulado
articularás	articularéis	habrás articulado	habréis articulado
articulará	articularán	habrá articulado	habrán articulado

5   potencial simple   **12   potencial compuesto**

articularía	articularíamos	habría articulado	habríamos articulado
articularías	articularíais	habrías articulado	habríais articulado
articularía	articularían	habría articulado	habrían articulado

6   presente de subjuntivo   **13   perfecto de subjuntivo**

articule	articulemos	haya articulado	hayamos articulado
articules	articuléis	hayas articulado	hayáis articulado
articule	articulen	haya articulado	hayan articulado

7   imperfecto de subjuntivo   **14   pluscuamperfecto de subjuntivo**

articulara	articuláramos	hubiera articulado	hubiéramos articulado
articularas	articularais	hubieras articulado	hubierais articulado
articulara	articularan	hubiera articulado	hubieran articulado
OR		OR	
articulase	articulásemos	hubiese articulado	hubiésemos articulado
articulases	articulaseis	hubieses articulado	hubieseis articulado
articulase	articulasen	hubiese articulado	hubiesen articulado

imperativo

–	**articulemos**
articula; no articules	**articulad; no articuléis**
articule	**articulen**

Words related to this verb

articuladamente   clearly, distinctly
la articulación   articulation
el, la articulista   someone who writes articles

Consult the back pages for over 1,000 Spanish verbs conjugated like model verbs among the 501 in this book.

to assure, to affirm, to assert, to insure

The Seven Simple Tenses		The Seven Compound Tenses	
Singular	Plural	Singular	Plural
1 presente de indicativo		**8 perfecto de indicativo**	
aseguro	aseguramos	he asegurado	hemos asegurado
aseguras	aseguráis	has asegurado	habéis asegurado
asegura	aseguran	ha asegurado	han asegurado
2 imperfecto de indicativo		**9 pluscuamperfecto de indicativo**	
aseguraba	asegurábamos	había asegurado	habíamos asegurado
asegurabas	asegurabais	habías asegurado	habíais asegurado
aseguraba	aseguraban	había asegurado	habían asegurado
3 pretérito		**10 pretérito anterior**	
aseguré	aseguramos	hube asegurado	hubimos asegurado
aseguraste	asegurasteis	hubiste asegurado	hubisteis asegurado
aseguró	aseguraron	hubo asegurado	hubieron asegurado
4 futuro		**11 futuro perfecto**	
aseguraré	aseguraremos	habré asegurado	habremos asegurado
asegurarás	aseguraréis	habrás asegurado	habréis asegurado
asegurará	asegurarán	habrá asegurado	habrán asegurado
5 potencial simple		**12 potencial compuesto**	
aseguraría	aseguraríamos	habría asegurado	habríamos asegurado
asegurarías	aseguraríais	habrías asegurado	habríais asegurado
aseguraría	asegurarían	habría asegurado	habrían asegurado
6 presente de subjuntivo		**13 perfecto de subjuntivo**	
asegure	aseguremos	haya asegurado	hayamos asegurado
asegures	aseguréis	hayas asegurado	hayáis asegurado
asegure	aseguren	haya asegurado	hayan asegurado
7 imperfecto de subjuntivo		**14 pluscuamperfecto de subjuntivo**	
asegurara	aseguráramos	hubiera asegurado	hubiéramos asegurado
aseguraras	asegurarais	hubieras asegurado	hubierais asegurado
asegurara	aseguraran	hubiera asegurado	hubieran asegurado
OR		OR	
asegurase	asegurásemos	hubiese asegurado	hubiésemos asegurado
asegurases	aseguraseis	hubieses asegurado	hubieseis asegurado
asegurase	asegurasen	hubiese asegurado	hubiesen asegurado

imperativo

—	aseguremos
asegura; no asegures	asegurad; no aseguréis
asegure	aseguren

Words and expressions related to this verb

la aseguración   insurance
asegurable   insurable
el asegurado, la asegurada   insured person
la seguridad   security, surety
seguramente   surely, securely

¡Ya puede usted asegurarlo!   You can be sure of it!
tener por seguro   for sure
de seguro   surely

to seize, to grasp

The Seven Simple Tenses		The Seven Compound Tenses	
Singular	Plural	Singular	Plural
1 presente de indicativo		**8 perfecto de indicativo**	
asgo	asimos	he asido	hemos asido
ases	asís	has asido	habéis asido
ase	asen	ha asido	han asido
2 imperfecto de indicativo		**9 pluscuamperfecto de indicativo**	
asía	asíamos	había asido	habíamos asido
asías	asíais	habías asido	habíais asido
asía	asían	había asido	habían asido
3 pretérito		**10 pretérito anterior**	
así	asimos	hube asido	hubimos asido
asiste	asisteis	hubiste asido	hubisteis asido
asió	asieron	hubo asido	hubieron asido
4 futuro		**11 futuro perfecto**	
asiré	asiremos	habré asido	habremos asido
asirás	asiréis	habrás asido	habréis asido
asirá	asirán	habrá asido	habrán asido
5 potencial simple		**12 potencial compuesto**	
asiría	asiríamos	habría asido	habríamos asido
asirías	asiríais	habrías asido	habríais asido
asiría	asirían	habría asido	habrían asido
6 presente de subjuntivo		**13 perfecto de subjuntivo**	
asga	asgamos	haya asido	hayamos asido
asgas	asgáis	hayas asido	hayáis asido
asga	asgan	haya asido	hayan asido
7 imperfecto de subjuntivo		**14 pluscuamperfecto de subjuntivo**	
asiera	asiéramos	hubiera asido	hubiéramos asido
asieras	asierais	hubieras asido	hubierais asido
asiera	asieran	hubiera asido	hubieran asido
OR		OR	
asiese	asiésemos	hubiese asido	hubiésemos asido
asieses	asieseis	hubieses asido	hubieseis asido
asiese	asiesen	hubiese asido	hubiesen asido

imperativo	
—	asgamos
ase; no asgas	asid; no asgáis
asga	asgan

Words and expressions related to this verb

asir de los cabellos   to grab by the hair
asirse a (or de)   to take hold of, to seize, grab
asirse con   to grapple with

Consult the sections on verbs used in idiomatic expressions, verbs with prepositions, and the list of over 1,000 verbs conjugated like model verbs in the back pages.

The subject pronouns are found on the page facing page 1.

to attend, to assist, to be present

The Seven Simple Tenses		The Seven Compound Tenses	
Singular	Plural	Singular	Plural
1 presente de indicativo		**8 perfecto de indicativo**	
asisto	asistimos	he asistido	hemos asistido
asistes	asistís	has asistido	habéis asistido
asiste	asisten	ha asistido	han asistido
2 imperfecto de indicativo		**9 pluscuamperfecto de indicativo**	
asistía	asistíamos	había asistido	habíamos asistido
asistías	asistíais	habías asistido	habíais asistido
asistía	asistían	había asistido	habían asistido
3 pretérito		**10 pretérito anterior**	
asistí	asistimos	hube asistido	hubimos asistido
asististe	asististeis	hubiste asistido	hubisteis asistido
asistió	asistieron	hubo asistido	hubieron asistido
4 futuro		**11 futuro perfecto**	
asistiré	asistiremos	habré asistido	habremos asistido
asistirás	asistiréis	habrás asistido	habréis asistido
asistirá	asistirán	habrá asistido	habrán asistido
5 potencial símple		**12 potencial compuesto**	
asistiría	asistiríamos	habría asistido	habríamos asistido
asistirías	asistiríais	habrías asistido	habríais asistido
asistiría	asistirían	habría asistido	habrían asistido
6 presente de subjuntivo		**13. perfecto de subjuntivo**	
asista	asistamos	haya asistido	hayamos asistido
asistas	asistáis	hayas asistido	hayáis asistido
asista	asistan	haya asistido	hayan asistido
7 imperfecto de subjuntivo		**14 pluscuamperfecto de subjuntivo**	
asistiera	asistiéramos	hubiera asistido	hubiéramos asistido
asistieras	asistierais	hubieras asistido	hubierais asistido
asistiera	asistieran	hubiera asistido	hubieran asistido
OR		OR	
asistiese	asistiésemos	hubiese asistido	hubiésemos asistido
asistieses	asistieseis	hubieses asistido	hubieseis asistido
asistiese	asistiesen	hubiese asistido	hubiesen asistido

	imperativo	
—		asistamos
asiste; no asistas		asistid; no asistáis
asista		asistan

Words and expressions related to this verb

asistir a to attend, to be present at
la asistencia attendance, presence
el asistimiento assistance

la asistencia social social welfare
la asistencia técnica technical assistance

to be frightened, to be scared

The Seven Simple Tenses		The Seven Compound Tenses	
Singular	Plural	Singular	Plural
1 presente de indicativo		**8 perfecto de indicativo**	
me asusto	nos asustamos	me he asustado	nos hemos asustado
te asustas	os asustáis	te has asustado	os habéis asustado
se asusta	se asustan	se ha asustado	se han asustado
2 imperfecto de indicativo		**9 pluscuamperfecto de indicativo**	
me asustaba	nos asustábamos	me había asustado	nos habíamos asustado
te asustabas	os asustabais	te habías asustado	os habíais asustado
se asustaba	se asustaban	se había asustado	se habían asustado
3 pretérito		**10 pretérito anterior**	
me asusté	nos asustamos	me hube asustado	nos hubimos asustado
te asustaste	os asustasteis	te hubiste asustado	os hubisteis asustado
se asustó	se asustaron	se hubo asustado	se hubieron asustado
4 futuro		**11 futuro perfecto**	
me asustaré	nos asustaremos	me habré asustado	nos habremos asustado
te asustarás	os asustaréis	te habrás asustado	os habréis asustado
se asustará	se asustarán	se habra asustado	se habrán asustado
5 potencial simple		**12 potencial compuesto**	
me asustaría	nos asustaríamos	me habría asustado	nos habríamos asustado
te asustarías	os asustaríais	te habrías asustado	os habríais asustado
se asustaría	se asustarían	se habría asustado	se habrían asustado
6 presente de subjuntivo		**13 perfecto de subjuntivo**	
me asuste	nos asustemos	me haya asustado	nos hayamos asustado
te asustes	os asustéis	te hayas asustado	os hayáis asustado
se asuste	se asusten	se haya asustado	se hayan asustado
7 imperfecto de subjuntivo		**14 pluscuamperfecto de subjuntivo**	
me asustara	nos asustáramos	me hubiera asustado	nos hubiéramos asustado
te asustaras	os asustarais	te hubieras asustado	os hubierais asustado
se asustara	se asustaran	se hubiera asustado	se hubieran asustado
OR		OR	
me asustase	nos asustásemos	me hubiese asustado	nos hubiésemos asustado
te asustases	os asustaseis	te hubieses asustado	os hubieseis asustado
se asustase	se asustasen	se hubiese asustado	se hubiesen asustado

imperativo	
—	asustémonos
asústate; no te asustes	asustaos; no os asustéis
asústese	asústense

Words and expressions related to this verb

asustado, asustada frightened, scared
asustadizo, asustadiza easily frightened
asustador, asustadora frightening
asustar to frighten, to scare

asustarse de + inf. to be afraid + inf.

The subject pronouns are found on the page facing page 1.

to attack

The Seven Simple Tenses		The Seven Compound Tenses	
Singular	Plural	Singular	Plural
1 presente de indicativo		**8 perfecto de indicativo**	
ataco	atacamos	he atacado	hemos atacado
atacas	atacáis	has atacado	habéis atacado
ataca	atacan	ha atacado	han atacado
2 imperfecto de indicativo		**9 pluscuamperfecto de indicativo**	
atacaba	atacábamos	había atacado	habíamos atacado
atacabas	atacabais	habías atacado	habíais atacado
atacaba	atacaban	había atacado	habían atacado
3 pretérito		**10 pretérito anterior**	
ataqué	atacamos	hube atacado	hubimos atacado
atacaste	atacasteis	hubiste atacado	hubisteis atacado
atacó	atacaron	hubo atacado	hubieron atacado
4 futuro		**11 futuro perfecto**	
atacaré	atacaremos	habré atacado	habremos atacado
atacarás	atacaréis	habrás atacado	habréis atacado
atacará	atacarán	habrá atacado	habrán atacado
5 potencial simple		**12 potencial compuesto**	
atacaría	atacaríamos	habría atacado	habríamos atacado
atacarías	atacaríais	habrías atacado	habríais atacado
atacaría	atacarían	habría atacado	habrían atacado
6 presente de subjuntivo		**13 perfecto de subjuntivo**	
ataque	ataquemos	haya atacado	hayamos atacado
ataques	ataquéis	hayas atacado	hayáis atacado
ataque	ataquen	haya atacado	hayan atacado
7 imperfecto de subjuntivo		**14 pluscuamperfecto de subjuntivo**	
atacara	atacáramos	hubiera atacado	hubiéramos atacado
atacaras	atacarais	hubieras atacado	hubierais atacado
atacara	atacaran	hubiera atacado	hubieran atacado
OR		OR	
atacase	atacásemos	hubiese atacado	hubiésemos atacado
atacases	atacaseis	hubieses atacado	hubieseis atacado
atacase	atacasen	hubiese atacado	hubiesen atacado

imperativo	
—	ataquemos
ataca; no ataques	atacad; no ataquéis
ataque	ataquen

Words related to this verb

el ataque attack   **el, la atacante** attacker
atacado, atacada attacked   **el atacador, la atacadora** aggressor

Consult the back pages for verbs used in idiomatic expressions.

to rely on, to depend on

The Seven Simple Tenses		The Seven Compound Tenses	
Singular	Plural	Singular	Plural

1   presente de indicativo

		8 perfecto de indicativo	
me atengo	nos atenemos	me he atenido	nos hemos atenido
te atienes	os atenéis	te has atenido	os habéis atenido
se atiene	se atienen	se ha atenido	se han atenido

2   imperfecto de indicativo

		9 pluscuamperfecto de indicativo	
me atenía	nos ateníamos	me había atenido	nos habíamos atenido
te atenías	os ateníais	te habías atenido	os habíais atenido
se atenía	se atenían	se había atenido	se habían atenido

3   pretérito

		10 pretérito anterior	
me atuve	nos atuvimos	me hube atenido	nos hubimos atenido
te atuviste	os atuvisteis	te hubiste atenido	os hubisteis atenido
se atuvo	se atuvieron	se hubo atenido	se hubieron atenido

4   futuro

		11 futuro perfecto	
me atendré	nos atendremos	me habré atenido	nos habremos atenido
te atendrás	os atendréis	te habrás atenido	os habréis atenido
se atendrá	se atendrán	se habrá atenido	se habrán atenido

5   potencial simple

		12 potencial compuesto	
me atendría	nos atendríamos	me habría atenido	nos habríamos atenido
te atendrías	os atendríais	te habrías atenido	os habríais atenido
se atendría	se atendrían	se habría atenido	se habrían atenido

6   presente de subjuntivo

		13 perfecto de subjuntivo	
me atenga	nos atengamos	me haya atenido	nos hayamos atenido
te atengas	os atengáis	te hayas atenido	os hayáis atenido
se atenga	se atengan	se haya atenido	se hayan atenido

7   imperfecto de subjuntivo

		14 pluscuamperfecto de subjuntivo	
me atuviera	nos atuviéramos	me hubiera atenido	nos hubiéramos atenido
te atuvieras	os atuvierais	te hubieras atenido	os hubierais atenido
se atuviera	se atuvieran	se hubiera atenido	se hubieran atenido
OR		OR	
me atuviese	nos atuviésemos	me hubiese atenido	nos hubiésemos atenido
te atuvieses	os atuvieseis	te hubieses atenido	os hubieseis atenido
se atuviese	se atuviesen	se hubiese atenido	se hubiesen atenido

imperativo

—	atengámonos
atente; no te atengas	ateneos; no os atengáis
aténgase	aténganse

Words and expressions related to this verb

atener   to maintain   **atenerse al convenio**   to abide by the agreement
atenerse a   to depend on, to rely on

Be sure to consult the back pages for sections on verbs used in idiomatic expressions, verbs with prepositions, and the list of over 1,000 verbs conjugated like model verbs.

to attract, to allure, to charm

The Seven Simple Tenses		The Seven Compound Tenses	
Singular	Plural	Singular	Plural
1 presente de indicativo		**8 perfecto de indicativo**	
atraigo	atraemos	he atraído	hemos atraído
atraes	atraéis	has atraído	habéis atraído
atrae	atraen	ha atraído	han atraído
2 imperfecto de indicativo		**9 pluscuamperfecto de indicativo**	
atraía	atraíamos	había atraído,	habíamos atraído
atraías	atraíais	habías atraído	habíais atraído
atraía	atraían	había atraído	habían atraído
3 pretérito		**10 pretérito anterior**	
atraje	atrajimos	hube atraído	hubimos atraído
atrajiste	atrajisteis	hubiste atraído	hubisteis atraído
atrajo	atrajeron	hubo atraído	hubieron atraído
4 futuro		**11 futuro perfecto**	
atraeré	atraeremos	habré atraído	habremos atraído
atraerás	atraeréis	habrás atraído	habréis atraído
atraerá	atraerán	habrá atraído	habrán atraído
5 potencial simple		**12 potencial compuesto**	
atraería	atraeríamos	habría atraído	habríamos atraído
atraerías	atraeríais	habrías atraído	habríais atraído
atraería	atraerían	habría atraído	habrían atraído
6 presente de subjuntivo		**13 perfecto de subjuntivo**	
atraiga	atraigamos	haya atraído	hayamos atraído
atraigas	atraigáis	hayas atraído	hayáis atraído
atraiga	atraigan	haya atraído	hayan atraído
7 imperfecto de subjuntivo		**14 pluscuamperfecto de subjuntivo**	
atrajera	atrajéramos	hubiera atraído	hubiéramos atraído
atrajeras	atrajerais	hubieras atraído	hubierais atraído
atrajera	atrajeran	hubiera atraído	hubieran atraído
OR		OR	
atrajese	atrajésemos	hubiese atraído	hubiésemos atraído
atrajeses	atrajeseis	hubieses atraído	hubieseis atraído
atrajese	atrajesen	hubiese atraído	hubiesen atraído

imperativo

—	atraigamos
atrae; no atraigas	atraed; no atraigáis
atraiga	atraigan

Words and expressions related to this verb

la atracción attraction; **atracción sexual** sex appeal
atractivamente attractively
atractivo, atractiva attractive

to cross, to go through, to run through

The Seven Simple Tenses		The Seven Compound Tenses	
Singular	Plural	Singular	Plural

1 presente de indicativo		8 perfecto de indicativo	
atravieso	atravesamos	he atravesado	hemos atravesado
atraviesas	atravesáis	has atravesado	habéis atravesado
atraviesa	atraviesan	ha atravesado	han atravesado

2 imperfecto de indicativo		9 pluscuamperfecto de indicativo	
atravesaba	atravesábamos	había atravesado	habíamos atravesado
atravesabas	atravesabais	habías atravesado	habíais atravesado
atravesaba	atravesaban	había atravesado	habían atravesado

3 pretérito		10 pretérito anterior	
atravesé	atravesamos	hube atravesado	hubimos atravesado
atravesaste	atravesasteis	hubiste atravesado	hubisteis atravesado
atravesó	atravesaron	hubo atravesado	hubieron atravesado

4 futuro		11 futuro perfecto	
atravesaré	atravesaremos	habré atravesado	habremos atravesado
atravesarás	atravesaréis	habrás atravesado	habréis atravesado
atravesará	atravesarán	habrá atravesado	habrán atravesado

5 potencial simple		12 potencial compuesto	
atravesaría	atravesaríamos	habría atravesado	habríamos atravesado
atravesarías	atravesaríais	habrías atravesado	habríais atravesado
atravesaría	atravesarían	habría atravesado	habrían atravesado

6 presente de subjuntivo		13 perfecto de subjuntivo	
atraviese	atravesemos	haya atravesado	hayamos atravesado
atravieses	atraveséis	hayas atravesado	hayáis atravesado
atraviese	atraviesen	haya atravesado	hayan atravesado

7 imperfecto de subjuntivo		14 pluscuamperfecto de subjuntivo	
atravesara	atravesáramos	hubiera atravesado	hubiéramos atravesado
atravesaras	atravesarais	hubieras atravesado	hubierais atravesado
atravesara	atravesaran	hubiera atravesado	hubieran atravesado
OR		OR	
atravesase	atravesásemos	hubiese atravesado	hubiésemos atravesado
atravesases	atravesaseis	hubieses atravesado	hubieseis atravesado
atravesase	atravesasen	hubiese atravesado	hubiesen atravesado

imperativo

—	atravesemos
atraviesa; no atravieses	atravesad; no atraveséis
atraviese	atraviesen

Words and expressions related to this verb

atravesar con   to meet
travesar   to cross
mirar de través   to look out of the corner of one's eye
la travesía   crossing (sea)

to dare, to venture

The Seven Simple Tenses		The Seven Compound Tenses	
Singular	Plural	Singular	Plural

1   presente de indicativo

		8 perfecto de indicativo	
me atrevo	nos atrevemos	me he atrevido	nos hemos atrevido
te atreves	os atrevéis	te has atrevido	os habéis atrevido
se atreve	se atreven	se ha atrevido	se han atrevido

2   imperfecto de indicativo

		9 pluscuamperfecto de indicativo	
me atrevía	nos atrevíamos	me había atrevido	nos habíamos atrevido
te atrevías	os atrevíais	te habías atrevido	os habíais atrevido
se atrevía	se atrevían	se había atrevido	se habían atrevido

3   pretérito

		10 pretérito anterior	
me atreví	nos atrevimos	me hube atrevido	nos hubimos atrevido
te atreviste	os atrevisteis	te hubiste atrevido	os hubisteis atrevido
se atrevió	se atrevieron	se hubo atrevido	se hubieron atrevido

4   futuro

		11 futuro perfecto	
me atreveré	nos atreveremos	me habré atrevido	nos habremos atrevido
te atreverás	os atreveréis	te habrás atrevido	os habréis atrevido
se atreverá	se atreverán	se habrá atrevido	se habrán atrevido

5   potencial simple

		12 potencial compuesto	
me atrevería	nos atreveríamos	me habría atrevido	nos habríamos atrevido
te atreverías	os atreveríais	te habrías atrevido	os habríais atrevido
se atrevería	se atreverían	se habría atrevido	se habrían atrevido

6   presente de subjuntivo

		13 perfecto de subjuntivo	
me atreva	nos atrevamos	me haya atrevido	nos hayamos atrevido
te atrevas	os atreváis	te hayas atrevido	os hayáis atrevido
se atreva	se atrevan	se haya atrevido	se hayan atrevido

7   imperfecto de subjuntivo

		14 pluscuamperfecto de subjuntivo	
me atreviera	nos atreviéramos	me hubiera atrevido	nos hubiéramos atrevido
te atrevieras	os atrevierais	te hubieras atrevido	os hubierais atrevido
se atreviera	se atrevieran	se hubiera atrevido	se hubieran atrevido
OR		OR	
me atreviese	nos atreviésemos	me hubiese atrevido	nos hubiésemos atrevido
te atrevieses	os atrevieseis	te hubieses atrevido	os hubieseis atrevido
se atreviese	se atreviesen	se hubiese atrevido	se hubiesen atrevido

imperativo

—	atrevámonos
atrévete; no te atrevas	atreveos; no os atreváis
atrévase	atrévanse

Words related to this verb

atrevido, atrevida   daring, bold
el atrevimiento   audacity, boldness
atrevidamente   boldly, daringly

The Seven Simple Tenses		The Seven Compound Tenses	
Singular	Plural	Singular	Plural

1 presente de indicativo

avanzo	avanzamos
avanzas	avanzáis
avanza	avanzan

8 perfecto de indicativo

he avanzado	hemos avanzado
has avanzado	habéis avanzado
ha avanzado	han avanzado

2 imperfecto de indicativo

avanzaba	avanzábamos
avanzabas	avanzabais
avanzaba	avanzaban

9 pluscuamperfecto de indicativo

había avanzado	habíamos avanzado
habías avanzado	habíais avanzado
había avanzado	habían avanzado

3 pretérito

avancé	avanzamos
avanzaste	avanzasteis
avanzó	avanzaron

10 pretérito anterior

hube avanzado	hubimos avanzado
hubiste avanzado	hubisteis avanzado
hubo avanzado	hubieron avanzado

4 futuro

avanzaré	avanzaremos
avanzarás	avanzaréis
avanzará	avanzarán

11 futuro perfecto

habré avanzado	habremos avanzado
habrás avanzado	habréis avanzado
habrá avanzado	habrán avanzado

5 potencial simple

avanzaría	avanzaríamos
avanzarías	avanzaríais
avanzaría	avanzarían

12 potencial compuesto

habría avanzado	habríamos avanzado
habrías avanzado	habríais avanzado
habría avanzado	habrían avanzado

6 presente de subjuntivo

avance	avancemos
avances	avancéis
avance	avancen

13 perfecto de subjuntivo

haya avanzado	hayamos avanzado
hayas avanzado	hayáis avanzado
haya avanzado	hayan avanzado

7 imperfecto de subjuntivo

avanzara	avanzáramos
avanzaras	avanzarais
avanzara	avanzaran
OR	
avanzase	avanzásemos
avanzases	avanzaseis
avanzase	avanzasen

14 pluscuamperfecto de subjuntivo

hubiera avanzado	hubiéramos avanzado
hubieras avanzado	hubierais avanzado
hubiera avanzado	hubieran avanzado
OR	
hubiese avanzado	hubiésemos avanzado
hubieses avanzado	hubieseis avanzado
hubiese avanzado	hubiesen avanzado

imperativo

—	avancemos
avanza; no avances	avanzad; no avancéis
avance	avancen

Words and expressions related to this verb

avanzado, avanzada advanced; **edad avanzada** advanced in years
la avanzada advance guard
avante forward, ahead
salir avante to succeed

to find out, to inquire, to investigate

The Seven Simple Tenses		The Seven Compound Tenses	
Singular	Plural	Singular	Plural
1 presente de indicativo		**8 perfecto de indicativo**	
averiguo	averiguamos	he averiguado	hemos averiguado
averiguas	averiguáis	has averiguado	habéis averiguado
averigua	averiguan	ha averiguado	han averiguado
2 imperfecto de indicativo		**9 pluscuamperfecto de indicativo**	
averiguaba	averiguábamos	había averiguado	habíamos averiguado
averiguabas	averiguabais	habías averiguado	habíais averiguado
averiguaba	averiguaban	había averiguado	habían averiguado
3 pretérito		**10 pretérito anterior**	
averigüé	averiguamos	hube averiguado	hubimos averiguado
averiguaste	averiguasteis	hubiste averiguado	hubisteis averiguado
averiguó	averiguaron	hubo averiguado	hubieron averiguado
4 futuro		**11 futuro perfecto**	
averiguaré	averiguaremos	habré averiguado	habremos averiguado
averiguarás	averiguaréis	habrás averiguado	habréis averiguado
averiguará	averiguarán	habrá averiguado	habrán averiguado
5 potencial simple		**12 potencial compuesto**	
averiguaría	averiguaríamos	habría averiguado	habríamos averiguado
averiguarías	averiguaríais	habrías averiguado	habríais averiguado
averiguaría	averiguarían	habría averiguado	habrían averiguado
6 presente de subjuntivo		**13 perfecto de subjuntivo**	
averigüe	averigüemos	haya averiguado	hayamos averiguado
averigües	averigüéis	hayas averiguado	hayáis averiguado
averigüe	averigüen	haya averiguado	hayan averiguado
7 imperfecto de subjuntivo		**14 pluscuamperfecto de subjuntivo**	
averiguara	averiguáramos	hubiera averiguado	hubiéramos averiguado
averiguaras	averiguarais	hubieras averiguado	hubierais averiguado
averiguara	averiguaran	hubiera averiguado	hubieran averiguado
OR		OR	
averiguase	averiguásemos	hubiese averiguado	hubiésemos averiguado
averiguases	averiguaseis	hubieses averiguado	hubieseis averiguado
averiguase	averiguasen	hubiese averiguado	hubiesen averiguado

imperativo	
—	averigüemos
averigua; no averigües	averiguad; no averigüéis
averigüe	averigüen

Words related to this verb

el averiguador, la averiguadora investigator
la averiguación inquiry, investigation
averiguable investigable
averiguadamente surely, certainly

to help, to aid, to assist

The Seven Simple Tenses		The Seven Compound Tenses	
Singular	Plural	Singular	Plural
1 presente de indicativo		**8 perfecto de indicativo**	
ayudo	ayudamos	he ayudado	hemos ayudado
ayudas	ayudáis	has ayudado	habéis ayudado
ayuda	ayudan	ha ayudado	han ayudado
2 imperfecto de indicativo		**9 pluscuamperfecto de indicativo**	
ayudaba	ayudábamos	había ayudado	habíamos ayudado
ayudabas	ayudabais	habías ayudado	habíais ayudado
ayudaba	ayudaban	había ayudado	habían ayudado
3 pretérito		**10 pretérito anterior**	
ayudé	ayudamos	hube ayudado	hubimos ayudado
ayudaste	ayudasteis	hubiste ayudado	hubisteis ayudado
ayudó	ayudaron	hubo ayudado	hubieron ayudado
4 futuro		**11 futuro perfecto**	
ayudaré	ayudaremos	habré ayudado	habremos ayudado
ayudarás	ayudaréis	habrás ayudado	habréis ayudado
ayudará	ayudarán	habrá ayudado	habrán ayudado
5 potencial simple		**12 potencial compuesto**	
ayudaría	ayudaríamos	habría ayudado	habríamos ayudado
ayudarías	ayudaríais	habrías ayudado	habríais ayudado
ayudaría	ayudarían	habría ayudado	habrían ayudado
6 presente de subjuntivo		**13 perfecto de subjuntivo**	
ayude	ayudemos	haya ayudado	hayamos ayudado
ayudes	ayudéis	hayas ayudado	hayáis ayudado
ayude	ayuden	haya ayudado	hayan ayudado
7 imperfecto de subjuntivo		**14 pluscuamperfecto de subjuntivo**	
ayudara	ayudáramos	hubiera ayudado	hubiéramos ayudado
ayudaras	ayudarais	hubieras ayudado	hubierais ayudado
ayudara	ayudaran	hubiera ayudado	hubieran ayudado
OR		OR	
ayudase	ayudásemos	hubiese ayudado	hubiésemos ayudado
ayudases	ayudaseis	hubieses ayudado	hubieseis ayudado
ayudase	ayudasen	hubiese ayudado	hubiesen ayudado

imperativo

—	ayudemos
ayuda; no ayudes	ayudad; no ayudéis
ayude	ayden

Words and expressions related to this verb

la ayuda   aid, assistance, help
ayuda de cámara   valet
un ayudador, una ayudadora   helper
ayudante   assistant

bailar

to dance

The Seven Simple Tenses		The Seven Compound Tenses	
Singular	Plural	Singular	Plural

1 presente de indicativo		8 perfecto de indicativo	
bailo	bailamos	he bailado	hemos bailado
bailas	bailáis	has bailado	habéis bailado
baila	bailan	ha bailado	han bailado

2 imperfecto de indicativo		9 pluscuamperfecto de indicativo	
bailaba	bailábamos	había bailado	habíamos bailado
bailabas	bailabais	habías bailado	habíais bailado
bailaba	bailaban	había bailado	habían bailado

3 pretérito		10 pretérito anterior	
bailé	bailamos	hube bailado	hubimos bailado
bailaste	bailasteis	hubiste bailado	hubisteis bailado
bailó	bailaron	hubo bailado	hubieron bailado

4 futuro		11 futuro perfecto	
bailaré	bailaremos	habré bailado	habremos bailado
bailarás	bailaréis	habrás bailado	habréis bailado
bailará	bailarán	habrá bailado	habrán bailado

5 potencial simple		12 potencial compuesto	
bailaría	bailaríamos	habría bailado	habríamos bailado
bailarías	bailaríais	habrías bailado	habríais bailado
bailaría	bailarían	habría bailado	habrían bailado

6 presente de subjuntivo		13 perfecto de subjuntivo	
baile	bailemos	haya bailado	hayamos bailado
bailes	bailéis	hayas bailado	hayáis bailado
baile	bailen	haya bailado	hayan bailado

7 imperfecto de subjuntivo		14 pluscuamperfecto de subjuntivo	
bailara	bailáramos	hubiera bailado	hubiéramos bailado
bailaras	bailarais	hubieras bailado	hubierais bailado
bailara	bailaran	hubiera bailado	hubieran bailado
OR		OR	
bailase	bailásemos	hubiese bailado	hubiésemos bailado
bailases	bailaseis	hubieses bailado	hubieseis bailado
bailase	bailasen	hubiese bailado	hubiesen bailado

	imperativo	
—	bailemos
baila; no bailes	bailad; no bailéis
baile	bailen

Sentences using this verb and words related to it

Cuando el gato va a sus devociones, bailan los ratones.   When the cat is away, the mice will play.

un baile   dance
un bailarín, una bailarina   dancer
un bailador, una bailadora   dancer

to lower, to let down, to come down, to go down, to descend

The Seven Simple Tenses		The Seven Compound Tenses	
Singular	Plural	Singular	Plural

1   presente de indicativo

		8 perfecto de indicativo	
bajo	bajamos	he bajado	hemos bajado
bajas	bajáis	has bajado	habéis bajado
baja	bajan	ha bajado	han bajado

2   imperfecto de indicativo

		9 pluscuamperfecto de indicativo	
bajaba	bajábamos	había bajado	habíamos bajado
bajabas	bajabais	habías bajado	habíais bajado
bajaba	bajaban	había bajado	habían bajado

3   pretérito

		10 pretérito anterior	
bajé	bajamos	hube bajado	hubimos bajado
bajaste	bajasteis	hubiste bajado	hubisteis bajado
bajó	bajaron	hubo bajado	hubieron bajado

4   futuro

		11 futuro perfecto	
bajaré	bajaremos	habré bajado	habremos bajado
bajarás	bajaréis	habrás bajado	habréis bajado
bajará	bajarán	habrá bajado	habrán bajado

5   potencial simple

		12 potencial compuesto	
bajaría	bajaríamos	habría bajado	habríamos bajado
bajarías	bajaríais	habrías bajado	habríais bajado
bajaría	bajarían	habría bajado	habrían bajado

6   presente de subjuntivo

		13 perfecto de subjuntivo	
baje	bajemos	haya bajado	hayamos bajado
bajes	bajéis	hayas bajado	hayáis bajado
baje	bajen	haya bajado	hayan bajado

7   imperfecto de subjuntivo

		14 pluscuamperfecto de subjuntivo	
bajara	bajáramos	hubiera bajado	hubiéramos bajado
bajaras	bajarais	hubieras bajado	hubierais bajado
bajara	bajaran	hubiera bajado	hubieran bajado
OR		OR	
bajase	bajásemos	hubiese bajado	hubiésemos bajado
bajases	bajaseis	hubieses bajado	hubieseis bajado
bajase	bajasen	hubiese bajado	hubiesen bajado

imperativo

—	bajemos
baja; no bajes	bajad; no bajéis
baje	bajen

Words and expressions related to this verb

la baja reduction (fall) in prices	**rebajar** to reduce
la bajada descent	**bajar de** to get off
bajamente basely	**bajar de valor** to decline in value
en voz baja in a low voice	**el piso bajo** ground floor
bajo down, below	**una rebaja** rebate, discount

The subject pronouns are found on the page facing page 1

balbucear

Gerundio **balbuceando**   Part. pas. **balbuceado**

to stammer, to hesitate (in speech)

The Seven Simple Tenses		The Seven Compound Tenses	
Singular	Plural	Singular	Plural
1 presente de indicativo		**8 perfecto de indicativo**	
balbuceo	balbuceamos	he balbuceado	hemos balbuceado
balbuceas	balbuceáis	has balbuceado	habéis balbuceado
balbucea	balbucean	ha balbuceado	han balbuceado
2 imperfecto de indicativo		**9 pluscuamperfecto de indicativo**	
balbuceaba	balbuceábamos	había balbuceado	habíamos balbuceado
balbuceabas	balbuceabais	habías balbuceado	habíais balbuceado
balbuceaba	balbuceaban	había balbuceado	habían balbuceado
3 pretérito		**10 pretérito anterior**	
balbuceé	balbuceamos	hube balbuceado	hubimos balbuceado
balbuceaste	balbuceasteis	hubiste balbuceado	hubisteis balbuceado
balbuceó	balbucearon	hubo balbuceado	hubieron balbuceado
4 futuro		**11 futuro perfecto**	
balbucearé	balbucearemos	habré balbuceado	habremos balbuceado
balbucearás	balbucearéis	habrás balbuceado	habréis balbuceado
balbuceará	balbucearán	habrá balbuceado	habrán balbuceado
5 potencial simple		**12 potencial compuesto**	
balbucearía	balbucearíamos	habría balbuceado	habríamos balbuceado
balbucearías	balbucearíais	habrías balbuceado	habríais balbuceado
balbucearía	balbucearían	habría balbuceado	habrían balbuceado
6 presente de subjuntivo		**13 perfecto de subjuntivo**	
balbucee	balbuceemos	haya balbuceado	hayamos balbuceado
balbucees	balbuceéis	hayas balbuceado	hayáis balbuceado
balbucee	balbuceen	haya balbuceado	hayan balbuceado
7 imperfecto de subjuntivo		**14 pluscuamperfecto de subjuntivo**	
balbuceara	balbuceáramos	hubiera balbuceado	hubiéramos balbuceado
balbucearas	balbucearais	hubieras balbuceado	hubierais balbuceado
balbuceara	balbucearan	hubiera balbuceado	hubieran balbuceado
OR		OR	
balbucease	balbuceásemos	hubiese balbuceado	hubiésemos balbuceado
balbuceases	balbuceaseis	hubieses balbuceado	hubieseis balbuceado
balbucease	balbuceasen	hubiese balbuceado	hubiesen balbuceado

	imperativo
—	balbuceemos
balbucea; no balbucees	balbucead; no balbuceéis
balbucee	balbuceen

Words related to this verb

balbuciente lisping, stammering
el balbuceo, la balbucencia stuttering, stammering, lisp

Be sure to consult the back pages for verbs used in idiomatic expressions, Spanish proverbs using verbs, weather expressions using verbs, verbs with prepositions, and over 1,000 Spanish verbs conjugated like model verbs.

to bathe oneself, to take a bath

The Seven Simple Tenses		The Seven Compound Tenses	
Singular	Plural	Singular	Plural

1   presente de indicativo

		8 perfecto de indicativo	
me baño	nos bañamos	me he bañado	nos hemos bañado
te bañas	os bañáis	te has bañado	os habéis bañado
se baña	se bañan	se ha bañado	se han bañado

2   imperfecto de indicativo

		9 pluscuamperfecto de indicativo	
me bañaba	nos bañábamos	me había bañado	nos habíamos bañado
te bañabas	os bañabais	te habías bañado	os habíais bañado
se bañaba	se bañaban	se había bañado	se habían bañado

3   pretérito

		10 pretérito anterior	
me bañé	nos bañamos	me hube bañado	nos hubimos bañado
te bañaste	os bañasteis	te hubiste bañado	os hubisteis bañado
se bañó	se bañaron	se hubo bañado	se hubieron bañado

4   futuro

		11 futuro perfecto	
me bañaré	nos bañaremos	me habré bañado	nos habremos bañado
te bañarás	os bañaréis	te habrás bañado	os habréis bañado
se bañará	se bañarán	se habrá bañado	se habrán bañado

5   potencial simple

		12 potencial compuesto	
me bañaría	nos bañaríamos	me habría bañado	nos habríamos bañado
te bañarías	os bañaríais	te habrías bañado	os habríais bañado
se bañaría	se bañarían	se habría bañado	se habrían bañado

6   presente de subjuntivo

		13 perfecto de subjuntivo	
me bañe	nos bañemos	me haya bañado	nos hayamos bañado
te bañes	os bañéis	te hayas bañado	os hayáis bañado
se bañe	se bañen	se haya bañado	se hayan bañado

7   imperfecto de subjuntivo

		14 pluscuamperfecto de subjuntivo	
me bañara	nos bañáramos	me hubiera bañado	nos hubiéramos bañado
te bañaras	os bañarais	te hubieras bañado	os hubierais bañado
se bañara	se bañaran	se hubiera bañado	se hubieran bañado
OR		OR	
me bañase	nos bañásemos	me hubiese bañado	nos hubiésemos bañado
te bañases	os bañaseis	te hubieses bañado	os hubieseis bañado
se bañase	se bañasen	se hubiese bañado	se hubiesen bañado

	imperativo	
—	bañémonos
báñate; no te bañes	bañaos; no os bañéis
báñese	báñense

Words and expressions related to this verb

una bañera, una bañadera   bathtub
un bañador, una bañadora   bather
un baño   bath, bathing
un baño de vapor   steam bath
bañar   to bathe

bañar un papel de lágrimas   to write a
    mournful letter
bañar a la luz   to light up, to illuminate

The subject pronouns are found on the page facing page 1.

barrer

Gerundio **barriendo**   Part. pas. **barrido**

to sweep, to whisk

The Seven Simple Tenses

Singular	Plural
1 presente de indicativo	
barro	barremos
barres	barréis
barre	barren
2 imperfecto de indicativo	
barría	barríamos
barrías	barríais
barría	barrían
3 pretérito	
barrí	barrimos
barriste	barristeis
barrió	barrieron
4 futuro	
barreré	barreremos
barrerás	barreréis
barrerá	barrerán
5 potencial simple	
barrería	barreríamos
barrerías	barreríais
barrería	barrerían
6 presente de subjuntivo	
barra	barramos
barras	barráis
barra	barran
7 imperfecto de subjuntivo	
barriera	barriéramos
barrieras	barrierais
barriera	barrieran
OR	
barriese	barriésemos
barrieses	barrieseis
barriese	barriesen

The Seven Compound Tenses

Singular	Plural
8 perfecto de indicativo	
he barrido	hemos barrido
has barrido	habéis barrido
ha barrido	han barrido
9 pluscuamperfecto de indicativo	
había barrido	habíamos barrido
habías barrido	habíais barrido
había barrido	habían barrido
10 pretérito anterior	
hube barrido	hubimos barrido
hubiste barrido	hubisteis barrido
hubo barrido	hubieron barrido
11 futuro perfecto	
habré barrido	habremos barrido
habrás barrido	habréis barrido
habrá barrido	habrán barrido
12 potencial compuesto	
habría barrido	habríamos barrido
habrías barrido	habríais barrido
habría barrido	habrían barrido
13 perfecto de subjuntivo	
haya barrido	hayamos barrido
hayas barrido	hayáis barrido
haya barrido	hayan barrido
14 pluscuamperfecto de subjuntivo	
hubiera barrido	hubiéramos barrido
hubieras barrido	hubierais barrido
hubiera barrido	hubieran barrido
OR	
hubiese barrido	hubiésemos barrido
hubieses barrido	hubieseis barrido
hubiese barrido	hubiesen barrido

imperativo

—	barramos
barre; no barras	barred; no barráis
barra	barran

Words and expressions related to this verb

la barredera street sweeper
el barredero de alfombra carpet sweeper
la barredura sweeping

to be enough, to be sufficient, to suffice

The Seven Simple Tenses		The Seven Compound Tenses	
Singular	Plural	Singular	Plural
1 presente de indicativo		8 perfecto de indicativo	
basta	**bastan**	**ha bastado**	**han bastado**
2 imperfecto de indicativo		9 pluscuamperfecto de indicativo	
bastaba	**bastaban**	**había bastado**	**habían bastado**
3 pretérito		10 pretérito anterior	
bastó	**bastaron**	**hubo bastado**	**hubieron bastado**
4 futuro		11 futuro perfecto	
bastará	**bastarán**	**habrá bastado**	**habrán bastado**
5 potencial simple		12 potencial compuesto	
bastaría	**bastarían**	**habría bastado**	**habrían bastado**
6 presente de subjuntivo		13 perfecto de subjuntivo	
que baste	**que basten**	**haya bastado**	**hayan bastado**
7 imperfecto de subjuntivo		14 pluscuamperfecto de subjuntivo	
que bastara	**que bastaran**	**hubiera bastado**	**hubieran bastado**
OR		OR	
que bastase	**que bastasen**	**hubiese bastado**	**hubiesen bastado**

imperativo
¡Que baste!   **¡Que basten!**

Common expression related to this verb

¡Basta!   Enough! That will do!

This is an impersonal verb and it is used mainly in the third person singular and plural.

Consult the back pages for verbs used in idiomatic expressions, verbs and prepositions, and Spanish proverbs using verbs.

bautizar

Gerundio **bautizando**   Part. pas. **bautizado**

to baptize, to christen

The Seven Simple Tenses		The Seven Compound Tenses	
Singular	Plural	Singular	Plural
1 presente de indicativo		**8 perfecto de indicativo**	
bautizo	bautizamos	he bautizado	hemos bautizado
bautizas	bautizáis	has bautizado	habéis bautizado
bautiza	bautizan	ha bautizado	han bautizado
2 imperfecto de indicativo		**9 pluscuamperfecto de indicativo**	
bautizaba	bautizábamos	había bautizado	habíamos bautizado
bautizabas	bautizabais	habías bautizado	habíais bautizado
bautizaba	bautizaban	había bautizado	habían bautizado
3 pretérito		**10 pretérito anterior**	
bauticé	bautizamos	hube bautizado	hubimos bautizado
bautizaste	bautizasteis	hubiste bautizado	hubisteis bautizado
bautizó	bautizaron	hubo bautizado	hubieron bautizado
4 futuro		**11 futuro perfecto**	
bautizaré	bautizaremos	habré bautizado	habremos bautizado
bautizarás	bautizaréis	habrás bautizado	habréis bautizado
bautizará	bautizarán	habrá bautizado	habrán bautizado
5 potencial simple		**12 potencial compuesto**	
bautizaría	bautizaríamos	habría bautizado	habríamos bautizado
bautizarías	bautizaríais	habrías bautizado	habríais bautizado
bautizaría	bautizarían	habría bautizado	habrían bautizado
6 presente de subjuntivo		**13 perfecto de subjuntivo**	
bautice	bauticemos	haya bautizado	hayamos bautizado
bautices	bauticéis	hayas bautizado	hayáis bautizado
bautice	bauticen	haya bautizado	hayan bautizado
7 imperfecto de subjuntivo		**14 pluscuamperfecto de subjuntivo**	
bautizara	bautizáramos	hubiera bautizado	hubiéramos bautizado
bautizaras	bautizarais	hubieras bautizado	hubierais bautizado
bautizara	bautizaran	hubiera bautizado	hubieran bautizado
OR		OR	
bautizase	bautizásemos	hubiese bautizado	hubiésemos bautizado
bautizases	bautizaseis	hubieses bautizado	hubieseis bautizado
bautizase	bautizasen	hubiese bautizado	hubiesen bautizado

imperativo	
—	bauticemos
bautiza; no bautices	bautizad; no bauticéis
bautice	bauticen

Words related to this verb

el bautisterio   baptistery
el bautismo   baptism, christening
bautismal   baptismal

to drink

The Seven Simple Tenses | The Seven Compound Tenses

Singular	Plural	Singular	Plural
1 presente de indicativo		**8 perfecto de indicativo**	
bebo	bebemos	he bebido	hemos bebido
bebes	bebéis	has bebido	habéis bebido
bebe	beben	ha bebido	han bebido
2 imperfecto de indicativo		**9 pluscuamperfecto de indicativo**	
bebía	bebíamos	había bebido	habíamos bebido
bebías	bebíais	habías bebido	habíais bebido
bebía	bebían	había bebido	habían bebido
3 pretérito		**10 pretérito anterior**	
bebí	bebimos	hube bebido	hubimos bebido
bebiste	bebisteis	hubiste bebido	hubisteis bebido
bebió	bebieron	hubo bebido	hubieron bebido
4 futuro		**11 futuro perfecto**	
beberé	beberemos	habré bebido	habremos bebido
beberás	beberéis	habrás bebido	habréis bebido
beberá	beberán	habrá bebido	habrán bebido
5 potencial simple		**12 potencial compuesto**	
bebería	beberíamos	habría bebido	habríamos bebido
beberías	beberíais	habrías bebido	habríais bebido
bebería	beberían	habría bebido	habrían bebido
6 presente de subjuntivo		**13 perfecto de subjuntivo**	
beba	bebamos	haya bebido	hayamos bebido
bebas	bebáis	hayas bebido	hayáis bebido
beba	beban	haya bebido	hayan bebido
7 imperfecto de subjuntivo		**14 pluscuamperfecto de subjuntivo**	
bebiera	bebiéramos	hubiera bebido	hubiéramos bebido
bebieras	bebierais	hubieras bebido	hubierais bebido
bebiera	bebieran	hubiera bebido	hubieran bebido
OR		OR	
bebiese	bebiésemos	hubiese bebido	hubiésemos bebido
bebieses	bebieseis	hubieses bebido	hubieseis bebido
bebiese	bebiesen	hubiese bebido	hubiesen bebido

imperativo

—	bebamos
bebe; no bebas	bebed; no bebáis
beba	beban

Words and expressions related to this verb

una bebida drink, beverage
beber en to drink from
beber a la salud to drink to health

beber como una cuba to drink like a fish
querer beber la sangre a otro to hate
   somebody bitterly

bendecir   Gerundio **bendiciendo**   Part. pas. **bendecido (bendito,** when used as an adj. with **estar)**

to bless, to consecrate

The Seven Simple Tenses		The Seven Compound Tenses	
Singular	Plural	Singular	Plural
1 presente de indicativo		**8 perfecto de indicativo**	
bendigo	bendecimos	he bendecido	hemos bendecido
bendices	bendecís	has bendecido	habéis bendecido
bendice	bendicen	ha bendecido	han bendecido
2 imperfecto de indicativo		**9 pluscuamperfecto de indicativo**	
bendecía	bendecíamos	había bendecido	habíamos bendecido
bendecías	bendecíais	habías bendecido	habíais bendecido
bendecía	bendecían	había bendecido	habían bendecido
3 pretérito		**10 pretérito anterior**	
bendije	bendijimos	hube bendecido	hubimos bendecido
bendijiste	bendijisteis	hubiste bendecido	hubisteis bendecido
bendijo	bendijeron	hubo bendecido	hubieron bendecido
4 futuro		**11 futuro perfecto**	
bendeciré	bendeciremos	habré bendecido	habremos bendecido
bendecirás	bendeciréis	habrás bendecido	habréis bendecido
bendecirá	bendecirán	habrá bendecido	habrán bendecido
5 potencial simple		**12 potencial compuesto**	
bendeciría	bendeciríamos	habría bendecido	habríamos bendecido
bendecirías	bendeciríais	habrías bendecido	habríais bendecido
bendeciría	bendecirían	habría bendecido	habrían bendecido
6 presente de subjuntivo		**13 perfecto de subjuntivo**	
bendiga	bendigamos	haya bendecido	hayamos bendecido
bendigas	bendigáis	hayas bendecido	hayáis bendecido
bendiga	bendigan	haya bendecido	hayan bendecido
7 imperfecto de subjuntivo		**14 pluscuamperfecto de subjuntivo**	
bendijera	bendijéramos	hubiera bendecido	hubiéramos bendecido
bendijeras	bendijerais	hubieras bendecido	hubierais bendecido
bendijera	bendijeran	hubiera bendecido	hubieran bendecido
OR		OR	
bendijese	bendijésemos	hubiese bendecido	hubiésemos bendecido
bendijeses	bendijeseis	hubieses bendecido	hubieseis bendecido
bendijese	bendijesen	hubiese bendecido	hubiesen bendecido

	imperativo	
–	bendigamos
bendice; no bendigas	bendecid; no bendigáis
bendiga	bendigan

Words and expressions related to this verb

la bendición   benediction, blessing
las bendiciones nupciales   marriage ceremony
un bendecidor, una bendecidora   blesser

to erase, to cross out

The Seven Simple Tenses		The Seven Compound Tenses	
Singular	Plural	Singular	Plural

1　presente de indicativo

		8　perfecto de indicativo	
borro	borramos	he borrado	hemos borrado
borras	borráis	has borrado	habéis borrado
borra	borran	ha borrado	han borrado

2　imperfecto de indicativo

		9　pluscuamperfecto de indicativo	
borraba	borrábamos	había borrado	habíamos borrado
borrabas	borrabais	habías borrado	habíais borrado
borraba	borraban	había borrado	habían borrado

3　pretérito

		10　pretérito anterior	
borré	borramos	hube borrado	hubimos borrado
borraste	borrasteis	hubiste borrado	hubisteis borrado
borró	borraron	hubo borrado	hubieron borrado

4　futuro

		11　futuro perfecto	
borraré	borraremos	habré borrado	habremos borrado
borrarás	borraréis	habrás borrado	habréis borrado
borrará	borrarán	habrá borrado	habrán borrado

5　potencial simple

		12　potencial compuesto	
borraría	borraríamos	habría borrado	habríamos borrado
borrarías	borraríais	habrías borrado	habríais borrado
borraría	borrarían	habría borrado	habrían borrado

6　presente de subjuntivo

		13　perfecto de subjuntivo	
borre	borremos	haya borrado	hayamos borrado
borres	borréis	hayas borrado	hayáis borrado
borre	borren	haya borrado	hayan borrado

7　imperfecto de subjuntivo

		14　pluscuamperfecto de subjuntivo	
borrara	borráramos	hubiera borrado	hubiéramos borrado
borraras	borrarais	hubieras borrado	hubierais borrado
borrara	borraran	hubiera borrado	hubieran borrado
OR		OR	
borrase	borrásemos	hubiese borrado	hubiésemos borrado
borrases	borraseis	hubieses borrado	hubieseis borrado
borrase	borrasen	hubiese borrado	hubiesen borrado

imperativo

—	**borremos**
borra; no borres	**borrad; no borréis**
borre	**borren**

Words and expressions related to this verb

la goma de borrar　rubber eraser
la borradura　erasure
el borrador　eraser (chalk)

desborrar　to burl
emborrar　to pad, to stuff, to wad; to gulp
　　down food

to yawn, to gape

The Seven Simple Tenses		The Seven Compound Tenses	
Singular	Plural	Singular	Plural

1   presente de indicativo

bostezo	bostezamos
bostezas	bostezáis
bosteza	bostezan

8   perfecto de indicativo

he bostezado	hemos bostezado
has bostezado	habéis bostezado
ha bostezado	han bostezado

2   imperfecto de indicativo

bostezaba	bostezábamos
bostezabas	bostezabais
bostezaba	bostezaban

9   pluscuamperfecto de indicativo

había bostezado	habíamos bostezado
habías bostezado	habíais bostezado
había bostezado	habían bostezado

3   pretérito

bostecé	bostezamos
bostezaste	bostezasteis
bostezó	bostezaron

10   pretérito anterior

hube bostezado	hubimos bostezado
hubiste bostezado	hubisteis bostezado
hubo bosezado	hubieron bostezado

4   futuro

bostezaré	bostezaremos
bostezarás	bostezaréis
bostezará	bostezarán

11   futuro perfecto

habré bostezado	habremos bostezado
habrás bostezado	habréis bostezado
habrá bostezado	habrán bostezado

5   potencial simple

bostezaría	bostezaríamos
bostezarías	bostezaríais
bostezaría	bostezarían

12   potencial compuesto

habría bostezado	habríamos bostezado
habrías bostezado	habríais bostezado
habría bostezado	habrían bostezado

6   presente de subjuntivo

bostece	bostecemos
bosteces	bostecéis
bostece	bostecen

13   perfecto de subjuntivo

haya bostezado	hayamos bostezado
hayas bostezado	hayáis bostezado
haya bostezado	hayan bostezado

7   imperfecto de subjuntivo

bostezara	bostezáramos
bostezaras	bostezarais
bostezara	bostezaran
OR	
bostezase	bostezásemos
bostezases	bostezaseis
bostezase	bostezasen

14   pluscuamperfecto de subjuntivo

hubiera bostezado	hubiéramos bostezado
hubieras bostezado	hubierais bostezado
hubiera bostezado	hubieran bostezado
OR	
hubiese bostezado	hubiésemos bostezado
hubieses bostezado	hubieseis bostezado
hubiese bostezado	hubiesen bostezado

imperativo

—	bostecemos
bosteza; no bosteces	bostezad; no bostecéis
bostece	bostecen

Words related to this verb

un bostezo   yawn   **bostezador, bostezadora**   forever yawning
bostezante   yawning, gaping

Be sure to consult the back pages for verbs used in idiomatic expressions, Spanish proverbs using verbs, weather expressions using verbs, verbs with prepositions, and over 1,000 Spanish verbs conjugated like model verbs.

to fling, to cast (away), to throw (away), to launch

The Seven Simple Tenses		The Seven Compound Tenses	
Singular	Plural	Singular	Plural
1 presente de indicativo		**8 perfecto de indicativo**	
boto	botamos	he botado	hemos botado
botas	botáis	has botado	habéis botado
bota	botan	ha botado	han botado
2 imperfecto de indicativo		**9 pluscuamperfecto de indicativo**	
botaba	botábamos	había botado	habíamos botado
botabas	botabais	habías botado	habíais botado
botaba	botaban	había botado	habían botado
3 pretérito		**10 pretérito anterior**	
boté	botamos	hube botado	hubimos botado
botaste	botasteis	hubiste botado	hubisteis botado
botó	botaron	hubo botado	hubieron botado
4 futuro		**11 futuro perfecto**	
botaré	botaremos	habré botado	habremos botado
botarás	botaréis	habrás botado	habréis botado
botará	botarán	habrá botado	habrán botado
5 potencial simple		**12 potencial compuesto**	
botaría	botaríamos	habría botado	habríamos botado
botarías	botaríais	habrías botado	habríais botado
botaría	botarían	habría botado	habrían botado
6 presente de subjuntivo		**13 perfecto de subjuntivo**	
bote	botemos	haya botado	hayamos botado
botes	botéis	hayas botado	hayáis botado
bote	boten	haya botado	hayan botado
7 imperfecto de subjuntivo		**14 pluscuamperfecto de subjuntivo**	
botara	botáramos	hubiera botado	hubiéramos botado
botaras	botarais	hubieras botado	hubierais botado
botara	botaran	hubiera botado	hubieran botado
OR		OR	
botase	botásemos	hubiese botado	hubiésemos botado
botases	botaseis	hubieses botado	hubieseis botado
botase	botasen	hubiese botado	hubiesen botado

	imperativo	
—		botemos
	bota; no botes	botad; no botéis
	bote	boten

Words and expressions related to this verb

un bote   thrust, blow; boat; **un bote de remos**   rowboat
rebotar   to bend back; to repel; to bounce back, rebound
un rebote   bounce, rebound; **de rebote**   indirectly
dar bote   to buck
por botes   by starts

The subject pronouns are found on the page facing page 1.   **95**

to bronze, to tan

The Seven Simple Tenses		The Seven Compound Tenses	
Singular	Plural	Singular	Plural
1 presente de indicativo		**8 perfecto de indicativo**	
bronceo	bronceamos	he bronceado	hemos bronceado
bronceas	bronceáis	has bronceado	habéis bronceado
broncea	broncean	ha bronceado	han bronceado
2 imperfecto de indicativo		**9 pluscuamperfecto de indicativo**	
bronceaba	bronceábamos	había bronceado	habíamos bronceado
bronceabas	bronceabais	habías bronceado	habíais bronceado
bronceaba	bronceaban	había bronceado	habían bronceado
3 pretérito		**10 pretérito anterior**	
bronceé	bronceamos	hube bronceado	hubimos bronceado
bronceaste	bronceasteis	hubiste bronceado	hubisteis bronceado
bronceó	broncearon	hubo bronceado	hubieron bronceado
4 futuro		**11 futuro perfecto**	
broncearé	broncearemos	habré bronceado	habremos bronceado
broncearás	broncearéis	habrás bronceado	habréis bronceado
bronceará	broncearán	habrá bronceado	habrán bronceado
5 potencial simple		**12 potencial compuesto**	
broncearía	broncearíamos	habría bronceado	habríamos bronceado
broncearías	broncearíais	habrías bronceado	habríais bronceado
broncearía	broncearían	habría bronceado	habrían bronceado
6 presente de subjuntivo		**13 perfecto de subjuntivo**	
broncee	bronceemos	haya bronceado	hayamos bronceado
broncees	bronceéis	hayas bronceado	hayáis bronceado
broncee	bronceen	haya bronceado	hayan bronceado
7 imperfecto de subjuntivo		**14 pluscuamperfecto de subjuntivo**	
bronceara	bronceáramos	hubiera bronceado	hubiéramos bronceado
broncearas	broncearais	hubieras bronceado	hubierais bronceado
bronceara	broncearan	hubiera bronceado	hubieran bronceado
OR		OR	
broncease	bronceásemos	hubiese bronceado	hubiésemos bronceado
bronceases	bronceaseis	hubieses bronceado	hubieseis bronceado
broncease	bronceasen	hubiese bronceado	hubiesen bronceado

imperativo

–	bronceemos
broncea; no broncees	broncead; no bronceéis
broncee	bronceen

Words related to this verb

el bronce   bronze
bronceado, bronceada   bronze colored, sunburned, tanned
broncearse   to tan, bronze oneself (skin)

Be sure to consult the back pages for sections on verbs used in idiomatic expressions, verbs with prepositions, and the list of over 1,000 verbs conjugated like model verbs.

to boil, to bustle, to hustle, to stir

The Seven Simple Tenses		The Seven Compound Tenses	
Singular	Plural	Singular	Plural
1 presente de indicativo		**8 perfecto de indicativo**	
bullo	bullimos	he bullido	hemos bullido
bulles	bullís	has bullido	habéis bullido
bulle	bullen	ha bullido	han bullido
2 imperfecto de indicativo		**9 pluscuamperfecto de indicativo**	
bullía	bullíamos	había bullido	habíamos bullido
bullías	bullíais	habías bullido	habíais bullido
bullía	bullían	había bullido	habían bullido
3 pretérito		**10 pretérito anterior**	
bullí	bullimos	hube bullido	hubimos bullido
bulliste	bullisteis	hubiste bullido	hubisteis bullido
bulló	bulleron	hubo bullido	hubieron bullido
4 futuro		**11 futuro perfecto**	
bulliré	bulliremos	habré bullido	habremos bullido
bullirás	bulliréis	habrás bullido	habréis bullido
bullirá	bullirán	habrá bullido	habrán bullido
5 potencial simple		**12 potencial compuesto**	
bulliría	bulliríamos	habría bullido	habríamos bullido
bullirías	bulliríais	habrías bullido	habríais bullido
bulliría	bullirían	habría bullido	habrían bullido
6 presente de subjuntivo		**13 perfecto de subjuntivo**	
bulla	bullamos	haya bullido	hayamos bullido
bullas	bulláis	hayas bullido	hayáis bullido
bulla	bullan	haya bullido	hayan bullido
7 imperfecto de subjuntivo		**14 pluscuamperfecto de subjuntivo**	
bullera	bulléramos	hubiera bullido	hubiéramos bullido
bulleras	bullerais	hubieras bullido	hubierais bullido
bullera	bulleran	hubiera bullido	hubieran bullido
OR		OR	
bullese	bullésemos	hubiese bullido	hubiésemos bullido
bulleses	bulleseis	hubieses bullido	hubieseis bullido
bullese	bullesen	hubiese bullido	hubiesen bullido

imperativo	
—	bullamos
bulle; no bullas	**bullid; no bulláis**
bulla	**bullan**

Words related to this verb

un, una bullebulle busybody
el bullico noise, bustle
bulliciosamente noisily

bullente bubbling
la bulla bustle, noise; mob
un bullaje noisy crowd

The subject pronouns are found on the page facing page 1.   **97**

burlarse

Gerundio **burlándose**   Part. pas. **burlado**

to make fun of, to poke fun at, to ridicule

The Seven Simple Tenses		The Seven Compound Tenses	
Singular	Plural	Singular	Plural
1 presente de indicativo		**8 perfecto de indicativo**	
me burlo	nos burlamos	me he burlado	nos hemos burlado
te burlas	os burláis	te has burlado	os habéis burlado
se burla	se burlan	se ha burlado	se han burlado
2 imperfecto de indicativo		**9 pluscuamperfecto de indicativo**	
me burlaba	nos burlábamos	me había burlado	nos habíamos burlado
te burlabas	os burlabais	te habías burlado	os habíais burlado
se burlaba	se burlaban	se había burlado	se habían burlado
3 pretérito		**10 pretérito anterior**	
me burlé	nos burlamos	me hube burlado	nos hubimos burlado
te burlaste	os burlasteis	te hubiste burlado	os hubisteis burlado
se burló	se burlaron	se hubo burlado	se hubieron burlado
4 futuro		**11 futuro perfecto**	
me burlaré	nos burlaremos	me habré burlado	nos habremos burlado
te burlarás	os burlaréis	te habrás burlado	os habréis burlado
se burlará	se burlarán	se habrá burlado	se habrán burlado
5 potencial simple		**12 potencial compuesto**	
me burlaría	nos burlaríamos	me habría burlado	nos habríamos burlado
te burlarías	os burlaríais	te habrías burlado	os habríais burlado
se burlaría	se burlarían	se habría burlado	se habrían burlado
6 presente de subjuntivo		**13 perfecto de subjuntivo**	
me burle	nos burlemos	me haya burlado	nos hayamos burlado
te burles	os burléis	te hayas burlado	os hayáis burlado
se burle	se burlen	se haya burlado	se hayan burlado
7 imperfecto de subjuntivo		**14 pluscuamperfecto de subjuntivo**	
me burlara	nos burláramos	me hubiera burlado	nos hubiéramos burlado
te burlaras	os burlarais	te hubieras burlado	os hubierais burlado
se burlara	se burlaran	se hubiera burlado	se hubieran burlado
OR		OR	
me burlase	nos burlásemos	me hubiese burlado	nos hubiésemos burlado
te burlases	os burlaseis	te hubieses burlado	os hubieseis burlado
se burlase	se burlasen	se hubiese burlado	se hubiesen burlado

	imperativo
—	burlémonos
búrlate; no te burles	burlaos; no os burléis
búrlese	búrlense

Words and expressions related to this verb

el burlador, la burladora practical joker, jester, wag
burlescamente comically
la burleta joke, little trick
la burlería mockery
burlesco, burlesca burlesque

burlarse de alguien to make fun of someone
burlar a alguien to deceive someone

98

to look for, to seek

The Seven Simple Tenses		The Seven Compound Tenses	
Singular	Plural	Singular	Plural
1 presente de indicativo		**8 perfecto de indicativo**	
busco	buscamos	he buscado	hemos buscado
buscas	buscáis	has buscado	habéis buscado
busca	buscan	ha buscado	han buscado
2 imperfecto de indicativo		**9 pluscuamperfecto de indicativo**	
buscaba	buscábamos	había buscado	habíamos buscado
buscabas	buscabais	habías buscado	habíais buscado
buscaba	buscaban	había buscado	habían buscado
3 pretérito		**10 pretérito anterior**	
busqué	buscamos	hube buscado	hubimos buscado
buscaste	buscasteis	hubiste buscado	hubisteis buscado
buscó	buscaron	hubo buscado	hubieron buscado
4 futuro		**11 futuro perfecto**	
buscaré	buscaremos	habré buscado	habremos buscado
buscarás	buscaréis	habrás buscado	habréis buscado
buscará	buscarán	habrá buscado	habrán buscado
5 potencial simple		**12 potencial compuesto**	
buscaría	buscaríamos	habría buscado	habríamos buscado
buscarías	buscaríais	habrías buscado	habríais buscado
buscaría	buscarían	habría buscado	habrían buscado
6 presente de subjuntivo		**13 perfecto de subjuntivo**	
busque	busquemos	haya buscado	hayamos buscado
busques	busquéis	hayas buscado	hayáis buscado
busque	busquen	haya buscado	hayan buscado
7 imperfecto de subjuntivo		**14 pluscuamperfecto de subjuntivo**	
buscara	buscáramos	hubiera buscado	hubiéramos buscado
buscaras	buscarais	hubieras buscado	hubierais buscado
buscara	buscaran	hubiera buscado	hubieran buscado
OR		OR	
buscase	buscásemos	hubiese buscado	hubiésemos buscado
buscases	buscaseis	hubieses buscado	hubieseis buscado
buscase	buscasen	hubiese buscado	hubiesen buscado

	imperativo
—	busquemos
busca; no busques	buscad; no busquéis
busque	busquen

Sentences using this verb and words related to it

¿Qué busca Ud.?   What are you looking for?
Busco mis libros.   I'm looking for my books.

la busca, la buscada   research, search   **rebuscar**   to search into
la búsqueda   search   **el rebuscamiento**   searching

Consult the back pages for verbs with prepositions.

to be contained, to fit into

The Seven Simple Tenses		The Seven Compound Tenses	
Singular	Plural	Singular	Plural

1 presente de indicativo		8 perfecto de indicativo	
quepo	cabemos	he cabido	hemos cabido
cabes	cabéis	has cabido	habéis cabido
cabe	caben	ha cabido	han cabido

2 imperfecto de indicativo		9 pluscuamperfecto de indicativo	
cabía	cabíamos	había cabido	habíamos cabido
cabías	cabíais	habías cabido	habíais cabido
cabía	cabían	había cabido	habían cabido

3 pretérito		10 pretérito anterior	
cupe	cupimos	hube cabido	hubimos cabido
cupiste	cupisteis	hubiste cabido	hubisteis cabido
cupo	cupieron	hubo cabido	hubieron cabido

4 futuro		11 futuro perfecto	
cabré	cabremos	habré cabido	habremos cabido
cabrás	cabréis	habrás cabido	habréis cabido
cabrá	cabrán	habrá cabido	habrán cabido

5 potencial simple		12 potencial compuesto	
cabría	cabríamos	habría cabido	habríamos cabido
cabrías	cabríais	habrías cabido	habríais cabido
cabría	cabrían	habría cabido	habrían cabido

6 presente de subjuntivo		13 perfecto de subjuntivo	
quepa	quepamos	haya cabido	hayamos cabido
quepas	quepáis	hayas cabido	hayáis cabido
quepa	quepan	haya cabido	hayan cabido

7 imperfecto de subjuntivo		14 pluscuamperfecto de subjuntivo	
cupiera	cupiéramos	hubiera cabido	hubiéramos cabido
cupieras	cupierais	hubieras cabido	hubierais cabido
cupiera	cupieran	hubiera cabido	hubieran cabido
OR		OR	
cupiese	cupiésemos	hubiese cabido	hubiésemos cabido
cupieses	cupieseis	hubieses cabido	hubieseis cabido
cupiese	cupiesen	hubiese cabido	hubiesen cabido

imperativo

—	quepamos
cabe; no quepas	cabed; no quepáis
quepa	quepan

Common idiomatic expressions using this verb

Pablo no cabe en sí.   Paul has a swelled head.
No quepo aquí.   I don't have enough room here.
No cabe duda de que . . .   There is no doubt that . . .

to fall

The Seven Simple Tenses		The Seven Compound Tenses	
Singular	Plural	Singular	Plural
1 presente de indicativo		**8 perfecto de indicativo**	
caigo	caemos	he caído	hemos caído
caes	caéis	has caído	habéis caído
cae	caen	ha caído	han caído
2 imperfecto de indicativo		**9 pluscuamperfecto de indicativo**	
caía	caíamos	había caído	habíamos caído
caías	caíais	habías caído	habíais caído
caía	caían	había caído	habían caído
3 pretérito		**10 pretérito anterior**	
caí	caímos	hube caído	hubimos caído
caíste	caísteis	hubiste caído	hubisteis caído
cayó	cayeron	hubo caído	hubieron caído
4 futuro		**11 futuro perfecto**	
caeré	caeremos	habré caído	habremos caído
caerás	caeréis	habrás caído	habréis caído
caerá	caerán	habrá caído	habrán caído
5 potencial simple		**12 potencial compuesto**	
caería	caeríamos	habría caído	habríamos caído
caerías	caeríais	habrías caído	habríais caído
caería	caerían	habría caído	habrían caído
6 presente de subjuntivo		**13 perfecto de subjuntivo**	
caiga	caigamos	haya caído	hayamos caído
caigas	caigáis	hayas caído	hayáis caído
caiga	caigan	haya caído	hayan caído
7 imperfecto de subjuntivo		**14 pluscuamperfecto de subjuntivo**	
cayera	cayéramos	hubiera caído	hubiéramos caído
cayeras	cayerais	hubieras caído	hubierais caído
cayera	cayeran	hubiera caído	hubieran caído
OR		OR	
cayese	cayésemos	hubiese caído	hubiésemos caído
cayeses	cayeseis	hubieses caído	hubieseis caído
cayese	cayesen	hubiese caído	hubiesen caído

imperativo	
—	caigamos
cae; no caigas	caed; no caigáis
caiga	caigan

Words and expressions related to this verb

la caída the fall
a la caída del sol at sunset
a la caída de la tarde at the end of the afternoon
caer enfermo (enferma) to fall sick
dejar caer to drop

caer de espaldas to fall backwards
decaer to decay, decline
recaer to relapse, fall back
caer con to come down with

See also **caerse.**

The subject pronouns are found on the page facing page 1.   **101**

to fall, to fall down, to tumble

The Seven Simple Tenses		The Seven Compound Tenses	
Singular	Plural	Singular	Plural
1 presente de indicativo		**8 perfecto de indicativo**	
me caigo	nos caemos	me he caído	nos hemos caído
te caes	os caéis	te has caído	os habéis caído
se cae	se caen	se ha caído	se han caído
2 imperfecto de indicativo		**9 pluscuamperfecto de indicativo**	
me caía	nos caíamos	me había caído	nos habíamos caído
te caías	os caíais	te habías caído	os habíais caído
se caía	se caían	se había caído	se habían caído
3 pretérito		**10 pretérito anterior**	
me caí	nos caímos	me hube caído	nos hubimos caído
te caíste	os caísteis	te hubiste caído	os hubisteis caído
se cayó	se cayeron	se hubo caído	se hubieron caído
4 futuro		**11 futuro perfecto**	
me caeré	nos caeremos	me habré caído	nos habremos caído
te caerás	os caeréis	te habrás caído	os habréis caído
se caerá	se caerán	se habrá caído	se habrán caído
5 potencial simple		**12 potencial compuesto**	
me caería	nos caeríamos	me habría caído	nos habríamos caído
te caerías	os caeríais	te habrías caído	os habríais caído
se caería	se caerían	se habría caído	se habrían caído
6 presente de subjuntivo		**13 perfecto de subjuntivo**	
me caiga	nos caigamos	me haya caído	nos hayamos caído
te caigas	os caigáis	te hayas caído	os hayáis caído
se caiga	se caigan	se haya caído	se hayan caído
7 imperfecto de subjuntivo		**14 pluscuamperfecto de subjuntivo**	
me cayera	nos cayéramos	me hubiera caído	nos hubiéramos caído
te cayeras	os cayerais	te hubieras caído	os hubierais caído
se cayera	se cayeran	se hubiera caído	se hubieran caído
OR		OR	
me cayese	nos cayésemos	me hubiese caído	nos hubiésemos caído
te cayeses	os cayeseis	te hubieses caído	os hubieseis caído
se cayese	se cayesen	se hubiese caído	se hubiesen caído

imperativo

–	caigámonos
cáete; no te caigas	caeos; no os caigáis
cáigase	cáiganse

Words and expressions related to this verb

caer de lo alto   to fall from above   **caerse a pedazos**   to fall to pieces
caer de plano   to fall flat   **dejar caer la voz**   to drop one's voice
caer en la cuenta   to catch on, to realize, to get the point

For other words and expressions related to this verb, see **caer.**

to heat (up), to warm (up)

The Seven Simple Tenses		The Seven Compound Tenses	
Singular	Plural	Singular	Plural
1 presente de indicativo		**8 perfecto de indicativo**	
caliento	calentamos	he calentado	hemos calentado
calientas	calentáis	has calentado	habéis calentado
calienta	calientan	ha calentado	han calentado
2 imperfecto de indicativo		**9 pluscuamperfecto de indicativo**	
calentaba	calentábamos	había calentado	habíamos calentado
calentabas	calentabais	habías calentado	habíais calentado
calentaba	calentaban	había calentado	habían calentado
3 pretérito		**10 pretérito anterior**	
calenté	calentamos	hube calentado	hubimos calentado
calentaste	calentasteis	hubiste calentado	hubisteis calentado
calentó	calentaron	hubo calentado	hubieron calentado
4 futuro		**11 futuro perfecto**	
calentaré	calentaremos	habré calentado	habremos calentado
calentarás	calentaréis	habrás calentado	habréis calentado
calentará	calentarán	habrá calentado	habrán calentado
5 potencial simple		**12 potencial compuesto**	
calentaría	calentaríamos	habría calentado	habríamos calentado
calentarías	calentaríais	habrías calentado	habríais calentado
calentaría	calentarían	habría calentado	habrían calentado
6 presente de subjuntivo		**13 perfecto de subjuntivo**	
caliente	calentemos	haya calentado	hayamos calentado
calientes	calentéis	hayas calentado	hayáis calentado
caliente	calienten	haya calentado	hayan calentado
7 imperfecto de subjuntivo		**14 pluscuamperfecto de subjuntivo**	
calentara	calentáramos	hubiera calentado	hubiéramos calentado
calentaras	calentarais	hubieras calentado	hubierais calentado
calentara	calentaran	hubiera calentado	hubieran calentado
OR		OR	
calentase	calentásemos	hubiese calentado	hubiésemos calentado
calentases	calentaseis	hubieses calentado	hubieseis calentado
calentase	calentasen	hubiese calentado	hubiesen calentado

imperativo

—	calentemos
calienta; no calientes	calentad; no calentéis
caliente	calienten

Words and expressions related to this verb

calentar a uno las orejas   to reprimand (scold) a person
calentarse   to warm oneself
calentarse la cabeza   to rack one's brains
calentarse a la lumbre   to warm oneself by the fire
el calor   heat; **Hace calor esta noche.**   It is warm this evening.
recalentar   to warm over, reheat

The subject pronouns are found on the page facing page 1.

to shoe, to wear (shoes), to put on (shoes)

The Seven Simple Tenses		The Seven Compound Tenses	
Singular	Plural	Singular	Plural
1 presente de indicativo		**8 perfecto de indicativo**	
calzo	calzamos	he calzado	hemos calzado
calzas	calzáis	has calzado	habéis calzado
calza	calzan	ha calzado	han calzado
2 imperfecto de indicativo		**9 pluscuamperfecto de indicativo**	
calzaba	calzábamos	había calzado	habíamos calzado
calzabas	calzabais	habías calzado	habíais calzado
calzaba	calzaban	había calzado	habían calzado
3 pretérito		**10 pretérito anterior**	
calcé	calzamos	hube calzado	hubimos calzado
calzaste	calzasteis	hubiste calzado	hubisteis calzado
calzó	calzaron	hubo calzado	hubieron calzado
4 futuro		**11 futuro perfecto**	
calzaré	calzaremos	habré calzado	habremos calzado
calzarás	calzaréis	habrás calzado	habréis calzado
calzará	calzarán	habrá calzado	habrán calzado
5 potencial simple		**12 potencial compuesto**	
calzaría	calzaríamos	habría calzado	habríamos calzado
calzarías	calzaríais	habrías calzado	habríais calzado
calzaría	calzarían	habría calzado	habrían calzado
6 presente de subjuntivo		**13 perfecto de subjuntivo**	
calce	calcemos	haya calzado	hayamos calzado
calces	calcéis	hayas calzado	hayáis calzado
calce	calcen	haya calzado	hayan calzado
7 imperfecto de subjuntivo		**14 pluscuamperfecto de subjuntivo**	
calzara	calzáramos	hubiera calzado	hubiéramos calzado
calzaras	calzarais	hubieras calzado	hubierais calzado
calzara	calzaran	hubiera calzado	hubieran calzado
OR		OR	
calzase	calzásemos	hubiese calzado	hubiésemos calzado
calzases	calzaseis	hubieses calzado	hubieseis calzado
calzase	calzasen	hubiese calzado	hubiesen calzado

	imperativo	
—		calcemos
calza; no calces		calzad; no calcéis
calce		calcen

Words related to this verb

la calza   stocking
un calzadillo   small shoe
un calzador   shoehorn
un calcetín   sock

la calceta   stocking
medias calzas   knee high stockings
las calzonarias   suspenders
calcetar; hacer calceta   to knit

to be silent, to keep quiet

The Seven Simple Tenses		The Seven Compound Tenses	
Singular	Plural	Singular	Plural

1   presente de indicativo

me callo	nos callamos
te callas	os calláis
se calla	se callan

8   perfecto de indicativo

me he callado	nos hemos callado
te has callado	os habéis callado
se ha callado	se han callado

2   imperfecto de indicativo

me callaba	nos callábamos
te callabas	os callabais
se callaba	se callaban

9   pluscuamperfecto de indicativo

me había callado	nos habíamos callado
te habías callado	os habíais callado
se había callado	se habían callado

3   pretérito

me callé	nos callamos
te callaste	os callasteis
se calló	se callaron

10   pretérito anterior

me hube callado	nos hubimos callado
te hubiste callado	os hubisteis callado
se hubo callado	se hubieron callado

4   futuro

me callaré	nos callaremos
te callarás	os callaréis
se callará	se callarán

11   futuro perfecto

me habré callado	nos habremos callado
te habrás callado	os habréis callado
se habrá callado	se habrán callado

5   potencial simple

me callaría	nos callaríamos
te callarías	os callaríais
se callaría	se callarían

12   potencial compuesto

me habría callado	nos habríamos callado
te habrías callado	os habríais callado
se habría callado	se habrían callado

6   presente de subjuntivo

me calle	nos callemos
te calles	os calléis
se calle	se callen

13   perfecto de subjuntivo

me haya callado	nos hayamos callado
te hayas callado	os hayáis callado
se haya callado	se hayan callado

7   imperfecto de subjuntivo

me callara	nos calláramos
te callaras	os callarais
se callara	se callaran
OR	
me callase	nos callásemos
te callases	os callaseis
se callase	se callasen

14   pluscuamperfecto de subjuntivo

me hubiera callado	nos hubiéramos callado
te hubieras callado	os hubierais callado
se hubiera callado	se hubieran callado
OR	
me hubiese callado	nos hubiésemos callado
te hubieses callado	os hubieseis callado
se hubiese callado	se hubiesen callado

imperativo

—	callémonos
cállate; no te calles	callaos; no os calléis
cállese	cállense

Common idiomatic expressions using this verb

Quien calla, otorga.   Silence means consent.
¡Cállese Ud.!   Keep quiet!
callar la boca   to hold one's tongue
callarse la boca   to shut up

The subject pronouns are found on the page facing page 1.   **105**

to change

The Seven Simple Tenses		The Seven Compound Tenses	
Singular	Plural	Singular	Plural
1 presente de indicativo		**8 perfecto de indicativo**	
cambio	cambiamos	he cambiado	hemos cambiado
cambias	cambiáis	has cambiado	habéis cambiado
cambia	cambian	ha cambiado	han cambiado
2 imperfecto de indicativo		**9 pluscuamperfecto de indicativo**	
cambiaba	cambiábamos	había cambiado	habíamos cambiado
cambiabas	cambiabais	habías cambiado	habíais cambiado
cambiaba	cambiaban	había cambiado	habían cambiado
3 pretérito		**10 pretérito anterior**	
cambié	cambiamos	hube cambiado	hubimos cambiado
cambiaste	cambiasteis	hubiste cambiado	hubisteis cambiado
cambió	cambiaron	hubo cambiado	hubieron cambiado
4 futuro		**11 futuro perfecto**	
cambiaré	cambiaremos	habré cambiado	habremos cambiado
cambiarás	cambiaréis	habrás cambiado	habréis cambiado
cambiará	cambiarán	habrá cambiado	habrán cambiado
5 potencial simple		**12 potencial compuesto**	
cambiaría	cambiaríamos	habría cambiado	habríamos cambiado
cambiarías	cambiaríais	habrías cambiado	habríais cambiado
cambiaría	cambiarían	habría cambiado	habrían cambiado
6 presente de subjuntivo		**13 perfecto de subjuntivo**	
cambie	cambiemos	haya cambiado	hayamos cambiado
cambies	cambiéis	hayas cambiado	hayáis cambiado
cambie	cambien	haya cambiado	hayan cambiado
7 imperfecto de subjuntivo		**14 pluscuamperfecto de subjuntivo**	
cambiara	cambiáramos	hubiera cambiado	hubiéramos cambiado
cambiaras	cambiarais	hubieras cambiado	hubierais cambiado
cambiara	cambiaran	hubiera cambiado	hubieran cambiado
OR		OR	
cambiase	cambiásemos	hubiese cambiado	hubiésemos cambiado
cambiases	cambiaseis	hubieses cambiado	hubieseis cambiado
cambiase	cambiasen	hubiese cambiado	hubiesen cambiado

	imperativo	
—		cambiemos
cambia; no cambies		cambiad; no cambiéis
cambie		cambien

Common idiomatic expressions using this verb

cambiar de traje   to change one's clothing
cambiar de opinión   to change one's mind
el cambio   exchange
cambio minuto   small change

to walk, to move along

The Seven Simple Tenses		The Seven Compound Tenses	
Singular	Plural	Singular	Plural
1 presente de indicativo		**8 perfecto de indicativo**	
camino	caminamos	he camindo	hemos caminado
caminas	camináis	has caminado	habéis caminado
camina	caminan	ha caminado	han caminado
2 imperfecto de indicativo		**9 pluscuamperfecto de indicativo**	
caminaba	caminábamos	había caminado	habíamos caminado
caminabas	caminabais	habías caminado	habíais caminado
caminaba	caminaban	había caminado	habían caminado
3 pretérito		**10 pretérito anterior**	
caminé	caminamos	hube caminado	hubimos caminado
caminaste	caminasteis	hubiste caminado	hubisteis caminado
caminó	caminaron	hubo caminado	hubieron caminado
4 futuro		**11 futuro perfecto**	
caminaré	caminaremos	habré caminado	habremos caminado
caminarás	caminaréis	habrás caminado	habréis caminado
caminará	caminarán	habrá caminado	habrán caminado
5 potencial simple		**12 potencial compuesto**	
caminaría	caminaríamos	habría caminado	habríamos caminado
caminarías	caminaríais	habrías caminado	habríais caminado
caminaría	caminarían	habría caminado	habrían caminado
6 presente de subjuntivo		**13 perfecto de subjuntivo**	
camine	caminemos	haya caminado	hayamos caminado
camines	caminéis	hayas caminado	hayáis caminado
camine	caminen	haya caminado	hayan caminado
7 imperfecto de subjuntivo		**14 pluscuamperfecto de subjuntivo**	
caminara	camináramos	hubiera caminado	hubiéramos caminado
caminaras	caminarais	hubieras caminado	hubierais caminado
caminara	caminaran	hubiera caminado	hubieran caminado
OR		OR	
caminase	caminásemos	hubiese caminado	hubiésemos caminado
caminases	caminaseis	hubieses caminado	hubieseis caminado
caminase	caminasen	hubiese caminado	hubiesen caminado

imperativo

–	caminemos
camina; no camines	caminad; no caminéis
camine	caminen

Words and expressions related to this verb

el camino   road, highway
el camino de hierro   railroad
en camino de   on the way to
una caminata   a long walk

to become tired, to become weary, to get tired

The Seven Simple Tenses		The Seven Compound Tenses	
Singular	Plural	Singular	Plural
1 presente de indicativo		**8 perfecto de indicativo**	
me canso	nos cansamos	me he cansado	nos hemos cansado
te cansas	os cansáis	te has cansado	os habéis cansado
se cansa	se cansan	se ha cansado	se han cansado
2 imperfecto de indicativo		**9 pluscuamperfecto de indicativo**	
me cansaba	nos cansábamos	me había cansado	nos habíamos cansado
te cansabas	os cansabais	te habías cansado	os habíais cansado
se cansaba	se cansaban	se había cansado	se habían cansado
3 pretérito		**10 pretérito anterior**	
me cansé	nos cansamos	me hube cansado	nos hubimos cansado
te cansaste	os cansasteis	te hubiste cansado	os hubisteis cansado
se cansó	se cansaron	se hubo cansado	se hubieron cansado
4 futuro		**11 futuro perfecto**	
me cansaré	nos cansaremos	me habré cansado	nos habremos cansado
te cansarás	os cansaréis	te habrás cansado	os habréis cansado
se cansará	se cansarán	se habrá cansado	se habrán cansado
5 potencial simple		**12 potencial compuesto**	
me cansaría	nos cansaríamos	me habría cansado	nos habríamos cansado
te cansarías	os cansaríais	te habrías cansado	os habríais cansado
se cansaría	se cansarían	se habría cansado	se habrían cansado
6 presente de subjuntivo		**13 perfecto de subjuntivo**	
me canse	nos cansemos	me haya cansado	nos hayamos cansado
te canses	os canséis	te hayas cansado	os hayáis cansado
se canse	se cansen	se haya cansado	se hayan cansado
7 imperfecto de subjuntivo		**14 pluscuamperfecto de subjuntivo**	
me cansara	nos cansáramos	me hubiera cansado	nos hubiéramos cansado
te cansaras	os cansarais	te hubieras cansado	os hubierais cansado
se cansara	se cansaran	se hubiera cansado	se hubieran cansado
OR		OR	
me cansase	nos cansásemos	me hubiese cansado	nos hubiésemos cansado
te cansases	os cansaseis	te hubieses cansado	os hubieseis cansado
se cansase	se cansasen	se hubiese cansado	se hubiesen cansado

imperativo	
—	cansémonos
cánsate; no te canses	cansaos; no os canséis
cánsese	cánsense

Sentences using this verb and words and expressions related to it

María se cansa, Pedro se cansa y yo me canso. Nosotros nos cansamos.

la cansera fatigue
el cansancio fatigue, weariness
cansar to fatigue, to tire, to weary
el descanso rest, relief; **el descansadero** resting place
cansar de esperar to get tired of waiting
cansado, cansada tired, exhausted

The Seven Simple Tenses		The Seven Compound Tenses	
Singular	Plural	Singular	Plural

1 presente de indicativo

		8 perfecto de indicativo	
canto	cantamos	he cantado	hemos cantado
cantas	cantáis	has cantado	habéis cantado
canta	cantan	ha cantado	han cantado

2 imperfecto de indicativo   **9 pluscuamperfecto de indicativo**

cantaba	cantábamos	había cantado	habíamos cantado
cantabas	cantabais	habías cantado	habíais cantado
cantaba	cantaban	había cantado	habían cantado

3 pretérito   **10 pretérito anterior**

canté	cantamos	hube cantado	hubimos cantado
cantaste	cantasteis	hubiste cantado	hubisteis cantado
cantó	cantaron	hubo cantado	hubieron cantado

4 futuro   **11 futuro perfecto**

cantaré	cantaremos	habré cantado	habremos cantado
cantarás	cantaréis	habrás cantado	habréis cantado
cantará	cantarán	habrá cantado	habrán cantado

5 potencial simple   **12 potencial compuesto**

cantaría	cantaríamos	habría cantado	habríamos cantado
cantarías	cantaríais	habrías cantado	habríais cantado
cantaría	cantarían	habría cantado	habrían cantado

6 presente de subjuntivo   **13 perfecto de subjuntivo**

cante	cantemos	haya cantado	hayamos cantado
cantes	cantéis	hayas cantado	hayáis cantado
cante	canten	haya cantado	hayan cantado

7 imperfecto de subjuntivo   **14 pluscuamperfecto de subjuntivo**

cantara	cantáramos	hubiera cantado	hubiéramos cantado
cantaras	cantarais	hubieras cantado	hubierais cantado
cantara	cantaran	hubiera cantado	hubieran cantado
OR		OR	
cantase	cantásemos	hubiese cantado	hubiésemos cantado
cantases	cantaseis	hubieses cantado	hubieseis cantado
cantase	cantasen	hubiese cantado	hubiesen cantado

imperativo

—	cantemos
canta; no cantes	cantad; no cantéis
cante	canten

Sentences using this verb and words related to it

Quien canta su mal espanta. When you sing you drive away your grief.

una canción song	**una cantatriz** woman singer
una cantata cantata (music)	**cantor, cantora, cantante** singer
encantar to enchant	**encantado, encantada** enchanted

caracterizar

to characterize

The Seven Simple Tenses | The Seven Compound Tenses

Singular	Plural	Singular	Plural
1 presente de indicativo		**8 perfecto de indicativo**	
caracterizo	caracterizamos	he caracterizado	hemos caracterizado
caracterizas	caracterizáis	has caracterizado	habéis caracterizado
caracteriza	caracterizan	ha caracterizado	han caracterizado
2 imperfecto de indicativo		**9 pluscuamperfecto de indicativo**	
caracterizaba	caracterizábamos	había caracterizado	habíamos caracterizado
caracterizabas	caracterizabais	habías caracterizado	habíais caracterizado
caracterizaba	caracterizaban	había caracterizado	habían caracterizado
3 pretérito		**10 pretérito anterior**	
caractericé	caracterizamos	hube caracterizado	hubimos caracterizado
caracterizaste	caracterizasteis	hubiste caracterizado	hubisteis caracterizado
caracterizó	caracterizaron	hubo caracterizado	hubieron caracterizado
4 futuro		**11 futuro perfecto**	
caracterizaré	caracterizaremos	habré caracterizado	habremos caracterizado
caracterizarás	caracterizaréis	habrás caracterizado	habréis caracterizado
caracterizará	caracterizarán	habrá caracterizado	habrán caracterizado
5 potencial simple		**12 potencial compuesto**	
caracterizaría	caracterizaríamos	habría caracterizado	habríamos caracterizado
caracterizarías	caracterizaríais	habrías caracterizado	habríais caracterizado
caracterizaría	caracterizarían	habría caracterizado	habrían caracterizado
6 presente de subjuntivo		**13 perfecto de subjuntivo**	
caracterice	caractericemos	haya caracterizado	hayamos caracterizado
caracterices	caractericéis	hayas caracterizado	hayáis caracterizado
caracterice	caractericen	haya caracterizado	hayan caracterizado
7 imperfecto de subjuntivo		**14 pluscuamperfecto de subjuntivo**	
caracterizara	caracterizáramos	hubiera caracterizado	hubiéramos caracterizado
caracterizaras	caracterizarais	hubieras caracterizado	hubierais caracterizado
caracterizara	caracterizaran	hubiera caracterizado	hubieran caracterizado
OR		OR	
caracterizase	caracterizásemos	hubiese caracterizado	hubiésemos caracterizado
caracterizases	caracterizaseis	hubieses caracterizado	hubieseis caracterizado
caracterizase	caracterizasen	hubiese caracterizado	hubiesen caracterizado

imperativo

—	caractericemos
caracteriza; no caracterices	caracterizad; no caractericéis
caracterice	caractericen

Words related to this verb

el carácter character (of a person); do not confuse with **personaje** character (in a play)
característico, característica characteristic
característicamente characteristically
la caracterización characterization

110

to load, to burden

The Seven Simple Tenses		The Seven Compound Tenses	
Singular	Plural	Singular	Plural

1 presente de indicativo

cargo	cargamos
cargas	cargáis
carga	cargan

8 perfecto de indicativo

he cargado	hemos cargado
has cargado	habéis cargado
ha cargado	han cargado

2 imperfecto de indicativo

cargaba	cargábamos
cargabas	cargabais
cargaba	cargaban

9 pluscuamperfecto de indicativo

había cargado	habíamos cargado
habías cargado	habíais cargado
había cargado	habían cargado

3 pretérito

cargué	cargamos
cargaste	cargasteis
cargó	cargaron

10 pretérito anterior

hube cargado	hubimos cargado
hubiste cargado	hubisteis cargado
hubo cargado	hubieron cargado

4 futuro

cargaré	cargaremos
cargarás	cargaréis
cargará	cargarán

11 futuro perfecto

habré cargado	habremos cargado
habrás cargado	habréis cargado
habrá cargado	habrán cargado

5 potencial simple

cargaría	cargaríamos
cargarías	cargaríais
cargaría	cargarían

12 potencial compuesto

habría cargado	habríamos cargado
habrías cargado	habríais cargado
habría cargado	habrían cargado

6 presente de subjuntivo

cargue	carguemos
cargues	carguéis
cargue	carguen

13 perfecto de subjuntivo

haya cargado	hayamos cargado
hayas cargado	hayáis cargado
haya cargado	hayan cargado

7 imperfecto de subjuntivo

cargara	cargáramos
cargaras	cargarais
cargara	cargaran
OR	
cargase	cargásemos
cargases	cargaseis
cargase	cargasen

14 pluscuamperfecto de subjuntivo

hubiera cargado	hubiéramos cargado
hubieras cargado	hubierais cargado
hubiera cargado	hubieran cargado
OR	
hubiese cargado	hubiésemos cargado
hubieses cargado	hubieseis cargado
hubiese cargado	hubiesen cargado

imperativo

—	carguemos
carga; no cargues	cargad; no carguéis
cargue	carguen

Words and expressions related to this verb

cargoso, cargosa   burdensome
la cargazón   cargo
una cargazón de cabeza   heaviness of the head
el cargamento   shipment
el cargador   shipper

to get married, to marry

The Seven Simple Tenses		The Seven Compound Tenses	
Singular	Plural	Singular	Plural
1 presente de indicativo		**8 perfecto de indicativo**	
me caso	nos casamos	me he casado	nos hemos casado
te casas	os casáis	te has casado	os habéis casado
se casa	se casan	se ha casado	se han casado
2 imperfecto de indicativo		**9 pluscuamperfecto de indicativo**	
me casaba	nos casábamos	me había casado	nos habíamos casado
te casabas	os casabais	te habías casado	os habíais casado
se casaba	se casaban	se había casado	se habían casado
3 pretérito		**10 pretérito anterior**	
me casé	nos casamos	me hube casado	nos hubimos casado
te casaste	os casasteis	te hubiste casado	os hubisteis casado
se casó	se casaron	se hubo casado	se hubieron casado
4 futuro		**11 futuro perfecto**	
me casaré	nos casaremos	me habré casado	nos habremos casado
te casarás	os casaréis	te habrás casado	os habréis casado
se casará	se casarán	se habrá casado	se habrán casado
5 potencial simple		**12 potencial compuesto**	
me casaría	nos casaríamos	me habría casado	nos habríamos casado
te casarías	os casaríais	te habrías casado	os habríais casado
se casaría	se casarían	se habría casado	se habrían casado
6 presente de subjuntivo		**13 perfecto de subjuntivo**	
me case	nos casemos	me haya casado	nos hayamos casado
te cases	os caséis	te hayas casado	os hayáis casado
se case	se casen	se haya casado	se hayan casado
7 imperfecto de subjuntivo		**14 pluscuamperfecto de subjuntivo**	
me casara	nos casáramos	me hubiera casado	nos hubiéramos casado
te casaras	os casarais	te hubieras casado	os hubierais casado
se casara	se casaran	se hubiera casado	se hubieran casado
OR		OR	
me casase	nos casásemos	me hubiese casado	nos hubiésemos casado
te casases	os casaseis	te hubieses casado	os hubieseis casado
se casase	se casasen	se hubiese casado	se hubiesen casado

	imperativo
—	casémonos
cásate; no te cases	casaos; no os caséis
cásese	cásense

Words and expressions related to this verb

Antes que te cases, mira lo que haces.   Look before you leap.

casarse con alguien   to marry someone
los recién casados   newlyweds

to celebrate

The Seven Simple Tenses		The Seven Compound Tenses	
Singular	Plural	Singular	Plural

1   presente de indicativo

celebro	celebramos		
celebras	celebráis		
celebra	celebran		

8   perfecto de indicativo

he celebrado	hemos celebrado
has celebrado	habéis celebrado
ha celebrado	han celebrado

2   imperfecto de indicativo

celebraba	celebrábamos
celebrabas	celebrabais
celebraba	celebraban

9   pluscuamperfecto de indicativo

había celebrado	habíamos celebrado
habías celebrado	habíais celebrado
había celebrado	habían celebrado

3   pretérito

celebré	celebramos
celebraste	celebrasteis
celebró	celebraron

10   pretérito anterior

hube celebrado	hubimos celebrado
hubiste celebrado	hubisteis celebrado
hubo celebrado	hubieron celebrado

4   futuro

celebraré	celebraremos
celebrarás	celebraréis
celebrará	celebrarán

11   futuro perfecto

habré celebrado	habremos celebrado
habrás celebrado	habréis celebrado
habrá celebrado	habrán celebrado

5   potencial simple

celebraría	celebraríamos
celebrarías	celebraríais
celebraría	celebrarían

12   potencial compuesto

habría celebrado	habríamos celebrado
habrías celebrado	habríais celebrado
habría celebrado	habrían celebrado

6   presente de subjuntivo

celebre	celebremos
celebres	celebréis
celebre	celebren

13   perfecto de subjuntivo

haya celebrado	hayamos celebrado
hayas celebrado	hayáis celebrado
haya celebrado	hayan celebrado

7   imperfecto de subjuntivo

celebrara	celebráramos
celebraras	celebrarais
celebrara	celebraran
OR	
celebrase	celebrásemos
celebrases	celebraseis
celebrase	celebrasen

14   pluscuamperfecto de subjuntivo

hubiera celebrado	hubiéramos celebrado
hubieras celebrado	hubierais celebrado
hubiera celebrado	hubieran celebrado
OR	
hubiese celebrado	hubiésemos celebrado
hubieses celebrado	hubieseis celebrado
hubiese celebrado	hubiesen celebrado

imperativo

—	celebremos
celebra; no celebres	celebrad; no celebréis
celebre	celebren

Words related to this verb

célebre   famous, celebrated, renowned
la celebridad   fame, celebrity
la celebración   celebration

to have supper, to eat supper

The Seven Simple Tenses		The Seven Compound Tenses	
Singular	Plural	Singular	Plural
1 presente de indicativo		**8 perfecto de indicativo**	
ceno	cenamos	he cenado	hemos cenado
cenas	cenáis	has cenado	habéis cenado
cena	cenan	ha cenado	han cenado
2 imperfecto de indicativo		**9 pluscuamperfecto de indicativo**	
cenaba	cenábamos	había cenado	habíamos cenado
cenabas	cenabais	habías cenado	habíais cenado
cenaba	cenaban	había cenado	habían cenado
3 pretérito		**10 pretérito anterior**	
cené	cenamos	hube cenado	hubimos cenado
cenaste	cenasteis	hubiste cenado	hubisteis cenado
cenó	cenaron	hubo cenado	hubieron cenado
4 futuro		**11 futuro perfecto**	
cenaré	cenaremos	habré cenado	habremos cenado
cenarás	cenaréis	habrás cenado	habréis cenado
cenará	cenarán	habrá cenado	habrán cenado
5 potencial simple		**12 potencial compuesto**	
cenaría	cenaríamos	habría cenado	habríamos cenado
cenarías	cenaríais	habrías cenado	habríais cenado
cenaría	cenarían	habría cenado	habrían cenado
6 presente de subjuntivo		**13 perfecto de subjuntivo**	
cene	cenemos	haya cenado	hayamos cenado
cenes	cenéis	hayas cenado	hayáis cenado
cene	cenen	haya cenado	hayan cenado
7 imperfecto de subjuntivo		**14 pluscuamperfecto de subjuntivo**	
cenara	cenáramos	hubiera cenado	hubiéramos cenado
cenaras	cenarais	hubieras cenado	hubierais cenado
cenara	cenaran	hubiera cenado	hubieran cenado
OR		OR	
cenase	cenásemos	hubiese cenado	hubiésemos cenado
cenases	cenaseis	hubieses cenado	hubieseis cenado
cenase	cenasen	hubiese cenado	hubiesen cenado

imperativo	
—	cenemos
cena; no cenes	cenad; no cenéis
cene	cenen

Sentences using this verb and words related to it

—Carlos, ¿A qué hora cenas?
—Ceno a las ocho con mi familia en casa.

la cena supper (dinner)   **la hora de cenar** dinnertime, suppertime
La Cena (The Last Supper, fresco by Leonardo da Vinci)

The Seven Simple Tenses		The Seven Compound Tenses	
Singular	Plural	Singular	Plural

1   presente de indicativo

cepillo	cepillamos
cepillas	cepilláis
cepilla	cepillan

8   perfecto de indicativo

he cepillado	hemos cepillado
has cepillado	habéis cepillado
ha cepillado	han cepillado

2   imperfecto de indicativo

cepillaba	cepillábamos
cepillabas	cepillabais
cepillaba	cepillaban

9   pluscuamperfecto de indicativo

había cepillado	habíamos cepillado
habías cepillado	habíais cepillado
había cepillado	habían cepillado

3   pretérito

cepillé	cepillamos
cepillaste	cepillasteis
cepilló	cepillaron

10   pretérito anterior

hube cepillado	hubimos cepillado
hubiste cepillado	hubisteis cepillado
hubo cepillado	hubieron cepillado

4   futuro

cepillaré	cepillaremos
cepillarás	cepillaréis
cepillará	cepillarán

11   futuro perfecto

habré cepillado	habremos cepillado
habrás cepillado	habréis cepillado
habrá cepillado	habrán cepillado

5   potencial simple

cepillaría	cepillaríamos
cepillarías	cepillaríais
cepillaría	cepillarían

12   potencial compuesto

habría cepillado	habríamos cepillado
habrías cepillado	habríais cepillado
habría cepillado	habrían cepillado

6   presente de subjuntivo

cepille	cepillemos
cepilles	cepilléis
cepille	cepillen

13   perfecto de subjuntivo

haya cepillado	hayamos cepillado
hayas cepillado	hayáis cepillado
haya cepillado	hayan cepillado

7   imperfecto de subjuntivo

cepillara	cepilláramos
cepillaras	cepillarais
cepillara	cepillaran
OR	
cepillase	cepillásemos
cepillases	cepillaseis
cepillase	cepillasen

14   pluscuamperfecto de subjuntivo

hubiera cepillado	hubiéramos cepillado
hubieras cepillado	hubierais cepillado
hubiera cepillado	hubieran cepillado
OR	
hubiese cepillado	hubiésemos cepillado
hubieses cepillado	hubieseis cepillado
hubiese cepillado	hubiesen cepillado

imperativo

—	cepillemos
cepilla; no cepilles	cepillad; no cepilléis
cepille	cepillen

Words and expressions related to this verb

un cepillo brush
un cepillo de cabeza hairbrush

un cepillo de dientes toothbrush
un cepillo de ropa clothesbrush

Consult the back pages for over 1,000 Spanish verbs conjugated like model verbs among the 501 in this book.

to close

The Seven Simple Tenses		The Seven Compound Tenses	
Singular	Plural	Singular	Plural
1 presente de indicativo		**8 perfecto de indicativo**	
cierro	cerramos	he cerrado	hemos cerrado
cierras	cerráis	has cerrado	habéis cerrado
cierra	cierran	ha cerrado	han cerrado
2 imperfecto de indicativo		**9 pluscuamperfecto de indicativo**	
cerraba	cerrábamos	había cerrado	habíamos cerrado
cerrabas	cerrabais	habías cerrado	habíais cerrado
cerraba	cerraban	había cerrado	habían cerrado
3 pretérito		**10 pretérito anterior**	
cerré	cerramos	hube cerrado	hubimos cerrado
cerraste	cerrasteis	hubiste cerrado	hubisteis cerrado
cerró	cerraron	hubo cerrado	hubieron cerrado
4 futuro		**11 futuro perfecto**	
cerraré	cerraremos	habré cerrado	habremos cerrado
cerrarás	cerraréis	habrás cerrado	habréis cerrado
cerrará	cerrarán	habrá cerrado	habrán cerrado
5 potencial simple		**12 potencial compuesto**	
cerraría	cerraríamos	habría cerrado	habríamos cerrado
cerrarías	cerraríais	habrías cerrado	habríais cerrado
cerraría	cerrarían	habría cerrado	habrían cerrado
6 presente de subjuntivo		**13 perfecto de subjuntivo**	
cierre	cerremos	haya cerrado	hayamos cerrado
cierres	cerréis	hayas cerrado	hayáis cerrado
cierre	cierren	haya cerrado	hayan cerrado
7 imperfecto de subjuntivo		**14 pluscuamperfecto de subjuntivo**	
cerrara	cerráramos	hubiera cerrado	hubiéramos cerrado
cerraras	cerrarais	hubieras cerrado	hubierais cerrado
cerrara	cerraran	hubiera cerrado	hubieran cerrado
OR		OR	
cerrase	cerrásemos	hubiese cerrado	hubiésemos cerrado
cerrases	cerraseis	hubieses cerrado	hubieseis cerrado
cerrase	cerrasen	hubiese cerrado	hubiesen cerrado

imperativo

—	cerremos
cierra; no cierres	cerrad; no cerréis
cierre	cierren

Common idiomatic expressions using this verb

cerrar los ojos to close one's eyes
cerrar los oídos to turn a deaf ear
cerrar la boca to shut up, to keep silent
la cerradura lock
La puerta está cerrada. The door is closed.
Las ventanas están cerradas. The windows are closed.

encerrar to lock up, to confine
encerrarse to live in seclusion, to retire

116

to certify, to register (a letter), to attest

The Seven Simple Tenses		The Seven Compound Tenses	
Singular	Plural	Singular	Plural
1 presente de indicativo		**8 perfecto de indicativo**	
certifico	certificamos	he certificado	hemos certificado
certificas	certificáis	has certificado	habéis certificado
certifica	certifican	ha certificado	han certificado
2 imperfecto de indicativo		**9 pluscuamperfecto de indicativo**	
certificaba	certificábamos	había certificado	habíamos certificado
certificabas	certificabais	habías certificado	habíais certificado
certificaba	certificaban	había certificado	habían certificado
3 pretérito		**10 pretérito anterior**	
certifiqué	certificamos	hube certificado	hubimos certificado
certificaste	certificasteis	hubiste certificado	hubisteis certificado
certificó	certificaron	hubo certificado	hubieron certificado
4 futuro		**11 futuro perfecto**	
certificaré	certificaremos	habré certificado	habremos certificado
certificarás	certificaréis	habrás certificado	habréis certificado
certificará	certificarán	habrá certificado	habrán certificado
5 potencial simple		**12 potencial compuesto**	
certificaría	certificaríamos	habría certificado	habríamos certificado
certificarías	certificaríais	habrías certificado	habríais certificado
certificaría	certificarían	habría certificado	habrían certificado
6 presente de subjuntivo		**13 perfecto de subjuntivo**	
certifique	certifiquemos	haya certificado	hayamos certificado
certifiques	certifiquéis	hayas certificado	hayáis certificado
certifique	certifiquen	haya certificado	hayan certificado
7 imperfecto de subjuntivo		**14 pluscuamperfecto de subjuntivo**	
certificara	certificáramos	hubiera certificado	hubiéramos certificado
certificaras	certificarais	hubieras certificado	hubierais certificado
certificara	certificaran	hubiera certificado	hubieran certificado
OR		OR	
certificase	certificásemos	hubiese certificado	hubiésemos certificado
certificases	certificaseis	hubieses certificado	hubieseis certificado
certificase	certificasen	hubiese certificado	hubiesen certificado

imperativo	
—	certifiquemos
certifica; no certifiques	certificad; no certifiquéis
certifique	certifiquen

Words related to this verb

la certificación   certificate, certification
certificador, certificadora   certifier
la certidumbre   certainty

la certeza   certainty
la certinidad   assurance, certainty
la certitude   certitude

to cook

The Seven Simple Tenses		The Seven Compound Tenses	
Singular	Plural	Singular	Plural

1 presente de indicativo

		8 perfecto de indicativo	
cocino	cocinamos	he cocinado	hemos cocinado
cocinas	cocináis	has cocinado	habéis cocinado
cocina	cocinan	ha cocinado	han cocinado

2 imperfecto de indicativo

		9 pluscuamperfecto de indicativo	
cocinaba	cocinábamos	había cocinado	habíamos cocinado
cocinabas	cocinabais	habías cocinado	habíais cocinado
cocinaba	cocinaban	había cocinado	habían cocinado

3 pretérito

		10 pretérito anterior	
cociné	cocinamos	hube cocinado	hubimos cocinado
cocinaste	cocinasteis	hubiste cocinado	hubisteis cocinado
cocinó	cocinaron	hubo cocinado	hubieron cocinado

4 futuro

		11 futuro perfecto	
cocinaré	cocinaremos	habré cocinado	habremos cocinado
cocinarás	cocinaréis	habrás cocinado	habréis cocinado
cocinará	cocinarán	habrá cocinado	habrán cocinado

5 potencial simple

		12 potencial compuesto	
cocinaría	cocinaríamos	habría cocinado	habríamos cocinado
cocinarías	cocinaríais	habrías cocinado	habríais cocinado
cocinaría	cocinarían	habría cocinado	habrían cocinado

6 presente de subjuntivo

		13 perfecto de subjuntivo	
cocine	cocinemos	haya cocinado	hayamos cocinado
cocines	cocinéis	hayas cocinado	hayáis cocinado
cocine	cocinen	haya cocinado	hayan cocinado

7 imperfecto de subjuntivo

		14 pluscuamperfecto de subjuntivo	
cocinara	cocináramos	hubiera cocinado	hubiéramos cocinado
cocinaras	cocinarais	hubieras cocinado	hubierais cocinado
cocinara	cocinaran	hubiera cocinado	hubieran cocinado
OR		OR	
cocinase	cocinásemos	hubiese cocinado	hubiésemos cocinado
cocinases	cocinaseis	hubieses cocinado	hubieseis cocinado
cocinase	cocinasen	hubiese cocinado	hubiesen cocinado

imperativo

—	cocinemos
cocina; no cocines	cocinad; no cocinéis
cocine	cocinen

Words related to this verb

la cocina kitchen; cooking, cuisine
cocer to cook, to bake, to boil
el cocinero, la cocinera cook, kitchen chef
la cocinilla kitchenette

el cocimiento cooking
el cocido plate of boiled meat and vegetables

to seize, to take, to grasp, to grab, to catch

The Seven Simple Tenses		The Seven Compound Tenses	
Singular	Plural	Singular	Plural
1 presente de indicativo		**8** perfecto de indicativo	
cojo	cogemos	he cogido	hemos cogido
coges	cogéis	has cogido	habéis cogido
coge	cogen	ha cogido	han cogido
2 imperfecto de indicativo		**9** pluscuamperfecto de indicativo	
cogía	cogíamos	había cogido	habíamos cogido
cogías	cogíais	habías cogido	habíais cogido
cogía	cogían	había cogido	habían cogido
3 pretérito		**10** pretérito anterior	
cogí	cogimos	hube cogido	hubimos cogido
cogiste	cogisteis	hubiste cogido	hubisteis cogido
cogió	cogieron	hubo cogido	hubieron cogido
4 futuro		**11** futuro perfecto	
cogeré	cogeremos	habré cogido	habremos cogido
cogerás	cogeréis	habrás cogido	habréis cogido
cogerá	cogerán	habrá cogido	habrán cogido
5 potencial simple		**12** potencial compuesto	
cogería	cogeríamos	habría cogido	habríamos cogido
cogerías	cogeríais	habrías cogido	habríais cogido
cogería	cogerían	habría cogido	habrían cogido
6 presente de subjuntivo		**13** perfecto de subjuntivo	
coja	cojamos	haya cogido	hayamos cogido
cojas	cojáis	hayas cogido	hayáis cogido
coja	cojan	haya cogido	hayan cogido
7 imperfecto de subjuntivo		**14** pluscuamperfecto de subjuntivo	
cogiera	cogiéramos	hubiera cogido	hubiéramos cogido
cogieras	cogierais	hubieras cogido	hubierais cogido
cogiera	cogieran	hubiera cogido	hubieran cogido
OR		OR	
cogiese	cogiésemos	hubiese cogido	hubiésemos cogido
cogieses	cogieseis	hubieses cogido	hubieseis cogido
cogiese	cogiesen	hubiese cogido	hubiesen cogido

imperativo

–	cojamos
coge; no cojas	coged; no cojáis
coja	cojan

Sentences using this verb and words related to it

Quien siembra vientos recoge tempestades.   If you sow the wind, you will reap the whirlwind.

la cogida   gathering of fruits, a catch
el cogedor   collector, dust pan
escoger   to choose, to select
coger catarro (o resfriado)   to catch cold

recoger   to pick (up), to gather
acoger   to greet, to receive, to welcome
encoger   to shorten, to shrink
descoger   to expand, to extend

to collect

The Seven Simple Tenses		The Seven Compound Tenses	
Singular	Plural	Singular	Plural
1 presente de indicativo		**8 perfecto de indicativo**	
colijo	colegimos	he colegido	hemos colegido
coliges	colegís	has colegido	habéis colegido
colige	coligen	ha colegido	han colegido
2 imperfecto de indicativo		**9 pluscuamperfecto de indicativo**	
colegía	colegíamos	había colegido	habíamos colegido
colegías	colegíais	habías colegido	habíais colegido
colegía	colegían	había colegido	habían colegido
3 pretérito		**10 pretérito anterior**	
colegí	colegimos	hube colegido	hubimos colegido
colegiste	colegisteis	hubiste colegido	hubisteis colegido
coligió	coligieron	hubo colegido	hubieron colegido
4 futuro		**11 futuro perfecto**	
colegiré	colegiremos	habré colegido	habremos colegido
colegirás	colegiréis	habrás colegido	habréis colegido
colegirá	colegirán	habrá colegido	habrán colegido
5 potencial simple		**12 potencial compuesto**	
colegiría	colegiríamos	habría colegido	habríamos colegido
colegirías	colegiríais	habrías colegido	habríais colegido
colegiría	colegirían	habría colegido	habrían colegido
6 presente de subjuntivo		**13 perfecto de subjuntivo**	
colija	colijamos	haya colegido	hayamos colegido
colijas	colijáis	hayas colegido	hayáis colegido
colija	colijan	haya colegido	hayan colegido
7 imperfecto de subjuntivo		**14 pluscuamperfecto de subjuntivo**	
coligiera	coligiéramos	hubiera colegido	hubiéramos colegido
coligieras	coligierais	hubieras colegido	hubierais colegido
coligiera	coligieran	hubiera colegido	hubieran colegido
OR		OR	
coligiese	coligiésemos	hubiese colegido	hubiésemos colegido
coligieses	coligieseis	hubieses colegido	hubieseis colegido
coligiese	coligiesen	hubiese colegido	hubiesen colegido

imperativo

–	colijamos
colige; no colijas	colegid; no colijáis
colija	colijan

Words related to this verb

el colegio college, school   **colectivo, colectiva** collective
la colección collection   **el colegio electoral** electoral college

Consult the section on verbs used in idiomatic expressions, verbs with prepositions, and the list of over 1,000 verbs conjugated like model verbs in the back pages.

120

The Seven Simple Tenses		The Seven Compound Tenses	
Singular	Plural	Singular	Plural

1 presente de indicativo		8 perfecto de indicativo	
cuelgo	colgamos	he colgado	hemos colgado
cuelgas	colgáis	has colgado	habéis colgado
cuelga	cuelgan	ha colgado	han colgado

2 imperfecto de indicativo		9 pluscuamperfecto de indicativo	
colgaba	colgábamos	había colgado	habíamos colgado
colgabas	colgabais	habías colgado	habíais colgado
colgaba	colgaban	había colgado	habían colgado

3 pretérito		10 pretérito anterior	
colgué	colgamos	hube colgado	hubimos colgado
colgaste	colgasteis	hubiste colgado	hubisteis colgado
colgó	colgaron	hubo colgado	hubieron colgado

4 futuro		11 futuro perfecto	
colgaré	colgaremos	habré colgado	habremos colgado
colgarás	colgaréis	habrás colgado	habréis colgado
colgará	colgarán	habrá colgado	habrán colgado

5 potencial simple		12 potencial compuesto	
colgaría	colgaríamos	habría colgado	habríamos colgado
colgarías	colgaríais	habrías colgado	habríais colgado
colgaría	colgarían	habría colgado	habrían colgado

6 presente de subjuntivo		13 perfecto de subjuntivo	
cuelgue	colguemos	haya colgado	hayamos colgado
cuelgues	colguéis	hayas colgado	hayáis colgado
cuelgue	cuelguen	haya colgado	hayan colgado

7 imperfecto de subjuntivo		14 pluscuamperfecto de subjuntivo	
colgara	colgáramos	hubiera colgado	hubiéramos colgado
colgaras	colgarais	hubieras colgado	hubierais colgado
colgara	colgaran	hubiera colgado	hubieran colgado
OR		OR	
colgase	colgásemos	hubiese colgado	hubiésemos colgado
colgases	colgaseis	hubieses colgado	hubieseis colgado
colgase	colgasen	hubiese colgado	hubiesen colgado

imperativo

—	colguemos
cuelga; no cuelgues	colgad; no colguéis
cuelgue	cuelguen

Words related to this verb

el colgadero hanger, hook on which to hang things
dejar colgado (colgada) to be left disappointed
la colgadura drapery, tapestry

to put, to place

The Seven Simple Tenses		The Seven Compound Tenses	
Singular	Plural	Singular	Plural

1 presente de indicativo

coloco	colocamos		
colocas	colocáis		
coloca	colocan		

8 perfecto de indicativo

he colocado	hemos colocado
has colocado	habéis colocado
ha colocado	han colocado

2 imperfecto de indicativo

colocaba	colocábamos
colocabas	colocabais
colocaba	colocaban

9 pluscuamperfecto de indicativo

había colocado	habíamos colocado
habías colocado	habíais colocado
había colocado	habían colocado

3 pretérito

coloqué	colocamos
colocaste	colocasteis
colocó	colocaron

10 pretérito anterior

hube colocado	hubimos colocado
hubiste colocado	hubisteis colocado
hubo colocado	hubieron colocado

4 futuro

colocaré	colocaremos
colocarás	colocaréis
colocará	colocarán

11 futuro perfecto

habré colocado	habremos colocado
habrás colocado	habréis colocado
habrá colocado	habrán colocado

5 potencial simple

colocaría	colocaríamos
colocarías	colocaríais
colocaría	colocarían

12 potencial compuesto

habría colocado	habríamos colocado
habrías colocado	habríais colocado
habría colocado	habrían colocado

6 presente de subjuntivo

coloque	coloquemos
coloques	coloquéis
coloque	coloquen

13 perfecto de subjuntivo

haya colocado	hayamos colocado
hayas colocado	hayáis colocado
haya colocado	hayan colocado

7 imperfecto de subjuntivo

colocara	colocáramos
colocaras	colocarais
colocara	colocaran
OR	
colocase	colocásemos
colocases	colocaseis
colocase	colocasen

14 pluscuamperfecto de subjuntivo

hubiera colocado	hubiéramos colocado
hubieras colocado	hubierais colocado
hubiera colocado	hubieran colocado
OR	
hubiese colocado	hubiésemos colocado
hubieses colocado	hubieseis colocado
hubiese colocado	hubiesen colocado

imperativo

—	coloquemos
coloca; no coloques	colocad; no coloquéis
coloque	coloquen

Words and expressions related to this verb

la colocación   job, employment, position
colocar dinero   to invest money
colocar un pedido   to place an order
la agencia de colocación   job placement agency

122

to begin, to start, to commence

The Seven Simple Tenses		The Seven Compound Tenses	
Singular	Plural	Singular	Plural

1 presente de indicativo		8 perfecto de indicativo	
comienzo	comenzamos	he comenzado	hemos comenzado
comienzas	comenzáis	has comenzado	habéis comenzado
comienza	comienzan	ha comenzado	han comenzado

2 imperfecto de indicativo		9 pluscuamperfecto de indicativo	
comenzaba	comenzábamos	había comenzado	habíamos comenzado
comenzabas	comenzabais	habías comenzado	habíais comenzado
comenzaba	comenzaban	había comenzado	habían comenzado

3 pretérito		10 pretérito anterior	
comencé	comenzamos	hube comenzado	hubimos comenzado
comenzaste	comenzasteis	hubiste comenzado	hubisteis comenzado
comenzó	comenzaron	hubo comenzado	hubieron comenzado

4 futuro		11 futuro perfecto	
comenzaré	comenzaremos	habré comenzado	habremos comenzado
comenzarás	comenzaréis	habrás comenzado	habréis comenzado
comenzará	comenzarán	habrá comenzado	habrán comenzado

5 potencial simple		12 potencial compuesto	
comenzaría	comenzaríamos	habría comenzado	habríamos comenzado
comenzarías	comenzaríais	habrías comenzado	habríais comenzado
comenzaría	comenzarían	habría comenzado	habrían comenzado

6 presente de subjuntivo		13 perfecto de subjuntivo	
comience	comencemos	haya comenzado	hayamos comenzado
comiences	comencéis	hayas comenzado	hayáis comenzado
comience	comiencen	haya comenzado	hayan comenzado

7 imperfecto de subjuntivo		14 pluscuamperfecto de subjuntivo	
comenzara	comenzáramos	hubiera comenzado	hubiéramos comenzado
comenzaras	comenzarais	hubieras comenzado	hubierais comenzado
comenzara	comenzaran	hubiera comenzado	hubieran comenzado
OR		OR	
comenzase	comenzásemos	hubiese comenzado	hubiésemos comenzado
comenzases	comenzaseis	hubieses comenzado	hubieseis comenzado
comenzase	comenzasen	hubiese comenzado	hubiesen comenzado

	imperativo	
—	comencemos
comienza; no comiences	comenzad; no comencéis
comience	comiencen

Words and expressions related to this verb

—¿Qué tiempo hace?   **El comenzante comenzó al comienzo.**
—**Comienza a llover.**   The beginner began at the beginning.

el comienzo   beginning   **comenzar a + inf.**   to begin + inf.
comenzante   beginner   **comenzar por + inf.**   to begin by + pres. part.

to eat

The Seven Simple Tenses		The Seven Compound Tenses	
Singular	Plural	Singular	Plural

1 presente de indicativo		8 perfecto de indicativo	
como	comemos	he comido	hemos comido
comes	coméis	has comido	habéis comido
come	comen	ha comido	han comido

2 imperfecto de indicativo		9 pluscuamperfecto de indicativo	
comía	comíamos	había comido	habíamos comido
comías	comíais	habías comido	habíais comido
comía	comían	había comido	habían comido

3 pretérito		10 pretérito anterior	
comí	comimos	hube comido	hubimos comido
comiste	comisteis	hubiste comido	hubisteis comido
comió	comieron	hubo comido	hubieron comido

4 futuro		11 futuro perfecto	
comeré	comeremos	habré comido	habremos comido
comerás	comeréis	habrás comido	habréis comido
comerá	comerán	habrá comido	habrán comido

5 potencial simple		12 potencial compuesto	
comería	comeríamos	habría comido	habríamos comido
comerías	comeríais	habrías comido	habríais comido
comería	comerían	habría comido	habrían comido

6 presente de subjuntivo		13 perfecto de subjuntivo	
coma	comamos	haya comido	hayamos comido
comas	comáis	hayas comido	hayáis comido
coma	coman	haya comido	hayan comido

7 imperfecto de subjuntivo		14 pluscuamperfecto de subjuntivo	
comiera	comiéramos	hubiera comido	hubiéramos comido
comieras	comierais	hubieras comido	hubierais comido
comiera	comieran	hubiera comido	hubieran comido
OR		OR	
comiese	comiésemos	hubiese comido	hubiésemos comido
comieses	comieseis	hubieses comido	hubieseis comido
comiese	comiesen	hubiese comido	hubiesen comido

imperativo

—	comamos
come; no comas	comed; no comáis
coma	coman

Words and expressions related to this verb

ganar de comer to earn a living
la comida meal
la comidilla light meal
comer fuera de casa to eat out; dine out

comerse to eat up
el comer food
comer con gana to eat heartily
comer de todo to eat everything

The Seven Simple Tenses		The Seven Compound Tenses	
Singular	Plural	Singular	Plural

1 presente de indicativo		8 perfecto de indicativo	
compongo	componemos	he compuesto	hemos compuesto
compones	componéis	has compuesto	habéis compuesto
compone	componen	ha compuesto	han compuesto

2 imperfecto de indicativo		9 pluscuamperfecto de indicativo	
componía	componíamos	había compuesto	habíamos compuesto
componías	componíais	habías compuesto	habíais compuesto
componía	componían	había compuesto	habían compuesto

3 pretérito		10 pretérito anterior	
compuse	compusimos	hube compuesto	hubimos compuesto
compusiste	compusisteis	hubiste compuesto	hubisteis compuesto
compuso	compusieron	hubo compuesto	hubieron compuesto

4 futuro		11 futuro perfecto	
compondré	compondremos	habré compuesto	habremos compuesto
compondrás	compondréis	habrás compuesto	habréis compuesto
compondrá	compondrán	habrá compuesto	habrán compuesto

5 potencial simple		12 potencial compuesto	
compondría	compondríamos	habría compuesto	habríamos compuesto
compondrías	compondríais	habrías compuesto	habríais compuesto
compondría	compondrían	habría compuesto	habrían compuesto

6 presente de subjuntivo		13 perfecto de subjuntivo	
componga	compongamos	haya compuesto	hayamos compuesto
compongas	compongáis	hayas compuesto	hayáis compuesto
componga	compongan	haya compuesto	hayan compuesto

7 imperfecto de subjuntivo		14 pluscuamperfecto de subjuntivo	
compusiera	compusiéramos	hubiera compuesto	hubiéramos compuesto
compusieras	compusierais	hubieras compuesto	hubierais compuesto
compusiera	compusieran	hubiera compuesto	hubieran compuesto
OR		OR	
compusiese	compusiésemos	hubiese compuesto	hubiésemos compuesto
compusieses	compusieseis	hubieses compuesto	hubieseis compuesto
compusiese	compusiesen	hubiese compuesto	hubiesen compuesto

imperativo

—	compongamos
compón; no compongas	componed; no compongáis
componga	compongan

Words related to this verb

el compuesto compound, mixture
compuestamente neatly, orderly
deponer to depose
imponer to impose

la composición composition
el compositor, la compositora composer (music)
exponer to expose, to exhibit
indisponer to indispose

to buy, to purchase

The Seven Simple Tenses		The Seven Compound Tenses	
Singular	Plural	Singular	Plural
1 presente de indicativo		**8 perfecto de indicativo**	
compro	compramos	he comprado	hemos comprado
compras	compráis	has comprado	habéis comprado
compra	compran	ha comprado	han comprado
2 imperfecto de indicativo		**9 pluscuamperfecto de indicativo**	
compraba	comprábamos	había comprado	habíamos comprado
comprabas	comprabais	habías comprado	habíais comprado
compraba	compraban	había comprado	habían comprado
3 pretérito		**10 pretérito anterior**	
compré	compramos	hube comprado	hubimos comprado
compraste	comprasteis	hubiste comprado	hubisteis comprado
compró	compraron	hubo comprado	hubieron comprado
4 futuro		**11 futuro perfecto**	
compraré	compraremos	habré comprado	habremos comprado
comprarás	compraréis	habrás comprado	habréis comprado
comprará	comprarán	habrá comprado	habrán comprado
5 potencial simple		**12 potencial compuesto**	
compraría	compraríamos	habría comprado	habríamos comprado
comprarías	compraríais	habrías comprado	habríais comprado
compraría	comprarían	habría comprado	habrían comprado
6 presente de subjuntivo		**13 perfecto de subjuntivo**	
compre	compremos	haya comprado	hayamos comprado
compres	compréis	hayas comprado	hayáis comprado
compre	compren	haya comprado	hayan comprado
7 imperfecto de subjuntivo		**14 pluscuamperfecto de subjuntivo**	
comprara	compráramos	hubiera comprado	hubiéramos comprado
compraras	comprarais	hubieras comprado	hubierais comprado
comprara	compraran	hubiera comprado	hubieran comprado
OR		OR	
comprase	comprásemos	hubiese comprado	hubiésemos comprado
comprases	compraseis	hubieses comprado	hubieseis comprado
comprase	comprasen	hubiese comprado	hubiesen comprado

	imperativo	
–		compremos
	compra; no compres	comprad; no compréis
	compre	compren

Words and expressions related to this verb

comprador, compradora, comprante buyer
la compra purchase
comprable purchasable
ir de compras to go shopping

comprar fiado, comprar a crédito
  to buy on credit
comprar con rebaja to buy at a
  discount

The Seven Simple Tenses		The Seven Compound Tenses	
Singular	Plural	Singular	Plural

1 presente de indicativo		8 perfecto de indicativo	
comprendo	comprendemos	he comprendido	hemos comprendido
comprendes	comprendéis	has comprendido	habéis comprendido
comprende	comprenden	ha comprendido	han comprendido

2 imperfecto de indicativo		9 pluscuamperfecto de indicativo	
comprendía	comprendíamos	había comprendido	habíamos comprendido
comprendías	comprendíais	habías comprendido	habíais comprendido
comprendía	comprendían	había comprendido	habían comprendido

3 pretérito		10 pretérito anterior	
comprendí	comprendimos	hube comprendido	hubimos comprendido
comprendiste	comprendisteis	hubiste comprendido	hubisteis comprendido
comprendió	comprendieron	hubo comprendido	hubieron comprendido

4 futuro		11 futuro perfecto	
comprenderé	comprenderemos	habré comprendido	habremos comprendido
comprenderás	comprenderéis	habrás comprendido	habréis comprendido
comprenderá	comprenderán	habrá comprendido	habrán comprendido

5 potencial simple		12 potencial compuesto	
comprendería	comprenderíamos	habría comprendido	habríamos comprendido
comprenderías	comprenderíais	habrías comprendido	habríais comprendido
comprendería	comprenderían	habría comprendido	habrían comprendido

6 presente de subjuntivo		13 perfecto de subjuntivo	
comprenda	comprendamos	haya comprendido	hayamos comprendido
comprendas	comprendáis	hayas comprendido	hayáis comprendido
comprenda	comprendan	haya comprendido	hayan comprendido

7 imperfecto de subjuntivo		14 pluscuamperfecto de subjuntivo	
comprendiera	comprendiéramos	hubiera comprendido	hubiéramos comprendido
comprendieras	comprendierais	hubieras comprendido	hubierais comprendido
comprendiera	comprendieran	hubiera comprendido	hubieran comprendido
OR		OR	
comprendiese	comprendiésemos	hubiese comprendido	hubiésemos comprendido
comprendieses	comprendieseis	hubieses comprendido	hubieseis comprendido
comprendiese	comprendiesen	hubiese comprendido	hubiesen comprendido

imperativo

—	**comprendamos**
comprende; no comprendas	**comprended; no comprendáis**
comprenda	**comprendan**

Words related to this verb

la comprensión   comprehension, understanding
la comprensibilidad   comprehensibility, intelligibility
comprensivo, comprensiva   comprehensive
comprensible   comprehensible, understandable

to lead, to conduct, to drive

The Seven Simple Tenses		The Seven Compound Tenses	
Singular	Plural	Singular	Plural
1 presente de indicativo		**8 perfecto de indicativo**	
conduzco	conducimos	he conducido	hemos conducido
conduces	conducís	has conducido	habéis conducido
conduce	conducen	ha conducido	han conducido
2 imperfecto de indicativo		**9 pluscuamperfecto de indicativo**	
conducía	conducíamos	había conducido	habíamos conducido
conducías	conducíais	habías conducido	habíais conducido
conducía	conducían	había conducido	habían conducido
3 pretérito		**10 pretérito anterior**	
conduje	condujimos	hube conducido	hubimos conducido
condujiste	condujisteis	hubiste conducido	hubisteis conducido
condujo	condujeron	hubo conducido	hubieron conducido
4 futuro		**11 futuro perfecto**	
conduciré	conduciremos	habré conducido	habremos conducido
conducirás	conduciréis	habrás conducido	habréis conducido
conducirá	conducirán	habrá conducido	habrán conducido
5 potencial simple		**12 potencial compuesto**	
conduciría	conduciríamos	habría conducido	habríamos conducido
conducirías	conduciríais	habrías conducido	habríais conducido
conduciría	conducirían	habría conducido	habrían conducido
6 presente de subjuntivo		**13 perfecto de subjuntivo**	
conduzca	conduzcamos	haya conducido	hayamos conducido
conduzcas	conduzcáis	hayas conducido	hayáis conducido
conduzca	conduzcan	haya conducido	hayan conducido
7 imperfecto de subjuntivo		**14 pluscuamperfecto de subjuntivo**	
condujera	condujéramos	hubiera conducido	hubiéramos conducido
condujeras	condujerais	hubieras conducido	hubierais conducido
condujera	condujeran	hubiera conducido	hubieran conducido
OR		OR	
condujese	condujésemos	hubiese conducido	hubiésemos conducido
condujeses	condujeseis	hubieses conducido	hubieseis conducido
condujese	condujesen	hubiese conducido	hubiesen conducido

imperativo

–	conduzcamos
conduce; no conduzcas	conducid; no conduzcáis
conduzca	conduzcan

Words related to this verb

conductor, conductora   conductor, director
el conducto   conduit, duct
la conducta   conduct, behavior
conducente   conducive

The Seven Simple Tenses		The Seven Compound Tenses	
Singular	Plural	Singular	Plural
1 presente de indicativo		**8 perfecto de indicativo**	
confieso	confesamos	he confesado	hemos confesado
confiesas	confesáis	has confesado	habéis confesado
confiesa	confiesan	ha confesado	han confesado
2 imperfecto de indicativo		**9 pluscuamperfecto de indicativo**	
confesaba	confesábamos	había confesado	habíamos confesado
confesabas	confesabais	habías confesado	habíais confesado
confesaba	confesaban	había confesado	habían confesado
3 pretérito		**10 pretérito anterior**	
confesé	confesamos	hube confesado	hubimos confesado
confesaste	confesasteis	hubiste confesado	hubisteis confesado
confesó	confesaron	hubo confesado	hubieron confesado
4 futuro		**11 futuro perfecto**	
confesaré	confesaremos	habré confesado	habremos confesado
confesarás	confesaréis	habrás confesado	habréis confesado
confesará	confesarán	habrá confesado	habrán confesado
5 potencial simple		**12 potencial compuesto**	
confesaría	confesaríamos	habría confesado	habríamos confesado
confesarías	confesaríais	habrías confesado	habríais confesado
confesaría	confesarían	habría confesado	habrían confesado
6 presente de subjuntivo		**13 perfecto de subjuntivo**	
confiese	confesemos	haya confesado	hayamos confesado
confieses	confeséis	hayas confesado	hayáis confesado
confiese	confiesen	haya confesado	hayan confesado
7 imperfecto de subjuntivo		**14 pluscuamperfecto de subjuntivo**	
confesara	confesáramos	hubiera confesado	hubiéramos confesado
confesaras	confesarais	hubieras confesado	hubierais confesado
confesara	confesaran	hubiera confesado	hubieran confesado
OR		OR	
confesase	confesásemos	hubiese confesado	hubiésemos confesado
confesases	confesaseis	hubieses confesado	hubieseis confesado
confesase	confesasen	hubiese confesado	hubiesen confesado

imperativo

—	confesemos
confiesa; no confieses	confesad; no confeséis
confiese	confiesen

Words and expressions related to this verb

la confesión confession
el confesionario confession box
el confesor confessor

confesar de plano to confess openly
un, una confesante confessor

conocer   Gerundio **conociendo**   Part. pas. **conocido**

to know, to be acquainted with

The Seven Simple Tenses		The Seven Compound Tenses	
Singular	Plural	Singular	Plural
1 presente de indicativo		**8 perfecto de indicativo**	
conozco	conocemos	he conocido	hemos conocido
conoces	conocéis	has conocido	habéis conocido
conoce	conocen	ha conocido	han conocido
2 imperfecto de indicativo		**9 pluscuamperfecto de indicativo**	
conocía	conocíamos	había conocido	habíamos conocido
conocías	conocíais	habías conocido	habíais conocido
conocía	conocían	había conocido	habían conocido
3 pretérito		**10 pretérito anterior**	
conocí	conocimos	hube conocido	hubimos conocido
conociste	conocisteis	hubiste conocido	hubisteis conocido
conoció	conocieron	hubo conocido	hubieron conocido
4 futuro		**11 futuro perfecto**	
conoceré	conoceremos	habré conocido	habremos conocido
conocerás	conoceréis	habrás conocido	habréis conocido
conocerá	conocerán	habrá conocido	habrán conocido
5 potencial simple		**12 potencial compuesto**	
conocería	conoceríamos	habría conocido	habríamos conocido
conocerías	conoceríais	habrías conocido	habríais conocido
conocería	conocerían	habría conocido	habrían conocido
6 presente de subjuntivo		**13 perfecto de subjuntivo**	
conozca	conozcamos	haya conocido	hayamos conocido
conozcas	conozcáis	hayas conocido	hayáis conocido
conozca	conozcan	haya conocido	hayan conocido
7 imperfecto de subjuntivo		**14 pluscuamperfecto de subjuntivo**	
conociera	conociéramos	hubiera conocido	hubiéramos conocido
conocieras	conocierais	hubieras conocido	hubierais conocido
conociera	conocieran	hubiera conocido	hubieran conocido
OR		OR	
conociese	conociésemos	hubiese conocido	hubiésemos conocido
conocieses	conocieseis	hubieses conocido	hubieseis conocido
conociese	conociesen	hubiese conocido	hubiesen conocido

imperativo

—	conozcamos
conoce; no conozcas	conoced; no conozcáis
conozca	conozcan

Sentences using this verb and words related to it

— ¿Conoce Ud. a esa mujer?
— Sí, la conozco.

un conocido, una conocida an acquaintance   **reconocer** to recognize, to admit
el conocimiento knowledge   **desconocer** to be ignorant of
poner en conocimiento de to inform (about)
Consult the back pages for the section on verbs used in idiomatic expressions.

130

to attain, to get, to obtain

The Seven Simple Tenses		The Seven Compound Tenses	
Singular	Plural	Singular	Plural
1 presente de indicativo		**8 perfecto de indicativo**	
consigo	conseguimos	he conseguido	hemos conseguido
consigues	conseguís	has conseguido	habéis conseguido
consigue	consiguen	ha conseguido	han conseguido
2 imperfecto de indicativo		**9 pluscuamperfecto de indicativo**	
conseguía	conseguíamos	había conseguido	habíamos conseguido
conseguías	conseguíais	habías conseguido	habíais conseguido
conseguía	conseguían	había conseguido	habían conseguido
3 pretérito		**10 pretérito anterior**	
conseguí	conseguimos	hube conseguido	hubimos conseguido
conseguiste	conseguisteis	hubiste conseguido	hubisteis conseguido
consiguió	consiguieron	hubo conseguido	hubieron conseguido
4 futuro		**11 futuro perfecto**	
conseguiré	conseguiremos	habré conseguido	habremos conseguido
conseguirás	conseguiréis	habrás conseguido	habréis conseguido
conseguirá	conseguirán	habrá conseguido	habrán conseguido
5 potencial simple		**12 potencial compuesto**	
conseguiría	conseguiríamos	habría conseguido	habríamos conseguido
conseguirías	conseguiríais	habrías conseguido	habríais conseguido
conseguiría	conseguirían	habría conseguido	habrían conseguido
6 presente de subjuntivo		**13 perfecto de subjuntivo**	
consiga	consigamos	haya conseguido	hayamos conseguido
consigas	consigáis	hayas conseguido	hayáis conseguido
consiga	consigan	haya conseguido	hayan conseguido
7 imperfecto de subjuntivo		**14 pluscuamperfecto de subjuntivo**	
consiguiera	consiguiéramos	hubiera conseguido	hubiéramos conseguido
consiguieras	consiguierais	hubieras conseguido	hubierais conseguido
consiguiera	consiguieran	hubiera conseguido	hubieran conseguido
OR		OR	
consiguiese	consiguiésemos	hubiese conseguido	hubiésemos conseguido
consiguieses	consiguieseis	hubieses conseguido	hubieseis conseguido
consiguiese	consiguiesen	hubiese conseguido	hubiesen conseguido

imperativo

—	consigamos
consigue; no consigas	conseguid; no consigáis
consiga	consigan

Words related to this verb

el conseguimiento   attainment
el consiguiente   consequence
de consiguiente, por consiguiente   consequently
consiguientemente   consequently

See also **seguir.**

The subject pronouns are found on the page facing page 1.   **131**

constituir
Gerundio **constituyendo**   Part. pas. **constituido**

to constitute, to make up

The Seven Simple Tenses		The Seven Compound Tenses	
Singular	Plural	Singular	Plural

1   presente de indicativo

		8 perfecto de indicativo	
constituyo	constituimos	he constituido	hemos constituido
constituyes	constituís	has constituido	habéis constituido
constituye	constituyen	ha constituido	han constituido

2   imperfecto de indicativo

		9 pluscuamperfecto de indicativo	
constituía	constituíamos	había constituido	habíamos constituido
constituías	constituíais	habías constituido	habíais constituido
constituía	constituían	había constituido	habían constituido

3   pretérito

		10 pretérito anterior	
constituí	constituimos	hube constituido	hubimos constituido
constituiste	constituisteis	hubiste constituido	hubisteis constituido
constituyó	constituyeron	hubo constituido	hubieron constituido

4   futuro

		11 futuro perfecto	
constituiré	constituiremos	habré constituido	habremos constituido
constituirás	constituiréis	habrás constituido	habréis constituido
constituirá	constituirán	habrá constituido	habrán constituido

5   potencial simple

		12 potencial compuesto	
constituiría	constituiríamos	habría constituido	habríamos constituido
constituirías	constituiríais	habrías constituido	habríais constituido
constituiría	constituirían	habría constituido	habrían constituido

6   presente de subjuntivo

		13 perfecto de subjuntivo	
constituya	constituyamos	haya constituido	hayamos constituido
constituyas	constituyáis	hayas constituido	hayáis constituido
constituya	constituyan	haya constituido	hayan constituido

7   imperfecto de subjuntivo

		14 pluscuamperfecto de subjuntivo	
constituyera	constituyéramos	hubiera constituido	hubiéramos constituido
constituyeras	constituyerais	hubieras constituido	hubierais constituido
constituyera	constituyeran	hubiera constituido	hubieran constituido
OR		OR	
constituyese	constituyésemos	hubiese constituido	hubiésemos constituido
constituyeses	constituyeseis	hubieses constituido	hubieseis constituido
constituyese	constituyesen	hubiese constituido	hubiesen constituido

imperativo

–	constituyamos
constituye; no constituyas	constituid; no constituyáis
constituya	constituyan

Words related to this verb

constitutivo, constitutiva constitutive, essential
la constitución constitution
el constitucionalismo constitutionalism
constituyente constituent

instituir to institute, to instruct,
    to teach
restituir to restore, to give back

to construct, to build

The Seven Simple Tenses

Singular	Plural
1 presente de indicativo	
construyo	construimos
construyes	construís
construye	construyen
2 imperfecto de indicativo	
construía	construíamos
construías	construíais
construía	construían
3 pretérito	
construí	construimos
construiste	construisteis
construyó	construyeron
4 futuro	
construiré	construiremos
construirás	construiréis
construirá	construirán
5 potencial simple	
construiría	construiríamos
construirías	construiríais
construiría	construirían
6 presente de subjuntivo	
construya	construyamos
construyas	construyáis
construya	construyan
7 imperfecto de subjuntivo	
construyera	construyéramos
construyeras	construyerais
construyera	construyeran
OR	
construyese	construyésemos
construyeses	construyeseis
construyese	construyesen

The Seven Compound Tenses

Singular	Plural
8 perfecto de indicativo	
he construido	hemos construido
has construido	habéis construido
ha construido	han construido
9 pluscuamperfecto de indicativo	
había construido	habíamos construido
habías construido	habíais construido
había construido	habían construido
10 pretérito anterior	
hube construido	hubimos construido
hubiste construido	hubisteis construido
hubo construido	hubieron construido
11 futuro perfecto	
habré construido	habremos construido
habrás construido	habréis construido
habrá construido	habrán construido
12 potencial compuesto	
habría construido	habríamos construido
habrías construido	habríais construido
habría construido	habrían construido
13 perfecto de subjuntivo	
haya construido	hayamos construido
hayas construido	hayáis construido
haya construido	hayan construido
14 pluscuamperfecto de subjuntivo	
hubiera construido	hubiéramos construido
hubieras construido	hubierais construido
hubiera construido	hubieran construido
OR	
hubiese construido	hubiésemos construido
hubieses construido	hubieseis construido
hubiese construido	hubiesen construido

imperativo

—	construyamos
construye; no construyas	construid; no construyáis
construya	construyan

Words related to this verb

la construcción construction
constructor, constructora builder
la construcción de buques shipbuilding

reconstruir to reconstruct
construible constructible

to count, to relate, to tell

The Seven Simple Tenses		The Seven Compound Tenses	
Singular	Plural	Singular	Plural
1 presente de indicativo		**8 perfecto de indicativo**	
cuento	contamos	he contado	hemos contado
cuentas	contáis	has contado	habéis contado
cuenta	cuentan	ha contado	han contado
2 imperfecto de indicativo		**9 pluscuamperfecto de indicativo**	
contaba	contábamos	había contado	habíamos contado
contabas	contabais	habías contado	habíais contado
contaba	contaban	había contado	habían contado
3 pretérito		**10 pretérito anterior**	
conté	contamos	hube contado	hubimos contado
contaste	contasteis	hubiste contado	hubisteis contado
contó	contaron	hubo contado	hubieron contado
4 futuro		**11 futuro perfecto**	
contaré	contaremos	habré contado	habremos contado
contarás	contaréis	habrás contado	habréis contado
contará	contarán	habrá contado	habrán contado
5 potencial simple		**12 potencial compuesto**	
contaría	contaríamos	habría contado	habríamos contado
contarías	contaríais	habrías contado	habríais contado
contaría	contarían	habría contado	habrían contado
6 presente de subjuntivo		**13 perfecto de subjuntivo**	
cuente	contemos	haya contado	hayamos contado
cuentes	contéis	hayas contado	hayáis contado
cuente	cuenten	haya contado	hayan contado
7 imperfecto de subjuntivo		**14 pluscuamperfecto de subjuntivo**	
contara	contáramos	hubiera contado	hubiéramos contado
contaras	contarais	hubieras contado	hubierais contado
contara	contaran	hubiera contado	hubieran contado
OR		OR	
contase	contásemos	hubiese contado	hubiésemos contado
contases	contaseis	hubieses contado	hubieseis contado
contase	contasen	hubiese contado	hubiesen contado

imperativo	
—	contemos
cuenta; no cuentes	contad; no contéis
cuente	cuenten

Words and expressions related to this verb

un cuento story, tale
estar en el cuento to be informed
contar con to depend on, to count on, to rely on

recontar to recount
descontar to discount, to deduct

See the back pages for verbs used in idiomatic expressions.

to contain, to hold

The Seven Simple Tenses | The Seven Compound Tenses

Singular	Plural	Singular	Plural
1 presente de indicativo		**8 perfecto de indicativo**	
contengo	contenemos	he contenido	hemos contenido
contienes	contenéis	has contenido	habéis contenido
contiene	contienen	ha contenido	han contenido
2 imperfecto de indicativo		**9 pluscuamperfecto de indicativo**	
contenía	conteníamos	había contenido	habíamos contenido
contenías	conteníais	habías contenido	habíais contenido
contenía	contenían	había contenido	habían contenido
3 pretérito		**10 pretérito anterior**	
contuve	contuvimos	hube contenido	hubimos contenido
contuviste	contuvisteis	hubiste contenido	hubisteis contenido
contuvo	contuvieron	hubo contenido	hubieron contenido
4 futuro		**11 futuro perfecto**	
contendré	contendremos	habré contenido	habremos contenido
contendrás	contendréis	habrás contenido	habréis contenido
contendrá	contendrán	habrá contenido	habrán contenido
5 potencial simple		**12 potencial compuesto**	
contendría	contendríamos	habría contenido	habríamos contenido
contendrías	contendríais	habrías contenido	habríais contenido
contendría	contendrían	habría contenido	habrían contenido
6 presente de subjuntivo		**13 perfecto de subjuntivo**	
contenga	contengamos	haya contenido	hayamos contenido
contengas	contengáis	hayas contenido	hayáis contenido
contenga	contengan	haya contenido	hayan contenido
7 imperfecto de subjuntivo		**14 pluscuamperfecto de subjuntivo**	
contuviera	contuviéramos	hubiera contenido	hubiéramos contenido
contuvieras	contuvierais	hubieras contenido	hubierais contenido
contuviera	contuvieran	hubiera contenido	hubieran contenido
OR		OR	
contuviese	contuviésemos	hubiese contenido	hubiésemos contenido
contuvieses	contuvieseis	hubieses contenido	hubieseis contenido
contuviese	contuviesen	hubiese contenido	hubiesen contenido

	imperativo	
—		contengamos
conten; no contengas		contened; no contengáis
contenga		contengan

Words related to this verb

el contenido   content, contents
conteniente   containing
contenido, contenida   contained

See also **tener.**

to answer, to reply

The Seven Simple Tenses		The Seven Compound Tenses	
Singular	Plural	Singular	Plural
1 presente de indicativo		**8 perfecto de indicativo**	
contesto	contestamos	he contestado	hemos contestado
contestas	contestáis	has contestado	habéis contestado
contesta	contestan	ha contestado	han contestado
2 imperfecto de indicativo		**9 pluscuamperfecto de indicativo**	
contestaba	contestábamos	había contestado	habíamos contestado
contestabas	contestabais	habías contestado	habíais contestado
contestaba	contestaban	había contestado	habían contestado
3 pretérito		**10 pretérito anterior**	
contesté	contestamos	hube contestado	hubimos contestado
contestaste	contestasteis	hubiste contestado	hubisteis contestado
contestó	contestaron	hubo contestado	hubieron contestado
4 futuro		**11 futuro perfecto**	
contestaré	contestaremos	habré contestado	habremos contestado
contestarás	contestaréis	habrás contestado	habréis contestado
contestará	contestarán	habrá contestado	habrán contestado
5 potencial simple		**12 potencial compuesto**	
contestaría	contestaríamos	habría contestado	habríamos contestado
contestarías	contestaríais	habrías contestado	habríais contestado
contestaría	contestarían	habría contestado	habrían contestado
6 presente de subjuntivo		**13 perfecto de subjuntivo**	
conteste	contestemos	haya contestado	hayamos contestado
contestes	contestéis	hayas contestado	hayáis contestado
conteste	contesten	haya contestado	hayan contestado
7 imperfecto de subjuntivo		**14 pluscuamperfecto de subjuntivo**	
contestara	contestáramos	hubiera contestado	hubiéramos contestado
contestaras	contestarais	hubieras contestado	hubierais contestado
contestara	contestaran	hubiera contestado	hubieran contestado
OR		OR	
contestase	contestásemos	hubiese contestado	hubiésemos contestado
contestases	contestaseis	hubieses contestado	hubieseis contestado
contestase	contestasen	hubiese contestado	hubiesen contestado

imperativo	
—	contestemos
contesta; no contestes	contestad; no contestéis
conteste	contesten

Words related to this verb

la contestación answer, reply   **protestar** to protest
contestable contestable

Consult the back pages for Spanish proverbs using verbs, weather expressions using verbs, and verbs used with certain prepositions.

The Seven Simple Tenses		The Seven Compound Tenses	
Singular	Plural	Singular	Plural

1 presente de indicativo		8 perfecto de indicativo	
continúo	continuamos	he continuado	hemos continuado
continúas	continuáis	has continuado	habéis continuado
continúa	continúan	ha continuado	han continuado

2 imperfecto de indicativo		9 pluscuamperfecto de indicativo	
continuaba	continuábamos	había continuado	habíamos continuado
continuabas	continuabais	habías continuado	habíais continuado
continuaba	continuaban	había continuado	habían continuado

3 pretérito		10 pretérito anterior	
continué	continuamos	hube continuado	hubimos continuado
continuaste	continuasteis	hubiste continuado	hubisteis continuado
continuó	continuaron	hubo continuado	hubieron continuado

4 futuro		11 futuro perfecto	
continuaré	continuaremos	habré continuado	habremos continuado
continuarás	continuaréis	habrás continuado	habréis continuado
continuará	continuarán	habrá continuado	habrán continuado

5 potencial simple		12 potencial compuesto	
continuaría	continuaríamos	habría continuado	habríamos continuado
continuarías	continuaríais	habrías continuado	habríais continuado
continuaría	continuarían	habría continuado	habrían continuado

6 presente de subjuntivo		13 perfecto de subjuntivo	
continúe	continuemos	haya continuado	hayamos continuado
continúes	continuéis	hayas continuado	hayáis continuado
continúe	continúen	haya continuado	hayan continuado

7 imperfecto de subjuntivo		14 pluscuamperfecto de subjuntivo	
continuara	continuáramos	hubiera continuado	hubiéramos continuado
continuaras	continuarais	hubieras continuado	hubierais continuado
continuara	continuaran	hubiera continuado	hubieran continuado
OR		OR	
continuase	continuásemos	hubiese continuado	hubiésemos continuado
continuases	continuaseis	hubieses continuado	hubieseis continuado
continuase	continuasen	hubiese continuado	hubiesen continuado

imperativo

—	continuemos
continúa; no continúes	continuad; no continuéis
continúe	continúen

Words and expressions related to this verb

la continuación continuation
continuamente continually
a continuación to be continued

descontinuar to discontinue
la descontinuación discontinuation
continuadamente continually

to contribute

The Seven Simple Tenses		The Seven Compound Tenses	
Singular	Plural	Singular	Plural
1 presente de indicativo		**8 perfecto de indicativo**	
contribuyo	contribuimos	he contribuido	hemos contribuido
contribuyes	contribuís	has contribuido	habéis contribuido
contribuye	contribuyen	ha contribuido	han contribuido
2 imperfecto de indicativo		**9 pluscuamperfecto de indicativo**	
contribuía	contribuíamos	había contribuido	habíamos contribuido
contribuías	contribuíais	habías contribuido	habíais contribuido
contribuía	contribuían	había contribuido	habían contribuido
3 pretérito		**10 pretérito anterior**	
contribuí	contribuimos	hube contribuido	hubimos contribuido
contribuiste	contribuisteis	hubiste contribuido	hubisteis contribuido
contribuyó	contribuyeron	hubo contribuido	hubieron contribuido
4 futuro		**11 futuro perfecto**	
contribuiré	contribuiremos	habré contribuido	habremos contribuido
contribuirás	contribuiréis	habrás contribuido	habréis contribuido
contribuirá	contribuirán	habrá contribuido	habrán contribuido
5 potencial simple		**12 potencial compuesto**	
contribuiría	contribuiríamos	habría contribuido	habríamos contribuido
contribuirías	contribuiríais	habrías contribuido	habríais contribuido
contribuiría	contribuirían	habría contribuido	habrían contribuido
6 presente de subjuntivo		**13 perfecto de subjuntivo**	
contribuya	contribuyamos	haya contribuido	hayamos contribuido
contribuyas	contribuyáis	hayas contribuido	hayáis contribuido
contribuya	contribuyan	haya contribuido	hayan contribuido
7 imperfecto de subjuntivo		**14 pluscuamperfecto de subjuntivo**	
contribuyera	contribuyéramos	hubiera contribuido	hubiéramos contribuido
contribuyeras	contribuyerais	hubieras contribuido	hubierais contribuido
contribuyera	contribuyeran	hubiera contribuido	hubieran contribuido
OR		OR	
contribuyese	contribuyésemos	hubiese contribuido	hubiésemos contribuido
contribuyeses	contribuyeseis	hubieses contribuido	hubieseis contribuido
contribuyese	contribuyesen	hubiese contribuido	hubiesen contribuido

imperativo	
–	contribuyamos
contribuye; no contribuyas	contribuid; no contribuyáis
contribuya	contribuyan

Words related to this verb

contribuidor, contribuidora   contributor
la contribución   contribution
contributario, contribuyente   taxpayer

Consult the back pages for over 1,000 Spanish verbs conjugated like model verbs among the 501 in this book.

The Seven Simple Tenses		The Seven Compound Tenses	
Singular	Plural	Singular	Plural

1   presente de indicativo

convenzo	convencemos	
convences	convencéis	
convence	convencen	

8   perfecto de indicativo

he convencido	hemos convencido
has convencido	habéis convencido
ha convencido	han convencido

2   imperfecto de indicativo

convencía	convencíamos
convencías	convencíais
convencía	convencían

9   pluscuamperfecto de indicativo

había convencido	habíamos convencido
habías convencido	habíais convencido
había convencido	habían convencido

3   pretérito

convencí	convencimos
convenciste	convencisteis
convenció	convencieron

10   pretérito anterior

hube convencido	hubimos convencido
hubiste convencido	hubisteis convencido
hubo convencido	hubieron convencido

4   futuro

convenceré	convenceremos
convencerás	convenceréis
convencerá	convencerán

11   futuro perfecto

habré convencido	habremos convencido
habrás convencido	habréis convencido
habrá convencido	habrán convencido

5   potencial simple

convencería	convenceríamos
convencerías	convenceríais
convencería	convencerían

12   potencial compuesto

habría convencido	habríamos convencido
habrías convencido	habríais convencido
habría convencido	habrían convencido

6   presente de subjuntivo

convenza	convenzamos
convenzas	convenzáis
convenza	convenzan

13   perfecto de subjuntivo

haya convencido	hayamos convencido
hayas convencido	hayáis convencido
haya convencido	hayan convencido

7   imperfecto de subjuntivo

convenciera	convenciéramos
convencieras	convencierais
convenciera	convencieran
OR	
convenciese	convenciésemos
convencieses	convencieseis
convenciese	convenciesen

14   pluscuamperfecto de subjuntivo

hubiera convencido	hubiéramos convencido
hubieras convencido	hubierais convencido
hubiera convencido	hubieran convencido
OR	
hubiese convencido	hubiésemos convencido
hubieses convencido	hubieseis convencido
hubiese convencido	hubiesen convencido

imperativo

—	**convenzamos**
convence; no convenzas	**convenced; no convenzáis**
convenza	**convenzan**

Words related to this verb

el convencimiento conviction   **convencible** convincible
convencido, convencida convinced   **convencedor, convencedora** convincing

For other words and expressions related to this verb, see **vencer.**

to agree, to convene

The Seven Simple Tenses		The Seven Compound Tenses	
Singular	Plural	Singular	Plural

1 presente de indicativo

		8 perfecto de indicativo	
convengo	convenimos	he convenido	hemos convenido
convienes	convenís	has convenido	habéis convenido
conviene	convienen	ha convenido	han convenido

2 imperfecto de indicativo   **9 pluscuamperfecto de indicativo**

convenía	conveníamos	había convenido	habíamos convenido
convenías	conveníais	habías convenido	habíais convenido
convenía	convenían	había convenido	habían convenido

3 pretérito   **10 pretérito anterior**

convine	convinimos	hube convenido	hubimos convenido
conviniste	convinisteis	hubiste convenido	hubisteis convenido
convino	convinieron	hubo convenido	hubieron convenido

4 futuro   **11 futuro perfecto**

convendré	convendremos	habré convenido	habremos convenido
convendrás	convendréis	habrás convenido	habréis convenido
convendrá	convendrán	habrá convenido	habrán convenido

5 potencial simple   **12 potencial compuesto**

convendría	convendríamos	habría convenido	habríamos convenido
convendrías	convendríais	habrías convenido	habríais convenido
convendría	convendrían	habría convenido	habrían convenido

6 presente de subjuntivo   **13 perfecto de subjuntivo**

convenga	convengamos	haya convenido	hayamos convenido
convengas	convengáis	hayas convenido	hayáis convenido
convenga	convengan	haya convenido	hayan convenido

7 imperfecto de subjuntivo   **14 pluscuamperfecto de subjuntivo**

conviniera	conviniéramos	hubiera convenido	hubiéramos convenido
convinieras	convinierais	hubieras convenido	hubierais convenido
conviniera	convinieran	hubiera convenido	hubieran convenido
OR		OR	
conviniese	conviniésemos	hubiese convenido	hubiésemos convenido
convinieses	convinieseis	hubieses convenido	hubieseis convenido
conviniese	conviniesen	hubiese convenido	hubiesen convenido

imperativo

—	convengamos
conven; no convengas	convenid; no convengáis
convenga	convengan

Words and expressions related to this verb

convenir + inf. to be important + inf.   **el convenio** agreement
convenir en + inf. to agree + inf.   **conveniente** convenient
convenido, convenida agreed   **la convención** convention

For other words and expressions related to this verb, see **venir.**

to convert

The Seven Simple Tenses		The Seven Compound Tenses	
Singular	Plural	Singular	Plural

1   presente de indicativo

		8 perfecto de indicativo	
convierto	convertimos	he convertido	hemos convertido
conviertes	convertís	has convertido	habéis convertido
convierte	convierten	ha convertido	han convertido

2   imperfecto de indicativo

		9 pluscuamperfecto de indicativo	
convertía	convertíamos	había convertido	habíamos convertido
convertías	convertíais	habías convertido	habíais convertido
convertía	convertían	había convertido	habían convertido

3   pretérito

		10 pretérito anterior	
convertí	convertimos	hube convertido	hubimos convertido
convertiste	convertisteis	hubiste convertido	hubisteis convertido
convirtió	convirtieron	hubo convertido	hubieron convertido

4   futuro

		11 futuro perfecto	
convertiré	convertiremos	habré convertido	habremos convertido
convertirás	convertiréis	habrás convertido	habréis convertido
convertirá	convertirán	habrá convertido	habrán convertido

5   potencial simple

		12 potencial compuesto	
convertiría	convertiríamos	habría convertido	habríamos convertido
convertirías	convertiríais	habrías convertido	habríais convertido
convertiría	convertirían	habría convertido	habrían convertido

6   presente de subjuntivo

		13 perfecto de subjuntivo	
convierta	convirtamos	haya convertido	hayamos convertido
conviertas	convirtáis	hayas convertido	hayáis convertido
convierta	conviertan	haya convertido	hayan convertido

7   imperfecto de subjuntivo

		14 pluscuamperfecto de subjuntivo	
convirtiera	convirtiéramos	hubiera convertido	hubiéramos convertido
convirtieras	convirtierais	hubieras convertido	hubierais convertido
convirtiera	convirtieran	hubiera convertido	hubieran convertido
OR		OR	
convirtiese	convirtiésemos	hubiese convertido	hubiésemos convertido
convirtieses	convirtieseis	hubieses convertido	hubieseis convertido
convirtiese	convirtiesen	hubiese convertido	hubiesen convertido

imperativo

–	**convirtamos**
convierte; no conviertas	**convertid; no convirtáis**
convierta	**conviertan**

Words and expressions related to this verb

convertir en dinero   to convert into cash
convertido, convertida   converted, changed

la conversión   conversion
conversible   convertible

to call together, to convene, to convoke, to summon

The Seven Simple Tenses		The Seven Compound Tenses	
Singular	Plural	Singular	Plural
1 presente de indicativo		**8 perfecto de indicativo**	
convoco	convocamos	he convocado	hemos convocado
convocas	convocáis	has convocado	habéis convocado
convoca	convocan	ha convocado	han convocado
2 imperfecto de indicativo		**9 pluscuamperfecto de indicativo**	
convocaba	convocábamos	había convocado	habíamos convocado
convocabas	convocabais	habías convocado	habíais convocado
convocaba	convocaban	había convocado	habían convocado
3 pretérito		**10 pretérito anterior**	
convoqué	convocamos	hube convocado	hubimos convocado
convocaste	convocasteis	hubiste convocado	hubisteis convocado
convocó	convocaron	hubo convocado	hubieron convocado
4 futuro		**11 futuro perfecto**	
convocaré	convocaremos	habré convocado	habremos convocado
convocarás	convocaréis	habrás convocado	habréis convocado
convocará	convocarán	habrá convocado	habrán convocado
5 potencial simple		**12 potencial compuesto**	
convocaría	convocaríamos	habría convocado	habríamos convocado
convocarías	convocaríais	habrías convocado	habríais convocado
convocaría	convocarían	habría convocado	habrían convocado
6 presente de subjuntivo		**13 perfecto de subjuntivo**	
convoque	convoquemos	haya convocado	hayamos convocado
convoques	convoquéis	hayas convocado	hayáis convocado
convoque	convoquen	haya convocado	hayan convocado
7 imperfecto de subjuntivo		**14 pluscuamperfecto de subjuntivo**	
convocara	convocáramos	hubiera convocado	hubiéramos convocado
convocaras	convocarais	hubieras convocado	hubierais convocado
convocara	convocaran	hubiera convocado	hubieran convocado
OR		OR	
convocase	convocásemos	hubiese convocado	hubiésemos convocado
convocases	convocaseis	hubieses convocado	hubieseis convocado
convocase	convocasen	hubiese convocado	hubiesen convocado

	imperativo	
—	convoquemos	
convoca; no convoques	convocad; no convoquéis	
convoque	convoquen	

Words and expressions related to this verb

la convocación convocation
la vocación vocation, calling
el vocabulario vocabulary

un vocablo word, expression, term
jugar del vocablo to pun, to make a pun

The Seven Simple Tenses		The Seven Compound Tenses	
Singular	Plural	Singular	Plural

1   presente de indicativo

corrijo	corregimos
corriges	corregís
corrige	corrigen

8   perfecto de indicativo

he corregido	hemos corregido
has corregido	habéis corregido
ha corregido	han corregido

2   imperfecto de indicativo

corregía	corregíamos
corregías	corregíais
corregía	corregían

9   pluscuamperfecto de indicativo

había corregido	habíamos corregido
habías corregido	habíais corregido
había corregido	habían corregido

3   pretérito

corregí	corregimos
corregiste	corregisteis
corrigió	corrigieron

10   pretérito anterior

hube corregido	hubimos corregido
hubiste corregido	hubisteis corregido
hubo corregido	hubieron corregido

4   futuro

corregiré	corregiremos
corregirás	corregiréis
corregirá	corregirán

11   futuro perfecto

habré corregido	habremos corregido
habrás corregido	habréis corregido
habrá corregido	habrán corregido

5   potencial simple

corregiría	corregiríamos
corregirías	corregiríais
corregiría	corregirían

12   potencial compuesto

habría corregido	habríamos corregido
habrías corregido	habríais corregido
habría corregido	habrían corregido

6   presente de subjuntivo

corrija	corrijamos
corrijas	corrijáis
corrija	corrijan

13   perfecto de subjuntivo

haya corregido	hayamos corregido
hayas corregido	hayáis corregido
haya corregido	hayan corregido

7   imperfecto de subjuntivo

corrigiera	corrigiéramos
corrigieras	corrigierais
corrigiera	corrigieran
OR	
corrigiese	corrigiésemos
corrigieses	corrigieseis
corrigiese	corrigiesen

14   pluscuamperfecto de subjuntivo

hubiera corregido	hubiéramos corregido
hubieras corregido	hubierais corregido
hubiera corregido	hubieran corregido
OR	
hubiese corregido	hubiésemos corregido
hubieses corregido	hubieseis corregido
hubiese corregido	hubiesen corregido

imperativo

—	corrijamos
corrige; no corrijas	corregid; no corrijáis
corrija	corrijan

Words related to this verb

corregir pruebas   to read proofs
corregible   corrigible
incorregible   incorrigible
la corrección   correction

correcto, correcta   correct
correctamente   correctly
correccional   correctional
el correccionalismo   reformatory

to run, to race, to flow

The Seven Simple Tenses		The Seven Compound Tenses	
Singular	Plural	Singular	Plural
1 presente de indicativo		**8 perfecto de indicativo**	
corro	corremos	he corrido	hemos corrido
corres	corréis	has corrido	habéis corrido
corre	corren	ha corrido	han corrido
2 imperfecto de indicativo		**9 pluscuamperfecto de indicativo**	
corría	corríamos	había corrido	habíamos corrido
corrías	corríais	habías corrido	habíais corrido
corría	corrían	había corrido	habían corrido
3 pretérito		**10 pretérito anterior**	
corrí	corrimos	hube corrido	hubimos corrido
corriste	corristeis	hubiste corrido	hubisteis corrido
corrió	corrieron	hubo corrido	hubieron corrido
4 futuro		**11 futuro perfecto**	
correré	correremos	habré corrido	habremos corrido
correrás	correréis	habrás corrido	habréis corrido
correrá	correrán	habrá corrido	habrán corrido
5 potencial simple		**12 potencial compuesto**	
correría	correríamos	habría corrido	habríamos corrido
correrías	correríais	habrías corrido	habríais corrido
correría	correrían	habría corrido	habrían corrido
6 presente de subjuntivo		**13 perfecto de subjuntivo**	
corra	corramos	haya corrido	hayamos corrido
corras	corráis	hayas corrido	hayáis corrido
corra	corran	haya corrido	hayan corrido
7 imperfecto de subjuntivo		**14 pluscuamperfecto de subjuntivo**	
corriera	corriéramos	hubiera corrido	hubiéramos corrido
corrieras	corrierais	hubieras corrido	hubierais corrido
corriera	corrieran	hubiera corrido	hubieran corrido
OR		OR	
corriese	corriésemos	hubiese corrido	hubiésemos corrido
corrieses	corrieseis	hubieses corrido	hubieseis corrido
corriese	corriesen	hubiese corrido	hubiesen corrido

imperativo	
—	corramos
corre; no corras	corred; no corráis
corra	corran

Words and expressions related to this verb

el correo mail, post
correo aéreo air mail
echar una carta al correo to mail (post) a letter
la corrida race
de corrida at full speed

descorrer to flow (liquids); to draw a curtain or drape
por correo aparte under separate cover (mail)
recorrer to travel on, to go over

144

to cut, to cut off, to cut out

The Seven Simple Tenses		The Seven Compound Tenses	
Singular	Plural	Singular	Plural
1 presente de indicativo		**8 perfecto de indicativo**	
corto	cortamos	he cortado	hemos cortado
cortas	cortáis	has cortado	habéis cortado
corta	cortan	ha cortado	han cortado
2 imperfecto de indicativo		**9 pluscuamperfecto de indicativo**	
cortaba	cortábamos	había cortado	habíamos cortado
cortabas	cortabais	habías cortado	habíais cortado
cortaba	cortaban	había cortado	habían cortado
3 pretérito		**10 pretérito anterior**	
corté	cortamos	hube cortado	hubimos cortado
cortaste	cortasteis	hubiste cortado	hubisteis cortado
cortó	cortaron	hubo cortado	hubieron cortado
4 futuro		**11 futuro perfecto**	
cortaré	cortaremos	habré cortado	habremos cortado
cortarás	cortaréis	habrás cortado	habréis cortado
cortará	cortarán	habrá cortado	habrán cortado
5 potencial simple		**12 potencial compuesto**	
cortaría	cortaríamos	habría cortado	habríamos cortado
cortarías	cortaríais	habrías cortado	habríais cortado
cortaría	cortarían	habría cortado	habrían cortado
6 presente de subjuntivo		**13 perfecto de subjuntivo**	
corte	cortemos	haya cortado	hayamos cortado
cortes	cortéis	hayas cortado	hayáis cortado
corte	corten	haya cortado	hayan cortado
7 imperfecto de subjuntivo		**14 pluscuamperfecto de subjuntivo**	
cortara	cortáramos	hubiera cortado	hubiéramos cortado
cortaras	cortarais	hubieras cortado	hubierais cortado
cortara	cortaran	hubiera cortado	hubieran cortado
OR		OR	
cortase	cortásemos	hubiese cortado	hubiésemos cortado
cortases	cortaseis	hubieses cortado	hubieseis cortado
cortase	cortasen	hubiese cortado	hubiesen cortado

imperativo

—	cortemos
corta; no cortes	cortad; no cortéis
corte	corten

Words and expressions related to this verb

cortar el agua   to cut off the water
cortar las alas a uno   to cut a person down, "to cut off one's wings"
cortar el vino con agua   to dilute wine
corto, corta   short; **corto de oído**   hard of hearing
recortar   to trim, cut off, cut away; **un recorte**   clipping from a newspaper

The subject pronouns are found on the page facing page 1.   **145**

to cost

The Seven Simple Tenses		The Seven Compound Tenses	
Singular	Plural	Singular	Plural
1 presente de indicativo		**8** perfecto de indicativo	
cuesta	**cuestan**	**ha costado**	**han costado**
2 imperfecto de indicativo		**9** pluscuamperfecto de indicativo	
costaba	**costaban**	**había costado**	**habían costado**
3 pretérito		**10** pretérito anterior	
costó	**costaron**	**hubo costado**	**hubieron costado**
4 futuro		**11** futuro perfecto	
costará	**costarán**	**habrá costado**	**habrán costado**
5 potencial simple		**12** potencial compuesto	
costaría	**costarían**	**habría costado**	**habrían costado**
6 presente de subjuntivo		**13** perfecto de subjuntivo	
que cueste	**que cuesten**	**que haya costado**	**que hayan costado**
7 imperfecto de subjuntivo		**14** pluscuamperfecto de subjuntivo	
que costara	**que costaran**	**que hubiera costado**	**que hubieran costado**
OR		OR	
que costase	**que costasen**	**que hubiese costado**	**que hubiesen costado**

imperativo
¡Que cueste!   **¡Que cuesten!**

Sentences using this verb and words and expressions related to it

– ¿**Cuánto cuesta este libro?**
– **Cuesta diez dólares.**

costoso, costosa costly, expensive
el costo price, cost

costar un ojo de la cara to be very expensive
(to cost an arm and a leg)
cueste lo que cueste at any cost

The Seven Simple Tenses		The Seven Compound Tenses	
Singular	Plural	Singular	Plural
1 presente de indicativo		**8 perfecto de indicativo**	
crezco	crecemos	he crecido	hemos crecido
creces	crecéis	has crecido	habéis crecido
crece	crecen	ha crecido	han crecido
2 imperfecto de indicativo		**9 pluscuamperfecto de indicativo**	
crecía	crecíamos	había crecido	habíamos crecido
crecías	crecíais	habías crecido	habíais crecido
crecía	crecían	había crecido	habían crecido
3 pretérito		**10 pretérito anterior**	
crecí	crecimos	hube crecido	hubimos crecido
creciste	crecisteis	hubiste crecido	hubisteis crecido
creció	crecieron	hubo crecido	hubieron crecido
4 futuro		**11 futuro perfecto**	
creceré	creceremos	habré crecido	habremos crecido
crecerás	creceréis	habrás crecido	habréis crecido
crecerá	crecerán	habrá crecido	habrán crecido
5 potencial simple		**12 potencial compuesto**	
crecería	creceríamos	habría crecido	habríamos crecido
crecerías	creceríais	habrías crecido	habríais crecido
crecería	crecerían	habría crecido	habrían crecido
6 presente de subjuntivo		**13 perfecto de subjuntivo**	
crezca	crezcamos	haya crecido	hayamos crecido
crezcas	crezcáis	hayas crecido	hayáis crecido
crezca	crezcan	haya crecido	hayan crecido
7 imperfecto de subjuntivo		**14 pluscuamperfecto de subjuntivo**	
creciera	creciéramos	hubiera crecido	hubiéramos crecido
crecieras	crecierais	hubieras crecido	hubierais crecido
creciera	crecieran	hubiera crecido	hubieran crecido
OR		OR	
creciese	creciésemos	hubiese crecido	hubiésemos crecido
crecieses	crecieseis	hubieses crecido	hubieseis crecido
creciese	creciesen	hubiese crecido	hubiesen crecido

imperativo	
—	crezcamos
crece; no crezcas	creced; no crezcáis
crezca	crezcan

Words and expressions related to this verb

crecer como la mala hierba   to grow like a weed
crecidamente   abundantly
el crescendo   crescendo (music)

to believe

The Seven Simple Tenses		The Seven Compound Tenses	
Singular	Plural	Singular	Plural

1   presente de indicativo
creo / creemos
crees / creéis
cree / creen

8   perfecto de indicativo
he creído / hemos creído
has creído / habéis creído
ha creído / han creído

2   imperfecto de indicativo
creía / creíamos
creías / creíais
creía / creían

9   pluscuamperfecto de indicativo
había creído / habíamos creído
habías creído / habíais creído
había creído / habían creído

3   pretérito
creí / creímos
creíste / creísteis
creyó / creyeron

10   pretérito anterior
hube creído / hubimos creído
hubiste creído / hubisteis creído
hubo creído / hubieron creído

4   futuro
creeré / creeremos
creerás / creeréis
creerá / creerán

11   futuro perfecto
habré creído / habremos creído
habrás creído / habréis creído
habrá creído / habrán creído

5   potencial simple
creería / creeríamos
creerías / creeríais
creería / creerían

12   potencial compuesto
habría creído / habríamos creído
habrías creído / habríais creído
habría creído / habrían creído

6   presente de subjuntivo
crea / creamos
creas / creáis
crea / crean

13   perfecto de subjuntivo
haya creído / hayamos creído
hayas creído / hayáis creído
haya creído / hayan creído

7   imperfecto de subjuntivo
creyera / creyéramos
creyeras / creyerais
creyera / creyeran
OR
creyese / creyésemos
creyeses / creyeseis
creyese / creyesen

14   pluscuamperfecto de subjuntivo
hubiera creído / hubiéramos creído
hubieras creído / hubierais creído
hubiera creído / hubieran creído
OR
hubiese creído / hubiésemos creído
hubieses creído / hubieseis creído
hubiese creído / hubiesen creído

imperativo

— / creamos
cree; no creas / creed; no creáis
crea / crean

Words and expressions related to this verb

Ver y creer   Seeing is believing.
¡Ya lo creo!   Of course!
crédulo, crédula   credulous
descreer   to disbelieve

la credulidad   credulity
el credo   creed
dar crédito   to believe

to breed, to raise, to bring up (rear)

The Seven Simple Tenses		The Seven Compound Tenses	
Singular	Plural	Singular	Plural

1   presente de indicativo

		8 perfecto de indicativo	
crío	criamos	he criado	hemos criado
crías	criáis	has criado	habéis criado
cría	crían	ha criado	han criado

2   imperfecto de indicativo

		9 pluscuamperfecto de indicativo	
criaba	criábamos	había criado	habíamos criado
criabas	criabais	habías criado	habíais criado
criaba	criaban	había criado	habían criado

3   pretérito

		10 pretérito anterior	
crié	criamos	hube criado	hubimos criado
criaste	criasteis	hubiste criado	hubisteis criado
crió	criaron	hubo criado	hubieron criado

4   futuro

		11 futuro perfecto	
criaré	criaremos	habré criado	habremos criado
criarás	criaréis	habrás criado	habréis criado
criará	criarán	habrá criado	habrán criado

5   potencial simple

		12 potencial compuesto	
criaría	criaríamos	habría criado	habríamos criado
criarías	criaríais	habrías criado	habríais criado
criaría	criarían	habría criado	habrían criado

6   presente de subjuntivo

		13 perfecto de subjuntivo	
críe	criemos	haya criado	hayamos criado
críes	criéis	hayas criado	hayáis criado
críe	críen	haya criado	hayan criado

7   imperfecto de subjuntivo

		14 pluscuamperfecto de subjuntivo	
criara	criáramos	hubiera criado	hubiéramos criado
criaras	criarais	hubieras criado	hubierais criado
criara	criaran	hubiera criado	hubieran criado
OR		OR	
criase	criásemos	hubiese criado	hubiésemos criado
criases	criaseis	hubieses criado	hubieseis criado
criase	criasen	hubiese criado	hubiesen criado

imperativo

—	criemos
cría; no críes	criad; no criéis
críe	críen

Words and expressions related to this verb

la criandera, la criadora   wet nurse
el criado, la criada   servant
la crianza   nursing, education
dar crianza   to educate, to bring up

mala crianza   bad manners, impoliteness
Dios los cría y ellos se juntan   Birds of a
feather flock together.

The subject pronouns are found on the page facing page 1.   **149**

to cross

The Seven Simple Tenses		The Seven Compound Tenses	
Singular	Plural	Singular	Plural

1 presente de indicativo

cruzo	cruzamos	
cruzas	cruzáis	
cruza	cruzan	

8 perfecto de indicativo

he cruzado	hemos cruzado
has cruzado	habéis cruzado
ha cruzado	han cruzado

2 imperfecto de indicativo

cruzaba	cruzábamos
cruzabas	cruzabais
cruzaba	cruzaban

9 pluscuamperfecto de indicativo

había cruzado	habíamos cruzado
habías cruzado	habíais cruzado
había cruzado	habían cruzado

3 pretérito

crucé	cruzamos
cruzaste	cruzasteis
cruzó	cruzaron

10 pretérito anterior

hube cruzado	hubimos cruzado
hubiste cruzado	hubisteis cruzado
hubo cruzado	hubieron cruzado

4 futuro

cruzaré	cruzaremos
cruzarás	cruzaréis
cruzará	cruzarán

11 futuro perfecto

habré cruzado	habremos cruzado
habrás cruzado	habréis cruzado
habrá cruzado	habrán cruzado

5 potencial simple

cruzaría	cruzaríamos
cruzarías	cruzaríais
cruzaría	cruzarían

12 potencial compuesto

habría cruzado	habríamos cruzado
habrías cruzado	habríais cruzado
habría cruzado	habrían cruzado

6 presente de subjuntivo

cruce	crucemos
cruces	crucéis
cruce	crucen

13 perfecto de subjuntivo

haya cruzado	hayamos cruzado
hayas cruzado	hayáis cruzado
haya cruzado	hayan cruzado

7 imperfecto de subjuntivo

cruzara	cruzáramos
cruzaras	cruzarais
cruzara	cruzaran
OR	
cruzase	cruzásemos
cruzases	cruzaseis
cruzase	cruzasen

14 pluscuamperfecto de subjuntivo

hubiera cruzado	hubiéramos cruzado
hubieras cruzado	hubierais cruzado
hubiera cruzado	hubieran cruzado
OR	
hubiese cruzado	hubiésemos cruzado
hubieses cruzado	hubieseis cruzado
hubiese cruzado	hubiesen cruzado

imperativo

—	crucemos
cruza; no cruces	cruzad; no crucéis
cruce	crucen

Sentences using this verb and words related to it

El que no se aventura no cruza el mar.   Nothing ventured, nothing gained.

el cruzamiento crossing
la cruzada crusade, crossroads
la cruz cross
la cruz de Malta Maltese cross

The Seven Simple Tenses		The Seven Compound Tenses	
Singular	Plural	Singular	Plural

1 presente de indicativo		8 perfecto de indicativo	
cubro	cubrimos	he cubierto	hemos cubierto
cubres	cubrís	has cubierto	habéis cubierto
cubre	cubren	ha cubierto	han cubierto

2 imperfecto de indicativo		9 pluscuamperfecto de indicativo	
cubría	cubríamos	había cubierto	habíamos cubierto
cubrías	cubríais	habías cubierto	habíais cubierto
cubría	cubrían	había cubierto	habían cubierto

3 pretérito		10 pretérito anterior	
cubrí	cubrimos	hube cubierto	hubimos cubierto
cubriste	cubristeis	hubiste cubierto	hubisteis cubierto
cubrió	cubrieron	hubo cubierto	hubieron cubierto

4 futuro		11 futuro perfecto	
cubriré	cubriremos	habré cubierto	habremos cubierto
cubrirás	cubriréis	habrás cubierto	habréis cubierto
cubrirá	cubrirán	habrá cubierto	habrán cubierto

5 potencial simple		12 potencial compuesto	
cubriría	cubriríamos	habría cubierto	habríamos cubierto
cubrirías	cubriríais	habrías cubierto	habríais cubierto
cubriría	cubrirían	habría cubierto	habrían cubierto

6 presente de subjuntivo		13 perfecto de subjuntivo	
cubra	cubramos	haya cubierto	hayamos cubierto
cubras	cubráis	hayas cubierto	hayáis cubierto
cubra	cubran	haya cubierto	hayan cubierto

7 imperfecto de subjuntivo		14 pluscuamperfecto de subjuntivo	
cubriera	cubriéramos	hubiera cubierto	hubiéramos cubierto
cubrieras	cubrierais	hubieras cubierto	hubierais cubierto
cubriera	cubrieran	hubiera cubierto	hubieran cubierto
OR		OR	
cubriese	cubriésemos	hubiese cubierto	hubiésemos cubierto
cubrieses	cubrieseis	hubieses cubierto	hubieseis cubierto
cubriese	cubriesen	hubiese cubierto	hubiesen cubierto

imperativo

—	cubramos
cubre; no cubras	cubrid; no cubráis
cubra	cubran

Words and expressions related to this verb

la cubierta cover, wrapping
la cubierta del motor hood of an automobile
el cubrimiento covering
cubrir la mesa to lay the table
cubrir los gastos to pay expenses
cubiertamente under cover

encubrir to hide, to conceal, to mask
el encubrimiento hiding, concealment
descubrir to discover

The subject pronouns are found on the page facing page 1.

to take care of oneself

The Seven Simple Tenses		The Seven Compound Tenses	
Singular	Plural	Singular	Plural
1 presente de indicativo		**8 perfecto de indicativo**	
me cuido	nos cuidamos	me he cuidado	nos hemos cuidado
te cuidas	os cuidáis	te has cuidado	os habéis cuidado
se cuida	se cuidan	se ha cuidado	se han cuidado
2 imperfecto de indicativo		**9 pluscuamperfecto de indicativo**	
me cuidaba	nos cuidábamos	me había cuidado	nos habíamos cuidado
te cuidabas	os cuidabais	te habías cuidado	os habíais cuidado
se cuidaba	se cuidaban	se había cuidado	se habían cuidado
3 pretérito		**10 pretérito anterior**	
me cuidé	nos cuidamos	me hube cuidado	nos hubimos cuidado
te cuidaste	os cuidasteis	te hubiste cuidado	os hubisteis cuidado
se cuidó	se cuidaron	se hubo cuidado	se hubieron cuidado
4 futuro		**11 futuro perfecto**	
me cuidaré	nos cuidaremos	me habré cuidado	nos habremos cuidado
te cuidarás	os cuidaréis	te habrás cuidado	os habréis cuidado
se cuidará	se cuidarán	se habrá cuidado	se habrán cuidado
5 potencial simple		**12 potencial compuesto**	
me cuidaría	nos cuidaríamos	me habría cuidado	nos habríamos cuidado
te cuidarías	os cuidaríais	te habrías cuidado	os habríais cuidado
se cuidaría	se cuidarían	se habría cuidado	se habrían cuidado
6 presente de subjuntivo		**13 perfecto de subjuntivo**	
me cuide	nos cuidemos	me haya cuidado	nos hayamos cuidado
te cuides	os cuidéis	te hayas cuidado	os hayáis cuidado
se cuide	se cuiden	se haya cuidado	se hayan cuidado
7 imperfecto de subjuntivo		**14 pluscuamperfecto de subjuntivo**	
me cuidara	nos cuidáramos	me hubiera cuidado	nos hubiéramos cuidado
te cuidaras	os cuidarais	te hubieras cuidado	os hubierais cuidado
se cuidara	se cuidaran	se hubiera cuidado	se hubieran cuidado
OR		OR	
me cuidase	nos cuidásemos	me hubiese cuidado	nos hubiésemos cuidado
te cuidases	os cuidaseis	te hubieses cuidado	os hubieseis cuidado
se cuidase	se cuidasen	se hubiese cuidado	se hubiesen cuidado

	imperativo	
—		cuidémonos
	cuídate; no te cuides	cuidaos; no os cuidéis
	cuídese	cuídense

Words and expressions related to this verb

cuidar de to care for, to look after
cuidarse de to care about, to be careful
el cuidado care, concern
con cuidado with care
descuidar to neglect, overlook
el descuido negligence, neglect

cuidadosamente carefully
cuidadoso, cuidadosa careful
al cuidado de under the care of
tener cuidado to be careful
descuidarse de not to bother about
descuidarse de + inf. to neglect + inf.

to fulfill, to keep (a promise), to reach one's birthday (use with **años**)

The Seven Simple Tenses		The Seven Compound Tenses	
Singular	Plural	Singular	Plural
1 presente de indicativo		**8 perfecto de indicativo**	
cumplo	cumplimos	he cumplido	hemos cumplido
cumples	cumplís	has cumplido	habéis cumplido
cumple	cumplen	ha cumplido	han cumplido
2 imperfecto de indicativo		**9 pluscuamperfecto de indicativo**	
cumplía	cumplíamos	había cumplido	habíamos cumplido
cumplías	cumplíais	habías cumplido	habíais cumplido
cumplía	cumplían	había cumplido	habían cumplido
3 pretérito		**10 pretérito anterior**	
cumplí	cumplimos	hube cumplido	hubimos cumplido
cumpliste	cumplisteis	hubiste cumplido	hubisteis cumplido
cumplió	cumplieron	hubo cumplido	hubieron cumplido
4 futuro		**11 futuro perfecto**	
cumpliré	cumpliremos	habré cumplido	habremos cumplido
cumplirás	cumpliréis	habrás cumplido	habréis cumplido
cumplirá	cumplirán	habrá cumplido	habrán cumplido
5 potencial simple		**12 potencial compuesto**	
cumpliría	cumpliríamos	habría cumplido	habríamos cumplido
cumplirías	cumpliríais	habrías cumplido	habríais cumplido
cumpliría	cumplirían	habría cumplido	habrían cumplido
6 presente de subjuntivo		**13 perfecto de subjuntivo**	
cumpla	cumplamos	haya cumplido	hayamos cumplido
cumplas	cumpláis	hayas cumplido	hayáis cumplido
cumpla	cumplan	haya cumplido	hayan cumplido
7 imperfecto de subjuntivo		**14 pluscuamperfecto de subjuntivo**	
cumpliera	cumpliéramos	hubiera cumplido	hubiéramos cumplido
cumplieras	cumplierais	hubieras cumplido	hubierais cumplido
cumpliera	cumplieran	hubiera cumplido	hubieran cumplido
OR		OR	
cumpliese	cumpliésemos	hubiese cumplido	hubiésemos cumplido
cumplieses	cumplieseis	hubieses cumplido	hubieseis cumplido
cumpliese	cumpliesen	hubiese cumplido	hubiesen cumplido

imperativo	
—	cumplamos
cumple; no cumplas	cumplid; no cumpláis
cumpla	cumplan

Words and expressions related to this verb

el cumpleaños   birthday
cumplidamente   completely
el cumplimiento   completion
cumplir con   to fulfill

cumplir . . . años   to reach the age of . . .
Hoy cumplo diez y siete años   Today I am seventeen
years old.

charlar

Gerundio **charlando**   Part. pas. **charlado**

to chat, to prattle

The Seven Simple Tenses		The Seven Compound Tenses	
Singular	Plural	Singular	Plural
1 presente de indicativo		**8 perfecto de indicativo**	
charlo	charlamos	he charlado	hemos charlado
charlas	charláis	has charlado	habéis charlado
charla	charlan	ha charlado	han charlado
2 imperfecto de indicativo		**9 pluscuamperfecto de indicativo**	
charlaba	charlábamos	había charlado	habíamos charlado
charlabas	charlabais	habías charlado	habíais charlado
charlaba	charlaban	había charlado	habían charlado
3 pretérito		**10 pretérito anterior**	
charlé	charlamos	hube charlado	hubimos charlado
charlaste	charlasteis	hubiste charlado	hubisteis charlado
charló	charlaron	hubo charlado	hubieron charlado
4 futuro		**11 futuro perfecto**	
charlaré	charlaremos	habré charlado	habremos charlado
charlarás	charlaréis	habrás charlado	habréis charlado
charlará	charlarán	habrá charlado	habrán charlado
5 potencial simple		**12 potencial compuesto**	
charlaría	charlaríamos	habría charlado	habríamos charlado
charlarías	charlaríais	habrías charlado	habríais charlado
charlaría	charlarían	habría charlado	habrían charlado
6 presente de subjuntivo		**13 perfecto de subjuntivo**	
charle	charlemos	haya charlado	hayamos charlado
charles	charléis	hayas charlado	hayáis charlado
charle	charlen	haya charlado	hayan charlado
7 imperfecto de subjuntivo		**14 pluscuamperfecto de subjuntivo**	
charlara	charláramos	hubiera charlado	hubiéramos charlado
charlaras	charlarais	hubieras charlado	hubierais charlado
charlara	charlaran	hubiera charlado	hubieran charlado
OR		OR	
charlase	charlásemos	hubiese charlado	hubiésemos charlado
charlases	charlaseis	hubieses charlado	hubieseis charlado
charlase	charlasen	hubiese charlado	hubiesen charlado

	imperativo
—	charlemos
charla; no charles	charlad; no charléis
charle	charlen

Words and expressions related to this verb

charlar por los codos   to talk one's head off
la charladuría   chitchat, gossip, idle talk
un charlatán, una charlatana   chatterbox, charlatan, quack
charlatanear   to gossip

154

to mumble, to mutter

The Seven Simple Tenses		The Seven Compound Tenses	
Singular	Plural	Singular	Plural

1   presente de indicativo

chisto	chistamos
chistas	chistáis
chista	chistan

8   perfecto de indicativo

he chistado	hemos chistado
has chistado	habéis chistado
ha chistado	han chistado

2   imperfecto de indicativo

chistaba	chistábamos
chistabas	chistabais
chistaba	chistaban

9   pluscuamperfecto de indicativo

había chistado	habíamos chistado
habías chistado	habíais chistado
había chistado	habían chistado

3   pretérito

chisté	chistamos
chistaste	chistasteis
chistó	chistaron

10   pretérito anterior

hube chistado	hubimos chistado
hubiste chistado	hubisteis chistado
hubo chistado	hubieron chistado

4   futuro

chistaré	chistaremos
chistarás	chistaréis
chistará	chistarán

11   futuro perfecto

habré chistado	habremos chistado
habrás chistado	habréis chistado
habrá chistado	habrán chistado

5   potencial simple

chistaría	chistaríamos
chistarías	chistaríais
chistaría	chistarían

12   potencial compuesto

habría chistado	habríamos chistado
habrías chistado	habríais chistado
habría chistado	habrían chistado

6   presente de subjuntivo

chiste	chistemos
chistes	chistéis
chiste	chisten

13   perfecto de subjuntivo

haya chistado	hayamos chistado
hayas chistado	hayáis chistado
haya chistado	hayan chistado

7   imperfecto de subjuntivo

chistara	chistáramos
chistaras	chistarais
chistara	chistaran
OR	
chistase	chistásemos
chistases	chistaseis
chistase	chistasen

14   pluscuamperfecto de subjuntivo

hubiera chistado	hubiéramos chistado
hubieras chistado	hubierais chistado
hubiera chistado	hubieran chistado
OR	
hubiese chistado	hubiésemos chistado
hubieses chistado	hubieseis chistado
hubiese chistado	hubiesen chistado

imperativo

—	chistemos
chista; no chistes	chistad; no chistéis
chiste	chisten

Words and expressions related to this verb

no chistar   to remain silent, not to say a word
un chiste   joke, witty saying
contar un chiste   to tell a joke
chistoso, chistosa   funny, witty

The subject pronouns are found on the page facing page 1.   **155**

chupar

to suck

The Seven Simple Tenses		The Seven Compound Tenses	
Singular	Plural	Singular	Plural
1 presente de indicativo		**8 perfecto de indicativo**	
chupo	chupamos	he chupado	hemos chupado
chupas	chupáis	has chupado	habéis chupado
chupa	chupan	ha chupado	han chupado
2 imperfecto de indicativo		**9 pluscuamperfecto de indicativo**	
chupaba	chupábamos	había chupado	habíamos chupado
chupabas	chupabais	habías chupado	habíais chupado
chupaba	chupaban	había chupado	habían chupado
3 pretérito		**10 pretérito anterior**	
chupé	chupamos	hube chupado	hubimos chupado
chupaste	chupasteis	hubiste chupado	hubisteis chupado
chupó	chuparon	hubo chupado	hubieron chupado
4 futuro		**11 futuro perfecto**	
chuparé	chuparemos	habré chupado	habremos chupado
chuparás	chuparéis	habrás chupado	habréis chupado
chupará	chuparán	habrá chupado	habrán chupado
5 potencial simple		**12 potencial compuesto**	
chuparía	chuparíamos	habría chupado	habríamos chupado
chuparías	chuparíais	habrías chupado	habríais chupado
chuparía	chuparían	habría chupado	habrían chupado
6 presente de subjuntivo		**13 perfecto de subjuntivo**	
chupe	chupemos	haya chupado	hayamos chupado
chupes	chupéis	hayas chupado	hayáis chupado
chupe	chupen	haya chupado	hayan chupado
7 imperfecto de subjuntivo		**14 pluscuamperfecto de subjuntivo**	
chupara	chupáramos	hubiera chupado	hubiéramos chupado
chuparas	chuparais	hubieras chupado	hubierais chupado
chupara	chuparan	hubiera chupado	hubieran chupado
OR		OR	
chupase	chupásemos	hubiese chupado	hubiésemos chupado
chupases	chupaseis	hubieses chupado	hubieseis chupado
chupase	chupasen	hubiese chupado	hubiesen chupado

	imperativo	
—	chupemos
chupa; no chupes	chupad; no chupéis
chupe	chupen

Words and expressions related to this verb

un chupadero, un chupaderito   teething ring
la chupada, la chupadura   suck, sucking
chupadero, chupadera   absorbent
chuparse los dedos   to lick one's lips (fingers)

to give

The Seven Simple Tenses		The Seven Compound Tenses	
Singular	Plural	Singular	Plural
1 presente de indicativo		**8 perfecto de indicativo**	
doy	damos	he dado	hemos dado
das	dais	has dado	habéis dado
da	dan	ha dado	han dado
2 imperfecto de indicativo		**9 pluscuamperfecto de indicativo**	
daba	dábamos	había dado	habíamos dado
dabas	dabais	habías dado	habíais dado
daba	daban	había dado	habían dado
3 pretérito		**10 pretérito anterior**	
di	dimos	hube dado	hubimos dado
diste	disteis	hubiste dado	hubisteis dado
dio	dieron	hubo dado	hubieron dado
4 futuro		**11 futuro perfecto**	
daré	daremos	habré dado	habremos dado
darás	daréis	habrás dado	habréis dado
dará	darán	habrá dado	habrán dado
5 potencial simple		**12 potencial compuesto**	
daría	daríamos	habría dado	habríamos dado
darías	daríais	habrías dado	habríais dado
daría	darían	habría dado	habrían dado
6 presente de subjuntivo		**13 perfecto de subjuntivo**	
dé	demos	haya dado	hayamos dado
des	deis	hayas dado	hayáis dado
dé	den	haya dado	hayan dado
7 imperfecto de subjuntivo		**14 pluscuamperfecto de subjuntivo**	
diera	diéramos	hubiera dado	hubiéramos dado
dieras	dierais	hubieras dado	hubierais dado
diera	dieran	hubiera dado	hubieran dado
OR		OR	
diese	diésemos	hubiese dado	hubiésemos dado
dieses	dieseis	hubieses dado	hubieseis dado
diese	diesen	hubiese dado	hubiesen dado

imperativo

—	demos
da; no des	dad; no deis
dé	den

Common idiomatic expressions using this verb

A Dios rogando y con el mazo dando.   Put your faith in God and keep your powder dry.
El tiempo da buen consejo.   Time will tell.
dar la mano (las manos) a alguien   to shake hands with someone
dar de comer   to feed
darse   to give oneself up, to give in

Consult the back pages for verbs used in idiomatic expressions.

The subject pronouns are found on the page facing page 1.   **157**

deber

Gerundio **debiendo**   Part. pas. **debido**

to owe, must, ought

The Seven Simple Tenses		The Seven Compound Tenses	
Singular	Plural	Singular	Plural
1 presente de indicativo		**8 perfecto de indicativo**	
debo	debemos	he debido	hemos debido
debes	debéis	has debido	habéis debido
debe	deben	ha debido	han debido
2 imperfecto de indicativo		**9 pluscuamperfecto de indicativo**	
debía	debíamos	había debido	habíamos debido
debías	debíais	habías debido	habíais debido
debía	debían	había debido	habían debido
3 pretérito		**10 pretérito anterior**	
debí	debimos	hube debido	hubimos debido
debiste	debisteis	hubiste debido	hubisteis debido
debió	debieron	hubo debido	hubieron debido
4 futuro		**11 futuro perfecto**	
deberé	deberemos	habré debido	habremos debido
deberás	deberéis	habrás debido	habréis debido
deberá	deberán	habrá debido	habrán debido
5 potencial simple		**12 potencial compuesto**	
debería	deberíamos	habría debido	habríamos debido
deberías	deberíais	habrías debido	habríais debido
debería	deberían	habría debido	habrían debido
6 presente de subjuntivo		**13 perfecto de subjuntivo**	
deba	debamos	haya debido	hayamos debido
debas	debáis	hayas debido	hayáis debido
deba	deban	haya debido	hayan debido
7 imperfecto de subjuntivo		**14 pluscuamperfecto de subjuntivo**	
debiera	debiéramos	hubiera debido	hubiéramos debido
debieras	debierais	hubieras debido	hubierais debido
debiera	debieran	hubiera debido	hubieran debido
OR		OR	
debiese	debiésemos	hubiese debido	hubiésemos debido
debieses	debieseis	hubieses debido	hubieseis debido
debiese	debiesen	hubiese debido	hubiesen debido

	imperativo	
—	debamos
debe; no debas	debed; no debáis
deba	deban

Sentences using this verb and words related to it

el deber   duty, obligation
debiente   debtor
la deuda   debt
estar en deuda con   to be indebted to
José debe de haber llegado.   Joseph must have arrived.

See the back pages for verbs used in idiomatic expressions.

158

The Seven Simple Tenses		The Seven Compound Tenses	
Singular	Plural	Singular	Plural

1 presente de indicativo

decido	decidimos
decides	decidís
decide	deciden

8 perfecto de indicativo

he decidido	hemos decidido
has decidido	habéis decidido
ha decidido	han decidido

2 imperfecto de indicativo

decidía	decidíamos
decidías	decidíais
decidía	decidían

9 pluscuamperfecto de indicativo

había decidido	habíamos decidido
habías decidido	habíais decidido
había decidido	habían decidido

3 pretérito

decidí	decidimos
decidiste	decidisteis
decidió	decidieron

10 pretérito anterior

hube decidido	hubimos decidido
hubiste decidido	hubisteis decidido
hubo decidido	hubieron decidido

4 futuro

decidiré	decidiremos
decidirás	decidiréis
decidirá	decidirán

11 futuro perfecto

habré decidido	habremos decidido
habrás decidido	habréis decidido
habrá decidido	habrán decidido

5 potencial simple

decidiría	decidiríamos
decidirías	decidiríais
decidiría	decidirían

12 potencial compuesto

habría decidido	habríamos decidido
habrías decidido	habríais decidido
habría decidido	habrían decidido

6 presente de subjuntivo

decida	decidamos
decidas	decidáis
decida	decidan

13 perfecto de subjuntivo

haya decidido	hayamos decidido
hayas decidido	hayáis decidido
haya decidido	hayan decidido

7 imperfecto de subjuntivo

decidiera	decidiéramos
decidieras	decidierais
decidiera	decidieran
OR	
decidiese	decidiésemos
decidieses	decidieseis
decidiese	decidiesen

14 pluscuamperfecto de subjuntivo

hubiera decidido	hubiéramos decidido
hubieras decidido	hubierais decidido
hubiera decidido	hubieran decidido
OR	
hubiese decidido	hubiésemos decidido
hubieses decidido	hubieseis decidido
hubiese decidido	hubiesen decidido

imperativo

—	decidamos
decide; no decidas	decidid; no decidáis
decida	decidan

Words and expressions related to this verb

la decisión decision
decididamente decidedly
decisivamente decisively
decisivo, decisiva decisive

decidir a + inf. to persuade + inf.; to decide + inf.
decidirse to make up one's mind, to be determined
estar decidido (decidida) to make up one's mind

to say, to tell

The Seven Simple Tenses		The Seven Compound Tenses	
Singular	Plural	Singular	Plural
1 presente de indicativo		**8 perfecto de indicativo**	
digo	decimos	he dicho	hemos dicho
dices	decís	has dicho	habéis dicho
dice	dicen	ha dicho	han dicho
2 imperfecto de indicativo		**9 pluscuamperfecto de indicativo**	
decía	decíamos	había dicho	habíamos dicho
decías	decíais	habías dicho	habíais dicho
decía	decían	había dicho	habían dicho
3 pretérito		**10 pretérito anterior**	
dije	dijimos	hube dicho	hubimos dicho
dijiste	dijisteis	hubiste dicho	hubisteis dicho
dijo	dijeron	hubo dicho	hubieron dicho
4 futuro		**11 futuro perfecto**	
diré	diremos	habré dicho	habremos dicho
dirás	diréis	habrás dicho	habréis dicho
dirá	dirán	habrá dicho	habrán dicho
5 potencial simple		**12 potencial compuesto**	
diría	diríamos	habría dicho	habríamos dicho
dirías	diríais	habrías dicho	habríais dicho
diría	dirían	habría dicho	habrían dicho
6 presente de subjuntivo		**13 perfecto de subjuntivo**	
diga	digamos	haya dicho	hayamos dicho
digas	digáis	hayas dicho	hayáis dicho
diga	digan	haya dicho	hayan dicho
7 imperfecto de subjuntivo		**14 pluscuamperfecto de subjuntivo**	
dijera	dijéramos	hubiera dicho	hubiéramos dicho
dijeras	dijerais	hubieras dicho	hubierais dicho
dijera	dijeran	hubiera dicho	hubieran dicho
OR		OR	
dijese	dijésemos	hubiese dicho	hubiésemos dicho
dijeses	dijeseis	hubieses dicho	hubieseis dicho
dijese	dijesen	hubiese dicho	hubiesen dicho

	imperativo	
—	digamos	
di; no digas	decid; no digáis	
diga	digan	

Sentences using this verb and words related to it

Dicho y hecho.   No sooner said than done.
Dime con quien andas y te diré quien eres.   Tell me who your friends are and I will tell
you who you are.

querer decir   to mean   See the back pages for verbs
un decir   a familiar saying   used in idiomatic expressions.

The Seven Simple Tenses		The Seven Compound Tenses	
Singular	Plural	Singular	Plural
1 presente de indicativo		**8 perfecto de indicativo**	
declaro	declaramos	he declarado	hemos declarado
declaras	declaráis	has declarado	habéis declarado
declara	declaran	ha declarado	han declarado
2 imperfecto de indicativo		**9 pluscuamperfecto de indicativo**	
declaraba	declarábamos	había declarado	habíamos declarado
declarabas	declarabais	habías declarado	habíais declarado
declaraba	declaraban	había declarado	habían declarado
3 pretérito		**10 pretérito anterior**	
declaré	declaramos	hube declarado	hubimos declarado
declaraste	declarasteis	hubiste declarado	hubisteis declarado
declaró	declararon	hubo declarado	hubieron declarado
4 futuro		**11 futuro perfecto**	
declararé	declararemos	habré declarado	habremos declarado
declararás	declararéis	habrás declarado	habréis declarado
declarará	declararán	habrá declarado	habrán declarado
5 potencial simple		**12 potencial compuesto**	
declararía	declararíamos	habría declarado	habríamos declarado
declararías	declararíais	habrías declarado	habríais declarado
declararía	declararían	habría declarado	habrían declarado
6 presente de subjuntivo		**13 perfecto de subjuntivo**	
declare	declaremos	haya declarado	hayamos declarado
declares	declaréis	hayas declarado	hayáis declardo
declare	declaren	haya declarado	hayan declarado
7 imperfecto de subjuntivo		**14 pluscuamperfecto de subjuntivo**	
declarara	declaráramos	hubiera declarado	hubiéramos declarado
declararas	declararais	hubieras declarado	hubierais declarado
declarara	declararan	hubiera declarado	hubieran declarado
OR		OR	
declarase	declarásemos	hubiese declarado	hubiésemos declarado
declarases	declaraseis	hubieses declarado	hubieseis declarado
declarase	declarasen	hubiese declarado	hubiesen declarado

imperativo

—	declaremos
declara; no declares	declarad; no declaréis
declare	declaren

Words related to this verb

una declaración declaration
declarado, declarada declared
declarativo, declarativa declarative
una declamación declamation, recitation

to devote oneself

The Seven Simple Tenses		The Seven Compound Tenses	
Singular	Plural	Singular	Plural
1 presente de indicativo		**8 perfecto de indicativo**	
me dedico	nos dedicamos	me he dedicado	nos hemos dedicado
te dedicas	os dedicáis	te has dedicado	os habéis dedicado
se dedica	se dedican	se ha dedicado	se han dedicado
2 imperfecto de indicativo		**9 pluscuamperfecto de indicativo**	
me dedicaba	nos dedicábamos	me había dedicado	nos habíamos dedicado
te dedicabas	os dedicabais	te habías dedicado	os habíais dedicado
se dedicaba	se dedicaban	se había dedicado	se habían dedicado
3 pretérito		**10 pretérito anterior**	
me dediqué	nos dedicamos	me hube dedicado	nos hubimos dedicado
te dedicaste	os dedicasteis	te hubiste dedicado	os hubisteis dedicado
se dedicó	se dedicaron	se hubo dedicado	se hubieron dedicado
4 futuro		**11 futuro perfecto**	
me dedicaré	nos dedicaremos	me habré dedicado	nos habremos dedicado
te dedicarás	os dedicaréis	te habrás dedicado	os habréis dedicado
se dedicará	se dedicarán	se habrá dedicado	se habrán dedicado
5 potencial simple		**12 potencial compuesto**	
me dedicaría	nos dedicaríamos	me habría dedicado	nos habríamos dedicado
te dedicarías	os dedicaríais	te habrías dedicado	os habríais dedicado
se dedicaría	se dedicarían	se habría dedicado	se habrían dedicado
6 presente de subjuntivo		**13 perfecto de subjuntivo**	
me dedique	nos dediquemos	me haya dedicado	nos hayamos dedicado
te dediques	os dediquéis	te hayas dedicado	os hayáis dedicado
se dedique	se dediquen	se haya dedicado	se hayan dedicado
7 imperfecto de subjuntivo		**14 pluscuamperfecto de subjuntivo**	
me dedicara	nos dedicáramos	me hubiera dedicado	nos hubiéramos dedicado
te dedicaras	os dedicarais	te hubieras dedicado	os hubierais dedicado
se dedicara	se dedicaran	se hubiera dedicado	se hubieran dedicado
OR		OR	
me dedicase	nos dedicásemos	me hubiese dedicado	nos hubiésemos dedicado
te dedicases	os dedicaseis	te hubieses dedicado	os hubieseis dedicado
se dedicase	se dedicasen	se hubiese dedicado	se hubiesen dedicado

imperativo	
—	dediquémonos
dedícate; no te dediques	dedicaos; no os dediquéis
dedíquese	dedíquense

Words related to this verb

predicar to preach, predicate
dedicarse a to devote oneself to
dedicar to dedicate, consecrate

dedicado, dedicada dedicated
una dedicación dedication

Be sure to consult the back pages for sections on verbs used in idiomatic expressions, verbs with prepositions, and the list of over 1,000 verbs conjugated like model verbs.

to forbid, to defend, to prohibit

The Seven Simple Tenses		The Seven Compound Tenses	
Singular	Plural	Singular	Plural

1 presente de indicativo

		8 perfecto de indicativo	
defiendo	defendemos	he defendido	hemos defendido
defiendes	defendéis	has defendido	habéis defendido
defiende	defienden	ha defendido	han defendido

2 imperfecto de indicativo   **9 pluscuamperfecto de indicativo**

defendía	defendíamos	había defendido	habíamos defendido
defendías	defendíais	habías defendido	habíais defendido
defendía	defendían	había defendido	habían defendido

3 pretérito   **10 pretérito anterior**

defendí	defendimos	hube defendido	hubimos defendido
defendiste	defendisteis	hubiste defendido	hubisteis defendido
defendió	defendieron	hubo defendido	hubieron defendido

4 futuro   **11 futuro perfecto**

defenderé	defenderemos	habré defendido	habremos defendido
defenderás	defenderéis	habrás defendido	habréis defendido
defenderá	defenderán	habrá defendido	habrán defendido

5 potencial simple   **12 potencial compuesto**

defendería	defenderíamos	habría defendido	habríamos defendido
defenderías	defenderíais	habrías defendido	habríais defendido
defendería	defenderían	habría defendido	habrían defendido

6 presente de subjuntivo   **13 perfecto de subjuntivo**

defienda	defendamos	haya defendido	hayamos defendido
defiendas	defendáis	hayas defendido	hayáis defendido
defienda	defiendan	haya defendido	hayan defendido

7 imperfecto de subjuntivo   **14 pluscuamperfecto de subjuntivo**

defendiera	defendiéramos	hubiera defendido	hubiéramos defendido
defendieras	defendierais	hubieras defendido	hubierais defendido
defendiera	defendieran	hubiera defendido	hubieran defendido
OR		OR	
defendiese	defendiésemos	hubiese defendido	hubiésemos defendido
defendieses	defendieseis	hubieses defendido	hubieseis defendido
defendiese	defendiesen	hubiese defendido	hubiesen defendido

imperativo

—	defendamos
defiende; no defiendas	defended; no defendáis
defienda	defiendan

Words related to this verb

defendible   defensible
la defensa   defense
defensivo, defensiva   defensive
defensor, defensora   defender, supporter
el defensorio   defense, plea

to let, to permit, to allow, to leave

The Seven Simple Tenses		The Seven Compound Tenses	
Singular	Plural	Singular	Plural
1 presente de indicativo		**8 perfecto de indicativo**	
dejo	dejamos	he dejado	hemos dejado
dejas	dejáis	has dejado	habéis dejado
deja	dejan	ha dejado	han dejado
2 imperfecto de indicativo		**9 pluscuamperfecto de indicativo**	
dejaba	dejábamos	había dejado	habíamos dejado
dejabas	dejabais	habías dejado	habíais dejado
dejaba	dejaban	había dejado	habían dejado
3 pretérito		**10 pretérito anterior**	
dejé	dejamos	hube dejado	hubimos dejado
dejaste	dejasteis	hubiste dejado	hubisteis dejado
dejó	dejaron	hubo dejado	hubieron dejado
4 futuro		**11 futuro perfecto**	
dejaré	dejaremos	habré dejado	habremos dejado
dejarás	dejaréis	habrás dejado	habréis dejado
dejará	dejarán	habrá dejado	habrán dejado
5 potencial simple		**12 potencial compuesto**	
dejaría	dejaríamos	habría dejado	habríamos dejado
dejarías	dejaríais	habrías dejado	habríais dejado
dejaría	dejarían	habría dejado	habrían dejado
6 presente de subjuntivo		**13 perfecto de subjuntivo**	
deje	dejemos	haya dejado	hayamos dejado
dejes	dejéis	hayas dejado	hayáis dejado
deje	dejen	haya dejado	hayan dejado
7 imperfecto de subjuntivo		**14 pluscuamperfecto de subjuntivo**	
dejara	dejáramos	hubiera dejado	hubiéramos dejado
dejaras	dejarais	hubieras dejado	hubierais dejado
dejara	dejaran	hubiera dejado	hubieran dejado
OR		OR	
dejase	dejásemos	hubiese dejado	hubiésemos dejado
dejases	dejaseis	hubieses dejado	hubieseis dejado
dejase	dejasen	hubiese dejado	hubiesen dejado

imperativo	
—	dejemos
deja; no dejes	dejad; no dejéis
deje	dejen

Words and expressions related to this verb

dejar caer to drop (to let fall)
el dejo abandonment
dejado, dejada dejected

dejarse to abandon (neglect) oneself
dejar atrás to leave behind
dejar de + inf. to stop + pres. part.

Consult the back pages for verbs used in idiomatic expressions and verbs used with certain prepositions.

to be guilty, to offend

The Seven Simple Tenses		The Seven Compound Tenses	
Singular	Plural	Singular	Plural
1 presente de indicativo		**8 perfecto de indicativo**	
delinco	delinquimos	he delinquido	hemos delinquido
delinques	delinquís	has delinquido	habéis delinquido
delinque	delinquen	ha delinquido	han delinquido
2 imperfecto de indicativo		**9 pluscuamperfecto de indicativo**	
delinquía	delinquíamos	había delinquido	habíamos delinquido
delinquías	delinquíais	habías delinquido	habíais delinquido
delinquía	delinquían	había delinquido	habían delinquido
3 pretérito		**10 pretérito anterior**	
delinquí	delinquimos	hube delinquido	hubimos delinquido
delinquiste	delinquisteis	hubiste delinquido	hubisteis delinquido
delinquió	delinquieron	hubo delinquido	hubieron delinquido
4 futuro		**11 futuro perfecto**	
delinquiré	delinquiremos	habré delinquido	habremos delinquido
delinquirás	delinquiréis	habrás delinquido	habréis delinquido
delinquirá	delinquirán	habrá delinquido	habrán delinquido
5 potencial simple		**12 potencial compuesto**	
delinquiría	delinquiríamos	habría delinquido	habríamos delinquido
delinquirías	delinquiríais	habrías delinquido	habríais delinquido
delinquiría	delinquirían	habría delinquido	habrían delinquido
6 presente de subjuntivo		**13 perfecto de subjuntivo**	
delinca	delincamos	haya delinquido	hayamos delinquido
delincas	delincáis	hayas delinquido	hayáis delinquido
delinca	delincan	haya delinquido	hayan delinquido
7 imperfecto de subjuntivo		**14 pluscuamperfecto de subjuntivo**	
delinquiera	delinquiéramos	hubiera delinquido	hubiéramos delinquido
delinquieras	delinquierais	hubieras delinquido	hubierais delinquido
delinquiera	delinquieran	hubiera delinquido	hubieran delinquido
OR		OR	
delinquiese	delinquiésemos	hubiese delinquido	hubiésemos delinquido
delinquieses	delinquieseis	hubieses delinquido	hubieseis delinquido
delinquiese	delinquiesen	hubiese delinquido	hubiesen delinquido

	imperativo	
—	delincamos	
delinque; no delincas	delinquid; no delincáis	
delinca	delincan	

Words related to this verb

el delinquimiento, la delincuencia   delinquency
delincuente   delinquent

Consult the back pages for over 1,000 Spanish verbs conjugated like model verbs among the 501 in this book.

demostrar

Gerundio **demostrando**   Part. pas. **demostrado**

to demonstrate, to prove

The Seven Simple Tenses		The Seven Compound Tenses	
Singular	Plural	Singular	Plural
1 presente de indicativo		**8 perfecto de indicativo**	
demuestro	demostramos	he demostrado	hemos demostrado
demuestras	demostráis	has demostrado	habéis demostrado
demuestra	demuestran	ha demostrado	han demostrado
2 imperfecto de indicativo		**9 pluscuamperfecto de indicativo**	
demostraba	demostrábamos	había demostrado	habíamos demostrado
demostrabas	demostrabais	habías demostrado	habíais demostrado
demostraba	demostraban	había demostrado	habían demostrado
3 pretérito		**10 pretérito anterior**	
demostré	demostramos	hube demostrado	hubimos demostrado
demostraste	demostrasteis	hubiste demostrado	hubisteis demostrado
demostró	demostraron	hubo demostrado	hubieron demostrado
4 futuro		**11 futuro perfecto**	
demostraré	demostraremos	habré demostrado	habremos demostrado
demostrarás	demostraréis	habrás demostrado	habréis demostrado
demostrará	demostrarán	habrá demostrado	habrán demostrado
5 potencial simple		**12 potencial compuesto**	
demostraría	demostraríamos	habría demostrado	habríamos demostrado
demostrarías	demostraríais	habrías demostrado	habríais demostrado
demostraría	demostrarían	habría demostrado	habrían demostrado
6 presente de subjuntivo		**13 perfecto de subjuntivo**	
demuestre	demostremos	haya demostrado	hayamos demostrado
demuestres	demostréis	hayas demostrado	hayáis demostrado
demuestre	demuestren	haya demostrado	hayan demostrado
7 imperfecto de subjuntivo		**14 pluscuamperfecto de subjuntivo**	
demostrara	demostráramos	hubiera demostrado	hubiéramos demostrado
demostraras	demostrarais	hubieras demostrado	hubierais demostrado
demostrara	demostraran	hubiera demostrado	hubieran demostrado
OR		OR	
demostrase	demostrásemos	hubiese demostrado	hubiésemos demostrado
demostrases	demostraseis	hubieses demostrado	hubieseis demostrado
demostrase	demostrasen	hubiese demostrado	hubiesen demostrado

	imperativo	
–		demostremos
	demuestra; no demuestres	demostrad; no demostréis
	demuestre	demuestren

Words related to this verb

demostrativo, demostrativa demonstrative
la demostración demonstration, proof
demostrador, demostradora demonstrator
demostrable demonstrable
mostrar to show, to exhibit

166

to denounce

The Seven Simple Tenses		The Seven Compound Tenses	
Singular	Plural	Singular	Plural

1   presente de indicativo

denuncio	denunciamos		
denuncias	denunciáis		
denuncia	denuncian		

8   perfecto de indicativo

he denunciado	hemos denunciado
has denunciado	habéis denunciado
ha denunciado	han denunciado

2   imperfecto de indicativo

denunciaba	denunciábamos
denunciabas	denunciabais
denunciaba	denunciaban

9   pluscuamperfecto de indicativo

había denunciado	habíamos denunciado
habías denunciado	habíais denunciado
había denunciado	habían denunciado

3   pretérito

denuncié	denunciamos
denunciaste	denunciasteis
denunció	denunciaron

10   pretérito anterior

hube denunciado	hubimos denunciado
hubiste denunciado	hubisteis denunciado
hubo denunciado	hubieron denunciado

4   futuro

denunciaré	denunciaremos
denunciarás	denunciaréis
denunciará	denunciarán

11   futuro perfecto

habré denunciado	habremos denunciado
habrás denunciado	habréis denunciado
habrá denunciado	habrán denunciado

5   potencial simple

denunciaría	denunciaríamos
denunciarías	denunciaríais
denunciaría	denunciarían

12   potencial compuesto

habría denunciado	habríamos denunciado
habrías denunciado	habríais denunciado
habría denunciado	habrían denunciado

6   presente de subjuntivo

denuncie	denunciemos
denuncies	denunciéis
denuncie	denuncien

13   perfecto de subjuntivo

haya denunciado	hayamos denunciado
hayas denunciado	hayáis denunciado
haya denunciado	hayan denunciado

7   imperfecto de subjuntivo

denunciara	denunciáramos
denunciaras	denunciarais
denunciara	denunciaran
OR	
denunciase	denunciásemos
denunciases	denunciaseis
denunciase	denunciasen

14   pluscuamperfecto de subjuntivo

hubiera denunciado	hubiéramos denunciado
hubieras denunciado	hubierais denunciado
hubiera denunciado	hubieran denunciado
OR	
hubiese denunciado	hubiésemos denunciado
hubieses denunciado	hubieseis denunciado
hubiese denunciado	hubiesen denunciado

imperativo

—	denunciemos
denuncia; no denuncies	denunciad; no denunciéis
denuncie	denuncien

Words related to this verb

una denuncia, una denunciación   denunciation
un denuncio   denouncement

Be sure to consult the back pages for sections on verbs used in idiomatic expressions, verbs with prepositions, and the list of over 1,000 verbs conjugated like model verbs.

depender

Gerundio **dependiendo**   Part. pas. **dependido**

to depend

The Seven Simple Tenses		The Seven Compound Tenses	
Singular	Plural	Singular	Plural

1 presente de indicativo

dependo	dependemos		
dependes	dependéis		
depende	dependen		

8 perfecto de indicativo

he dependido	hemos dependido
has dependido	habéis dependido
ha dependido	han dependido

2 imperfecto de indicativo

dependía	dependíamos
dependías	dependíais
dependía	dependían

9 pluscuamperfecto de indicativo

había dependido	habíamos dependido
habías dependido	habíais dependido
había dependido	habían dependido

3 pretérito

dependí	dependimos
dependiste	dependisteis
dependió	dependieron

10 pretérito anterior

hube dependido	hubimos dependido
hubiste dependido	hubisteis dependido
hubo dependido	hubieron dependido

4 futuro

dependeré	dependeremos
dependerás	dependeréis
dependerá	dependerán

11 futuro perfecto

habré dependido	habremos dependido
habrás dependido	habréis dependido
habrá dependido	habrán dependido

5 potencial simple

dependería	dependeríamos
dependerías	dependeríais
dependería	dependerían

12 potencial compuesto

habría dependido	habríamos dependido
habrías dependido	habríais dependido
habría dependido	habrían dependido

6 presente de subjuntivo

dependa	dependamos
dependas	dependáis
dependa	dependan

13 perfecto de subjuntivo

haya dependido	hayamos dependido
hayas dependido	hayáis dependido
haya dependido	hayan dependido

7 imperfecto de subjuntivo

dependiera	dependiéramos
dependieras	dependierais
dependiera	dependieran
OR	
dependiese	dependiésemos
dependieses	dependieseis
dependiese	dependiesen

14 pluscuamperfecto de subjuntivo

hubiera dependido	hubiéramos dependido
hubieras dependido	hubierais dependido
hubiera dependido	hubieran dependido
OR	
hubiese dependido	hubiésemos dependido
hubieses dependido	hubieseis dependido
hubiese dependido	hubiesen dependido

imperativo

—	dependamos
depende; no dependas	depended; no dependáis
dependa	dependan

Words and expressions related to this verb

depender de to depend on, to rely on
no depender de nadie to stand on one's own two feet
un, una dependiente dependent, employee, clerk
la dependencia dependence, dependency
pender to dangle, hang, to be pending
suspender to suspend, hang, hang up; **suspender pagos** to stop payment

to knock down, to overthrow, to tear down, to throw down

The Seven Simple Tenses		The Seven Compound Tenses	
Singular	Plural	Singular	Plural

1   presente de indicativo

derribo	derribamos		
derribas	derribáis		
derriba	derriban		

8   perfecto de indicativo

he derribado	hemos derribado
has derribado	habéis derribado
ha derribado	han derribado

2   imperfecto de indicativo

derribaba	derribábamos
derribabas	derribabais
derribaba	derribaban

9   pluscuamperfecto de indicativo

había derribado	habíamos derribado
habías derribado	habíais derribado
había derribado	habían derribado

3   pretérito

derribé	derribamos
derribaste	derribasteis
derribó	derribaron

10   pretérito anterior

hube derribado	hubimos derribado
hubiste derribado	hubisteis derribado
hubo derribado	hubieron derribado

4   futuro

derribaré	derribaremos
derribarás	derribaréis
derribará	derribarán

11   futuro perfecto

habré derribado	habremos derribado
habrás derribado	habréis derribado
habrá derribado	habrán derribado

5   potencial simple

derribaría	derribaríamos
derribarías	derribaríais
derribaría	derribarían

12   potencial compuesto

habría derribado	habríamos derribado
habrías derribado	habríais derribado
habría derribado	habrían derribado

6   presente de subjuntivo

derribe	derribemos
derribes	derribéis
derribe	derriben

13   perfecto de subjuntivo

haya derribado	hayamos derribado
hayas derribado	hayáis derribado
haya derribado	hayan derribado

7   imperfecto de subjuntivo

derribara	derribáramos
derribaras	derribarais
derribara	derribaran
OR	
derribase	derribásemos
derribases	derribaseis
derribase	derribasen

14   pluscuamperfecto de subjuntivo

hubiera derribado	hubiéramos derribado
hubieras derribado	hubierais derribado
hubiera derribado	hubieran derribado
OR	
hubiese derribado	hubiésemos derribado
hubieses derribado	hubieseis derribado
hubiese derribado	hubiesen derribado

imperativo

—	derribemos
derriba; no derribes	derribad; no derribéis
derribe	derriben

Words and expressions related to this verb

derribar a tiros   to shoot down
derribado, derribada   demolished, humiliated
el derribador, la derribadora   overthrower

to breakfast, to have breakfast

The Seven Simple Tenses		The Seven Compound Tenses	
Singular	Plural	Singular	Plural

1 presente de indicativo

me desayuno	nos desayunamos	
te desayunas	os desayunáis	
se desayuna	se desayunan	

8 perfecto de indicativo

me he desayunado	nos hemos desayunado
te has desayunado	os habéis desayunado
se ha desayunado	se han desayunado

2 imperfecto de indicativo

me desayunaba	nos desayunábamos
te desayunabas	os desayunabais
se desayunaba	se desayunaban

9 pluscuamperfecto de indicativo

me había desayunado	nos habíamos desayunado
te habías desayunado	os habíais desayunado
se había desayunado	se habían desayunado

3 pretérito

me desayuné	nos desayunamos
te desayunaste	os desayunasteis
se desayunó	se desayunaron

10 pretérito anterior

me hube desayunado	nos hubimos desayunado
te hubiste desayunado	os hubisteis desayunado
se hubo desayunado	se hubieron desayunado

4 futuro

me desayunaré	nos desayunaremos
te desayunarás	os desayunaréis
se desayunará	se desayunarán

11 futuro perfecto

me habré desayunado	nos habremos desayunado
te habrás desayunado	os habréis desayunado
se habrá desayunado	se habrán desayunado

5 potencial simple

me desayunaría	nos desayunaríamos
te desayunarías	os desayunaríais
se desayunaría	se desayunarían

12 potencial compuesto

me habría desayunado	nos habríamos desayunado
te habrías desayunado	os habríais desayunado
se habría desayunado	se habrían desayunado

6 presente de subjuntivo

me desayune	nos desayunemos
te desayunes	os desayunéis
se desayune	se desayunen

13 perfecto de subjuntivo

me haya desayunado	nos hayamos desayunado
te hayas desayunado	os hayáis desayunado
se haya desayunado	se hayan desayunado

7 imperfecto de subjuntivo

me desayunara	nos desayunáramos
te desayunaras	os desayunarais
se desayunara	se desayunaran
OR	
me desayunase	nos desayunásemos
te desayunases	os desayunaseis
se desayunase	se desayunasen

14 pluscuamperfecto de subjuntivo

me hubiera desayunado	nos hubiéramos desayunado
te hubieras desayunado	os hubierais desayunado
se hubiera desayunado	se hubieran desayunado
OR	
me hubiese desayunado	nos hubiésemos desayunado
te hubieses desayunado	os hubieseis desayunado
se hubiese desayunado	se hubiesen desayunado

imperativo

—	desayunémonos
desayúnate; no te desayunes	desayunaos; no os desayunéis
desayúnese	desayúnense

Sentences using this verb and words related to it

—¿Qué toma Ud. en el desayuno todas las mañanas?
—Tomo leche, café con crema, pan tostado y un huevo.

desayunar	to breakfast	**ayunar**	to fast (not to eat)
el desayuno	breakfast	**el ayuno**	fast, fasting

to rest

The Seven Simple Tenses | The Seven Compound Tenses

Singular	Plural	Singular	Plural

1   presente de indicativo

descanso	descansamos
descansas	descansáis
descansa	descansan

8   perfecto de indicativo

he descansado	hemos descansado
has descansado	habéis descansado
ha descansado	han descansado

2   imperfecto de indicativo

descansaba	descansábamos
descansabas	descansabais
descansaba	descansaban

9   pluscuamperfecto de indicativo

había descansado	habíamos descansado
habías descansado	habíais descansado
había descansado	habían descansado

3   pretérito

descansé	descansamos
descansaste	descansasteis
descansó	descansaron

10   pretérito anterior

hube descansado	hubimos descansado
hubiste descansado	hubisteis descansado
hubo descansado	hubieron descansado

4   futuro

descansaré	descansaremos
descansarás	descansaréis
descansará	descansarán

11   futuro perfecto

habré descansado	habremos descansado
habrás descansado	habréis descansado
habrá descansado	habrán descansado

5   potencial simple

descansaría	descansaríamos
descansarías	descansaríais
descansaría	descansarían

12   potencial compuesto

habría descansado	habríamos descansado
habrías descansado	habríais descansado
habría descansado	habrían descansado

6   presente de subjuntivo

descanse	descansemos
descanses	descanséis
descanse	descansen

13   perfecto de subjuntivo

haya descansado	hayamos descansado
hayas descansado	hayáis descansado
haya descansado	hayan descansado

7   imperfecto de subjuntivo

descansara	descansáramos
descansaras	descansarais
descansara	descansaran
OR	
descansase	descansásemos
descansases	descansaseis
descansase	descansasen

14   pluscuamperfecto de subjuntivo

hubiera descansado	hubiéramos descansado
hubieras descansado	hubierais descansado
hubiera descansado	hubieran descansado
OR	
hubiese descansado	hubiésemos descansado
hubieses descansado	hubieseis descansado
hubiese descansado	hubiesen descansado

imperativo

—	decansemos
descansa; no descanses	descansad; no descanséis
descanse	descansen

Words and expressions related to this verb

el descanso   rest, relief
el descansadero   resting place
la cansera   fatigue
cansar   to fatigue, to tire, to weary

el descansillo   landing on a staircase
el descanso a discreción   at ease (military)
cansar de esperar   to be tired of waiting

The subject pronouns are found on the page facing page 1.   **171**

to describe, to sketch, to delineate

The Seven Simple Tenses		The Seven Compound Tenses	
Singular	Plural	Singular	Plural
1 presente de indicativo		**8 perfecto de indicativo**	
describo	describimos	he descrito	hemos descrito
describes	describís	has descrito	habéis descrito
describe	describen	ha descrito	han descrito
2 imperfecto de indicativo		**9 pluscuamperfecto de indicativo**	
describía	describíamos	había descrito	habíamos descrito
describías	describíais	habías descrito	habíais descrito
describía	describían	había descrito	habían descrito
3 pretérito		**10 pretérito anterior**	
describí	describimos	hube descrito	hubimos descrito
describiste	describisteis	hubiste descrito	hubisteis descrito
describió	describieron	hubo descrito	hubieron descrito
4 futuro		**11 futuro perfecto**	
describiré	describiremos	habré descrito	habremos descrito
describirás	describiréis	habrás descrito	habréis descrito
describirá	describirán	habrá descrito	habrán descrito
5 potencial simple		**12 potencial compuesto**	
describiría	describiríamos	habría descrito	habríamos descrito
describirías	describiríais	habrías descrito	habríais descrito
describiría	describirían	habría descrito	habrían descrito
6 presente de subjuntivo		**13 perfecto de subjuntivo**	
describa	describamos	haya descrito	hayamos descrito
describas	describáis	hayas descrito	hayáis descrito
describa	describan	haya descrito	hayan descrito
7 imperfecto de subjuntivo		**14 pluscuamperfecto de subjuntivo**	
describiera	describiéramos	hubiera descrito	hubiéramos descrito
describieras	describierais	hubieras descrito	hubierais descrito
describiera	describieran	hubiera descrito	hubieran descrito
OR		OR	
describiese	describiésemos	hubiese descrito	hubiésemos descrito
describieses	describieseis	hubieses descrito	hubieseis descrito
describiese	describiesen	hubiese descrito	hubiesen descrito

	imperativo	
—		describamos
describe; no describas		describid; no describáis
describa		describan

Words and expressions related to this verb

la descripción description
descriptor, descriptora describer
descriptivo, descriptiva descriptive
descripto, descripta described (*adj.*)

escribir to write
escribir a mano to write by hand
escribir a máquina to typewrite

The Seven Simple Tenses		The Seven Compound Tenses	
Singular	Plural	Singular	Plural

1 presente de indicativo

		8 perfecto de indicativo	
descubro	descubrimos	he descubierto	hemos descubierto
descubres	descubrís	has descubierto	habéis descubierto
descubre	descubren	ha descubierto	han descubierto

2 imperfecto de indicativo

		9 pluscuamperfecto de indicativo	
descubría	descubríamos	había descubierto	habíamos descubierto
descubrías	descubríais	habías descubierto	habíais descubierto
descubría	descubrían	había descubierto	habían descubierto

3 pretérito

		10 pretérito anterior	
descubrí	descubrimos	hube descubierto	hubimos descubierto
descubriste	descubristeis	hubiste descubierto	hubisteis descubierto
descubrió	descubrieron	hubo descubierto	hubieron descubierto

4 futuro

		11 futuro perfecto	
descubriré	descubriremos	habré descubierto	habremos descubierto
descubrirás	descubriréis	habrás descubierto	habréis descubierto
descubrirá	descubrirán	habrá descubierto	habrán descubierto

5 potencial simple

		12 potencial compuesto	
descubriría	descubriríamos	habría descubierto	habríamos descubierto
descubrirías	descubriríais	habrías descubierto	habríais descubierto
descubriría	descubrirían	habría descubierto	habrían descubierto

6 presente de subjuntivo

		13 perfecto de subjuntivo	
descubra	descubramos	haya descubierto	hayamos descubierto
descubras	descubráis	hayas descubierto	hayáis descubierto
descubra	descubran	haya descubierto	hayan descubierto

7 imperfecto de subjuntivo

		14 pluscuamperfecto de subjuntivo	
descubriera	descubriéramos	hubiera descubierto	hubiéramos descubierto
descubrieras	descubrierais	hubieras descubierto	hubierais descubierto
descubriera	descubrieran	hubiera descubierto	hubieran descubierto
OR		OR	
descubriese	descubriésemos	hubiese descubierto	hubiésemos descubierto
descubrieses	descubrieseis	hubieses descubierto	hubieseis descubierto
descubriese	descubriesen	hubiese descubierto	hubiesen descubierto

imperativo

—	descubramos
descube; no descubras	descubrid; no descubráis
descubra	descubran

Words and expressions related to this verb

descubrirse to take off one's hat
el descubrimiento discovery
descubridor, descubridora discoverer
a la descubierta clearly, openly

cubrir to cover
cubrir el costo to cover the cost
cubrir la mesa to lay the table

The subject pronouns are found on the page facing page 1.

to desire, to wish, to want

The Seven Simple Tenses		The Seven Compound Tenses	
Singular	Plural	Singular	Plural
1 presente de indicativo		**8 perfecto de indicativo**	
deseo	deseamos	he deseado	hemos deseado
deseas	deseáis	has deseado	habéis deseado
desea	desean	ha deseado	han deseado
2 imperfecto de indicativo		**9 pluscuamperfecto de indicativo**	
deseaba	deseábamos	había deseado	habíamos deseado
deseabas	deseabais	habías deseado	habíais deseado
deseaba	deseaban	había deseado	habían deseado
3 pretérito		**10 pretérito anterior**	
deseé	deseamos	hube deseado	hubimos deseado
deseaste	deseasteis	hubiste deseado	hubisteis deseado
deseó	desearon	hubo deseado	hubieron deseado
4 futuro		**11 futuro perfecto**	
desearé	desearemos	habré deseado	habremos deseado
desearás	desearéis	habrás deseado	habréis deseado
deseará	desearán	habrá deseado	habrán deseado
5 potencial simple		**12 potencial compuesto**	
desearía	desearíamos	habría deseado	habríamos deseado
desearías	desearíais	habrías deseado	habríais deseado
desearía	desearían	habría deseado	habrían deseado
6 presente de subjuntivo		**13 perfecto de subjuntivo**	
desee	deseemos	haya deseado	hayamos deseado
desees	deseéis	hayas deseado	hayáis deseado
desee	deseen	haya deseado	hayan deseado
7 imperfecto de subjuntivo		**14 pluscuamperfecto de subjuntivo**	
deseara	deseáramos	hubiera deseado	hubiéramos deseado
desearas	desearais	hubieras deseado	hubierais deseado
deseara	desearan	hubiera deseado	hubieran deseado
OR		OR	
desease	deseásemos	hubiese deseado	hubiésemos deseado
deseases	deseaseis	hubieses deseado	hubieseis deseado
desease	deseasen	hubiese deseado	hubiesen deseado

	imperativo	
–	deseemos	
desea; no desees	desead; no deseéis	
desee	deseen	

Words and expressions related to this verb

el deseo desire		**la deseabilidad** desirability	
deseoso, deseosa desirous		**deseablemente** desirably	
tener deseo de + inf. to be eager + inf.			
deseable desirable			

to play (a part), to act (a part), to discharge, to perform (a duty), to take out of pawn

The Seven Simple Tenses		The Seven Compound Tenses	
Singular	Plural	Singular	Plural
1 presente de indicativo		**8 perfecto de indicativo**	
desempeño	desempeñamos	he desempeñado	hemos desempeñado
desempeñas	desempeñáis	has desempeñado	habéis desempeñado
desempeña	desempeñan	ha desempeñado	han desempeñado
2 imperfecto de indicativo		**9 pluscuamperfecto de indicativo**	
desempeñaba	desempeñábamos	había desempeñado	habíamos desempeñado
desempeñabas	desempeñabais	habías desempeñado	habíais desempeñado
desempeñaba	desempeñaban	había desempeñado	habían desempeñado
3 pretérito		**10 pretérito anterior**	
desempeñé	desempeñamos	hube desempeñado	hubimos desempeñado
desempeñaste	desempeñasteis	hubiste desempeñado	hubisteis desempeñado
desempeñó	desempeñaron	hubo desempeñado	hubieron desempeñado
4 futuro		**11 futuro perfecto**	
desempeñaré	desempeñaremos	habré desempeñado	habremos desempeñado
desempeñarás	desempeñaréis	habrás desempeñado	habréis desempeñado
desempeñará	desempeñarán	habrá desempeñado	habrán desempeñado
5 potencial simple		**12 potencial compuesto**	
desempeñaría	desempeñaríamos	habría desempeñado	habríamos desempeñado
desempeñarías	desempeñaríais	habrías desempeñado	habríais desempeñado
desempeñaría	desempeñarían	habría desempeñado	habrían desempeñado
6 presente de subjuntivo		**13 perfecto de subjuntivo**	
desempeñe	desempeñemos	haya desempeñado	hayamos desempeñado
desempeñes	desempeñéis	hayas desempeñado	hayáis desempeñado
desempeñe	desempeñen	haya desempeñado	hayan desempeñado
7 imperfecto de subjuntivo		**14 pluscuamperfecto de subjuntivo**	
desempeñara	desempeñáramos	hubiera desempeñado	hubiéramos desempeñado
desempeñaras	desempeñarais	hubieras desempeñado	hubierais desempeñado
desempeñara	desempeñaran	hubiera desempeñado	hubieran desempeñado
OR		OR	
desempeñase	desempeñásemos	hubiese desempeñado	hubiésemos desempeñado
desempeñases	desempeñaseis	hubieses desempeñado	hubieseis desempeñado
desempeñase	desempeñasen	hubiese desempeñado	hubiesen desempeñado

imperativo	
–	desempeñemos
desempeña; no desempeñes	desempeñad; no desempeñéis
desempeñe	desempeñen

Words and expressions related to this verb

desempeñado, desempeñada   out of debt
el desempeño   payment of a debt
desempeñar un cargo   to take a job

empeñar   to pawn, to pledge
un empeñero, una empeñera   pawnbroker
el empeño   pawn, pledge, obligation

The subject pronouns are found on the page facing page 1.   **175**

deshacer

to undo, to destroy, to take apart

The Seven Simple Tenses		The Seven Compound Tenses	
Singular	Plural	Singular	Plural
1 presente de indicativo		**8 perfecto de indicativo**	
deshago	deshacemos	he deshecho	hemos deshecho
deshaces	deshacéis	has deshecho	habéis deshecho
deshace	deshacen	ha deshecho	han deshecho
2 imperfecto de indicativo		**9 pluscuamperfecto de indicativo**	
deshacía	deshacíamos	había deshecho	habíamos deshecho
deshacías	deshacíais	habías deshecho	habíais deshecho
deshacía	deshacían	había deshecho	habían deshecho
3 pretérito		**10 pretérito anterior**	
deshice	deshicimos	hube deshecho	hubimos deshecho
deshiciste	deshicisteis	hubiste deshecho	hubisteis deshecho
deshizo	deshicieron	hubo deshecho	hubieron deshecho
4 futuro		**11 futuro perfecto**	
desharé	desharemos	habré deshecho	habremos deshecho
desharás	desharéis	habrás deshecho	habréis deshecho
deshará	desharán	habrá deshecho	habrán deshecho
5 potencial simple		**12 potencial compuesto**	
desharía	desharíamos	habría deshecho	habríamos deshecho
desharías	desharíais	habrías deshecho	habríais deshecho
desharía	desharían	habría deshecho	habrían deshecho
6 presente de subjuntivo		**13 perfecto de subjuntivo**	
deshaga	deshagamos	haya deshecho	hayamos deshecho
deshagas	deshagáis	hayas deshecho	hayáis deshecho
deshaga	deshagan	haya deshecho	hayan deshecho
7 imperfecto de subjuntivo		**14 pluscuamperfecto de subjuntivo**	
deshiciera	deshiciéramos	hubiera deshecho	hubiéramos deshecho
deshicieras	deshicierais	hubieras deshecho	hubierais deshecho
deshiciera	deshicieran	hubiera deshecho	hubieran deshecho
OR		OR	
deshiciese	deshiciésemos	hubiese deshecho	hubiésemos deshecho
deshicieses	deshicieseis	hubieses deshecho	hubieseis deshecho
deshiciese	deshiciesen	hubiese deshecho	hubiesen deshecho

imperativo

—	deshagamos
deshaz; no deshagas	deshaced; no deshagáis
deshaga	deshagan

Words and expressions related to this verb

deshecho, deshecha   destroyed, wasted, undone
el deshechizo   disappointment
hacer la deshecha   to pretend, to feign

For other words and expressions related to this verb, see **hacer.**

176

to take leave of, to say good-bye to

The Seven Simple Tenses		The Seven Compound Tenses	
Singular	Plural	Singular	Plural

1 presente de indicativo

me despido	nos despedimos
te despides	os despedís
se despide	se despiden

8 perfecto de indicativo

me he despedido	nos hemos despedido
te has despedido	os habéis despedido
se ha despedido	se han despedido

2 imperfecto de indicativo

me despedía	nos despedíamos
te despedías	os despedíais
se despedía	se despedían

9 pluscuamperfecto de indicativo

me había despedido	nos habíamos despedido
te habías despedido	os habíais despedido
se había despedido	se habían despedido

3 pretérito

me despedí	nos despedimos
te despediste	os despedisteis
se despidió	se despidieron

10 pretérito anterior

me hube despedido	nos hubimos despedido
te hubiste despedido	os hubisteis despedido
se hubo despedido	se hubieron despedido

4 futuro

me despediré	nos despediremos
te despedirás	os despediréis
se despedirá	se despedirán

11 futuro perfecto

me habré despedido	nos habremos despedido
te habrás despedido	os habréis despedido
se habrá despedido	se habrán despedido

5 potencial simple

me despediría	nos despediríamos
te despedirías	os despediríais
se despediría	se despedirían

12 potencial compuesto

me habría despedido	nos habríamos despedido
te habrías despedido	os habríais despedido
se habría despedido	se habrían despedido

6 presente de subjuntivo

me despida	nos despidamos
te despidas	os despidáis
se despida	se despidan

13 perfecto de subjuntivo

me haya despedido	nos hayamos despedido
te hayas despedido	os hayáis despedido
se haya despedido	se hayan despedido

7 imperfecto de subjuntivo

me despidiera	nos despidiéramos
te despidieras	os despidierais
se despidiera	se despidieran
OR	
me despidiese	nos despidiésemos
te despidieses	os despidieseis
se despidiese	se despidiesen

14 pluscuamperfecto de subjuntivo

me hubiera despedido	nos hubiéramos despedido
te hubieras despedido	os hubierais despedido
se hubiera despedido	se hubieran despedido
OR	
me hubiese despedido	nos hubiésemos despedido
te hubieses despedido	os hubieseis despedido
se hubiese despedido	se hubiesen despedido

imperativo

—	despidámonos
despídete; no te despidas	despedíos; no os despidáis
despídase	despídanse

Words and expressions related to this verb

despedirse a la francesa to take French leave
despedir to dismiss
un despedimiento, una despedida dismissal, discharge, farewell
despedirse de to take leave of, to say good-bye to

Consult the back pages for verbs with prepositions.

The subject pronouns are found on the page facing page 1.

to detach, to unglue, to unstick, to take off (airplane)

The Seven Simple Tenses		The Seven Compound Tenses	
Singular	Plural	Singular	Plural
1 presente de indicativo		**8 perfecto de indicativo**	
despego	despegamos	he despegado	hemos despegado
despegas	despegáis	has despegado	habéis despegado
despega	despegan	ha despegado	han despegado
2 imperfecto de indicativo		**9 pluscuamperfecto de indicativo**	
despegaba	despegábamos	había despegado	habíamos despegado
despegabas	despegabais	habías despegado	habíais despegado
despegaba	despegaban	había despegado	habían despegado
3 pretérito		**10 pretérito anterior**	
despegué	despegamos	hube despegado	hubimos despegado
despegaste	despegasteis	hubiste despegado	hubisteis despegado
despegó	despegaron	hubo despegado	hubieron despegado
4 futuro		**11 futuro perfecto**	
despegaré	despegaremos	habré despegado	habremos despegado
despegarás	despegaréis	habrás despegado	habréis despegado
despegará	despegarán	habrá despegado	habrán despegado
5 potencial simple		**12 potencial compuesto**	
despegaría	despegaríamos	habría despegado	habríamos despegado
despegarías	despegaríais	habrías despegado	habríais despegado
despegaría	despegarían	habría despegado	habrían despegado
6 presente de subjuntivo		**13 perfecto de subjuntivo**	
despegue	despeguemos	haya despegado	hayamos despegado
despegues	despeguéis	hayas despegado	hayáis despegado
despegue	despeguen	haya despegado	hayan despegado
7 imperfecto de subjuntivo		**14 pluscuamperfecto de subjuntivo**	
despegara	despegáramos	hubiera despegado	hubiéramos despegado
despegaras	despegarais	hubieras despegado	hubierais despegado
despegara	despegaran	hubiera despegado	hubieran despegado
OR		OR	
despegase	despegásemos	hubiese despegado	hubiésemos despegado
despegases	despegaseis	hubieses despegado	hubieseis despegado
despegase	despegasen	hubiese despegado	hubiesen despegado

imperativo	
—	despeguemos
despega; no despegues	despegad; no despeguéis
despegue	despeguen

Words and expressions related to this verb

despegar los labios to speak
el despegue take-off (airplane)
despegadamente without concern

despegarse to become distant, indifferent; to grow displeased
el despego, el despegamiento aversion, indifference

For other words and expressions related to this verb, see **pegar**.

to stretch oneself, to stretch one's arms and legs

The Seven Simple Tenses		The Seven Compound Tenses	
Singular	Plural	Singular	Plural
1 presente de indicativo		**8 perfecto de indicativo**	
me desperezo	nos desperezamos	me he desperezado	nos hemos desperezado
te desperezas	os desperezáis	te has desperezado	os habéis desperezado
se desadereza	se desperezan	se ha desperezado	se han desperezado
2 imperfecto de indicativo		**9 pluscuamperfecto de indicativo**	
me desperezaba	nos desperezábamos	me había desperezado	nos habíamos desperezado
te desperezabas	os desperezabais	te habías desperezado	os habíais desperezado
se desperezaba	se desperezaban	se había desperezado	se habían desperezado
3 pretérito		**10 pretérito anterior**	
me desperecé	nos desperezamos	me hube desperezado	nos hubimos desperezado
te desperezaste	os desperezasteis	te hubiste desperezado	os hubisteis desperezado
se desperezó	se desperezaron	se hubo desperezado	se hubieron desperezado
4 futuro		**11 futuro perfecto**	
me desperezaré	nos desperezaremos	me habré desperezado	nos habremos desperezado
te desperezarás	os desperezaréis	te habrás desperezado	os habréis desperezado
se desperezará	se desperezarán	se habrá desperezado	se habrán desperezado
5 potencial simple		**12 potencial compuesto**	
me desperezaría	nos desperezaríamos	me habría desperezado	nos habríamos desperezado
te desperezarías	os desperezaríais	te habrías desperezado	os habríais desperezado
se desperezaría	se desperezarían	se habría desperezado	se habrían desperezado
6 presente de subjuntivo		**13 perfecto de subjuntivo**	
me desperece	nos desperecemos	me haya desperezado	nos hayamos desperezado
te despereces	os desperecéis	te hayas desperezado	os hayáis desperezado
se desperece	se desperecen	se haya desperezado	se hayan desperezado
7 imperfecto de subjuntivo		**14 pluscuamperfecto de subjuntivo**	
me desperezara	nos desperezáramos	me hubiera desperezado	nos hubiéramos desperezado
te desperezaras	os desperezarais	te hubieras desperezado	os hubierais desperezado
se desperezara	se desperezaran	se hubiera desperezado	se hubieran desperezado
OR		OR	
me desperezase	nos desperezásemos	me hubiese desperezado	nos hubiésemos desperezado
te desperezases	os desperezaseis	te hubieses desperezado	os hubieseis desperezado
se desperezase	se desperezasen	se hubiese desperezado	se hubiesen desperezado

imperativo

–	desperecémonos
desperézate; no te despereces	desperezaos; no os desperecéis
desperécese	desperécense

Words related to this verb

el desperezo   stretching one's arms and legs
perezoso, perezosa   lazy
perezosamente   lazily
la pereza   laziness

to wake up oneself

The Seven Simple Tenses		The Seven Compound Tenses	
Singular	Plural	Singular	Plural

1 presente de indicativo

me despierto	nos despertamos		
te despiertas	os despertáis		
se despierta	se despiertan		

8 perfecto de indicativo

me he despertado	nos hemos despertado		
te has despertado	os habéis despertado		
se ha despertado	se han despertado		

2 imperfecto de indicativo

me despertaba	nos despertábamos
te despertabas	os despertabais
se despertaba	se despertaban

9 pluscuamperfecto de indicativo

me había despertado	nos habíamos despertado
te habías despertado	os habíais despertado
se había despertado	se habían despertado

3 pretérito

me desperté	nos despertamos
te despertaste	os despertasteis
se despertó	se despertaron

10 pretérito anterior

me hube despertado	nos hubimos despertado
te hubiste despertado	os hubisteis despertado
se hubo despertado	se hubieron despertado

4 futuro

me despertaré	nos despertaremos
te despertarás	os despertaréis
se despertará	se despertarán

11 futuro perfecto

me habré despertado	nos habremos despertado
te habrás despertado	os habréis despertado
se habrá despertado	se habrán despertado

5 potencial simple

me despertaría	nos despertaríamos
te despertarías	os despertaríais
se despertaría	se despertarían

12 potencial compuesto

me habría despertado	nos habríamos despertado
te habrías despertado	os habríais despertado
se habría despertado	se habrían despertado

6 presente de subjuntivo

me despierte	nos despertemos
te despiertes	os despertéis
se despierte	se despierten

13 perfecto de subjuntivo

me haya despertado	nos hayamos despertado
te hayas despertado	os hayáis despertado
se haya despertado	se hayan despertado

7 imperfecto de subjuntivo

me despertara	nos despertáramos
te despertaras	os despertarais
se despertara	se despertaran
OR	
me despertase	nos despertásemos
te despertases	os despertaseis
se despertase	se despertasen

14 pluscuamperfecto de subjuntivo

me hubiera despertado	nos hubiéramos despertado
te hubieras despertado	os hubierais despertado
se hubiera despertado	se hubieran despertado
OR	
me hubiese despertado	nos hubiésemos despertado
te hubieses despertado	os hubieseis despertado
se hubiese despertado	se hubiesen despertado

imperativo

—	despertémonos
despiértate; no te despiertes	despertaos; no os despertéis
despiértese	despiértense

Words related to this verb

despertar to awaken (someone), to enliven
un despertador alarm clock
el despertamiento awakening

The Seven Simple Tenses		The Seven Compound Tenses	
Singular	Plural	Singular	Plural

1   presente de indicativo

destruyo	destruimos
destruyes	destruís
destruye	destruyen

8   perfecto de indicativo

he destruido	hemos destruido
has destruido	habéis destruido
ha destruido	han destruido

2   imperfecto de indicativo

destruía	destruíamos
destruías	destruíais
destruía	destruían

9   pluscuamperfecto de indicativo

había destruido	habíamos destruido
habías destruido	habíais destruido
había destruido	habían destruido

3   pretérito

destruí	destruimos
destruiste	destruisteis
destruyó	destruyeron

10   pretérito anterior

hube destruido	hubimos destruido
hubiste destruido	hubisteis destruido
hubo destruido	hubieron destruido

4   futuro

destruiré	destruiremos
destruirás	destruiréis
destruirá	destruirán

11   futuro perfecto

habré destruido	habremos destruido
habrás destruido	habréis destruido
habrá destruido	habrán destruido

5   potencial simple

destruiría	destruiríamos
destruirías	destruiríais
destruiría	destruirían

12   potencial compuesto

habría destruido	habríamos destruido
habrías destruido	habríais destruido
habría destruido	habrían destruido

6   presente de subjuntivo

destruya	destruyamos
destruyas	destruyáis
destruya	destruyan

13   perfecto de subjuntivo

haya destruido	hayamos destruido
hayas destruido	hayáis destruido
haya destruido	hayan destruido

7   imperfecto de subjuntivo

destruyera	destruyéramos
destruyeras	destruyerais
destruyera	destruyeran
OR	
destruyese	destruyésemos
destruyeses	destruyeseis
destruyese	destruyesen

14   pluscuamperfecto de subjuntivo

hubiera destruido	hubiéramos destruido
hubieras destruido	hubierais destruido
hubiera destruido	hubieran destruido
OR	
hubiese destruido	hubiésemos destruido
hubieses destruido	hubieseis destruido
hubiese destruido	hubiesen destruido

imperativo

—	destruyamos
destruye; no destruyas	destruid; no destruyáis
destruya	destruyan

Words related to this verb

destructor, destructora destructor, destroyer
la destrucción destruction
destruible destructible

destructivo, destructiva destructive
destruidor, destruidora destroyer

to undress oneself, to get undressed

The Seven Simple Tenses		The Seven Compound Tenses	
Singular	Plural	Singular	Plural
1 presente de indicativo		**8 perfecto de indicativo**	
me desvisto	nos desvestimos	me he desvestido	nos hemos desvestido
te desvistes	os desvestís	te has desvestido	os habéis desvestido
se desviste	se desvisten	se ha desvestido	se han desvestido
2 imperfecto de indicativo		**9 pluscuamperfecto de indicativo**	
me desvestía	nos desvestíamos	me había desvestido	nos habíamos desvestido
te desvestías	os desvestíais	te habías desvestido	os habíais desvestido
se desvestía	se desvestían	se había desvestido	se habían desvestido
3 pretérito		**10 pretérito anterior**	
me desvestí	nos desvestimos	me hube desvestido	nos hubimos desvestido
te desvestiste	os desvestisteis	te hubiste desvestido	os hubisteis desvestido
se desvistió	se desvistieron	se hubo desvestido	se hubieron desvestido
4 futuro		**11 futuro perfecto**	
me desvestiré	nos desvestiremos	me habré desvestido	nos habremos desvestido
te desvestirás	os desvestiréis	te habrás desvestido	os habréis desvestido
se desvestirá	se desvestirán	se habrá desvestido	se habrán desvestido
5 potencial simple		**12 potencial compuesto**	
me desvestiría	nos desvestiríamos	me habría desvestido	nos habríamos desvestido
te desvestirías	os desvestiríais	te habrías desvestido	os habríais desvestido
se desvestiría	se desvestirían	se habría desvestido	se habrían desvestido
6 presente de subjuntivo		**13 perfecto de subjuntivo**	
me desvista	nos desvistamos	me haya desvestido	nos hayamos desvestido
te desvistas	os desvistáis	te hayas desvestido	os hayáis desvestido
se desvista	se desvistan	se haya desvestido	se hayan desvestido
7 imperfecto de subjuntivo		**14 pluscuamperfecto de subjuntivo**	
me desvistiera	nos desvistiéramos	me hubiera desvestido	nos hubiéramos desvestido
te desvistieras	os desvistierais	te hubieras desvestido	os hubierais desvestido
se desvistiera	se desvistieran	se hubiera desvestido	se hubieran desvestido
OR		OR	
me desvistiese	nos desvistiésemos	me hubiese desvestido	nos hubiésemos desvestido
te desvistieses	os desvistieseis	te hubieses desvestido	os hubieseis desvestido
se desvistiese	se desvistiesen	se hubiese desvestido	se hubiesen desvestido

imperativo	
—	desvistámonos
desvístete; no te desvistas	desvestíos; no os desvistáis
desvístase	desvístanse

Words related to this verb

vestir to clothe, to dress
vestirse to clothe oneself, to dress oneself
el vestido clothing, clothes, dress
vestidos usados secondhand clothing

to stop (someone or something), to detain

The Seven Simple Tenses		The Seven Compound Tenses	
Singular	Plural	Singular	Plural
1 presente de indicativo		**8 perfecto de indicativo**	
detengo	detenemos	he detenido	hemos detenido
detienes	detenéis	has detenido	habéis detenido
detiene	detienen	ha detenido	han detenido
2 imperfecto de indicativo		**9 pluscuamperfecto de indicativo**	
detenía	deteníamos	había detenido	habíamos detenido
detenías	deteníais	habías detenido	habíais detenido
detenía	detenían	había detenido	habían detenido
3 pretérito		**10 pretérito anterior**	
detuve	detuvimos	hube detenido	hubimos detenido
detuviste	detuvisteis	hubiste detenido	hubisteis detenido
detuvo	detuvieron	hubo detenido	hubieron detenido
4 futuro		**11 futuro perfecto**	
detendré	detendremos	habré detenido	habremos detenido
detendrás	detendréis	habrás detenido	habréis detenido
detendrá	detendrán	habrá detenido	habrán detenido
5 potencial simple		**12 potencial compuesto**	
detendría	detendríamos	habría detenido	habríamos detenido
detendrías	detendríais	habrías detenido	habríais detenido
detendría	detendrían	habría detenido	habrían detenido
6 presente de subjuntivo		**13 perfecto de subjuntivo**	
detenga	detengamos	haya detenido	hayamos detenido
detengas	detengáis	hayas detenido	hayáis detenido
detenga	detengan	haya detenido	hayan detenido
7 imperfecto de subjuntivo		**14 pluscuamperfecto de subjuntivo**	
detuviera	detuviéramos	hubiera detenido	hubiéramos detenido
detuvieras	detuvierais	hubieras detenido	hubierais detenido
detuviera	detuvieran	hubiera detenido	hubieran detenido
OR		OR	
detuviese	detuviésemos	hubiese detenido	hubiésemos detenido
detuvieses	detuvieseis	hubieses detenido	hubieseis detenido
detuviese	detuviesen	hubiese detenido	hubiesen detenido

imperativo	
—	detengamos
detén; no detengas	detened; no detengáis
detenga	detengan

Words related to this verb

el detenimiento delay   **la detención** detention, detainment
detenido, detenida careful   **detenerse a + inf.** to stop + inf.
sostener to support, to sustain   **el sostenimiento** support, sustenance

See also **tener.**

detenerse
Gerundio **deteniéndose**   Part. pas. **detenido**

to stop (oneself)

The Seven Simple Tenses		The Seven Compound Tenses	
Singular	Plural	Singular	Plural
1 presente de indicativo		**8 perfecto de indicativo**	
me detengo	nos detenemos	me he detenido	nos hemos detenido
te detienes	os detenéis	te has detenido	os habéis detenido
se detiene	se detienen	se ha detenido	se han detenido
2 imperfecto de indicativo		**9 pluscuamperfecto de indicativo**	
me detenía	nos deteníamos	me había detenido	nos habíamos detenido
te detenías	os deteníais	te habías detenido	os habíais detenido
se detenía	se detenían	se había detenido	se habían detenido
3 pretérito		**10 pretérito anterior**	
me detuve	nos detuvimos	me hube detenido	nos hubimos detenido
te detuviste	os detuvisteis	te hubiste detenido	os hubisteis detenido
se detuvo	se detuvieron	se hubo detenido	se hubieron detenido
4 futuro		**11 futuro perfecto**	
me detendré	nos detendremos	me habré detenido	nos habremos detenido
te detendrás	os detendréis	te habrás detenido	os habréis detenido
se detendrá	se detendrán	se habrá detenido	se habrán detenido
5 potencial simple		**12 potencial compuesto**	
me detendría	nos detendríamos	me habría detenido	nos habríamos detenido
te detendrías	os detendríais	te habrías detenido	os habríais detenido
se detendría	se detendrían	se habría detenido	se habrían detenido
6 presente de subjuntivo		**13 perfecto de subjuntivo**	
me detenga	nos detengamos	me haya detenido	nos hayamos detenido
te detengas	os detengáis	te hayas detenido	os hayáis detenido
se detenga	se detengan	se haya detenido	se hayan detenido
7 imperfecto de subjuntivo		**14 pluscuamperfecto de subjuntivo**	
me detuviera	nos detuviéramos	me hubiera detenido	nos hubiéramos detenido
te detuvieras	os detuvierais	te hubieras detenido	os hubierais detenido
se detuviera	se detuvieran	se hubiera detenido	se hubieran detenido
OR		OR	
me detuviese	nos detuviésemos	me hubiese detenido	nos hubiésemos detenido
te detuvieses	os detuvieseis	te hubieses detenido	os hubieseis detenido
se detuviese	se detuviesen	se hubiese detenido	se hubiesen detenido

	imperativo	
—		detengámonos
	detente; no te detengas	deteneos; no os detengáis
	deténgase	deténganse

Words related to this verb

detener   to stop (someone or something), to detain
detenedor, detenedora   detainer

See also **detener.**

to return (an object), to refund, to give back

The Seven Simple Tenses		The Seven Compound Tenses	
Singular	Plural	Singular	Plural
1 presente de indicativo		**8 perfecto de indicativo**	
devuelvo	devolvemos	he devuelto	hemos devuelto
devuelves	devolvéis	has devuelto	habéis devuelto
devuelve	devuelven	ha devuelto	han devuelto
2 imperfecto de indicativo		**9 pluscuamperfecto de indicativo**	
devolvía	devolvíamos	había devuelto	habíamos devuelto
devolvías	devolvíais	habías devuelto	habíais devuelto
devolvía	devolvían	había devuelto	habían devuelto
3 pretérito		**10 pretérito anterior**	
devolví	devolvimos	hube devuelto	hubimos devuelto
devolviste	devolvisteis	hubiste devuelto	hubisteis devuelto
devolvió	devolvieron	hubo devuelto	hubieron devuelto
4 futuro		**11 futuro perfecto**	
devolveré	devolveremos	habré devuelto	habremos devuelto
devolverás	devolveréis	habrás devuelto	habréis devuelto
devolverá	devolverán	habrá devuelto	habrán devuelto
5 potencial simple		**12 potencial compuesto**	
devolvería	devolveríamos	habría devuelto	habríamos devuelto
devolverías	devolveríais	habrías devuelto	habríais devuelto
devolvería	devolverían	habría devuelto	habrían devuelto
6 presente de subjuntivo		**13 perfecto de subjuntivo**	
devuelva	devolvamos	haya devuelto	hayamos devuelto
devuelvas	devolváis	hayas devuelto	hayáis devuelto
devuelva	devuelvan	haya devuelto	hayan devuelto
7 imperfecto de subjuntivo		**14 pluscuamperfecto de subjuntivo**	
devolviera	devolviéramos	hubiera devuelto	hubiéramos devuelto
devolvieras	devolvierais	hubieras devuelto	hubierais devuelto
devolviera	devolvieran	hubiera devuelto	hubieran devuelto
OR		OR	
devolviese	devolviésemos	hubiese devuelto	hubiésemos devuelto
devolvieses	devolvieseis	hubieses devuelto	hubieseis devuelto
devolviese	devolviesen	hubiese devuelto	hubiesen devuelto

	imperativo	
—		devolvamos
devuelve; no devuelvas		devolved; no devolváis
devuelva		devuelvan

Sentences using this verb and words related to it

—¿Ha devuelto Ud. los libros a la biblioteca?
—Sí, señora, los devolví ayer.

devolutivo, devolutiva   returnable   **devolver**   to vomit
volver   to return, to go back   **la devolución**   restitution

Consult the back pages for the section on verbs used in idiomatic expressions.

The subject pronouns are found on the page facing page 1.

dibujar

to design, to draw, to sketch

The Seven Simple Tenses		The Seven Compound Tenses	
Singular	Plural	Singular	Plural
1 presente de indicativo		**8 perfecto de indicativo**	
dibujo	dibujamos	he dibujado	hemos dibujado
dibujas	dibujáis	has dibujado	habéis dibujado
dibuja	dibujan	ha dibujado	han dibujado
2 imperfecto de indicativo		**9 pluscuamperfecto de indicativo**	
dibujaba	dibujábamos	había dibujado	habíamos dibujado
dibujabas	dibujabais	habías dibujado	habíais dibujado
dibujaba	dibujaban	había dibujado	habían dibujado
3 pretérito		**10 pretérito anterior**	
dibujé	dibujamos	hube dibujado	hubimos dibujado
dibujaste	dibujasteis	hubiste dibujado	hubisteis dibujado
dibujó	dibujaron	hubo dibujado	hubieron dibujado
4 futuro		**11 futuro perfecto**	
dibujaré	dibujaremos	habré dibujado	habremos dibujado
dibujarás	dibujaréis	habrás dibujado	habréis dibujado
dibujará	dibujarán	habrá dibujado	habrán dibujado
5 potencial simple		**12 potencial compuesto**	
dibujaría	dibujaríamos	habría dibujado	habríamos dibujado
dibujarías	dibujaríais	habrías dibujado	habríais dibujado
dibujaría	dibujarían	habría dibujado	habrían dibujado
6 presente de subjuntivo		**13 perfecto de subjuntivo**	
dibuje	dibujemos	haya dibujado	hayamos dibujado
dibujes	dibujéis	hayas dibujado	hayáis dibujado
dibuje	dibujen	haya dibujado	hayan dibujado
7 imperfecto de subjuntivo		**14 pluscuamperfecto de subjuntivo**	
dibujara	dibujáramos	hubiera dibujado	hubiéramos dibujado
dibujaras	dibujarais	hubieras dibujado	hubierais dibujado
dibujara	dibujaran	hubiera dibujado	hubieran dibujado
OR		OR	
dibujase	dibujásemos	hubiese dibujado	hubiésemos dibujado
dibujases	dibujaseis	hubieses dibujado	hubieseis dibujado
dibujase	dibujasen	hubiese dibujado	hubiesen dibujado

imperativo	
—	dibujemos
dibuja; no dibujes	dibujad; no dibujéis
dibuje	dibujen

Words and expressions related to this verb

un dibujo   drawing, design, sketch
el, la dibujante   designer, illustrator, sketcher
dibujos humorísticos   comics

dibujo a la pluma   pen and ink drawing
dibujos animados   animated cartoons

Be sure to consult the sections on verbs used in idiomatic expressions, verbs with prepositions, and the list of over 1,000 verbs conjugated like model verbs in the back pages.

The Seven Simple Tenses		The Seven Compound Tenses	
Singular	Plural	Singular	Plural
1 presente de indicativo		**8 perfecto de indicativo**	
dirijo	dirigimos	he dirigido	hemos dirigido
diriges	dirigís	has dirigido	habéis dirigido
dirige	dirigen	ha dirigido	han dirigido
2 imperfecto de indicativo		**9 pluscuamperfecto de indicativo**	
dirigía	dirigíamos	había dirigido	habíamos dirigido
dirigías	dirigíais	habías dirigido	habíais dirigido
dirigía	dirigían	había dirigido	habían dirigido
3 pretérito		**10 pretérito anterior**	
dirigí	dirigimos	hube dirigido	hubimos dirigido
dirigiste	dirigisteis	hubiste dirigido	hubisteis dirigido
dirigió	dirigieron	hubo dirigido	hubieron dirigido
4 futuro		**11 futuro perfecto**	
dirigiré	dirigiremos	habré dirigido	habremos dirigido
dirigirás	dirigiréis	habrás dirigido	habréis dirigido
dirigirá	dirigirán	habrá dirigido	habrán dirigido
5 potencial simple		**12 potencial compuesto**	
dirigiría	dirigiríamos	habría dirigido	habríamos dirigido
dirigirías	dirigiríais	habrías dirigido	habríais dirigido
dirigiría	dirigirían	habría dirigido	habrían dirigido
6 presente de subjuntivo		**13 perfecto de subjuntivo**	
dirija	dirijamos	haya dirigido	hayamos dirigido
dirijas	dirijáis	hayas dirigido	hayáis dirigido
dirija	dirijan	haya dirigido	hayan dirigido
7 imperfecto de subjuntivo		**14 pluscuamperfecto de subjuntivo**	
dirigiera	dirigiéramos	hubiera dirigido	hubiéramos dirigido
dirigieras	dirigierais	hubieras dirigido	hubierais dirigido
dirigiera	dirigieran	hubiera dirigido	hubieran dirigido
OR		OR	
dirigiese	dirigiésemos	hubiese dirigido	hubiésemos dirigido
dirigieses	dirigieseis	hubieses dirigido	hubieseis dirigido
dirigiese	dirigiesen	hubiese dirigido	hubiesen dirigido

imperativo	
—	dirijamos
dirige; no dirijas	dirigid; no dirijáis
dirija	dirijan

Words and expressions related to this verb

el director, la directora　director
director de orquesta　orchestra conductor
el dirigente, la dirigente　leader
dirigir la palabra　to address, to speak to

disculparse

Gerundio **disculpándose**   Part. pas. **disculpado**

to apologize, to excuse (oneself)

The Seven Simple Tenses		The Seven Compound Tenses	
Singular	Plural	Singular	Plural
1 presente de indicativo		**8 perfecto de indicativo**	
me disculpo	nos disculpamos	me he disculpado	nos hemos disculpado
te disculpas	os disculpáis	te has disculpado	os habéis disculpado
se disculpa	se disculpan	se ha disculpado	se han disculpado
2 imperfecto de indicativo		**9 pluscuamperfecto de indicativo**	
me disculpaba	nos disculpábamos	me había disculpado	nos habíamos disculpado
te disculpabas	os disculpabais	te habías disculpado	os habíais disculpado
se disculpaba	se disculpaban	se había disculpado	se habían disculpado
3 pretérito		**10 pretérito anterior**	
me disculpé	nos disculpamos	me hube disculpado	nos hubimos disculpado
te disculpaste	os disculpasteis	te hubiste disculpado	os hubisteis disculpado
se disculpó	se disculparon	se hubo disculpado	se hubieron disculpado
4 futuro		**11 futuro perfecto**	
me disculparé	nos disculparemos	me habré disculpado	nos habremos disculpado
te disculparás	os disculparéis	te habrás disculpado	os habréis disculpado
se disculpará	se disculparán	se habrá disculpado	se habrán disculpado
5 potencial simple		**12 potencial compuesto**	
me disculparía	nos disculparíamos	me habría disculpado	nos habríamos disculpado
te disculparías	os disculparíais	te habrías disculpado	os habríais disculpado
se disculparía	se disculparían	se habría disculpado	se habrían disculpado
6 presente de subjuntivo		**13 perfecto de subjuntivo**	
me disculpe	nos disculpemos	me haya disculpado	nos hayamos disculpado
te disculpes	os disculpéis	te hayas disculpado	os hayáis disculpado
se disculpe	se disculpen	se haya disculpado	se hayan disculpado
7 imperfecto de subjuntivo		**14 pluscuamperfecto de subjuntivo**	
me disculpara	nos disculpáramos	me hubiera disculpado	nos hubiéramos disculpado
te disculparas	os disculparais	te hubieras disculpado	os hubierais disculpado
se disculpara	se disculparan	se hubiera disculpado	se hubieran disculpado
OR		OR	
me disculpase	nos disculpásemos	me hubiese disculpado	nos hubiésemos disculpado
te disculpases	os disculpaseis	te hubieses disculpado	os hubieseis disculpado
se disculpase	se disculpasen	se hubiese disculpado	se hubiesen disculpado

imperativo	
—	disculpémonos
discúlpate; no te disculpes	disculpaos; no os disculpéis
discúlpese	discúlpense

Words and expressions related to this verb

disculpar to excuse, to pardon (someone)
disculparse con to apologize to, to make excuses to
disculparse de to apologize for, to make excuses for
una disculpa excuse, apology

la culpa fault, blame, guilt
tener la culpa to be to blame
culpar to blame, to accuse
culparse to blame oneself

The Seven Simple Tenses		The Seven Compound Tenses	
Singular	Plural	Singular	Plural

1   presente de indicativo

discuto	discutimos	
discutes	discutís	
discute	discuten	

8   perfecto de indicativo

he discutido	hemos discutido
has discutido	habéis discutido
ha discutido	han discutido

2   imperfecto de indicativo

discutía	discutíamos
discutías	discutíais
discutía	discutían

9   pluscuamperfecto de indicativo

había discutido	habíamos discutido
habías discutido	habíais discutido
había discutido	habían discutido

3   pretérito

discutí	discutimos
discutiste	discutisteis
discutió	discutieron

10   pretérito anterior

hube discutido	hubimos discutido
hubiste discutido	hubisteis discutido
hubo discutido	hubieron discutido

4   futuro

discutiré	discutiremos
discutirás	discutiréis
discutirá	discutirán

11   futuro perfecto

habré discutido	habremos discutido
habrás discutido	habréis discutido
habrá discutido	habrán discutido

5   potencial simple

discutiría	discutiríamos
discutirías	discutiríais
discutiría	discutirían

12   potencial compuesto

habría discutido	habríamos discutido
habrías discutido	habríais discutido
habría discutido	habrían discutido

6   presente de subjuntivo

discuta	discutamos
discutas	discutáis
discuta	discutan

13   perfecto de subjuntivo

haya discutido	hayamos discutido
hayas discutido	hayáis discutido
haya discutido	hayan discutido

7   imperfecto de subjuntivo

discutiera	discutiéramos
discutieras	discutierais
discutiera	discutieran
OR	
discutiese	discutiésemos
discutieses	discutieseis
discutiese	discutiesen

14   pluscuamperfecto de subjuntivo

hubiera discutido	hubiéramos discutido
hubieras discutido	hubierais discutido
hubiera discutido	hubieran discutido
OR	
hubiese discutido	hubiésemos discutido
hubieses discutido	hubieseis discutido
hubiese discutido	hubiesen discutido

imperativo

—	**discutamos**
discute; no discutas	**discutid; no discutáis**
discuta	**discutan**

Words and expressions related to this verb

discutir sobre   to argue about
discutible   debatable, disputable
la discusión   discussion

un discurso   discourse, speech
el discurso de la corona   King's (Queen's) speech

to excuse, to dispense, to distribute, to exempt

The Seven Simple Tenses		The Seven Compound Tenses	
Singular	Plural	Singular	Plural
1 presente de indicativo		**8 perfecto de indicativo**	
dispenso	dispensamos	he dispensado	hemos dispensado
dispensas	dispensáis	has dispensado	habéis dispensado
dispensa	dispensan	ha dispensado	han dispensado
2 imperfecto de indicativo		**9 pluscuamperfecto de indicativo**	
dispensaba	dispensábamos	había dispensado	habíamos dispensado
dispensabas	dispensabais	habías dispensado	habíais dispensado
dispensaba	dispensaban	había dispensado	habían dispensado
3 pretérito		**10 pretérito anterior**	
dispensé	dispensamos	hube dispensado	hubimos dispensado
dispensaste	dispensasteis	hubiste dispensado	hubisteis dispensado
dispensó	dispensaron	hubo dispensado	hubieron dispensado
4 futuro		**11 futuro perfecto**	
dispensaré	dispensaremos	habré dispensado	habremos dispensado
dispensarás	dispensaréis	habrás dispensado	habréis dispensado
dispensará	dispensarán	habrá dispensado	habrán dispensado
5 potencial simple		**12 potencial compuesto**	
dispensaría	dispensaríamos	habría dispensado	habríamos dispensado
dispensarías	dispensaríais	habrías dispensado	habríais dispensado
dispensaría	dispensarían	habría dispensado	habrían dispensado
6 presente de subjuntivo		**13 perfecto de subjuntivo**	
dispense	dispensemos	haya dispensado	hayamos dispensado
dispenses	dispenséis	hayas dispensado	hayáis dispensado
dispense	dispensen	haya dispensado	hayan dispensado
7 imperfecto de subjuntivo		**14 pluscuamperfecto de subjuntivo**	
dispensara	dispensáramos	hubiera dispensado	hubiéramos dispensado
dispensaras	dispensarais	hubieras dispensado	hubierais dispensado
dispensara	dispensaran	hubiera dispensado	hubieran dispensado
OR		OR	
dispensase	dispensásemos	hubiese dispensado	hubiésemos dispensado
dispensases	dispensaseis	hubieses dispensado	hubieseis dispensado
dispensase	dispensasen	hubiese dispensado	hubiesen dispensado

imperativo	
–	dispensemos
dispensa; no dispenses	dispensad; no dispenséis
dispense	dispensen

Words and expressions related to this verb

¡Dispénseme! Excuse me!   dispensar de + inf. to excuse from + pres. part.
la dispensación dispensation   la dispensa privilege
el dispensario dispensary, clinic

to distinguish

The Seven Simple Tenses		The Seven Compound Tenses	
Singular	Plural	Singular	Plural

1   presente de indicativo

		8 perfecto de indicativo	
distingo	distinguimos	he distinguido	hemos distinguido
distingues	distinguís	has distinguido	habéis distinguido
distingue	distinguen	ha distinguido	han distinguido

2   imperfecto de indicativo

		9 pluscuamperfecto de indicativo	
distinguía	distinguíamos	había distinguido	habíamos distinguido
distinguías	distinguíais	habías distinguido	habíais distinguido
distinguía	distinguían	había distinguido	habían distinguido

3   pretérito

		10 pretérito anterior	
distinguí	distinguimos	hube distinguido	hubimos distinguido
distinguiste	distinguisteis	hubiste distinguido	hubisteis distinguido
distinguió	distinguieron	hubo distinguido	hubieron distinguido

4   futuro

		11 futuro perfecto	
distinguiré	distinguiremos	habré distinguido	habremos distinguido
distinguirás	distinguiréis	habrás distinguido	habréis distinguido
distinguirá	distinguirán	habrá distinguido	habrán distinguido

5   potencial simple

		12 potencial compuesto	
distinguiría	distinguiríamos	habría distinguido	habríamos distinguido
distinguirías	distinguiríais	habrías distinguido	habríais distinguido
distinguiría	distinguirían	habría distinguido	habrían distinguido

6   presente de subjuntivo

		13 perfecto de subjuntivo	
distinga	distingamos	haya distinguido	hayamos distinguido
distingas	distingáis	hayas distinguido	hayáis distinguido
distinga	distingan	haya distinguido	hayan distinguido

7   imperfecto de subjuntivo

		14 pluscuamperfecto de subjuntivo	
distinguiera	distinguiéramos	hubiera distinguido	hubiéramos distinguido
distinguieras	distinguierais	hubieras distinguido	hubierais distinguido
distinguiera	distinguieran	hubiera distinguido	hubieran distinguido
OR		OR	
distinguiese	distinguiésemos	hubiese distinguido	hubiésemos distinguido
distinguieses	distinguieseis	hubieses distinguido	hubieseis distinguido
distinguiese	distinguiesen	hubiese distinguido	hubiesen distinguido

imperativo	
—	distingamos
distingue; no distingas	distinguid; no distingáis
distinga	distingan

Words related to this verb

distinguirse   to distinguish oneself
distintivo, distintiva   distinctive
el distingo   restriction
la distinción   distinction

to have a good time, to enjoy oneself

The Seven Simple Tenses		The Seven Compound Tenses	
Singular	Plural	Singular	Plural

1 presente de indicativo

		8 perfecto de indicativo	
me divierto	nos divertimos	me he divertido	nos hemos divertido
te diviertes	os divertís	te has divertido	os habéis divertido
se divierte	se divierten	se ha divertido	se han divertido

2 imperfecto de indicativo

		9 pluscuamperfecto de indicativo	
me divertía	nos divertíamos	me había divertido	nos habíamos divertido
te divertías	os divertíais	te habías divertido	os habíais divertido
se divertía	se divertían	se había divertido	se habían divertido

3 pretérito

		10 pretérito anterior	
me divertí	nos divertimos	me hube divertido	nos hubimos divertido
te divertiste	os divertisteis	te hubiste divertido	os hubisteis divertido
se divirtió	se divirtieron	se hubo divertido	se hubieron divertido

4 futuro

		11 futuro perfecto	
me divertiré	nos divertiremos	me habré divertido	nos habremos divertido
te divertirás	os divertiréis	te habrás divertido	os habréis divertido
se divertirá	se divertirán	se habrá divertido	se habrán divertido

5 potencial simple

		12 potencial compuesto	
me divertiría	nos divertiríamos	me habría divertido	nos habríamos divertido
te divertirías	os divertiríais	te habrías divertido	os habríais divertido
se divertiría	se divertirían	se habría divertido	se habrían divertido

6 presente de subjuntivo

		13 perfecto de subjuntivo	
me divierta	nos divirtamos	me haya divertido	nos hayamos divertido
te diviertas	os divirtáis	te hayas divertido	os hayáis divertido
se divierta	se diviertan	se haya divertido	se hayan divertido

7 imperfecto de subjuntivo

		14 pluscuamperfecto de subjuntivo	
me divirtiera	nos divirtiéramos	me hubiera divertido	nos hubiéramos divertido
te divirtieras	os divirtierais	te hubieras divertido	os hubierais divertido
se divirtiera	se divirtieran	se hubiera divertido	se hubieran divertido
me divirtiese	nos divirtiésemos	me hubiese divertido	nos hubiésemos divertido
te divirtieses	os divirtieseis	te hubieses divertido	os hubieseis divertido
se divirtiese	se divirtiesen	se hubiese divertido	se hubiesen divertido

imperativo

—	divirtámonos; no nos divirtamos
diviértete; no te diviertas	divertíos; no os divirtáis
diviértase; no se divierta	diviértanse; no se diviertan

Words related to this verb

el divertimiento amusement, diversion
diverso, diversa diverse, different
la diversión entertainment
divertir to entertain

to be (get) divorced

The Seven Simple Tenses		The Seven Compound Tenses	
Singular	Plural	Singular	Plural

1   presente de indicativo
me divorcio   nos divorciamos
te divorcias   os divorciáis
se divorcia   se divorcian

8   perfecto de indicativo
me he divorciado   nos hemos divorciado
te has divorciado   os habéis divorciado
se ha divorciado   se han divorciado

2   imperfecto de indicativo
me divorciaba   nos divorciábamos
te divorciabas   os divorciabais
se divorciaba   se divorciaban

9   pluscuamperfecto de indicativo
me había divorciado   nos habíamos divorciado
te habías divorciado   os habíais divorciado
se había divorciado   se habían divorciado

3   pretérito
me divorcié   nos divorciamos
te divorciaste   os divorciasteis
se divorció   se divorciaron

10   pretérito anterior
me hube divorciado   nos hubimos divorciado
te hubiste divorciado   os hubisteis divorciado
se hubo divorciado   se hubieron divorciado

4   futuro
me divorciaré   nos divorciaremos
te divorciarás   os divorciaréis
se divorciará   se divorciarán

11   futuro perfecto
me habré divorciado   nos habremos divorciado
te habrás divorciado   os habréis divorciado
se habrá divorciado   se habrán divorciado

5   potencial simple
me divorciaría   nos divorciaríamos
te divorciarías   os divorciaríais
se divorciaría   se divorciarían

12   potencial compuesto
me habría divorciado   nos habríamos divorciado
te habrías divorciado   os habríais divorciado
se habría divorciado   se habrían divorciado

6   presente de subjuntivo
me divorcie   nos divorciemos
te divorcies   os divorciéis
se divorcie   se divorcien

13   perfecto de subjuntivo
me haya divorciado   nos hayamos divorciado
te hayas divorciado   os hayáis divorciado
se haya divorciado   se hayan divorciado

7   imperfecto de subjuntivo
me divorciara   nos divorciáramos
te divorciaras   os divorciarais
se divorciara   se divorciaran
OR
me divorciase   nos divorciásemos
te divorciases   os divorciaseis
se divorciase   se divorciasen

14   pluscuamperfecto de subjuntivo
me hubiera divorciado   nos hubiéramos divorciado
te hubieras divorciado   os hubierais divorciado
se hubiera divorciado   se hubieran divorciado
OR
me hubiese divorciado   nos hubiésemos divorciado
te hubieses divorciado   os hubieseis divorciado
se hubiese divorciado   se hubiesen divorciado

imperativo

—   divorciémonos
divórciate; no te divorcies   divorciaos; no os divorciéis
divórciese   divórciense

Words related to this verb

divorciarse de   to get a divorce from
el divorcio   divorce, separation

divorciar   to separate, divide, part
un divorciador, una divorciadora   divorcer

Be sure to consult the back pages for sections on verbs used in idiomatic expressions, verbs with prepositions, and the list of over 1,000 verbs conjugated like model verbs.

The subject pronouns are found on the page facing page 1.

to ache, to pain, to hurt, to cause grief, to cause regret

The Seven Simple Tenses		The Seven Compound Tenses	
Singular	Plural	Singular	Plural
1 presente de indicativo		**8 perfecto de indicativo**	
duelo	dolemos	he dolido	hemos dolido
dueles	doléis	has dolido	habéis dolido
duele	duelen	ha dolido	han dolido
2 imperfecto de indicativo		**9 pluscuamperfecto de indicativo**	
dolía	dolíamos	había dolido	habíamos dolido
dolías	dolíais	habías dolido	habíais dolido
dolía	dolían	había dolido	habían dolido
3 pretérito		**10 pretérito anterior**	
dolí	dolimos	hube dolido	hubimos dolido
doliste	dolisteis	hubiste dolido	hubisteis dolido
dolió	dolieron	hubo dolido	hubieron dolido
4 futuro		**11 futuro perfecto**	
doleré	doleremos	habré dolido	habremos dolido
dolerás	doleréis	habrás dolido	habréis dolido
dolerá	dolerán	habrá dolido	habrán dolido
5 potencial simple		**12 potencial compuesto**	
dolería	doleríamos	habría dolido	habríamos dolido
dolerías	doleríais	habrías dolido	habríais dolido
dolería	dolerían	habría dolido	habrían dolido
6 presente de subjuntivo		**13 perfecto de subjuntivo**	
duela	dolamos	haya dolido	hayamos dolido
duelas	doláis	hayas dolido	hayáis dolido
duela	duelan	haya dolido	hayan dolido
7 imperfecto de subjuntivo		**14 pluscuamperfecto de subjuntivo**	
doliera	doliéramos	hubiera dolido	hubiéramos dolido
dolieras	dolierais	hubieras dolido	hubierais dolido
doliera	dolieran	hubiera dolido	hubieran dolido
OR		OR	
doliese	doliésemos	hubiese dolido	hubiésemos dolido
dolieses	dolieseis	hubieses dolido	hubieseis dolido
doliese	doliesen	hubiese dolido	hubiesen dolido

imperativo

	dolamos
duele; no duelas	doled; no doláis
duela	duelan

Common idiomatic expressions using this verb

dolerse de to complain about
un dolor ache, hurt, pain, regret
causar dolor to pain
estar con dolores to be in labor

tener dolor de cabeza to have a headache
tener dolor de muelas to have a toothache
tener dolor de oído to have an earache

The Seven Simple Tenses		The Seven Compound Tenses	
Singular	Plural	Singular	Plural
1 presente de indicativo		**8 perfecto de indicativo**	
duermo	dormimos	he dormido	hemos dormido
duermes	dormís	has dormido	habéis dormido
duerme	duermen	ha dormido	han dormido
2 imperfecto de indicativo		**9 pluscuamperfecto de indicativo**	
dormía	dormíamos	había dormido	habíamos dormido
dormías	dormíais	habías dormido	habíais dormido
dormía	dormían	había dormido	habían dormido
3 pretérito		**10 pretérito anterior**	
dormí	dormimos	hube dormido	hubimos dormido
dormiste	dormisteis	hubiste dormido	hubisteis dormido
durmió	durmieron	hubo dormido	hubieron dormido
4 futuro		**11 futuro perfecto**	
dormiré	dormiremos	habré dormido	habremos dormido
dormirás	dormiréis	habrás dormido	habréis dormido
dormirá	dormirán	habrá dormido	habrán dormido
5 potencial simple		**12 potencial compuesto**	
dormiría	dormiríamos	habría dormido	habríamos dormido
dormirías	dormiríais	habrías dormido	habríais dormido
dormiría	dormirían	habría dormido	habrían dormido
6 presente de subjuntivo		**13 perfecto de subjuntivo**	
duerma	durmamos	haya dormido	hayamos dormido
duermas	durmáis	hayas dormido	hayáis dormido
duerma	duerman	haya dormido	hayan dormido
7 imperfecto de subjuntivo		**14 pluscuamperfecto de subjuntivo**	
durmiera	durmiéramos	hubiera dormido	hubiéramos dormido
durmieras	durmierais	hubieras dormido	hubierais dormido
durmiera	durmieran	hubiera dormido	hubieran dormido
OR		OR	
durmiese	durmiésemos	hubiese dormido	hubiésemos dormido
durmieses	durmieseis	hubieses dormido	hubieseis dormido
durmiese	durmiesen	hubiese dormido	hubiesen dormido

imperativo

—	**durmamos**
duerme; no duermas	**dormid; no durmáis**
duerma	**duerman**

Words and expressions related to this verb

dormirse   to fall asleep; (pres. part.: **durmiéndose**)
dormir a pierna suelta   to sleep soundly
dormitar   to doze
el dormitorio   bedroom, dormitory

to take a shower, to shower oneself

The Seven Simple Tenses		The Seven Compound Tenses	
Singular	Plural	Singular	Plural
1 presente de indicativo		**8 perfecto de indicativo**	
me ducho	nos duchamos	me he duchado	nos hemos duchado
te duchas	os ducháis	te has duchado	os habéis duchado
se ducha	se duchan	se ha duchado	se han duchado
2 imperfecto de indicativo		**9 pluscuamperfecto de indicativo**	
me duchaba	nos duchábamos	me había duchado	nos habíamos duchado
te duchabas	os duchabais	te habías duchado	os habíais duchado
se duchaba	se duchaban	se había duchado	se habían duchado
3 pretérito		**10 pretérito anterior**	
me duché	nos duchamos	me hube duchado	nos hubimos duchado
te duchaste	os duchasteis	te hubiste duchado	os hubisteis duchado
se duchó	se ducharon	se hubo duchado	se hubieron duchado
4 futuro		**11 futuro perfecto**	
me ducharé	nos ducharemos	me habré duchado	nos habremos duchado
te ducharás	os ducharéis	te habrás duchado	os habréis duchado
se duchará	se ducharán	se habrá duchado	se habrán duchado
5 potencial simple		**12 potencial compuesto**	
me ducharía	nos ducharíamos	me habría duchado	nos habríamos duchado
te ducharías	os ducharíais	te habrías duchado	os habríais duchado
se ducharía	se ducharían	se habría duchado	se habrían duchado
6 presente de subjuntivo		**13 perfecto de subjuntivo**	
me duche	nos duchemos	me haya duchado	nos hayamos duchado
te duches	os duchéis	te hayas duchado	os hayáis duchado
se duche	se duchen	se haya duchado	se hayan duchado
7 imperfecto de subjuntivo		**14 pluscuamperfecto de subjuntivo**	
me duchara	nos ducháramos	me hubiera duchado	nos hubiéramos duchado
te ducharas	os ducharais	te hubieras duchado	os hubierais duchado
se duchara	se ducharan	se hubiera duchado	se hubieran duchado
OR		OR	
me duchase	nos duchásemos	me hubiese duchado	nos hubiésemos duchado
te duchases	os duchaseis	te hubieses duchado	os hubieseis duchado
se duchase	se duchasen	se hubiese duchado	se hubiesen duchado

	imperativo	
—	duchémonos	
dúchate; no te duches	duchaos; no os duchéis	
dúchese	dúchense	

Sentences using this verb and words related to it

Por lo general, me ducho todas las mañanas, pero esta mañana no me duché y mi padre me dijo;
— ¡Dúchate!

una ducha   shower bath, douche

The Seven Simple Tenses		The Seven Compound Tenses	
Singular	Plural	Singular	Plural

1   presente de indicativo

dudo	dudamos	
dudas	dudáis	
duda	dudan	

8   perfecto de indicativo

he dudado	hemos dudado
has dudado	habéis dudado
ha dudado	han dudado

2   imperfecto de indicativo

dudaba	dudábamos
dudabas	dudabais
dudaba	dudaban

9   pluscuamperfecto de indicativo

había dudado	habíamos dudado
habías dudado	habíais dudado
había dudado	habían dudado

3   pretérito

dudé	dudamos
dudaste	dudasteis
dudó	dudaron

10   pretérito anterior

hube dudado	hubimos dudado
hubiste dudado	hubisteis dudado
hubo dudado	hubieron dudado

4   futuro

dudaré	dudaremos
dudarás	dudaréis
dudará	dudarán

11   futuro perfecto

habré dudado	habremos dudado
habrás dudado	habréis dudado
habrá dudado	habrán dudado

5   potencial simple

dudaría	dudaríamos
dudarías	dudaríais
dudaría	dudarían

12   potencial compuesto

habría dudado	habríamos dudado
habrías dudado	habríais dudado
habría dudado	habrían dudado

6   presente de subjuntivo

dude	dudemos
dudes	dudéis
dude	duden

13   perfecto de subjuntivo

haya dudado	hayamos dudado
hayas dudado	hayáis dudado
haya dudado	hayan dudado

7   imperfecto de subjuntivo

dudara	dudáramos
dudaras	dudarais
dudara	dudaran
OR	
dudase	dudásemos
dudases	dudaseis
dudase	dudasen

14   pluscuamperfecto de subjuntivo

hubiera dudado	hubiéramos dudado
hubieras dudado	hubierais dudado
hubiera dudado	hubieran dudado
OR	
hubiese dudado	hubiésemos dudado
hubieses dudado	hubieseis dudado
hubiese dudado	hubiesen dudado

imperativo

—	dudemos
duda; no dudes	dudad; no dudéis
dude	duden

Words and expressions related to this verb

la duda   doubt
sin duda   undoubtedly, without a doubt
dudoso, dudosa   doubtful
dudosamente   doubtfully

poner en duda   to doubt, to question
No cabe duda   There is no doubt.

The subject pronouns are found on the page facing page 1.

to cast, to fling, to hurl, to pitch, to throw

The Seven Simple Tenses		The Seven Compound Tenses	
Singular	Plural	Singular	Plural
1 presente de indicativo		**8 perfecto de indicativo**	
echo	echamos	he echado	hemos echado
echas	echáis	has echado	habéis echado
echa	echan	ha echado	han echado
2 imperfecto de indicativo		**9 pluscuamperfecto de indicativo**	
echaba	echábamos	había echado	habíamos echado
echabas	echabais	habías echado	habíais echado
echaba	echaban	había echado	habían echado
3 pretérito		**10 pretérito anterior**	
eché	echamos	hube echado	hubimos echado
echaste	echasteis	hubiste echado	hubisteis echado
echó	echaron	hubo echado	hubieron echado
4 futuro		**11 futuro perfecto**	
echaré	echaremos	habré echado	habremos echado
echarás	echaréis	habrás echado	habréis echado
echará	echarán	habrá echado	habrán echado
5 potencial simple		**12 potencial compuesto**	
echaría	echaríamos	habría echado	habríamos echado
echarías	echaríais	habrías echado	habríais echado
echaría	echarían	habría echado	habrían echado
6 presente de subjuntivo		**13 perfecto de subjuntivo**	
eche	echemos	haya echado	hayamos echado
eches	echéis	hayas echado	hayáis echado
eche	echen	haya echado	hayan echado
7 imperfecto de subjuntivo		**14 pluscuamperfecto de subjuntivo**	
echara	echáramos	hubiera echado	hubiéramos echado
echaras	echarais	hubieras echado	hubierais echado
echara	echaran	hubiera echado	hubieran echado
OR		OR	
echase	echásemos	hubiese echado	hubiésemos echado
echases	echaseis	hubieses echado	hubieseis echado
echase	echasen	hubiese echado	hubiesen echado

	imperativo	
—	echemos
echa; no eches	echad; no echéis
eche	echen

Words and expressions related to this verb

echar mano a   to grab; **echar de menos a una persona**   to miss a person
echar una carta al correo   to mail (post) a letter; **echar raíces**   to take root
una echada, un echamiento   cast, throw, casting, throwing
echarse   to lie down, rest, stretch out (oneself)
desechar   to reject

to execute, to carry out, to perform

The Seven Simple Tenses		The Seven Compound Tenses	
Singular	Plural	Singular	Plural
1 presente de indicativo		**8 perfecto de indicativo**	
ejecuto	ejecutamos	he ejecutado	hemos ejecutado
ejecutas	ejecutáis	has ejecutado	habéis ejecutado
ejecuta	ejecutan	ha ejecutado	han ejecutado
2 imperfecto de indicativo		**9 pluscuamperfecto de indicativo**	
ejecutaba	ejecutábamos	había ejecutado	habíamos ejecutado
ejecutabas	ejecutabais	habías ejecutado	habíais ejecutado
ejecutaba	ejecutaban	había ejecutado	habían ejecutado
3 pretérito		**10 pretérito anterior**	
ejecuté	ejecutamos	hube ejecutado	hubimos ejecutado
ejecutaste	ejecutasteis	hubiste ejecutado	hubisteis ejecutado
ejecutó	ejecutaron	hubo ejecutado	hubieron ejecutado
4 futuro		**11 futuro perfecto**	
ejecutaré	ejecutaremos	habré ejecutado	habremos ejecutado
ejecutarás	ejecutaréis	habrás ejecutado	habréis ejecutado
ejecutará	ejecutarán	habrá ejecutado	habrán ejecutado
5 potencial simple		**12 potencial compuesto**	
ejecutaría	ejecutaríamos	habría ejecutado	habríamos ejecutado
ejecutarías	ejecutaríais	habrías ejecutado	habríais ejecutado
ejecutaría	ejecutarían	habría ejecutado	habrían ejecutado
6 presente de subjuntivo		**13 perfecto de subjuntivo**	
ejecute	ejecutemos	haya ejecutado	hayamos ejecutado
ejecutes	ejecutéis	hayas ejecutado	hayáis ejecutado
ejecute	ejecuten	haya ejecutado	hayan ejecutado
7 imperfecto de subjuntivo		**14 pluscuamperfecto de subjuntivo**	
ejecutara	ejecutáramos	hubiera ejecutado	hubiéramos ejecutado
ejecutaras	ejecutarais	hubieras ejecutado	hubierais ejecutado
ejecutara	ejecutaran	hubiera ejecutado	hubieran ejecutado
OR		OR	
ejecutase	ejecutásemos	hubiese ejecutado	hubiésemos ejecutado
ejecutases	ejecutaseis	hubieses ejecutado	hubieseis ejecutado
ejecutase	ejecutasen	hubiese ejecutado	hubiesen ejecutado

imperativo

—	ejecutemos
ejecuta; no ejecutes	ejecutad; no ejecutéis
ejecute	ejecuten

Words and expressions related to this verb

un ejecutivo, una ejecutiva executive
un ejecutor de la justicia executioner

ejecutar un ajuste to make an agreement
ejecutar un contrato to carry out a contract

ejercer

to exert, to exercise

The Seven Simple Tenses		The Seven Compound Tenses	
Singular	Plural	Singular	Plural
1 presente de indicativo		**8 perfecto de indicativo**	
ejerzo	ejercemos	he ejercido	hemos ejercido
ejerces	ejercéis	has ejercido	habéis ejercido
ejerce	ejercen	ha ejercido	han ejercido
2 imperfecto de indicativo		**9 pluscuamperfecto de indicativo**	
ejercía	ejercíamos	había ejercido	habíamos ejercido
ejercías	ejercíais	habías ejercido	habíais ejercido
ejercía	ejercían	había ejercido	habían ejercido
3 pretérito		**10 pretérito anterior**	
ejercí	ejercimos	hube ejercido	hubimos ejercido
ejerciste	ejercisteis	hubiste ejercido	hubisteis ejercido
ejerció	ejercieron	hubo ejercido	hubieron ejercido
4 futuro		**11 futuro perfecto**	
ejerceré	ejerceremos	habré ejercido	habremos ejercido
ejercerás	ejerceréis	habrás ejercido	habréis ejercido
ejercerá	ejercerán	habrá ejercido	habrán ejercido
5 potencial simple		**12 potencial compuesto**	
ejercería	ejerceríamos	habría ejercido	habríamos ejercido
ejercerías	ejerceríais	habrías ejercido	habríais ejercido
ejercería	ejercerían	habría ejercido	habrían ejercido
6 presente de subjuntivo		**13 perfecto de subjuntivo**	
ejerza	ejerzamos	haya ejercido	hayamos ejercido
ejerzas	ejerzáis	hayas ejercido	hayáis ejercido
ejerza	ejerzan	haya ejercido	hayan ejercido
7 imperfecto de subjuntivo		**14 pluscuamperfecto de subjuntivo**	
ejerciera	ejerciéramos	hubiera ejercido	hubiéramos ejercido
ejercieras	ejercierais	hubieras ejercido	hubierais ejercido
ejerciera	ejercieran	hubiera ejercido	hubieran ejercido
OR		OR	
ejerciese	ejerciésemos	hubiese ejercido	hubiésemos ejercido
ejercieses	ejercieseis	hubieses ejercido	hubieseis ejercido
ejerciese	ejerciesen	hubiese ejercido	hubiesen ejercido

	imperativo	
—		ejerzamos
	ejerce; no ejerzas	ejerced; no ejerzáis
	ejerza	ejerzan

Words and expressions related to this verb

el ejercicio   exercise
hacer ejercicio   to drill, to exercise
el ejército   army
ejercitar   to drill, to exercise, to train

to elect, to select, to choose

The Seven Simple Tenses		The Seven Compound Tenses	
Singular	Plural	Singular	Plural
1 presente de indicativo		**8 perfecto de indicativo**	
elijo	elegimos	he elegido	hemos elegido
eliges	elegís	has elegido	habéis elegido
elige	eligen	ha elegido	han elegido
2 imperfecto de indicativo		**9 pluscuamperfecto de indicativo**	
elegía	elegíamos	había elegido	habíamos elegido
elegías	elegíais	habías elegido	habíais elegido
elegía	elegían	había elegido	habían elegido
3 pretérito		**10 pretérito anterior**	
elegí	elegimos	hube elegido	hubimos elegido
elegiste	elegisteis	hubiste elegido	hubisteis elegido
eligió	eligieron	hubo elegido	hubieron elegido
4 futuro		**11 futuro perfecto**	
elegiré	elegiremos	habré elegido	habremos elegido
elegirás	elegiréis	habrás elegido	habréis elegido
elegirá	elegirán	habrá elegido	habrán elegido
5 potencial simple		**12 potencial compuesto**	
elegiría	elegiríamos	habría elegido	habríamos elegido
elegirías	elegiríais	habrías elegido	habríais elegido
elegiría	elegirían	habría elegido	habrían elegido
6 presente de subjuntivo		**13 perfecto de subjuntivo**	
elija	elijamos	haya elegido	hayamos elegido
elijas	elijáis	hayas elegido	hayáis elegido
elija	elijan	haya elegido	hayan elegido
7 imperfecto de subjuntivo		**14 pluscuamperfecto de subjuntivo**	
eligiera	eligiéramos	hubiera elegido	hubiéramos elegido
eligieras	eligierais	hubieras elegido	hubierais elegido
eligiera	eligieran	hubiera elegido	hubieran elegido
OR		OR	
eligiese	eligiésemos	hubiese elegido	hubiésemos elegido
eligieses	eligieseis	hubieses elegido	hubieseis elegido
eligiese	eligiesen	hubiese elegido	hubiesen elegido

imperativo	
—	elijamos
elige; no elijas	elegid; no elijáis
elija	elijan

Words related to this verb

elegible   eligible
la elegibilidad   eligibility
la elección   election

elegir + inf.   to choose + inf.
reelegir   to reelect
el elector, la electora   elector

to soak in, to soak up, to suck in, to imbibe

The Seven Simple Tenses		The Seven Compound Tenses	
Singular	Plural	Singular	Plural
1 presente de indicativo		**8 perfecto de indicativo**	
embebo	embebemos	he embebido	hemos embebido
embebes	embebéis	has embebido	habéis embebido
embebe	embeben	ha embebido	han embebido
2 imperfecto de indicativo		**9 pluscuamperfecto de indicativo**	
embebía	embebíamos	había embebido	habíamos embebido
embebía	embebíais	habías embebido	habíais embebido
embebía	embebían	había embebido	habían embebido
3 pretérito		**10 pretérito anterior**	
embebí	embebimos	hube embebido	hubimos embebido
embebiste	embebisteis	hubiste embebido	hubisteis embebido
embebió	embebieron	hubo embebido	hubieron embebido
4 futuro		**11 futuro perfecto**	
embeberé	embeberemos	habré embebido	habremos embebido
embeberás	embeberéis	habrás embebido	habréis embebido
embeberá	embeberán	habrá embebido	habrán embebido
5 potencial simple		**12 potencial compuesto**	
embebería	embeberíamos	habría embebido	habríamos embebido
embeberías	embeberíais	habrías embebido	habríais embebido
embebería	embeberían	habría embebido	habrían embebido
6 presente de subjuntivo		**13 perfecto de subjuntivo**	
embeba	embebamos	haya embebido	hayamos embebido
embebas	embebáis	hayas embebido	hayáis embebido
embeba	embeban	haya embebido	hayan embebido
7 imperfecto de subjuntivo		**14 pluscuamperfecto de subjuntivo**	
embebiera	embebiéramos	hubiera embebido	hubiéramos embebido
embebieras	embebierais	hubieras embebido	hubierais embebido
embebiera	embebieran	hubiera embebido	hubieran embebido
OR		OR	
embebiese	embebiésemos	hubiese embebido	hubiésemos embebido
embebieses	embebieseis	hubieses embebido	hubieseis embebido
embebiese	embebiesen	hubiese embebido	hubiesen embebido

imperativo

—	embebamos
embebe; no embebas	embebed; no embebáis
embeba	embeban

Words related to this verb

embebido, embebida spongy
embebedor, embebedora absorbent, imbibing

beber to drink
una bebida drink, beverage

202

to begin, to start

The Seven Simple Tenses		The Seven Compound Tenses	
Singular	Plural	Singular	Plural

1 presente de indicativo

		8 perfecto de indicativo	
empiezo	empezamos	he empezado	hemos empezado
empiezas	empezáis	has empezado	habéis empezado
empieza	empiezan	ha empezado	han empezado

2 imperfecto de indicativo

		9 pluscuamperfecto de indicativo	
empezaba	empezábamos	había empezado	habíamos empezado
empezabas	empezabais	habías empezado	habíais empezado
empezaba	empezaban	había empezado	habían empezado

3 pretérito

		10 pretérito anterior	
empecé	empezamos	hube empezado	hubimos empezado
empezaste	empezasteis	hubiste empezado	hubisteis empezado
empezó	empezaron	hubo empezado	hubieron empezado

4 futuro

		11 futuro perfecto	
empezaré	empezaremos	habré empezado	habremos empezado
empezarás	empezaréis	habrás empezado	habréis empezado
empezará	empezarán	habrá empezado	habrán empezado

5 potencial simple

		12 potencial compuesto	
empezaría	empezaríamos	habría empezado	habríamos empezado
empezarías	empezaríais	habrías empezado	habríais empezado
empezaría	empezarían	habría empezado	habrían empezado

6 presente de subjuntivo

		13 perfecto de subjuntivo	
empiece	empecemos	haya empezado	hayamos empezado
empieces	empecéis	hayas empezado	hayáis empezado
empiece	empiecen	haya empezado	hayan empezado

7 imperfecto de subjuntivo

		14 pluscuamperfecto de subjuntivo	
empezara	empezáramos	hubiera empezado	hubiéramos empezado
empezaras	empezarais	hubieras empezado	hubierais empezado
empezara	empezaran	hubiera empezado	hubieran empezado
OR		OR	
empezase	empezásemos	hubiese empezado	hubiésemos empezado
empezases	empezaseis	hubieses empezado	hubieseis empezado
empezase	empezasen	hubiese empezado	hubiesen empezado

imperativo

—	empecemos
empieza; no empieces	empezad; no empecéis
empiece	empiecen

Common idiomatic expressions using this verb

empezar por + inf.   to begin by + pres. part.
empezar a + inf.   to begin + inf.; **Ricardo empieza a escribir en inglés.**
para empezar   to begin with

Consult the back pages for the section on verbs used with prepositions.

The subject pronouns are found on the page facing page 1.   **203**

emplear

Gerundio **empleando**   Part. pas. **empleado**

to employ, to use

The Seven Simple Tenses		The Seven Compound Tenses	
Singular	Plural	Singular	Plural
1 presente de indicativo		**8 perfecto de indicativo**	
empleo	empleamos	he empleado	hemos empleado
empleas	empleáis	has empleado	habéis empleado
emplea	emplean	ha empleado	han empleado
2 imperfecto de indicativo		**9 pluscuamperfecto de indicativo**	
empleaba	empleábamos	había empleado	habíamos empleado
empleabas	empleabais	habías empleado	habíais empleado
empleaba	empleaban	había empleado	habían empleado
3 pretérito		**10 pretérito anterior**	
empleé	empleamos	hube empleado	hubimos empleado
empleaste	empleasteis	hubiste empleado	hubisteis empleado
empleó	emplearon	hubo empleado	hubieron empleado
4 futuro		**11 futuro perfecto**	
emplearé	emplearemos	habré empleado	habremos empleado
emplearás	emplearéis	habrás empleado	habréis empleado
empleará	emplearán	habrá empleado	habrán empleado
5 potencial simple		**12 potencial compuesto**	
emplearía	emplearíamos	habría empleado	habríamos empleado
emplearías	emplearíais	habrías empleado	habríais empleado
emplearía	emplearían	habría empleado	habrían empleado
6 presente de subjuntivo		**13 perfecto de subjuntivo**	
emplee	empleemos	haya empleado	hayamos empleado
emplees	empleéis	hayas empleado	hayáis empleado
emplee	empleen	haya empleado	hayan empleado
7 imperfecto de subjuntivo		**14 pluscuamperfecto de subjuntivo**	
empleara	empleáramos	hubiera empleado	hubiéramos empleado
emplearas	emplearais	hubieras empleado	hubierais empleado
empleara	emplearan	hubiera empleado	hubieran empleado
OR		OR	
emplease	empleásemos	hubiese empleado	hubiésemos empleado
empleases	empleaseis	hubieses empleado	hubieseis empleado
emplease	empleasen	hubiese empleado	hubiesen empleado

	imperativo
—	empleemos
emplea; no emplees	emplead; no empleéis
emplee	empleen

Words and expressions related to this verb

un empleado, una empleada   employee
el empleo   job, employment, occupation, use
un empleador, una empleadora   employer
EMPLEO SOLICITADO   POSITION WANTED

to incite, to inflame, to kindle, to light

The Seven Simple Tenses		The Seven Compound Tenses	
Singular	Plural	Singular	Plural

1 presente de indicativo

		8 perfecto de indicativo	
enciendo	encendemos	he encendido	hemos encendido
enciendes	encendéis	has encendido	habéis encendido
enciende	encienden	ha encendido	han encendido

2 imperfecto de indicativo

		9 pluscuamperfecto de indicativo	
encendía	encendíamos	había encendido	habíamos encendido
encendías	encendíais	habías encendido	habíais encendido
encendía	encendían	había encendido	habían encendido

3 pretérito

		10 pretérito anterior	
encendí	encendimos	hube encendido	hubimos encendido
encendiste	encendisteis	hubiste encendido	hubisteis encendido
encendió	encendieron	hubo encendido	hubieron encendido

4 futuro

		11 futuro perfecto	
encenderé	encenderemos	habré encendido	habremos encendido
encenderás	encenderéis	habrás encendido	habréis encendido
encenderá	encenderán	habrá encendido	habrán encendido

5 potencial simple

		12 potencial compuesto	
encendería	encenderíamos	habría encendido	habríamos encendido
encenderías	encenderíais	habrías encendido	habríais encendido
encendería	encenderían	habría encendido	habrían encendido

6 presente de subjuntivo

		13 perfecto de subjuntivo	
encienda	encendamos	haya encendido	hayamos encendido
enciendas	encendáis	hayas encendido	hayáis encendido
encienda	enciendan	haya encendido	hayan encendido

7 imperfecto de subjuntivo

		14 pluscuamperfecto de subjuntivo	
encendiera	encendiéramos	hubiera encendido	hubiéramos encendido
encendieras	encendierais	hubieras encendido	hubierais encendido
encendiera	encendieran	hubiera encendido	hubieran encendido
OR		OR	
encendiese	encendiésemos	hubiese encendido	hubiésemos encendido
encendieses	encendieseis	hubieses encendido	hubieseis encendido
encendiese	encendiesen	hubiese encendido	hubiesen encendido

imperativo

—	encendamos
enciende; no enciendas	encended; no encendáis
encienda	enciendan

Words and expressions related to this verb

encenderse en ira   to burn up with anger
encendido, encendida   inflamed; **encendido de color**   highly colored
incendiar   to set on fire; **incendiarse**   to catch fire
un incendio   fire; **un extintor de incendio**   fire extinguisher

The subject pronouns are found on the page facing page 1.   **205**

to enclose, to lock up, to confine

The Seven Simple Tenses		The Seven Compound Tenses	
Singular	Plural	Singular	Plural
1 presente de indicativo		**8 perfecto de indicativo**	
encierro	encerramos	he encerrado	hemos encerrado
encierras	encerráis	has encerrado	habéis encerrado
encierra	encierran	ha encerrado	han encerrado
2 imperfecto de indicativo		**9 pluscuamperfecto de indicativo**	
encerraba	encerrábamos	había encerrado	habíamos encerrado
encerrabas	encerrabais	habías encerrado	habíais encerrado
encerraba	encerraban	había encerrado	habían encerrado
3 pretérito		**10 pretérito anterior**	
encerré	encerramos	hube encerrado	hubimos encerrado
encerraste	encerrasteis	hubiste encerrado	hubisteis encerrado
encerró	encerraron	hubo encerrado	hubieron encerrado
4 futuro		**11 futuro perfecto**	
encerraré	encerraremos	habré encerrado	habremos encerrado
encerrarás	encerraréis	habrás encerrado	habréis encerrado
encerrará	encerrarán	habrá encerrado	habrán encerrado
5 potencial simple		**12 potencial compuesto**	
encerraría	encerraríamos	habría encerrado	habríamos encerrado
encerrarías	encerraríais	habrías encerrado	habríais encerrado
encerraría	encerrarían	habría encerrado	habrían encerrado
6 presente de subjuntivo		**13 perfecto de subjuntivo**	
encierre	encerremos	haya encerrado	hayamos encerradc
encierres	encerréis	hayas encerrado	hayáis encerrado
encierre	encierren	haya encerrado	hayan encerrado
7 imperfecto de subjuntivo		**14 pluscuamperfecto de subjuntivo**	
encerrara	encerráramos	hubiera encerrado	hubiéramos encerrado
encerraras	encerrarais	hubieras encerrado	hubierais encerrado
encerrara	encerraran	hubiera encerrado	hubieran encerrado
OR		OR	
encerrase	encerrásemos	hubiese encerrado	hubiésemos encerrado
encerrases	encerraseis	hubieses encerrado	hubieseis encerrado
encerrase	encerrasen	hubiese encerrado	hubiesen encerrado

	imperativo
—	encerremos
encierra; no encierres	encerrad; no encerréis
encierre	encierren

Words related to this verb

encerrado, encerrada closed, locked, shut
encerrarse to live in seclusion; to be locked up, closeted, shut in

For other words and expressions related to this verb, see **cerrar.**

to meet, to encounter, to find

The Seven Simple Tenses		The Seven Compound Tenses	
Singular	Plural	Singular	Plural

1   presente de indicativo

		8 perfecto de indicativo	
encuentro	encontramos	he encontrado	hemos encontrado
encuentras	encontráis	has encontrado	habéis encontrado
encuentra	encuentran	ha encontrado	han encontrado

2   imperfecto de indicativo

		9 pluscuamperfecto de indicativo	
encontraba	encontrábamos	había encontrado	habíamos encontrado
encontrabas	encontrabais	habías encontrado	habíais encontrado
encontraba	encontraban	había encontrado	habían encontrado

3   pretérito

		10 pretérito anterior	
encontré	encontramos	hube encontrado	hubimos encontrado
encontraste	encontrasteis	hubiste encontrado	hubisteis encontrado
encontró	encontraron	hubo encontrado	hubieron encontrado

4   futuro

		11 futuro perfecto	
encontraré	encontraremos	habré encontrado	habremos encontrado
encontrarás	encontraréis	habrás encontrado	habréis encontrado
encontrará	encontrarán	habrá encontrado	habrán encontrado

5   potencial simple

		12 potencial compuesto	
encontraría	encontraríamos	habría encontrado	habríamos encontrado
encontrarías	encontraríais	habrías encontrado	habríais encontrado
encontraría	encontrarían	habría encontrado	habrían encontrado

6   presente de subjuntivo

		13 perfecto de subjuntivo	
encuentre	encontremos	haya encontrado	hayamos encontrado
encuentres	encontréis	hayas encontrado	hayáis encontrado
encuentre	encuentren	haya encontrado	hayan encontrado

7   imperfecto de subjuntivo

		14 pluscuamperfecto de subjuntivo	
encontrara	encontráramos	hubiera encontrado	hubiéramos encontrado
encontraras	encontrarais	hubieras encontrado	hubierais encontrado
encontrara	encontraran	hubiera encontrado	hubieran encontrado
OR		OR	
encontrase	encontrásemos	hubiese encontrado	hubiésemos encontrado
encontrases	encontraseis	hubieses encontrado	hubieseis encontrado
encontrase	encontrasen	hubiese encontrado	hubiesen encontrado

imperativo

—	encontremos
encuentra; no encuentres	encontrad; no encontréis
encuentre	encuentren

Words and expressions related to this verb

un encuentro   encounter, meeting
salir al encuentro de   to go to meet
encontrarse con alguien   to meet someone, to run across someone
(pres. part.: **encontrándose**)

to become angry

The Seven Simple Tenses		The Seven Compound Tenses	
Singular	Plural	Singular	Plural

1 presente de indicativo		8 perfecto de indicativo	
me enfado	nos enfadamos	me he enfadado	nos hemos enfadado
te enfadas	os enfadáis	te has enfadado	os habéis enfadado
se enfada	se enfadan	se ha enfadado	se han enfadado

2 imperfecto de indicativo		9 pluscuamperfecto de indicativo	
me enfadaba	nos enfadábamos	me había enfadado	nos habíamos enfadado
te enfadabas	os enfadabais	te habías enfadado	os habíais enfadado
se enfadaba	se enfadaban	se había enfadado	se habían enfadado

3 pretérito		10 pretérito anterior	
me enfadé	nos enfadamos	me hube enfadado	nos hubimos enfadado
te enfadaste	os enfadasteis	te hubiste enfadado	os hubisteis enfadado
se enfadó	se enfadaron	se hubo enfadado	se hubieron enfadado

4 futuro		11 futuro perfecto	
me enfadaré	nos enfadaremos	me habré enfadado	nos habremos enfadado
te enfadarás	os enfadaréis	te habrás enfadado	os habréis enfadado
se enfadará	se enfadarán	se habrá enfadado	se habrán enfadado

5 potencial simple		12 potencial compuesto	
me enfadaría	nos enfadaríamos	me habría enfadado	nos habríamos enfadado
te enfadarías	os enfadaríais	te habrías enfadado	os habríais enfadado
se enfadaría	se enfadarían	se habría enfadado	se habrían enfadado

6 presente de subjuntivo		13 perfecto de subjuntivo	
me enfade	nos enfademos	me haya enfadado	nos hayamos enfadado
te enfades	os enfadéis	te hayas enfadado	os hayáis enfadado
se enfade	se enfaden	se haya enfadado	se hayan enfadado

7 imperfecto de subjuntivo		14 pluscuamperfecto de subjuntivo	
me enfadara	nos enfadáramos	me hubiera enfadado	nos hubiéramos enfadado
te enfadaras	os enfadarais	te hubieras enfadado	os hubierais enfadado
se enfadara	se enfadaran	se hubiera enfadado	se hubieran enfadado
OR		OR	
me enfadase	nos enfadásemos	me hubiese enfadado	nos hubiésemos enfadado
te enfadases	os enfadaseis	te hubieses enfadado	os hubieseis enfadado
se enfadase	se enfadasen	se hubiese enfadado	se hubiesen enfadado

imperativo

—	enfadémonos
enfádate; no te enfades	enfadaos; no os enfadéis
enfádese	enfádense

Words related to this verb

enfadoso, enfadosa annoying
el enfado anger, vexation
enfadadizo, enfadadiza irritable

enfadosamente annoyingly
enfadar to anger

to get sick, to fall sick, to become sick, to fall ill, to become ill

The Seven Simple Tenses		The Seven Compound Tenses	
Singular	Plural	Singular	Plural
1 presente de indicativo		8 perfecto de indicativo	
me enfermo	nos enfermamos	me he enfermado	nos hemos enfermado
te enfermas	os enfermáis	te has enfermado	os habéis enfermado
se enferma	se enferman	se ha enfermado	se han enfermado
2 imperfecto de indicativo		9 pluscuamperfecto de indicativo	
me enfermaba	nos enfermábamos	me había enfermado	nos habíamos enfermado
te enfermabas	os enfermabais	te habías enfermado	os habíais enfermado
se enfermaba	se enfermaban	se había enfermado	se habían enfermado
3 pretérito		10 pretérito anterior	
me enfermé	nos enfermamos	me hube enfermado	nos hubimos enfermado
te enfermaste	os enfermasteis	te hubiste enfermado	os hubisteis enfermado
se enfermó	se enfermaron	se hubo enfermado	se hubieron enfermado
4 futuro		11 futuro perfecto	
me enfermaré	nos enfermaremos	me habré enfermado	nos habremos enfermado
te enfermarás	os enfermaréis	te habrás enfermado	os habréis enfermado
se enfermará	se enfermarán	se habrá enfermado	se habrán enfermado
5 potencial simple		12 potencial compuesto	
me enfermaría	nos enfermaríamos	me habría enfermado	nos habríamos enfermado
te enfermarías	os enfermaríais	te habrías enfermado	os habríais enfermado
se enfermaría	se enfermarían	se habría enfermado	se habrían enfermado
6 presente de subjuntivo		13 perfecto de subjuntivo	
me enferme	nos enfermemos	me haya enfermado	nos hayamos enfermado
te enfermes	os enferméis	te hayas enfermado	os hayáis enfermado
se enferme	se enfermen	se haya enfermado	se hayan enfermado
7 imperfecto de subjuntivo		14 pluscuamperfecto de subjuntivo	
me enfermara	nos enfermáramos	me hubiera enfermado	nos hubiéramos enfermado
te enfermaras	os enfermarais	te hubieras enfermado	os hubierais enfermado
se enfermara	se enfermaran	se hubiera enfermado	se hubieran enfermado
OR		OR	
me enfermase	nos enfermásemos	me hubiese enfermado	nos hubiésemos enfermado
te enfermases	os enfermaseis	te hubieses enfermado	os hubieseis enfermado
se enfermase	se enfermasen	se hubiese enfermado	se hubiesen enfermado

imperativo

—	enfermémonos
enférmate; no te enfermes	enfermaos; no os enferméis
enférmese	enférmense

Words and expressions related to this verb

la enfermedad   illness, sickness
la enfermería   infirmary
enfermo de amor   lovesick
enfermar   to fall sick, to make sick
un enfermo, una enferma   patient
enfermoso, enfermosa   sickly

un enfermero, una enfermera   nurse
enfermero (enfermera) ambulante   visiting nurse
caer enfermo (enferma)   to get sick
enfermizo, enfermiza   sickly, ailing, unhealthy
enfermo interno   in-patient

The subject pronouns are found on the page facing page 1.

to become angry, to get angry, to get cross

The Seven Simple Tenses		The Seven Compound Tenses	
Singular	Plural	Singular	Plural
1 presente de indicativo		**8 perfecto de indicativo**	
me enojo	nos enojamos	me he enojado	nos hemos enojado
te enojas	os enojáis	te has enojado	os habéis enojado
se enoja	se enojan	se ha enojado	se han enojado
2 imperfecto de indicativo		**9 pluscuamperfecto de indicativo**	
me enojaba	nos enojábamos	me había enojado	nos habíamos enojado
te enojabas	os enojabais	te habías enojado	os habíais enojado
se enojaba	se enojaban	se había enojado	se habían enojado
3 pretérito		**10 pretérito anterior**	
me enojé	nos enojamos	me hube enojado	nos hubimos enojado
te enojaste	os enojasteis	te hubiste enojado	os hubisteis enojado
se enojó	se enojaron	se hubo enojado	se hubieron enojado
4 futuro		**11 futuro perfecto**	
me enojaré	nos enojaremos	me habré enojado	nos habremos enojado
te enojarás	os enojaréis	te habrás enojado	os habréis enojado
se enojará	se enojarán	se habrá enojado	se habrán enojado
5 potencial simple		**12 potencial compuesto**	
me enojaría	nos enojaríamos	me habría enojado	nos habríamos enojado
te enojarías	os enojaríais	te habrías enojado	os habríais enojado
se enojaría	se enojarían	se habría enojado	se habrían enojado
6 presente de subjuntivo		**13 perfecto de subjuntivo**	
me enoje	nos enojemos	me haya enojado	nos hayamos enojado
te enojes	os enojéis	te hayas enojado	os hayáis enojado
se enoje	se enojen	se haya enojado	se hayan enojado
7 imperfecto de subjuntivo		**14 pluscuamperfecto de subjuntivo**	
me enojara	nos enojáramos	me hubiera enojado	nos hubiéramos enojado
te enojaras	os enojarais	te hubieras enojado	os hubierais enojado
se enojara	se enojaran	se hubiera enojado	se hubieran enojado
OR		OR	
me enojase	nos enojásemos	me hubiese enojado	nos hubiésemos enojado
te enojases	os enojaseis	te hubieses enojado	os hubieseis enojado
se enojase	se enojasen	se hubiese enojado	se hubiesen enojado

	imperativo
—	enojémonos
enójate; no te enojes	enojaos; no os enojéis
enójese	enójense

Words and expressions related to this verb

enojar to annoy, to irritate, to make angry, to vex; **enojarse de** to become angry at
    someone
el enojo anger, annoyance; **enojadizo, enojadiza** ill-tempered, irritable
enojoso, enojosa irritating, troublesome
enojosamente angrily
enojado, enojada angry; **una enojada** fit of anger
enojarse con (contra) alguien to become angry with someone

210

to teach, to show, to point out

The Seven Simple Tenses		The Seven Compound Tenses	
Singular	Plural	Singular	Plural

1   presente de indicativo

enseño	enseñamos
enseñas	enseñáis
enseña	enseñan

8   perfecto de indicativo

he enseñado	hemos enseñado
has enseñado	habéis enseñado
ha enseñado	han enseñado

2   imperfecto de indicativo

enseñaba	enseñábamos
enseñabas	enseñabais
enseñaba	enseñaban

9   pluscuamperfecto de indicativo

había enseñado	habíamos enseñado
habías enseñado	habíais enseñado
había enseñado	habían enseñado

3   pretérito

enseñé	enseñamos
enseñaste	enseñasteis
enseñó	enseñaron

10   pretérito anterior

hube enseñado	hubimos enseñado
hubiste enseñado	hubisteis enseñado
hubo enseñado	hubieron enseñado

4   futuro

enseñaré	enseñaremos
enseñarás	enseñaréis
enseñará	enseñarán

11   futuro perfecto

habré enseñado	habremos enseñado
habrás enseñado	habréis enseñado
habrá enseñado	habrán enseñado

5   potencial simple

enseñaría	enseñaríamos
enseñarías	enseñaríais
enseñaría	enseñarían

12′ potencial compuesto

habría enseñado	habríamos enseñado
habrías enseñado	habríais enseñado
habría enseñado	habrían enseñado

6   presente de subjuntivo

enseñe	enseñemos
enseñes	enseñéis
enseñe	enseñen

13   perfecto de subjuntivo

haya enseñado	hayamos enseñado
hayas enseñado	hayáis enseñado
haya enseñado	hayan enseñado

7   imperfecto de subjuntivo

enseñara	enseñáramos
enseñaras	enseñarais
enseñara	enseñaran
OR	
enseñase	enseñásemos
enseñases	enseñaseis
enseñase	enseñasen

14   pluscuamperfecto de subjuntivo

hubiera enseñado	hubiéramos enseñado
hubieras enseñado	hubierais enseñado
hubiera enseñado	hubieran enseñado
OR	
hubiese enseñado	hubiésemos enseñado
hubieses enseñado	hubieseis enseñado
hubiese enseñado	hubiesen enseñado

imperativo

—	enseñemos
enseña; no enseñes	enseñad; no enseñéis
enseñe	enseñen

Words and expressions related to this verb

enseñarse   to teach oneself
el enseño   teaching
el enseñamiento, la enseñanza   teaching, educatión
  la enseñanza primaria   primary education
  la enseñanza secundaria   secondary (high school) education
  la enseñanza superior   higher education
el enseñador, la enseñadora   instructor

diseñar   to design
el diseño   design

The subject pronouns are found on the page facing page 1.

entender

Gerundio **entendiendo**   Part. pas. **entendido**

to understand

The Seven Simple Tenses		The Seven Compound Tenses	
Singular	Plural	Singular	Plural
1 presente de indicativo		**8 perfecto de indicativo**	
entiendo	entendemos	he entendido	hemos entendido
entiendes	entendéis	has entendido	habéis entendido
entiende	entienden	ha entendido	han entendido
2 imperfecto de indicativo		**9 pluscuamperfecto de indicativo**	
entendía	entendíamos	había entendido	habíamos entendido
entendías	entendíais	habías entendido	habíais entendido
entendía	entendían	había entendido	habían entendido
3 pretérito		**10 pretérito anterior**	
entendí	entendimos	hube entendido	hubimos entendido
entendiste	entendisteis	hubiste entendido	hubisteis entendido
entendió	entendieron	hubo entendido	hubieron entendido
4 futuro		**11 futuro perfecto**	
entenderé	entenderemos	habré entendido	habremos entendido
entenderás	entenderéis	habrás entendido	habréis entendido
entenderá	entenderán	habrá entendido	habrán entendido
5 potencial simple		**12 potencial compuesto**	
entendería	entenderíamos	habría entendido	habríamos entendido
entenderías	entenderíais	habrías entendido	habríais entendido
entendería	entenderían	habría entendido	habrían entendido
6 presente de subjuntivo		**13 perfecto de subjuntivo**	
entienda	entendamos	haya entendido	hayamos entendido
entiendas	entendáis	hayas entendido	hayáis entendido
entienda	entiendan	haya entendido	hayan entendido
7 imperfecto de subjuntivo		**14 pluscuamperfecto de subjuntivo**	
entendiera	entendiéramos	hubiera entendido	hubiéramos entendido
entendieras	entendierais	hubieras entendido	hubierais entendido
entendiera	entendieran	hubiera entendido	hubieran entendido
OR		OR	
entendiese	entendiésemos	hubiese entendido	hubiésemos entendido
entendieses	entendieseis	hubieses entendido	hubieseis entendido
entendiese	entendiesen	hubiese entendido	hubiesen entendido

	imperativo	
	–	entendamos
	entiende; no entiendas	entended; no entendáis
	entienda	entiendan

Words and expressions related to this verb

dar a entender   to insinuate, to hint
el entender   understanding
según mi entender   according to my understanding
el entendimiento   comprehension, understanding

entenderse   to understand
    each other
desentenderse de   to pay no
    attention to

212

to enter, to go (in), to come (in)

The Seven Simple Tenses		The Seven Compound Tenses	
Singular	Plural	Singular	Plural

1   presente de indicativo

		8 perfecto de indicativo	
entro	entramos	he entrado	hemos entrado
entras	entráis	has entrado	habéis entrado
entra	entran	ha entrado	han entrado

2   imperfecto de indicativo

		9 pluscuamperfecto de indicativo	
entraba	entrábamos	había entrado	habíamos entrado
entrabas	entrabais	habías entrado	habíais entrado
entraba	entraban	había entrado	habían entrado

3   pretérito

		10 pretérito anterior	
entré	entramos	hube entrado	hubimos entrado
entraste	entrasteis	hubiste entrado	hubisteis entrado
entró	entraron	hubo entrado	hubieron entrado

4   futuro

		11 futuro perfecto	
entraré	entraremos	habré entrado	habremos entrado
entrarás	entraréis	habrás entrado	habréis entrado
entrará	entrarán	habrá entrado	habrán entrado

5   potencial simple

		12 potencial compuesto	
entraría	entraríamos	habría entrado	habríamos entrado
entrarías	entraríais	habrías entrado	habríais entrado
entraría	entrarían	habría entrado	habrían entrado

6   presente de subjuntivo

		13 perfecto de subjuntivo	
entre	entremos	haya entrado	hayamos entrado
entres	entréis	hayas entrado	hayáis entrado
entre	entren	haya entrado	hayan entrado

7   imperfecto de subjuntivo

		14 pluscuamperfecto de subjuntivo	
entrara	entráramos	hubiera entrado	hubiéramos entrado
entraras	entrarais	hubieras entrado	hubierais entrado
entrara	entraran	hubiera entrado	hubieran entrado
OR		OR	
entrase	entrásemos	hubiese entrado	hubiésemos entrado
entrases	entraseis	hubieses entrado	hubieseis entrado
entrase	entrasen	hubiese entrado	hubiesen entrado

imperativo

—	entremos
entra; no entres	entrad; no entréis
entre	entren

Words and expressions related to this verb

la entrada   entrance
entrada general   general admission (theater, movies)
entrado (entrada) en años   advanced in years

entregar

Gerundio **entregando** Part. pas. **entregado**

to deliver, to hand over, to give

The Seven Simple Tenses		The Seven Compound Tenses	
Singular	Plural	Singular	Plural
1 presente de indicativo		**8 perfecto de indicativo**	
entrego	entregamos	he entregado	hemos entregado
entregas	entregáis	has entregado	habéis entregado
entrega	entregan	ha entregado	han entregado
2 imperfecto de indicativo		**9 pluscuamperfecto de indicativo**	
entregaba	entregábamos	había entregado	habíamos entregado
entregabas	entregabais	habías entregado	habíais entregado
entregaba	entregaban	había entregado	habían entregado
3 pretérito		**10 pretérito anterior**	
entregué	entregamos	hube entregado	hubimos entregado
entregaste	entregasteis	hubiste entregado	hubisteis entregado
entregó	entregaron	hubo entregado	hubieron entregado
4 futuro		**11 futuro perfecto**	
entregaré	entregaremos	habré entregado	habremos entregado
entregarás	entregaréis	habrás entregado	habréis entregado
entregará	entregarán	habrá entregado	habrán entregado
5 potencial simple		**12 potencial compuesto**	
entregaría	entregaríamos	habría entregado	habríamos entregado
entregarías	entregaríais	habrías entregado	habríais entregado
entregaría	entregarían	habría entregado	habrían entregado
6 presente de subjuntivo		**13 perfecto de subjuntivo**	
entregue	entreguemos	haya entregado	hayamos entragado
entregues	entreguéis	hayas entregado	hayáis entregado
entregue	entreguen	haya entregado	hayan entregado
7 imperfecto de subjuntivo		**14 pluscuamperfecto de subjuntivo**	
entregara	entregáramos	hubiera entregado	hubiéramos entregado
entregaras	entregarais	hubieras entregado	hubierais entregado
entregara	entregaran	hubiera entregado	hubieran entregado
OR		OR	
entregase	entregásemos	hubiese entregado	hubiésemos entregado
entregases	entregaseis	hubieses entregado	hubieseis entregado
entregase	entregasen	hubiese entregado	hubiesen entregado

imperativo	
—	entreguemos
entrega; no entregues	entregad; no entreguéis
entregue	entreguen

Words and expressions related to this verb

entregarse   to surrender, to give in
entragarse en brazos de uno   to trust someone completely
entregado, entregada   delivered
la entrega   delivery, installment

214

to enunciate, to state

The Seven Simple Tenses		The Seven Compound Tenses	
Singular	Plural	Singular	Plural

1 presente de indicativo		8 perfecto de indicativo	
enuncio	enunciamos	he enunciado	hemos enunciado
enuncias	enunciáis	has enunciado	habéis enunciado
enuncia	enuncian	ha enunciado	han enunciado

2 imperfecto de indicativo		9 pluscuamperfecto de indicativo	
enunciaba	enunciábamos	había enunciado	habíamos enunciado
enunciabas	enunciabais	habías enunciado	habíais enunciado
enunciaba	enunciaban	había enunciado	habían enunciado

3 pretérito		10 pretérito anterior	
enuncié	enunciamos	hube enunciado	hubimos enunciado
enunciaste	enunciasteis	hubiste enunciado	hubisteis enunciado
enunció	enunciaron	hubo enunciado	hubieron enunciado

4 futuro		11 futuro perfecto	
enunciaré	enunciaremos	habré enunciado	habremos enunciado
enunciarás	enunciaréis	habrás enunciado	habréis enunciado
enunciará	enunciarán	habrá enunciado	habrán enunciado

5 potencial simple		12 potencial compuesto	
enunciaría	enunciaríamos	habría enunciado	habríamos enunciado
enunciarías	enunciaríais	habrías enunciado	habríais enunciado
enunciaría	enunciarían	habría enunciado	habrían enunciado

6 presente de subjuntivo		13 perfecto de subjuntivo	
enuncie	enunciemos	haya enunciado	hayamos enunciado
enuncies	enunciéis	hayas enunciado	hayáis enunciado
enuncie	enuncien	haya enunciado	hayan enunciado

7 imperfecto de subjuntivo		14 pluscuamperfecto de subjuntivo	
enunciara	enunciáramos	hubiera enunciado	hubiéramos enunciado
enunciaras	enunciarais	hubieras enunciado	hubierais enunciado
enunciara	enunciaran	hubiera enunciado	hubieran enunciado
OR		OR	
enunciase	enunciásemos	hubiese enunciado	hubiésemos enunciado
enunciases	enunciaseis	hubieses enunciado	hubieseis enunciado
enunciase	enunciasen	hubiese enunciado	hubiesen enunciado

imperativo		
–		enunciemos
enuncia; no enuncies		enunciad; no enunciéis
enuncie		enuncien

Words related to this verb

la enunciación   enunciation, statement, declaration
enunciativo, enunciativa   enunciative

The subject pronouns are found on the page facing page 1.   **215**

enviar

to send

The Seven Simple Tenses		The Seven Compound Tenses	
Singular	Plural	Singular	Plural
1 presente de indicativo		**8 perfecto de indicativo**	
envío	enviamos	he enviado	hemos enviado
envías	enviáis	has enviado	habéis enviado
envía	envían	ha enviado	han enviado
2 imperfecto de indicativo		**9 pluscuamperfecto de indicativo**	
enviaba	enviábamos	había enviado	habíamos enviado
enviabas	enviabais	habías enviado	habíais enviado
enviaba	enviaban	había enviado	habían enviado
3 pretérito		**10 pretérito anterior**	
envié	enviamos	hube enviado	hubimos enviado
enviaste	enviasteis	hubiste enviado	hubisteis enviado
envió	enviaron	hubo enviado	hubieron enviado
4 futuro		**11 futuro perfecto**	
enviaré	enviaremos	habré enviado	habremos enviado
enviarás	enviaréis	habrás enviado	habréis enviado
enviará	enviarán	habrá enviado	habrán enviado
5 potencial simple		**12 potencial compuesto**	
enviaría	enviaríamos	habría enviado	habríamos enviado
enviarías	enviaríais	habrías enviado	habríais enviado
enviaría	enviarían	habría enviado	habrían enviado
6 presente de subjuntivo		**13 perfecto de subjuntivo**	
envíe	enviemos	haya enviado	hayamos enviado
envíes	enviéis	hayas enviado	hayáis enviado
envíe	envíen	haya enviado	hayan enviado
7 imperfecto de subjuntivo		**14 pluscuamperfecto de subjuntivo**	
enviara	enviáramos	hubiera enviado	hubiéramos enviado
enviaras	enviarais	hubieras enviado	hubierais enviado
enviara	enviaran	hubiera enviado	hubieran enviado
OR		OR	
enviase	enviásemos	hubiese enviado	hubiésemos enviado
enviases	enviaseis	hubieses enviado	hubieseis enviado
enviase	enviasen	hubiese enviado	hubiesen enviado

	imperativo	
–	enviemos
envía; no envíes	enviad; no enviéis
envíe	envíen

Words and expressions related to this verb

enviar a alguien a pasear   to send someone to take a walk
enviador, enviadora sender; **un enviado** envoy
la enviada shipment
reenviar to send back; to forward

The Seven Simple Tenses		The Seven Compound Tenses	
Singular	Plural	Singular	Plural

1   presente de indicativo

envuelvo	envolvemos
envuelves	envolvéis
envuelve	envuelven

8   perfecto de indicativo

he envuelto	hemos envuelto
has envuelto	habéis envuelto
ha envuelto	han envuelto

2   imperfecto de indicativo

envolvía	envolvíamos
envolvías	envolvíais
envolvía	envolvían

9   pluscuamperfecto de indicativo

había envuelto	habíamos envuelto
habías envuelto	habíais envuelto
había envuelto	habían envuelto

3   pretérito

envolví	envolvimos
envolviste	envolvisteis
envolvió	envolvieron

10   pretérito anterior

hube envuelto	hubimos envuelto
hubiste envuelto	hubisteis envuelto
hubo envuelto	hubieron envuelto

4   futuro

envolveré	envolveremos
envolverás	envolveréis
envolverá	envolverán

11   futuro perfecto

habré envuelto	habremos envuelto
habrás envuelto	habréis envuelto
habrá envuelto	habrán envuelto

5   potencial simple

envolvería	envolveríamos
envolverías	envolveríais
envolvería	envolverían

12   potencial compuesto

habría envuelto	habríamos envuelto
habrías envuelto	habríais envuelto
habría envuelto	habrían envuelto

6   presente de subjuntivo

envuelva	envolvamos
envuelvas	envolváis
envuelva	envuelvan

13   perfecto de subjuntivo

haya envuelto	hayamos envuelto
hayas envuelto	hayáis envuelto
haya envuelto	hayan envuelto

7   imperfecto de subjuntivo

envolviera	envolviéramos
envolvieras	envolvierais
envolviera	envolvieran
OR	
envolviese	envolviésemos
envolvieses	envolvieseis
envolviese	envolviesen

14   pluscuamperfecto de subjuntivo

hubiera envuelto	hubiéramos envuelto
hubieras envuelto	hubierais envuelto
hubiera envuelto	hubieran envuelto
OR	
hubiese envuelto	hubiésemos envuelto
hubieses envuelto	hubieseis envuelto
hubiese envuelto	hubiesen envuelto

imperativo

—	envolvamos
envuelve; no envuelvas	envolved; no envolváis
envuelva	envuelvan

Words related to this verb

envolverse   to have an affair, to become involved
el envolvimiento   wrapping; involvement
envuelto, envuelta   wrapped
una envoltura   envelope, wrapper, cover

The subject pronouns are found on the page facing page 1.

to be mistaken

The Seven Simple Tenses		The Seven Compound Tenses	
Singular	Plural	Singular	Plural

1 presente de indicativo

me equivoco	nos equivocamos	
te equivocas	os equivocáis	
se equivoca	se equivocan	

8 perfecto de indicativo

me he equivocado	nos hemos equivocado
te has equivocado	os habéis equivocado
se ha equivocado	se han equivocado

2 imperfecto de indicativo

me equivocaba	nos equivocábamos
te equivocabas	os equivocabais
se equivocaba	se equivocaban

9 pluscuamperfecto de indicativo

me había equivocado	nos habíamos equivocado
te habías equivocado	os habíais equivocado
se había equivocado	se habían equivocado

3 pretérito

me equivoqué	nos equivocamos
te equivocaste	os equivocasteis
se equivocó	se equivocaron

10 pretérito anterior

me hube equivocado	nos hubimos equivocado
te hubiste equivocado	os hubisteis equivocado
se hubo equivocado	se hubieron equivocado

4 futuro

me equivocaré	nos equivocaremos
te equivocarás	os equivocaréis
se equivocará	se equivocarán

11 futuro perfecto

me habré equivocado	nos habremos equivocado
te habrás equivocado	os habréis equivocado
se habrá equivocado	se habrán equivocado

5 potencial simple

me equivocaría	nos equivocaríamos
te equivocarías	os equivocaríais
se equivocaría	se equivocarían

12 potencial compuesto

me habría equivocado	nos habríamos equivocado
te habrías equivocado	os habríais equivocado
se habría equivocado	se habrían equivocado

6 presente de subjuntivo

me equivoque	nos equivoquemos
te equivoques	os equivoquéis
se equivoque	se equivoquen

13 perfecto de subjuntivo

me haya equivocado	nos hayamos equivocado
te hayas equivocado	os hayáis equivocado
se haya equivocado	se hayan equivocado

7 imperfecto de subjuntivo

me equivocara	nos equivocáramos
te equivocaras	os equivocarais
se equivocara	se equivocaran
OR	
me equivocase	nos equivocásemos
te equivocases	os equivocaseis
se equivocase	se equivocasen

14 pluscuamperfecto de subjuntivo

me hubiera equivocado	nos hubiéramos equivocado
te hubieras equivocado	os hubierais equivocado
se hubiera equivocado	se hubieran equivocado
OR	
me hubiese equivocado	nos hubiésemos equivocado
te hubieses equivocado	os hubieseis equivocado
se hubiese equivocado	se hubiesen equivocado

imperativo

—	equivoquémonos
equivócate; no te equivoques	equivocaos; no os equivoquéis
equivóquese	equivóquense

Words related to this verb

equivoquista quibbler
equivocado, equivocada mistaken
una equivocación error, mistake, equivocation

to erect, to set up straight

The Seven Simple Tenses		The Seven Compound Tenses	
Singular	Plural	Singular	Plural

1 presente de indicativo		8 perfecto de indicativo	
irgo (yergo)	**erguimos**	**he erguido**	**hemos erguido**
irgues (yergues)	**erguís**	**has erguido**	**habéis erguido**
irgue (yergue)	**irguen (yerguen)**	**ha erguido**	**han erguido**

2 imperfecto de indicativo		9 pluscuamperfecto de indicativo	
erguía	**erguíamos**	**había erguido**	**habíamos erguido**
erguías	**erguíais**	**habías erguido**	**habíais erguido**
erguía	**erguían**	**había erguido**	**habían erguido**

3 pretérito		10 pretérito anterior	
erguí	**erguimos**	**hube erguido**	**hubimos erguido**
erguiste	**erguisteis**	**hubiste erguido**	**hubisteis erguido**
irguió	**irguieron**	**hubo erguido**	**hubieron erguido**

4 futuro		11 futuro perfecto	
erguiré	**erguiremos**	**habré erguido**	**habremos erguido**
erguirás	**erguiréis**	**habrás erguido**	**habréis erguido**
erguirá	**erguirán**	**habrá erguido**	**habrán erguido**

5 potencial simple		12 potencial compuesto	
erguiría	**erguiríamos**	**habría erguido**	**habríamos erguido**
erguirías	**erguiríais**	**habrías erguido**	**habríais erguido**
erguiría	**erguirían**	**habría erguido**	**habrían erguido**

6 presente de subjuntivo		13 perfecto de subjuntivo	
irga (yerga)	**irgamos (yergamos)**	**haya erguido**	**hayamos erguido**
irgas (yergas)	**irgáis (yergáis)**	**hayas erguido**	**hayáis erguido**
irga (yerga)	**irgan (yergan)**	**haya erguido**	**hayan erguido**

7 imperfecto de subjuntivo		14 pluscuamperfecto de subjuntivo	
irguiera	**irguiéramos**	**hubiera erguido**	**hubiéramos erguido**
irguieras	**irguierais**	**hubieras erguido**	**hubierais erguido**
irguiera	**irguieran**	**hubiera erguido**	**hubieran erguido**
OR		OR	
irguiese	**irguiésemos**	**hubiese erguido**	**hubiésemos erguido**
irguieses	**irguieseis**	**hubieses erguido**	**hubieseis erguido**
irguiese	**irguiesen**	**hubiese erguido**	**hubiesen erguido**

imperativo

—	**irgamos (yergamos)**
irgue (yergue); no irgas (yergas)	**erguid; no irgáis (yergáis)**
irga (yerga)	**irgan (yergan)**

Words related to this verb

erguirse   to swell up with pride; to stiffen
un erguimiento   straightening, raising, erection

to err, to wander, to roam, to miss

The Seven Simple Tenses		The Seven Compound Tenses	
Singular	Plural	Singular	Plural
1 presente de indicativo		**8 perfecto de indicativo**	
yerro	erramos	he errado	hemos errado
yerras	erráis	has errado	habéis errado
yerra	yerran	ha errado	han errado
2 imperfecto de indicativo		**9 pluscuamperfecto de indicativo**	
erraba	errábamos	había errado	habíamos errado
errabas	errabais	habías errado	habíais errado
erraba	erraban	había errado	habían errado
3 pretérito		**10 pretérito anterior**	
erré	erramos	hube errado	hubimos errado
erraste	errasteis	hubiste errado	hubisteis errado
erró	erraron	hubo errado	hubieron errado
4 futuro		**11 futuro perfecto**	
erraré	erraremos	habré errado	habremos errado
errarás	erraréis	habrás errado	habréis errado
errará	errarán	habrá errado	habrán errado
5 potencial simple		**12 potencial compuesto**	
erraría	erraríamos	habría errado	habríamos errado
errarías	erraríais	habrías errado	habríais errado
erraría	errarían	habría errado	habrían errado
6 presente de subjuntivo`		**13 perfecto de subjuntivo**	
yerre	erremos	haya errado	hayamos errado
yerres	erréis	hayas errado	hayáis errado
yerre	yerren	haya errado	hayan errado
7 imperfecto de subjuntivo		**14 pluscuamperfecto de subjuntivo**	
errara	erráramos	hubiera errado	hubiéramos errado
erraras	errarais	hubieras errado	hubierais errado
errara	erraran	hubiera errado	hubieran errado
OR		OR	
errase	errásemos	hubiese errado	hubiésemos errado
errases	erraseis	hubieses errado	hubieseis errado
errase	errasen	hubiese errado	hubiesen errado

	imperativo
—	erremos
yerra; no yerres	errad; no erréis
yerre	yerren

Words and expressions related to this verb

una errata erratum, typographical error
errante errant, wandering
un error error, mistake

un yerro error, fault, mistake
deshacer un yerro to amend an error

to choose, to select

The Seven Simple Tenses		The Seven Compound Tenses	
Singular	Plural	Singular	Plural

1 presente de indicativo

escojo	escogemos		
escoges	escogéis		
escoge	escogen		

8 perfecto de indicativo

he escogido	hemos escogido
has escogido	habéis escogido
ha escogido	han escogido

2 imperfecto de indicativo

escogía	escogíamos
escogías	escogíais
escogía	escogían

9 pluscuamperfecto de indicativo

había escogido	habíamos escogido
habías escogido	habíais escogido
había escogido	habían escogido

3 pretérito

escogí	escogimos
escogiste	escogisteis
escogió	escogieron

10 pretérito anterior

hube escogido	hubimos escogido
hubiste escogido	hubisteis escogido
hubo escogido	hubieron escogido

4 futuro

escogeré	escogeremos
escogerás	escogeréis
escogerá	escogerán

11 futuro perfecto

habré escogido	habremos escogido
habrás escogido	habréis escogido
habrá escogido	habrán escogido

5 potencial simple

escogería	escogeríamos
escogerías	escogeríais
escogería	escogerían

12 potencial compuesto

habría escogido	habríamos escogido
habrías escogido	habríais escogido
habría escogido	habrían escogido

6 presente de subjuntivo

escoja	escojamos
escojas	escojáis
escoja	escojan

13 perfecto de subjuntivo

haya escogido	hayamos escogido
hayas escogido	hayáis escogido
haya escogido	hayan escogido

7 imperfecto de subjuntivo

escogiera	escogiéramos
escogieras	escogierais
escogiera	escogieran
OR	
escogiese	escogiésemos
escogieses	escogieseis
escogiese	escogiesen

14 pluscuamperfecto de subjuntivo

hubiera escogido	hubiéramos escogido
hubieras escogido	hubierais escogido
hubiera escogido	hubieran escogido
OR	
hubiese escogido	hubiésemos escogido
hubieses escogido	hubieseis escogido
hubiese escogido	hubiesen escogido

imperativo

—	escojamos
escoge; no escojas	escoged; no escojáis
escoja	escojan

Words related to this verb

un escogimiento choice, selection
escogedor, escogedora chooser
escogido, escogida chosen

See also **coger.**

to write

The Seven Simple Tenses		The Seven Compound Tenses	
Singular	Plural	Singular	Plural
1 presente de indicativo		**8 perfecto de indicativo**	
escribo	escribimos	he escrito	hemos escrito
escribes	escribís	has escrito	habéis escrito
escribe	escriben	ha escrito	han escrito
2 imperfecto de indicativo		**9 pluscuamperfecto de indicativo**	
escribía	escribíamos	había escrito	habíamos escrito
escribías	escribíais	habías escrito	habíais escrito
escribía	escribían	había escrito	habían escrito
3 pretérito		**10 pretérito anterior**	
escribí	escribimos	hube escrito	hubimos escrito
escribiste	escribisteis	hubiste escrito	hubisteis escrito
escribió	escribieron	hubo escrito	hubieron escrito
4 futuro		**11 futuro perfecto**	
escribiré	escribiremos	habré escrito	habremos escrito
escribirás	escribiréis	habrás escrito	habréis escrito
escribirá	escribirán	habrá escrito	habrán escrito
5 potencial simple		**12 potencial compuesto**	
escribiría	escribiríamos	habría escrito	habríamos escrito
escribirías	escribiríais	habrías escrito	habríais escrito
escribiría	escribirían	habría escrito	habrían escrito
6 presente de subjuntivo		**13 perfecto de subjuntivo**	
escriba	escribamos	haya escrito	hayamos escrito
escribas	escribáis	hayas escrito	hayáis escrito
escriba	escriban	haya escrito	hayan escrito
7 imperfecto de subjuntivo		**14 pluscuamperfecto de subjuntivo**	
escribiera	escribiéramos	hubiera escrito	hubiéramos escrito
escribieras	escribierais	hubieras escrito	hubierais escrito
escribiera	escribieran	hubiera escrito	hubieran escrito
OR		OR	
escribiese	escribiésemos	hubiese escrito	hubiésemos escrito
escribieses	escribieseis	hubieses escrito	hubieseis escrito
escribiese	escribiesen	hubiese escrito	hubiesen escrito

imperativo	
—	escribamos
escribe; no escribas	escribid; no escribáis
escriba	escriban

Words and expressions related to this verb

una máquina de escribir typewriter
escribir a máquina to typewrite
un escritorio writing desk
escritor, escritora writer, author
por escrito in writing

escribir a mano to write by hand
describir to describe
la descripción description
descriptor, descriptora describer

to listen (to)

The Seven Simple Tenses		The Seven Compound Tenses	
Singular	Plural	Singular	Plural

1   presente de indicativo

		8 perfecto de indicativo	
escucho	escuchamos	he escuchado	hemos escuchado
escuchas	escucháis	has escuchado	habéis escuchado
escucha	escuchan	ha escuchado	han escuchado

2   imperfecto de indicativo

		9 pluscuamperfecto de indicativo	
escuchaba	escuchábamos	había escuchado	habíamos escuchado
escuchabas	escuchabais	habías escuchado	habíais escuchado
escuchaba	escuchaban	había escuchado	habían escuchado

3   pretérito

		10 pretérito anterior	
escuché	escuchamos	hube escuchado	hubimos escuchado
escuchaste	escuchasteis	hubiste escuchado	hubisteis escuchado
escuchó	escucharon	hubo escuchado	hubieron escuchado

4   futuro

		11 futuro perfecto	
escucharé	escucharemos	habré escuchado	habremos escuchado
escucharás	escucharéis	habrás escuchado	habréis escuchado
escuchará	escucharán	habrá escuchado	habrán escuchado

5   potencial simple

		12 potencial compuesto	
escucharía	escucharíamos	habría escuchado	habríamos escuchado
escucharías	escucharíais	habrías escuchado	habríais escuchado
escucharía	escucharían	habría escuchado	habrían escuchado

6   presente de subjuntivo

		13 perfecto de subjuntivo	
escuche	escuchemos	haya escuchado	hayamos escuchado
escuches	escuchéis	hayas escuchado	hayáis escuchado
escuche	escuchen	haya escuchado	hayan escuchado

7   imperfecto de subjuntivo

		14 pluscuamperfecto de subjuntivo	
escuchara	escucháramos	hubiera escuchado	hubiéramos escuchado
escucharas	escucharais	hubieras escuchado	hubierais escuchado
escuchara	escucharan	hubiera escuchado	hubieran escuchado
OR		OR	
escuchase	escuchásemos	hubiese escuchado	hubiésemos escuchado
escuchases	escuchaseis	hubieses escuchado	hubieseis escuchado
escuchase	escuchasen	hubiese escuchado	hubiesen escuchado

imperativo

–	escuchemos
escucha; no escuches	escuchad; no escuchéis
escuche	escuchen

Words related to this verb

escuchar + noun   to listen to + noun
  Escucho un disco.   I'm listening to a record.
escuchador, escuchadora, escuchante   listener

Consult the back pages for the section on verbs with prepositions.

The subject pronouns are found on the page facing page 1.

esparcir

to scatter, to spread

The Seven Simple Tenses		The Seven Compound Tenses	
Singular	Plural	Singular	Plural
1 presente de indicativo		**8 perfecto de indicativo**	
esparzo	esparcimos	he esparcido	hemos esparcido
esparces	esparcís	has esparcido	habéis esparcido
esparce	esparcen	ha esparcido	han esparcido
2 imperfecto de indicativo		**9 pluscuamperfecto de indicativo**	
esparcía	esparcíamos	había esparcido	habíamos esparcido
esparcías	esparcíais	habías esparcido	habíais esparcido
esparcía	esparcían	había esparcido	habían esparcido
3 pretérito		**10 pretérito anterior**	
esparcí	esparcimos	hube esparcido	hubimos esparcido
esparciste	esparcisteis	hubiste esparcido	hubisteis esparcido
esparció	esparcieron	hubo esparcido	hubieron esparcido
4 futuro		**11 futuro perfecto**	
esparciré	esparciremos	habré esparcido	habremos esparcido
esparcirás	esparciréis	habrás esparcido	habréis esparcido
esparcirá	esparcirán	habrá esparcido	habrán esparcido
5 potencial simple		**12 potencial compuesto**	
esparciría	esparciríamos	habría esparcido	habríamos esparcido
esparcirías	esparciríais	habrías esparcido	habríais esparcido
esparciría	esparcirían	habría esparcido	habrían esparcido
6 presente de subjuntivo		**13 perfecto de subjuntivo**	
esparza	esparzamos	haya esparcido	hayamos esparcido
esparzas	esparzáis	hayas esparcido	hayáis esparcido
esparza	esparzan	haya esparcido	hayan esparcido
7 imperfecto de subjuntivo		**14 pluscuamperfecto de subjuntivo**	
esparciera	esparciéramos	hubiera esparcido	hubiéramos esparcido
esparcieras	esparcierais	hubieras esparcido	hubierais esparcido
esparciera	esparcieran	hubiera esparcido	hubieran esparcido
OR		OR	
esparciese	esparciésemos	hubiese esparcido	hubiésemos esparcido
esparcieses	esparcieseis	hubieses esparcido	hubieseis esparcido
esparciese	esparciesen	hubiese esparcido	hubiesen esparcido

	imperativo	
—		esparzamos
esparce; no esparzas		esparcid; no esparzáis
esparza		esparzan

Words related to this verb

el esparcimiento   scattering, spreading
esparcidamente   separately, here and there
el esparcidor, la esparcidora   spreader, scatterer

Consult the sections on verbs used in idiomatic expressions, verbs with prepositions, and the list of over 1,000 verbs conjugated like model verbs in the back pages.

to expect, to hope, to wait (for)

The Seven Simple Tenses		The Seven Compound Tenses	
Singular	Plural	Singular	Plural

1 presente de indicativo		8 perfecto de indicativo	
espero	esperamos	he esperado	hemos esperado
esperas	esperáis	has esperado	habéis esperado
espera	esperan	ha esperado	han esperado

2 imperfecto de indicativo		9 pluscuamperfecto de indicativo	
esperaba	esperábamos	había esperado	habíamos esperado
esperabas	esperabais	habías esperado	habíais esperado
esperaba	esperaban	había esperado	habían esperado

3 pretérito		10 pretérito anterior	
esperé	esperamos	hube esperado	hubimos esperado
esperaste	esperasteis	hubiste esperado	hubisteis esperado
esperó	esperaron	hubo esperado	hubieron esperado

4 futuro		11 futuro perfecto	
esperaré	esperaremos	habré esperado	habremos esperado
esperarás	esperaréis	habrás esperado	habréis esperado
esperará	esperarán	habrá esperado	habrán esperado

5 potencial simple		12 potencial compuesto	
esperaría	esperaríamos	habría esperado	habríamos esperado
esperarías	esperaríais	habrías esperado	habríais esperado
esperaría	esperarían	habría esperado	habrían esperado

6 presente de subjuntivo		13 perfecto de subjuntivo	
espere	esperemos	haya esperado	hayamos esperado
esperes	esperéis	hayas esperado	hayáis esperado
espere	esperen	haya esperado	hayan esperado

7 imperfecto de subjuntivo		14 pluscuamperfecto de subjuntivo	
esperara	esperáramos	hubiera esperado	hubiéramos esperado
esperaras	esperarais	hubieras esperado	hubierais esperado
esperara	esperaran	hubiera esperado	hubieran esperado
OR		OR	
esperase	esperásemos	hubiese esperado	hubiésemos esperado
esperases	esperaseis	hubieses esperado	hubieseis esperado
esperase	esperasen	hubiese esperado	hubiesen esperado

imperativo	
—	esperemos
espera; no esperes	esperad; no esperéis
espere	esperen

Sentences using this verb and words related to it

Mientras hay alma hay esperanza.   Where there is life there is hope.
la esperanza   hope
No hay esperanza.   There is no hope.
dar esperanzas   to give encouragement
desesperar   to despair

The subject pronouns are found on the page facing page 1.   **225**

to ski

The Seven Simple Tenses		The Seven Compound Tenses	
Singular	Plural	Singular	Plural
1 presente de indicativo		**8 perfecto de indicativo**	
esquío	esquiamos	he esquiado	hemos esquiado
esquías	esquiáis	has esquiado	habéis esquiado
esquía	esquían	ha esquiado	han esquiado
2 imperfecto de indicativo		**9 pluscuamperfecto de indicativo**	
esquiaba	esquiábamos	había esquiado	habíamos esquiado
esquiabas	esquiabais	habías esquiado	habíais esquiado
esquiaba	esquiaban	había esquiado	habían esquiado
3 pretérito		**10 pretérito anterior**	
esquié	esquiamos	hube esquiado	hubimos esquiado
esquiaste	esquiasteis	hubiste esquiado	hubisteis esquiado
esquió	esquiaron	hubo esquiado	hubieron esquiado
4 futuro		**11 futuro perfecto**	
esquiaré	esquiaremos	habré esquiado	habremos esquiado
esquiarás	esquiaréis	habrás esquiado	habréis esquiado
esquiará	esquiarán	habrá esquiado	habrán esquiado
5 potencial simple		**12 potencial compuesto**	
esquiaría	esquiaríamos	habría esquiado	habríamos esquiado
esquiarías	esquiaríais	habrías esquiado	habríais esquiado
esquiaría	esquiarían	habría esquiado	habrían esquiado
6 presente de subjuntivo		**13 perfecto de subjuntivo**	
esquíe	esquiemos	haya esquiado	hayamos esquiado
esquíes	esquiéis	hayas esquiado	hayáis esquiado
esquíe	esquíen	haya esquiado	hayan esquiado
7 imperfecto de subjuntivo		**14 pluscuamperfecto de subjuntivo**	
esquiara	esquiáramos	hubiera esquiado	hubiéramos esquiado
esquiaras	esquiarais	hubieras esquiado	hubierais esquiado
esquiara	esquiaran	hubiera esquiado	hubieran esquiado
OR		OR	
esquiase	esquiásemos	hubiese esquiado	hubiésemos esquiado
esquiases	esquiaseis	hubieses esquiado	hubieseis esquiado
esquiase	esquiasen	hubiese esquiado	hubiesen esquiado

	imperativo	
—		esquiemos
esquía; no esquíes		esquiad; no esquiéis
esquíe		esquíen

Sentences using this verb and words related to it

el esquí   ski, skiing   **Me gusta el esquí.**   I like skiing.
un esquiador, una esquiadora   skier   **Me gusta esquiar.**   I like to ski.

The Seven Simple Tenses		The Seven Compound Tenses	
Singular	Plural	Singular	Plural

1 presente de indicativo		8 perfecto de indicativo	
establezco	establecemos	he establecido	hemos establecido
estableces	establecéis	has establecido	habéis establecido
establece	establecen	ha establecido	han establecido

2 imperfecto de indicativo		9 pluscuamperfecto de indicativo	
establecía	establecíamos	había establecido	habíamos establecido
establecías	establecíais	habías establecido	habíais establecido
establecía	establecían	había establecido	habían establecido

3 pretérito		10 pretérito anterior	
establecí	establecimos	hube establecido	hubimos establecido
estableciste	establecisteis	hubiste establecido	hubisteis establecido
estableció	establecieron	hubo establecido	hubieron establecido

4 futuro		11 futuro perfecto	
estableceré	estableceremos	habré establecido	habremos establecido
establecerás	estableceréis	habrás establecido	habréis establecido
establecerá	establecerán	habrá establecido	habrán establecido

5 potencial simple		12 potencial compuesto	
establecería	estableceríamos	habría establecido	habríamos establecido
establecerías	estableceríais	habrías establecido	habríais establecido
establecería	establecerían	habría establecido	habrían establecido

6 presente de subjuntivo		13 perfecto de subjuntivo	
establezca	establezcamos	haya establecido	hayamos establecido
establezcas	establezcáis	hayas establecido	hayáis establecido
establezca	establezcan	haya establecido	hayan establecido

7 imperfecto de subjuntivo		14 pluscuamperfecto de subjuntivo	
estableciera	estableciéramos	hubiera establecido	hubiéramos establecido
establecieras	establecierais	hubieras establecido	hubierais establecido
estableciera	establecieran	hubiera establecido	hubieran establecido
OR		OR	
estableciese	estableciésemos	hubiese establecido	hubiésemos establecido
establecieses	establecieseis	hubieses establecido	hubieseis establecido
estableciese	estableciesen	hubiese establecido	hubiesen establecido

imperativo

—	establezcamos
establece; no establezcas	estableced; no establezcáis
establezca	establezcan

Words and expressions related to this verb

establecer normas   to set up standards
un establecedor, una establecedora   founder
un establecimiento   establishment
establemente   firmly, stably

to be

The Seven Simple Tenses		The Seven Compound Tenses	
Singular	Plural	Singular	Plural
1 presente de indicativo		**8 perfecto de indicativo**	
estoy	estamos	he estado	hemos estado
estás	estáis	has estado	habéis estado
está	están	ha estado	han estado
2 imperfecto de indicativo		**9 pluscuamperfecto de indicativo**	
estaba	estábamos	había estado	habíamos estado
estabas	estabais	habías estado	habíais estado
estaba	estaban	había estado	habían estado
3 pretérito		**10 pretérito anterior**	
estuve	estuvimos	hube estado	hubimos estado
estuviste	estuvisteis	hubiste estado	hubisteis estado
estuvo	estuvieron	hubo estado	hubieron estado
4 futuro		**11 futuro perfecto**	
estaré	estaremos	habré estado	habremos estado
estarás	estaréis	habrás estado	habréis estado
estará	estarán	habrá estado	habrán estado
5 potencial simple		**12 potencial compuesto**	
estaría	estaríamos	habría estado	habríamos estado
estarías	estaríais	habrías estado	habríais estado
estaría	estarían	habría estado	habrían estado
6 presente de subjuntivo		**13 perfecto de subjuntivo**	
esté	estemos	haya estado	hayamos estado
estés	estéis	hayas estado	hayáis estado
esté	estén	haya estado	hayan estado
7 imperfecto de subjuntivo		**14 pluscuamperfecto de subjuntivo**	
estuviera	estuviéramos	hubiera estado	hubiéramos estado
estuvieras	estuvierais	hubieras estado	hubierais estado
estuviera	estuvieran	hubiera estado	hubieran estado
OR		OR	
estuviese	estuviésemos	hubiese estado	hubiésemos estado
estuvieses	estuvieseis	hubieses estado	hubieseis estado
estuviese	estuviesen	hubiese estado	hubiesen estado

imperativo	
—	estemos
está; no estés	estad; no estéis
esté	estén

Common idiomatic expressions using this verb

— ¿**Cómo está Ud.?**
— Estoy muy bien, gracias. ¿**Y usted?**
— **Estoy enfermo hoy.**

estar para + inf.   to be about + inf.
   Estoy para salir.   I am about to go out.   Consult the back pages for verbs
estar por   to be in favor of   used in idiomatic expressions.

to estimate, to esteem, to respect, to value

The Seven Simple Tenses		The Seven Compound Tenses	
Singular	Plural	Singular	Plural

1 presente de indicativo		8 perfecto de indicativo	
estimo	estimamos	he estimado	hemos estimado
estimas	estimáis	has estimado	habéis estimado
estima	estiman	ha estimado	han estimado

2 imperfecto de indicativo		9 pluscuamperfecto de indicativo	
estimaba	estimábamos	había estimado	habíamos estimado
estimabas	estimabais	habías estimado	habíais estimado
estimaba	estimaban	había estimado	habían estimado

3 pretérito		10 pretérito anterior	
estimé	estimamos	hube estimado	hubimos estimado
estimaste	estimasteis	hubiste estimado	hubisteis estimado
estimó	estimaron	hubo estimado	hubieron estimado

4 futuro		11 futuro perfecto	
estimaré	estimaremos	habré estimado	habremos estimado
estimarás	estimaréis	habrás estimado	habréis estimado
estimará	estimarán	habrá estimado	habrán estimado

5 potencial simple		12 potencial compuesto	
estimaría	estimaríamos	habría estimado	habríamos estimado
estimarías	estimaríais	habrías estimado	habríais estimado
estimaría	estimarían	habría estimado	habrían estimado

6 presente de subjuntivo		13 perfecto de subjuntivo	
estime	estimemos	haya estimado	hayamos estimado
estimes	estiméis	hayas estimado	hayáis estimado
estime	estimen	haya estimado	hayan estimado

7 imperfecto de subjuntivo		14 pluscuamperfecto de subjuntivo	
estimara	estimáramos	hubiera estimado	hubiéramos estimado
estimaras	estimarais	hubieras estimado	hubierais estimado
estimara	estimaran	hubiera estimado	hubieran estimado
OR		OR	
estimase	estimásemos	hubiese estimado	hubiésemos estimado
estimases	estimaseis	hubieses estimado	hubieseis estimado
estimase	estimasen	hubiese estimado	hubiesen estimado

imperativo

—	estimemos
estima; no estimes	estimad; no estiméis
estime	estimen

Words and expressions related to this verb

la estima   esteem, respect
la estimabilidad   worthiness, worth
la estimación   estimation, esteem

estimar con exceso   to overestimate
estimar en menos   to underestimate
estimar oportuno   to deem (see) fit

to study

The Seven Simple Tenses		The Seven Compound Tenses	
Singular	Plural	Singular	Plural

1   presente de indicativo

		8 perfecto de indicativo	
estudio	estudiamos	he estudiado	hemos estudiado
estudias	estudiáis	has estudiado	habéis estudiado
estudia	estudian	ha estudiado	han estudiado

2   imperfecto de indicativo   **9   pluscuamperfecto de indicativo**

estudiaba	estudiábamos	había estudiado	habíamos estudiado
estudiabas	estudiabais	habías estudiado	habíais estudiado
estudiaba	estudiaban	había estudiado	habían estudiado

3   pretérito   **10   pretérito anterior**

estudié	estudiamos	hube estudiado	hubimos estudiado
estudiaste	estudiasteis	hubiste estudiado	hubisteis estudiado
estudió	estudiaron	hubo estudiado	hubieron estudiado

4   futuro   **11   futuro perfecto**

estudiaré	estudiaremos	habré estudiado	habremos estudiado
estudiarás	estudiaréis	habrás estudiado	habréis estudiado
estudiará	estudiarán	habrá estudiado	habrán estudiado

5   potencial simple   **12   potencial compuesto**

estudiaría	estudiaríamos	habría estudiado	habríamos estudiado
estudiarías	estudiaríais	habrías estudiado	habríais estudiado
estudiaría	estudiarían	habría estudiado	habrían estudiado

6   presente de subjuntivo   **13   perfecto de subjuntivo**

estudie	estudiemos	haya estudiado	hayamos estudiado
estudies	estudiéis	hayas estudiado	hayáis estudiado
estudie	estudien	haya estudiado	hayan estudiado

7   imperfecto de subjuntivo   **14   pluscuamperfecto de subjuntivo**

estudiara	estudiáramos	hubiera estudiado	hubiéramos estudiado
estudiaras	estudiarais	hubieras estudiado	hubierais estudiado
estudiara	estudiaran	hubiera estudiado	hubieran estudiado
OR		OR	
estudiase	estudiásemos	hubiese estudiado	hubiésemos estudiado
estudiases	estudiaseis	hubieses estudiado	hubieseis estudiado
estudiase	estudiasen	hubiese estudiado	hubiesen estudiado

imperativo

—	estudiemos
estudia; no estudies	estudiad; no estudiéis
estudie	estudien

Words related to this verb

un, una estudiante student
el estudio study, studio, study room
estudioso, estudiosa studious

altos estudios advanced studies
estudiosamente studiously

to demand, to urge, to require

The Seven Simple Tenses		The Seven Compound Tenses	
Singular	Plural	Singular	Plural
1 presente de indicativo		**8 perfecto de indicativo**	
exijo	exigimos	he exigido	hemos exigido
exiges	exigís	has exigido	habéis exigido
exige	exigen	ha exigido	han exigido
2 imperfecto de indicativo		**9 pluscuamperfecto de indicativo**	
exigía	exigíamos	había exigido	habíamos exigido
exigías	exigíais	habías exigido	habíais exigido
exigía	exigían	había exigido	habían exigido
3 pretérito		**10 pretérito anterior**	
exigí	exigimos	hube exigido	hubimos exigido
exigiste	exigisteis	hubiste exigido	hubisteis exigido
exigió	exigieron	hubo exigido	hubieron exigido
4 futuro		**11 futuro perfecto**	
exigiré	exigiremos	habré exigido	habremos exigido
exigirás	exigiréis	habrás exigido	habréis exigido
exigirá	exigirán	habrá exigido	habrán exigido
5 potencial simple		**12 potencial compuesto**	
exigiría	exigiríamos	habría exigido	habríamos exigido
exigirías	exigiríais	habrías exigido	habríais exigido
exigiría	exigirían	habría exigido	habrían exigido
6 presente de subjuntivo		**13 perfecto de subjuntivo**	
exija	exijamos	haya exigido	hayamos exigido
exijas	exijáis	hayas exigido	hayáis exigido
exija	exijan	haya exigido	hayan exigido
7 imperfecto de subjuntivo		**14 pluscuamperfecto de subjuntivo**	
exigiera	exigiéramos	hubiera exigido	hubiéramos exigido
exigieras	exigierais	hubieras exigido	hubierais exigido
exigiera	exigieran	hubiera exigido	hubieran exigido
OR		OR	
exigiese	exigiésemos	hubiese exigido	hubiésemos exigido
exigieses	exigieseis	hubieses exigido	hubieseis exigido
exigiese	exigiesen	hubiese exigido	hubiesen exigido

imperativo

—	exijamos
exige; no exijas	exigid; no exijáis
exija	exijan

Words and expressions related to this verb

exigente exacting, demanding   **exigir el pago** to demand payment
la exigencia exigency, requirement

to explain

The Seven Simple Tenses		The Seven Compound Tenses	
Singular	Plural	Singular	Plural

1 presente de indicativo

explico	explicamos		
explicas	explicáis		
explica	explican		

8 perfecto de indicativo

he explicado	hemos explicado
has explicado	habéis explicado
ha explicado	han explicado

2 imperfecto de indicativo

explicaba	explicábamos
explicabas	explicabais
explicaba	explicaban

9 pluscuamperfecto de indicativo

había explicado	habíamos explicado
habías explicado	habíais explicado
había explicado	habían explicado

3 pretérito

expliqué	explicamos
explicaste	explicasteis
explicó	explicaron

10 pretérito anterior

hube explicado	hubimos explicado
hubiste explicado	hubisteis explicado
hubo explicado	hubieron explicado

4 futuro

explicaré	explicaremos
explicarás	explicaréis
explicará	explicarán

11 futuro perfecto

habré explicado	habremos explicado
habrás explicado	habréis explicado
habrá explicado	habrán explicado

5 potencial simple

explicaría	explicaríamos
explicarías	explicaríais
explicaría	explicarían

12 potencial compuesto

habría explicado	habríamos explicado
habrías explicado	habríais explicado
habría explicado	habrían explicado

6 presente de subjuntivo

explique	expliquemos
expliques	expliquéis
explique	expliquen

13 perfecto de subjuntivo

haya explicado	hayamos explicado
hayas explicado	hayáis explicado
haya explicado	hayan explicado

7 imperfecto de subjuntivo

explicara	explicáramos
explicaras	explicarais
explicara	explicaran
OR	
explicase	explicásemos
explicases	explicaseis
explicase	explicasen

14 pluscuamperfecto de subjuntivo

hubiera explicado	hubiéramos explicado
hubieras explicado	hubierais explicado
hubiera explicado	hubieran explicado
OR	
hubiese explicado	hubiésemos explicado
hubieses explicado	hubieseis explicado
hubiese explicado	hubiesen explicado

imperativo

—	expliquemos
explica; no expliques	explicad; no expliquéis
explique	expliquen

Words and expressions related to this verb

una explicación explanation
explícito, explícita explicit
explícitamente explicitly

explicativo, explicativa explanatory
pedir explicaciones to demand an explanation

The Seven Simple Tenses		The Seven Compound Tenses	
Singular	Plural	Singular	Plural

1   presente de indicativo

		8 perfecto de indicativo	
expreso	expresamos	he expresado	hemos expresado
expresas	expresáis	has expresado	habéis expresado
expresa	expresan	ha expresado	han expresado

2   imperfecto de indicativo

		9 pluscuamperfecto de indicativo	
expresaba	expresábamos	había expresado	habíamos expresado
expresabas	expresabais	habías expresado	habíais expresado
expresaba	expresaban	había expresado	habían expresado

3   pretérito

		10 pretérito anterior	
expresé	expresamos	hube expresado	hubimos expresado
expresaste	expresasteis	hubiste expresado	hubisteis expresado
expresó	expresaron	hubo expresado	hubieron expresado

4   futuro

		11 futuro perfecto	
expresaré	expresaremos	habré expresado	habremos expresado
expresarás	expresaréis	habrás expresado	habréis expresado
expresará	expresarán	habrá expresado	habrán expresado

5   potencial simple

		12 potencial compuesto	
expresaría	expresaríamos	habría expresado	habríamos expresado
expresarías	expresaríais	habrías expresado	habríais expresado
expresaría	expresarían	habría expresado	habrían expresado

6   presente de subjuntivo

		13 perfecto de subjuntivo	
exprese	expresemos	haya expresado	hayamos expresado
expreses	expreséis	hayas expresado	hayáis expresado
exprese	expresen	haya expresado	hayan expresado

7   imperfecto de subjuntivo

		14 pluscuamperfecto de subjuntivo	
expresara	expresáramos	hubiera expresado	hubiéramos expresado
expresaras	expresarais	hubieras expresado	hubierais expresado
expresara	expresaran	hubiera expresado	hubieran expresado
OR		OR	
expresase	expresásemos	hubiese expresado	hubiésemos expresado
expresases	expresaseis	hubieses expresado	hubieseis expresado
expresase	expresasen	hubiese expresado	hubiesen expresado

imperativo

—	expresemos
expresa; no expreses	expresad; no expreséis
exprese	expresen

Words and expressions related to this verb

expresarse   to express oneself
una expresión   expression, phrase
expresamente   expressly, on purpose
expresivamente   expressively

expresiones de mi parte   kindest regards
el expresionismo   expressionism
expreso   on purpose; express

to fabricate, to manufacture

The Seven Simple Tenses		The Seven Compound Tenses	
Singular	Plural	Singular	Plural

1 presente de indicativo		8 perfecto de indicativo	
fabrico	fabricamos	he fabricado	hemos fabricado
fabricas	fabricáis	has fabricado	habéis fabricado
fabrica	fabrican	ha fabricado	han fabricado

2 imperfecto de indicativo		9 pluscuamperfecto de indicativo	
fabricaba	fabricábamos	había fabricado	habíamos fabricado
fabricabas	fabricabais	habías fabricado	habíais fabricado
fabricaba	fabricaban	había fabricado	habían fabricado

3 pretérito		10 pretérito anterior	
fabriqué	fabricamos	hube fabricado	hubimos fabricado
fabricaste	fabricasteis	hubiste fabricado	hubisteis fabricado
fabricó	fabricaron	hubo fabricado	hubieron fabricado

4 futuro		11 futuro perfecto	
fabricaré	fabricaremos	habré fabricado	habremos fabricado
fabricarás	fabricaréis	habrás fabricado	habréis fabricado
fabricará	fabricarán	habrá fabricado	habrán fabricado

5 potencial simple		12 potencial compuesto	
fabricaría	fabricaríamos	habría fabricado	habríamos fabricado
fabricarías	fabricaríais	habrías fabricado	habríais fabricado
fabricaría	fabricarían	habría fabricado	habrían fabricado

6 presente de subjuntivo		13 perfecto de subjuntivo	
fabrique	fabriquemos	haya fabricado	hayamos fabricado
fabriques	fabriquéis	hayas fabricado	hayáis fabricado
fabrique	fabriquen	haya fabricado	hayan fabricado

7 imperfecto de subjuntivo		14 pluscuamperfecto de subjuntivo	
fabricara	fabricáramos	hubiera fabricado	hubiéramos fabricado
fabricaras	fabricarais	hubieras fabricado	hubierais fabricado
fabricara	fabricaran	hubiera fabricado	hubieran fabricado
OR		OR	
fabricase	fabricásemos	hubiese fabricado	hubiésemos fabricado
fabricases	fabricaseis	hubieses fabricado	hubieseis fabricado
fabricase	fabricasen	hubiese fabricado	hubiesen fabricado

imperativo

—	fabriquemos
fabrica; no fabriques	fabricad; no fabriquéis
fabrique	fabriquen

Words and expressions related to this verb

la fábrica factory
la fabricación fabrication, manufacturing
de fabricación casera homemade

el frabricante manufacturer
fabricación en masa mass production
prefabricar to prefabricate

to be lacking, to be wanting, to lack, to miss, to need

The Seven Simple Tenses		The Seven Compound Tenses	
Singular	Plural	Singular	Plural

1   presente de indicativo

falto	faltamos		
faltas	faltáis		
falta	faltan		

8   perfecto de indicativo

he faltado	hemos faltado
has faltado	habéis faltado
ha faltado	han faltado

2   imperfecto de indicativo

faltaba	faltábamos
faltabas	faltabais
faltaba	faltaban

9   pluscuamperfecto de indicativo

había faltado	habíamos faltado
habías faltado	habíais faltado
había faltado	habían faltado

3   pretérito

falté	faltamos
faltaste	faltasteis
faltó	faltaron

10   pretérito anterior

hube faltado	hubimos faltado
hubiste faltado	hubisteis faltado
hubo faltado	hubieron faltado

4   futuro

faltaré	faltaremos
faltarás	faltaréis
faltará	faltarán

11   futuro perfecto

habré faltado	habremos faltado
habrás faltado	habréis faltado
habrá faltado	habrán faltado

5   potencial simple

faltaría	faltaríamos
faltarías	faltaríais
faltaría	faltarían

12   potencial compuesto

habría faltado	habríamos faltado
habrías faltado	habríais faltado
habría faltado	habrían faltado

6   presente de subjuntivo

falte	faltemos
faltes	faltéis
falte	falten

13   perfecto de subjuntivo

haya faltado	hayamos faltado
hayas faltado	hayáis faltado
haya faltado	hayan faltado

7   imperfecto de subjuntivo

faltara	faltáramos
faltaras	faltarais
faltara	faltaran
OR	
faltase	faltásemos
faltases	faltaseis
faltase	faltasen

14   pluscuamperfecto de subjuntivo

hubiera faltado	hubiéramos faltado
hubieras faltado	hubierais faltado
hubiera faltado	hubieran faltado
OR	
hubiese faltado	hubiésemos faltado
hubieses faltado	hubieseis faltado
hubiese faltado	hubiesen faltado

imperativo

—	**faltemos**
falta; no faltes	**faltad; no faltéis**
falte	**falten**

Common idiomatic expressions using this verb

a falta de   for lack of
sin falta   without fail, without fault
la falta   lack, want
faltante   lacking, wanting
poner faltas a   to find fault with

¡No faltaba más!   That's the limit!
faltar poco para + inf.   not to be long before
hacer falta   to be necessary

to congratulate, to felicitate

The Seven Simple Tenses		The Seven Compound Tenses	
Singular	Plural	Singular	Plural
1 presente de indicativo		**8 perfecto de indicativo**	
felicito	felicitamos	he felicitado	hemos felicitado
felicitas	felicitáis	has felicitado	habéis felicitado
felicita	felicitan	ha felicitado	han felicitado
2 imperfecto de indicativo		**9 pluscuamperfecto de indicativo**	
felicitaba	felicitábamos	había felicitado	habíamos felicitado
felicitabas	felicitabais	habías felicitado	habíais felicitado
felicitaba	felicitaban	había felicitado	habían felicitado
3 pretérito		**10 pretérito anterior**	
felicité	felicitamos	hube felicitado	hubimos felicitado
felicitaste	felicitasteis	hubiste felicitado	hubisteis felicitado
felicitó	felicitaron	hubo felicitado	hubieron felicitado
4 futuro		**11 futuro perfecto**	
felicitaré	felicitaremos	habré felicitado	habremos felicitado
felicitarás	felicitaréis	habrás felicitado	habréis felicitado
felicitará	felicitarán	habrá felicitado	habrán felicitado
5 potencial simple		**12 potencial compuesto**	
felicitaría	felicitaríamos	habría felicitado	habríamos felicitado
felicitarías	felicitaríais	habrías felicitado	habríais felicitado
felicitaría	felicitarían	habría felicitado	habrían felicitado
6 presente de subjuntivo		**13 perfecto de subjuntivo**	
felicite	felicitemos	haya felicitado	hayamos felicitado
felicites	felicitéis	hayas felicitado	hayáis felicitado
felicite	feliciten	haya felicitado	hayan felicitado
7 imperfecto de subjuntivo		**14 pluscuamperfecto de subjuntivo**	
felicitara	felicitáramos	hubiera felicitado	hubiéramos felicitado
felicitaras	felicitarais	hubieras felicitado	hubierais felicitado
felicitara	felicitaran	hubiera felicitado	hubieran felicitado
OR		OR	
felicitase	felicitásemos	hubiese felicitado	hubiésemos felicitado
felicitases	felicitaseis	hubieses felicitado	hubieseis felicitado
felicitase	felicitasen	hubiese felicitado	hubiesen felicitado

	imperativo	
–		felicitemos
felicita; no felicites		felicitad; no felicitéis
felicite		feliciten

Words related to this verb

la felicitación, las felicitaciones congratulations
la felicidad happiness, good fortune
felizmente happily, fortunately

feliz happy, fortunate, lucky
   (*pl.* **felices**)

to feast, to entertain, to celebrate

The Seven Simple Tenses		The Seven Compound Tenses	
Singular	Plural	Singular	Plural

1 presente de indicativo

		8 perfecto de indicativo	
festejo	festejamos	he festejado	hemos festejado
festejas	festejáis	has festejado	habéis festejado
festeja	festejan	ha festejado	han festejado

2 imperfecto de indicativo

		9 pluscuamperfecto de indicativo	
festejaba	festejábamos	había festejado	habíamos festejado
festejabas	festejabais	habías festejado	habíais festejado
festejaba	festejaban	había festejado	habían festejado

3 pretérito

		10 pretérito anterior	
festejé	festejamos	hube festejado	hubimos festejado
festejaste	festejasteis	hubiste festejado	hubisteis festejado
festejó	festejaron	hubo festejado	hubieron festejado

4 futuro

		11 futuro perfecto	
festejaré	festejaremos	habré festejado	habremos festejado
festejarás	festejaréis	habrás festejado	habréis festejado
festejará	festejarán	habrá festejado	habrán festejado

5 potencial simple

		12 potencial compuesto	
festejaría	festejaríamos	habría festejado	habríamos festejado
festejarías	festejaríais	habrías festejado	habríais festejado
festejaría	festejarían	habría festejado	habrían festejado

6 presente de subjuntivo

		13 perfecto de subjuntivo	
festeje	festejemos	haya festejado	hayamos festejado
festejes	festejéis	hayas festejado	hayáis festejado
festeje	festejen	haya festejado	hayan festejado

7 imperfecto de subjuntivo

		14 pluscuamperfecto de subjuntivo	
festejara	festejáramos	hubiera festejado	hubiéramos festejado
festejaras	festejarais	hubieras festejado	hubierais festejado
festejara	festejaran	hubiera festejado	hubieran festejado
OR		OR	
festejase	festejásemos	hubiese festejado	hubiésemos festejado
festejases	festejaseis	hubieses festejado	hubieseis festejado
festejase	festejasen	hubiese festejado	hubiesen festejado

imperativo

—	festejemos
festeja; no festejes	festejad; no festejéis
festeje	festejen

Words and expressions related to this verb

un festejo banquet, feast, celebration
una fiesta feast, holy day, festivity
la fiesta de la raza Columbus Day

la fiesta nacional national holiday
la fiesta de todos los santos All Saints' Day

to confide, to intrust

The Seven Simple Tenses		The Seven Compound Tenses	
Singular	Plural	Singular	Plural
1 presente de indicativo		**8 perfecto de indicativo**	
fío	fiamos	he fiado	hemos fiado
fías	fiáis	has fiado	habéis fiado
fía	fían	ha fiado	han fiado
2 imperfecto de indicativo		**9 pluscuamperfecto de indicativo**	
fiaba	fiábamos	había fiado	habíamos fiado
fiabas	fiabais	habías fiado	habíais fiado
fiaba	fiaban	había fiado	habían fiado
3 pretérito		**10 pretérito anterior**	
fié	fiamos	hube fiado	hubimos fiado
fiaste	fiasteis	hubiste fiado	hubisteis fiado
fió	fiaron	hubo fiado	hubieron fiado
4 futuro		**11 futuro perfecto**	
fiaré	fiaremos	habré fiado	habremos fiado
fiarás	fiaréis	habrás fiado	habréis fiado
fiará	fiarán	habrá fiado	habrán fiado
5 potencial simple		**12 potencial compuesto**	
fiaría	fiaríamos	habría fiado	habríamos fiado
fiarías	fiaríais	habrías fiado	habríais fiado
fiaría	fiarían	habría fiado	habrían fiado
6 presente de subjuntivo		**13 perfecto de subjuntivo**	
fíe	fiemos	haya fiado	hayamos fiado
fíes	fiéis	hayas fiado	hayáis fiado
fíe	fíen	haya fiado	hayan fiado
7 imperfecto de subjuntivo		**14 pluscuamperfecto de subjuntivo**	
fiara	fiáramos	hubiera fiado	hubiéramos fiado
fiaras	fiarais	hubieras fiado	hubierais fiado
fiara	fiaran	hubiera fiado	hubieran fiado
OR		OR	
fiase	fiásemos	hubiese fiado	hubiésemos fiado
fiases	fiaseis	hubieses fiado	hubieseis fiado
fiase	fiasen	hubiese fiado	hubiesen fiado

imperativo	
—	fiemos
fía; no fíes	fiad; no fiéis
fíe	fíen

Words and expressions related to this verb

fiarse de to have confidence in
la fianza security, surety, guarantee
al fiado on credit, on trust
fiable trustworthy

fiar en to trust in
el fíat consent, fiat

to take notice, to pay attention, to settle

The Seven Simple Tenses		The Seven Compound Tenses	
Singular	Plural	Singular	Plural

1   presente de indicativo

me fijo	nos fijamos
te fijas	os fijáis
se fija	se fijan

8   perfecto de indicativo

me he fijado	nos hemos fijado
te has fijado	os habéis fijado
se ha fijado	se han fijado

2   imperfecto de indicativo

me fijaba	nos fijábamos
te fijabas	os fijabais
se fijaba	se fijaban

9   pluscuamperfecto de indicativo

me había fijado	nos habíamos fijado
te habías fijado	os habíais fijado
se había fijado	se habían fijado

3   pretérito

me fijé	nos fijamos
te fijaste	os fijasteis
se fijó	se fijaron

10   pretérito anterior

me hube fijado	nos hubimos fijado
te hubiste fijado	os hubisteis fijado
se hubo fijado	se hubieron fijado

4   futuro

me fijaré	nos fijaremos
te fijarás	os fijaréis
se fijará	se fijarán

11   futuro perfecto

me habré fijado	nos habremos fijado
te habrás fijado	os habréis fijado
se habrá fijado	se habrán fijado

5   potencial simple

me fijaría	nos fijaríamos
te fijarías	os fijaríais
se fijaría	se fijarían

12   potencial compuesto

me habría fijado	nos habríamos fijado
te habrías fijado	os habríais fijado
se habría fijado	se habrían fijado

6   presente de subjuntivo

me fije	nos fijemos
te fijes	os fijéis
se fije	se fijen

13   perfecto de subjuntivo

me haya fijado	nos hayamos fijado
te hayas fijado	os hayáis fijado
se haya fijado	se hayan fijado

7   imperfecto de subjuntivo

me fijara	nos fijáramos
te fijaras	os fijarais
se fijara	se fijaran
OR	
me fijase	nos fijásemos
te fijases	os fijaseis
se fijase	se fijasen

14   pluscuamperfecto de subjuntivo

me hubiera fijado	nos hubiéramos fijado
te hubieras fijado	os hubierais fijado
se hubiera fijado	se hubieran fijado
OR	
me hubiese fijado	nos hubiésemos fijado
te hubieses fijado	os hubieseis fijado
se hubiese fijado	se hubiesen fijado

imperativo

—	fijémonos
fíjate; no te fijes	fijaos; no os fijéis
fíjese	fíjense

Words and expressions related to this verb

fijar   to clinch, to fasten, to fix; **fijo** (when used as an adj.)
fijarse en   to take notice of, to pay attention to, to settle in
hora fija   set time, set hour, time agreed on; **de fijo**   surely
fijamente   fixedly, assuredly; **fijar el precio**   to fix the price
una fija   door hinge; **una fijación**   fixation
la fijación de precios   price fixing

The subject pronouns are found on the page facing page 1.

to feign, to pretend

The Seven Simple Tenses		The Seven Compound Tenses	
Singular	Plural	Singular	Plural
1 presente de indicativo		**8 perfecto de indicativo**	
finjo	fingimos	he fingido	hemos fingido
finges	fingís	has fingido	habéis fingido
finge	fingen	ha fingido	han fingido
2 imperfecto de indicativo		**9 pluscuamperfecto de indicativo**	
fingía	fingíamos	había fingido	habíamos fingido
fingías	fingíais	habías fingido	habíais fingido
fingía	fingían	había fingido	habían fingido
3 pretérito		**10 pretérito anterior**	
fingí	fingimos	hube fingido	hubimos fingido
fingiste	fingisteis	hubiste fingido	hubisteis fingido
fingió	fingieron	hubo fingido	hubieron fingido
4 futuro		**11 futuro perfecto**	
fingiré	fingiremos	habré fingido	habremos fingido
fingirás	fingiréis	habrás fingido	habréis fingido
fingirá	fingirán	habrá fingido	habrán fingido
5 potencial simple		**12 potencial compuesto**	
fingiría	fingiríamos	habría fingido	habríamos fingido
fingirías	fingiríais	habrías fingido	habríais fingido
fingiría	fingirían	habría fingido	habrían fingido
6 presente de subjuntivo		**13 perfecto de subjuntivo**	
finja	finjamos	haya fingido	hayamos fingido
finjas	finjáis	hayas fingido	hayáis fingido
finja	finjan	haya fingido	hayan fingido
7 imperfecto de subjuntivo		**14 pluscuamperfecto de subjuntivo**	
fingiera	fingiéramos	hubiera fingido	hubiéramos fingido
fingieras	fingierais	hubieras fingido	hubierais fingido
fingiera	fingieran	hubiera fingido	hubieran fingido
OR		OR	
fingiese	fingiésemos	hubiese fingido	hubiésemos fingido
fingieses	fingieseis	hubieses fingido	hubieseis fingido
fingiese	fingiesen	hubiese fingido	hubiesen fingido

	imperativo	
—		**finjamos**
finge; no finjas		**fingid; no finjáis**
finja		**finjan**

Words related to this verb

fingir + inf. to pretend + inf.
el fingimiento deceit, pretense, feigning
un fingidor, una fingidora faker, feigner
fingidamente fictitiously

The Seven Simple Tenses		The Seven Compound Tenses	
Singular	Plural	Singular	Plural

1   presente de indicativo

		8 perfecto de indicativo	
firmo	firmamos	he firmado	hemos firmado
firmas	firmáis	has firmado	habéis firmado
firma	firman	ha firmado	han firmado

2   imperfecto de indicativo

		9 pluscuamperfecto de indicativo	
firmaba	firmábamos	había firmado	habíamos firmado
firmabas	firmabais	habías firmado	habíais firmado
firmaba	firmaban	había firmado	habían firmado

3   pretérito

		10 pretérito anterior	
firmé	firmamos	hube firmado	hubimos firmado
firmaste	firmasteis	hubiste firmado	hubisteis firmado
firmó	firmaron	hubo firmado	hubieron firmado

4   futuro

		11 futuro perfecto	
firmaré	firmaremos	habré firmado	habremos firmado
firmarás	firmaréis	habrás firmado	habréis firmado
firmará	firmarán	habrá firmado	habrán firmado

5   potencial simple

		12 potencial compuesto	
firmaría	firmaríamos	habría firmado	habríamos firmado
firmarías	firmaríais	habrías firmado	habríais firmado
firmaría	firmarían	habría firmado	habrían firmado

6   presente de subjuntivo

		13 perfecto de subjuntivo	
firme	firmemos	haya firmado	hayamos firmado
firmes	firméis	hayas firmado	hayáis firmado
firme	firmen	haya firmado	hayan firmado

7   imperfecto de subjuntivo

		14 pluscuamperfecto de subjuntivo	
firmara	firmáramos	hubiera firmado	hubiéramos firmado
firmaras	firmarais	hubieras firmado	hubierais firmado
firmara	firmaran	hubiera firmado	hubieran firmado
OR		OR	
firmase	firmásemos	hubiese firmado	hubiésemos firmado
firmases	firmaseis	hubieses firmado	hubieseis firmado
firmase	firmasen	hubiese firmado	hubiesen firmado

imperativo

—	firmemos
firma; no firmes	firmad; no firméis
firme	firmen

Words and expressions related to this verb

firmar y sellar   to sign and seal
el, la firmante   signer
confirmar   to confirm

de firme   steadily
en lo firme   in the right

formar

to form, to shape

The Seven Simple Tenses		The Seven Compound Tenses	
Singular	Plural	Singular	Plural
1 presente de indicativo		**8 perfecto de indicativo**	
formo	formamos	he formado	hemos formado
formas	formáis	has formado	habéis formado
forma	forman	ha formado	han formado
2 imperfecto de indicativo		**9 pluscuamperfecto de indicativo**	
formaba	formábamos	había formado	habíamos formado
formabas	formabais	habías formado	habíais formado
formaba	formaban	había formado	habían formado
3 pretérito		**10 pretérito anterior**	
formé	formamos	hube formado	hubimos formado
formaste	formasteis	hubiste formado	hubisteis formado
formó	formaron	hubo formado	hubieron formado
4 futuro		**11 futuro perfecto**	
formaré	formaremos	habré formado	habremos formado
formarás	formaréis	habrás formado	habréis formado
formará	formarán	habrá formado	habrán formado
5 potencial simple		**12 potencial compuesto**	
formaría	formaríamos	habría formado	habríamos formado
formarías	formaríais	habrías formado	habríais formado
formaría	formarían	habría formado	habrían formado
6 presente de subjuntivo		**13 perfecto de subjuntivo**	
forme	formemos	haya formado	hayamos formado
formes	forméis	hayas formado	hayáis formado
forme	formen	haya formado	hayan formado
7 imperfecto de subjuntivo		**14 pluscuamperfecto de subjuntivo**	
formara	formáramos	hubiera formado	hubiéramos formado
formaras	formarais	hubieras formado	hubierais formado
formara	formaran	hubiera formado	hubieran formado
OR		OR	
formase	formásemos	hubiese formado	hubiésemos formado
formases	formaseis	hubieses formado	hubieseis formado
formase	formasen	hubiese formado	hubiesen formado

imperativo

—	formemos
forma; no formes	formad; no forméis
forme	formen

Words and expressions related to this verb

formativo, formativa formative
formante forming
transformar to transform
la forma form, shape
de esta forma in this way

la formación formation
formalmente formally
la formalidad formality
de forma que. . . so that . . .
de una forma o de otra somehow or other,
    one way or another

to wash dishes, to scrub

The Seven Simple Tenses		The Seven Compound Tenses	
Singular	Plural	Singular	Plural

1 presente de indicativo

friego	fregamos		
friegas	fregáis		
friega	friegan		

8 perfecto de indicativo

he fregado	hemos fregado
has fregado	habéis fregado
ha fregado	han fregado

2 imperfecto de indicativo

fregaba	fregábamos
fregabas	fregabais
fregaba	fregaban

9 pluscuamperfecto de indicativo

había fregado	habíamos fregado
habías fregado	habíais fregado
había fregado	habían fregado

3 pretérito

fregué	fregamos
fregaste	fregasteis
fregó	fregaron

10 pretérito anterior

hube fregado	hubimos fregado
hubiste fregado	hubisteis fregado
hubo fregado	hubieron fregado

4 futuro

fregaré	fregaremos
fregarás	fregaréis
fregará	fregarán

11 futuro perfecto

habré fregado	habremos fregado
habrás fregado	habréis fregado
habrá fregado	habrán fregado

5 potencial simple

fregaría	fregaríamos
fregarías	fregaríais
fregaría	fregarían

12 potencial compuesto

habría fregado	habríamos fregado
habrías fregado	habríais fregado
habría fregado	habrían fregado

6 presente de subjuntivo

friegue	freguemos
friegues	freguéis
friegue	frieguen

13 perfecto de subjuntivo

haya fregado	hayamos fregado
hayas fregado	hayáis fregado
haya fregado	hayan fregado

7 imperfecto de subjuntivo

fregara	fregáramos
fregaras	fregarais
fregara	fregaran
OR	
fregase	fregásemos
fregases	fregaseis
fregase	fregasen

14 pluscuamperfecto de subjuntivo

hubiera fregado	hubiéramos fregado
hubieras fregado	hubierais fregado
hubiera fregado	hubieran fregado
OR	
hubiese fregado	hubiésemos fregado
hubieses fregado	hubieseis fregado
hubiese fregado	hubiesen fregado

imperativo

—	freguemos
friega; no friegues	fregad; no freguéis
friegue	frieguen

Words related to this verb

un fregador, una fregadora dishwasher; **el fregador** kitchen sink
el fregadero kitchen sink
la fregadura dishwashing, mopping, scrubbing
refregar to rub; **el refregamiento** rubbing

The subject pronouns are found on the page facing page 1.   **243**

freír

Gerundio **friendo**   Part. pas. **frito** *or* **freído**

to fry

The Seven Simple Tenses		The Seven Compound Tenses	
Singular	Plural	Singular	Plural
1 presente de indicativo		**8 perfecto de indicativo**	
frío	freímos	he frito	hemos frito
fríes	freís	has frito	habéis frito
fríe	fríen	ha frito	han frito
2 imperfecto de indicativo		**9 pluscuamperfecto de indicativo**	
freía	freíamos	había frito	habíamos frito
freías	freíais	habías frito	habíais frito
freía	freían	había frito	habían frito
3 pretérito		**10 pretérito anterior**	
freí	freímos	hube frito	hubimos frito
freíste	freísteis	hubiste frito	hubisteis frito
frió	frieron	hubo frito	hubieron frito
4 futuro		**11 futuro perfecto**	
freiré	freiremos	habré frito	habremos frito
freirás	freiréis	habrás frito	habréis frito
freirá	freirán	habrá frito	habrán frito
5 potencial simple		**12 potencial compuesto**	
freiría	freiríamos	habría frito	habríamos frito
freirías	freiríais	habrías frito	habríais frito
freiría	freirían	habría frito	habrían frito
6 presente de subjuntivo		**13 perfecto de subjuntivo**	
fría	friamos	haya frito	hayamos frito
frías	friáis	hayas frito	hayáis frito
fría	frían	haya frito	hayan frito
7 imperfecto de subjuntivo		**14 pluscuamperfecto de subjuntivo**	
friera	friéramos	hubiera frito	hubiéramos frito
frieras	frierais	hubieras frito	hubierais frito
friera	frieran	hubiera frito	hubieran frito
OR		OR	
friese	friésemos	hubiese frito	hubiésemos frito
frieses	frieseis	hubieses frito	hubieseis frito
friese	friesen	hubiese frito	hubiesen frito

imperativo	
—	friamos
fríe; no frías	freíd; no friáis
fría	frían

Words and expressions related to this verb

patatas fritas   fried potatoes, French fries
patatas fritas a la inglesa   potato chips

la fritada   fried food
la fritura   fry

The Seven Simple Tenses		The Seven Compound Tenses	
Singular	Plural	Singular	Plural

1 presente de indicativo		8 perfecto de indicativo	
fumo	fumamos	he fumado	hemos fumado
fumas	fumáis	has fumado	habéis fumado
fuma	fuman	ha fumado	han fumado

2 imperfecto de indicativo		9 pluscuamperfecto de indicativo	
fumaba	fumábamos	había fumado	habíamos fumado
fumabas	fumabais	habías fumado	habíais fumado
fumaba	fumaban	había fumado	habían fumado

3 pretérito		10 pretérito anterior	
fumé	fumamos	hube fumado	hubimos fumado
fumaste	fumasteis	hubiste fumado	hubisteis fumado
fumó	fumaron	hubo fumado	hubieron fumado

4 futuro		11 futuro perfecto	
fumaré	fumaremos	habré fumado	habremos fumado
fumarás	fumaréis	habrás fumado	habréis fumado
fumará	fumarán	habrá fumado	habrán fumado

5 potencial simple		12 potencial compuesto	
fumaría	fumaríamos	habría fumado	habríamos fumado
fumarías	fumaríais	habrías fumado	habríais fumado
fumaría	fumarían	habría fumado	habrían fumado

6 presente de subjuntivo		13 perfecto de subjuntivo	
fume	fumemos	haya fumado	hayamos fumado
fumes	fuméis	hayas fumado	hayáis fumado
fume	fumen	haya fumado	hayan fumado

7 imperfecto de subjuntivo		14 pluscuamperfecto de subjuntivo	
fumara	fumáramos	hubiera fumado	hubiéramos fumado
fumaras	fumarais	hubieras fumado	hubierais fumado
fumara	fumaran	hubiera fumado	hubieran fumado
OR		OR	
fumase	fumásemos	hubiese fumado	hubiésemos fumado
fumases	fumaseis	hubieses fumado	hubieseis fumado
fumase	fumasen	hubiese fumado	hubiesen fumado

imperativo

—	fumemos
fuma; no fumes	fumad; no fuméis
fume	fumen

Words and expressions related to this verb

un fumador, una fumadora smoker
una fumada, una fumarada puff of smoke

un fumadero smoking room
SE PROHIBE FUMAR NO SMOKING

to function, to run (machine)

The Seven Simple Tenses		The Seven Compound Tenses	
Singular	Plural	Singular	Plural

1 presente de indicativo

		8 perfecto de indicativo	
funciono	funcionamos	he funcionado	hemos funcionado
funcionas	funcionáis	has funcionado	habéis funcionado
funciona	funcionan	ha funcionado	han funcionado

2 imperfecto de indicativo

		9 pluscuamperfecto de indicativo	
funcionaba	funcionábamos	había funcionado	habíamos funcionado
funcionabas	funcionabais	habías funcionado	habíais funcionado
funcionaba	funcionaban	había funcionado	habían funcionado

3 pretérito

		10 pretérito anterior	
funcioné	funcionamos	hube funcionado	hubimos funcionado
funcionaste	funcionasteis	hubiste funcionado	hubisteis funcionado
funcionó	funcionaron	hubo funcionado	hubieron funcionado

4 futuro

		11 futuro perfecto	
funcionaré	funcionaremos	habré funcionado	habremos funcionado
funcionarás	funcionaréis	habrás funcionado	habréis funcionado
funcionará	funcionarán	habrá funcionado	habrán funcionado

5 potencial simple

		12 potencial compuesto	
funcionaría	funcionaríamos	habría funcionado	habríamos funcionado
funcionarías	funcionaríais	habrías funcionado	habríais funcionado
funcionaría	funcionarían	habría funcionado	habrían funcionado

6 presente de subjuntivo

		13 perfecto de subjuntivo	
funcione	funcionemos	haya funcionado	hayamos funcionado
funciones	funcionéis	hayas funcionado	hayáis funcionado
funcione	funcionen	haya funcionado	hayan funcionado

7 imperfecto de subjuntivo

		14 pluscuamperfecto de subjuntivo	
funcionara	funcionáramos	hubiera funcionado	hubiéramos funcionado
funcionaras	funcionarais	hubieras funcionado	hubierais funcionado
funcionara	funcionaran	hubiera funcionado	hubieran funcionado
OR		OR	
funcionase	funcionásemos	hubiese funcionado	hubiésemos funcionado
funcionases	funcionaseis	hubieses funcionado	hubieseis funcionado
funcionase	funcionasen	hubiese funcionado	hubiesen funcionado

	imperativo	
—		funcionemos
funciona; no funciones		funcionad; no funcionéis
funcione		funcionen

Words and expressions related to this verb

una función function
función de títeres puppet show

un funcionario de aduanas customs official
funcionero, funcionera officious; fussy

to earn, to gain, to win

The Seven Simple Tenses		The Seven Compound Tenses	
Singular	Plural	Singular	Plural

1   presente de indicativo

gano	ganamos
ganas	ganáis
gana	ganan

8   perfecto de indicativo

he ganado	hemos ganado
has ganado	habéis ganado
ha ganado	han ganado

2   imperfecto de indicativo

ganaba	ganábamos
ganabas	ganabais
ganaba	ganaban

9   pluscuamperfecto de indicativo

había ganado	habíamos ganado
habías ganado	habíais ganado
había ganado	habían ganado

3   pretérito

gané	ganamos
ganaste	ganasteis
ganó	ganaron

10   pretérito anterior

hube ganado	hubimos ganado
hubiste ganado	hubisteis ganado
hubo ganado	hubieron ganado

4   futuro

ganaré	ganaremos
ganarás	ganaréis
ganará	ganarán

11   futuro perfecto

habré ganado	habremos ganado
habrás ganado	habréis ganado
habrá ganado	habrán ganado

5   potencial simple

ganaría	ganaríamos
ganarías	ganaríais
ganaría	ganarían

12   potencial compuesto

habría ganado	habríamos ganado
habrías ganado	habríais ganado
habría ganado	habrían ganado

6   presente de subjuntivo

gane	ganemos
ganes	ganéis
gane	ganen

13   perfecto de subjuntivo

haya ganado	hayamos ganado
hayas ganado	hayáis ganado
haya ganado	hayan ganado

7   imperfecto de subjuntivo

ganara	ganáramos
ganaras	ganarais
ganara	ganaran
OR	
ganase	ganásemos
ganases	ganaseis
ganase	ganasen

14   pluscuamperfecto de subjuntivo

hubiera ganado	hubiéramos ganado
hubieras ganado	hubierais ganado
hubiera ganado	hubieran ganado
OR	
hubiese ganado	hubiésemos ganado
hubieses ganado	hubieseis ganado
hubiese ganado	hubiesen ganado

imperativo

—	ganemos
gana; no ganes	ganad; no ganéis
gane	ganen

Words and expressions related to this verb

ganar el pan, ganar la vida   to earn a living
la ganancia   profit, gain
ganador, ganadora   winner
ganar dinero   to earn (make) money

desganar   to dissuade
desganarse   to lose one's appetite;
　　to be bored
ganar el premio gordo   to win first prize

The subject pronouns are found on the page facing page 1.

gastar

Gerundio **gastando** Part. pas. **gastado**

to spend (money), to wear out, to waste

The Seven Simple Tenses		The Seven Compound Tenses	
Singular	Plural	Singular	Plural
1 presente de indicativo		**8 perfecto de indicativo**	
gasto	gastamos	he gastado	hemos gastado
gastas	gastáis	has gastado	habéis gastado
gasta	gastan	ha gastado	han gastado
2 imperfecto de indicativo		**9 pluscuamperfecto de indicativo**	
gastaba	gastábamos	había gastado	habíamos gastado
gastabas	gastabais	habías gastado	habíais gastado
gastaba	gastaban	había gastado	habían gastado
3 pretérito		**10 pretérito anterior**	
gasté	gastamos	hube gastado	hubimos gastado
gastaste	gastasteis	hubiste gastado	hubisteis gastado
gastó	gastaron	hubo gastado	hubieron gastado
4 futuro		**11 futuro perfecto**	
gastaré	gastaremos	habré gastado	habremos gastado
gastarás	gastaréis	habrás gastado	habréis gastado
gastará	gastarán	habrá gastado	habrán gastado
5 potencial simple		**12 potencial compuesto**	
gastaría	gastaríamos	habría gastado	habríamos gastado
gastarías	gastaríais	habrías gastado	habríais gastado
gastaría	gastarían	habría gastado	habrían gastado
6 presente de subjuntivo		**13 perfecto de subjuntivo**	
gaste	gastemos	haya gastado	hayamos gastado
gastes	gastéis	hayas gastado	hayáis gastado
gaste	gasten	haya gastado	hayan gastado
7 imperfecto de subjuntivo		**14 pluscuamperfecto de subjuntivo**	
gastara	gastáramos	hubiera gastado	hubiéramos gastado
gastaras	gastarais	hubieras gastado	hubierais gastado
gastara	gastaran	hubiera gastado	hubieran gastado
OR		OR	
gastase	gastásemos	hubiese gastado	hubiésemos gastado
gastases	gastaseis	hubieses gastado	hubieseis gastado
gastase	gastasen	hubiese gastado	hubiesen gastado

	imperativo
—	gastemos
gasta; no gastes	gastad; no gastéis
gaste	gasten

Words and expressions related to this verb

el gasto expense, expenditure
cubrir gastos to cover expenses
un gastador, una gastadora spendthrift, wasteful
pagar los gastos to foot the bill, to pay the tab
malgastar to squander, misspend, waste

Consult the back pages for the section on verbs used in idiomatic expressions.

to grieve, to groan, to moan

The Seven Simple Tenses		The Seven Compound Tenses	
Singular	Plural	Singular	Plural

1 presente de indicativo		8 perfecto de indicativo	
gimo	gemimos	he gemido	hemos gemido
gimes	gemís	has gemido	habéis gemido
gime	gimen	ha gemido	han gemido

2 imperfecto de indicativo		9 pluscuamperfecto de indicativo	
gemía	gemíamos	había gemido	habíamos gemido
gemías	gemíais	habías gemido	habíais gemido
gemía	gemían	había gemido	habían gemido

3 pretérito		10 pretérito anterior	
gemí	gemimos	hube gemido	hubimos gemido
gemiste	gemisteis	hubiste gemido	hubisteis gemido
gimió	gimieron	hubo gemido	hubieron gemido

4 futuro		11 futuro perfecto	
gemiré	gemiremos	habré gemido	habremos gemido
gemirás	gemiréis	habrás gemido	habréis gemido
gemirá	gemirán	habrá gemido	habrán gemido

5 potencial simple		12 potencial compuesto	
gemiría	gemiríamos	habría gemido	habríamos gemido
gemirías	gemiríais	habrías gemido	habríais gemido
gemiría	gemirían	habría gemido	habrían gemido

6 presente de subjuntivo		13 perfecto de subjuntivo	
gima	gimamos	haya gemido	hayamos gemido
gimas	gimáis	hayas gemido	hayáis gemido
gima	giman	haya gemido	hayan gemido

7 imperfecto de subjuntivo		14 pluscuamperfecto de subjuntivo	
gimiera	gimiéramos	hubiera gastado	hubiéramos gastado
gimieras	gimierais	hubieras gastado	hubierais gastado
gimiera	gimieran	hubiera gastado	hubieran gastado
OR		OR	
gimiese	gimiésemos	hubiese gastado	hubiésemos gastado
gimieses	gimieseis	hubieses gastado	hubieseis gastado
gimiese	gimiesen	hubiese gastado	hubiesen gastado

	imperativo	
—	gimamos
gime; no gimas	gemid; no gimáis
gima	giman

Words related to this verb

gemidor, gemidora lamenter, griever
el gemido lamentation, howl, groan, moan

gemiquear to whine
el gemiqueo whining

to govern, to rule

The Seven Simple Tenses		The Seven Compound Tenses	
Singular	Plural	Singular	Plural
1 presente de indicativo		**8 perfecto de indicativo**	
gobierno	gobernamos	he gobernado	hemos gobernado
gobiernas	gobernáis	has gobernado	habéis gobernado
gobierna	gobiernan	ha gobernado	han gobernado
2 imperfecto de indicativo		**9 pluscuamperfecto de indicativo**	
gobernaba	gobernábamos	había gobernado	habíamos gobernado
gobernabas	gobernabais	habías gobernado	habíais gobernado
gobernaba	gobernaban	había gobernado	habían gobernado
3 pretérito		**10 pretérito anterior**	
goberné	gobernamos	hube gobernado	hubimos gobernado
gobernaste	gobernasteis	hubiste gobernado	hubisteis gobernado
gobernó	gobernaron	hubo gobernado	hubieron gobernado
4 futuro		**11 futuro perfecto**	
gobernaré	gobernaremos	habré gobernado	habremos gobernado
gobernarás	gobernaréis	habrás gobernado	habréis gobernado
gobernará	gobernarán	habrá gobernado	habrán gobernado
5 potencial simple		**12 potencial compuesto**	
gobernaría	gobernaríamos	habría gobernado	habríamos gobernado
gobernarías	gobernaríais	habrías gobernado	habríais gobernado
gobernaría	gobernarían	habría gobernado	habrían gobernado
6 presente de subjuntivo		**13 perfecto de subjuntivo**	
gobierne	gobernemos	haya gobernado	hayamos gobernado
gobiernes	gobernéis	hayas gobernado	hayáis gobernado
gobierne	gobiernen	haya gobernado	hayan gobernado
7 imperfecto de subjuntivo		**14 pluscuamperfecto de subjuntivo**	
gobernara	gobernáramos	hubiera gobernado	hubiéramos gobernado
gobernaras	gobernarais	hubieras gobernado	hubierais gobernado
gobernara	gobernaran	hubiera gobernado	hubieran gobernado
OR		OR	
gobernase	gobernásemos	hubiese gobernado	hubiésemos gobernado
gobernases	gobernaseis	hubieses gobernado	hubieseis gobernado
gobernase	gobernasen	hubiese gobernado	hubiesen gobernado

imperativo	
—	gobernemos
gobierna; no gobiernes	gobernad; no gobernéis
gobierne	gobiernen

Words and expressions related to this verb

un gobernador, una gobernadora   governor   **un gobierno fantoche**   puppet government
el gobierno   government   **la gobernación**   governing

The Seven Simple Tenses		The Seven Compound Tenses	
Singular	Plural	Singular	Plural

1   presente de indicativo

gozo	gozamos	
gozas	gozáis	
goza	gozan	

8   perfecto de indicativo

he gozado	hemos gozado
has gozado	habéis gozado
ha gozado	han gozado

2   imperfecto de indicativo

gozaba	gozábamos
gozabas	gozabais
gozaba	gozaban

9   pluscuamperfecto de indicativo

había gozado	habíamos gozado
habías gozado	habíais gozado
había gozado	habían gozado

3   pretérito

gocé	gozamos
gozaste	gozasteis
gozó	gozaron

10   pretérito anterior

hube gozado	hubimos gozado
hubiste gozado	hubisteis gozado
hubo gozado	hubieron gozado

4   futuro

gozaré	gozaremos
gozarás	gozaréis
gozará	gozarán

11   futuro perfecto

habré gozado	habremos gozado
habrás gozado	habréis gozado
habrá gozado	habrán gozado

5   potencial simple

gozaría	gozaríamos
gozarías	gozaríais
gozaría	gozarían

12   potencial compuesto

habría gozado	habríamos gozado
habrías gozado	habríais gozado
habría gozado	habrían gozado

6   presente de subjuntivo

goce	gocemos
goces	gocéis
goce	gocen

13   perfecto de subjuntivo

haya gozado	hayamos gozado
hayas gozado	hayáis gozado
haya gozado	hayan gozado

7   imperfecto de subjuntivo

gozara	gozáramos
gozaras	gozarais
gozara	gozaran
OR	
gozase	gozásemos
gozases	gozaseis
gozase	gozasen

14   pluscuamperfecto de subjuntivo

hubiera gozado	hubiéramos gozado
hubieras gozado	hubierais gozado
hubiera gozado	hubieran gozado
OR	
hubiese gozado	hubiésemos gozado
hubieses gozado	hubieseis gozado
hubiese gozado	hubiesen gozado

imperativo

—	gocemos
goza; no goces	gozad; no gocéis
goce	gocen

Words and expressions related to this verb

el goce   enjoyment
gozador, gozadora, gozante   enjoyer
el gozo   joy, pleasure
saltar de gozo   to jump with joy
gozosamente   joyfully

to shout, to scream, to shriek, to cry out

The Seven Simple Tenses		The Seven Compound Tenses	
Singular	Plural	Singular	Plural
1 presente de indicativo		**8 perfecto de indicativo**	
grito	gritamos	he gritado	hemos gritado
gritas	gritáis	has gritado	habéis gritado
grita	gritan	ha gritado	han gritado
2 imperfecto de indicativo		**9 pluscuamperfecto de indicativo**	
gritaba	gritábamos	había gritado	habíamos gritado
gritabas	gritabais	habías gritado	habíais gritado
gritaba	gritaban	había gritado	habían gritado
3 pretérito		**10 pretérito anterior**	
grité	gritamos	hube gritado	hubimos gritado
gritaste	gritasteis	hubiste gritado	hubisteis gritado
gritó	gritaron	hubo gritado	hubieron gritado
4 futuro		**11 futuro perfecto**	
gritaré	gritaremos	habré gritado	habremos gritado
gritarás	gritaréis	habrás gritado	habréis gritado
gritará	gritarán	habrá gritado	habrán gritado
5 potencial simple		**12 potencial compuesto**	
gritaría	gritaríamos	habría gritado	habríamos gritado
gritarías	gritaríais	habrías gritado	habríais gritado
gritaría	gritarían	habría gritado	habrían gritado
6 presente de subjuntivo		**13 perfecto de subjuntivo**	
grite	gritemos	haya gritado	hayamos gritado
grites	gritéis	hayas gritado	hayáis gritado
grite	griten	haya gritado	hayan gritado
7 imperfecto de subjuntivo		**14 pluscuamperfecto de subjuntivo**	
gritara	gritáramos	hubiera gritado	hubiéramos gritado
gritaras	gritarais	hubieras gritado	hubierais gritado
gritara	gritaran	hubiera gritado	hubieran gritado
OR		OR	
gritase	gritásemos	hubiese gritado	hubiésemos gritado
gritases	gritaseis	hubieses gritado	hubieseis gritado
gritase	gritasen	hubiese gritado	hubiesen gritado

	imperativo
–	gritemos
grita; no grites	gritad; no gritéis
grite	griten

Words and expressions related to this verb

el grito   cry, scream, shout
a gritos   at the top of one's voice, loudly
la grita, la gritería   outcry, shouting

un gritón, una gritona   screamer
dar grita a   to hoot at

to grumble, to grunt, to growl, to creak

The Seven Simple Tenses		The Seven Compound Tenses	
Singular	Plural	Singular	Plural
1 presente de indicativo		**8 perfecto de indicativo**	
gruño	gruñimos	he gruñido	hemos gruñido
gruñes	gruñís	has gruñido	habéis gruñido
gruñe	gruñen	ha gruñido	han gruñido
2 imperfecto de indicativo		**9 pluscuamperfecto de indicativo**	
gruñía	gruñíamos	había gruñido	habíamos gruñido
gruñías	gruñíais	habías gruñido	habíais gruñido
gruñía	gruñían	había gruñido	habían gruñido
3 pretérito		**10 pretérito anterior**	
gruñí	gruñimos	hube gruñido	hubimos gruñido
gruñiste	gruñisteis	hubiste gruñido	hubisteis gruñido
gruñó	gruñeron	hubo gruñido	hubieron gruñido
4 futuro		**11 futuro perfecto**	
gruñiré	gruñiremos	habré gruñido	habremos gruñido
gruñirás	gruñiréis	habrás gruñido	habréis gruñido
gruñirá	gruñirán	habrá gruñido	habrán gruñido
5 potencial simple		**12 potencial compuesto**	
gruñiría	gruñiríamos	habría gruñido	habríamos gruñido
gruñirías	gruñiríais	habrías gruñido	habríais gruñido
gruñiría	gruñirían	habría gruñido	habrían gruñido
6 presente de subjuntivo		**13 perfecto de subjuntivo**	
gruña	gruñamos	haya gruñido	hayamos gruñido
gruñas	gruñáis	hayas gruñido	hayáis gruñido
gruña	gruñan	haya gruñido	hayan gruñido
7 imperfecto de subjuntivo		**14 pluscuamperfecto de subjuntivo**	
gruñera	gruñéramos	hubiera gruñido	hubiéramos gruñido
gruñeras	gruñerais	hubieras gruñido	hubierais gruñido
gruñera	gruñeran	hubiera gruñido	hubieran gruñido
OR		OR	
gruñese	gruñésemos	hubiese gruñido	hubiésemos gruñido
gruñeses	gruñeseis	hubieses gruñido	hubieseis gruñido
gruñese	gruñesen	hubiese gruñido	hubiesen gruñido

imperativo

—	gruñamos
gruñe; no gruñas	gruñid; no gruñáis
gruña	gruñan

Words related to this verb

gruñón, gruñona   cranky
el gruñido, el gruñimiento   grunting, grunt, growling, growl
gruñidor, gruñidora   growler, grumbler

guiar

to lead, to guide

The Seven Simple Tenses		The Seven Compound Tenses	
Singular	Plural	Singular	Plural
1 presente de indicativo		**8 perfecto de indicativo**	
guío	guiamos	he guiado	hemos guiado
guías	guiáis	has guiado	habéis guiado
guía	guían	ha guiado	han guiado
2 imperfecto de indicativo		**9 pluscuamperfecto de indicativo**	
guiaba	guiábamos	había guiado	habíamos guiado
guiabas	guiabais	habías guiado	habíais guiado
guiaba	guiaban	había guiado	habían guiado
3 pretérito		**10 pretérito anterior**	
guié	guiamos	hube guiado	hubimos guiado
guiaste	guiasteis	hubiste guiado	hubisteis guiado
guió	guiaron	hubo guiado	hubieron guiado
4 futuro		**11 futuro perfecto**	
guiaré	guiaremos	habré guiado	habremos guiado
guiarás	guiaréis	habrás guiado	habréis guiado
guiará	guiarán	habrá guiado	habrán guiado
5 potencial simple		**12 potencial compuesto**	
guiaría	guiaríamos	habría guiado	habríamos guiado
guiarías	guiaríais	habrías guiado	habríais guiado
guiaría	guiarían	habría guiado	habrían guiado
6 presente de subjuntivo		**13 perfecto de subjuntivo**	
guíe	guiemos	haya guiado	hayamos guiado
guíes	guiéis	hayas guiado	hayáis guiado
guíe	guíen	haya guiado	hayan guiado
7 imperfecto de subjuntivo		**14 pluscuamperfecto de subjuntivo**	
guiara	guiáramos	hubiera guiado	hubiéramos guiado
guiaras	guiarais	hubieras guiado	hubierais guiado
guiara	guiaran	hubiera guiado	hubieran guiado
OR		OR	
guiase	guiásemos	hubiese guiado	hubiésemos guiado
guiases	guiaseis	hubieses guiado	hubieseis guiado
guiase	guiasen	hubiese guiado	hubiesen guiado

imperativo	
—	guiemos
guía; no guíes	guiad; no guiéis
guíe	guíen

Words and expressions related to this verb

el guía   guide, leader
la guía   guidebook
guiarse por   to be guided by, to be governed by

to be pleasing (to), to like

The Seven Simple Tenses | The Seven Compound Tenses

Singular   Plural | Singular   Plural

1   presente de indicativo
gusta   gustan

8   perfecto de indicativo
ha gustado   han gustado

2   imperfecto de indicativo
gustaba   gustaban

9   pluscuamperfecto de indicativo
había gustado   habían gustado

3   pretérito
gustó   gustaron

10   pretérito anterior
hubo gustado   hubieron gustado

4   futuro
gustará   gustarán

11   futuro perfecto
habrá gustado   habrán gustado

5   potencial simple
gustaría   gustarían

12   potencial compuesto
habría gustado   habrían gustado

6   presente de subjuntivo
que guste   que gusten

13   perfecto de subjuntivo
que haya gustado   que hayan gustado

7   imperfecto de subjuntivo
que gustara   que gustaran

14   pluscuamperfecto de subjuntivo
que hubiera gustado   que hubieran gustado

OR
que gustase   que gustasen

OR
que hubiese gustado   que hubiesen gustado

imperativo
¡Que guste!   ¡Que gusten!

Sentences using this verb and words and expressions related to it

Me gusta el café.   I like coffee.
  Me gustan la leche y el café.   I like milk and coffee.
  A María le gustan los dulces.   Mary likes candy.
  A José y a Elena les gustan los deportes.   Joseph and Helen like sports.
el gusto   taste, pleasure, liking   **dar gusto**   to please
gustoso, gustosa   tasty, pleasing   **tener gusto en**   to be glad to

This verb is commonly used in the third person singular or plural, as in the above examples.
Consult the back pages for verbs used in idiomatic expressions.

The subject pronouns are found on the page facing page 1.   **255**

to have (as an auxiliary, helping verb to form the compound tenses)

The Seven Simple Tenses		The Seven Compound Tenses	
Singular	Plural	Singular	Plural
1 presente de indicativo		**8 perfecto de indicativo**	
he	hemos	he habido	hemos habido
has	habéis	has habido	habéis habido
ha	han	ha habido	han habido
2 imperfecto de indicativo		**9 pluscuamperfecto de indicativo**	
había	habíamos	había habido	habíamos habido
habías	habíais	habías habido	habíais habido
había	habían	había habido	habían habido
3 pretérito		**10 pretérito anterior**	
hube	hubimos	hube habido	hubimos habido
hubiste	hubisteis	hubiste habido	hubisteis habido
hubo	hubieron	hubo habido	hubieron habido
4 futuro		**11 futuro perfecto**	
habré	habremos	habré habido	habremos habido
habrás	habréis	habrás habido	habréis habido
habrá	habrán	habrá habido	habrán habido
5 potencial simple		**12 potencial compuesto**	
habría	habríamos	habría habido	habríamos habido
habrías	habríais	habrías habido	habríais habido
habría	habrían	habría habido	habrían habido
6 presente de subjuntivo		**13 perfecto de subjuntivo**	
haya	hayamos	haya habido	hayamos habido
hayas	hayáis	hayas habido	hayáis habido
haya	hayan	haya habido	hayan habido
7 imperfecto de subjuntivo		**14 pluscuamperfecto de subjuntivo**	
hubiera	hubiéramos	hubiera habido	hubiéramos habido
hubieras	hubierais	hubieras habido	hubierais habido
hubiera	hubieran	hubiera habido	hubieran habido
OR		OR	
hubiese	hubiésemos	hubiese habido	hubiésemos habido
hubieses	hubieseis	hubieses habido	hubieseis habido
hubiese	hubiesen	hubiese habido	hubiesen habido

imperativo	
—	hayamos
he; no hayas	habed; no hayáis
haya	hayan

Words and expressions related to this verb

el haber   credit (in bookkeeping)
los haberes   assets, possessions, property
habérselas con alguien   to have a showdown with someone

Consult the sections on verbs used in idiomatic expressions, verbs with prepositions, and the list of over 1,000 verbs conjugated like model verbs in the back pages.

to inhabit, to dwell, to live, to reside

The Seven Simple Tenses		The Seven Compound Tenses	
Singular	Plural	Singular	Plural

1 presente de indicativo		8 perfecto de indicativo	
habito	habitamos	he habitado	hemos habitado
habitas	habitáis	has habitado	habéis habitado
habita	habitan	ha habitado	han habitado

2 imperfecto de indicativo		9 pluscuamperfecto de indicativo	
habitaba	habitábamos	había habitado	habíamos habitado
habitabas	habitabais	habías habitado	habíais habitado
habitaba	habitaban	había habitado	habían habitado

3 pretérito		10 pretérito anterior	
habité	habitamos	hube habitado	hubimos habitado
habitaste	habitasteis	hubiste habitado	hubisteis habitado
habitó	habitaron	hubo habitado	hubieron habitado

4 futuro		11 futuro perfecto	
habitaré	habitaremos	habré habitado	habremos habitado
habitarás	habitaréis	habrás habitado	habréis habitado
habitará	habitarán	habrá habitado	habrán habitado

5 potencial simple		12 potencial compuesto	
habitaría	habitaríamos	habría habitado	habríamos habitado
habitarías	habitaríais	habrías habitado	habríais habitado
habitaría	habitarían	habría habitado	habrían habitado

6 presente de subjuntivo		13 perfecto de subjuntivo	
habite	habitemos	haya habitado	hayamos habitado
habites	habitéis	hayas habitado	hayáis habitado
habite	habiten	haya habitado	hayan habitado

7 imperfecto de subjuntivo		14 pluscuamperfecto de subjuntivo	
habitara	habitáramos	hubiera habitado	hubiéramos habitado
habitaras	habitarais	hubieras habitado	hubierais habitado
habitara	habitaran	hubiera habitado	hubieran habitado
OR		OR	
habitase	habitásemos	hubiese habitado	hubiésemos habitado
habitases	habitaseis	hubieses habitado	hubieseis habitado
habitase	habitasen	hubiese habitado	hubiesen habitado

imperativo

—	**habitemos**
habita; no habites	**habitad; no habitéis**
habite	**habiten**

Words related to this verb

la habitación   habitation, residence, dwelling, abode
habitador, habitadora   inhabitant
la habitabilidad   habitability
el, la habitante   inhabitant

to talk, to speak

The Seven Simple Tenses		The Seven Compound Tenses	
Singular	Plural	Singular	Plural
1 presente de indicativo		**8 perfecto de indicativo**	
hablo	hablamos	he hablado	hemos hablado
hablas	habláis	has hablado	habéis hablado
habla	hablan	ha hablado	han hablado
2 imperfecto de indicativo		**9 pluscuamperfecto de indicativo**	
hablaba	hablábamos	había hablado	habíamos hablado
hablabas	hablabais	habías hablado	habíais hablado
hablaba	hablaban	había hablado	habían hablado
3 pretérito		**10 pretérito anterior**	
hablé	hablamos	hube hablado	hubimos hablado
hablaste	hablasteis	hubiste hablado	hubisteis hablado
habló	hablaron	hubo hablado	hubieron hablado
4 futuro		**11 futuro perfecto**	
hablaré	hablaremos	habré hablado	habremos hablado
hablarás	hablaréis	habrás hablado	habréis hablado
hablará	hablarán	habrá hablado	habrán hablado
5 potencial simple		**12 potencial compuesto**	
hablaría	hablaríamos	habría hablado	habríamos hablado
hablarías	hablaríais	habrías hablado	habríais hablado
hablaría	hablarían	habría hablado	habrían hablado
6 presente de subjuntivo		**13 perfecto de subjuntivo**	
hable	hablemos	haya hablado	hayamos hablado
hables	habléis	hayas hablado	hayáis hablado
hable	hablen	haya hablado	hayan hablado
7 imperfecto de subjuntivo		**14 pluscuamperfecto de subjuntivo**	
hablara	habláramos	hubiera hablado	hubiéramos hablado
hablaras	hablarais	hubieras hablado	hubierais hablado
hablara	hablaran	hubiera hablado	hubieran hablado
OR		OR	
hablase	hablásemos	hubiese hablado	hubiésemos hablado
hablases	hablaseis	hubieses hablado	hubieseis hablado
hablase	hablasen	hubiese hablado	hubiesen hablado

	imperativo	
–		hablemos
habla; no hables		hablad; no habléis
hable		hablen

Words and expressions related to this verb

hablador, habladora talkative, chatterbox
hablar a gritos to shout
hablar entre dientes to mumble
de habla inglesa English-speaking
hablar al oído to whisper in one's ear

la habladuría gossip, idle rumor
de habla española Spanish-speaking

hacer

to do, to make

The Seven Simple Tenses | The Seven Compound Tenses

Singular	Plural	Singular	Plural
1 presente de indicativo		**8 perfecto de indicativo**	
hago	hacemos	he hecho	hemos hecho
haces	hacéis	has hecho	habéis hecho
hace	hacen	ha hecho	han hecho
2 imperfecto de indicativo		**9 pluscuamperfecto de indicativo**	
hacía	hacíamos	había hecho	habíamos hecho
hacías	hacíais	habías hecho	habíais hecho
hacía	hacían	había hecho	habían hecho
3 pretérito		**10 pretérito anterior**	
hice	hicimos	hube hecho	hubimos hecho
hiciste	hicisteis	hubiste hecho	hubisteis hecho
hizo	hicieron	hubo hecho	hubieron hecho
4 futuro		**11 futuro perfecto**	
haré	haremos	habré hecho	habremos hecho
harás	haréis	habrás hecho	habréis hecho
hará	harán	habrá hecho	habrán hecho
5 potencial simple		**12 potencial compuesto**	
haría	haríamos	habría hecho	habríamos hecho
harías	haríais	habrías hecho	habríais hecho
haría	harían	habría hecho	habrían hecho
6 presente de subjuntivo		**13 perfecto de subjuntivo**	
haga	hagamos	haya hecho	hayamos hecho
hagas	hagáis	hayas hecho	hayáis hecho
haga	hagan	haya hecho	hayan hecho
7 imperfecto de subjuntivo		**14 pluscuamperfecto de subjuntivo**	
hiciera	hiciéramos	hubiera hecho	hubiéramos hecho
hicieras	hicierais	hubieras hecho	hubierais hecho
hiciera	hicieran	hubiera hecho	hubieran hecho
hiciese	hiciésemos	hubiese hecho	hubiésemos hecho
hicieses	hicieseis	hubieses hecho	hubieseis hecho
hiciese	hiciesen	hubiese hecho	hubiesen hecho

imperativo	
—	hagamos
haz; no hagas	haced; no hagáis
haga	hagan

Common idiomatic expressions using this verb

Dicho y hecho.   No sooner said than done.
La práctica hace maestro al novicio.   Practice makes perfect.
Si a Roma fueres, haz como vieres.   When in Rome do as the Romans do. [Note that it is
   not uncommon to use the future subjunctive in proverbs, as in *fueres* (**ir** or **ser**) and
   vieres (**ver**); see p. xxxvii.]

Consult the back pages for verbs used in idiomatic expressions.

The subject pronouns are found on the page facing page 1.

259

hallar

to find, to come across

The Seven Simple Tenses		The Seven Compound Tenses	
Singular	Plural	Singular	Plural
1 presente de indicativo		**8 perfecto de indicativo**	
hallo	hallamos	he hallado	hemos hallado
hallas	halláis	has hallado	habéis hallado
halla	hallan	ha hallado	han hallado
2 imperfecto de indicativo		**9 pluscuamperfecto de indicativo**	
hallaba	hallábamos	había hallado	habíamos hallado
hallabas	hallabais	habías hallado	habíais hallado
hallaba	hallaban	había hallado	habían hallado
3 pretérito		**10 pretérito anterior**	
hallé	hallamos	hube hallado	hubimos hallado
hallaste	hallasteis	hubiste hallado	hubisteis hallado
halló	hallaron	hubo hallado	hubieron hallado
4 futuro		**11 futuro perfecto**	
hallaré	hallaremos	habré hallado	habremos hallado
hallarás	hallaréis	habrás hallado	habréis hallado
hallará	hallarán	habrá hallado	habrán hallado
5 potencial simple		**12 potencial compuesto**	
hallaría	hallaríamos	habría hallado	habríamos hallado
hallarías	hallaríais	habrías hallado	habríais hallado
hallaría	hallarían	habría hallado	habrían hallado
6 presente de subjuntivo		**13 perfecto de subjuntivo**	
halle	hallemos	haya hallado	hayamos hallado
halles	halléis	hayas hallado	hayáis hallado
halle	hallen	haya hallado	hayan hallado
7 imperfecto de subjuntivo		**14 pluscuamperfecto de subjuntivo**	
hallara	halláramos	hubiera hallado	hubiéramos hallado
hallaras	hallarais	hubieras hallado	hubierais hallado
hallara	hallaran	hubiera hallado	hubieran hallado
OR		OR	
hallase	hallásemos	hubiese hallado	hubiésemos hallado
hallases	hallaseis	hubieses hallado	hubieseis hallado
hallase	hallasen	hubiese hallado	hubiesen hallado

imperativo	
–	hallemos
halla; no halles	hallad; no halléis
halle	hallen

Words and expressions related to this verb

hallar bien con   to be well pleased with
un hallazgo   a find, something found
hallador, halladora   discoverer, finder

The Seven Simple Tenses	The Seven Compound Tenses
Singular	Singular
1 presente de indicativo **hiela** OR **está helando**	8 perfecto de indicativo **ha helado**
2 imperfecto de indicativo **helaba** OR **estaba helando**	9 pluscuamperfecto de indicativo **había helado**
3 pretérito **heló**	10 pretérito anterior **hubo helado**
4 futuro **helará**	11 futuro perfecto **habrá helado**
5 potencial simple **helaría**	12 potencial compuesto **habría helado**
6 presente de subjuntivo **hiele**	13 perfecto de subjuntivo **haya helado**
7 imperfecto de subjuntivo **helara** OR **helase**	14 pluscuamperfecto de subjuntivo **hubiera helado** OR **hubiese helado**

imperativo
¡Que hiele! (Let it freeze!)

Words related to this verb

la helada   frost   **el helado**   ice cream; ice, sherbet
la heladora   freezer   **helado, helada**   frozen, frosty

This verb is impersonal because it refers to the weather primarily; it is used in the third person singular.

heredar

to inherit

The Seven Simple Tenses		The Seven Compound Tenses	
Singular	Plural	Singular	Plural

1 presente de indicativo		8 perfecto de indicativo	
heredo	heredamos	he heredado	hemos heredado
heredas	heredáis	has heredado	habéis heredado
hereda	heredan	ha heredado	han heredado

2 imperfecto de indicativo		9 pluscuamperfecto de indicativo	
heredaba	heredábamos	había heredado	habíamos heredado
heredabas	heredabais	habías heredado	habíais heredado
heredaba	heredaban	había heredado	habían heredado

3 pretérito		10 pretérito anterior	
heredé	heredamos	hube heredado	hubimos heredado
heredaste	heredasteis	hubiste heredado	hubisteis heredado
heredó	heredaron	hubo heredado	hubieron heredado

4 futuro		11 futuro perfecto	
heredaré	heredaremos	habré heredado	habremos heredado
heredarás	heredaréis	habrás heredado	habréis heredado
heredará	heredarán	habrá heredado	habrán heredado

5 potencial simple		12 potencial compuesto	
heredaría	heredaríamos	habría heredado	habríamos heredado
heredarías	heredaríais	habrías heredado	habríais heredado
heredaría	herdarían	habría heredado	habrían heredado

6 presente de subjuntivo		13 perfecto de subjuntivo	
herede	heredemos	haya heredado	hayamos heredado
heredes	heredéis	hayas heredado	hayáis heredado
herede	hereden	haya heredado	hayan heredado

7 imperfecto de subjuntivo		14 pluscuamperfecto de subjuntivo	
heredara	heredáramos	hubiera heredado	hubiéramos heredado
heredaras	heredarais	hubieras heredado	hubierais heredado
heredara	heredaran	hubiera heredado	hubieran heredado
OR		OR	
heredase	heredásemos	hubiese heredado	hubiésemos heredado
heredases	heredaseis	hubieses heredado	hubieseis heredado
heredase	heredasen	hubiese heredado	hubiesen heredado

imperativo	
—	heredemos
hereda; no heredes	heredad; no heredéis
herede	hereden

Words related to this verb

el heredero heir; **la heredera** heiress
hereditable inheritable
hereditario, hereditaria hereditary
el heredamiento inheritance

to harm, to hurt, to wound

The Seven Simple Tenses		The Seven Compound Tenses	
Singular	Plural	Singular	Plural
1 presente de indicativo		**8 perfecto de indicativo**	
hiero	herimos	he herido	hemos herido
hieres	herís	has herido	habéis herido
hiere	hieren	ha herido	han herido
2 imperfecto de indicativo		**9 pluscuamperfecto de indicativo**	
hería	heríamos	había herido	habíamos herido
herías	heríais	habías herido	habíais herido
hería	herían	había herido	habían herido
3 pretérito		**10 pretérito anterior**	
herí	herimos	hube herido	hubimos herido
heriste	heristeis	hubiste herido	hubisteis herido
hirió	hirieron	hubo herido	hubieron herido
4 futuro		**11 futuro perfecto**	
heriré	heriremos	habré herido	habremos herido
herirás	heriréis	habrás herido	habréis herido
herirá	herirán	habrá herido	habrán herido
5 potencial simple		**12 potencial compuesto**	
heriría	heriríamos	habría herido	habríamos herido
herirías	heriríais	habrías herido	habríais herido
heriría	herirían	habría herido	habrían herido
6 presente de subjuntivo		**13 perfecto de subjuntivo**	
hiera	hiramos	haya herido	hayamos herido
hieras	hiráis	hayas herido	hayáis herido
hiera	hieran	haya herido	hayan herido
7 imperfecto de subjuntivo		**14 pluscuamperfecto de subjuntivo**	
hiriera	hiriéramos	hubiera herido	hubiéramos herido
hirieras	hirierais	hubieras herido	hubierais herido
hiriera	hirieran	hubiera herido	hubieran herido
OR		OR	
hiriese	hiriésemos	hubiese herido	hubiésemos herido
hirieses	hirieseis	hubieses herido	hubieseis herido
hiriese	hiriesen	hubiese herido	hubiesen herido

imperativo	
–	hiramos
hiere; no hieras	herid; no hiráis
hiera	hieran

Words and expressions related to this verb

la herida wound
mal herido, mal herida seriously wounded

una herida abierta open wound
a grito herido in loud cries

to escape, to flee, to run away, to slip away

The Seven Simple Tenses		The Seven Compound Tenses	
Singular	Plural	Singular	Plural
1 presente de indicativo		**8 perfecto de indicativo**	
huyo	huimos	he huido	hemos huido
huyes	huís	has huido	habéis huido
huye	huyen	ha huido	han huido
2 imperfecto de indicativo		**9 pluscuamperfecto de indicativo**	
huía	huíamos	había huido	habíamos huido
huías	huíais	habías huido	habíais huido
huía	huían	había huido	habían huido
3 pretérito		**10 pretérito anterior**	
huí	huimos	hube huido	hubimos huido
huiste	huisteis	hubiste huido	hubisteis huido
huyó	huyeron	hubo huido	hubieron huido
4 futuro		**11 futuro perfecto**	
huiré	huiremos	habré huido	habremos huido
huirás	huiréis	habrás huido	habréis huido
huirá	huirán	habrá huido	habrán huido
5 potencial simple		**12 potencial compuesto**	
huiría	huiríamos	habría huido	habríamos huido
huirías	huiríais	habrías huido	habríais huido
huiría	huirían	habría huido	habrían huido
6 presente de subjuntivo		**13 perfecto de subjuntivo**	
huya	huyamos	haya huido	hayamos huido
huyas	huyáis	hayas huido	hayáis huido
huya	huyan	haya huido	hayan huido
7 imperfecto de subjuntivo		**14 pluscuamperfecto de subjuntivo**	
huyera	huyéramos	hubiera huido	hubiéramos huido
huyeras	huyerais	hubieras huido	hubierais huido
huyera	huyeran	hubiera huido	hubieran huido
OR		OR	
huyese	huyésemos	hubiese huido	hubiésemos huido
huyeses	huyeseis	hubieses huido	hubieseis huido
huyese	huyesen	hubiese huido	hubiesen huido

imperativo	
–	huyamos
huye; no huyas	huid; no huyáis
huya	huyan

Words and expressions related to this verb

huir de   to keep away from
la huída   escape, flight
huidizo, huidiza   fugitive

huidor, huidora   fleeing, fugitive
rehuir   to avoid, refuse, shun

to be ignorant of, not to know

The Seven Simple Tenses		The Seven Compound Tenses	
Singular	Plural	Singular	Plural

1   presente de indicativo

		8 perfecto de indicativo	
ignoro	ignoramos	he ignorado	hemos ignorado
ignoras	ignoráis	has ignorado	habéis ignorado
ignora	ignoran	ha ignorado	han ignorado

2   imperfecto de indicativo

		9 pluscuamperfecto de indicativo	
ignoraba	ignorábamos	había ignorado	habíamos ignorado
ignorabas	ignorabais	habías ignorado	habíais ignorado
ignoraba	ignoraban	había ignorado	habían ignorado

3   pretérito

		10 pretérito anterior	
ignoré	ignoramos	hube ignorado	hubimos ignorado
ignoraste	ignorasteis	hubiste ignorado	hubisteis ignorado
ignoró	ignoraron	hubo ignorado	hubieron ignorado

4   futuro

		11 futuro perfecto	
ignoraré	ignoraremos	habré ignorado	habremos ignorado
ignorarás	ignoraréis	habrás ignorado	habréis ignorado
ignorará	ignorarán	habrá ignorado	habrán ignorado

5   potencial simple

		12 potencial compuesto	
ignoraría	ignoraríamos	habría ignorado	habríamos ignorado
ignorarías	ignoraríais	habrías ignorado	habríais ignorado
ignoraría	ignorarían	habría ignorado	habrían ignorado

6   presente de subjuntivo

		13 perfecto de subjuntivo	
ignore	ignoremos	haya ignorado	hayamos ignorado
ignores	ignoréis	hayas ignorado	hayáis ignorado
ignore	ignoren	haya ignorado	hayan ignorado

7   imperfecto de subjuntivo

		14 pluscuamperfecto de subjuntivo	
ignorara	ignoráramos	hubiera ignorado	hubiéramos ignorado
ignoraras	ignorarais	hubieras ignorado	hubierais ignorado
ignorara	ignoraran	hubiera ignorado	hubieran ignorado
OR		OR	
ignorase	ignorásemos	hubiese ignorado	hubiésemos ignorado
ignorases	ignoraseis	hubieses ignorado	hubieseis ignorado
ignorase	ignorasen	hubiese ignorado	hubiesen ignorado

imperativo

–	**ignoremos**
ignora; no ignores	**ignorad; no ignoréis**
ignore	**ignoren**

Words related to this verb

la ignorancia ignorance   **ignorantemente** ignorantly
ignorante ignorant   **ignominioso, ignominiosa** disgraceful, ignominious
ignoto, ignota unknown   **la ignominia** disgrace, infamy, ignominy

Be sure to consult the back pages for sections on verbs used in idiomatic expressions, verbs with prepositions, and the list of over 1,000 verbs conjugated like model verbs.

The subject pronouns are found on the page facing page 1.

impedir

to hinder, to impede, to prevent

The Seven Simple Tenses		The Seven Compound Tenses	
Singular	Plural	Singular	Plural
1 presente de indicativo		**8 perfecto de indicativo**	
impido	impedimos	he impedido	hemos impedido
impides	impedís	has impedido	habéis impedido
impide	impiden	ha impedido	han impedido
2 imperfecto de indicativo		**9 pluscuamperfecto de indicativo**	
impedía	impedíamos	había impedido	habíamos impedido
impedías	impedíais	habías impedido	habíais impedido
impedía	impedían	había impedido	habían impedido
3 pretérito		**10 pretérito anterior**	
impedí	impedimos	hube impedido	hubimos impedido
impediste	impedisteis	hubiste impedido	hubisteis impedido
impidió	impidieron	hubo impedido	hubieron impedido
4 futuro		**11 futuro perfecto**	
impediré	impediremos	habré impedido	habremos impedido
impedirás	impediréis	habrás impedido	habréis impedido
impedirá	impedirán	habrá impedido	habrán impedido
5 potencial simple		**12 potencial compuesto**	
impediría	impediríamos	habría impedido	habríamos impedido
impedirías	impediríais	habrías impedido	habríais impedido
impediría	impedirían	habría impedido	habrían impedido
6 presente de subjuntivo		**13 perfecto de subjuntivo**	
impida	impidamos	haya impedido	hayamos impedido
impidas	impidáis	hayas impedido	hayáis impedido
impida	impidan	haya impedido	hayan impedido
7 imperfecto de subjuntivo		**14 pluscuamperfecto de subjuntivo**	
impidiera	impidiéramos	hubiera impedido	hubiéramos impedido
impidieras	impidierais	hubieras impedido	hubierais impedido
impidiera	impidieran	hubiera impedido	hubieran impedido
OR		OR	
impidiese	impidiésemos	hubiese impedido	hubiésemos impedido
impidieses	impidieseis	hubieses impedido	hubieseis impedido
impidiese	impidiesen	hubiese impedido	hubiesen impedido

imperativo	
—	impidamos
impide; no impidas	impedid; no impidáis
impida	impidan

Words and expressions related to this verb

impediente   impedient
un impedimento   impediment, hindrance
impedir algo a uno   to prevent somebody from doing something
impeditivo, impeditiva   hindering, impending, preventive

See also **pedir**.

to matter, to be important

The Seven Simple Tenses		The Seven Compound Tenses	
Singular	Plural	Singular	Plural
1 presente de indicativo		8 perfecto de indicativo	
importa	**importan**	**ha importado**	**han importado**
2 imperfecto de indicativo		9 pluscuamperfecto de indicativo	
importaba	**importaban**	**había importado**	**habían importado**
3 pretérito		10 pretérito anterior	
importó	**importaron**	**hubo importado**	**hubieron importado**
4 futuro		11 futuro perfecto	
importará	**importarán**	**habrá importado**	**habrán importado**
5 potencial simple		12 potencial compuesto	
importaría	**importarían**	**habría importado**	**habrían importado**
6 presente de subjuntivo		13 perfecto de subjuntivo	
que importe	**que importen**	**que haya importado**	**que hayan importado**
7 imperfecto de subjuntivo		14 pluscuamperfecto de subjuntivo	
que importara	**que importaran**	**que hubiera importado**	**que hubieran importado**
OR		OR	
que importase	**que importasen**	**que hubiese importado**	**que hubiesen importado**

imperativo
¡Que importe!   **¡Que importen!**

Words and expressions related to this verb

No importa. It does not matter.
Eso no importa. That does not matter.
No me importaría. It wouldn't matter to me.
la importancia importance
importante important

dar importancia a to value
de gran importancia of great importance
darse importancia to be pretentious
¿Qué importa? What difference does it make?

This verb can be conjugated regularly in all the persons but it is used most commonly as an impersonal verb in the third person.

The subject pronouns are found on the page facing page 1.   **267**

to imprint, to impress, to print, to fix in the mind

The Seven Simple Tenses		The Seven Compound Tenses	
Singular	Plural	Singular	Plural
1 presente de indicativo		**8 perfecto de indicativo**	
imprimo	imprimimos	he impreso	hemos impreso
imprimes	imprimís	has impreso	habéis impreso
imprime	imprimen	ha impreso	han impreso
2 imperfecto de indicativo		**9 pluscuamperfecto de indicativo**	
imprimía	imprimíamos	había impreso	habíamos impreso
imprimías	imprimíais	habías impreso	habíais impreso
imprimía	imprimían	había impreso	habían impreso
3 pretérito		**10 pretérito anterior**	
imprimí	imprimimos	hube impreso	hubimos impreso
imprimiste	imprimisteis	hubiste impreso	hubisteis impreso
imprimió	imprimieron	hubo impreso	hubieron impreso
4 futuro		**11 futuro perfecto**	
imprimiré	imprimiremos	habré impreso	habremos impreso
imprimirás	imprimiréis	habrás impreso	habréis impreso
imprimirá	imprimirán	habrá impreso	habrán impreso
5 potencial simple		**12 potencial compuesto**	
imprimiría	imprimiríamos	habría impreso	habríamos impreso
imprimirías	imprimiríais	habrías impreso	habríais impreso
imprimiría	imprimirían	habría impreso	habrían impreso
6 presente de subjuntivo		**13 perfecto de subjuntivo**	
imprima	imprimamos	haya impreso	hayamos impreso
imprimas	imprimáis	hayas impreso	hayáis impreso
imprima	impriman	haya impreso	hayan impreso
7 imperfecto de subjuntivo		**14 pluscuamperfecto de subjuntivo**	
imprimiera	imprimiéramos	hubiera impreso	hubiéramos impreso
imprimieras	imprimierais	hubieras impreso	hubierais impreso
imprimiera	imprimieran	hubiera impreso	hubieran impreso
OR		OR	
imprimiese	imprimiésemos	hubiese impreso	hubiésemos impreso
imprimieses	imprimieseis	hubieses impreso	hubieseis impreso
imprimiese	imprimiesen	hubiese impreso	hubiesen impreso

imperativo

—	**imprimamos**
imprime; no imprimas	**imprimid; no imprimáis**
imprima	**impriman**

Words related to this verb

imprimible printable
el imprimátur imprimatur
impreso, impresa printed, stamped

Gerundio **incluyendo**   Part. pas. **incluido**
(incluso, when used as an *adj.*)

incluir

to include, to enclose

The Seven Simple Tenses		The Seven Compound Tenses	
Singular	Plural	Singular	Plural
1 presente de indicativo		**8 perfecto de indicativo**	
incluyo	incluimos	he incluido	hemos incluido
incluyes	incluís	has incluido	habéis incluido
incluye	incluyen	ha incluido	han incluido
2 imperfecto de indicativo		**9 pluscuamperfecto de indicativo**	
incluía	incluíamos	había incluido	habíamos incluido
incluías	incluíais	habías incluido	habíais incluido
incluía	incluían	había incluido	habían incluido
3 pretérito		**10 pretérito anterior**	
incluí	incluimos	hube incluido	hubimos incluido
incluiste	incluisteis	hubiste incluido	hubisteis incluido
incluyó	incluyeron	hubo incluido	hubieron incluido
4 futuro		**11 futuro perfecto**	
incluiré	incluiremos	habré incluido	habremos incluido
incluirás	incluiréis	habrás incluido	habréis incluido
incluirá	incluirán	habrá incluido	habrán incluido
5 potencial simple		**12 potencial compuesto**	
incluiría	incluiríamos	habría incluido	habríamos incluido
incluirías	incluiríais	habrías incluido	habríais incluido
incluiría	incluirían	habría incluido	habrían incluido
6 presente de subjuntivo		**13 perfecto de subjuntivo**	
incluya	incluyamos	haya incluido	hayamos incluido
incluyas	incluyáis	hayas incluido	hayáis incluido
incluya	incluyan	haya incluido	hayan incluido
7 imperfecto de subjuntivo		**14 pluscuamperfecto de subjuntivo**	
incluyera	incluyéramos	hubiera incluido	hubiéramos incluido
incluyeras	incluyerais	hubieras incluido	hubierais incluido
incluyera	incluyeran	hubiera incluido	hubieran incluido
OR		OR	
incluyese	incluyésemos	hubiese incluido	hubiésemos incluido
incluyeses	incluyeseis	hubieses incluido	hubieseis incluido
incluyese	incluyesen	hubiese incluido	hubiesen incluido

	imperativo	
—	incluyamos	
incluye; no incluyas	incluid; no incluyáis	
incluya	incluyan	

Words related to this verb

inclusivo, inclusiva   inclusive, including
la inclusión   inclusion
una inclusa   foundling home

to indicate, to point out

The Seven Simple Tenses		The Seven Compound Tenses	
Singular	Plural	Singular	Plural

1 presente de indicativo		8 perfecto de indicativo	
indico	indicamos	he indicado	hemos indicado
indicas	indicáis	has indicado	habéis indicado
indica	indican	ha indicado	han indicado

2 imperfecto de indicativo		9 pluscuamperfecto de indicativo	
indicaba	indicábamos	había indicado	habíamos indicado
indicabas	indicabais	habías indicado	habíais indicado
indicaba	indicaban	había indicado	habían indicado

3 pretérito		10 pretérito anterior	
indiqué	indicamos	hube indicado	hubimos indicado
indicaste	indicasteis	hubiste indicado	hubisteis indicado
indicó	indicaron	hubo indicado	hubieron indicado

4 futuro		11 futuro perfecto	
indicaré	indicaremos	habré indicado	habremos indicado
indicarás	indicaréis	habrás indicado	habréis indicado
indicará	indicarán	habrá indicado	habrán indicado

5 potencial simple		12 potencial compuesto	
indicaría	indicaríamos	habría indicado	habríamos indicado
indicarías	indicaríais	habrías indicado	habríais indicado
indicaría	indicarían	habría indicado	habrían indicado

6 presente de subjuntivo		13 perfecto de subjuntivo	
indique	indiquemos	haya indicado	hayamos indicado
indiques	indiquéis	hayas indicado	hayáis indicado
indique	indiquen	haya indicado	hayan indicado

7 imperfecto de subjuntivo		14 pluscuamperfecto de subjuntivo	
indicara	indicáramos	hubiera indicado	hubiéramos indicado
indicaras	indicarais	hubieras indicado	hubierais indicado
indicara	indicaran	hubiera indicado	hubieran indicado
OR		OR	
indicase	indicásemos	hubiese indicado	hubiésemos indicado
indicases	indicaseis	hubieses indicado	hubieseis indicado
indicase	indicasen	hubiese indicado	hubiesen indicado

imperativo	
—	indiquemos
indica; no indiques	indicad; no indiquéis
indique	indiquen

Words and expressions related to this verb

indicativo, indicativa   indicative
la indicación   indication
el indicador   indicator; **el indicador de incendios**   fire alarm

to induce, to influence, to persuade

The Seven Simple Tenses		The Seven Compound Tenses	
Singular	Plural	Singular	Plural
1 presente de indicativo		**8 perfecto de indicativo**	
induzco	inducimos	he inducido	hemos inducido
induces	inducís	has inducido	habéis inducido
induce	inducen	ha inducido	han inducido
2 imperfecto de indicativo		**9 pluscuamperfecto de indicativo**	
inducía	inducíamos	había inducido	habíamos inducido
inducías	inducíais	habías inducido	habíais inducido
inducía	inducían	había inducido	habían inducido
3 pretérito		**10 pretérito anterior**	
induje	indujimos	hube inducido	hubimos inducido
indujiste	indujisteis	hubiste inducido	hubisteis inducido
indujo	indujeron	hubo inducido	hubieron inducido
4 futuro		**11 futuro perfecto**	
induciré	induciremos	habré inducido	habremos inducido
inducirás	induciréis	habrás inducido	habréis inducido
inducirá	inducirán	habrá inducido	habrán inducido
5 potencial simple		**12 potencial compuesto**	
induciría	induciríamos	habría inducido	habríamos inducido
inducirías	induciríais	habrías inducido	habríais inducido
induciría	inducirían	habría inducido	habrían inducido
6 presente de subjuntivo		**13 perfecto de subjuntivo**	
induzca	induzcamos	haya inducido	hayamos inducido
induzcas	induzcáis	hayas inducido	hayáis inducido
induzca	induzcan	haya inducido	hayan inducido
7 imperfecto de subjuntivo		**14 pluscuamperfecto de subjuntivo**	
indujera	indujéramos	hubiera inducido	hubiéramos inducido
indujeras	indujerais	hubieras inducido	hubierais inducido
indujera	indujeran	hubiera inducido	hubieran inducido
OR		OR	
indujese	indujésemos	hubiese inducido	hubiésemos inducido
indujeses	indujeseis	hubieses inducido	hubieseis inducido
indujese	indujesen	hubiese inducido	hubiesen inducido

imperativo	
—	**induzcamos**
induce; no induzcas	**inducid; no induzcáis**
induzca	**induzcan**

Words related to this verb

inducidor, inducidora   inducer
el inducimiento   inducement
la inducción   inducement, induction

to influence

The Seven Simple Tenses		The Seven Compound Tenses	
Singular	Plural	Singular	Plural

1 presente de indicativo

		8 perfécto de indicativo	
influyo	influimos	he influido	hemos influido
influyes	influís	has influido	habéis influido
influye	influyen	ha influido	han influido

2 imperfecto de indicativo

		9 pluscuamperfecto de indicativo	
influía	influíamos	había influido	habíamos influido
influías	influíais	habías influido	habíais influido
influía	influían	había influido	habían influido

3 pretérito

		10 pretérito anterior	
influí	influimos	hube influido	hubimos influido
influiste	influisteis	hubiste influido	hubisteis influido
influyó	influyeron	hubo influido	hubieron influido

4 futuro

		11 futuro perfecto	
influiré	influiremos	habré influido	habremos influido
influirás	influiréis	habrás influido	habréis influido
influirá	influirán	habrá influido	habrán influido

5 potencial simple

		12 potencial compuesto	
influiría	influiríamos	habría influido	habríamos influido
influirías	influiríais	habrías influido	habríais influido
influiría	influirían	habría influido	habrían influido

6 presente de subjuntivo

		13 perfécto de subjuntivo	
influya	influyamos	haya influido	hayamos influido
influyas	influyáis	hayas influido	hayáis influido
influya	influyan	haya influido	hayan influido

7 imperfecto de subjuntivo

		14 pluscuamperfecto de subjuntivo	
influyera	influyéramos	hubiera influido	hubiéramos influido
influyeras	influyerais	hubieras influido	hubierais influido
influyera	influyeran	hubiera influido	hubieran influido
OR		OR	
influyese	influyésemos	hubiese influido	hubiésemos influido
influyeses	influyeseis	hubieses influido	hubieseis influido
influyese	influyesen	hubiese influido	hubiesen influido

imperativo

—	influyamos
influye; no influyas	influid; no influyáis
influya	influyan

Words related to this verb

la influencia influence
influente influential, influencing
influir en to affect, to have an influence on, upon

The Seven Simple Tenses		The Seven Compound Tenses	
Singular	Plural	Singular	Plural

1 presente de indicativo		8 perfecto de indicativo	
me informo	nos informamos	me he informado	nos hemos informado
te informas	os informáis	te has informado	os habéis informado
se informa	se informan	se ha informado	se han informado

2 imperfecto de indicativo		9 pluscuamperfecto de indicativo	
me informaba	nos informábamos	me había informado	nos habíamos informado
te informabas	os informabais	te habías informado	os habíais informado
se informaba	se informaban	se había informado	se habían informado

3 pretérito		10 pretérito anterior	
me informé	nos informamos	me hube informado	nos hubimos informado
te informaste	os informasteis	te hubiste informado	os hubisteis informado
se informó	se informaron	se hubo informado	se hubieron informado

4 futuro		11 futuro perfecto	
me informaré	nos informaremos	me habré informado	nos habremos informado
te informarás	os informaréis	te habrás informado	os habréis informado
se informará	se informarán	se habrá informado	se habrán informado

5 potencial simple		12 potencial compuesto	
me informaría	nos informaríamos	me habría informado	nos habríamos informado
te informarías	os informaríais	te habrías informado	os habríais informado
se informaría	se informarían	se habría informado	se habrían informado

6 presente de subjuntivo		13 perfecto de subjuntivo	
me informe	nos informemos	me haya informado	nos hayamos informado
te informes	os informéis	te hayas informado	os hayáis informado
se informe	se informen	se haya informado	se hayan informado

7 imperfecto de subjuntivo		14 pluscuamperfecto de subjuntivo	
me informara	nos informáramos	me hubiera informado	nos hubiéramos informado
te informaras	os informarais	te hubieras informado	os hubierais informado
se informara	se informaran	se hubiera informado	se hubieran informado
OR		OR	
me informase	nos informásemos	me hubiese informado	nos hubiésemos informado
te informases	os informaseis	te hubieses informado	os hubieseis informado
se informase	se informasen	se hubiese informado	se hubiesen informado

imperativo

	—	informémonos
	infórmate; no te informes	**informaos; no os informéis**
	infórmese	**infórmense**

Words and expressions related to this verb

el informe, los informes   information
un informe en confianza   confidential report
informativo, informativa   informative, informational
informarse de   to find out about
el, la informante   informant; reporter

informar   to inform, report
informar contra   to inform against
la información   information, report
información económica   financial news

The subject pronouns are found on the page facing page 1.   **273**

inscribir

Gerundio **inscribiendo**   Part. pas. **inscrito (inscripto,** *as an adj.***)**

to inscribe, to record

The Seven Simple Tenses		The Seven Compound Tenses	
Singular	Plural	Singular	Plural
1 presente de indicativo		**8 perfecto de indicativo**	
inscribo	inscribimos	he inscrito	hemos inscrito
inscribes	inscribís	has inscrito	habéis inscrito
inscribe	inscriben	ha inscrito	han inscrito
2 imperfecto de indicativo		**9 pluscuamperfecto de indicativo**	
inscribía	inscribíamos	había inscrito	habíamos inscrito
inscribías	inscribíais	habías inscrito	habíais inscrito
inscribía	inscribían	había inscrito	habían inscrito
3 pretérito		**10 pretérito anterior**	
inscribí	inscribimos	hube inscrito	hubimos inscrito
inscribiste	inscribisteis	hubiste inscrito	hubisteis inscrito
inscribió	inscribieron	hubo inscrito	hubieron inscrito
4 futuro		**11 futuro perfecto**	
inscribiré	inscribiremos	habré inscrito	habremos inscrito
inscribirás	inscribiréis	habrás inscrito	habréis inscrito
inscribirá	inscribirán	habrá inscrito	habrán inscrito
5 potencial simple		**12 potencial compuesto**	
inscribiría	inscribiríamos	habría inscrito	habríamos inscrito
inscribirías	inscribiríais	habrías inscrito	habríais inscrito
inscribiría	inscribirían	habría inscrito	habrían inscrito
6 presente de subjuntivo		**13 perfecto de subjuntivo**	
inscriba	inscribamos	haya inscrito	hayamos inscrito
inscribas	inscribáis	hayas inscrito	hayáis inscrito
inscriba	inscriban	haya inscrito	hayan inscrito
7 imperfecto de subjuntivo		**14 pluscuamperfecto de subjuntivo**	
inscribiera	inscribiéramos	hubiera inscrito	hubiéramos inscrito
inscribieras	inscribierais	hubieras inscrito	hubierais inscrito
inscribiera	inscribieran	hubiera inscrito	hubieran inscrito
OR		OR	
inscribiese	inscribiésemos	hubiese inscrito	hubiésemos inscrito
inscribieses	inscribieseis	hubieses inscrito	hubieseis inscrito
inscribiese	inscribiesen	hubiese inscrito	hubiesen inscrito

	imperativo
–	inscribamos
inscribe; no inscribas	inscribid; no inscribáis
inscriba	inscriban

Words related to this verb

la inscripción inscription, registration
inscripto, inscripta inscribed, registered
escribir to write

describir to describe, to sketch
la descripción description

274

The Seven Simple Tenses		The Seven Compound Tenses	
Singular	Plural	Singular	Plural

1   presente de indicativo

		8 perfecto de indicativo	
me inscribo	nos inscribimos	me he inscrito	nos hemos inscrito
te inscribes	os inscribís	te has inscrito	os habéis inscrito
se inscribe	se inscriben	se ha inscrito	se han inscrito

2   imperfecto de indicativo

		9 pluscuamperfecto de indicativo	
me inscribía	nos inscribíamos	me había inscrito	nos habíamos inscrito
te inscribías	os inscribíais	te habías inscrito	os habíais inscrito
se inscribía	se inscribían	se había inscrito	se habían inscrito

3   pretérito

		10 pretérito anterior	
me inscribí	nos inscribimos	me hube inscrito	nos hubimos inscrito
te inscribiste	os inscribisteis	te hubiste inscrito	os hubisteis inscrito
se inscribió	se inscribieron	se hubo inscrito	se hubieron inscrito

4   futuro

		11 futuro perfecto	
me inscribiré	nos inscribiremos	me habré inscrito	nos habremos inscrito
te inscribirás	os inscribiréis	te habrás inscrito	os habréis inscrito
se inscribirá	se inscribirán	se habrá inscrito	se habrán inscrito

5   potencial simple

		12 potencial compuesto	
me inscribiría	nos inscribiríamos	me habría inscrito	nos habríamos inscrito
te inscribirías	os inscribiríais	te habrías inscrito	os habríais inscrito
se inscribiría	se inscribirían	se habría inscrito	se habrían inscrito

6   presente de subjuntivo

		13 perfecto de subjuntivo	
me inscriba	nos inscribamos	me haya inscrito	nos hayamos inscrito
te inscribas	os inscribáis	te hayas inscrito	os hayáis inscrito
se inscriba	se inscriban	se haya inscrito	se hayan inscrito

7   imperfecto de subjuntivo

		14 pluscuamperfecto de subjuntivo	
me inscribiera	nos inscribiéramos	me hubiera inscrito	nos hubiéramos inscrito
te inscribieras	os inscribierais	te hubieras inscrito	os hubierais inscrito
se inscribiera	se inscribieran	se hubiera inscrito	se hubieran inscrito
OR		OR	
me inscribiese	nos inscribiésemos	me hubiese inscrito	nos hubiésemos inscrito
te inscribieses	os inscribieseis	te hubieses inscrito	os hubieseis inscrito
se inscribiese	se inscribiesen	se hubiese inscrito	se hubiesen inscrito

imperativo	
–	inscribámonos
inscríbete; no te inscribas	inscribíos; no os inscribáis
inscríbase	inscríbanse

For words and expressions related to this verb, see **inscribir.**

Be sure to consult the back pages for sections on verbs used in idiomatic expressions, verbs with prepositions, and the list of over 1,000 verbs conjugated like model verbs.

insistir

to insist, to persist

The Seven Simple Tenses		The Seven Compound Tenses	
Singular	Plural	Singular	Plural

1 presente de indicativo

insisto	insistimos
insistes	insistís
insiste	insisten

8 perfecto de indicativo

he insistido	hemos insistido
has insistido	habéis insistido
ha insistido	han insistido

2 imperfecto de indicativo

insistía	insistíamos
insistías	insistíais
insistía	insistían

9 pluscuamperfecto de indicativo

había insistido	habíamos insistido
habías insistido	habíais insistido
había insistido	habían insistido

3 pretérito

insistí	insistimos
insististe	insististeis
insistió	insistieron

10 pretérito anterior

hube insistido	hubimos insistido
hubiste insistido	hubisteis insistido
hubo insistido	hubieron insistido

4 futuro

insistiré	insistiremos
insistirás	insistiréis
insistirá	insistirán

11 futuro perfecto

habré insistido	habremos insistido
habrás insistido	habréis insistido
habrá insistido	habrán insistido

5 potencial simple

insistiría	insistiríamos
insistirías	insistiríais
insistiría	insistirían

12 potencial compuesto

habría insistido	habríamos insistido
habrías insistido	habríais insistido
habría insistido	habrían insistido

6 presente de subjuntivo

insista	insistamos
insistas	insistáis
insista	insistan

13 perfecto de subjuntivo

haya insistido	hayamos insistido
hayas insistido	hayáis insistido
haya insistido	hayan insistido

7 imperfecto de subjuntivo

insistiera	insistiéramos
insistieras	insistierais
insistiera	insistieran
OR	
insistiese	insistiésemos
insistieses	insistieseis
insistiese	insistiesen

14 pluscuamperfecto de subjuntivo

hubiera insistido	hubiéramos insistido
hubieras insistido	hubierais insistido
hubiera insistido	hubieran insistido
OR	
hubiese insistido	hubiésemos insistido
hubieses insistido	hubieseis insistido
hubiese insistido	hubiesen insistido

imperativo

–	insistamos
insiste; no insistas	insistid; no insistáis
insista	insistan

Words related to this verb

insistir en   to insist on, to persist in
la insistencia   insistence, persistence

insistente   insistent

to be interested in

The Seven Simple Tenses		The Seven Compound Tenses	
Singular	Plural	Singular	Plural

1   presente de indicativo

me intereso	nos interesamos
te interesas	os interesáis
se interesa	se interesan

8   perfecto de indicativo

me he interesado	nos hemos interesado
te has interesado	os habéis interesado
se ha interesado	se han interesado

2   imperfecto de indicativo

me interesaba	nos interesábamos
te interesabas	os interesabais
se interesaba	se interesaban

9   pluscuamperfecto de indicativo

me había interesado	nos habíamos interesado
te habías interesado	os habíais interesado
se había interesado	se habían interesado

3   pretérito

me interesé	nos interesamos
te interesaste	os interesasteis
se interesó	se interesaron

10   pretérito anterior

me hube interesado	nos hubimos interesado
te hubiste interesado	os hubisteis interesado
se hubo interesado	se hubieron interesado

4   futuro

me interesaré	nos interesaremos
te interesarás	os interesaréis
se interesará	se interesarán

11   futuro perfecto

me habré interesado	nos habremos interesado
te habrás interesado	os habréis interesado
se habrá interesado	se habrán interesado

5   potencial simple

me interesaría	nos interesaríamos
te interesarías	os interesaríais
se interesaría	se interesarían

12   potencial compuesto

me habría interesado	nos habríamos interesado
te habrías interesado	os habríais interesado
se habría interesado	se habrían interesado

6   presente de subjuntivo

me interese	nos interesemos
te intereses	os intereséis
se interese	se interesen

13   perfecto de subjuntivo

me haya interesado	nos hayamos interesado
te hayas interesado	os hayáis interesado
se haya interesado	se hayan interesado

7   imperfecto de subjuntivo

me interesara	nos interesáramos
te interesaras	os interesarais
se interesara	se interesaran
OR	
me interesase	nos interesásemos
te interesases	os interesaseis
se interesase	se interesasen

14   pluscuamperfecto de subjuntivo

me hubiera interesado	nos hubiéramos interesado
te hubieras interesado	os hubierais interesado
se hubiera interesado	se hubieran interesado
OR	
me hubiese interesado	nos hubiésemos interesado
te hubieses interesado	os hubieseis interesado
se hubiese interesado	se hubiesen interesado

imperativo

—	interesémonos
interésate; no te intereses	interesaos; no os interéséis
interésese	interésense

Words and expressions related to this verb

interesarse en   to be interested in
interesar   to interest
el interés   interest
en interés de   on behalf of
desinteresarse   to become disinterested;
    to lose interest

interesante   interesting
interesado, interesada   interested
sin interés   uninteresting
desinteresar   to disinterest
desinteresado, desinteresada   disinterested
el desinterés   disinterest

The subject pronouns are found on the page facing page 1.

introducir

Gerundio **introduciendo**   Part. pas. **introducido**

to introduce

The Seven Simple Tenses		The Seven Compound Tenses	
Singular	Plural	Singular	Plural
1 presente de indicativo		**8 perfecto de indicativo**	
introduzco	introducimos	he introducido	hemos introducido
introduces	introducís	has introducido	habéis introducido
introduce	introducen	ha introducido	han introducido
2 imperfecto de indicativo		**9 pluscuamperfecto de indicativo**	
introducía	introducíamos	había introducido	habíamos introducido
introducías	introducíais	habías introducido	habíais introducido
introducía	introducían	había introducido	habían introducido
3 pretérito		**10 pretérito anterior**	
introduje	introdujimos	hube introducido	hubimos introducido
introdujiste	introdujisteis	hubiste introducido	hubisteis introducido
introdujo	introdujeron	hubo introducido	hubieron introducido
4 futuro		**11 futuro perfecto**	
introduciré	introduciremos	habré introducido	habremos introducido
introducirás	introduciréis	habrás introducido	habréis introducido
introducirá	introducirán	habrá introducido	habrán introducido
5 potencial simple		**12 potencial compuesto**	
introduciría	introduciríamos	habría introducido	habríamos introducido
introducirías	introduciríais	habrías introducido	habríais introducido
introduciría	introducirían	habría introducido	habrían introducido
6 presente de subjuntivo		**13 perfecto de subjuntivo**	
introduzca	introduzcamos	haya introducido	hayamos introducido
introduzcas	introduzcáis	hayas introducido	hayáis introducido
introduzca	introduzcan	haya introducido	hayan introducido
7 imperfecto de subjuntivo		**14 pluscuamperfecto de subjuntivo**	
introdujera	introdujéramos	hubiera introducido	hubiéramos introducido
introdujeras	introdujerais	hubieras introducido	hubierais introducido
introdujera	introdujeran	hubiera introducido	hubieran introducido
OR		OR	
introdujese	introdujésemos	hubiese introducido	hubiésemos introducido
introdujeses	introdujeseis	hubieses introducido	hubieseis introducido
introdujese	introdujesen	hubiese introducido	hubiesen introducido

	imperativo	
–		introduzcamos
introduce; no introduzcas		introducid; no introduzcáis
introduzca		introduzcan

Words related to this verb

la introducción introduction
introductor, introductora introducer

introductivo, introductiva introductive, introductory

The Seven Simple Tenses | The Seven Compound Tenses

Singular	Plural	Singular	Plural
1 presente de indicativo		**8 perfecto de indicativo**	
invito	invitamos	he invitado	hemos invitado
invitas	invitáis	has invitado	habéis invitado
invita	invitan	ha invitado	han invitado
2 imperfecto de indicativo		**9 pluscuamperfecto de indicativo**	
invitaba	invitábamos	había invitado	habíamos invitado
invitabas	invitabais	habías invitado	habíais invitado
invitaba	invitaban	había invitado	habían invitado
3 pretérito		**10 pretérito anterior**	
invité	invitamos	hube invitado	hubimos invitado
invitaste	invitasteis	hubiste invitado	hubisteis invitado
invitó	invitaron	hubo invitado	hubieron invitado
4 futuro		**11 futuro perfecto**	
invitaré	invitaremos	habré invitado	habremos invitado
invitarás	invitaréis	habrás invitado	habréis invitado
invitará	invitarán	habrá invitado	habrán invitado
5 potencial simple		**12 potencial compuesto**	
invitaría	invitaríamos	habría invitado	habríamos invitado
invitarías	invitaríais	habrías invitado	habríais invitado
invitaría	invitarían	habría invitado	habrían invitado
6 presente de subjuntivo		**13 perfecto de subjuntivo**	
invite	invitemos	haya invitado	hayamos invitado
invites	invitéis	hayas invitado	hayáis invitado
invite	inviten	haya invitado	hayan invitado
7 imperfecto de subjuntivo		**14 pluscuamperfecto de subjuntivo**	
invitara	invitáramos	hubiera invitado	hubiéramos invitado
invitaras	invitarais	hubieras invitado	hubierais invitado
invitara	invitaran	hubiera invitado	hubieran invitado
OR		OR	
invitase	invitásemos	hubiese invitado	hubiésemos invitado
invitases	invitaseis	hubieses invitado	hubieseis invitado
invitase	invitasen	hubiese invitado	hubiesen invitado

	imperativo	
—		invitemos
	invita; no invites	invitad; no invitéis
	invite	inviten

Words related to this verb

invitar a + inf. to invite + inf.   **el invitador** host
la invitación invitation   **la invitadora** hostess
un invitado, una invitada guest   **evitar** to avoid

Consult the back pages for the list of over 1,000 verbs conjugated like model verbs.

to go

The Seven Simple Tenses		The Seven Compound Tenses	
Singular	Plural	Singular	Plural
1 presente de indicativo		**8 perfecto de indicativo**	
voy	vamos	he ido	hemos ido
vas	vais	has ido	habéis ido
va	van	ha ido	han ido
2 imperfecto de indicativo		**9 pluscuamperfecto de indicativo**	
iba	íbamos	había ido	habíamos ido
ibas	ibais	habías ido	habíais ido
iba	iban	había ido	habían ido
3 pretérito		**10 pretérito anterior**	
fui	fuimos	hube ido	hubimos ido
fuiste	fuisteis	hubiste ido	hubisteis ido
fue	fueron	hubo ido	hubieron ido
4 futuro		**11 futuro perfecto**	
iré	iremos	habré ido	habremos ido
irás	iréis	habrás ido	habréis ido
irá	irán	habrá ido	habrán ido
5 potencial simple		**12 potencial compuesto**	
iría	iríamos	habría ido	habríamos ido
irías	iríais	habrías ido	habríais ido
iría	irían	habría ido	habrían ido
6 presente de subjuntivo		**13 perfecto de subjuntivo**	
vaya	vayamos	haya ido	hayamos ido
vayas	vayáis	hayas ido	hayáis ido
vaya	vayan	haya ido	hayan ido
7 imperfecto de subjuntivo		**14 pluscuamperfecto de subjuntivo**	
fuera	fuéramos	hubiera ido	hubiéramos ido
fueras	fuerais	hubieras ido	hubierais ido
fuera	fueran	hubiera ido	hubieran ido
OR		OR	
fuese	fuésemos	hubiese ido	hubiésemos ido
fueses	fueseis	hubieses ido	hubieseis ido
fuese	fuesen	hubiese ido	hubiesen ido

	imperativo	
—		vamos (no vayamos)
	ve; no vayas	id; no vayáis
	vaya	vayan

Common idiomatic expressions using this verb

ir de compras	to go shopping	**ir a caballo**	to ride horseback
ir de brazo	to walk arm in arm	**un billete de ida y vuelta**	return ticket
¿Cómo le va?	How goes it? How are you?	**¡Qué va!**	Nonsense!

Cuando el gato va a sus devociones, bailan los ratones.   When the cat is away, the mice will play.

See also the back pages for verbs used in idiomatic expressions.

to go away

The Seven Simple Tenses		The Seven Compound Tenses	
Singular	Plural	Singular	Plural

1 presente de indicativo

		8 perfecto de indicativo	
me voy	nos vamos	me he ido	nos hemos ido
te vas	os vais	te has ido	os habéis ido
se va	se van	se ha ido	se han ido

2 imperfecto de indicativo

		9 pluscuamperfecto de indicativo	
me iba	nos íbamos	me había ido	nos habíamos ido
te ibas	os ibais	te habías ido	os habíais ido
se iba	se iban	se había ido	se habían ido

3 pretérito

		10 pretérito anterior	
me fui	nos fuimos	me hube ido	nos hubimos ido
te fuiste	os fuisteis	te hubiste ido	os hubisteis ido
se fue	se fueron	se hubo ido	se hubieron ido

4 futuro

		11 futuro perfecto	
me iré	nos iremos	me habré ido	nos habremos ido
te irás	os iréis	te habrás ido	os habréis ido
se irá	se irán	se habrá ido	se habrán ido

5 potencial simple

		12 potencial compuesto	
me iría	nos iríamos	me habría ido	nos habríamos ido
te irías	os iríais	te habrías ido	os habríais ido
se iría	se irían	se habría ido	se habrían ido

6 presente de subjuntivo

		13 perfecto de subjuntivo	
me vaya	nos vayamos	me haya ido	nos hayamos ido
te vayas	os vayáis	te hayas ido	os hayáis ido
se vaya	se vayan	se haya ido	se hayan ido

7 imperfecto de subjuntivo

		14 pluscuamperfecto de subjuntivo	
me fuera	nos fuéramos	me hubiera ido	nos hubiéramos ido
te fueras	os fuerais	te hubieras ido	os hubierais ido
se fuera	se fueran	se hubiera ido	se hubieran ido
me fuese	nos fuésemos	me hubiese ido	nos hubiésemos ido
te fueses	os fueseis	te hubieses ido	os hubieseis ido
se fuese	se fuesen	se hubiese ido	se hubiesen ido

imperativo

—	vámonos; no nos vayamos
vete; no te vayas	idos; no os vayáis
váyase; no se vaya	váyanse; no se vayan

Common idiomatic expressions using this verb

Vámonos! Let's go! Let's leave! **¡Vete!** Go away! **¡Váyase!** Go away!
Si a Roma fueres, haz como vieres. When in Rome do as the Romans do. [Note that it is not uncommon to use the future subjunctive in proverbs, as in *fueres* (**ir** or **ser**) and *vieres* (**ver**); see p. xxxvii.]

For additional common idiomatic expressions, see **ir,** which is related to **irse.**
See also the back pages for verbs used in idiomatic expressions.

The subject pronouns are found on the page facing page 1.

to play (a game, sport)

The Seven Simple Tenses		The Seven Compound Tenses	
Singular	Plural	Singular	Plural

1 presente de indicativo

juego	jugamos		
juegas	jugáis		
juega	juegan		

8 perfecto de indicativo

he jugado	hemos jugado
has jugado	habéis jugado
ha jugado	han jugado

2 imperfecto de indicativo

jugaba	jugábamos
jugabas	jugabais
jugaba	jugaban

9 pluscuamperfecto de indicativo

había jugado	habíamos jugado
habías jugado	habíais jugado
había jugado	habían jugado

3 pretérito

jugué	jugamos
jugaste	jugasteis
jugó	jugaron

10 pretérito anterior

hube jugado	hubimos jugado
hubiste jugado	hubisteis jugado
hubo jugado	hubieron jugado

4 futuro

jugaré	jugaremos
jugarás	jugaréis
jugará	jugarán

11 futuro perfecto

habré jugado	habremos jugado
habrás jugado	habréis jugado
habrá jugado	habrán jugado

5 potencial simple

jugaría	jugaríamos
jugarías	jugaríais
jugaría	jugarían

12 potencial compuesto

habría jugado	habríamos jugado
habrías jugado	habríais jugado
habría jugado	habrían jugado

6 presente de subjuntivo

juegue	juguemos
juegues	juguéis
juegue	jueguen

13 perfecto de subjuntivo

haya jugado	hayamos jugado
hayas jugado	hayáis jugado
haya jugado	hayan jugado

7 imperfecto de subjuntivo

jugara	jugáramos
jugaras	jugarais
jugara	jugaran
OR	
jugase	jugásemos
jugases	jugaseis
jugase	jugasen

14 pluscuamperfecto de subjuntivo

hubiera jugado	hubiéramos jugado
hubieras jugado	hubierais jugado
hubiera jugado	hubieran jugado
OR	
hubiese jugado	hubiésemos jugado
hubieses jugado	hubieseis jugado
hubiese jugado	hubiesen jugado

imperativo

—	juguemos
juega; no juegues	jugad; no juguéis
juegue	jueguen

Words and expressions related to this verb

un juguete toy, plaything	**jugar a los naipes** to play cards
jugador, jugadora player	**jugar al tenis** to play tennis
un juego game	**jugar al béisbol** to play baseball

Consult the back pages for verbs used in idiomatic expressions.

to join, to unite, to connect

The Seven Simple Tenses		The Seven Compound Tenses	
Singular	Plural	Singular	Plural
1 presente de indicativo		**8 perfecto de indicativo**	
junto	juntamos	he juntado	hemos juntado
juntas	juntáis	has juntado	habéis juntado
junta	juntan	ha juntado	han juntado
2 imperfecto de indicativo		**9 pluscuamperfecto de indicativo**	
juntaba	juntábamos	había juntado	habíamos juntado
juntabas	juntabais	habías juntado	habíais juntado
juntaba	juntaban	había juntado	habían juntado
3 pretérito		**10 pretérito anterior**	
junté	juntamos	hube juntado	hubimos juntado
juntaste	juntasteis	hubiste juntado	hubisteis juntado
juntó	juntaron	hubo juntado	hubieron juntado
4 futuro		**11 futuro perfecto**	
juntaré	juntaremos	habré juntado	habremos juntado
juntarás	juntaréis	habrás juntado	habréis juntado
juntará	juntarán	habrá juntado	habrán juntado
5 potencial simple		**12 potencial compuesto**	
juntaría	juntaríamos	habría juntado	habríamos juntado
juntarías	juntaríais	habrías juntado	habríais juntado
juntaría	juntarían	habría juntado	habrían juntado
6 presente de subjuntivo		**13 perfecto de subjuntivo**	
junte	juntemos	haya juntado	hayamos juntado
juntes	juntéis	hayas juntado	hayáis juntado
junte	junten	haya juntado	hayan juntado
7 imperfecto de subjuntivo		**14 pluscuamperfecto de subjuntivo**	
juntara	juntáramos	hubiera juntado	hubiéramos juntado
juntaras	juntarais	hubieras juntado	hubierais juntado
juntara	juntaran	hubiera juntado	hubieran juntado
OR		OR	
juntase	juntásemos	hubiese juntado	hubiésemos juntado
juntases	juntaseis	hubieses juntado	hubieseis juntado
juntase	juntasen	hubiese juntado	hubiesen juntado

	imperativo	
—		juntemos
junta; no juntes		juntad; no juntéis
junte		junten

Words and expressions related to this verb

juntar con   to associate with   **juntar meriendas**   to join interests
juntarse   to assemble, gather together
la junta   junta, conference, convention, meeting

Consult the back pages for sections on verbs used in idiomatic expressions, verbs with prepositions, and the list of over 1,000 verbs conjugated like model verbs.

The subject pronouns are found on the page facing page 1.

jurar

Gerundio **jurando**   Part. pas. **jurado**

to swear, to take an oath

The Seven Simple Tenses		The Seven Compound Tenses	
Singular	Plural	Singular	Plural
1 presente de indicativo		**8 perfecto de indicativo**	
juro	juramos	he jurado	hemos jurado
juras	juráis	has jurado	habéis jurado
jura	juran	ha jurado	han jurado
2 imperfecto de indicativo		**9 pluscuamperfecto de indicativo**	
juraba	jurábamos	había jurado	habíamos jurado
jurabas	jurabais	habías jurado	habíais jurado
juraba	juraban	había jurado	habían jurado
3 pretérito		**10 pretérito anterior**	
juré	juramos	hube jurado	hubimos jurado
juraste	jurasteis	hubiste jurado	hubisteis jurado
juró	juraron	hubo jurado	hubieron jurado
4 futuro		**11 futuro perfecto**	
juraré	juraremos	habré jurado	habremos jurado
jurarás	juraréis	habrás jurado	habréis jurado
jurará	jurarán	habrá jurado	habrán jurado
5 potencial simple		**12 potencial compuesto**	
juraría	juraríamos	habría jurado	habríamos jurado
jurarías	juraríais	habrías jurado	habríais jurado
juraría	jurarían	habría jurado	habrían jurado
6 presente de subjuntivo		**13 perfecto de subjuntivo**	
jure	juremos	haya jurado	hayamos jurado
jures	juréis	hayas jurado	hayáis jurado
jure	juren	haya jurado	hayan jurado
7 imperfecto de subjuntivo		**14 pluscuamperfecto de subjuntivo**	
jurara	juráramos	hubiera jurado	hubiéramos jurado
juraras	jurarais	hubieras jurado	hubierais jurado
jurara	juraran	hubiera jurado	hubieran jurado
OR		OR	
jurase	jurásemos	hubiese jurado	hubiésemos jurado
jurases	juraseis	hubieses jurado	hubieseis jurado
jurase	jurasen	hubiese jurado	hubiesen jurado

imperativo	
—	juremos
jura; no jures	jurad; no juréis
jure	juren

Words and expressions related to this verb

jurar en falso   to commit perjury
jurar decir la verdad   to swear to tell the truth
un juramento   oath; **juramento falso**   perjury
juramentarse   to take an oath, to be sworn in

The Seven Simple Tenses		The Seven Compound Tenses	
Singular	Plural	Singular	Plural

1   presente de indicativo

		8 perfecto de indicativo	
juzgo	juzgamos	he juzgado	hemos juzgado
juzgas	juzgáis	has juzgado	habéis juzgado
juzga	juzgan	ha juzgado	han juzgado

2   imperfecto de indicativo

		9 pluscuamperfecto de indicativo	
juzgaba	juzgábamos	había juzgado	habíamos juzgado
juzgabas	juzgabais	habías juzgado	habíais juzgado
juzgaba	juzgaban	había juzgado	habían juzgado

3   pretérito

		10 pretérito anterior	
juzgué	juzgamos	hube juzgado	hubimos juzgado
juzgaste	juzgasteis	hubiste juzgado	hubisteis juzgado
juzgó	juzgaron	hubo juzgado	hubieron juzgado

4   futuro

		11 futuro perfecto	
juzgaré	juzgaremos	habré juzgado	habremos juzgado
juzgarás	juzgaréis	habrás juzgado	habréis juzgado
juzgará	juzgarán	habrá juzgado	habrán juzgado

5   potencial simple

		12 potencial compuesto	
juzgaría	juzgaríamos	habría juzgado	habríamos juzgado
juzgarías	juzgaríais	habrías juzgado	habríais juzgado
juzgaría	juzgarían	habría juzgado	habrían juzgado

6   presente de subjuntivo

		13 perfecto de subjuntivo	
juzgue	juzguemos	haya juzgado	hayamos juzgado
juzgues	juzguéis	hayas juzgado	hayáis juzgado
juzgue	juzguen	haya juzgado	hayan juzgado

7   imperfecto de subjuntivo

		14 pluscuamperfecto de subjuntivo	
juzgara	juzgáramos	hubiera juzgado	hubiéramos juzgado
juzgaras	juzgarais	hubieras juzgado	hubierais juzgado
juzgara	juzgaran	hubiera juzgado	hubieran juzgado
OR		OR	
juzgase	juzgásemos	hubiese juzgado	hubiésemos juzgado
juzgases	juzgaseis	hubieses juzgado	hubieseis juzgado
juzgase	juzgasen	hubiese juzgado	hubiesen juzgado

imperativo

—	juzguemos
juzga; no juzgues	juzgad; no juzguéis
juzgue	juzguen

Words and expressions related to this verb

a juzgar por   judging by
juzgar de   to pass judgment on
el juzgado   court of justice
el juez   judge
juez de paz, juez municipal   justice of the peace
prejuzgar   to prejudge

to throw, to hurl, to fling, to launch

The Seven Simple Tenses		The Seven Compound Tenses	
Singular	Plural	Singular	Plural
1 presente de indicativo		**8 perfecto de indicativo**	
lanzo	lanzamos	he lanzado	hemos lanzado
lanzas	lanzáis	has lanzado	habéis lanzado
lanza	lanzan	ha lanzado	han lanzado
2 imperfecto de indicativo		**9 pluscuamperfecto de indicativo**	
lanzaba	lanzábamos	había lanzado	habíamos lanzado
lanzabas	lanzabais	habías lanzado	habíais lanzado
lanzaba	lanzaban	había lanzado	habían lanzado
3 pretérito		**10 pretérito anterior**	
lancé	lanzamos	hube lanzado	hubimos lanzado
lanzaste	lanzasteis	hubiste lanzado	hubisteis lanzado
lanzó	lanzaron	hubo lanzado	hubieron lanzado
4 futuro		**11 futuro perfecto**	
lanzaré	lanzaremos	habré lanzado	habremos lanzado
lanzarás	lanzaréis	habrás lanzado	habréis lanzado
lanzará	lanzarán	habrá lanzado	habrán lanzado
5 potencial simple		**12 potencial compuesto**	
lanzaría	lanzaríamos	habría lanzado	habríamos lanzado
lanzarías	lanzaríais	habrías lanzado	habríais lanzado
lanzaría	lanzarían	habría lanzado	habrían lanzado
6 presente de subjuntivo		**13 perfecto de subjuntivo**	
lance	lancemos	haya lanzado	hayamos lanzado
lances	lancéis	hayas lanzado	hayáis lanzado
lance	lancen	haya lanzado	hayan lanzado
7 imperfecto de subjuntivo		**14 pluscuamperfecto de subjuntivo**	
lanzara	lanzáramos	hubiera lanzado	hubiéramos lanzado
lanzaras	lanzarais	hubieras lanzado	hubierais lanzado
lanzara	lanzaran	hubiera lanzado	hubieran lanzado
OR		OR	
lanzase	lanzásemos	hubiese lanzado	hubiésemos lanzado
lanzases	lanzaseis	hubieses lanzado	hubieseis lanzado
lanzase	lanzasen	hubiese lanzado	hubiesen lanzado

imperativo	
—	lancemos
lanza; no lances	lanzad; no lancéis
lance	lancen

Words related to this verb

la lanza lance, spear
el lanzamiento casting, throwing, launching

to hurt oneself, to feel sorry for, to complain, to regret

The Seven Simple Tenses		The Seven Compound Tenses	
Singular	Plural	Singular	Plural

1   presente de indicativo

me lastimo	nos lastimamos		
te lastimas	os lastimáis		
se lastima	se lastiman		

8   perfecto de indicativo

me he lastimado	nos hemos lastimado		
te has lastimado	os habéis lastimado		
se ha lastimado	se han lastimado		

2   imperfecto de indicativo

me lastimaba	nos lastimábamos
te lastimabas	os lastimabais
se lastimaba	se lastimaban

9   pluscuamperfecto de indicativo

me había lastimado	nos habíamos lastimado
te habías lastimado	os habíais lastimado
se había lastimado	se habían lastimado

3   pretérito

me lastimé	nos lastimamos
te lastimaste	os lastimasteis
se lastimó	se lastimaron

10   pretérito anterior

me hube lastimado	nos hubimos lastimado
te hubiste lastimado	os hubisteis lastimado
se hubo lastimado	se hubieron lastimado

4   futuro

me lastimaré	nos lastimaremos
te lastimarás	os lastimaréis
se lastimará	se lastimarán

11   .futuro perfecto

me habré lastimado	nos habremos lastimado
te habrás lastimado	os habréis lastimado
se habrá lastimado	se habrán lastimado

5   potencial simple

me lastimaría	nos lastimaríamos
te lastimarías	os lastimaríais
se lastimaría	se lastimarían

12   potencial compuesto

me habría lastimado	nos habríamos lastimado
te habrías lastimado	os habríais lastimado
se habría lastimado	se habrían lastimado

6   presente de subjuntivo

me lastime	nos lastimemos
te lastimes	os lastiméis
se lastime	se lastimen

13   perfecto de subjuntivo

me haya lastimado	nos hayamos lastimado
te hayas lastimado	os hayáis lastimado
se haya lastimado	se hayan lastimado

7   imperfecto de subjuntivo

me lastimara	nos lastimáramos
te lastimaras	os lastimarais
se lastimara	se lastimaran
OR	
me lastimase	nos lastimásemos
te lastimases	os lastimaseis
se lastimase	se lastimasen

14   pluscuamperfecto de subjuntivo

me hubiera lastimado	nos hubiéramos lastimado
te hubieras lastimado	os hubierais lastimado
se hubiera lastimado	se hubieran lastimado
OR	
me hubiese lastimado	nos hubiésemos lastimado
te hubieses lastimado	os hubieseis lastimado
se hubiese lastimado	se hubiesen lastimado

imperativo

–	lastimémonos
lastímate; no te lastimes	lastimaos; no os lastiméis
lastímese	lastímense

Words and expressions related to this verb

lastimar   to hurt, damage, injure, offend
lastimarse de   to feel sorry for, to complain about
una lástima   pity; **¡Qué lástima!**   What a pity! What a shame!
tener lástima   to feel sorry

Consult the back pages for the section on verbs with prepositions.

The subject pronouns are found on the page facing page 1.

to wash

The Seven Simple Tenses		The Seven Compound Tenses	
Singular	Plural	Singular	Plural

1 presente de indicativo

lavo	lavamos		
lavas	laváis		
lava	lavan		

8 perfecto de indicativo

he lavado	hemos lavado
has lavado	habéis lavado
ha lavado	han lavado

2 imperfecto de indicativo

lavaba	lavábamos
lavabas	lavabais
lavaba	lavaban

9 pluscuamperfecto de indicativo

había lavado	habíamos lavado
habías lavado	habíais lavado
había lavado	habían lavado

3 pretérito

lavé	lavamos
lavaste	lavasteis
lavó	lavaron

10 pretérito anterior

hube lavado	hubimos lavado
hubiste lavado	hubisteis lavado
hubo lavado	hubieron lavado

4 futuro

lavaré	lavaremos
lavarás	lavaréis
lavará	lavarán

11 futuro perfecto

habré lavado	habremos lavado
habrás lavado	habréis lavado
habrá lavado	habrán lavado

5 potencial simple

lavaría	lavaríamos
lavarías	lavaríais
lavaría	lavarían

12 potencial compuesto

habría lavado	habríamos lavado
habrías lavado	habríais lavado
habría lavado	habrían lavado

6 presente de subjuntivo

lave	lavemos
laves	lavéis
lave	laven

13 perfecto de subjuntivo

haya lavado	hayamos lavado
hayas lavado	hayáis lavado
haya lavado	hayan lavado

7 imperfecto de subjuntivo

lavara	laváramos
lavaras	lavarais
lavara	lavaran
OR	
lavase	lavásemos
lavases	lavaseis
lavase	lavasen

14 pluscuamperfecto de subjuntivo

hubiera lavado	hubiéramos lavado
hubieras lavado	hubierais lavado
hubiera lavado	hubieran lavado
OR	
hubiese lavado	hubiésemos lavado
hubieses lavado	hubieseis lavado
hubiese lavado	hubiesen lavado

imperativo

—	lavemos
lava; no laves	lavad; no lavéis
lave	laven

Words and expressions related to this verb

el lavatorio, el lavabo lavatory, washroom, washstand
lavandero, lavandera launderer
la lavandería laundry
el lavamanos washstand, washbowl
See also **lavarse.**

lavar en seco to dry clean
el lavarropa, la lavadora
   clothes washing machine

to wash oneself

The Seven Simple Tenses		The Seven Compound Tenses	
Singular	Plural	Singular	Plural

1   presente de indicativo

me lavo	nos lavamos	
te lavas	os laváis	
se lava	se lavan	

8   perfecto de indicativo

me he lavado	nos hemos lavado
te has lavado	os habéis lavado
se ha lavado	se han lavado

2   imperfecto de indicativo

me lavaba	nos lavábamos
te lavabas	os lavabais
se lavaba	se lavaban

9   pluscuamperfecto de indicativo

me había lavado	nos habíamos lavado
te habías lavado	os habíais lavado
se había lavado	se habían lavado

3   pretérito

me lavé	nos lavamos
te lavaste	os lavasteis
se lavó	se lavaron

10   pretérito anterior

me hube lavado	nos hubimos lavado
te hubiste lavado	os hubisteis lavado
se hubo lavado	se hubieron lavado

4   futuro

me lavaré	nos lavaremos
te lavarás	os lavaréis
se lavará	se lavarán

11   futuro perfecto

me habré lavado	nos habremos lavado
te habrás lavado	os habréis lavado
se habrá lavado	se habrán lavado

5   potencial simple

me lavaría	nos lavaríamos
te lavarías	os lavaríais
se lavaría	se lavarían

12   potencial compuesto

me habría lavado	nos habríamos lavado
te habrías lavado	os habríais lavado
se habría lavado	se habrían lavado

6   presente de subjuntivo

me lave	nos lavemos
te laves	os lavéis
se lave	se laven

13   perfecto de subjuntivo

me haya lavado	nos hayamos lavado
te hayas lavado	os hayáis lavado
se haya lavado	se hayan lavado

7   imperfecto de subjuntivo

me lavara	nos laváramos
te lavaras	os lavarais
se lavara	se lavaran
me lavase	nos lavásemos
te lavases	os lavaseis
se lavase	se lavasen

14   pluscuamperfecto de subjuntivo

me hubiera lavado	nos hubiéramos lavado
te hubieras lavado	os hubierais lavado
se hubiera lavado	se hubieran lavado
me hubiese lavado	nos hubiésemos lavado
te hubieses lavado	os hubieseis lavado
se hubiese lavado	se hubiesen lavado

imperativo

—	lavémonos; no nos lavemos
lávate; no te laves	lavaos; no os lavéis
lávese; no se lave	lávense; no se laven

Words related to this verb

el lavatorio, el lavabo   lavatory, washroom, washstand
lavandero, lavandera   launderer
la lavandería   laundry

For other words and expressions related to this verb, see **lavar**.

to read

The Seven Simple Tenses | The Seven Compound Tenses

Singular	Plural	Singular	Plural
1 presente de indicativo		**8 perfecto de indicativo**	
leo	leemos	he leído	hemos leído
lees	leéis	has leído	habéis leído
lee	leen	ha leído	han leído
2 imperfecto de indicativo		**9 pluscuamperfecto de indicativo**	
leía	leíamos	había leído	habíamos leído
leías	leíais	habías leído	habíais leído
leía	leían	había leído	habían leído
3 pretérito		**10 pretérito anterior**	
leí	leímos	hube leído	hubimos leído
leíste	leísteis	hubiste leído	hubisteis leído
leyó	leyeron	hubo leído	hubieron leído
4 futuro		**11 futuro perfecto**	
leeré	leeremos	habré leído	habremos leído
leerás	leeréis	habrás leído	habréis leído
leerá	leerán	habrá leído	habrán leído
5 potencial simple		**12 potencial compuesto**	
leería	leeríamos	habría leído	habríamos leído
leerías	leeríais	habrías leído	habríais leído
leería	leerían	habría leído	habrían leído
6 presente de subjuntivo		**13 perfecto de subjuntivo**	
lea	leamos	haya leído	hayamos leído
leas	leáis	hayas leído	hayáis leído
lea	lean	haya leído	hayan leído
7 imperfecto de subjuntivo		**14 pluscuamperfecto de subjuntivo**	
leyera	leyéramos	hubiera leído	hubiéramos leído
leyeras	leyerais	hubieras leído	hubierais leído
leyera	leyeran	hubiera leído	hubieran leído
OR		OR	
leyese	leyésemos	hubiese leído	hubiésemos leído
leyeses	leyeseis	hubieses leído	hubieseis leído
leyese	leyesen	hubiese leído	hubiesen leído

imperativo

—	leamos
lee; no leas	leed; no leáis
lea	lean

Words and expressions related to this verb

la lectura reading
   Me gusta la lectura. I like reading.
le lección lesson
lector, lectora reader
leer mal to misread

releer to read again, to reread
leer entre líneas to read between the lines
un, una leccionista private tutor
leer para sí to read to oneself

The Seven Simple Tenses		The Seven Compound Tenses	
Singular	Plural	Singular	Plural

1 presente de indicativo

levanto	levantamos
levantas	levantáis
levanta	levantan

8 perfecto de indicativo

he levantado	hemos levantado
has levantado	habéis levantado
ha levantado	han levantado

2 imperfecto de indicativo

levantaba	levantábamos
levantabas	levantabais
levantaba	levantaban

9 pluscuamperfecto de indicativo

había levantado	habíamos levantado
habías levantado	habíais levantado
había levantado	habían levantado

3 pretérito

levanté	levantamos
levantaste	levantasteis
levantó	levantaron

10 pretérito anterior

hube levantado	hubimos levantado
hubiste levantado	hubisteis levantado
hubo levantado	hubieron levantado

4 futuro

levantaré	levantaremos
levantarás	levantaréis
levantará	levantarán

11 futuro perfecto

habré levantado	habremos levantado
habrás levantado	habréis levantado
habrá levantado	habrán levantado

5 potencial simple

levantaría	levantaríamos
levantarías	levantaríais
levantaría	levantarían

12 potencial compuesto

habría levantado	habríamos levantado
habrías levantado	habríais levantado
habría levantado	habrían levantado

6 presente de subjuntivo

levante	levantemos
levantes	levantéis
levante	levanten

13 perfecto de subjuntivo

haya levantado	hayamos levantado
hayas levantado	hayáis levantado
haya levantado	hayan levantado

7 imperfecto de subjuntivo

levantara	levantáramos
levantaras	levantarais
levantara	levantaran
levantase	levantásemos
levantases	levantaseis
levantase	levantasen

14 pluscuamperfecto de subjuntivo

hubiera levantado	hubiéramos levantado
hubieras levantado	hubierais levantado
hubiera levantado	hubieran levantado
hubiese levantado	hubiésemos levantado
hubieses levantado	hubieseis levantado
hubiese levantado	hubiesen levantado

imperativo

—	levantemos
levanta; no levantes	levantad; no levantéis
levante	levanten

Words and expressions related to this verb

levantar los manteles   to clear the table
levantar con algo   to get away with something
el levante   Levant, East
el levantamiento   elevation, raising

See also **levantarse.**

levantar fuego   to make a disturbance
levantar la cabeza   to take heart (courage)

The subject pronouns are found on the page facing page 1.

to get up, to rise

The Seven Simple Tenses		The Seven Compound Tenses	
Singular	Plural	Singular	Plural
1 presente de indicativo		**8 perfecto de indicativo**	
me levanto	nos levantamos	me he levantado	nos hemos levantado
te levantas	os levantáis	te has levantado	os habéis levantado
se levanta	se levantan	se ha levantado	se han levantado
2 imperfecto de indicativo		**9 pluscuamperfecto de indicativo**	
me levantaba	nos levantábamos	me había levantado	nos habíamos levantado
te levantabas	os levantabais	te habías levantado	os habíais levantado
se levantaba	se levantaban	se había levantado	se habían levantado
3 pretérito		**10 pretérito anterior**	
me levanté	nos levantamos	me hube levantado	nos hubimos levantado
te levantaste	os levantasteis	te hubiste levantado	os hubisteis levantado
se levantó	se levantaron	se hubo levantado	se hubieron levantado
4 futuro		**11 futuro perfecto**	
me levantaré	nos levantaremos	me habré levantado	nos habremos levantado
te levantarás	os levantaréis	te habrás levantado	os habréis levantado
se levantará	se levantarán	se habrá levantado	se habrán levantado
5 potencial simple		**12 potencial compuesto**	
me levantaría	nos levantaríamos	me habría levantado	nos habríamos levantado
te levantarías	os levantaríais	te habrías levantado	os habríais levantado
se levantaría	se levantarían	se habría levantado	se habrían levantado
6 presente de subjuntivo		**13 perfecto de subjuntivo**	
me levante	nos levantemos	me haya levantado	nos hayamos levantado
te levantes	os levantéis	te hayas levantado	os hayáis levantado
se levante	se levanten	se haya levantado	se hayan levantado
7 imperfecto de subjuntivo		**14 pluscuamperfecto de subjuntivo**	
me levantara	nos levantáramos	me hubiera levantado	nos hubiéramos levantado
te levantaras	os levantarais	te hubieras levantado	os hubierais levantado
se levantara	se levantaran	se hubiera levantado	se hubieran levantado
me levantase	nos levantásemos	me hubiese levantado	nos hubiésemos levantado
te levantases	os levantaseis	te hubieses levantado	os hubieseis levantado
se levantase	se levantasen	se hubiese levantado	se hubiesen levantado

	imperativo	
—		levantémonos; no nos levantemos
levántate; no te levantes		levantaos; no os levantéis
levántese; no se levante		levántense; no se levanten

Words and expressions related to this verb

levantar los manteles to clear the table
levantar con algo to get away with something
el levante Levant, East
el levantamiento elevation, raising

See also **levantar.**

levantar la sesión to adjourn
levantar la voz to raise one's voice
levantarse de la cama to get out of bed

The Seven Simple Tenses		The Seven Compound Tenses	
Singular	Plural	Singular	Plural

1   presente de indicativo

limpio	limpiamos	
limpias	limpiáis	
limpia	limpian	

8   perfecto de indicativo

he limpiado	hemos limpiado
has limpiado	habéis limpiado
ha limpiado	han limpiado

2   imperfecto de indicativo

limpiaba	limpiábamos
limpiabas	limpiabais
limpiaba	limpiaban

9   pluscuamperfecto de indicativo

había limpiado	habíamos limpiado
habías limpiado	habíais limpiado
había limpiado	habían limpiado

3   pretérito

limpié	limpiamos
limpiaste	limpiasteis
limpió	limpiaron

10   pretérito anterior

hube limpiado	hubimos limpiado
hubiste limpiado	hubisteis limpiado
hubo limpiado	hubieron limpiado

4   futuro

limpiaré	limpiaremos
limpiarás	limpiaréis
limpiará	limpiarán

11   futuro perfecto

habré limpiado	habremos limpiado
habrás limpiado	habréis limpiado
habrá limpiado	habrán limpiado

5   potencial simple

limpiaría	limpiaríamos
limpiarías	limpiaríais
limpiaría	limpiarían

12   potencial compuesto

habría limpiado	habríamos limpiado
habrías limpiado	habríais limpiado
habría limpiado	habrían limpiado

6   presente de subjuntivo

limpie	limpiemos
limpies	limpiéis
limpie	limpien

13   perfecto de subjuntivo

haya limpiado	hayamos limpiado
hayas limpiado	hayáis limpiado
haya limpiado	hayan limpiado

7   imperfecto de subjuntivo

limpiara	limpiáramos
limpiaras	limpiarais
limpiara	limpiaran
OR	
limpiase	limpiásemos
limpiases	limpiaseis
limpiase	limpiasen

14   pluscuamperfecto de subjuntivo

hubiera limpiado	hubiéramos limpiado
hubieras limpiado	hubierais limpiado
hubiera limpiado	hubieran limpiado
OR	
hubiese limpiado	hubiésemos limpiado
hubieses limpiado	hubieseis limpiado
hubiese limpiado	hubiesen limpiado

imperativo

—	limpiemos
limpia; no limpies	limpiad; no limpiéis
limpie	limpien

Words and expressions related to this verb

limpiar en seco   to dry clean; **limpiar las faltriqueras a uno**   to pick someone's pocket
la limpieza   cleaning, cleanliness; **limpieza de manos**   integrity
jugar limpio   to play fair

For other words and expressions related to this verb, see **limpiarse.**

to clean oneself

The Seven Simple Tenses		The Seven Compound Tenses	
Singular	Plural	Singular	Plural
1 presente de indicativo		**8 perfecto de indicativo**	
me limpio	nos limpiamos	me he limpiado	nos hemos limpiado
te limpias	os limpiáis	te has limpiado	os habéis limpiado
se limpia	se limpian	se ha limpiado	se han limpiado
2 imperfecto de indicativo		**9 pluscuamperfecto de indicativo**	
me limpiaba	nos limpiábamos	me había limpiado	nos habíamos limpiado
te limpiabas	os limpiabais	te habías limpiado	os habíais limpiado
se limpiaba	se limpiaban	se había limpiado	se habían limpiado
3 pretérito		**10 pretérito anterior**	
me limpié	nos limpiamos	me hube limpiado	nos hubimos limpiado
te limpiaste	os limpiasteis	te hubiste limpiado	os hubisteis limpiado
se limpió	se limpiaron	se hubo limpiado	se hubieron limpiado
4 futuro		**11 futuro perfecto**	
me limpiaré	nos limpiaremos	me habré limpiado	nos habremos limpiado
te limpiarás	os limpiaréis	te habrás limpiado	os habréis limpiado
se limpiará	se limpiarán	se habrá limpiado	se habrán limpiado
5 potencial simple		**12 potencial compuesto**	
me limpiaría	nos limpiaríamos	me habría limpiado	nos habríamos limpiado
te limpiarías	os limpiaríais	te habrías limpiado	os habríais limpiado
se limpiaría	se limpiarían	se habría limpiado	se habrían limpiado
6 presente de subjuntivo		**13 perfecto de subjuntivo**	
me limpie	nos limpiemos	me haya limpiado	nos hayamos limpiado
te limpies	os limpiéis	te hayas limpiado	os hayáis limpiado
se limpie	se limpien	se haya limpiado	se hayan limpiado
7 imperfecto de subjuntivo		**14 pluscuamperfecto de subjuntivo**	
me limpiara	nos limpiáramos	me hubiera limpiado	nos hubiéramos limpiado
te limpiaras	os limpiarais	te hubieras limpiado	os hubierais limpiado
se limpiara	se limpiaran	se hubiera limpiado	se hubieran limpiado
OR		OR	
me limpiase	nos limpiásemos	me hubiese limpiado	nos hubiésemos limpiado
te limpiases	os limpiaseis	te hubieses limpiado	os hubieseis limpiado
se limpiase	se limpiasen	se hubiese limpiado	se hubiesen limpiado

	imperativo	
–	**limpiémonos**
límpiate; no te limpies	**limpiaos; no os limpiéis**
límpiese	**límpiense**

Words related to this verb

un limpiapipas pipe cleaner   **un limpiadientes** toothpick
un limpianieve snowplow   **un limpiachimeneas** chimney sweep

For other words and expressions related to this verb, see **limpiar.**

to fight, to strive, to struggle, to wrestle

The Seven Simple Tenses		The Seven Compound Tenses	
Singular	Plural	Singular	Plural
1 presente de indicativo		**8 perfecto de indicativo**	
lucho	luchamos	he luchado	hemos luchado
luchas	lucháis	has luchado	habéis luchado
lucha	luchan	ha luchado	han luchado
2 imperfecto de indicativo		**9 pluscuamperfecto de indicativo**	
luchaba	luchábamos	había luchado	habíamos luchado
luchabas	luchabais	habías luchado	habíais luchado
luchaba	luchaban	había luchado	habían luchado
3 pretérito		**10 pretérito anterior**	
luché	luchamos	hube luchado	hubimos luchado
luchaste	luchasteis	hubiste luchado	hubisteis luchado
luchó	lucharon	hubo luchado	hubieron luchado
4 futuro		**11 futuro perfecto**	
lucharé	lucharemos	habré luchado	habremos luchado
lucharás	lucharéis	habrás luchado	habréis luchado
luchará	lucharán	habrá luchado	habrán luchado
5 potencial simple		**12 potencial compuesto**	
lucharía	lucharíamos	habría luchado	habríamos luchado
lucharías	lucharíais	habrías luchado	habríais luchado
lucharía	lucharían	habría luchado	habrían luchado
6 presente de subjuntivo		**13 perfecto de subjuntivo**	
luche	luchemos	haya luchado	hayamos luchado
luches	luchéis	hayas luchado	hayáis luchado
luche	luchen	haya luchado	hayan luchado
7 imperfecto de subjuntivo		**14 pluscuamperfecto de subjuntivo**	
luchara	lucháramos	hubiera luchado	hubiéramos luchado
lucharas	lucharais	hubieras luchado	hubierais luchado
luchara	lucharan	hubiera luchado	hubieran luchado
OR		OR	
luchase	luchásemos	hubiese luchado	hubiésemos luchado
luchases	luchaseis	hubieses luchado	hubieseis luchado
luchase	luchasen	hubiese luchado	hubiesen luchado

	imperativo	
—	luchemos	
lucha; no luches	luchad; no luchéis	
luche	luchen	

Words related to this verb

luchar por + inf.   to struggle + inf.
un luchador, una luchadora   wrestler, fighter
la lucha   battle, combat, fight, struggle, quarrel

The subject pronouns are found on the page facing page 1.   **295**

llamar

to call, to name

The Seven Simple Tenses		The Seven Compound Tenses	
Singular	Plural	Singular	Plural
1 presente de indicativo		**8 perfecto de indicativo**	
llamo	llamamos	he llamado	hemos llamado
llamas	llamáis	has llamado	habéis llamado
llama	llaman	ha llamado	han llamado
2 imperfecto de indicativo		**9 pluscuamperfecto de indicativo**	
llamaba	llamábamos	había llamado	habíamos llamado
llamabas	llamabais	habías llamado	habíais llamado
llamaba	llamaban	había llamado	habían llamado
3 pretérito		**10 pretérito anterior**	
llamé	llamamos	hube llamado	hubimos llamado
llamaste	llamasteis	hubiste llamado	hubisteis llamado
llamó	llamaron	hubo llamado	hubieron llamado
4 futuro		**11 futuro perfecto**	
llamaré	llamaremos	habré llamado	habremos llamado
llamarás	llamaréis	habrás llamado	habréis llamado
llamará	llamarán	habrá llamado	habrán llamado
5 potencial simple		**12 potencial compuesto**	
llamaría	llamaríamos	habría llamado	habríamos llamado
llamarías	llamaríais	habrías llamado	habríais llamado
llamaría	llamarían	habría llamado	habrían llamado
6 presente de subjuntivo		**13 perfecto de subjuntivo**	
llame	llamemos	haya llamado	hayamos llamado
llames	llaméis	hayas llamado	hayáis llamado
llame	llamen	haya llamado	hayan llamado
7 imperfecto de subjuntivo		**14 pluscuamperfecto de subjuntivo**	
llamara	llamáramos	hubiera llamado	hubiéramos llamado
llamaras	llamarais	hubieras llamado	hubierais llamado
llamara	llamaran	hubiera llamado	hubieran llamado
OR		OR	
llamase	llamásemos	hubiese llamado	hubiésemos llamado
llamases	llamaseis	hubieses llamado	hubieseis llamado
llamase	llamasen	hubiese llamado	hubiesen llamado

	imperativo
—	llamemos
llama; no llames	llamad; no llaméis
llame	llamen

Words and expressions related to this verb

llamar al doctor to call the doctor
llamar por teléfono to telephone
llamar la atención sobre to call attention to

llamar por los nombres to call the roll
una llamada call, knock, ring

See also **llamarse.**

The Seven Simple Tenses		The Seven Compound Tenses	
Singular	Plural	Singular	Plural

1   presente de indicativo

me llamo	nos llamamos
te llamas	os llamáis
se llama	se llaman

8   perfecto de indicativo

me he llamado	nos hemos llamado
te has llamado	os habéis llamado
se ha llamado	se han llamado

2   imperfecto de indicativo

me llamaba	nos llamábamos
te llamabas	os llamabais
se llamaba	se llamaban

9   pluscuamperfecto de indicativo

me había llamado	nos habíamos llamado
te habías llamado	os habíais llamado
se había llamado	se habían llamado

3   pretérito

me llamé	nos llamamos
te llamaste	os llamasteis
se llamó	se llamaron

10   pretérito anterior

me hube llamado	nos hubimos llamado
te hubiste llamado	os hubisteis llamado
se hubo llamado	se hubieron llamado

4   futuro

me llamaré	nos llamaremos
te llamarás	os llamaréis
se llamará	se llamarán

11   futuro perfecto

me habré llamado	nos habremos llamado
te habrás llamado	os habréis llamado
se habrá llamado	se habrán llamado

5   potencial simple

me llamaría	nos llamaríamos
te llamarías	os llamaríais
se llamaría	se llamarían

12   potencial compuesto

me habría llamado	nos habríamos llamado
te habrías llamado	os habríais llamado
se habría llamado	se habrían llamado

6   presente de subjuntivo

me llame	nos llamemos
te llames	os llaméis
se llame	se llamen

13   perfecto de subjuntivo

me haya llamado	nos hayamos llamado
te hayas llamado	os hayáis llamado
se haya llamado	se hayan llamado

7   imperfecto de subjuntivo

me llamara	nos llamáramos
te llamaras	os llamarais
se llamara	se llamaran

14   pluscuamperfecto de subjuntivo

me hubiera llamado	nos hubiéramos llamado
te hubieras llamado	os hubierais llamado
se hubiera llamado	se hubieran llamado

me llamase	nos llamásemos
te llamases	os llamaseis
se llamase	se llamasen

me hubiese llamado	nos hubiésemos llamado
te hubieses llamado	os hubieseis llamado
se hubiese llamado	se hubiesen llamado

imperativo

—	llamémonos; no nos llamemos
llámate; no te llames	llamaos; no os llaméis
llámese; no se llame	llámense; no se llamen

Common idiomatic expressions using this verb

—¿Cómo se llama usted?   What is your name? (How do you call yourself?)
—Me llamo Juan Morales.   My name is Juan Morales.
—¿Y cómo se llaman sus hermanos?   And what are your brother's and sister's names?
—Se llaman Teresa y Pedro.   Their names are Teresa and Peter.

For other words and expressions related to this verb, see **llamar.**

The subject pronouns are found on the page facing page 1.

to arrive

The Seven Simple Tenses		The Seven Compound Tenses	
Singular	Plural	Singular	Plural
1 presente de indicativo		8 perfecto de indicativo	
llego	llegamos	he llegado	hemos llegado
llegas	llegáis	has llegado	habéis llegado
llega	llegan	ha llegado	han llegado
2 imperfecto de indicativo		9 pluscuamperfecto de indicativo	
llegaba	llegábamos	había llegado	habíamos llegado
llegabas	llegabais	habías llegado	habíais llegado
llegaba	llegaban	había llegado	habían llegado
3 pretérito		10 pretérito anterior	
llegué	llegamos	hube llegado	hubimos llegado
llegaste	llegasteis	hubiste llegado	hubisteis llegado
llegó	llegaron	hubo llegado	hubieron llegado
4 futuro		11 futuro perfecto	
llegaré	llegaremos	habré llegado	habremos llegado
llegarás	llegaréis	habrás llegado	habréis llegado
llegará	llegarán	habrá llegado	habrán llegado
5 potencial simple		12 potencial compuesto	
llegaría	llegaríamos	habría llegado	habríamos llegado
llegarías	llegaríais	habrías llegado	habríais llegado
llegaría	llegarían	habría llegado	habrían llegado
6 presente de subjuntivo		13 perfecto de subjuntivo	
llegue	lleguemos	haya llegado	hayamos llegado
llegues	lleguéis	hayas llegado	hayáis llegado
llegue	lleguen	haya llegado	hayan llegado
7 imperfecto de subjuntivo		14 pluscuamperfecto de subjuntivo	
llegara	llegáramos	hubiera llegado	hubiéramos llegado
llegaras	llegarais	hubieras llegado	hubierais llegado
llegara	llegaran	hubiera llegado	hubieran llegado
OR		OR	
llegase	llegásemos	hubiese llegado	hubiésemos llegado
llegases	llegaseis	hubieses llegado	hubieseis llegado
llegase	llegasen	hubiese llegado	hubiesen llegado

imperativo

—	lleguemos
llega; no llegues	llegad; no lleguéis
llegue	lleguen

Words and expressions related to this verb

llegar a ser to become
  Luis y Luisa quieren llegar a ser médicos. Louis and Louise want to become doctors.
llegar a saber to find out **llegar a** to reach
la llegada arrival **al llegar** on arrival, upon arriving
llegar tarde to arrive late

Consult the back pages for verbs used in idiomatic expressions.

to fill

The Seven Simple Tenses		The Seven Compound Tenses	
Singular	Plural	Singular	Plural

1   presente de indicativo

lleno	llenamos		
llenas	llenáis		
llena	llenan		

8   perfecto de indicativo

he llenado	hemos llenado
has llenado	habéis llenado
ha llenado	han llenado

2   imperfecto de indicativo

llenaba	llenábamos
llenabas	llenabais
llenaba	llenaban

9   pluscuamperfecto de indicativo

había llenado	habíamos llenado
habías llenado	habíais llenado
había llenado	habían llenado

3   pretérito

llené	llenamos
llenaste	llenasteis
llenó	llenaron

10   pretérito anterior

hube llenado	hubimos llenado
hubiste llenado	hubisteis llenado
hubo llenado	hubieron llenado

4   futuro

llenaré	llenaremos
llenarás	llenaréis
llenará	llenarán

11   futuro perfecto

habré llenado	habremos llenado
habrás llenado	habréis llenado
habrá llenado	habrán llenado

5   potencial simple

llenaría	llenaríamos
llenarías	llenaríais
llenaría	llenarían

12   potencial compuesto

habría llenado	habríamos llenado
habrías llenado	habríais llenado
habría llenado	habrían llenado

6   presente de subjuntivo

llene	llenemos
llenes	llenéis
llene	llenen

13   perfecto de subjuntivo

haya llenado	hayamos llenado
hayas llenado	hayáis llenado
haya llenado	hayan llenado

7   imperfecto de subjuntivo

llenara	llenáramos
llenaras	llenarais
llenara	llenaran
OR	
llenase	llenásemos
llenases	llenaseis
llenase	llenasen

14   pluscuamperfecto de subjuntivo

hubiera llenado	hubiéramos llenado
hubieras llenado	hubierais llenado
hubiera llenado	hubieran llenado
OR	
hubiese llenado	hubiésemos llenado
hubieses llenado	hubieseis llenado
hubiese llenado	hubiesen llenado

imperativo

—	llenemos
llena; no llenes	llenad; no llenéis
llene	llenen

Words and expressions related to this verb

lleno, llena full, filled	**lleno de bote en bote** full to the brim
la llenura abundance, fullness	**llenar un pedido** to fill an order
llenamente fully	**llenar un formulario** to fill out a form

For other words related to this verb, see **rellenar.**

The subject pronouns are found on the page facing page 1.

to carry (away), to take (away), to wear

The Seven Simple Tenses		The Seven Compound Tenses	
Singular	Plural	Singular	Plural
1 presente de indicativo		**8 perfecto de indicativo**	
llevo	llevamos	he llevado	hemos llevado
llevas	lleváis	has llevado	habéis llevado
lleva	llevan	ha llevado	han llevado
2 imperfecto de indicativo		**9 pluscuamperfecto de indicativo**	
llevaba	llevábamos	había llevado	habíamos llevado
llevabas	llevabais	habías llevado	habíais llevado
llevaba	llevaban	había llevado	habían llevado
3 pretérito		**10 pretérito anterior**	
llevé	llevamos	hube llevado	hubimos llevado
llevaste	llevasteis	hubiste llevado	hubisteis llevado
llevó	llevaron	hubo llevado	hubieron llevado
4 futuro		**11 futuro perfecto**	
llevaré	llevaremos	habré llevado	habremos llevado
llevarás	llevaréis	habrás llevado	habréis llevado
llevará	llevarán	habrá llevado	habrán llevado
5 potencial simple		**12 potencial compuesto**	
llevaría	llevaríamos	habría llevado	habríamos llevado
llevarías	llevaríais	habrías llevado	habríais llevado
llevaría	llevarían	habría llevado	habrían llevado
6 presente de subjuntivo		**13 perfecto de subjuntivo**	
lleve	llevemos	haya llevado	hayamos llevado
lleves	llevéis	hayas llevado	hayáis llevado
lleve	lleven	haya llevado	hayan llevado
7 imperfecto de subjuntivo		**14 pluscuamperfecto de subjuntivo**	
llevara	lleváramos	hubiera llevado	hubiéramos llevado
llevaras	llevarais	hubieras llevado	hubierais llevado
llevara	llevaran	hubiera llevado	hubieran llevado
OR		OR	
llevase	llevásemos	hubiese llevado	hubiésemos llevado
llevases	llevaseis	hubieses llevado	hubieseis llevado
llevase	llevasen	hubiese llevado	hubiesen llevado

	imperativo	
—		llevemos
lleva; no lleves		llevad; no llevéis
lleve		lleven

Words and expressions related to this verb

llevar a cabo   to carry through, to accomplish
llevar una caída   to have a fall
llevador, llevadora   carrier
llevar puesto   to wear
llevarse algo de alguien   to take something from someone

See also the back pages for verbs in idiomatic expressions.

to weep, to cry, to whine

The Seven Simple Tenses		The Seven Compound Tenses	
Singular	Plural	Singular	Plural

1   presente de indicativo

		8 perfecto de indicativo	
lloro	lloramos	he llorado	hemos llorado
lloras	lloráis	has llorado	habéis llorado
llora	lloran	ha llorado	han llorado

2   imperfecto de indicativo

		9 pluscuamperfecto de indicativo	
lloraba	llorábamos	había llorado	habíamos llorado
llorabas	llorabais	habías llorado	habíais llorado
lloraba	lloraban	había llorado	habían llorado

3   pretérito

		10 pretérito anterior	
lloré	lloramos	hube llorado	hubimos llorado
lloraste	llorasteis	hubiste llorado	hubisteis llorado
lloró	lloraron	hubo llorado	hubieron llorado

4   futuro

		11 futuro perfecto	
lloraré	lloraremos	habré llorado	habremos llorado
llorarás	lloraréis	habrás llorado	habréis llorado
llorará	llorarán	habrá llorado	habrán llorado

5   potencial simple

		12 potencial compuesto	
lloraría	lloraríamos	habría llorado	habríamos llorado
llorarías	lloraríais	habrías llorado	habríais llorado
lloraría	llorarían	habría llorado	habrían llorado

6   presente de subjuntivo

		13 perfecto de subjuntivo	
llore	lloremos	haya llorado	hayamos llorado
llores	lloréis	hayas llorado	hayáis llorado
llore	lloren	haya llorado	hayan llorado

7   imperfecto de subjuntivo

		14 pluscuamperfecto de subjuntivo	
llorara	lloráramos	hubiera llorado	hubiéramos llorado
lloraras	llorarais	hubieras llorado	hubierais llorado
llorara	lloraran	hubiera llorado	hubieran llorado
OR		OR	
llorase	llorásemos	hubiese llorado	hubiésemos llorado
llorases	lloraseis	hubieses llorado	hubieseis llorado
llorase	llorasen	hubiese llorado	hubiesen llorado

imperativo

—	lloremos
llora; no llores	llorad; no lloréis
llore	lloren

Words and expressions related to this verb

lloroso, llorosa tearful, sorrowful
el lloro weeping, crying
llorador, lloradora weeper
lloriquear to cry constantly

llorar con un ojo to shed crocodile tears
llorar por to weep (cry) for
llorar por cualquier cosa to cry about anything

to rain

The Seven Simple Tenses	The Seven Compound Tenses
Singular	Singular
1 presente de indicativo **llueve** OR **está lloviendo**	**8** perfecto de indicativo **ha llovido**
2 imperfecto de indicativo **llovía** OR **estaba lloviendo**	**9** pluscuamperfecto de indicativo **había llovido**
3 pretérito **llovió**	**10** pretérito anterior **hubo llovido**
4 futuro **lloverá**	**11** futuro perfecto **habrá llovido**
5 potencial simple **llovería**	**12** potencial compuesto **habría llovido**
6 presente de subjuntivo **llueva**	**13** perfecto de subjuntivo **haya llovido**
7 imperfecto de subjuntivo **lloviera** OR **lloviese**	**14** pluscuamperfecto de subjuntivo **hubiera llovido** OR **hubiese llovido**

imperativo
¡Que llueva!   Let it rain!

Words and expressions related to this verb

la lluvia   rain
lluvioso, lluviosa   rainy
llover a cántaros   to rain in torrents
llueva o no   rain or shine
la llovizna   drizzle

llover chuzos   to rain pitchforks (cats
  and dogs)
tiempo lluvioso   rainy weather
lloviznar   to drizzle

Consult the back pages for weather expressions using verbs.

Gerundio **maldiciendo**   Part. pas. **maldecido**   **maldecir**
(**maldito,** *when used as an adj. with* estar)

to curse

The Seven Simple Tenses		The Seven Compound Tenses	
Singular	Plural	Singular	Plural

1 presente de indicativo

maldigo	maldecimos	
maldices	maldecís	
maldice	maldicen	

8 perfecto de indicativo

he maldecido	hemos maldecido
has maldecido	habéis maldecido
ha maldecido	han maldecido

2 imperfecto de indicativo

maldecía	maldecíamos
maldecías	maldecíais
maldecía	maldecían

9 pluscuamperfecto de indicativo

había maldecido	habíamos maldecido
habías maldecido	habíais maldecido
había maldecido	habían maldecido

3 pretérito

maldije	maldijimos
maldijiste	maldijisteis
maldijo	maldijeron

10 pretérito anterior

hube maldecido	hubimos maldecido
hubiste maldecido	hubisteis maldecido
hubo maldecido	hubieron maldecido

4 futuro

maldeciré	maldeciremos
maldecirás	maldeciréis
maldecirá	maldecirán

11 futuro perfecto

habré maldecido	habremos maldecido
habrás maldecido	habréis maldecido
habrá maldecido	habrán maldecido

5 potencial simple

maldeciría	maldeciríamos
maldecirías	maldeciríais
maldeciría	maldecirían

12 potencial compuesto

habría maldecido	habríamos maldecido
habrías maldecido	habríais maldecido
habría maldecido	habrían maldecido

6 presente de subjuntivo

maldiga	maldigamos
maldigas	maldigáis
maldiga	maldigan

13 perfecto de subjuntivo

haya maldecido	hayamos maldecido
hayas maldecido	hayáis maldecido
haya maldecido	hayan maldecido

7 imperfecto de subjuntivo

maldijera	maldijéramos
maldijeras	maldijerais
maldijera	maldijeran
OR	
maldijese	maldijésemos
maldijeses	maldijeseis
maldijese	maldijesen

14 pluscuamperfecto de subjuntivo

hubiera maldecido	hubiéramos maldecido
hubieras maldecido	hubierais maldecido
hubiera maldecido	hubieran maldecido
OR	
hubiese maldecido	hubiésemos maldecido
hubieses maldecido	hubieseis maldecido
hubiese maldecido	hubiesen maldecido

imperativo

—	**maldigamos**
maldice; no maldigas	**maldecid; no maldigáis**
maldiga	**maldigan**

Words related to this verb

maldecir de to speak ill of
una maldición curse, malediction
maldicho, maldicha accursed, damned
maldito, maldita damned

un, una maldiciente slanderer
maldecido, maldecida wicked
maldispuesto, maldispuesta ill-disposed
los malditos the damned

The subject pronouns are found on the page facing page 1.   **303**

to manage, to handle, to drive, to operate (a vehicle)

The Seven Simple Tenses		The Seven Compound Tenses	
Singular	Plural	Singular	Plural
1 presente de indicativo		**8 perfecto de indicativo**	
manejo	manejamos	he manejado	hemos manejado
manejas	manejáis	has manejado	habéis manejado
maneja	manejan	ha manejado	han manejado
2 imperfecto de indicativo		**9 pluscuamperfecto de indicativo**	
manejaba	manejábamos	había manejado	habíamos manejado
manejabas	manejabais	habías manejado	habíais manejado
manejaba	manejaban	había manejado	habían manejado
3 pretérito		**10 pretérito anterior**	
manejé	manejamos	hube manejado	hubimos manejado
manejaste	manejasteis	hubiste manejado	hubisteis manejado
manejó	manejaron	hubo manejado	hubieron manejado
4 futuro		**11 futuro perfecto**	
manejaré	manejaremos	habré manejado	habremos manejado
manejarás	manejaréis	habrás manejado	habréis manejado
manejará	manejarán	habrá manejado	habrán manejado
5 potencial simple		**12 potencial compuesto**	
manejaría	manejaríamos	habría manejado	habríamos manejado
manejarías	manejaríais	habrías manejado	habríais manejado
manejaría	manejarían	habría manejado	habrían manejado
6 presente de subjuntivo		**13 perfecto de subjuntivo**	
maneje	manejemos	haya manejado	hayamos manejado
manejes	manejéis	hayas manejado	hayáis manejado
maneje	manejen	haya manejado	hayan manejado
7 imperfecto de subjuntivo		**14 pluscuamperfecto de subjuntivo**	
manejara	manejáramos	hubiera manejado	hubiéramos manejado
manejaras	manejarais	hubieras manejado	hubierais manejado
manejara	manejaran	hubiera manejado	hubieran manejado
OR		OR	
manejase	manejásemos	hubiese manejado	hubiésemos manejado
manejases	manejaseis	hubieses manejado	hubieseis manejado
manejase	manejasen	hubiese manejado	hubiesen manejado

	imperativo
–	manejemos
maneja; no manejes	manejad; no manejéis
maneje	manejen

Words related to this verb

el manejo management; driving   **manejable** manageable
el manejo doméstico housekeeping   **la manejabilidad** manageability
el manejo a distancia remote control   **la mano** hand

304

to maintain, to keep up, to support, to provide for

The Seven Simple Tenses		The Seven Compound Tenses	
Singular	Plural	Singular	Plural
1 presente de indicativo		**8 perfecto de indicativo**	
mantengo	mantenemos	he mantenido	hemos mantenido
mantienes	mantenéis	has mantenido	habéis mantenido
mantiene	mantienen	ha mantenido	han mantenido
2 imperfecto de indicativo		**9 pluscuamperfecto de indicativo**	
mantenía	manteníamos	había mantenido	habíamos mantenido
mantenías	manteníais	habías mantenido	habíais mantenido
mantenía	mantenían	había mantenido	habían mantenido
3 pretérito		**10 pretérito anterior**	
mantuve	mantuvimos	hube mantenido	hubimos mantenido
mantuviste	mantuvisteis	hubiste mantenido	hubisteis mantenido
mantuvo	mantuvieron	hubo mantenido	hubieron mantenido
4 futuro		**11 futuro perfecto**	
mantendré	mantendremos	habré mantenido	habremos mantenido
mantendrás	mantendréis	habrás mantenido	habréis mantenido
mantendrá	mantendrán	habrá mantenido	habrán mantenido
5 potencial simple		**12 potencial compuesto**	
mantendría	mantendríamos	habría mantenido	habríamos mantenido
mantendrías	mantendríais	habrías mantenido	habríais mantenido
mantendría	mantendrían	habría mantenido	habrían mantenido
6 presente de subjuntivo		**13 perfecto de subjuntivo**	
mantenga	mantengamos	haya mantenido	hayamos mantenido
mantengas	mantengáis	hayas mantenido	hayáis mantenido
mantenga	mantengan	haya mantenido	hayan mantenido
7 imperfecto de subjuntivo		**14 pluscuamperfecto de subjuntivo**	
mantuviera	mantuviéramos	hubiera mantenido	hubiéramos mantenido
mantuvieras	mantuvierais	hubieras mantenido	hubierais mantenido
mantuviera	mantuvieran	hubiera mantenido	hubieran mantenido
OR		OR	
mantuviese	mantuviésemos	hubiese mantenido	hubiésemos mantenido
mantuvieses	mantuvieseis	hubieses mantenido	hubieseis mantenido
mantuviese	mantuviesen	hubiese mantenido	hubiesen mantenido

imperativo

–	mantengamos
manten; no mantengas	mantened; no mantengáis
mantenga	mantengan

Words and expressions related to this verb

mantener el orden   to keep (maintain) order
el mantenimiento, la mantenencia   maintenance, support
mantener la palabra   to keep one's word
mantenerse   to support oneself

The subject pronouns are found on the page facing page 1.

marcar   Gerundio **marcando**   Part. pas. **marcado**

to mark, to note, to observe

The Seven Simple Tenses		The Seven Compound Tenses	
Singular	Plural	Singular	Plural
1 presente de indicativo		**8 perfecto de indicativo**	
marco	marcamos	he marcado	hemos marcado
marcas	marcáis	has marcado	habéis marcado
marca	marcan	ha marcado	han marcado
2 imperfecto de indicativo		**9 pluscuamperfecto de indicativo**	
marcaba	marcábamos	había marcado	habíamos marcado
marcabas	marcabais	habías marcado	habíais marcado
marcaba	marcaban	había marcado	habían marcado
3 pretérito		**10 pretérito anterior**	
marqué	marcamos	hube marcado	hubimos marcado
marcaste	marcasteis	hubiste marcado	hubisteis marcado
marcó	marcaron	hubo marcado	hubieron marcado
4 futuro		**11 futuro perfecto**	
marcaré	marcaremos	habré marcado	habremos marcado
mararás	marcaréis	habrás marcado	habréis marcado
marcará	marcarán	habrá marcado	habrán marcado
5 potencial simple		**12 potencial compuesto**	
marcaría	marcaríamos	habría marcado	habríamos marcado
marcarías	marcaríais	habrías marcado	habríais marcado
marcaría	marcarían	habría marcado	habrían marcado
6 presente de subjuntivo		**13 perfecto de subjuntivo**	
marque	marquemos	haya marcado	hayamos marcado
marques	marquéis	hayas marcado	hayáis marcado
marque	marquen	haya marcado	hayan marcado
7 imperfecto de subjuntivo		**14 pluscuamperfecto de subjuntivo**	
marcara	marcáramos	hubiera marcado	hubiéramos marcado
marcaras	marcarais	hubieras marcado	hubierais marcado
marcara	marcaran	hubiera marcado	hubieran marcado
OR		OR	
marcase	marcásemos	hubiese marcado	hubiésemos marcado
marcases	marcaseis	hubieses marcado	hubieseis marcado
marcase	marcasen	hubiese marcado	hubiesen marcado

	imperativo	
—	marquemos
marca; no marques	marcad; no marquéis
marque	marquen

Words and expressions related to this verb

marcar un número   to dial a telephone number
marcado, marcada   marked, remarkable
marcadamente   markedly, notably

to walk, to march, to function (machine), to run (machine)

The Seven Simple Tenses		The Seven Compound Tenses	
Singular	Plural	Singular	Plural

1   presente de indicativo

marcho	marchamos
marchas	marcháis
marcha	marchan

8   perfecto de indicativo

he marchado	hemos marchado
has marchado	habéis marchado
ha marchado	han marchado

2   imperfecto de indicativo

marchaba	marchábamos
marchabas	marchabais
marchaba	marchaban

9   pluscuamperfecto de indicativo

había marchado	habíamos marchado
habías marchado	habíais marchado
había marchado	habían marchado

3   pretérito

marché	marchamos
marchaste	marchasteis
marchó	marcharon

10   pretérito anterior

hube marchado	hubimos marchado
hubiste marchado	hubisteis marchado
hubo marchado	hubieron marchado

4   futuro

marcharé	marcharemos
marcharás	marcharéis
marchará	marcharán

11   futuro perfecto

habré marchado	habremos marchado
habrás marchado	habréis marchado
habrá marchado	habrán marchado

5   potencial simple

marcharía	marcharíamos
marcharías	marcharíais
marcharía	marcharían

12   potencial compuesto

habría marchado	habríamos marchado
habrías marchado	habríais marchado
habría marchado	habrían marchado

6   presente de subjuntivo

marche	marchemos
marches	marchéis
marche	marchen

13   perfecto de subjuntivo

haya marchado	hayamos marchado
hayas marchado	hayáis marchado
haya marchado	hayan marchado

7   imperfecto de subjuntivo

marchara	marcháramos
marcharas	marcharais
marchara	marcharan
OR	
marchase	marchásemos
marchases	marchaseis
marchase	marchasen

14   pluscuamperfecto de subjuntivo

hubiera marchado	hubiéramos marchado
hubieras marchado	hubierais marchado
hubiera marchado	hubieran marchado
OR	
hubiese marchado	hubiésemos marchado
hubieses marchado	hubieseis marchado
hubiese marchado	hubiesen marchado

imperativo

—	marchemos
marcha; no marches	marchad; no marchéis
marche	marchen

Words and expressions related to this verb

la marcha   march
a largas marchas   speedily, with speed
¡En marcha!   Forward march!
poner en marcha   to put in motion, to start
Esto no marcha   That won't work; That will not do.

to go away, to leave

The Seven Simple Tenses		The Seven Compound Tenses	
Singular	Plural	Singular	Plural

1 presente de indicativo

me marcho	nos marchamos		
te marchas	os marcháis		
se marcha	se marchan		

8 perfecto de indicativo

me he marchado	nos hemos marchado		
te has marchado	os habéis marchado		
se ha marchado	se han marchado		

2 imperfecto de indicativo

me marchaba	nos marchábamos
te marchabas	os marchabais
se marchaba	se marchaban

9 pluscuamperfecto de indicativo

me había marchado	nos habíamos marchado
te habías marchado	os habíais marchado
se había marchado	se habían marchado

3 pretérito

me marché	nos marchamos
te marchaste	os marchasteis
se marchó	se marcharon

10 pretérito anterior

me hube marchado	nos hubimos marchado
te hubiste marchado	os hubisteis marchado
se hubo marchado	se hubieron marchado

4 futuro

me marcharé	nos marcharemos
te marcharás	os marcharéis
se marchará	se marcharán

11 futuro perfecto

me habré marchado	nos habremos marchado
te habrás marchado	os habréis marchado
se habrá marchado	se habrán marchado

5 potencial simple

me marcharía	nos marcharíamos
te marcharías	os marcharíais
se marcharía	se marcharían

12 potencial compuesto

me habría marchado	nos habríamos marchado
te habrías marchado	os habríais marchado
se habría marchado	se habrían marchado

6 presente de subjuntivo

me marche	nos marchemos
te marches	os marchéis
se marche	se marchen

13 perfecto de subjuntivo

me haya marchado	nos hayamos marchado
te hayas marchado	os hayáis marchado
se haya marchado	se hayan marchado

7 imperfecto de subjuntivo

me marchara	nos marcháramos
te marcharas	os marcharais
se marchara	se marcharan
OR	
me marchase	nos marchásemos
te marchases	os marchaseis
se marchase	se marchasen

14 pluscuamperfecto de subjuntivo

me hubiera marchado	nos hubiéramos marchado
te hubieras marchado	os hubierais marchado
se hubiera marchado	se hubieran marchado
OR	
me hubiese marchado	nos hubiésemos marchado
te hubieses marchado	os hubieseis marchado
se hubiese marchado	se hubiesen marchado

imperativo

—	marchémonos
márchate; no te marches	marchaos; no os marchéis
márchese	márchense

For words and expressions related to this verb, see **marchar** which is related to it.

Also, be sure to consult the back pages for verbs used in idiomatic expressions, Spanish proverbs using verbs, weather expressions using verbs, verbs with prepositions, and over 1,000 Spanish verbs conjugated like model verbs among the 501 verbs in this book.

The Seven Simple Tenses		The Seven Compound Tenses	
Singular	Plural	Singular	Plural

1 presente de indicativo		8 perfecto de indicativo	
mato	matamos	he matado	hemos matado
matas	matáis	has matado	habéis matado
mata	matan	ha matado	han matado

2 imperfecto de indicativo		9 pluscuamperfecto de indicativo	
mataba	matábamos	había matado	habíamos matado
matabas	matabais	habías matado	habíais matado
mataba	mataban	había matado	habían matado

3 pretérito		10 pretérito anterior	
maté	matamos	hube matado	hubimos matado
mataste	matasteis	hubiste matado	hubisteis matado
mató	mataron	hubo matado	hubieron matado

4 futuro		11 futuro perfecto	
mataré	mataremos	habré matado	habremos matado
matarás	mataréis	habrás matado	habréis matado
matará	matarán	habrá matado	habrán matado

5 potencial simple		12 potencial compuesto	
mataría	mataríamos	habría matado	habríamos matado
matarías	mataríais	habrías matado	habríais matado
mataría	matarían	habría matado	habrían matado

6 presente de subjuntivo		13 perfecto de subjuntivo	
mate	matemos	haya matado	hayamos matado
mates	matéis	hayas matado	hayáis matado
mate	maten	haya matado	hayan matado

7 imperfecto de subjuntivo		14 pluscuamperfecto de subjuntivo	
matara	matáramos	hubiera matado	hubiéramos matado
mataras	matarais	hubieras matado	hubierais matado
matara	mataran	hubiera matado	hubieran matado
OR		OR	
matase	matásemos	hubiese matado	hubiésemos matado
matases	mataseis	hubieses matado	hubieseis matado
matase	matasen	hubiese matado	hubiesen matado

imperativo	
—	matemos
mata; no mates	matad; no matéis
mate	maten

Words and expressions related to this verb

el mate   checkmate (chess)
dar mate a   to checkmate (chess)
matador, matadora   killer; **el matador**   bullfighter (kills the bull)
matar el tiempo   to kill time
estar a matar con alguien   to be angry at someone

to compare, to judge, to measure, to weigh, to scan (verses)

The Seven Simple Tenses		The Seven Compound Tenses	
Singular	Plural	Singular	Plural

1 presente de indicativo		8 perfecto de indicativo	
mido	medimos	he medido	hemos medido
mides	medís	has medido	habéis medido
mide	miden	ha medido	han medido

2 imperfecto de indicativo		9 pluscuamperfecto de indicativo	
medía	medíamos	había medido	habíamos medido
medías	medíais	habías medido	habíais medido
medía	medían	había medido	habían medido

3 pretérito		10 pretérito anterior	
medí	medimos	hube medido	hubimos medido
mediste	medisteis	hubiste medido	hubisteis medido
midió	midieron	hubo medido	hubieron medido

4 futuro		11 futuro perfecto	
mediré	mediremos	habré medido	habremos medido
medirás	mediréis	habrás medido	habréis medido
medirá	medirán	habrá medido	habrán medido

5 potencial simple		12 potencial compuesto	
mediría	mediríamos	habría medido	habríamos medido
medirías	mediríais	habrías medido	habríais medido
mediría	medirían	habría medido	habrían medido

6 presente de subjuntivo		13 perfecto de subjuntivo	
mida	midamos	haya medido	hayamos medido
midas	midáis	hayas medido	hayáis medido
mida	midan	haya medido	hayan medido

7 imperfecto de subjuntivo		14 pluscuamperfecto de subjuntivo	
midiera	midiéramos	hubiera medido	hubiéramos medido
midieras	midierais	hubieras medido	hubierais medido
midiera	midieran	hubiera medido	hubieran medido
OR		OR	
midiese	midiésemos	hubiese medido	hubiésemos medido
midieses	midieseis	hubieses medido	hubieseis medido
midiese	midiesen	hubiese medido	hubiesen medido

	imperativo	
—		midamos
mide; no midas		medid; no midáis
mida		midan

Common idiomatic expressions using this verb

medir las calles to walk the streets out of a job
medir el suelo to fall flat on the ground

Consult the sections on verbs used in idiomatic expressions, verbs with prepositions, and the list of over 1,000 verbs conjugated like model verbs in the back pages.

The Seven Simple Tenses		The Seven Compound Tenses	
Singular	Plural	Singular	Plural

1 presente de indicativo		8 perfecto de indicativo	
mejoro	mejoramos	he mejorado	hemos mejorado
mejoras	mejoráis	has mejorado	habéis mejorado
mejora	mejoran	ha mejorado	han mejorado

2 imperfecto de indicativo		9 pluscuamperfecto de indicativo	
mejoraba	mejorábamos	había mejorado	habíamos mejorado
mejorabas	mejorabais	habías mejorado	habíais mejorado
mejoraba	mejoraban	había mejorado	habían mejorado

3 pretérito		10 pretérito anterior	
mejoré	mejoramos	hube mejorado	hubimos mejorado
mejoraste	mejorasteis	hubiste mejorado	hubisteis mejorado
mejoró	mejoraron	hubo mejorado	hubieron mejorado

4 futuro		11 futuro perfecto	
mejoraré	mejoraremos	habré mejorado	habremos mejorado
mejorarás	mejoraréis	habrás mejorado	habréis mejorado
mejorará	mejorarán	habrá mejorado	habrán mejorado

5 potencial simple		12 potencial compuesto	
mejoraría	mejoraríamos	habría mejorado	habríamos mejorado
mejorarías	mejoraríais	habrías mejorado	habríais mejorado
mejoraría	mejorarían	habría mejorado	habrían mejorado

6 presente de subjuntivo		13 perfecto de subjuntivo	
mejore	mejoremos	haya mejorado	hayamos mejorado
mejores	mejoréis	hayas mejorado	hayáis mejorado
mejore	mejoren	haya mejorado	hayan mejorado

7 imperfecto de subjuntivo		14 pluscuamperfecto de subjuntivo	
mejorara	mejoráramos	hubiera mejorado	hubiéramos mejorado
mejoraras	mejorarais	hubieras mejorado	hubierais mejorado
mejorara	mejoraran	hubiera mejorado	hubieran mejorado
OR		OR	
mejorase	mejorásemos	hubiese mejorado	hubiésemos mejorado
mejorases	mejoraseis	hubieses mejorado	hubieseis mejorado
mejorase	mejorasen	hubiese mejorado	hubiesen mejorado

imperativo

—	mejoremos
mejora; no mejores	mejorad; no mejoréis
mejore	mejoren

Words and expressions related to this verb

la mejora, la mejoría improvement, betterment
mejor better, best
tanto mejor so much the better
desmejorar to spoil, make worse
mejorarse to get well, recover, improve oneself

mejor dicho rather
mejor que mejor much better
lo mejor the best
desmejorarse to decay, decline, get worse; lose one's health

The subject pronouns are found on the page facing page 1.

311

to mention

The Seven Simple Tenses		The Seven Compound Tenses	
Singular	Plural	Singular	Plural

1 presente de indicativo

menciono	mencionamos
mencionas	mencionáis
menciona	mencionan

8 perfecto de indicativo

he mencionado	hemos mencionado
has mencionado	habéis mencionado
ha mencionado	han mencionado

2 imperfecto de indicativo

mencionaba	mencionábamos
mencionabas	mencionabais
mencionaba	mencionaban

9 pluscuamperfecto de indicativo

había mencionado	habíamos mencionado
habías mencionado	habíais mencionado
había mencionado	habían mencionado

3 pretérito

mencioné	mencionamos
mencionaste	mencionasteis
mencionó	mencionaron

10 pretérito anterior

hube mencionado	hubimos mencionado
hubiste mencionado	hubisteis mencionado
hubo mencionado	hubieron mencionado

4 futuro

mencionaré	mencionaremos
mencionarás	mencionaréis
mencionará	mencionarán

11 futuro perfecto

habré mencionado	habremos mencionado
habrás mencionado	habréis mencionado
habrá mencionado	habrán mencionado

5 potencial simple

mencionaría	mencionaríamos
mencionarías	mencionaríais
mencionaría	mencionarían

12 potencial compuesto

habría mencionado	habríamos mencionado
habrías mencionado	habríais mencionado
habría mencionado	habrían mencionado

6 presente de subjuntivo

mencione	mencionemos
menciones	mencionéis
mencione	mencionen

13 perfecto de subjuntivo

haya mencionado	hayamos mencionado
hayas mencionado	hayáis mencionado
haya mencionado	hayan mencionado

7 imperfecto de subjuntivo

mencionara	mencionáramos
mencionaras	mencionarais
mencionara	mencionaran
OR	
mencionase	mencionásemos
mencionases	mencionaseis
mencionase	mencionasen

14 pluscuamperfecto de subjuntivo

hubiera mencionado	hubiéramos mencionado
hubieras mencionado	hubierais mencionado
hubiera mencionado	hubieran mencionado
OR	
hubiese mencionado	hubiésemos mencionado
hubieses mencionado	hubieseis mencionado
hubiese mencionado	hubiesen mencionado

imperativo

—	**mencionemos**
menciona; no menciones	**mencionad; no mencionéis**
mencione	**mencionen**

Words and expressions related to this verb

la mención mention
mención honorífica honorable mention

en mención under discussion
hacer mención de to make mention of

Consult the back pages for the section on verbs used in idiomatic expressions.

to lie, to tell a lie

The Seven Simple Tenses		The Seven Compound Tenses	
Singular	Plural	Singular	Plural

1   presente de indicativo

miento	mentimos		
mientes	mentís		
miente	mienten		

8   perfecto de indicativo

he mentido	hemos mentido
has mentido	habéis mentido
ha mentido	han mentido

2   imperfecto de indicativo

mentía	mentíamos
mentías	mentíais
mentía	mentían

9   pluscuamperfecto de indicativo

había mentido	habíamos mentido
habías mentido	habíais mentido
había mentido	habían mentido

3   pretérito

mentí	mentimos
mentiste	mentisteis
mintió	mintieron

10   pretérito anterior

hube mentido	hubimos mentido
hubiste mentido	hubisteis mentido
hubo mentido	hubieron mentido

4   futuro

mentiré	mentiremos
mentirás	mentiréis
mentirá	mentirán

11   futuro perfecto

habré mentido	habremos mentido
habrás mentido	habréis mentido
habrá mentido	habrán mentido

5   potencial simple

mentiría	mentiríamos
mentirías	mentiríais
mentiría	mentirían

12   potencial compuesto

habría mentido	habríamos mentido
habrías mentido	habríais mentido
habría mentido	habrían mentido

6   presente de subjuntivo

mienta	mintamos
mientas	mintáis
mienta	mientan

13   perfecto de subjuntivo

haya mentido	hayamos mentido
hayas mentido	hayáis mentido
haya mentido	hayan mentido

7   imperfecto de subjuntivo

mintiera	mintiéramos
mintieras	mintierais
mintiera	mintieran
OR	
mintiese	mintiésemos
mintieses	mintieseis
mintiese	mintiesen

14   pluscuamperfecto de subjuntivo

hubiera mentido	hubiéramos mentido
hubieras mentido	hubierais mentido
hubiera mentido	hubieran mentido
OR	
hubiese mentido	hubiésemos mentido
hubieses mentido	hubieseis mentido
hubiese mentido	hubiesen mentido

imperativo

—	**mintamos**
miente; no mientas	**mentid; no mintáis**
mienta	**mientan**

Words and expressions related to this verb

una mentira a lie	**mentido, mentida** deceptive, false
un mentirón a great lie	**mentirosamente** falsely
una mentirilla a fib	**¡Parece mentira!** I just don't believe it!

to merit, to deserve

The Seven Simple Tenses		The Seven Compound Tenses	
Singular	Plural	Singular	Plural

1　presente de indicativo

merezco	merecemos		
mereces	merecéis		
merece	merecen		

8　perfecto de indicativo

he merecido	hemos merecido		
has merecido	habéis merecido		
ha merecido	han merecido		

2　imperfecto de indicativo

merecía	merecíamos
merecías	merecíais
merecía	merecían

9　pluscuamperfecto de indicativo

había merecido	habíamos merecido
habías merecido	habíais merecido
había merecido	habían merecido

3　pretérito

merecí	merecimos
mereciste	merecisteis
mereció	merecieron

10　pretérito anterior

hube merecido	hubimos merecido
hubiste merecido	hubisteis merecido
hubo merecido	hubieron merecido

4　futuro

mereceré	mereceremos
merecerás	mereceréis
merecerá	merecerán

11　futuro perfecto

habré merecido	habremos merecido
habrás merecido	habréis merecido
habrá merecido	habrán merecido

5　potencial simple

merecería	mereceríamos
merecerías	mereceríais
merecería	merecerían

12　potencial compuesto

habría merecido	habríamos merecido
habrías merecido	habríais merecido
habría merecido	habrían merecido

6　presente de subjuntivo

merezca	merezcamos
merezcas	merezcáis
merezca	merezcan

13　perfecto de subjuntivo

haya merecido	hayamos merecido
hayas merecido	hayáis merecido
haya merecido	hayan merecido

7　imperfecto de subjuntivo

mereciera	mereciéramos
merecieras	merecierais
mereciera	merecieran
OR	
mereciese	mereciésemos
merecieses	merecieseis
mereciese	mereciesen

14　pluscuamperfecto de subjuntivo

hubiera merecido	hubiéramos merecido
hubieras merecido	hubierais merecido
hubiera merecido	hubieran merecido
OR	
hubiese merecido	hubiésemos merecido
hubieses merecido	hubieseis merecido
hubiese merecido	hubiesen merecido

imperativo

—	merezcamos
merece; no merezcas	mereced; no merezcáis
merezca	merezcan

Words and expressions related to this verb

merecer la pena　to be worth the trouble
el merecimiento, el mérito　merit
meritísimo, meritísima　most deserving
merced a. . .　thanks to. . .

meritar　to merit
por sus propios méritos　on one's own
　merits
hacer mérito de　to make mention of
vuestra merced　your honor, your grace; sir

to look, to look at, to watch

The Seven Simple Tenses		The Seven Compound Tenses	
Singular	Plural	Singular	Plural

1   presente de indicativo

miro	miramos
miras	miráis
mira	miran

8   perfecto de indicativo

he mirado	hemos mirado
has mirado	habéis mirado
ha mirado	han mirado

2   imperfecto de indicativo

miraba	mirábamos
mirabas	mirabais
miraba	miraban

9   pluscuamperfecto de indicativo

había mirado	habíamos mirado
habías mirado	habíais mirado
había mirado	habían mirado

3   pretérito

miré	miramos
miraste	mirasteis
miró	miraron

10   pretérito anterior

hube mirado	hubimos mirado
hubiste mirado	hubisteis mirado
hubo mirado	hubieron mirado

4   futuro

miraré	miraremos
mirarás	miraréis
mirará	mirarán

11   futuro perfecto

habré mirado	habremos mirado
habrás mirado	habréis mirado
habrá mirado	habrán mirado

5   potencial simple

miraría	miraríamos
mirarías	miraríais
miraría	mirarían

12   potencial compuesto

habría mirado	habríamos mirado
habrías mirado	habríais mirado
habría mirado	habrían mirado

6   presente de subjuntivo

mire	miremos
mires	miréis
mire	miren

13   perfecto de subjuntivo

haya mirado	hayamos mirado
hayas mirado	hayáis mirado
haya mirado	hayan mirado

7   imperfecto de subjuntivo

mirara	miráramos
miraras	mirarais
mirara	miraran
OR	
mirase	mirásemos
mirases	miraseis
mirase	mirasen

14   pluscuamperfecto de subjuntivo

hubiera mirado	hubiéramos mirado
hubieras mirado	hubierais mirado
hubiera mirado	hubieran mirado
OR	
hubiese mirado	hubiésemos mirado
hubieses mirado	hubieseis mirado
hubiese mirado	hubiesen mirado

imperativo

—	miremos
mira; no mires	mirad; no miréis
mire	miren

Words and expressions related to this verb

mirar la televisión   to watch television
¡Mira! Look! Look out! See here! Listen!

mira por   to look after
mirador, miradora   spectator
mirar de través   to squint

¡Antes que te cases, mira lo que haces!
    Look before you leap! (Before you get
    married, look at what you are doing!)

The subject pronouns are found on the page facing page 1.

to look at oneself, to look at each other (**uno a otro; unos a otros**)

The Seven Simple Tenses		The Seven Compound Tenses	
Singular	Plural	Singular	Plural
1 presente de indicativo		**8 perfecto de indicativo**	
me miro	nos miramos	me he mirado	nos hemos mirado
te miras	os miráis	te has mirado	os habéis mirado
se mira	se miran	se ha mirado	se han mirado
2 imperfecto de indicativo		**9 pluscuamperfecto de indicativo**	
me miraba	nos mirábamos	me había mirado	nos habíamos mirado
te mirabas	os mirabais	te habías mirado	os habíais mirado
se miraba	se miraban	se había mirado	se habían mirado
3 pretérito		**10 pretérito anterior**	
me miré	nos miramos	me hube mirado	nos hubimos mirado
te miraste	os mirasteis	te hubiste mirado	os hubisteis mirado
se miró	se miraron	se hubo mirado	se hubieron mirado
4 futuro		**11 futuro perfecto**	
me miraré	nos miraremos	me habré mirado	nos habremos mirado
te mirarás	os miraréis	te habrás mirado	os habréis mirado
se mirará	se mirarán	se habrá mirado	se habrán mirado
5 potencial simple		**12 potencial compuesto**	
me miraría	nos miraríamos	me habría mirado	nos habríamos mirado
te mirarías	os miraríais	te habrías mirado	os habríais mirado
se miraría	se mirarían	se habría mirado	se habrían mirado
6 presente de subjuntivo		**13 perfecto de subjuntivo**	
me mire	nos miremos	me haya mirado	nos hayamos mirado
te mires	os miréis	te hayas mirado	os hayáis mirado
se mire	se miren	se haya mirado	se hayan mirado
7 imperfecto de subjuntivo		**14 pluscuamperfecto de subjuntivo**	
me mirara	nos miráramos	me hubiera mirado	nos hubiéramos mirado
te miraras	os mirarais	te hubieras mirado	os hubierais mirado
se mirara	se miraran	se hubiera mirado	se hubieran mirado
OR		OR	
me mirase	nos mirásemos	me hubiese mirado	nos hubiésemos mirado
te mirases	os miraseis	te hubieses mirado	os hubieseis mirado
se mirase	se mirasen	se hubiese mirado	se hubiesen mirado

	imperativo
—	mirémonos
mírate; no te mires	miraos; no os miréis
mírese	mírense

Words and expressions related to this verb

mirar   to look (at), to watch
mirar la televisión   to watch television
mirarse las uñas   to twiddle one's thumbs (to be idle)
mirarse unos a otros   to look at each other in awe

¡Mira!   Look! Look out!
echar una mirada a   to take a look at
mirar alrededor   to look around

to get wet, to wet oneself

The Seven Simple Tenses		The Seven Compound Tenses	
Singular	Plural	Singular	Plural

1 presente de indicativo

me mojo	nos mojamos	
te mojas	os mojáis	
se moja	se mojan	

8 perfecto de indicativo

me he mojado	nos hemos mojado
te has mojado	os habéis mojado
se ha mojado	se han mojado

2 imperfecto de indicativo

me mojaba	nos mojábamos
te mojabas	os mojabais
se mojaba	se mojaban

9 pluscuamperfecto de indicativo

me había mojado	nos habíamos mojado
te habías mojado	os habíais mojado
se había mojado	se habían mojado

3 pretérito

me mojé	nos mojamos
te mojaste	os mojasteis
se mojó	se mojaron

10 pretérito anterior

me hube mojado	nos hubimos mojado
te hubiste mojado	os hubisteis mojado
se hubo mojado	se hubieron mojado

4 futuro

me mojaré	nos mojaremos
te mojarás	os mojaréis
se mojará	se mojarán

11 futuro perfecto

me habré mojado	nos habremos mojado
te habrás mojado	os habréis mojado
se habrá mojado	se habrán mojado

5 potencial simple

me mojaría	nos mojaríamos
te mojarías	os mojaríais
se mojaría	se mojarían

12 potencial compuesto

me habría mojado	nos habríamos mojado
te habrías mojado	os habríais mojado
se habría mojado	se habrían mojado

6 presente de subjuntivo

me moje	nos mojemos
te mojes	os mojéis
se moje	se mojen

13 perfecto de subjuntivo

me haya mojado	nos hayamos mojado
te hayas mojado	os hayáis mojado
se haya mojado	se hayan mojado

7 imperfecto de subjuntivo

me mojara	nos mojáramos
te mojaras	os mojarais
se mojara	se mojaran
OR	
me mojase	nos mojásemos
te mojases	os mojaseis
se mojase	se mojasen

14 pluscuamperfecto de subjuntivo

me hubiera mojado	nos hubiéramos mojado
te hubieras mojado	os hubierais mojado
se hubiera mojado	se hubieran mojado
OR	
me hubiese mojado	nos hubiésemos mojado
te hubieses mojado	os hubieseis mojado
se hubiese mojado	se hubiesen mojado

imperativo

—	mojémonos
mójate; no te mojes	mojaos; no os mojéis
mójese	mójense

Words and expressions related to this verb

mojado, mojada wet, drenched, soaked
mojar to wet, to moisten; to interfere, to meddle
mojar en to get mixed up in
remojar to soak; **remojar la palabra** to wet one's whistle (to drink something)

The subject pronouns are found on the page facing page 1.   **317**

to mount, to go up, to climb, to get on, to wind (a watch)

The Seven Simple Tenses		The Seven Compound Tenses	
Singular	Plural	Singular	Plural

1 presente de indicativo		8 perfecto de indicativo	
monto	montamos	he montado	hemos montado
montas	montáis	has montado	habéis montado
monta	montan	ha montado	han montado

2 imperfecto de indicativo		9 pluscuamperfecto de indicativo	
montaba	montábamos	había montado	habíamos montado
montabas	montabais	habías montado	habíais montado
montaba	montaban	había montado	habían montado

3 pretérito		10 pretérito anterior	
monté	montamos	hube montado	hubimos montado
montaste	montasteis	hubiste montado	hubisteis montado
montó	montaron	hubo montado	hubieron montado

4 futuro		11 futuro perfecto	
montaré	montaremos	habré montado	habremos montado
montarás	montaréis	habrás montado	habréis montado
montará	montarán	habrá montado	habrán montado

5 potencial simple		12 potencial compuesto	
montaría	montaríamos	habría montado	habríamos montado
montarías	montaríais	habrías montado	habríais montado
montaría	montarían	habría montado	habrían montado

6 presente de subjuntivo		13 perfecto de subjuntivo	
monte	montemos	haya montado	hayamos montado
montes	montéis	hayas montado	hayáis montado
monte	monten	haya montado	hayan montado

7 imperfecto de subjuntivo		14 pluscuamperfecto de subjuntivo	
montara	montáramos	hubiera montado	hubiéramos montado
montaras	montarais	hubieras montado	hubierais montado
montara	montaran	hubiera montado	hubieran montado
OR		OR	
montase	montásemos	hubiese montado	hubiésemos montado
montases	montaseis	hubieses montado	hubieseis montado
montase	montasen	hubiese montado	hubiesen montado

imperativo	
—	montemos
monta; no montes	montad; no montéis
monte	monten

Words and expressions related to this verb

montar a caballo to ride horseback
montar en pelo to ride bareback
montar a horcajadas to straddle
el monte mount, mountain
la montaña mountain

montarse to mount, to get on top
remontar to frighten away, to scare away; to go back up, to get back on; to go back (in time)
trasmontar to go over mountains
montar a to amount to

The Seven Simple Tenses		The Seven Compound Tenses	
Singular	Plural	Singular	Plural

1 presente de indicativo

muerdo	mordemos
muerdes	mordéis
muerde	muerden

8 perfecto de indicativo

he mordido	hemos mordido
has mordido	habéis mordido
ha mordido	han mordido

2 imperfecto de indicativo

mordía	mordíamos
mordías	mordíais
mordía	mordían

9 pluscuamperfecto de indicativo

había mordido	habíamos mordido
habías mordido	habíais mordido
había mordido	habían mordido

3 pretérito

mordí	mordimos
mordiste	mordisteis
mordió	mordieron

10 pretérito anterior

hube mordido	hubimos mordido
hubiste mordido	hubisteis mordido
hubo mordido	hubieron mordido

4 futuro

morderé	morderemos
morderás	morderéis
morderá	morderán

11 futuro perfecto

habré mordido	habremos mordido
habrás mordido	habréis mordido
habrá mordido	habrán mordido

5 potencial simple

mordería	morderíamos
morderías	morderíais
mordería	morderían

12 potencial compuesto

habría mordido	habríamos mordido
habrías mordido	habríais mordido
habría mordido	habrían mordido

6 presente de subjuntivo

muerda	mordamos
muerdas	mordáis
muerda	muerdan

13 perfecto de subjuntivo

haya mordido	hayamos mordido
hayas mordido	hayáis mordido
haya mordido	hayan mordido

7 imperfecto de subjuntivo

mordiera	mordiéramos
mordieras	mordierais
mordiera	mordieran
OR	
mordiese	mordiésemos
mordieses	mordieseis
mordiese	mordiesen

14 pluscuamperfecto de subjuntivo

hubiera mordido	hubiéramos mordido
hubieras mordido	hubierais mordido
hubiera mordido	hubieran mordido
OR	
hubiese mordido	hubiésemos mordido
hubieses mordido	hubieseis mordido
hubiese mordido	hubiesen mordido

imperativo

—	mordamos
muerde; no muerdas	morded; no mordáis
muerda	muerdan

Sentences using this verb and words related to it

Perro que ladra no muerde.   A barking dog does not bite.
una mordaza   muzzle
la mordacidad   mordancy
mordazmente   bitingly
una mordedura   a bite

to die

The Seven Simple Tenses		The Seven Compound Tenses	
Singular	Plural	Singular	Plural

1 presente de indicativo

muero	morimos	
mueres	morís	
muere	mueren	

8 perfecto de indicativo

he muerto	hemos muerto
has muerto	habéis muerto
ha muerto	han muerto

2 imperfecto de indicativo

moría	moríamos
morías	moríais
moría	morían

9 pluscuamperfecto de indicativo

había muerto	habíamos muerto
habías muerto	habíais muerto
había muerto	habían muerto

3 pretérito

morí	morimos
moriste	moristeis
murió	murieron

10 pretérito anterior

hube muerto	hubimos muerto
hubiste muerto	hubisteis muerto
hubo muerto	hubieron muerto

4 futuro

moriré	moriremos
morirás	moriréis
morirá	morirán

11 futuro perfecto

habré muerto	habremos muerto
habrás muerto	habréis muerto
habrá muerto	habrán muerto

5 potencial simple

moriría	moriríamos
morirías	moriríais
moriría	morirían

12 potencial compuesto

habría muerto	habríamos muerto
habrías muerto	habríais muerto
habría muerto	habrían muerto

6 presente de subjuntivo

muera	muramos
mueras	muráis
muera	mueran

13 perfecto de subjuntivo

haya muerto	hayamos muerto
hayas muerto	hayáis muerto
haya muerto	hayan muerto

7 imperfecto de subjuntivo

muriera	muriéramos
murieras	murierais
muriera	murieran
OR	
muriese	muriésemos
murieses	murieseis
muriese	muriesen

14 pluscuamperfecto de subjuntivo

hubiera muerto	hubiéramos muerto
hubieras muerto	hubierais muerto
hubiera muerto	hubieran muerto
OR	
hubiese muerto	hubiésemos muerto
hubieses muerto	hubieseis muerto
hubiese muerto	hubiesen muerto

imperativo

—	muramos
muere; no mueras	morid; no muráis
muera	mueran

Words and expressions related to this verb

la muerte death	**entremorir** to burn out, to flicker
mortal fatal, mortal	**morir de repente** to drop dead
la mortalidad mortality	**hasta morir** until death
morir de risa to die laughing	**morirse de miedo** to be scared to death

The Seven Simple Tenses		The Seven Compound Tenses	
Singular	Plural	Singular	Plural

1 presente de indicativo		8 perfecto de indicativo	
muestro	mostramos	he mostrado	hemos mostrado
muestras	mostráis	has mostrado	habéis mostrado
muestra	muestran	ha mostrado	han mostrado

2 imperfecto de indicativo		9 pluscuamperfecto de indicativo	
mostraba	mostrábamos	había mostrado	habíamos mostrado
mostrabas	mostrabais	habías mostrado	habíais mostrado
mostraba	mostraban	había mostrado	habían mostrado

3 pretérito		10 pretérito anterior	
mostré	mostramos	hube mostrado	hubimos mostrado
mostraste	mostrasteis	hubiste mostrado	hubisteis mostrado
mostró	mostraron	hubo mostrado	hubieron mostrado

4 futuro		11 futuro perfecto	
mostraré	mostraremos	habré mostrado	habremos mostrado
mostrarás	mostraréis	habrás mostrado	habréis mostrado
mostrará	mostrarán	habrá mostrado	habrán mostrado

5 potencial simple		12 potencial compuesto	
mostraría	mostraríamos	habría mostrado	habríamos mostrado
mostrarías	mostraríais	habrías mostrado	habríais mostrado
mostraría	mostrarían	habría mostrado	habrían mostrado

6 presente de subjuntivo		13 perfecto de subjuntivo	
muestre	mostremos	haya mostrado	hayamos mostrado
muestres	mostréis	hayas mostrado	hayáis mostrado
muestre	muestren	haya mostrado	hayan mostrado

7 imperfecto de subjuntivo		14 pluscuamperfecto de subjuntivo	
mostrara	mostráramos	hubiera mostrado	hubiéramos mostrado
mostraras	mostrarais	hubieras mostrado	hubierais mostrado
mostrara	mostraran	hubiera mostrado	hubieran mostrado
OR		OR	
mostrase	mostrásemos	hubiese mostrado	hubiésemos mostrado
mostrases	mostraseis	hubieses mostrado	hubieseis mostrado
mostrase	mostrasen	hubiese mostrado	hubiesen mostrado

imperativo

—	mostremos
muestra; no muestres	mostrad; no mostréis
muestre	muestren

Words related to this verb

mostrador, mostradora   demonstrator, counter (in a store where merchandise is displayed under a glass case)
mostrarse   to show oneself, to appear

See also **demostrar.**

to move, to persuade, to excite

The Seven Simple Tenses		The Seven Compound Tenses	
Singular	Plural	Singular	Plural
1 presente de indicativo		**8 perfecto de indicativo**	
muevo	movemos	he movido	hemos movido
mueves	movéis	has movido	habéis movido
mueve	mueven	ha movido	han movido
2 imperfecto de indicativo		**9 pluscuamperfecto de indicativo**	
movía	movíamos	había movido	habíamos movido
movías	movíais	habías movido	habíais movido
movía	movían	había movido	habían movido
3 pretérito		**10 pretérito anterior**	
moví	movimos	hube movido	hubimos movido
moviste	movisteis	hubiste movido	hubisteis movido
movió	movieron	hubo movido	hubieron movido
4 futuro		**11 futuro perfecto**	
moveré	moveremos	habré movido	habremos movido
moverás	moveréis	habrás movido	habréis movido
moverá	moverán	habrá movido	habrán movido
5 potencial simple		**12 potencial compuesto**	
movería	moveríamos	habría movido	habríamos movido
moverías	moveríais	habrías movido	habríais movido
movería	moverían	habría movido	habrían movido
6 presente de subjuntivo		**13 perfecto de subjuntivo**	
mueva	movamos	haya movido	hayamos movido
muevas	mováis	hayas movido	hayáis movido
mueva	muevan	haya movido	hayan movido
7 imperfecto de subjuntivo		**14 pluscuamperfecto de subjuntivo**	
moviera	moviéramos	hubiera movido	hubiéramos movido
movieras	movierais	hubieras movido	hubierais movido
moviera	movieran	hubiera movido	hubieran movido
OR		OR	
moviese	moviésemos	hubiese movido	hubiésemos movido
movieses	movieseis	hubieses movido	hubieseis movido
moviese	moviesen	hubiese movido	hubiesen movido

imperativo	
—	movamos
mueve; no muevas	moved; no mováis
mueva	muevan

Words and expressions related to this verb

mover a alguien a + inf. to move someone + inf.
la movilidad mobility
el movimiento movement, motion
mover cielo y tierra to move heaven and earth
remover to move, transfer, remove; **removerse**
  to move away

conmover to move (one's
  emotions), to touch, stir,
  upset, shake
conmoverse to be moved, touched
promover to promote, to further

322

to change one's clothes, to change one's place of residence, to move

The Seven Simple Tenses		The Seven Compound Tenses	
Singular	Plural	Singular	Plural

1 presente de indicativo

me mudo	nos mudamos	
te mudas	os mudáis	
se muda	se mudan	

8 perfecto de indicativo

me he mudado	nos hemos mudado
te has mudado	os habéis mudado
se ha mudado	se han mudado

2 imperfecto de indicativo

me mudaba	nos mudábamos
te mudabas	os mudabais
se mudaba	se mudaban

9 pluscuamperfecto de indicativo

me había mudado	nos habíamos mudado
te habías mudado	os habíais mudado
se había mudado	se habían mudado

3 pretérito

me mudé	nos mudamos
te mudaste	os mudasteis
se mudó	se mudaron

10 pretérito anterior

me hube mudado	nos hubimos mudado
te hubiste mudado	os hubisteis mudado
se hubo mudado	se hubieron mudado

4 futuro

me mudaré	nos mudaremos
te mudarás	os mudaréis
se mudará	se mudarán

11 futuro perfecto

me habré mudado	nos habremos mudado
te habrás mudado	os habréis mudado
se habrá mudado	se habrán mudado

5 potencial simple

me mudaría	nos mudaríamos
te mudarías	os mudaríais
se mudaría	se mudarían

12 potencial compuesto

me habría mudado	nos habríamos mudado
te habrías mudado	os habríais mudado
se habría mudado	se habrían mudado

6 presente de subjuntivo

me mude	nos mudemos
te mudes	os mudéis
se mude	se muden

13 perfecto de subjuntivo

me haya mudado	nos hayamos mudado
te hayas mudado	os hayáis mudado
se haya mudado	se hayan mudado

7 imperfecto de subjuntivo

me mudara	nos mudáramos
te mudaras	os mudarais
se mudara	se mudaran
OR	
me mudase	nos mudásemos
te mudases	os mudaseis
se mudase	se mudasen

14 pluscuamperfecto de subjuntivo

me hubiera mudado	nos hubiéramos mudado
te hubieras mudado	os hubierais mudado
se hubiera mudado	se hubieran mudado
OR	
me hubiese mudado	nos hubiésemos mudado
te hubieses mudado	os hubieseis mudado
se hubiese mudado	se hubiesen mudado

imperativo

—	mudémonos
múdate; no te mudes	mudaos; no os mudéis
múdese	múdense

Words and expressions related to this verb

transmudar, trasmudar to transmute
la mudanza moving (change)
un carro de mudanza moving van
demudar to change, alter, disguise

mudar to change
mudar de casa to move from one house to another
mudar de ropa to change clothes
demudarse to be changed, disguise oneself

Be sure to consult the back pages for sections on verbs used in idiomatic expressions, verbs with prepositions, and the list of over 1,000 verbs conjugated like model verbs.
The subject pronouns are found on the page facing page 1.

to be born

The Seven Simple Tenses		The Seven Compound Tenses	
Singular	Plural	Singular	Plural

1 presente de indicativo

nazco	nacemos		
naces	nacéis		
nace	nacen		

8 perfecto de indicativo

he nacido	hemos nacido
has nacido	habéis nacido
ha nacido	han nacido

2 imperfecto de indicativo

nacía	nacíamos
nacías	nacíais
nacía	nacían

9 pluscuamperfecto de indicativo

había nacido	habíamos nacido
habías nacido	habíais nacido
había nacido	habían nacido

3 pretérito

nací	nacimos
naciste	nacisteis
nació	nacieron

10 pretérito anterior

hube nacido	hubimos nacido
hubiste nacido	hubisteis nacido
hubo nacido	hubieron nacido

4 futuro

naceré	naceremos
nacerás	naceréis
nacerá	nacerán

11 futuro perfecto

habré nacido	habremos nacido
habrás nacido	habréis nacido
habrá nacido	habrán nacido

5 potencial simple

nacería	naceríamos
nacerías	naceríais
nacería	nacerían

12 potencial compuesto

habría nacido	habríamos nacido
habrías nacido	habríais nacido
habría nacido	habrían nacido

6 presente de subjuntivo

nazca	nazcamos
nazcas	nazcáis
nazca	nazcan

13 perfecto de subjuntivo

haya nacido	hayamos nacido
hayas nacido	hayáis nacido
haya nacido	hayan nacido

7 imperfecto de subjuntivo

naciera	naciéramos
nacieras	nacierais
naciera	nacieran
OR	
naciese	naciésemos
nacieses	nacieseis
naciese	naciesen

14 pluscuamperfecto de subjuntivo

hubiera nacido	hubiéramos nacido
hubieras nacido	hubierais nacido
hubiera nacido	hubieran nacido
OR	
hubiese nacido	hubiésemos nacido
hubieses nacido	hubieseis nacido
hubiese nacido	hubiesen nacido

imperativo

—	nazcamos
nace; no nazcas	naced; no nazcáis
nazca	nazcan

Words and expressions related to this verb

bien nacido (nacida)   well bred; **mal nacido (nacida)**   ill bred
el nacimiento   birth
renacer   to be born again, to be reborn
nacer tarde   to be born yesterday (not much intelligence)
nacer de pies   to be born with a silver spoon in one's mouth

324

The Seven Simple Tenses		The Seven Compound Tenses	
Singular	Plural	Singular	Plural
1 presente de indicativo		**8 perfecto de indicativo**	
nado	nadamos	he nadado	hemos nadado
nadas	nadáis	has nadado	habéis nadado
nada	nadan	ha nadado	han nadado
2 imperfecto de indicativo		**9 pluscuamperfecto de indicativo**	
nadaba	nadábamos	había nadado	habíamos nadado
nadabas	nadabais	habías nadado	habíais nadado
nadaba	nadaban	había nadado	habían nadado
3 pretérito		**10 pretérito anterior**	
nadé	nadamos	hube nadado	hubimos nadado
nadaste	nadasteis	hubiste nadado	hubisteis nadado
nadó	nadaron	hubo nadado	hubieron nadado
4 futuro		**11 futuro perfecto**	
nadaré	nadaremos	habré nadado	habremos nadado
nadarás	nadaréis	habrás nadado	habréis nadado
nadará	nadarán	habrá nadado	habrán nadado
5 potencial simple		**12 potencial compuesto**	
nadaría	nadaríamos	habría nadado	habríamos nadado
nadarías	nadaríais	habrías nadado	habríais nadado
nadaría	nadarían	habría nadado	habrían nadado
6 presente de subjuntivo		**13 perfecto de subjuntivo**	
nade	nademos	haya nadado	hayamos nadado
nades	nadéis	hayas nadado	hayáis nadado
nade	naden	haya nadado	hayan nadado
7 imperfecto de subjuntivo		**14 pluscuamperfecto de subjuntivo**	
nadara	nadáramos	hubiera nadado	hubiéramos nadado
nadaras	nadarais	hubieras nadado	hubierais nadado
nadara	nadaran	hubiera nadado	hubieran nadado
OR		OR	
nadase	nadásemos	hubiese nadado	hubiésemos nadado
nadases	nadaseis	hubieses nadado	hubieseis nadado
nadase	nadasen	hubiese nadado	hubiesen nadado

imperativo

—	nademos
nada; no nades	nadad; no nadéis
nade	naden

Words and expressions related to this verb

nadador, nadadora swimmer
la natación swimming

nadar entre dos aguas to swim under water
nadar en to revel in, to delight in, to take great pleasure in

Consult the back pages for the section on weather expressions using verbs.

to navigate, to sail

The Seven Simple Tenses		The Seven Compound Tenses	
Singular	Plural	Singular	Plural

1 presente de indicativo

navego	navegamos	
navegas	navegáis	
navega	navegan	

8 perfecto de indicativo

he navegado	hemos navegado
has navegado	habéis navegado
ha navegado	han navegado

2 imperfecto de indicativo

navegaba	navegábamos
navegabas	navegabais
navegaba	navegaban

9 pluscuamperfecto de indicativo

había navegado	habíamos navegado
habías navegado	habíais navegado
había navegado	habían navegado

3 pretérito

navegué	navegamos
navegaste	navegasteis
navegó	navegaron

10 pretérito anterior

hube navegado	hubimos navegado
hubiste navegado	hubisteis navegado
hubo navegado	hubieron navegado

4 futuro

navegaré	navegaremos
navegarás	navegaréis
navegará	navegarán

11 futuro perfecto

habré navegado	habremos navegado
habrás navegado	habréis navegado
habrá navegado	habrán navegado

5 potencial simple

navegaría	navegaríamos
navegarías	navegaríais
navegaría	navegarían

12 potencial compuesto

habría navegado	habríamos navegado
habrías navegado	habríais navegado
habría navegado	habrían navegado

6 presente de subjuntivo

navegue	naveguemos
navegues	naveguéis
navegue	naveguen

13 perfecto de subjuntivo

haya navegado	hayamos navegado
hayas navegado	hayáis navegado
haya navegado	hayan navegado

7 imperfecto de subjuntivo

navegara	navegáramos
navegaras	navegarais
navegara	navegaran
OR	
navegase	navegásemos
navegases	navegaseis
navegase	navegasen

14 pluscuamperfecto de subjuntivo

hubiera navegado	hubiéramos navegado
hubieras navegado	hubierais navegado
hubiera navegado	hubieran navegado
OR	
hubiese navegado	hubiésemos navegado
hubieses navegado	hubieseis navegado
hubiese navegado	hubiesen navegado

imperativo

—	naveguemos
navega; no navegues	navegad; no naveguéis
navegue	naveguen

Words and expressions related to this verb

la navegación navigation
navegación de ultramar overseas shipping
navegar a distancia de to steer clear away
la nave ship

naval naval, nautical
navegable navigable
una naveta, una navecilla small ship
una nave cósmica spaceship

The Seven Simple Tenses		The Seven Compound Tenses	
Singular	Plural	Singular	Plural

1 presente de indicativo

necesito	necesitamos
necesitas	necesitáis
necesita	necesitan

8 perfecto de indicativo

he necesitado	hemos necesitado
has necesitado	habéis necesitado
ha necesitado	han necesitado

2 imperfecto de indicativo

necesitaba	necesitábamos
necesitabas	necesitabais
necesitaba	necesitaban

9 pluscuamperfecto de indicativo

había necesitado	habíamos necesitado
habías necesitado	habíais necesitado
había necesitado	habían necesitado

3 pretérito

necesité	necesitamos
necesitaste	necesitasteis
necesitó	necesitaron

10 pretérito anterior

hube necesitado	hubimos necesitado
hubiste necesitado	hubisteis necesitado
hubo necesitado	hubieron necesitado

4 futuro

necesitaré	necesitaremos
necesitarás	necesitaréis
necesitará	necesitarán

11 futuro perfecto

habré necesitado	habremos necesitado
habrás necesitado	habréis necesitado
habrá necesitado	habrán necesitado

5 potencial simple

necesitaría	necesitaríamos
necesitarías	necesitaríais
necesitaría	necesitarían

12 potencial compuesto

habría necesitado	habríamos necesitado
habrías necesitado	habríais necesitado
habría necesitado	habrían necesitado

6 presente de subjuntivo

necesite	necesitemos
necesites	necesitéis
necesite	necesiten

13 perfecto de subjuntivo

haya necesitado	hayamos necesitado
hayas necesitado	hayáis necesitado
haya necesitado	hayan necesitado

7 imperfecto de subjuntivo

necesitara	necesitáramos
necesitaras	necesitarais
necesitara	necesitaran
OR	
necesitase	necesitásemos
necesitases	necesitaseis
necesitase	necesitasen

14 pluscuamperfecto de subjuntivo

hubiera necesitado	hubiéramos necesitado
hubieras necesitado	hubierais necesitado
hubiera necesitado	hubieran necesitado
OR	
hubiese necesitado	hubiésemos necesitado
hubieses necesitado	hubieseis necesitado
hubiese necesitado	hubiesen necesitado

imperativo

—	necesitemos
necesita; no necesites	necesitad; no necesitéis
necesite	necesiten

Words and expressions related to this verb

la necesidad necessity	**necesitar + inf.** to have + inf., to need + inf.
por necesidad from necessity	**un necesitado, una necesitada** needy person
necesario, necesaria necessary	**necesariamente** necessarily

to deny

The Seven Simple Tenses		The Seven Compound Tenses	
Singular	Plural	Singular	Plural

1 presente de indicativo

		8 perfecto de indicativo	
niego	negamos	he negado	hemos negado
niegas	negáis	has negado	habéis negado
niega	niegan	ha negado	han negado

2 imperfecto de indicativo

		9 pluscuamperfecto de indicativo	
negaba	negábamos	había negado	habíamos negado
negabas	negabais	habías negado	habíais negado
negaba	negaban	había negado	habían negado

3 pretérito

		10 pretérito anterior	
negué	negamos	hube negado	hubimos negado
negaste	negasteis	hubiste negado	hubisteis negado
negó	negaron	hubo negado	hubieron negado

4 futuro

		11 futuro perfecto	
negaré	negaremos	habré negado	habremos negado
negarás	negaréis	habrás negado	habréis negado
negará	negarán	habrá negado	habrán negado

5 potencial simple

		12 potencial compuesto	
negaría	negaríamos	habría negado	habríamos negado
negarías	negaríais	habrías negado	habríais negado
negaría	negarían	habría negado	habrían negado

6 presente de subjuntivo

		13 perfecto de subjuntivo	
niegue	neguemos	haya negado	hayamos negado
niegues	neguéis	hayas negado	hayáis negado
niegue	nieguen	haya negado	hayan negado

7 imperfecto de subjuntivo

		14 pluscuamperfecto de subjuntivo	
negara	negáramos	hubiera negado	hubiéramos negado
negaras	negarais	hubieras negado	hubierais negado
negara	negaran	hubiera negado	hubieran negado
OR		OR	
negase	negásemos	hubiese negado	hubiésemos negado
negases	negaseis	hubieses negado	hubieseis negado
negase	negasen	hubiese negado	hubiesen negado

imperativo	
—	neguemos
niega; no niegues	negad; no neguéis
niegue	nieguen

Words and expressions related to this verb

negador, negadora denier
negativo, negativa negative
la negación denial, negation
negable deniable

negar haber + past part. to deny having + past part.
negarse a to refuse
renegar to abhor, to deny vehemently

The Seven Simple Tenses	The Seven Compound Tenses
Singular	Singular
1 presente de indicativo **nieva** OR **está nevando**	8 perfecto de indicativo **ha nevado**
2 imperfecto de indicativo **nevaba** OR **estaba nevando**	9 pluscuamperfecto de indicativo **había nevado**
3 pretérito **nevó**	10 pretérito anterior **hubo nevado**
4 futuro **nevará**	11 futuro perfecto **habrá nevado**
5 potencial simple **nevaría**	12 potencial compuesto **habría nevado**
6 presente de subjuntivo **nieve**	13 perfecto de subjuntivo **haya nevado**
7 imperfecto de subjuntivo **nevara** OR **nevase**	14 pluscuamperfecto de subjuntivo **hubiera nevado** OR **hubiese nevado**

imperativo
¡Que nieve!   Let it snow!

Words and expressions related to this verb

la nieve snow
  Me gusta la nieve.   I like snow.
nevado, nevada snowy, snow covered
la nevada   snowfall; the state of Nevada, U.S.A.

la nevera refrigerator
un copo de nieve snowflake
una bola de nieve snowball

Consult the back pages for the section on weather expressions using verbs.

The subject pronouns are found on the page facing page 1.   **329**

to obey

The Seven Simple Tenses		The Seven Compound Tenses	
Singular	Plural	Singular	Plural

1 presente de indicativo

		8 perfecto de indicativo	
obedezco	obedecemos	he obedecido	hemos obedecido
obedeces	obedecéis	has obedecido	habéis obedecido
obedece	obedecen	ha obedecido	han obedecido

2 imperfecto de indicativo

		9 pluscuamperfecto de indicativo	
obedecía	obedecíamos	había obedecido	habíamos obedecido
obedecías	obedecíais	habías obedecido	habíais obedecido
obedecía	obedecían	había obedecido	habían obedecido

3 pretérito

		10 pretérito anterior	
obedecí	obedecimos	hube obedecido	hubimos obedecido
obedeciste	obedecisteis	hubiste obedecido	hubisteis obedecido
obedeció	obedecieron	hubo obedecido	hubieron obedecido

4 futuro

		11 futuro perfecto	
obedeceré	obedeceremos	habré obedecido	habremos obedecido
obedecerás	obedeceréis	habrás obedecido	habréis obedecido
obedecerá	obedecerán	habrá obedecido	habrán obedecido

5 potencial simple

		12 potencial compuesto	
obedecería	obedeceríamos	habría obedecido	habríamos obedecido
obedecerías	obedeceríais	habrías obedecido	habríais obedecido
obedecería	obedecerían	habría obedecido	habrían obedecido

6 presente de subjuntivo

		13 perfecto de subjuntivo	
obedezca	obedezcamos	haya obedecido	hayamos obedecido
obedezcas	obedezcáis	hayas obedecido	hayáis obedecido
obedezca	obedezcan	haya obedecido	hayan obedecido

7 imperfecto de subjuntivo

		14 pluscuamperfecto de subjuntivo	
obedeciera	obedeciéramos	hubiera obedecido	hubiéramos obedecido
obedecieras	obedecierais	hubieras obedecido	hubierais obedecido
obedeciera	obedecieran	hubiera obedecido	hubieran obedecido
OR		OR	
obedeciese	obedeciésemos	hubiese obedecido	hubiésemos obedecido
obedecieses	obedecieseis	hubieses obedecido	hubieseis obedecido
obedeciese	obedeciesen	hubiese obedecido	hubiesen obedecido

imperativo

—	obedezcamos
obedece; no obedezcas	obedeced; no obedezcáis
obedezca	obedezcan

Words related to this verb

el obedecimiento, la obediencia obedience   **obedientemente** obediently
obediente obedient   **desobedecer** to disobey

The Seven Simple Tenses		The Seven Compound Tenses	
Singular	Plural	Singular	Plural

1   presente de indicativo

observo	observamos
observas	observáis
observa	observan

2   imperfecto de indicativo

observaba	observábamos
observabas	observabais
observaba	observaban

3   pretérito

observé	observamos
observaste	observasteis
observó	observaron

4   futuro

observaré	observaremos
observarás	observaréis
observará	observarán

5   potencial simple

observaría	observaríamos
observarías	observaríais
observaría	observarían

6   presente de subjuntivo

observe	observemos
observes	observéis
observe	observen

7   imperfecto de subjuntivo

observara	observáramos
observaras	observarais
observara	observaran
OR	
observase	observásemos
observases	observaseis
observase	observasen

8   perfecto de indicativo

he obervado	hemos observado
has observado	habéis observado
ha observado	han observado

9   pluscuamperfecto de indicativo

había observado	habíamos observado
habías observado	habíais observado
había observado	habían observado

10   pretérito anterior

hube observado	hubimos observado
hubiste observado	hubisteis observado
hubo observado	hubieron observado

11   futuro perfecto

habré observado	habremos observado
habrás observado	habréis observado
habrá observado	habrán observado

12   potencial compuesto

habría observado	habríamos observado
habrías observado	habríais observado
habría observado	habrían observado

13   perfecto de subjuntivo

haya observado	hayamos observado
hayas observado	hayáis observado
haya observado	hayan observado

14   pluscuamperfecto de subjuntivo

hubiera observado	hubiéramos observado
hubieras observado	hubierais observado
hubiera observado	hubieran observado
OR	
hubiese observado	hubiésemos observado
hubieses observado	hubieseis observado
hubiese observado	hubiesen observado

imperativo

—	**observemos**
observa; no observes	**observad; no observéis**
observe	**observen**

Words related to this verb

el observatorio observatory   **la observancia** observance
la observación observation   **observante** observant

Be sure to consult the back pages for sections on verbs used in idiomatic expressions, verbs with prepositions, and the list of over 1,000 verbs conjugated like model verbs.

to obtain, to get

The Seven Simple Tenses		The Seven Compound Tenses	
Singular	Plural	Singular	Plural

1   presente de indicativo

obtengo	obtenemos		
obtienes	obtenéis		
obtiene	obtienen		

8   perfecto de indicativo

he obtenido	hemos obtenido
has obtenido	habéis obtenido
ha obtenido	han obtenido

2   imperfecto de indicativo

obtenía	obteníamos
obtenías	obteníais
obtenía	obtenían

9   pluscuamperfecto de indicativo

había obtenido	habíamos obtenido
habías obtenido	habíais obtenido
había obtenido	habían obtenido

3   pretérito

obtuve	obtuvimos
obtuviste	obtuvisteis
obtuvo	obtuvieron

10   pretérito anterior

hube obtenido	hubimos obtenido
hubiste obtenido	hubisteis obtenido
hubo obtenido	hubieron obtenido

4   futuro

obtendré	obtendremos
obtendrás	obtendréis
obtendrá	obtendrán

11   futuro perfecto

habré obtenido	habremos obtenido
habrás obtenido	habréis obtenido
habrá obtenido	habrán obtenido

5   potencial simple

obtendría	obtendríamos
obtendrías	obtendríais
obtendría	obtendrían

12   potencial compuesto

habría obtenido	habríamos obtenido
habrías obtenido	habríais obtenido
habría obtenido	habrían obtenido

6   presente de subjuntivo

obtenga	obtengamos
obtengas	obtengáis
obtenga	obtengan

13   perfecto de subjuntivo

haya obtenido	hayamos obtenido
hayas obtenido	hayáis obtenido
haya obtenido	hayan obtenido

7   imperfecto de subjuntivo

obtuviera	obtuviéramos
obtuvieras	obtuvierais
obtuviera	obtuvieran
OR	
obtuviese	obtuviésemos
obtuvieses	obtuvieseis
obtuviese	obtuviesen

14   pluscuamperfecto de subjuntivo

hubiera obtenido	hubiéramos obtenido
hubieras obtenido	hubierais obtenido
hubiera obtenido	hubieran obtenido
OR	
hubiese obtenido	hubiésemos obtenido
hubieses obtenido	hubieseis obtenido
hubiese obtenido	hubiesen obtenido

imperativo

—	obtengamos
obtén; no obtengas	obtened; no obtengáis
obtenga	obtengan

Words related to this verb

obtenible   obtainable, available
obtener una colocación   to get a job
la obtención   obtainment

Consult the sections on verbs used in idiomatic expressions, verbs with prepositions, and the list of over 1,000 verbs conjugated like model verbs in the back pages.

The Seven Simple Tenses

Singular	Plural
1 presente de indicativo	
me oculto	nos ocultamos
te ocultas	os ocultáis
se oculta	se ocultan
2 imperfecto de indicativo	
me ocultaba	nos ocultábamos
te ocultabas	os ocultabais
se ocultaba	se ocultaban
3 pretérito	
me oculté	nos ocultamos
te ocultaste	os ocultasteis
se ocultó	se ocultaron
4 futuro	
me ocultaré	nos ocultaremos
te ocultarás	os ocultaréis
se ocultará	se ocultarán
5 potencial simple	
me ocultaría	nos ocultaríamos
te ocultarías	os ocultaríais
se ocultaría	se ocultarían
6 presente de subjuntivo	
me oculte	nos ocultemos
te ocultes	os ocultéis
se oculte	se oculten
7 imperfecto de subjuntivo	
me ocultara	nos ocultáramos
te ocultaras	os ocultarais
se ocultara	se ocultaran
OR	
me ocultase	nos ocultásemos
te ocultases	os ocultaseis
se ocultase	se ocultasen

The Seven Compound Tenses

Singular	Plural
8 perfecto de indicativo	
me he ocultado	nos hemos ocultado
te has ocultado	os habéis ocultado
se ha ocultado	se han ocultado
9 pluscuamperfecto de indicativo	
me había ocultado	nos habíamos ocultado
te habías ocultado	os habíais ocultado
se había ocultado	se habían ocultado
10 pretérito anterior	
me hube ocultado	nos hubimos ocultado
te hubiste ocultado	os hubisteis ocultado
se hubo ocultado	se hubieron ocultado
11 futuro perfecto	
me habré ocultado	nos habremos ocultado
te habrás ocultado	os habréis ocultado
se habrá ocultado	se habrán ocultado
12 potencial compuesto	
me habría ocultado	nos habríamos ocultado
te habrías ocultado	os habríais ocultado
se habría ocultado	se habrían ocultado
13 perfecto de subjuntivo	
me haya ocultado	nos hayamos ocultado
te hayas ocultado	os hayáis ocultado
se haya ocultado	se hayan ocultado
14 pluscuamperfecto de subjuntivo	
me hubiera ocultado	nos hubiéramos ocultado
te hubieras ocultado	os hubierais ocultado
se hubiera ocultado	se hubieran ocultado
OR	
me hubiese ocultado	nos hubiésemos ocultado
te hubieses ocultado	os hubieseis ocultado
se hubiese ocultado	se hubiesen ocultado

imperativo

—	ocultémonos
ocúltate; no te ocultes	ocultaos; no os ocultéis
ocúltese	ocúltense

Words and expressions related to this verb

ocultar   to hide, conceal
ocultar una cosa de una persona   to hide something from someone
ocultarsele a uno   to hide oneself from someone
oculto, oculta   occult; hidden, concealed; **en oculto**   secretly
las Ciencias ocultas   the Occult Sciences

The subject pronouns are found on the page facing page 1.

to occupy

The Seven Simple Tenses		The Seven Compound Tenses	
Singular	Plural	Singular	Plural

1 presente de indicativo

		8 perfecto de indicativo	
ocupo	ocupamos	he ocupado	hemos ocupado
ocupas	ocupáis	has ocupado	habéis ocupado
ocupa	ocupan	ha ocupado	han ocupado

2 imperfecto de indicativo

		9 pluscuamperfecto de indicativo	
ocupaba	ocupábamos	había ocupado	habíamos ocupado
ocupabas	ocupábais	habías ocupado	habíais ocupado
ocupaba	ocupaban	había ocupado	habían ocupado

3 pretérito

		10 pretérito anterior	
ocupé	ocupamos	hube ocupado	hubimos ocupado
ocupaste	ocupasteis	hubiste ocupado	hubisteis ocupado
ocupó	ocuparon	hubo ocupado	hubieron ocupado

4 futuro

		11 futuro perfecto	
ocuparé	ocuparemos	habré ocupado	habremos ocupado
ocuparás	ocuparéis	habrás ocupado	habréis ocupado
ocupará	ocuparán	habrá ocupado	habrán ocupado

5 potencial simple

		12 potencial compuesto	
ocuparía	ocuparíamos	habría ocupado	habríamos ocupado
ocuparías	ocuparíais	habrías ocupado	habríais ocupado
ocuparía	ocuparían	habría ocupado	habrían ocupado

6 presente de subjuntivo

		13 perfecto de subjuntivo	
ocupe	ocupemos	haya ocupado	hayamos ocupado
ocupes	ocupéis	hayas ocupado	hayáis ocupado
ocupe	ocupen	haya ocupado	hayan ocupado

7 imperfecto de subjuntivo

		14 pluscuamperfecto de subjuntivo	
ocupara	ocupáramos	hubiera ocupado	hubiéramos ocupado
ocuparas	ocuparais	hubieras ocupado	hubierais ocupado
ocupara	ocuparan	hubiera ocupado	hubieran ocupado
OR		OR	
ocupase	ocupasemos	hubiese ocupado	hubiésemos ocupado
ocupases	ocupaseis	hubieses ocupado	hubieseis ocupado
ocupase	ocupasen	hubiese ocupado	hubiesen ocupado

imperativo

—	ocupemos
ocupa; no ocupes	ocupad; no ocupéis
ocupe	ocupen

Words and expressions related to this verb

ocupado, ocupada busy, occupied
la ocupación occupation
ocuparse de (en) to be busy with, in, to be engaged in
un, una ocupante occupant
See also **preocuparse.**

desocupar to vacate
ocuparse con algo to be busy with something

to occur, to happen

The Seven Simple Tenses		The Seven Compound Tenses	
Singular	Plural	Singular	Plural
1 presente de indicativo		8 perfecto de indicativo	
ocurre	**ocurren**	**ha ocurrido**	**han ocurrido**
2 imperfecto de indicativo		9 pluscuamperfecto de indicativo	
ocurría	**ocurrían**	**había ocurrido**	**habían ocurrido**
3 pretérito		10 pretérito anterior	
ocurrió	**ocurrieron**	**hubo ocurrido**	**hubieron ocurrido**
4 futuro		11 futuro perfecto	
ocurrirá	**ocurrirán**	**habrá ocurrido**	**habrán ocurrido**
5 potencial simple		12 potencial compuesto	
ocurriría	**ocurrirían**	**habría ocurrido**	**habrían ocurrido**
6 presente de subjuntivo		13 perfecto de subjuntivo	
ocurra	**ocurran**	**haya ocurrido**	**hayan ocurrido**
7 imperfecto de subjuntivo		14 pluscuamperfecto de subjuntivo	
ocurriera	**ocurrieran**	**hubiera ocurrido**	**hubieran ocurrido**
OR		OR	
ocurriese	**ocurriesen**	**hubiese ocurrido**	**hubiesen ocurrido**

imperativo

¡Que ocurra!   **¡Que ocurran!**
Let it occur!   Let them occur!

Words related to this verb

ocurrente   occurring; funny, witty, humorous
la ocurrencia   occurrence, happening, event; witticism

This verb is generally used in the third person singular and plural.

Consult the sections on verbs used in idiomatic expressions, verbs with prepositions, and the list of over 1,000 verbs conjugated like model verbs in the back pages.

The subject pronouns are found on the page facing page 1.

to offer

The Seven Simple Tenses		The Seven Compound Tenses	
Singular	Plural	Singular	Plural

1 presente de indicativo		8 perfecto de indicativo	
ofrezco	ofrecemos	he ofrecido	hemos ofrecido
ofreces	ofrecéis	has ofrecido	habéis ofrecido
ofrece	ofrecen	ha ofrecido	han ofrecido

2 imperfecto de indicativo		9 pluscuamperfecto de indicativo	
ofrecía	ofrecíamos	había ofrecido	habíamos ofrecido
ofrecías	ofrecíais	habías ofrecido	habíais ofrecido
ofrecía	ofrecían	había ofrecido	habían ofrecido

3 pretérito		10 pretérito anterior	
ofrecí	ofrecimos	hube ofrecido	hubimos ofrecido
ofreciste	ofrecisteis	hubiste ofrecido	hubisteis ofrecido
ofreció	ofrecieron	hubo ofrecido	hubieron ofrecido

4 futuro		11 futuro perfecto	
ofreceré	ofreceremos	habré ofrecido	habremos ofrecido
ofrecerás	ofreceréis	habrás ofrecido	habréis ofrecido
ofrecerá	ofrecerán	habrá ofrecido	habrán ofrecido

5 potencial simple		12 potencial compuesto	
ofrecería	ofreceríamos	habría ofrecido	habríamos ofrecido
ofrecerías	ofreceríais	habrías ofrecido	habríais ofrecido
ofrecería	ofrecerían	habría ofrecido	habrían ofrecido

6 presente de subjuntivo		13 perfecto de subjuntivo	
ofrezca	ofrezcamos	haya ofrecido	hayamos ofrecido
ofrezcas	ofrezcáis	hayas ofrecido	hayáis ofrecido
ofrezca	ofrezcan	haya ofrecido	hayan ofrecido

7 imperfecto de subjuntivo		14 pluscuamperfecto de subjuntivo	
ofreciera	ofreciéramos	hubiera ofrecido	hubiéramos ofrecido
ofrecieras	ofrecierais	hubieras ofrecido	hubierais ofrecido
ofreciera	ofrecieran	hubiera ofrecido	hubieran ofrecido
OR		OR	
ofreciese	ofreciésemos	hubiese ofrecido	hubiésemos ofrecido
ofrecieses	ofrecieseis	hubieses ofrecido	hubieseis ofrecido
ofreciese	ofreciesen	hubiese ofrecido	hubiesen ofrecido

imperativo

—	ofrezcamos
ofrece; no ofrezcas	ofreced; no ofrezcáis
ofrezca	ofrezcan

Words related to this verb

ofreciente offering   **ofrecer + inf.** to offer + inf.
el ofrecimiento offer, offering   **el ofrecedor, la ofrecedora** offerer
la ofrenda gift, oblation

The Seven Simple Tenses | The Seven Compound Tenses

Singular	Plural	Singular	Plural
1 presente de indicativo		**8 perfecto de indicativo**	
oigo	oímos	he oído	hemos oído
oyes	oís	has oído	habéis oído
oye	oyen	ha oído	han oído
2 imperfecto de indicativo		**9 pluscuamperfecto de indicativo**	
oía	oíamos	había oído	habíamos oído
oías	oíais	habías oído	habíais oído
oía	oían	había oído	habían oído
3 pretérito		**10 pretérito anterior**	
oí	oímos	hube oído	hubimos oído
oíste	oísteis	hubiste oído	hubisteis oído
oyó	oyeron	hubo oído	hubieron oído
4 futuro		**11 futuro perfecto**	
oiré	oiremos	habré oído	habremos oído
oirás	oiréis	habrás oído	habréis oído
oirá	oirán	habrá oído	habrán oído
5 potencial simple		**12 potencial compuesto**	
oiría	oiríamos	habría oído	habríamos oído
oirías	oiríais	habrías oído	habríais oído
oiría	oirían	habría oído	habrían oído
6 presente de subjuntivo		**13 perfecto de subjuntivo**	
oiga	oigamos	haya oído	hayamos oído
oigas	oigáis	hayas oído	hayáis oído
oiga	oigan	haya oído	hayan oído
7 imperfecto de subjuntivo		**14 pluscuamperfecto de subjuntivo**	
oyera	oyéramos	hubiera oído	hubiéramos oído
oyeras	oyerais	hubieras oído	hubierais oído
oyera	oyeran	hubiera oído	hubieran oído
OR		OR	
oyese	oyésemos	hubiese oído	hubiésemos oído
oyeses	oyeseis	hubieses oído	hubieseis oído
oyese	oyesen	hubiese oído	hubiesen oído

imperativo

—	oigamos
oye; no oigas	oíd; no oigáis
oiga	oigan

Words and expressions related to this verb

la oída   hearing; **de oídas**   by hearsay
dar oídos   to lend an ear
oír decir   to hear tell, to hear say
oír hablar de   to hear of, to hear talk of

por oídos, de oídos   by hearing
al oído   confidentially
el oído   hearing (sense)
desoír   to ignore, to be deaf to

to smell, to scent

The Seven Simple Tenses		The Seven Compound Tenses	
Singular	Plural	Singular	Plural
1 presente de indicativo		**8 perfecto de indicativo**	
huelo	olemos	he olido	hemos olido
hueles	oléis	has olido	habéis olido
huele	huelen	ha olido	han olido
2 imperfecto de indicativo		**9 pluscuamperfecto de indicativo**	
olía	olíamos	había olido	habíamos olido
olías	olíais	habías olido	habíais olido
olía	olían	había olido	habían olido
3 pretérito		**10 pretérito anterior**	
olí	olimos	hube olido	hubimos olido
oliste	olisteis	hubiste olido	hubisteis olido
olió	olieron	hubo olido	hubieron olido
4 futuro		**11 futuro perfecto**	
oleré	oleremos	habré olido	habremos olido
olerás	oleréis	habrás olido	habréis olido
olerá	olerán	habrá olido	habrán olido
5 potencial simple		**12 potencial compuesto**	
olería	oleríamos	habría olido	habríamos olido
olerías	oleríais	habrías olido	habríais olido
olería	olerían	habría olido	habrían olido
6 presente de subjuntivo		**13 perfecto de subjuntivo**	
huela	olamos	haya olido	hayamos olido
huelas	oláis	hayas olido	hayáis olido
huela	huelan	haya olido	hayan olido
7 imperfecto de subjuntivo		**14 pluscuamperfecto de subjuntivo**	
oliera	oliéramos	hubiera olido	hubiéramos olido
olieras	olierais	hubieras olido	hubierais olido
oliera	olieran	hubiera olido	hubieran olido
OR		OR	
oliese	oliésemos	hubiese olido	hubiésemos olido
olieses	olieseis	hubieses olido	hubieseis olido
oliese	oliesen	hubiese olido	hubiesen olido

	imperativo
—	olamos
huele; no huelas	oled; no oláis
huela	huelan

Words and expressions related to this verb

el olfato, la olfacción   olfaction (the sense of smelling, act of smelling)
olfatear   tó sniff
oler a   to smell of
No huele bien   It looks fishy (It doesn't smell good.)

338

The Seven Simple Tenses		The Seven Compound Tenses	
Singular	Plural	Singular	Plural

1   presente de indicativo

olvido	olvidamos
olvidas	olvidáis
olvida	olvidan

8   perfecto de indicativo

he olvidado	hemos olvidado
has olvidado	habéis olvidado
ha olvidado	han olvidado

2   imperfecto de indicativo

olvidaba	olvidábamos
olvidabas	olvidabais
olvidaba	olvidaban

9   pluscuamperfecto de indicativo

había olvidado	habíamos olvidado
habías olvidado	habíais olvidado
había olvidado	habían olvidado

3   pretérito

olvidé	olvidamos
olvidaste	olvidasteis
olvidó	olvidaron

10   pretérito anterior

hube olvidado	hubimos olvidado
hubiste olvidado	hubisteis olvidado
hubo olvidado	hubieron olvidado

4   futuro

olvidaré	olvidaremos
olvidarás	olvidaréis
olvidará	olvidarán

11   futuro perfecto

habré olvidado	habremos olvidado
habrás olvidado	habréis olvidado
habrá olvidado	habrán olvidado

5   potencial simple

olvidaría	olvidaríamos
olvidarías	olvidaríais
olvidaría	olvidarían

12   potencial compuesto

habría olvidado	habríamos olvidado
habrías olvidado	habríais olvidado
habría olvidado	habrían olvidado

6   presente de subjuntivo

olvide	olvidemos
olvides	olvidéis
olvide	olviden

13   perfecto de subjuntivo

haya olvidado	hayamos olvidado
hayas olvidado	hayáis olvidado
haya olvidado	hayan olvidado

7   imperfecto de subjuntivo

olvidara	olvidáramos
olvidaras	olvidarais
olvidara	olvidaran
OR	
olvidase	olvidásemos
olvidases	olvidaseis
olvidase	olvidasen

14   pluscuamperfecto de subjuntivo

hubiera olvidado	hubiéramos olvidado
hubieras olvidado	hubierais olvidado
hubiera olvidado	hubieran olvidado
OR	
hubiese olvidado	hubiésemos olvidado
hubieses olvidado	hubieseis olvidado
hubiese olvidado	hubiesen olvidado

imperativo

—	olvidemos
olvida; no olvides	olvidad; no olvidéis
olvide	olviden

Words and expressions related to this verb

olvidado, olvidada forgotten
olvidadizo, olvidadiza forgetful
el olvido forgetfulness, oblivion
Se me olvidó It slipped my mind.

olvidar + inf. to forget + inf.
olvidarse de to forget
olvidarse de + inf. to forget + inf.

The subject pronouns are found on the page facing page 1.

to oppose

The Seven Simple Tenses		The Seven Compound Tenses	
Singular	Plural	Singular	Plural
1 presente de indicativo		8 perfecto de indicativo	
opongo	oponemos	he opuesto	hemos opuesto
opones	oponéis	has opuesto	habéis opuesto
opone	oponen	ha opuesto	han opuesto
2 imperfecto de indicativo		9 pluscuamperfecto de indicativo	
oponía	oponíamos	había opuesto	habíamos opuesto
oponías	oponíais	habías opuesto	habíais opuesto
oponía	oponían	había opuesto	habían opuesto
3 pretérito		10 pretérito anterior	
opuse	opusimos	hube opuesto	hubimos opuesto
opusiste	opusisteis	hubiste opuesto	hubisteis opuesto
opuso	opusieron	hubo opuesto	hubieron opuesto
4 futuro		11 futuro perfecto	
opondré	opondremos	habré opuesto	habremos opuesto
opondrás	opondréis	habrás opuesto	habréis opuesto
opondrá	opondrán	habrá opuesto	habrán opuesto
5 potencial simple		12 potencial compuesto	
opondría	opondríamos	habría opuesto	habríamos opuesto
opondrías	opondríais	habrías opuesto	habríais opuesto
opondría	opondrían	habría opuesto	habrían opuesto
6 presente de subjuntivo		13 perfecto de subjuntivo	
oponga	opongamos	haya opuesto	hayamos opuesto
opongas	opongáis	hayas opuesto	hayáis opuesto
oponga	opongan	haya opuesto	hayan opuesto
7 imperfecto de subjuntivo		14 pluscuamperfecto de subjuntivo	
opusiera	opusiéramos	hubiera opuesto	hubiéramos opuesto
opusieras	opusierais	hubieras opuesto	hubierais opuesto
opusiera	opusieran	hubiera opuesto	hubieran opuesto
OR		OR	
opusiese	opusiésemos	hubiese opuesto	hubiésemos opuesto
opusieses	opusieseis	hubieses opuesto	hubieseis opuesto
opusiese	opusiesen	hubiese opuesto	hubiesen opuesto

imperativo	
—	opongamos
opón; no opongas	oponed; no opongáis
oponga	opongan

Words related to this verb

oponerse a to be against   **la oposición** opposition
oponible opposable   **el, la oposicionista** oppositionist

Be sure to consult the back pages for sections on verbs used in idiomatic expressions, verbs with prepositions, and the list of over 1,000 verbs conjugated like model verbs.

to order, to command, to put in order, to arrange

The Seven Simple Tenses		The Seven Compound Tenses	
Singular	Plural	Singular	Plural
1 presente de indicativo		**8 perfecto de indicativo**	
ordeno	ordenamos	he ordenado	hemos ordenado
ordenas	ordenáis	has ordenado	habéis ordenado
ordena	ordenan	ha ordenado	han ordenado
2 imperfecto de indicativo		**9 pluscuamperfecto de indicativo**	
ordenaba	ordenábamos	había ordenado	habíamos ordenado
ordenabas	ordenabais	habías ordenado	habíais ordenado
ordenaba	ordenaban	había ordenado	habían ordenado
3 pretérito		**10 pretérito anterior**	
ordené	ordenamos	hube ordenado	hubimos ordenado
ordenaste	ordenasteis	hubiste ordenado	hubisteis ordenado
ordenó	ordenaron	hubo ordenado	hubieron ordenado
4 futuro		**11 futuro perfecto**	
ordenaré	ordenaremos	habré ordenado	habremos ordenado
ordenarás	ordenaréis	habrás ordenado	habréis ordenado
ordenará	ordenarán	habrá ordenado	habrán ordenado
5 potencial simple		**12 potencial compuesto**	
ordenaría	ordenaríamos	habría ordenado	habríamos ordenado
ordenarías	ordenaríais	habrías ordenado	habríais ordenado
ordenaría	ordenarían	habría ordenado	habrían ordenado
6 presente de subjuntivo		**13 perfecto de subjuntivo**	
ordene	ordenemos	haya ordenado	hayamos ordenado
ordenes	ordenéis	hayas ordenado	hayáis ordenado
ordene	ordenen	haya ordenado	hayan ordenado
7 imperfecto de subjuntivo		**14 pluscuamperfecto de subjuntivo**	
ordenara	ordenáramos	hubiera ordenado	hubiéramos ordenado
ordenaras	ordenarais	hubieras ordenado	hubierais ordenado
ordenara	ordenaran	hubiera ordenado	hubieran ordenado
OR		OR	
ordenase	ordenásemos	hubiese ordenado	hubiésemos ordenado
ordenases	ordenaseis	hubieses ordenado	hubieseis ordenado
ordenase	ordenasen	hubiese ordenado	hubiesen ordenado

imperativo

—	ordenemos
ordena; no ordenes	ordenad; no ordenéis
ordene	ordenen

Words and expressions related to this verb

el orden, los órdenes   order, orders
el orden del día   order of the day
ordenadamente   in order, orderly, methodically

ordenarse   to become ordained,
  to take orders
llamar al orden   to call to order

to organize, to arrange, to set up

The Seven Simple Tenses		The Seven Compound Tenses	
Singular	Plural	Singular	Plural
1 presente de indicativo		**8 perfecto de indicativo**	
organizo	organizamos	he organizado	hemos organizado
organizas	organizáis	has organizado	habéis organizado
organiza	organizan	ha organizado	han organizado
2 imperfecto de indicativo		**9 pluscuamperfecto de indicativo**	
organizaba	organizábamos	había organizado	habíamos organizado
organizabas	organizabais	habías organizado	habíais organizado
organizaba	organizaban	había organizado	habían organizado
3 pretérito		**10 pretérito anterior**	
organicé	organizamos	hube organizado	hubimos organizado
organizaste	organizasteis	hubiste organizado	hubisteis organizado
organizó	organizaron	hubo organizado	hubieron organizado
4 futuro		**11 futuro perfecto**	
organizaré	organizaremos	habré organizado	habremos organizado
organizarás	organizaréis	habrás organizado	habréis organizado
organizará	organizarán	habrá organizado	habrán organizado
5 potencial simple		**12 potencial compuesto**	
organizaría	organizaríamos	habría organizado	habríamos organizado
organizarías	organizaríais	habrías organizado	habríais organizado
organizaría	organizarían	habría organizado	habrían organizado
6 presente de subjuntivo		**13 perfecto de subjuntivo**	
organice	organicemos	haya organizado	hayamos organizado
organices	organicéis	hayas organizado	hayáis organizado
organice	organicen	haya organizado	hayan organizado
7 imperfecto de subjuntivo		**14 pluscuamperfecto de subjuntivo**	
organizara	organizáramos	hubiera organizado	hubiéramos organizado
organizaras	organizarais	hubieras organizado	hubierais organizado
organizara	organizaran	hubiera organizado	hubieran organizado
OR		OR	
organizase	organizásemos	hubiese organizado	hubiésemos organizado
organizases	organizaseis	hubieses organizado	hubieseis organizado
organizase	organizasen	hubiese organizado	hubiesen organizado

	imperativo
—	organicemos
organiza; no organices	organizad; no organicéis
organice	organicen

Words related to this verb

organizado, organizada organized   **el organizador, la organizadora** organizer
la organización organization   **organizable** organizable

to dare, to venture

The Seven Simple Tenses		The Seven Compound Tenses	
Singular	Plural	Singular	Plural

1   presente de indicativo

		8 perfecto de indicativo	
oso	osamos	he osado	hemos osado
osas	osáis	has osado	habéis osado
osa	osan	ha osado	han osado

2   imperfecto de indicativo

		9 pluscuamperfecto de indicativo	
osaba	osábamos	había osado	habíamos osado
osabas	osabais	habías osado	habíais osado
osaba	osaban	había osado	habían osado

3   pretérito

		10 pretérito anterior	
osé	osamos	hube osado	hubimos osado
osaste	osasteis	hubiste osado	hubisteis osado
osó	osaron	hubo osado	hubieron osado

4   futuro

		11 futuro perfecto	
osaré	osaremos	habré osado	habremos osado
osarás	osaréis	habrás osado	habréis osado
osará	osarán	habrá osado	habrán osado

5   potencial simple

		12 potencial compuesto	
osaría	osaríamos	habría osado	habríamos osado
osarías	osaríais	habrías osado	habríais osado
osaría	osarían	habría osado	habrían osado

6   presente de subjuntivo

		13 perfecto de subjuntivo	
ose	osemos	haya osado	hayamos osado
oses	oséis	hayas osado	hayáis osado
ose	osen	haya osado	hayan osado

7   imperfecto de subjuntivo

		14 pluscuamperfecto de subjuntivo	
osara	osáramos	hubiera osado	hubiéramos osado
osaras	osarais	hubieras osado	hubierais osado
osara	osaran	hubiera osado	hubieran osado
OR		OR	
osase	osásemos	hubiese osado	hubiésemos osado
osases	osaseis	hubieses osado	hubieseis osado
osase	osasen	hubiese osado	hubiesen osado

imperativo

—	osemos
osa; no oses	osad; no oséis
ose	osen

Words related to this verb

osado, osada   audacious, bold, daring
osadamente   boldly, daringly
la osadía   audacity, boldness

Consult the back pages for Spanish proverbs using verbs.

to pay

The Seven Simple Tenses		The Seven Compound Tenses	
Singular	Plural	Singular	Plural
1 presente de indicativo		**8 perfecto de indicativo**	
pago	pagamos	he pagado	hemos pagado
pagas	pagáis	has pagado	habéis pagado
paga	pagan	ha pagado	han pagado
2 imperfecto de indicativo		**9 pluscuamperfecto de indicativo**	
pagaba	pagábamos	había pagado	habíamos pagado
pagabas	pagabais	habías pagado	habíais pagado
pagaba	pagaban	había pagado	habían pagado
3 pretérito		**10 pretérito anterior**	
pagué	pagamos	hube pagado	hubimos pagado
pagaste	pagasteis	hubiste pagado	hubisteis pagado
pagó	pagaron	hubo pagado	hubieron pagado
4 futuro		**11 futuro perfecto**	
pagaré	pagaremos	habré pagado	habremos pagado
pagarás	pagaréis	habrás pagado	habréis pagado
pagará	pagarán	habrá pagado	habrán pagado
5 potencial simple		**12 potencial compuesto**	
pagaría	pagaríamos	habría pagado	habríamos pagado
pagarías	pagaríais	habrías pagado	habríais pagado
pagaría	pagarían	habría pagado	habrían pagado
6 presente de subjuntivo		**13 perfecto de subjuntivo**	
pague	paguemos	haya pagado	hayamos pagado
pagues	paguéis	hayas pagado	hayáis pagado
pague	paguen	haya pagado	hayan pagado
7 imperfecto de subjuntivo		**14 pluscuamperfecto de subjuntivo**	
pagara	pagáramos	hubiera pagado	hubiéramos pagado
pagaras	pagarais	hubieras pagado	hubierais pagado
pagara	pagaran	hubiera pagado	hubieran pagado
OR		OR	
pagase	pagásemos	hubiese pagado	hubiésemos pagado
pagases	pagaseis	hubieses pagado	hubieseis pagado
pagase	pagasen	hubiese pagado	hubiesen pagado

imperativo	
–	paguemos
paga; no pagues	pagad; no paguéis
pague	paguen

Words and expressions related to this verb

la paga payment
pagable payable
pagador, pagadora payer
el pagaré promissory note, I.O.U.

pagar al contado to pay in cash
pagar contra entrega C.O.D. (Collect on delivery)
pagar la cuenta to pay the bill
pagar un ojo de la cara to pay an arm and a leg; to pay through your nose

to stop (someone or something)

The Seven Simple Tenses		The Seven Compound Tenses	
Singular	Plural	Singular	Plural

1 presente de indicativo		8 perfecto de indicativo	
paro	paramos	he parado	hemos parado
paras	paráis	has parado	habéis parado
para	paran	ha parado	han parado

2 imperfecto de indicativo		9 pluscuamperfecto de indicativo	
paraba	parábamos	había parado	habíamos parado
parabas	parabais	habías parado	habíais parado
paraba	paraban	había parado	habían parado

3 pretérito		10 pretérito anterior	
paré	paramos	hube parado	hubimos parado
paraste	parasteis	hubiste parado	hubisteis parado
paró	pararon	hubo parado	hubieron parado

4 futuro		11 futuro perfecto	
pararé	pararemos	habré parado	habremos parado
pararás	pararéis	habrás parado	habréis parado
parará	pararán	habrá parado	habrán parado

5 potencial simple		12 potencial compuesto	
pararía	pararíamos	habría parado	habríamos parado
pararías	pararíais	habrías parado	habríais parado
pararía	pararían	habría parado	habrían parado

6 presente de subjuntivo		13 perfecto de subjuntivo	
pare	paremos	haya parado	hayamos parado
pares	paréis	hayas parado	hayáis parado
pare	paren	haya parado	hayan parado

7 imperfecto de subjuntivo		14 pluscuamperfecto de subjuntivo	
parara	paráramos	hubiera parado	hubiéramos parado
pararas	pararais	hubieras parado	hubierais parado
parara	pararan	hubiera parado	hubieran parado
OR		OR	
parase	parásemos	hubiese parado	hubiésemos parado
parases	paraseis	hubieses parado	hubieseis parado
parase	parasen	hubiese parado	hubiesen parado

imperativo

—	paremos
para; no pares	parad; no paréis
pare	paren

Words and expressions related to this verb

parar en mal to end badly	la parada del autobús bus stop
PARADA STOP	**parar en seco** dead stop
la parada de coches taxi stand	**una paradeta** short stop
pararse en to pay attention to	**sin parar** right away (without stopping)

For other words and expressions related to this verb, see **pararse.**

to stop (oneself)

The Seven Simple Tenses		The Seven Compound Tenses	
Singular	Plural	Singular	Plural
1 presente de indicativo		**8 perfecto de indicativo**	
me paro	nos paramos	me he parado	nos hemos parado
te paras	os paráis	te has parado	os habéis parado
se para	se paran	se ha parado	se han parado
2 imperfecto de indicativo		**9 pluscuamperfecto de indicativo**	
me paraba	nos parábamos	me había parado	nos habíamos parado
te parabas	os parabais	te habías parado	os habíais parado
se paraba	se paraban	se había parado	se habían parado
3 pretérito		**10 pretérito anterior**	
me paré	nos paramos	me hube parado	nos hubimos parado
te paraste	os parasteis	te hubiste parado	os hubisteis parado
se paró	se pararon	se hubo parado	se hubieron parado
4 futuro		**11 futuro perfecto**	
me pararé	nos pararemos	me habré parado	nos habremos parado
te pararás	os pararéis	te habrás parado	os habréis parado
se parará	se pararán	se habrá parado	se habrán parado
5 potencial simple		**12 potencial compuesto**	
me pararía	nos pararíamos	me habría parado	nos habríamos parado
te pararías	os pararíais	te habrías parado	os habríais parado
se pararía	se pararían	se habría parado	se habrían parado
6 presente de subjuntivo		**13 perfecto de subjuntivo**	
me pare	nos paremos	me haya parado	nos hayamos parado
te pares	os paréis	te hayas parado	os hayáis parado
se pare	se paren	se haya parado	se hayan parado
7 imperfecto de subjuntivo		**14 pluscuamperfecto de subjuntivo**	
me parara	nos paráramos	me hubiera parado	nos hubiéramos parado
te pararas	os pararais	te hubieras parado	os hubierais parado
se parara	se pararan	se hubiera parado	se hubieran parado
OR		OR	
me parase	nos parásemos	me hubiese parado	nos hubiésemos parado
te parases	os paraseis	te hubieses parado	os hubieseis parado
se parase	se parasen	se hubiese parado	se hubiesen parado

imperativo	
—	parémonos
párate; no te pares	paraos; no os paréis
párese	párense

Words and expressions related to this verb

la parada stop   **parar** to stop (someone or something)
una paradeta, una paradilla pause   **no poder parar** to be restless
una parada en seco dead stop   **parar en mal** to end badly

For other words and expressions related to this verb, see **parar**.

The Seven Simple Tenses		The Seven Compound Tenses	
Singular	Plural	Singular	Plural

1   presente de indicativo

parezco	parecemos	
pareces	parecéis	
parece	parecen	

8   perfecto de indicativo

he parecido	hemos parecido
has parecido	habéis parecido
ha parecido	han parecido

2   imperfecto de indicativo

parecía	parecíamos
parecías	parecíais
parecía	parecían

9   pluscuamperfecto de indicativo

había parecido	habíamos parecido
habías parecido	habíais parecido
había parecido	habían parecido

3   pretérito

parecí	parecimos
pareciste	parecisteis
pareció	parecieron

10   pretérito anterior

hube parecido	hubimos parecido
hubiste parecido	hubisteis parecido
hubo parecido	hubieron parecido

4   futuro

pareceré	pareceremos
parecerás	pareceréis
parecerá	parecerán

11   futuro perfecto

habré parecido	habremos parecido
habrás parecido	habréis parecido
habrá parecido	habrán parecido

5   potencial simple

parecería	pareceríamos
parecerías	pareceríais
parecería	parecerían

12   potencial compuesto

habría parecido	habríamos parecido
habrías parecido	habríais parecido
habría parecido	habrían parecido

6   presente de subjuntivo

parezca	parezcamos
parezcas	parezcáis
parezca	parezcan

13   perfecto de subjuntivo

haya parecido	hayamos parecido
hayas parecido	hayáis parecido
haya parecido	hayan parecido

7   imperfecto de subjuntivo

pareciera	pareciéramos
parecieras	parecierais
pareciera	parecieran
OR	
pareciese	pareciésemos
parecieses	parecieseis
pareciese	pareciesen

14   pluscuamperfecto de subjuntivo

hubiera parecido	hubiéramos parecido
hubieras parecido	hubierais parecido
hubiera parecido	hubieran parecido
OR	
hubiese parecido	hubiésemos parecido
hubieses parecido	hubieseis parecido
hubiese parecido	hubiesen parecido

imperativo

—	parezcamos
parece; no parezcas	**pareced; no parezcáis**
parezca	**parezcan**

Words and expressions related to this verb

a lo que parece   according to what it seems
al parecer   seemingly, apparently
pareciente   similar
parecerse a   to resemble each other, to look alike
See also **parecerse.**

Me parece. . .   It seems to me . . .
por el bien parecer   for the sake of appearances

The subject pronouns are found on the page facing page 1.

to resemble each other, to look alike

The Seven Simple Tenses		The Seven Compound Tenses	
Singular	Plural	Singular	Plural
1 presente de indicativo		**8 perfecto de indicativo**	
me parezco	nos parecemos	me he parecido	nos hemos parecido
te pareces	os parecéis	te has parecido	os habéis parecido
se parece	se parecen	se ha parecido	se han parecido
2 imperfecto de indicativo		**9 pluscuamperfecto de indicativo**	
me parecía	nos parecíamos	me había parecido	nos habíamos parecido
te parecías	os parecíais	te habías parecido	os habíais parecido
se parecía	se parecían	se había parecido	se habían parecido
3 pretérito		**10 pretérito anterior**	
me parecí	nos parecimos	me hube parecido	nos hubimos parecido
te pareciste	os parecisteis	te hubiste parecido	os hubisteis parecido
se pareció	se parecieron	se hubo parecido	se hubieron parecido
4 futuro		**11 futuro perfecto**	
me pareceré	nos pareceremos	me habré parecido	nos habremos parecido
te parecerás	os pareceréis	te habrás parecido	os habréis parecido
se parecerá	se parecerán	se habrá parecido	se habrán parecido
5 potencial simple		**12 potencial compuesto**	
me parecería	nos pareceríamos	me habría parecido	nos habríamos parecido
te parecerías	os pareceríais	te habrías parecido	os habríais parecido
se parecería	se parecerían	se habría parecido	se habrían parecido
6 presente de subjuntivo		**13 perfecto de subjuntivo**	
me parezca	nos parezcamos	me haya parecido	nos hayamos parecido
te parezcas	os parezcáis	te hayas parecido	os hayáis parecido
se parezca	se parezcan	se haya parecido	se hayan parecido
7 imperfecto de subjuntivo		**14 pluscuamperfecto de subjuntivo**	
me pareciera	nos pareciéramos	me hubiera parecido	nos hubiéramos parecido
te parecieras	os parecierais	te hubieras parecido	os hubierais parecido
se pareciera	se parecieran	se hubiera parecido	se hubieran parecido
OR		OR	
me pareciese	nos pareciésemos	me hubiese parecido	nos hubiésemos parecido
te parecieses	os parecieseis	te hubieses parecido	os hubieseis parecido
se pareciese	se pareciesen	se hubiese parecido	se hubiesen parecido

imperativo	
–	parezcámonos
parécete; no te parezcas	pareceos; no os parezcáis
parézcase	parézcanse

Words and expressions related to this verb

parecer to seem, to appear
a lo que parece according to what it seems

al parecer seemingly, apparently
pareciente similar

See also **parecer.**

Consult the back pages for verbs with prepositions.

to leave, to depart, to divide, to split

The Seven Simple Tenses		The Seven Compound Tenses	
Singular	Plural	Singular	Plural
1 presente de indicativo		**8 perfecto de indicativo**	
parto	partimos	he partido	hemos partido
partes	partís	has partido	habéis partido
parte	parten	ha partido	han partido
2 imperfecto de indicativo		**9 pluscuamperfecto de indicativo**	
partía	partíamos	había partido	habíamos partido
partías	partíais	habías partido	habíais partido
partía	partían	había partido	habían partido
3 pretérito		**10 pretérito anterior**	
partí	partimos	hube partido	hubimos partido
partiste	partisteis	hubiste partido	hubisteis partido
partió	partieron	hubo partido	hubieron partido
4 futuro		**11 futuro perfecto**	
partiré	partiremos	habré partido	habremos partido
partirás	partiréis	habrás partido	habréis partido
partirá	partirán	habrá partido	habrán partido
5 potencial simple		**12 potencial compuesto**	
partiría	partiríamos	habría partido	habríamos partido
partirías	partiríais	habrías partido	habríais partido
partiría	partirían	habría partido	habrían partido
6 presente de subjuntivo		**13 perfecto de subjuntivo**	
parta	partamos	haya partido	hayamos partido
partas	partáis	hayas partido	hayáis partido
parta	partan	haya partido	hayan partido
7 imperfecto de subjuntivo		**14 pluscuamperfecto de subjuntivo**	
partiera	partiéramos	hubiera partido	hubiéramos partido
partieras	partierais	hubieras partido	hubierais partido
partiera	partieran	hubiera partido	hubieran partido
OR		OR	
partiese	partiésemos	hubiese partido	hubiésemos partido
partieses	partieseis	hubieses partido	hubieseis partido
partiese	partiesen	hubiese partido	hubiesen partido

imperativo

—	partamos
parte; no partas	partid; no partáis
parta	partan

Words and expressions related to this verb

a partir de   beginning with, starting from
tomar partido   to take sides, to make up one's mind
la partida   departure

partirse   to become divided
repartir   to distribute

See also **repartir**.

to pass (by), to happen, to spend (time)

The Seven Simple Tenses		The Seven Compound Tenses	
Singular	Plural	Singular	Plural
1 presente de indicativo		**8 perfecto de indicativo**	
paso	pasamos	he pasado	hemos pasado
pasas	pasáis	has pasado	habéis pasado
pasa	pasan	ha pasado	han pasado
2 imperfecto de indicativo		**9 pluscuamperfecto de indicativo**	
pasaba	pasábamos	había pasado	habíamos pasado
pasabas	pasabais	habías pasado	habíais pasado
pasaba	pasaban	había pasado	habían pasado
3 pretérito		**10 pretérito anterior**	
pasé	pasamos	hube pasado	hubimos pasado
pasaste	pasasteis	hubiste pasado	hubisteis pasado
pasó	pasaron	hubo pasado	hubieron pasado
4 futuro		**11 futuro perfecto**	
pasaré	pasaremos	habré pasado	habremos pasado
pasarás	pasaréis	habrás pasado	habréis pasado
pasará	pasarán	habrá pasado	habrán pasado
5 potencial simple		**12 potencial compuesto**	
pasaría	pasaríamos	habría pasado	habríamos pasado
pasarías	pasaríais	habrías pasado	habríais pasado
pasaría	pasarían	habría pasado	habrían pasado
6 presente de subjuntivo		**13 perfecto de subjuntivo**	
pase	pasemos	haya pasado	hayamos pasado
pases	paséis	hayas pasado	hayáis pasado
pase	pasen	haya pasado	hayan pasado
7 imperfecto de subjuntivo		**14 pluscuamperfecto de subjuntivo**	
pasara	pasáramos	hubiera pasado	hubiéramos pasado
pasaras	pasarais	hubieras pasado	hubierais pasado
pasara	pasaran	hubiera pasado	hubieran pasado
OR		OR	
pasase	pasásemos	hubiese pasado	hubiésemos pasado
pasases	pasaseis	hubieses pasado	hubieseis pasado
pasase	pasasen	hubiese pasado	hubiesen pasado

imperativo	
—	pasemos
pasa; no pases	pasad; no paséis
pase	pasen

Words and expressions related to this verb

pasajero, pasajera   passenger, traveler
¡Que lo pase Ud. bien!   Good luck, good-bye!
¿Qué pasa?   What's happening? What's going on?
el pasatiempo   amusement, pastime

Consult the back pages for the section on verbs used in idiomatic expressions.

to take a walk, to parade

The Seven Simple Tenses		The Seven Compound Tenses	
Singular	Plural	Singular	Plural
1 presente de indicativo		**8 perfecto de indicativo**	
me paseo	nos paseamos	me he paseado	nos hemos paseado
te paseas	os paseáis	te has paseado	os habéis paseado
se pasea	se pasean	se ha paseado	se han paseado
2 imperfecto de indicativo		**9 pluscuamperfecto de indicativo**	
me paseaba	nos paseábamos	me había paseado	nos habíamos paseado
te paseabas	os paseabais	te habías paseado	os habíais paseado
se paseaba	se paseaban	se había paseado	se habían paseado
3 pretérito		**10 pretérito anterior**	
me paseé	nos paseamos	me hube paseado	nos hubimos paseado
te paseaste	os paseasteis	te hubiste paseado	os hubisteis paseado
se paseó	se pasearon	se hubo paseado	se hubieron paseado
4 futuro		**11 futuro perfecto**	
me pasearé	nos pasearemos	me habré paseado	nos habremos paseado
te pasearás	os pasearéis	te habrás paseado	os habréis paseado
se paseará	se pasearán	se habrá paseado	se habrán paseado
5 potencial simple		**12 potencial compuesto**	
me pasearía	nos pasearíamos	me habría paseado	nos habríamos paseado
te pasearías	os pasearíais	te habrías paseado	os habríais paseado
se pasearía	se pasearían	se habría paseado	se habrían paseado
6 presente de subjuntivo		**13 perfecto de subjuntivo**	
me pasee	nos paseemos	me haya paseado	nos hayamos paseado
te pasees	os paseéis	te hayas paseado	os hayáis paseado
se pasee	se paseen	se haya paseado	se hayan paseado
7 imperfecto de subjuntivo		**14 pluscuamperfecto de subjuntivo**	
me paseara	nos paseáramos	me hubiera paseado	nos hubiéramos paseado
te pasearas	os pasearais	te hubieras paseado	os hubierais paseado
se paseara	se pasearan	se hubiera paseado	se hubieran paseado
OR		OR	
me pasease	nos paseásemos	me hubiese paseado	nos hubiésemos paseado
te paseases	os paseaseis	te hubieses paseado	os hubieseis paseado
se pasease	se paseasen	se hubiese paseado	se hubiesen paseado

	imperativo
—	paseémonos
paséate; no te pasees	paseaos; no os paseéis
paséese	paséense

Words and expressions related to this verb

un pase   pass, permit
un, una paseante   stroller
un paseo   a walk
dar un paseo   to take a walk

ir de paseo   to go out for a walk
un paseo campestre   picnic
sacar a paseo   to take out for a walk
pasear   to walk (a child, etc.)

The subject pronouns are found on the page facing page 1.

to ask for, to request

The Seven Simple Tenses		The Seven Compound Tenses	
Singular	Plural	Singular	Plural
1 presente de indicativo		8 perfecto de indicativo	
pido	pedimos	he pedido	hemos pedido
pides	pedís	has pedido	habéis pedido
pide	piden	ha pedido	han pedido
2 imperfecto de indicativo		9 pluscuamperfecto de indicativo	
pedía	pedíamos	había pedido	habíamos pedido
pedías	pedíais	habías pedido	habíais pedido
pedía	pedían	había pedido	habían pedido
3 pretérito		10 pretérito anterior	
pedí	pedimos	hube pedido	hubimos pedido
pediste	pedisteis	hubiste pedido	hubisteis pedido
pidió	pidieron	hubo pedido	hubieron pedido
4 futuro		11 futuro perfecto	
pediré	pediremos	habré pedido	habremos pedido
pedirás	pediréis	habrás pedido	habréis pedido
pedirá	pedirán	habrá pedido	habrán pedido
5 potencial simple		12 potencial compuesto	
pediría	pediríamos	habría pedido	habríamos pedido
pedirías	pediríais	habrías pedido	habríais pedido
pediría	pedirían	habría pedido	habrían pedido
6 presente de subjuntivo		13 perfecto de subjuntivo	
pida	pidamos	haya pedido	hayamos pedido
pidas	pidáis	hayas pedido	hayáis pedido
pida	pidan	haya pedido	hayan pedido
7 imperfecto de subjuntivo		14 pluscuamperfecto de subjuntivo	
pidiera	pidiéramos	hubiera pedido	hubiéramos pedido
pidieras	pidierais	hubieras pedido	hubierais pedido
pidiera	pidieran	hubiera pedido	hubieran pedido
OR		OR	
pidiese	pidiésemos	hubiese pedido	hubiésemos pedido
pidieses	pidieseis	hubieses pedido	hubieseis pedido
pidiese	pidiesen	hubiese pedido	hubiesen pedido

imperativo	
—	pidamos
pide; no pidas	pedid; no pidáis
pida	pidan

Words and expressions related to this verb

un pedimento petition
hacer un pedido to place an order

See also **despedir**.

un pedido request, order
colocar un pedido to place an order
pedir prestado to borrow

Consult the back pages for the section on verbs used in idiomatic expressions.

to beat, to hit, to slap, to stick, to glue, to paste

The Seven Simple Tenses		The Seven Compound Tenses	
Singular	Plural	Singular	Plural

1   presente de indicativo

		8 perfecto de indicativo	
pego	pegamos	he pegado	hemos pegado
pegas	pegáis	has pegado	habéis pegado
pega	pegan	ha pegado	han pegado

2   imperfecto de indicativo

		9 pluscuamperfecto de indicativo	
pegaba	pegábamos	había pegado	habíamos pegado
pegabas	pegabais	habías pegado	habíais pegado
pegaba	pegaban	había pegado	habían pegado

3   pretérito

		10 pretérito anterior	
pegué	pegamos	hube pegado	hubimos pegado
pegaste	pegasteis	hubiste pegado	hubisteis pegado
pegó	pegaron	hubo pegado	hubieron pegado

4   futuro

		11 futuro perfecto	
pegaré	pegaremos	habré pegado	habremos pegado
pegarás	pegaréis	habrás pegado	habréis pegado
pegará	pegarán	habrá pegado	habrán pegado

5   potencial simple

		12 potencial compuesto	
pegaría	pegaríamos	habría pegado	habríamos pegado
pegarías	pegaríais	habrías pegado	habríais pegado
pegaría	pegarían	habría pegado	habrían pegado

6   presente de subjuntivo

		13 perfecto de subjuntivo	
pegue	peguemos	haya pegado	hayamos pegado
pegues	peguéis	hayas pegado	hayáis pegado
pegue	peguen	haya pegado	hayan pegado

7   imperfecto de subjuntivo

		14 pluscuamperfecto de subjuntivo	
pegara	pegáramos	hubiera pegado	hubiéramos pegado
pegaras	pegarais	hubieras pegado	hubierais pegado
pegara	pegaran	hubiera pegado	hubieran pegado
OR		OR	
pegase	pegásemos	hubiese pegado	hubiésemos pegado
pegases	pegaseis	hubieses pegado	hubieseis pegado
pegase	pegasen	hubiese pegado	hubiesen pegado

imperativo

–	**peguemos**
pega; no pegues	**pegad; no peguéis**
pegue	**peguen**

Words and expressions related to this verb

pegar fuego a   to set fire to
pegar la boca a la pared
      to keep one's sorrow to oneself

pegarse las sábanas   to sleep late in the morning
pegarsele a uno   to deceive someone
no pegar los ojos   to spend a sleepless night

For other words and expressions related to this verb, see **despegar.**

to comb one's hair

The Seven Simple Tenses		The Seven Compound Tenses	
Singular	Plural	Singular	Plural
1 presente de indicativo		**8 perfecto de indicativo**	
me peino	nos peinamos	me he peinado	nos hemos peinado
te peinas	os peináis	te has peinado	os habéis peinado
se peina	se peinan	se ha peinado	se han peinado
2 imperfecto de indicativo		**9 pluscuamperfecto de indicativo**	
me peinaba	nos peinábamos	me había peinado	nos habíamos peinado
te peinabas	os peinabais	te habías peinado	os habíais peinado
se peinaba	se peinaban	se había peinado	se habían peinado
3 pretérito		**10 pretérito anterior**	
me peiné	nos peinamos	me hube peinado	nos hubimos peinado
te peinaste	os peinasteis	te hubiste peinado	os hubisteis peinado
se peinó	se peinaron	se hubo peinado	se hubieron peinado
4 futuro		**11 futuro perfecto**	
me peinaré	nos peinaremos	me habré peinado	nos habremos peinado
te peinarás	os peinaréis	te habrás peinado	os habréis peinado
se peinará	se peinarán	se habrá peinado	se habrán peinado
5 potencial simple		**12 potencial compuesto**	
me peinaría	nos peinaríamos	me habría peinado	nos habríamos peinado
te peinarías	os peinaríais	te habrías peinado	os habríais peinado
se peinaría	se peinarían	se habría peinado	se habrían peinado
6 presente de subjuntivo		**13 perfecto de subjuntivo**	
me peine	nos peinemos	me haya peinado	nos hayamos peinado
te peines	os peinéis	te hayas peinado	os hayáis peinado
se peine	se peinen	se haya peinado	se hayan peinado
7 imperfecto de subjuntivo		**14 pluscuamperfecto de subjuntivo**	
me peinara	nos peináramos	me hubiera peinado	nos hubiéramos peinado
te peinaras	os peinarais	te hubieras peinado	os hubierais peinado
se peinara	se peinaran	se hubiera peinado	se hubieran peinado
OR		OR	
me peinase	nos peinásemos	me hubiese peinado	nos hubiésemos peinado
te peinases	os peinaseis	te hubieses peinado	os hubieseis peinado
se peinase	se peinasen	se hubiese peinado	se hubiesen peinado

	imperativo	
—		peinémonos
	péinate; no te peines	peinaos; no os peinéis
	péinese	péinense

Words related to this verb

un peine a comb
una peineta shell comb (used by women as an ornament in the hair)
un peinado hairdo, hair style
un peinador dressing gown
peinar to comb; **peinarse** to comb one's hair
despeinarse to dishevel, to take down one's hair

The Seven Simple Tenses		The Seven Compound Tenses	
Singular	Plural	Singular	Plural

1 presente de indicativo		8 perfecto de indicativo	
pienso	pensamos	he pensado	hemos pensado
piensas	pensáis	has pensado	habéis pensado
piensa	piensan	ha pensado	han pensado

2 imperfecto de indicativo		9 pluscuamperfecto de indicativo	
pensaba	pensábamos	había pensado	habíamos pensado
pensabas	pensabais	habías pensado	habíais pensado
pensaba	pensaban	había pensado	habían pensado

3 pretérito		10 pretérito anterior	
pensé	pensamos	hube pensado	hubimos pensado
pensaste	pensasteis	hubiste pensado	hubisteis pensado
pensó	pensaron	hubo pensado	hubieron pensado

4 futuro		11 futuro perfecto	
pensaré	pensaremos	habré pensado	habremos pensado
pensarás	pensaréis	habrás pensado	habréis pensado
pensará	pensarán	habrá pensado	habrán pensado

5 potencial simple		12 potencial compuesto	
pensaría	pensaríamos	habría pensado	habríamos pensado
pensarías	pensaríais	habrías pensado	habríais pensado
pensaría	pensarían	habría pensado	habrían pensado

6 presente de subjuntivo		13 perfecto de subjuntivo	
piense	pensemos	haya pensado	hayamos pensado
pienses	penséis	hayas pensado	hayáis pensado
piense	piensen	haya pensado	hayan pensado

7 imperfecto de subjuntivo		14 pluscuamperfecto de subjuntivo	
pensara	pensáramos	hubiera pensado	hubiéramos pensado
pensaras	pensarais	hubieras pensado	hubierais pensado
pensara	pensaran	hubiera pensado	hubieran pensado
OR		OR	
pensase	pensásemos	hubiese pensado	hubiésemos pensado
pensases	pensaseis	hubieses pensado	hubieseis pensado
pensase	pensasen	hubiese pensado	hubiesen pensado

imperativo

—	pensemos
piensa; no pienses	pensad; no penséis
piense	piensen

Words and expressions related to this verb

¿Qué piensa Ud. de eso?   What do you think of that?
¿En qué piensa Ud.?   What are you thinking of?
pensativo, pensativa   thoughtful, pensive
un pensador, una pensadora   thinker

pensar + inf.   to intend + inf.
pensar en   to think of, about
sin pensar   thoughtlessly
repensar   to think over (again)

Consult the back pages for the section on verbs used in idiomatic expressions.

to perceive

The Seven Simple Tenses		The Seven Compound Tenses	
Singular	Plural	Singular	Plural

1   presente de indicativo

		8 perfecto de indicativo	
percibo	pecibimos	he percibido	hemos percibido
percibes	percibís	has percibido	habéis percibido
percibe	perciben	ha percibido	han percibido

2   imperfecto de indicativo

		9 pluscuamperfecto de indicativo	
percibía	percibíamos	había percibido	habíamos percibido
percibías	percibíais	habías percibido	habíais percibido
percibía	percibían	había percibido	habían percibido

3   pretérito

		10 pretérito anterior	
percibí	percibimos	hube percibido	hubimos percibido
percibiste	percibisteis	hubiste percibido	hubisteis percibido
percibió	percibieron	hubo percibido	hubieron percibido

4   futuro

		11 futuro perfecto	
percibiré	percibiremos	habré percibido	habremos percibido
percibirás	percibiréis	habrás percibido	habréis percibido
percibirá	percibirán	habrá percibido	habrán percibido

5   potencial simple

		12 potencial compuesto	
percibiría	percibiríamos	habría percibido	habríamos percibido
percibirías	percibiríais	habrías percibido	habríais percibido
percibiría	percibirían	habría percibido	habrían percibido

6   presente de subjuntivo

		13 perfecto de subjuntivo	
perciba	percibamos	haya percibido	hayamos percibido
percibas	percibáis	hayas percibido	hayáis percibido
perciba	perciban	haya percibido	hayan percibido

7   imperfecto de subjuntivo

		14 pluscuamperfecto de subjuntivo	
percibiera	percibiéramos	hubiera percibido	hubiéramos percibido
percibieras	percibierais	hubieras percibido	hubierais percibido
percibiera	percibieran	hubiera percibido	hubieran percibido
OR		OR	
percibiese	percibiésemos	hubiese percibido	hubiésemos percibido
percibieses	percibieseis	hubieses percibido	hubieseis percibido
percibiese	percibiesen	hubiese percibido	hubiesen percibido

imperativo

–	percibamos
percibe; no percibas	percibid; no percibáis
perciba	perciban

Words related to this verb

la percepción   perception
la perceptibilidad   perceptibility
perceptible   perceptible, perceivable

perceptiblemente   perceptibly
perceptivo, perceptiva   perceptive

Consult the sections on verbs used in idiomatic expressions, verbs with prepositions, and the list of over 1,000 verbs conjugated like model verbs in the back pages.

The Seven Simple Tenses		The Seven Compound Tenses	
Singular	Plural	Singular	Plural

1   presente de indicativo

pierdo	perdemos
pierdes	perdéis
pierde	pierden

8   perfecto de indicativo

he perdido	hemos perdido
has perdido	habéis perdido
ha perdido	han perdido

2   imperfecto de indicativo

perdía	perdíamos
perdías	perdíais
perdía	perdían

9   pluscuamperfecto de indicativo

había perdido	habíamos perdido
habías perdido	habíais perdido
había perdido	habían perdido

3   pretérito

perdí	perdimos
perdiste	perdisteis
perdió	perdieron

10   pretérito anterior

hube perdido	hubimos perdido
hubiste perdido	hubisteis perdido
hubo perdido	hubieron perdido

4   futuro

perderé	perderemos
perderás	perderéis
perderá	perderán

11   futuro perfecto

habré perdido	habremos perdido
habrás perdido	habréis perdido
habrá perdido	habrán perdido

5   potencial simple

perdería	perderíamos
perderías	perderíais
perdería	perderían

12   potencial compuesto

habría perdido	habríamos perdido
habrías perdido	habríais perdido
habría perdido	habrían perdido

6   presente de subjuntivo

pierda	perdamos
pierdas	perdáis
pierda	pierdan

13   perfecto de subjuntivo

haya perdido	hayamos perdido
hayas perdido	hayáis perdido
haya perdido	hayan perdido

7   imperfecto de subjuntivo

perdiera	perdiéramos
perdieras	perdierais
perdiera	perdieran
OR	
perdiese	perdiésemos
perdieses	perdieseis
perdiese	perdiesen

14   pluscuamperfecto de subjuntivo

hubiera perdido	hubiéramos perdido
hubieras perdido	hubierais perdido
hubiera perdido	hubieran perdido
OR	
hubiese perdido	hubiésemos perdido
hubieses perdido	hubieseis perdido
hubiese perdido	hubiesen perdido

imperativo

—	perdamos
pierde; no pierdas	perded; no perdáis
pierda	pierdan

Words and expressions related to this verb

un perdedor, una perdedora loser
la pérdida loss
¡Pierda Ud. cuidado! Don't worry!

perder el juicio to go mad (crazy)
perder los estribos to lose self control
perderse to lose one's way, to get lost

to pardon, to forgive, to excuse

The Seven Simple Tenses		The Seven Compound Tenses	
Singular	Plural	Singular	Plural
1 presente de indicativo		**8 perfecto de indicativo**	
perdono	perdonamos	he perdonado	hemos perdonado
perdonas	perdonáis	has perdonado	habéis perdonado
perdona	perdonan	ha perdonado	han perdonado
2 imperfecto de indicativo		**9 pluscuamperfecto de indicativo**	
perdonaba	perdonábamos	había perdonado	habíamos perdonado
perdonabas	perdonabais	habías perdonado	habíais perdonado
perdonaba	perdonaban	había perdonado	habían perdonado
3 pretérito		**10 pretérito anterior**	
perdoné	perdonamos	hube perdonado	hubimos perdonado
perdonaste	perdonasteis	hubiste perdonado	hubisteis perdonado
perdonó	perdonaron	hubo perdonado	hubieron perdonado
4 futuro		**11 futuro perfecto**	
perdonaré	perdonaremos	habré perdonado	habremos perdonado
perdonarás	perdonaréis	habrás perdonado	habréis perdonado
perdonará	perdonarán	habrá perdonado	habrán perdonado
5 potencial simple		**12 potencial compuesto**	
perdonaría	perdonaríamos	habría perdonado	habríamos perdonado
perdonarías	perdonaríais	habrías perdonado	habríais perdonado
perdonaría	perdonarían	habría perdonado	habrían perdonado
6 presente de subjuntivo		**13 perfecto de subjuntivo**	
perdone	perdonemos	haya perdonado	hayamos perdonado
perdones	perdonéis	hayas perdonado	hayáis perdonado
perdone	perdonen	haya perdonado	hayan perdonado
7 imperfecto de subjuntivo		**14 pluscuamperfecto de subjuntivo**	
perdonara	perdonáramos	hubiera perdonado	hubiéramos perdonado
perdonaras	perdonarais	hubieras perdonado	hubierais perdonado
perdonara	perdonaran	hubiera perdonado	hubieran perdonado
OR		OR	
perdonase	perdonásemos	hubiese pedonado	hubiésemos perdonado
perdonases	perdonaseis	hubieses perdonado	hubieseis perdonado
perdonase	perdonasen	hubiese perdonado	hubiesen perdonado

	imperativo	
–		perdonemos
perdona; no perdones		perdonad; no perdonéis
perdone		perdonen

Words and expressions related to this verb

el perdón pardon, forgiveness
perdonable pardonable, forgivable

Perdóneme Pardon me.
donar to donate; **el don** gift

Consult the back pages for the section on verbs with prepositions.

to permit, to admit, to allow, to grant

The Seven Simple Tenses		The Seven Compound Tenses	
Singular	Plural	Singular	Plural

1   presente de indicativo

		8 perfecto de indicativo	
permito	permitimos	he permitido	hemos permitido
permites	permitís	has permitido	habéis permitido
permite	permiten	ha permitido	han permitido

2   imperfecto de indicativo

		9 pluscuamperfecto de indicativo	
permitía	permitíamos	había permitido	habíamos permitido
permitías	permitíais	habías permitido	habíais permitido
permitía	permitían	había permitido	habían permitido

3   pretérito

		10 pretérito anterior	
permití	permitimos	hube permitido	hubimos permitido
permitiste	permitisteis	hubiste permitido	hubisteis permitido
permitió	permitieron	hubo permitido	hubieron permitido

4   futuro

		11 futuro perfecto	
permitiré	permitiremos	habré permitido	habremos permitido
permitirás	permitiréis	habrás permitido	habréis permitido
permitirá	permitirán	habrá permitido	habrán permitido

5   potencial simple

		12 potencial compuesto	
permitiría	permitiríamos	habría permitido	habríamos permitido
permitirías	permitiríais	habrías permitido	habríais permitido
permitiría	permitirían	habría permitido	habrían permitido

6   presente de subjuntivo

		13 perfecto de subjuntivo	
permita	permitamos	haya permitido	hayamos permitido
permitas	permitáis	hayas permitido	hayáis permitido
permita	permitan	haya permitido	hayan permitido

7   imperfecto de subjuntivo

		14 pluscuamperfecto de subjuntivo	
permitiera	permitiéramos	hubiera permitido	hubiéramos permitido
permitieras	permitierais	hubieras permitido	hubierais permitido
permitiera	permitieran	hubiera permitido	hubieran permitido
OR		OR	
permitiese	permitiésemos	hubiese permitido	hubiésemos permitido
permitieses	permitieseis	hubieses permitido	hubieseis permitido
permitiese	permitiesen	hubiese permitido	hubiesen permitido

imperativo

—	**permitamos**
permite; no permitas	**permitid; no permitáis**
permita	**permitan**

Words and expressions related to this verb

el permiso   permit, permission
¡Con permiso!   Excuse me!
la permisión   permission
emitir   to emit

admitir   to admit
permitirse + inf.   to take the liberty + inf.
el permiso de conducir   driver's license
transmitir   to transmit

The subject pronouns are found on the page facing page 1.   **359**

pertenecer

Gerundio **perteneciendo**   Part. pas. **pertenecido**

to pertain, to appertain, to belong

The Seven Simple Tenses		The Seven Compound Tenses	
Singular	Plural	Singular	Plural
1 presente de indicativo		**8 perfecto de indicativo**	
pertenezco	pertenecemos	he pertenecido	hemos pertenecido
perteneces	pertenecéis	has pertenecido	habéis pertenecido
pertenece	pertenecen	ha pertenecido	han pertenecido
2 imperfecto de indicativo		**9 pluscuamperfecto de indicativo**	
pertenecía	pertenecíamos	había pertenecido	habíamos pertenecido
pertenecías	pertenecíais	habías pertenecido	habíais pertenecido
pertenecía	pertenecían	había pertenecido	habían pertenecido
3 pretérito		**10 pretérito anterior**	
pertenecí	pertenecimos	hube pertenecido	hubimos pertenecido
perteneciste	pertenecisteis	hubiste pertenecido	hubisteis pertenecido
perteneció	pertenecieron	hubo pertenecido	hubieron pertenecido
4 futuro		**11 futuro perfecto**	
perteneceré	perteneceremos	habré pertenecido	habremos pertenecido
pertenecerás	perteneceréis	habrás pertenecido	habréis pertenecido
pertenecerá	pertenecerán	habrá pertenecido	habrán pertenecido
5 potencial simple		**12 potencial compuesto**	
pertenecería	perteneceríamos	habría pertenecido	habríamos pertenecido
pertenecerías	perteneceríais	habrías pertenecido	habríais pertenecido
pertenecería	pertenecerían	habría pertenecido	habrían pertenecido
6 presente de subjuntivo		**13 perfecto de subjuntivo**	
pertenezca	pertenezcamos	haya pertenecido	hayamos pertenecido
pertenezcas	pertenezcáis	hayas pertenecido	hayáis pertenecido
pertenezca	pertenezcan	haya pertenecido	hayan pertenecido
7 imperfecto de subjuntivo		**14 pluscuamperfecto de subjuntivo**	
perteneciera	perteneciéramos	hubiera pertenecido	hubiéramos pertenecido
pertenecieras	pertenecierais	hubieras pertenecido	hubierais pertenecido
perteneciera	pertenecieran	hubiera pertenecido	hubieran pertenecido
OR		OR	
perteneciese	perteneciésemos	hubiese pertenecido	hubiésemos pertenecido
pertenecieses	pertenecieseis	hubieses pertenecido	hubieseis pertenecido
perteneciese	perteneciesen	hubiese pertenecido	hubiesen pertenecido

	imperativo
—	pertenezcamos
pertenece; no pertenezcas	perteneced; no pertenezcáis
pertenezca	pertenezcan

Words and expressions related to this verb

el pertenecido   ownership, proprietorship
perteneciente   belonging, pertaining
la pertinencia   pertinence, relevance

la pertenencia   right of possession
ser de la pertenencia de   to be in the
domain of

360

The Seven Simple Tenses		The Seven Compound Tenses	
Singular	Plural	Singular	Plural
1 presente de indicativo		**8 perfecto de indicativo**	
pinto	pintamos	he pintado	hemos pintado
pintas	pintáis	has pintado	habéis pintado
pinta	pintan	ha pintado	han pintado
2 imperfecto de indicativo		**9 pluscuamperfecto de indicativo**	
pintaba	pintábamos	había pintado	habíamos pintado
pintabas	pintabais	habías pintado	habíais pintado
pintaba	pintaban	había pintado	habían pintado
3 pretérito		**10 pretérito anterior**	
pinté	pintamos	hube pintado	hubimos pintado
pintaste	pintasteis	hubiste pintado	hubisteis pintado
pintó	pintaron	hubo pintado	hubieron pintado
4 futuro		**11 futuro perfecto**	
pintaré	pintaremos	habré pintado	habremos pintado
pintarás	pintaréis	habrás pintado	habréis pintado
pintará	pintarán	habrá pintado	habrán pintado
5 potencial simple		**12 potencial compuesto**	
pintaría	pintaríamos	habría pintado	habríamos pintado
pintarías	pintaríais	habrías pintado	habríais pintado
pintaría	pintarían	habría pintado	habrían pintado
6 presente de subjuntivo		**13 perfecto de subjuntivo**	
pinte	pintemos	haya pintado	hayamos pintado
pintes	pintéis	hayas pintado	hayáis pintado
pinte	pinten	haya pintado	hayan pintado
7 imperfecto de subjuntivo		**14 pluscuamperfecto de subjuntivo**	
pintara	pintáramos	hubiera pintado	hubiéramos pintado
pintaras	pintarais	hubieras pintado	hubierais pintado
pintara	pintaran	hubiera pintado	hubieran pintado
OR		OR	
pintase	pintásemos	hubiese pintado	hubiésemos pintado
pintases	pintaseis	hubieses pintado	hubieseis pintado
pintase	pintasen	hubiese pintado	hubiesen pintado

	imperativo	
–	pintemos
pinta; no pintes	pintad; no pintéis
pinte	pinten

For words related to this verb see the verb **pintarse.**

Also, be sure to consult the sections on verbs used in idiomatic expressions, verbs with prepositions, and the list of over 1,000 verbs conjugated like model verbs in the back pages.

to make up (one's face), to tint, to color (one's hair, lips, etc.)

The Seven Simple Tenses		The Seven Compound Tenses	
Singular	Plural	Singular	Plural
1 presente de indicativo		**8 perfecto de indicativo**	
me pinto	nos pintamos	me he pintado	nos hemos pintado
te pintas	os pintáis	te has pintado	os habéis pintado
se pinta	se pintan	se ha pintado	se han pintado
2 imperfecto de indicativo		**9 pluscuamperfecto de indicativo**	
me pintaba	nos pintábamos	me había pintado	nos habíamos pintado
te pintabas	os pintabais	te habías pintado	os habíais pintado
se pintaba	se pintaban	se había pintado	se habían pintado
3 pretérito		**10 pretérito anterior**	
me pinté	nos pintamos	me hube pintado	nos hubimos pintado
te pintaste	os pintasteis	te hubiste pintado	os hubisteis pintado
se pintó	se pintaron	se hubo pintado	se hubieron pintado
4 futuro		**11 futuro perfecto**	
me pintaré	nos pintaremos	me habré pintado	nos habremos pintado
te pintarás	os pintaréis	te habrás pintado	os habréis pintado
se pintará	se pintarán	se habrá pintado	se habrán pintado
5 potencial simple		**12 potencial compuesto**	
me pintaría	nos pintaríamos	me habría pintado	nos habríamos pintado
te pintarías	os pintaríais	te habrías pintado	os habríais pintado
se pintaría	se pintarían	se habría pintado	se habrían pintado
6 presente de subjuntivo		**13 perfecto de subjuntivo**	
me pinte	nos pintemos	me haya pintado	nos hayamos pintado
te pintes	os pintéis	te hayas pintado	os hayáis pintado
se pinte	se pinten	se haya pintado	se hayan pintado
7 imperfecto de subjuntivo		**14 pluscuamperfecto de subjuntivo**	
me pintara	nos pintáramos	me hubiera pintado	nos hubiéramos pintado
te pintaras	os pintarais	te hubieras pintado	os hubierais pintado
se pintara	se pintaran	se hubiera pintado	se hubieran pintado
OR		OR	
me pintase	nos pintásemos	me hubiese pintado	nos hubiésemos pintado
te pintases	os pintaseis	te hubieses pintado	os hubieseis pintado
se pintase	se pintasen	se hubiese pintado	se hubiesen pintado

	imperativo
—	pintémonos
píntate; no te pintes	pintaos; no os pintéis
píntese	píntense

Words and expressions related to this verb

un pintor, una pintora   painter (artist)
una pintura   painting (picture)
un pintor de brocha gorda   house (sign) painter
una pintura al fresco   fresco painting

una pintura al óleo   oil painting
una pintura al pastel   pastel painting
pinturero, pinturera   conceited person
pintoresco, pintoresca   picturesque

When using this verb to mean to color one's hair, lips, etc., you must mention **el pelo, los labios**, etc.

to tread (on), to step on, to trample

The Seven Simple Tenses		The Seven Compound Tenses	
Singular	Plural	Singular	Plural

1 presente de indicativo		8 perfecto de indicativo	
piso	pisamos	he pisado	hemos pisado
pisas	pisáis	has pisado	habéis pisado
pisa	pisan	ha pisado	han pisado

2 imperfecto de indicativo		9 pluscuamperfecto de indicativo	
pisaba	pisábamos	había pisado	habíamos pisado
pisabas	pisabais	habías pisado	habíais pisado
pisaba	pisaban	había pisado	habían pisado

3 pretérito		10 pretérito anterior	
pisé	pisamos	hube pisado	hubimos pisado
pisaste	pisasteis	hubiste pisado	hubisteis pisado
pisó	pisaron	hubo pisado	hubieron pisado

4 futuro		11 futuro perfecto	
pisaré	pisaremos	habré pisado	habremos pisado
pisarás	pisaréis	habrás pisado	habréis pisado
pisará	pisarán	habrá pisado	habrán pisado

5 potencial simple		12 potencial compuesto	
pisaría	pisaríamos	habría pisado	habríamos pisado
pisarías	pisaríais	habrías pisado	habríais pisado
pisaría	pisarían	habría pisado	habrían pisado

6 presente de subjuntivo		13 perfecto de subjuntivo	
pise	pisemos	haya pisado	hayamos pisado
pises	piséis	hayas pisado	hayáis pisado
pise	pisen	haya pisado	hayan pisado

7 imperfecto de subjuntivo		14 pluscuamperfecto de subjuntivo	
pisara	pisáramos	hubiera pisado	hubiéramos pisado
pisaras	pisarais	hubieras pisado	hubierais pisado
pisara	pisaran	hubiera pisado	hubieran pisado
OR		OR	
pisase	pisásemos	hubiese pisado	hubiésemos pisado
pisases	pisaseis	hubieses pisado	hubieseis pisado
pisase	pisasen	hubiese pisado	hubiesen pisado

imperativo

—	pisemos
pisa; no pises	pisad; no piséis
pise	pisen

Words and expressions related to this verb

la pisa   kicking
el piso   floor, story (of a building)
el piso alto   top floor
repisar   to pack down

el piso principal   main floor
el piso bajo   ground floor
el pisoteo   abuse, trampling
la repisa   shelf; **repisa de ventana**   window sill

The subject pronouns are found on the page facing page 1.

placer

to gratify, to humor, to please

The Seven Simple Tenses		The Seven Compound Tenses	
Singular	Plural	Singular	Plural
1 presente de indicativo		**8 perfecto de indicativo**	
plazco	placemos	he placido	hemos placido
places	placéis	has placido	habéis placido
place	placen	ha placido	han placido
2 imperfecto de indicativo		**9 pluscuamperfecto de indicativo**	
placía	placíamos	había placido	habíamos placido
placías	placíais	habías placido	habíais placido
placía	placían	había placido	habían placido
3 pretérito		**10 pretérito anterior**	
plací	placimos	hube placido	hubimos placido
placiste	placisteis	hubiste placido	hubisteis placido
plació	placieron	hubo placido	hubieron placido
4 futuro		**11 futuro perfecto**	
placeré	placeremos	habré placido	habremos placido
placerás	placeréis	habrás placido	habréis placido
placerá	placerán	habrá placido	habrán placido
5 potencial simple		**12 potencial compuesto**	
placería	placeríamos	habría placido	habríamos placido
placerías	placeríais	habrías placido	habríais placido
placería	placerían	habría placido	habrían placido
6 presente de subjuntivo		**13 perfecto de subjuntivo**	
plazca	plazcamos	haya placido	hayamos placido
plazcas	plazcáis	hayas placido	hayáis placido
plazca	plazcan	haya placido	hayan placido
7 imperfecto de subjuntivo		**14 pluscuamperfecto de subjuntivo**	
placiera	placiéramos	hubiera placido	hubiéramos placido
placieras	placierais	hubieras placido	hubierais placido
placiera	placieran	hubiera placido	hubieran placido
OR		OR	
placiese	placiésemos	hubiese placido	hubiésemos placido
placieses	placieseis	hubieses placido	hubieseis placido
placiese	placiesen	hubiese placido	hubiesen placido

	imperativo	
—	plazcamos	
place; no plazcas	placed; no plazcáis	
plazca	plazcan	

Words related to this verb

el placer pleasure
la placidez contentment
placenteramente joyfully

el placero, la placera market merchant
placentero, placentera agreeable, pleasant
placible agreeable, placid

In poetry, **plugo** is sometimes used instead of **plació**, **pluguieron** instead of **placieron**, **plegue** instead of **plazca**, **pluguiera** instead of **placiera**, and **pluguiese** instead of **placiese**.

to chat, to talk over, to discuss

The Seven Simple Tenses		The Seven Compound Tenses	
Singular	Plural	Singular	Plural
1 presente de indicativo		**8 perfecto de indicativo**	
platico	platicamos	he platicado	hemos platicado
platicas	platicáis	has platicado	habéis platicado
platica	platican	ha platicado	han platicado
2 imperfecto de indicativo		**9 pluscuamperfecto de indicativo**	
platicaba	platicábamos	había platicado	habíamos platicado
platicabas	platicabais	habías platicado	habíais platicado
platicaba	platicaban	había platicado	habían platicado
3 pretérito		**10 pretérito anterior**	
platiqué	platicamos	hube platicado	hubimos platicado
platicaste	platicasteis	hubiste platicado	hubisteis platicado
platicó	platicaron	hubo platicado	hubieron platicado
4 futuro		**11 futuro perfecto**	
platicaré	platicaremos	habré platicado	habremos platicado
platicarás	platicaréis	habrás platicado	habréis platicado
platicará	platicarán	habrá platicado	habrán platicado
5 potencial simple		**12 potencial compuesto**	
platicaría	platicaríamos	habría platicado	habríamos platicado
platicarías	platicaríais	habrías platicado	habríais platicado
platicaría	platicarían	habría platicado	habrían platicado
6 presente de subjuntivo		**13 perfecto de subjuntivo**	
platique	platiquemos	haya platicado	hayamos platicado
platiques	platiquéis	hayas platicado	hayáis platicado
platique	platiquen	haya platicado	hayan platicado
7 imperfecto de subjuntivo		**14 pluscuamperfecto de subjuntivo**	
platicara	platicáramos	hubiera platicado	hubiéramos platicado
platicaras	platicarais	hubieras platicado	hubierais platicado
platicara	platicaran	hubiera platicado	hubieran platicado
OR		OR	
platicase	platicásemos	hubiese platicado	hubiésemos platicado
platicases	platicaseis	hubieses platicado	hubieseis platicado
platicase	platicasen	hubiese platicado	hubiesen platicado

	imperativo	
—		platiquemos
	platica; no platiques	platicad; no platiquéis
	platique	platiquen

Words related to this verb

una plática chat, talk, conversation
un platicador, una platicadora talker; *as an adj.,* talkative

Consult the back pages for the sections on verbs used in idiomatic expressions, Spanish proverbs using verbs, weather expressions using verbs, verbs with prepositions, and over 1,000 Spanish verbs conjugated like model verbs.

to be able, can

The Seven Simple Tenses		The Seven Compound Tenses	
Singular	Plural	Singular	Plural

1 presente de indicativo

		8 perfecto de indicativo	
puedo	podemos	he podido	hemos podido
puedes	podéis	has podido	habéis podido
puede	pueden	ha podido	han podido

2 imperfecto de indicativo

		9 pluscuamperfecto de indicativo	
podía	podíamos	había podido	habíamos podido
podías	podíais	habías podido	habíais podido
podía	podían	había podido	habían podido

3 pretérito

		10 pretérito anterior	
pude	pudimos	hube podido	hubimos podido
pudiste	pudisteis	hubiste podido	hubisteis podido
pudo	pudieron	hubo podido	hubieron podido

4 futuro

		11 futuro perfecto	
podré	podremos	habré podido	habremos podido
podrás	podréis	habrás podido	habréis podido
podrá	podrán	habrá podido	habrán podido

5 potencial simple

		12 potencial compuesto	
podría	podríamos	habría podido	habríamos podido
podrías	podríais	habrías podido	habríais podido
podría	podrían	habría podido	habrían podido

6 presente de subjuntivo

		13 perfecto de subjuntivo	
pueda	podamos	haya podido	hayamos podido
puedas	podáis	hayas podido	hayáis podido
pueda	puedan	haya podido	hayan podido

7 imperfecto de subjuntivo

		14 pluscuamperfecto de subjuntivo	
pudiera	pudiéramos	hubiera podido	hubiéramos podido
pudieras	pudierais	hubieras podido	hubierais podido
pudiera	pudieran	hubiera podido	hubieran podido
OR		OR	
pudiese	pudiésemos	hubiese podido	hubiésemos podido
pudieses	pudieseis	hubieses podido	hubieseis podido
pudiese	pudiesen	hubiese podido	hubiesen podido

imperativo

—	podamos
puede; no puedas	poded; no podáis
pueda	puedan

Words and expressions related to this verb

el poder   power
apoderar   to empower
apoderarse de   to take possession, to take over
poderoso, poderosa   powerful
No se puede.   It can't be done.

a poder de   by dint of (by the power or force of)
estar en el poder   to be in power
Querer es poder   Where there's a will there's a way.

Consult the back pages for verbs with prepositions and verbs used in idiomatic expressions.

to put, to place

The Seven Simple Tenses		The Seven Compound Tenses	
Singular	Plural	Singular	Plural

1   presente de indicativo

		8 perfecto de indicativo	
pongo	ponemos	he puesto	hemos puesto
pones	ponéis	has puesto	habéis puesto
pone	ponen	ha puesto	han puesto

2   imperfecto de indicativo

		9 pluscuamperfecto de indicativo	
ponía	poníamos	había puesto	habíamos puesto
ponías	poníais	habías puesto	habíais puesto
ponía	ponían	había puesto	habían puesto

3   pretérito

		10 pretérito anterior	
puse	pusimos	hube puesto	hubimos puesto
pusiste	pusisteis	hubiste puesto	hubisteis puesto
puso	pusieron	hubo puesto	hubieron puesto

4   futuro

		11 futuro perfecto	
pondré	pondremos	habré puesto	habremos puesto
pondrás	pondréis	habrás puesto	habréis puesto
pondrá	pondrán	habrá puesto	habrán puesto

5   potencial simple

		12 potencial compuesto	
pondría	pondríamos	habría puesto	habríamos puesto
pondrías	pondríais	habrías puesto	habríais puesto
pondría	pondrían	habría puesto	habrían puesto

6   presente de subjuntivo

		13 perfecto de subjuntivo	
ponga	pongamos	haya puesto	hayamos puesto
pongas	pongáis	hayas puesto	hayáis puesto
ponga	pongan	haya puesto	hayan puesto

7   imperfecto de subjuntivo

		14 pluscuamperfecto de subjuntivo	
pusiera	pusiéramos	hubiera puesto	hubiéramos puesto
pusieras	pusierais	hubieras puesto	hubierais puesto
pusiera	pusieran	hubiera puesto	hubieran puesto
pusiese	pusiésemos	hubiese puesto	hubiésemos puesto
pusieses	pusieseis	hubieses puesto	hubieseis puesto
pusiese	pusiesen	hubiese puesto	hubiesen puesto

imperativo

—	pongamos
pon; no pongas	poned; no pongáis
ponga	pongan

Common idiomatic expressions using this verb

poner fin a   to put a stop to
poner la mesa   to set the table
poner de acuerdo   to reach an agreement
posponer   to postpone

la puesta de sol   sunset
bien puesto, bien puesta   well placed
reponer   to replace, to put back

For additional words and expressions related to this verb, see **ponerse** and **componer**.
See also the back pages for verbs used in idiomatic expressions.

The subject pronouns are found on the page facing page 1.   **367**

to put on (clothing), to become, to set (of sun)

The Seven Simple Tenses		The Seven Compound Tenses	
Singular	Plural	Singular	Plural
1 presente de indicativo		**8 perfecto de indicativo**	
me pongo	nos ponemos	me he puesto	nos hemos puesto
te pones	os ponéis	te has puesto	os habéis puesto
se pone	se ponen	se ha puesto	se han puesto
2 imperfecto de indicativo		**9 pluscuamperfecto de indicativo**	
me ponía	nos poníamos	me había puesto	nos habíamos puesto
te ponías	os poníais	te habías puesto	os habíais puesto
se ponía	se ponían	se había puesto	se habían puesto
3 pretérito		**10 pretérito anterior**	
me puse	nos pusimos	me hube puesto	nos hubimos puesto
te pusiste	os pusisteis	te hubiste puesto	os hubisteis puesto
se puso	se pusieron	se hubo puesto	se hubieron puesto
4 futuro		**11 futuro perfecto**	
me pondré	nos pondremos	me habré puesto	nos habremos puesto
te pondrás	os pondréis	te habrás puesto	os habréis puesto
se pondrá	se pondrán	se habrá puesto	se habrán puesto
5 potencial simple		**12 potencial compuesto**	
me pondría	nos pondríamos	me habría puesto	nos habríamos puesto
te pondrías	os pondríais	te habrías puesto	os habríais puesto
se pondría	se pondrían	se habría puesto	se habrían puesto
6 presente de subjuntivo		**13 perfecto de subjuntivo**	
me ponga	nos pongamos	me haya puesto	nos hayamos puesto
te pongas	os pongáis	te hayas puesto	os hayáis puesto
se ponga	se pongan	se haya puesto	se hayan puesto
7 imperfecto de subjuntivo		**14 pluscuamperfecto de subjuntivo**	
me pusiera	nos pusiéramos	me hubiera puesto	nos hubiéramos puesto
te pusieras	os pusierais	te hubieras puesto	os hubierais puesto
se pusiera	se pusieran	se hubiera puesto	se hubieran puesto
OR		OR	
me pusiese	nos pusiésemos	me hubiese puesto	nos hubiésemos puesto
te pusieses	os pusieseis	te hubieses puesto	os hubieseis puesto
se pusiese	se pusiesen	se hubiese puesto	se hubiesen puesto

	imperativo
—	pongámonos
ponte; no te pongas	poneos; no os pongáis
póngase	pónganse

Common idiomatic expressions using this verb

ponerse el abrigo to put on one's overcoat
ponerse a + inf. to begin, to start + inf.
María se puso pálida. Mary become pale.

reponerse to calm down, to recover
  (one's health)
indisponerse to become ill

For additional words and expressions related to this verb, see **poner** and **componer**.
See also the back pages for verbs used in idiomatic expressions.

The Seven Simple Tenses

The Seven Compound Tenses

Singular	Plural	Singular	Plural
1 presente de indicativo		**8 perfecto de indicativo**	
poseo	poseemos	he poseído	hemos poseído
posees	poseéis	has poseído	habéis poseído
posee	poseen	ha poseído	han poseído
2 imperfecto de indicativo		**9 pluscuamperfecto de indicativo**	
poseía	poseíamos	había poseído	habíamos poseído
poseías	poseíais	habías poseído	habíais poseído
poseía	poseían	había poseído	habían poseído
3 pretérito		**10 pretérito anterior**	
poseí	poseímos	hube poseído	hubimos poseído
poseíste	poseísteis	hubiste poseído	hubisteis poseído
poseyó	poseyeron	hubo poseído	hubieron poseído
4 futuro		**11 futuro perfecto**	
poseeré	poseeremos	habré poseído	habremos poseído
poseerás	poseeréis	habrás poseído	habréis poseído
poseerá	poseerán	habrá poseído	habrán poseído
5 potencial simple		**12 potencial compuesto**	
poseería	poseeríamos	habría poseído	habríamos poseído
poseerías	poseeríais	habrías poseído	habríais poseído
poseería	poseerían	habría poseído	habrían poseído
6 presente de subjuntivo		**13 perfecto de subjuntivo**	
posea	poseamos	haya poseído	hayamos poseído
poseas	poseáis	hayas poseído	hayáis poseído
posea	posean	haya poseído	hayan poseído
7 imperfecto de subjuntivo		**14 pluscuamperfecto de subjuntivo**	
poseyera	poseyéramos	hubiera poseído	hubiéramos poseído
poseyeras	poseyerais	hubieras poseído	hubierais poseído
poseyera	poseyeran	hubiera poseído	hubieran poseído
OR		OR	
poseyese	poseyésemos	hubiese poseído	hubiésemos poseído
poseyeses	poseyeseis	hubieses poseído	hubieseis poseído
poseyese	poseyesen	hubiese poseído	hubiesen poseído

imperativo

—	poseamos
posee; no poseas	poseed; no poseáis
posea	posean

Words related to this verb

el poseedor, la poseedora owner, possessor
la posesión possession
poseerse to control oneself

posesional possessive
el posesor, la posesora owner, possessor

to practice

The Seven Simple Tenses		The Seven Compound Tenses	
Singular	Plural	Singular	Plural
1 presente de indicativo		**8 perfecto de indicativo**	
practico	practicamos	he practicado	hemos practicado
practicas	practicáis	has practicado	habéis practicado
practica	practican	ha practicado	han practicado
2 imperfecto de indicativo		**9 pluscuamperfecto de indicativo**	
practicaba	practicábamos	había practicado	habíamos practicado
practicabas	practicabais	habías practicado	habíais practicado
practicaba	practicaban	había practicado	habían practicado
3 pretérito		**10 pretérito anterior**	
practiqué	practicamos	hube practicado	hubimos practicado
practicaste	practicasteis	hubiste practicado	hubisteis practicado
practicó	practicaron	hubo practicado	hubieron practicado
4 futuro		**11 futuro perfecto**	
practicaré	practicaremos	habré practicado	habremos practicado
practicarás	practicaréis	habrás practicado	habréis practicado
practicará	practicarán	habrá practicado	habrán practicado
5 potencial simple		**12 potencial compuesto**	
practicaría	practicaríamos	habría practicado	habríamos practicado
practicarías	practicaríais	habrías practicado	habríais practicado
practicaría	practicarían	habría practicado	habrían practicado
6 presente de subjuntivo		**13 perfecto de subjuntivo**	
practique	practiquemos	haya practicado	hayamos practicado
practiques	practiquéis	hayas practicado	hayáis practicado
practique	practiquen	haya practicado	hayan practicado
7 imperfecto de subjuntivo		**14 pluscuamperfecto de subjuntivo**	
practicara	practicáramos	hubiera practicado	hubiéramos practicado
practicaras	practicarais	hubieras practicado	hubierais practicado
practicara	practicaran	hubiera practicado	hubieran practicado
OR		OR	
practicase	practicásemos	hubiese practicado	hubiésemos practicado
practicases	practicaseis	hubieses practicado	hubieseis practicado
practicase	practicasen	hubiese practicado	hubiesen practicado

imperativo

—	pratiquemos
practica; no practiques	practicad; no practiquéis
practique	practiquen

Words and expressions related to this verb

práctico, práctica practical
la práctica practice, habit
en la práctica in practice

practicar investigaciones to look into, to investigate
practicar un informe to make a report

to predict, to forecast, to foretell

The Seven Simple Tenses		The Seven Compound Tenses	
Singular	Plural	Singular	Plural

1   presente de indicativo

		8 perfecto de indicativo	
predigo	predecimos	he predicho	hemos predicho
predices	predecís	has predicho	habéis predicho
predice	predicen	ha predicho	han predicho

2   imperfecto de indicativo

		9 pluscuamperfecto de indicativo	
predecía	predecíamos	había predicho	habíamos predicho
predecías	predecíais	habías predicho	habíais predicho
predecía	predecían	había predicho	habían predicho

3   pretérito

		10 pretérito anterior	
predije	predijimos	hube predicho	hubimos predicho
predijiste	predijisteis	hubiste predicho	hubisteis predicho
predijo	predijeron	hubo predicho	hubieron predicho

4   futuro

		11 futuro perfecto	
predeciré	predeciremos	habré predicho	habremos predicho
predecirás	predeciréis	habrás predicho	habréis predicho
predecirá	predecirán	habrá predicho	habrán predicho

5   potencial simple

		12 potencial compuesto	
predeciría	predeciríamos	habría predicho	habríamos predicho
predecirías	predeciríais	habrías predicho	habrías predicho
predeciría	predecirían	habría predicho	habrían predicho

6   presente de subjuntivo

		13 perfecto de subjuntivo	
prediga	predigamos	haya predicho	hayamos predicho
predigas	predigáis	hayas predicho	hayáis predicho
prediga	predigan	haya predicho	hayan predicho

7   imperfecto de subjuntivo

		14 pluscuamperfecto de subjuntivo	
predijera	predijéramos	hubiera predicho	hubiéramos predicho
predijeras	predijerais	hubieras predicho	hubierais predicho
predijera	predijeran	hubiera predicho	hubieran predicho
OR		OR	
predijese	predijésemos	hubiese predicho	hubiésemos predicho
predijeses	predijeseis	hubieses predicho	hubieseis predicho
predijese	predijesen	hubiese predicho	hubiesen predicho

imperativo

—	**predigamos**
predice; no predigas	**predecid; no predigáis**
prediga	**predigan**

Words and expressions related to this verb

decir   to say, to tell   **la predicción del tiempo**   weather forecasting
una predicción   prediction   **la dicción**   diction

Consult the back pages for the list of over 1,000 verbs conjugated like model verbs.

to preach

The Seven Simple Tenses		The Seven Compound Tenses	
Singular	Plural	Singular	Plural
1 presente de indicativo		**8 perfecto de indicativo**	
predico	predicamos	he predicado	hemos predicado
predicas	predicáis	has predicado	habéis predicado
predica	predican	ha predicado	han predicado
2 imperfecto de indicativo		**9 pluscuamperfecto de indicativo**	
predicaba	predicábamos	había predicado	habíamos predicado
predicabas	predicabais	habías predicado	habíais predicado
predicaba	predicaban	había predicado	habían predicado
3 pretérito		**10 pretérito anterior**	
prediqué	predicamos	hube predicado	hubimos predicado
predicaste	predicasteis	hubiste predicado	hubisteis predicado
predicó	predicaron	hubo predicado	hubieron predicado
4 futuro		**11 futuro perfecto**	
predicaré	predicaremos	habré predicado	habremos predicado
predicarás	predicaréis	habrás predicado	habréis predicado
predicará	predicarán	habrá predicado	habrán predicado
5 potencial simple		**12 potencial compuesto**	
predicaría	predicaríamos	habría predicado	habríamos predicado
predicarías	predicaríais	habrías predicado	habríais predicado
predicaría	predicarían	habría predicado	habrían predicado
6 presente de subjuntivo		**13 perfecto de subjuntivo**	
predique	prediquemos	haya predicado	hayamos predicado
prediques	prediquéis	hayas predicado	hayáis predicado
predique	prediquen	haya predicado	hayan predicado
7 imperfecto de subjuntivo		**14 pluscuamperfecto de subjuntivo**	
predicara	predicáramos	hubiera predicado	hubiéramos predicado
predicaras	predicarais	hubieras predicado	hubierais predicado
predicara	predicaran	hubiera predicado	hubieran predicado
OR		OR	
predicase	predicásemos	hubiese predicado	hubiésemos predicado
predicases	predicaseis	hubieses predicado	hubieseis predicado
predicase	predicasen	hubiese predicado	hubiesen predicado

imperativo

—	prediquemos
predica; no prediques	predicad; no prediquéis
predique	prediquen

Words related to this verb

la predicación preaching　　　　**la predicadera** gift of preaching
predicante predicant　　　　　**predicativo, predicativa** predicative

Consult the back pages for the section on verbs with prepositions.

The Seven Simple Tenses		The Seven Compound Tenses	
Singular	Plural	Singular	Plural

1 presente de indicativo

prefiero	preferimos		
prefieres	preferís		
prefiere	prefieren		

8 perfecto de indicativo

he preferido	hemos preferido
has preferido	habéis preferido
ha preferido	han preferido

2 imperfecto de indicativo

prefería	preferíamos
preferías	preferíais
prefería	preferían

9 pluscuamperfecto de indicativo

había preferido	habíamos preferido
habías preferido	habíais preferido
había preferido	habían preferido

3 pretérito

preferí	preferimos
preferiste	preferisteis
prefirió	prefirieron

10 pretérito anterior

hube preferido	hubimos preferido
hubiste preferido	hubisteis preferido
hubo preferido	hubieron preferido

4 futuro

preferiré	preferiremos
preferirás	preferiréis
preferirá	preferirán

11 futuro perfecto

habré preferido	habremos preferido
habrás preferido	habréis preferido
habrá preferido	habrán preferido

5 potencial simple

preferiría	preferiríamos
preferirías	preferiríais
preferiría	preferirían

12 potencial compuesto

habría preferido	habríamos preferido
habrías preferido	habríais preferido
habría preferido	habrían preferido

6 presente de subjuntivo

prefiera	prefiramos
prefieras	prefiráis
prefiera	prefieran

13 perfecto de subjuntivo

haya preferido	hayamos preferido
hayas preferido	hayáis preferido
haya preferido	hayan preferido

7 imperfecto de subjuntivo

prefiriera	prefiriéramos
prefirieras	prefirierais
prefiriera	prefirieran
OR	
prefiriese	prefiriésemos
prefirieses	prefirieseis
prefiriese	prefiriesen

14 pluscuamperfecto de subjuntivo

hubiera preferido	hubiéramos preferido
hubieras preferido	hubierais preferido
hubiera preferido	hubieran preferido
OR	
hubiese preferido	hubiésemos preferido
hubieses preferido	hubieseis preferido
hubiese preferido	hubiesen preferido

imperativo

—	prefiramos
prefiere; no prefieras	preferid; no prefiráis
prefiera	prefieran

Words related to this verb

preferiblemente preferably	**de preferencia** preferably
preferible preferable	**preferentemente** preferably
la preferencia preference	**referir** to refer, to relate
preferido, preferida preferred	

preguntar

Gerundio **preguntando**   Part. pas. **preguntado**

to ask, to inquire, to question

The Seven Simple Tenses		The Seven Compound Tenses	
Singular	Plural	Singular	Plural
1 presente de indicativo		**8 perfecto de indicativo**	
pregunto	preguntamos	he preguntado	hemos preguntado
preguntas	preguntáis	has preguntado	habéis preguntado
pregunta	preguntan	ha preguntado	han preguntado
2 imperfecto de indicativo		**9 pluscuamperfecto de indicativo**	
preguntaba	preguntábamos	había preguntado	habíamos preguntado
preguntabas	preguntabais	habías preguntado	habíais preguntado
preguntaba	preguntaban	había preguntado	habían preguntado
3 pretérito		**10 pretérito anterior**	
pregunté	preguntamos	hube preguntado	hubimos preguntado
preguntaste	preguntasteis	hubiste preguntado	hubisteis preguntado
preguntó	preguntaron	hubo preguntado	hubieron preguntado
4 futuro		**11 futuro perfecto**	
preguntaré	preguntaremos	habré preguntado	habremos preguntado
preguntarás	preguntaréis	habrás preguntado	habréis preguntado
preguntará	preguntarán	habrá preguntado	habrán preguntado
5 potencial simple		**12 potencial compuesto**	
preguntaría	preguntaríamos	habría preguntado	habríamos preguntado
preguntarías	preguntaríais	habrías preguntado	habríais preguntado
preguntaría	preguntarían	habría preguntado	habrían preguntado
6 presente de subjuntivo		**13 perfecto de subjuntivo**	
pregunte	preguntemos	haya preguntado	hayamos preguntado
preguntes	preguntéis	hayas preguntado	hayáis preguntado
pregunte	pregunten	haya preguntado	hayan preguntado
7 imperfecto de subjuntivo		**14 pluscuamperfecto de subjuntivo**	
preguntara	preguntáramos	hubiera preguntado	hubiéramos preguntado
preguntaras	preguntarais	hubieras preguntado	hubierais preguntado
preguntara	preguntaran	hubiera preguntado	hubieran preguntado
OR		OR	
preguntase	preguntásemos	hubiese preguntado	hubiésemos preguntado
preguntases	preguntaseis	hubieses preguntado	hubieseis preguntado
preguntase	preguntasen	hubiese preguntado	hubiesen preguntado

	imperativo	
—	preguntemos
pregunta; no preguntes	preguntad; no preguntéis
pregunte	pregunten

Words and expressions related to this verb

una pregunta question
hacer una pregunta   to ask a question
un preguntón, una preguntona
    inquisitive individual

preguntarse   to wonder, to ask oneself
preguntante   inquiring

Consult the back pages for the section on verbs used in idiomatic expressions.

to be concerned, to worry, to be worried

The Seven Simple Tenses		The Seven Compound Tenses	
Singular	Plural	Singular	Plural
1 presente de indicativo		**8 perfecto de indicativo**	
me preocupo	nos preocupamos	me he preocupado	nos hemos preocupado
te preocupas	os preocupáis	te has peocupado	os habéis preocupado
se preocupa	se preocupan	se ha peocupado	se han preocupado
2 imperfecto de indicativo		**9 pluscuamperfecto de indicativo**	
me preocupaba	nos preocupábamos	me había preocupado	nos habíamos preocupado
te preocupabas	os preocupabais	te habías preocupado	os habíais preocupado
se preocupaba	se preocupaban	se había preocupado	se habían preocupado
3 pretérito		**10 pretérito anterior**	
me preocupé	nos preocupamos	me hube preocupado	nos hubimos preocupado
te preocupaste	os preocupasteis	te hubiste preocupado	os hubisteis preocupado
se preocupó	se preocuparon	se hubo preocupado	se hubieron preocupado
4 futuro		**11 futuro perfecto**	
me preocuparé	nos preocuparemos	me habré preocupado	nos habremos preocupado
te preocuparás	os preocuparéis	te habrás preocupado	os habréis preocupado
se preocupará	se preocuparán	se habrá preocupado	se habrán preocupado
5 potencial simple		**12 potencial compuesto**	
me preocuparía	nos preocuparíamos	me habría preocupado	nos habríamos preocupado
te preocuparías	os preocuparíais	te habrías preocupado	os habríais preocupado
se preocuparía	se preocuparían	se habría preocupado	se habrían preocupado
6 presente de subjuntivo		**13 perfecto de subjuntivo**	
me preocupe	nos preocupemos	me haya preocupado	nos hayamos preocupado
te preocupes	os preocupéis	te hayas preocupado	os hayáis preocupado
se preocupe	se preocupen	se haya preocupado	se hayan preocupado
7 imperfecto de subjuntivo		**14 pluscuamperfecto de subjuntivo**	
me preocupara	nos preocupáramos	me hubiera preocupado	nos hubiéramos preocupado
te preocuparas	os preocuparais	te hubieras preocupado	os hubierais preocupado
se preocupara	se preocuparan	se hubiera preocupado	se hubieran preocupado
OR		OR	
me preocupase	nos preocupásemos	me hubiese preocupado	nos hubiésemos preocupado
te preocupases	os preocupaseis	te hubieses preocupado	os hubieseis preocupado
se preocupase	se preocupasen	se hubiese preocupado	se hubiesen preocupado

	imperativo	
–		preocupémonos
preocúpate; no te preocupes		preocupaos; no os preocupéis
preocúpese		preocúpense

Words related to this verb

preocupar to preoccupy, to worry
la preocupación preoccupation, worry

preocuparse de to take care of, to worry about
ocupar to occupy

For other words and expressions related to this verb, see **ocupar.**

to prepare

The Seven Simple Tenses		The Seven Compound Tenses	
Singular	Plural	Singular	Plural

1 presente de indicativo

preparo	preparamos
preparas	preparáis
prepara	preparan

8 perfecto de indicativo

he preparado	hemos preparado
has preparado	habéis preparado
ha preparado	han preparado

2 imperfecto de indicativo

preparaba	preparábamos
preparabas	preparabais
preparaba	preparaban

9 pluscuamperfecto de indicativo

había preparado	habíamos preparado
habías preparado	habíais preparado
había preparado	habían preparado

3 pretérito

preparé	preparamos
preparaste	preparasteis
preparó	prepararon

10 pretérito anterior

hube preparado	hubimos preparado
hubiste preparado	hubisteis preparado
hubo preparado	hubieron preparado

4 futuro

prepararé	prepararemos
prepararás	prepararéis
preparará	prepararán

11 futuro perfecto

habré preparado	habremos preparado
habrás preparado	habréis preparado
habrá preparado	habrán preparado

5 potencial simple

prepararía	prepararíamos
prepararías	prepararíais
prepararía	prepararían

12 potencial compuesto

habría preparado	habríamos preparado
habrías preparado	habríais preparado
habría preparado	habrían preparado

6 presente de subjuntivo

prepare	preparemos
prepares	preparéis
prepare	preparen

13 perfecto de subjuntivo

haya preparado	hayamos preparado
hayas preparado	hayáis preparado
haya preparado	hayan preparado

7 imperfecto de subjuntivo

preparara	preparáramos
prepararas	prepararais
preparara	prepararan
OR	
preparase	preparásemos
preparases	preparaseis
preparase	preparasen

14 pluscuamperfecto de subjuntivo

hubiera preparado	hubiéramos preparado
hubieras preparado	hubierais preparado
hubiera preparado	hubieran preparado
OR	
hubiese preparado	hubiésemos preparado
hubieses preparado	hubieseis preparado
hubiese preparado	hubiesen preparado

imperativo

—	preparemos
prepara; no prepares	preparad; no preparéis
prepare	preparen

Words related to this verb

preparatorio, preparatoria preparatory   **la preparación** preparation
el preparativo preparation, preparative   **prepararse** to prepare oneself

to be prepared, to get ready, to prepare oneself

The Seven Simple Tenses		The Seven Compound Tenses	
Singular	Plural	Singular	Plural

1   presente de indicativo

me preparo	nos preparamos
te preparas	os preparáis
se prepara	se preparan

8   perfecto de indicativo

me he preparado	nos hemos preparado
te has preparado	os habéis preparado
se ha preparado	se han preparado

2   imperfecto de indicativo

me preparaba	nos preparábamos
te preparabas	os preparabais
se preparaba	se preparaban

9   pluscuamperfecto de indicativo

me había preparado	nos habíamos preparado
te habías preparado	os habíais preparado
se había preparado	se habían preparado

3   pretérito

me preparé	nos preparamos
te preparaste	os preparasteis
se preparó	se prepararon

10   pretérito anterior

me hube preparado	nos hubimos preparado
te hubiste preparado	os hubisteis preparado
se hubo preparado	se hubieron preparado

4   futuro

me prepararé	nos prepararemos
te prepararás	os prepararéis
se preparará	se prepararán

11   futuro perfecto

me habré preparado	nos habremos preparado
te habrás preparado	os habréis preparado
se habrá preparado	se habrán preparado

5   potencial simple

me prepararía	nos prepararíamos
te prepararías	os prepararíais
se prepararía	se prepararían

12   potencial compuesto

me habría preparado	nos habríamos preparado
te habrías preparado	os habríais preparado
se habría preparado	se habrían preparado

6   presente de subjuntivo

me prepare	nos preparemos
te prepares	os preparéis
se prepare	se preparen

13   perfecto de subjuntivo

me haya preparado	nos hayamos preparado
te hayas preparado	os hayáis preparado
se haya preparado	se hayan preparado

7   imperfecto de subjuntivo

me preparara	nos preparáramos
te prepararas	os prepararais
se preparara	se prepararan
OR	
me preparase	nos preparásemos
te preparases	os preparaseis
se preparase	se preparasen

14   pluscuamperfecto de subjuntivo

me hubiera preparado	nos hubiéramos preparado
te hubieras preparado	os hubierais preparado
se hubiera preparado	se hubieran preparado
OR	
me hubiese preparado	nos hubiésemos preparado
te hubieses preparado	os hubieseis preparado
se hubiese preparado	se hubiesen preparado

imperativo

—	**preparémonos**
prepárate; no te prepares	**preparaos; no os preparéis**
prepárese	**preparense**

Words related to this verb

preparar   to prepare
el preparamiento, la preparación   preparation

For other words related to this verb, see **preparar**.

Consult the back pages for the list of over 1,000 verbs conjugated like model verbs.

to present, to display, to show, to introduce

The Seven Simple Tenses		The Seven Compound Tenses	
Singular	Plural	Singular	Plural
1 presente de indicativo		**8 perfecto de indicativo**	
presento	presentamos	he presentado	hemos presentado
presentas	presentáis	has presentado	habéis presentado
presenta	presentan	ha presentado	han presentado
2 imperfecto de indicativo		**9 pluscuamperfecto de indicativo**	
presentaba	presentábamos	había presentado	habíamos presentado
presentabas	presentabais	habías presentado	habíais presentado
presentaba	presentaban	había presentado	habían presentado
3 pretérito		**10 pretérito anterior**	
presenté	presentamos	hube presentado	hubimos presentado
presentaste	presentasteis	hubiste presentado	hubisteis presentado
presentó	presentaron	hubo presentado	hubieron presentado
4 futuro		**11 futuro perfecto**	
presentaré	presentaremos	habré presentado	habremos presentado
presentarás	presentaréis	habrás presentado	habréis presentado
presentará	presentarán	habrá presentado	habrán presentado
5 potencial simple		**12 potencial compuesto**	
presentaría	presentaríamos	habría presentado	habríamos presentado
presentarías	presentaríais	habrías presentado	habríais presentado
presentaría	presentarían	habría presentado	habrían presentado
6 presente de subjuntivo		**13 perfecto de subjuntivo**	
presente	presentemos	haya presentado	hayamos presentado
presentes	presentéis	hayas presentado	hayáis presentado
presente	presenten	haya presentado	hayan presentado
7 imperfecto de subjuntivo		**14 pluscuamperfecto de subjuntivo**	
presentara	presentáramos	hubiera presentado	hubiéramos presentado
presentaras	presentarais	hubieras presentado	hubierais presentado
presentara	presentaran	hubiera presentado	hubieran presentado
OR		OR	
presentase	presentásemos	hubiese presentado	hubiésemos presentado
presentases	presentaseis	hubieses presentado	hubieseis presentado
presentase	presentasen	hubiese presentado	hubiesen presentado

imperativo

–	presentemos
presenta; no presentes	presentad; no presentéis
presente	presenten

Words and expressions related to this verb

representar to represent   **al presente, de presente** at present
presentarse to introduce oneself   **presentar armas** to present arms
el presente present; present tense   **la presentación** presentation
por lo presente for the present

Consult the back pages for verbs with prepositions.

The Seven Simple Tenses		The Seven Compound Tenses	
Singular	Plural	Singular	Plural

1 presente de indicativo

presto	prestamos	
prestas	prestáis	
presta	prestan	

8 perfecto de indicativo

he prestado	hemos prestado
has prestado	habéis prestado
ha prestado	han prestado

2 imperfecto de indicativo

prestaba	prestábamos
prestabas	prestabais
prestaba	prestaban

9 pluscuamperfecto de indicativo

había prestado	habíamos prestado
habías prestado	habíais prestado
había prestado	habían prestado

3 pretérito

presté	prestamos
prestaste	prestasteis
prestó	prestaron

10 pretérito anterior

hube prestado	hubimos prestado
hubiste prestado	hubisteis prestado
hubo prestado	hubieron prestado

4 futuro

prestaré	prestaremos
prestarás	prestaréis
prestará	prestarán

11 futuro perfecto

habré prestado	habremos prestado
habrás prestado	habréis prestado
habrá prestado	habrán prestado

5 potencial simple

prestaría	prestaríamos
prestarías	prestaríais
prestaría	prestarían

12 potencial compuesto

habría prestado	habríamos prestado
habrías prestado	habríais prestado
habría prestado	habrían prestado

6 presente de subjuntivo

preste	prestemos
prestes	prestéis
preste	presten

13 perfecto de subjuntivo

haya prestado	hayamos prestado
hayas prestado	hayáis prestado
haya prestado	hayan prestado

7 imperfecto de subjuntivo

prestara	prestáramos
prestaras	prestarais
prestara	prestaran
OR	
prestase	prestásemos
prestases	prestaseis
prestase	prestasen

14 pluscuamperfecto de subjuntivo

hubiera prestado	hubiéramos prestado
hubieras prestado	hubierais prestado
hubiera prestado	hubieran prestado
OR	
hubiese prestado	hubiésemos prestado
hubieses prestado	hubieseis prestado
hubiese prestado	hubiesen prestado

imperativo

—	prestemos
presta; no prestes	prestad; no prestéis
preste	presten

Words and expressions related to this verb

pedir prestado to borrow
tomar prestado to borrow
prestador, prestadora lender
un préstamo loan

prestar atención to pay attention
una casa de préstamos pawn shop
un, una prestamista money lender

principiar

Gerundio **principiando**   Part. pas. **principiado**

to begin

The Seven Simple Tenses		The Seven Compound Tenses	
Singular	Plural	Singular	Plural
1 presente de indicativo		**8 perfecto de indicativo**	
principio	principiamos	he principiado	hemos principiado
principias	principiáis	has principiado	habéis principiado
principia	principian	ha principiado	han principiado
2 imperfecto de indicativo		**9 pluscuamperfecto de indicativo**	
principiaba	principiábamos	había principiado	habíamos principiado
principiabas	principiabais	habías principiado	habíais principiado
principiaba	principiaban	había principiado	habían principiado
3 pretérito		**10 pretérito anterior**	
principié	principiamos	hube principiado	hubimos principiado
principiaste	principiasteis	hubiste principiado	hubisteis principiado
principió	principiaron	hubo principiado	hubieron principiado
4 futuro		**11 futuro perfecto**	
principiaré	principiaremos	habré principiado	habremos principiado
principiarás	principiaréis	habrás principiado	habréis principiado
principiará	principiarán	habrá principiado	habrán principiado
5 potencial simple		**12 potencial compuesto**	
principiaría	principiaríamos	habría principiado	habríamos principiado
principiarías	principiaríais	habrías principiado	habríais principiado
principiaría	principiarían	habría principiado	habrían principiado
6 presente de subjuntivo		**13 perfecto de subjuntivo**	
principie	principiemos	haya principiado	hayamos principiado
principies	principiéis	hayas principiado	hayáis principiado
principie	principien	haya principiado	hayan principiado
7 imperfecto de subjuntivo		**14 pluscuamperfecto de subjuntivo**	
principiara	principiáramos	hubiera principiado	hubiéramos principiado
principiaras	principiarais	hubieras principiado	hubierais principiado
principiara	principiaran	hubiera principiado	hubieran principiado
OR		OR	
principiase	principiásemos	hubiese principiado	hubiésemos principiado
principiases	principiaseis	hubieses principiado	hubieseis principiado
principiase	principiasen	hubiese principiado	hubiesen principiado

imperativo	
–	principiemos
principia; no principies	principiad; no principiéis
principie	principien

Words and expressions related to this verb

el principio   beginning, start; principle
a principios de   at the beginning of
desde el principio   from the beginning
principio de admiración   inverted exclamation point (¡)

en principio   in principle
el, la principiante   beginner
principio de interrogación   inverted question mark (¿)
al principio (a los principios)   at first, in the beginning

to test, to prove, to try, to try on

The Seven Simple Tenses		The Seven Compound Tenses	
Singular	Plural	Singular	Plural

1 presente de indicativo

		8 perfecto de indicativo	
pruebo	probamos	he probado	hemos probado
pruebas	probáis	has probado	habéis probado
prueba	prueban	ha probado	han probado

2 imperfecto de indicativo

		9 pluscuamperfecto de indicativo	
probaba	probábamos	había probado	habíamos probado
probabas	probabais	habías probado	habíais probado
probaba	probaban	había probado	habían probado

3 pretérito

		10 pretérito anterior	
probé	probamos	hube probado	hubimos probado
probaste	probasteis	hubiste probado	hubisteis probado
probó	probaron	hubo probado	hubieron probado

4 futuro

		11 futuro perfecto	
probaré	probaremos	habré probado	habremos probado
probarás	probaréis	habrás probado	habréis probado
probará	probarán	habrá probado	habrán probado

5 potencial simple

		12 potencial compuesto	
probaría	probaríamos	habría probado	habríamos probado
probarías	probaríais	habrías probado	habríais probado
probaría	probarían	habría probado	habrían probado

6 presente de subjuntivo

		13 perfecto de subjuntivo	
pruebe	probemos	haya probado	hayamos probado
pruebes	probéis	hayas probado	hayáis probado
pruebe	prueben	haya probado	hayan probado

7 imperfecto de subjuntivo

		14 pluscuamperfecto de subjuntivo	
probara	probáramos	hubiera probado	hubiéramos probado
probaras	probarais	hubieras probado	hubierais probado
probara	probaran	hubiera probado	hubieran probado
OR		OR	
probase	probásemos	hubiese probado	hubiésemos probado
probases	probaseis	hubieses probado	hubieseis probado
probase	probasen	hubiese probado	hubiesen probado

imperativo

—	probemos
prueba; no pruebes	probad; no probéis
pruebe	prueben

Words and expressions related to this verb

la prueba proof, evidence
poner a prueba to put to the test, to try out
probable probable
probablemente probably

probar de to taste, to take a taste of
la probatura test, experiment
la probación proof, probation
la probabilidad probability

to try on

The Seven Simple Tenses		The Seven Compound Tenses	
Singular	Plural	Singular	Plural

1 presente de indicativo

me pruebo	nos probamos	
te pruebas	os probáis	
se prueba	se prueban	

8 perfecto de indicativo

me he probado	nos hemos probado
te has probado	os habéis probado
se ha probado	se han probado

2 imperfecto de indicativo

me probaba	nos probábamos
te probabas	os probabais
se probaba	se probaban

9 pluscuamperfecto de indicativo

me había probado	nos habíamos probado
te habías probado	os habíais probado
se había probado	se habían probado

3 pretérito

me probé	nos probamos
te probaste	os probasteis
se probó	se probaron

10 pretérito anterior

me hube probado	nos hubimos probado
te hubiste probado	os hubisteis probado
se hubo probado	se hubieron probado

4 futuro

me probaré	nos probaremos
te probarás	os probaréis
se probará	se probarán

11 futuro perfecto

me habré probado	nos habremos probado
te habrás probado	os habréis probado
se habrá probado	se habrán probado

5 potencial simple

me probaría	nos probaríamos
te probarías	os probaríais
se probaría	se probarían

12 potencial compuesto

me habría probado	nos habríamos probado
te habrías probado	os habríais probado
se habría probado	se habrían probado

6 presente de subjuntivo

me pruebe	nos probemos
te pruebes	os probéis
se pruebe	se prueben

13 perfecto de subjuntivo

me haya probado	nos hayamos probado
te hayas probado	os hayáis probado
se haya probado	se hayan probado

7 imperfecto de subjuntivo

me probara	nos probáramos
te probaras	os probarais
se probara	se probaran
OR	
me probase	nos probásemos
te probases	os probaseis
se probase	se probasen

14 pluscuamperfecto de subjuntivo

me hubiera probado	nos hubiéramos probado
te hubieras probado	os hubierais probado
se hubiera probado	se hubieran probado
OR	
me hubiese probado	nos hubiésemos probado
te hubieses probado	os hubieseis probado
se hubiese probado	se hubiesen probado

imperativo

—	probémonos
pruébate; no te pruebes	probaos; no os probéis
pruébese	pruébense

For words and expressions related to this verb, see **probar.**

to proclaim, to promulgate

The Seven Simple Tenses		The Seven Compound Tenses	
Singular	Plural	Singular	Plural
1 presente de indicativo		**8 perfecto de indicativo**	
proclamo	proclamamos	he proclamado	hemos proclamado
proclamas	proclamáis	has proclamado	habéis proclamado
proclama	proclaman	ha proclamado	han proclamado
2 imperfecto de indicativo		**9 pluscuamperfecto de indicativo**	
proclamaba	proclamábamos	había proclamado	habíamos proclamado
proclamabas	proclamabais	habías proclamado	habíais proclamado
proclamaba	proclamaban	había proclamado	habían proclamado
3 pretérito		**10 pretérito anterior**	
proclamé	proclamamos	hube proclamado	hubimos proclamado
proclamaste	proclamasteis	hubiste proclamado	hubisteis proclamado
proclamó	proclamaron	hubo proclamado	hubieron proclamado
4 futuro		**11 futuro perfecto**	
proclamaré	proclamaremos	habré proclamado	habremos proclamado
proclamarás	proclamaréis	habrás proclamado	habréis proclamado
proclamará	proclamarán	habrá proclamado	habrán proclamado
5 potencial simple		**12 potencial compuesto**	
proclamaría	proclamaríamos	habría proclamado	habríamos proclamado
proclamarías	proclamaríais	habrías proclamado	habríais proclamado
proclamaría	proclamarían	habría proclamado	habrían proclamado
6 presente de subjuntivo		**13 perfecto de subjuntivo**	
proclame	proclamemos	haya proclamado	hayamos proclamado
proclames	proclaméis	hayas proclamado	hayáis proclamado
proclame	proclamen	haya proclamado	hayan proclamado
7 imperfecto de subjuntivo		**14 pluscuamperfecto de subjuntivo**	
proclamara	proclamáramos	hubiera proclamado	hubiéramos proclamado
proclamaras	proclamarais	hubieras proclamado	hubierais proclamado
proclamara	proclamaran	hubiera proclamado	hubieran proclamado
OR		OR	
proclamase	proclamásemos	hubiese proclamado	hubiésemos proclamado
proclamases	proclamaseis	hubieses proclamado	hubieseis proclamado
proclamase	proclamasen	hubiese proclamado	hubiesen proclamado

imperativo

—	proclamemos
proclama; no proclames	proclamad; no proclaméis
proclame	proclamen

Words related to this verb

la proclamación, la proclama   proclamation

Be sure to consult the back pages for sections on verbs used in idiomatic expressions, verbs with prepositions, and the list of over 1,000 verbs conjugated like model verbs.

to produce, to cause

The Seven Simple Tenses		The Seven Compound Tenses	
Singular	Plural	Singular	Plural

1 presente de indicativo		8 perfecto de indicativo	
produzco	producimos	he producido	hemos producido
produces	producís	has producido	habéis producido
produce	producen	ha producido	han producido

2 imperfecto de indicativo		9 pluscuamperfecto de indicativo	
producía	producíamos	había producido	habíamos producido
producías	producíais	habías producido	habíais producido
producía	producían	había producido	habían producido

3 pretérito		10 pretérito anterior	
produje	produjimos	hube producido	hubimos producido
produjiste	produjisteis	hubiste producido	hubisteis producido
produjo	produjeron	hubo producido	hubieron producido

4 futuro		11 futuro perfecto	
produciré	produciremos	habré producido	habremos producido
producirás	produciréis	habrás producido	habréis producido
producirá	producirán	habrá producido	habrán producido

5 potencial simple		12 potencial compuesto	
produciría	produciríamos	habría producido	habríamos producido
producirías	produciríais	habrías producido	habríais producido
produciría	producirían	habría producido	habrían producido

6 presente de subjuntivo		13 perfecto de subjuntivo	
produzca	produzcamos	haya producido	hayamos producido
produzcas	produzcáis	hayas producido	hayáis producido
produzca	produzcan	haya producido	hayan producido

7 imperfecto de subjuntivo		14 pluscuamperfecto de subjuntivo	
produjera	produjéramos	hubiera producido	hubiéramos producido
produjeras	produjerais	hubieras producido	hubierais producido
produjera	produjeran	hubiera producido	hubieran producido
OR		OR	
produjese	produjésemos	hubiese producido	hubiésemos producido
produjeses	produjeseis	hubieses producido	hubieseis producido
produjese	produjesen	hubiese producido	hubiesen producido

imperativo	
—	produzcamos
produce; no produzcas	producid; no produzcáis
produzca	produzcan

Words and expressions related to this verb

la productividad productivity
productivo, productiva productive
el producto product, produce; proceeds
productos de belleza cosmetics
reproducir to reproduce

productos de aguja needlework
productos de consumo consumer goods
productos de tocador toilet articles
un productor, una productora producer

to prohibit, to forbid

The Seven Simple Tenses		The Seven Compound Tenses	
Singular	Plural	Singular	Plural

1   presente de indicativo

		8 perfecto de indicativo	
prohibo	prohibimos	he prohibido	hemos prohibido
prohibes	prohibís	has prohibido	habéis prohibido
prohibe	prohiben	ha prohibido	han prohibido

2   imperfecto de indicativo

		9 pluscuamperfecto de indicativo	
prohibía	prohibíamos	había prohibido	habíamos prohibido
prohibías	prohibíais	habías prohibido	habíais prohibido
prohibía	prohibían	había prohibido	habían prohibido

3   pretérito

		10 pretérito anterior	
prohibí	prohibimos	hube prohibido	hubimos prohibido
prohibiste	prohibisteis	hubiste prohibido	hubisteis prohibido
prohibió	prohibieron	hubo prohibido	hubieron prohibido

4   futuro

		11 futuro perfecto	
prohibiré	prohibiremos	habré prohibido	habremos prohibido
prohibirás	prohibiréis	habrás prohibido	habréis prohibido
prohibirá	prohibirán	habrá prohibido	habrán prohibido

5   potencial simple

		12 potencial compuesto	
prohibiría	prohibiríamos	habría prohibido	habríamos prohibido
prohibirías	prohibiríais	habrías prohibido	habríais prohibido
prohibiría	prohibirían	habría prohibido	habrían prohibido

6   presente de subjuntivo

		13 perfecto de subjuntivo	
prohiba	prohibamos	haya prohibido	hayamos prohibido
prohibas	prohibáis	hayas prohibido	hayáis prohibido
prohiba	prohiban	haya prohibido	hayan prohibido

7   imperfecto de subjuntivo

		14 pluscuamperfecto de subjuntivo	
prohibiera	prohibiéramos	hubiera prohibido	hubiéramos prohibido
prohibieras	prohibierais	hubieras prohibido	hubierais prohibido
prohibiera	prohibieran	hubiera prohibido	hubieran prohibido
OR		OR	
prohibiese	prohibiésemos	hubiese prohibido	hubiésemos prohibido
prohibieses	prohibieseis	hubieses prohibido	hubieseis prohibido
prohibiese	prohibiesen	hubiese prohibido	hubiesen prohibido

imperativo

—	prohibamos
prohibe; no prohibas	prohibid; no prohibáis
prohiba	prohiban

Words and expressions related to this verb

la prohibición   prohibition
el, la prohibicionista   prohibitionist
SE PROHIBE EL ESTACIONAMIENTO
  NO PARKING
SE PROHIBE FUMAR   NO SMOKING

prohibitivo, prohibitiva   prohibitive
prohibitorio, prohibitoria   prohibitory
SE PROHIBE LA ENTRADA   KEEP
  OUT
SE PROHIBE ESCUPIR   NO SPITTING
  ALLOWED

Be sure to consult the section on verbs used in idiomatic expressions.
The subject pronouns are found on the page facing page 1.

to pronounce

The Seven Simple Tenses		The Seven Compound Tenses	
Singular	Plural	Singular	Plural
1 presente de indicativo		**8 perfecto de indicativo**	
pronuncio	pronunciamos	he pronunciado	hemos pronunciado
pronuncias	pronunciáis	has pronunciado	habéis pronunciado
pronuncia	pronuncian	ha pronunciado	han pronunciado
2 imperfecto de indicativo		**9 pluscuamperfecto de indicativo**	
pronunciaba	pronunciábamos	había pronunciado	habíamos pronunciado
pronunciabas	pronunciabais	habías pronunciado	habíais pronunciado
pronunciaba	pronunciaban	había pronunciado	habían pronunciado
3 pretérito		**10 pretérito anterior**	
pronuncié	pronunciamos	hube pronunciado	hubimos pronunciado
pronunciaste	pronunciasteis	hubiste pronunciado	hubisteis pronunciado
pronunció	pronunciaron	hubo pronunciado	hubieron pronunciado
4 futuro		**11 futuro perfecto**	
pronunciaré	pronunciaremos	habré pronunciado	habremos pronunciado
pronunciarás	pronunciaréis	habrás pronunciado	habréis pronunciado
pronunciará	pronunciarán	habrá pronunciado	habrán pronunciado
5 potencial simple		**12 potencial compuesto**	
pronunciaría	pronunciaríamos	habría pronunciado	habríamos pronunciado
pronunciarías	pronunciaríais	habrías pronunciado	habríais pronunciado
pronunciaría	pronunciarían	habría pronunciado	habrían pronunciado
6 presente de subjuntivo		**13 perfecto de subjuntivo**	
pronuncie	pronunciemos	haya pronunciado	hayamos pronunciado
pronuncies	pronunciéis	hayas pronunciado	hayáis pronunciado
pronuncie	pronuncien	haya pronunciado	hayan pronunciado
7 imperfecto de subjuntivo		**14 pluscuamperfecto de subjuntivo**	
pronunciara	pronunciáramos	hubiera pronunciado	hubiéramos pronunciado
pronunciaras	pronunciarais	hubieras pronunciado	hubierais pronunciado
pronunciara	pronunciaran	hubiera pronunciado	hubieran pronunciado
OR		OR	
pronunciase	pronunciásemos	hubiese pronunciado	hubiésemos pronunciado
pronunciases	pronunciaseis	hubieses pronunciado	hubieseis pronunciado
pronunciase	pronunciasen	hubiese pronunciado	hubiesen pronunciado

imperativo

–	pronunciemos
pronuncia; no pronuncies	pronunciad; no pronunciéis
pronuncie	pronuncien

Words and expressions related to this verb

la pronunciación pronunciation
pronunciado, pronunciada pronounced
pronunciar un discurso to make a
   speech
enunciar to enunciate

pronunciar una conferencia to deliver a lecture
anunciar to announce
denunciar to denounce
renunciar to renounce

The Seven Simple Tenses | The Seven Compound Tenses

Singular	Plural	Singular	Plural

1   presente de indicativo

protejo	protegemos
proteges	protegéis
protege	protegen

8   perfecto de indicativo

he protegido	hemos protegido
has protegido	habéis protegido
ha protegido	han protegido

2   imperfecto de indicativo

protegía	protegíamos
protegías	protegíais
protegía	protegían

9   pluscuamperfecto de indicativo

había protegido	habíamos protegido
habías protegido	habíais protegido
había protegido	habían protegido

3   pretérito

protegí	protegimos
protegiste	protegisteis
protegió	protegieron

10   pretérito anterior

hube protegido	hubimos protegido
hubiste protegido	hubisteis protegido
hubo protegido	hubieron protegido

4   futuro

protegeré	protegeremos
protegerás	protegeréis
protegerá	protegerán

11   futuro perfecto

habré protegido	habremos protegido
habrás protegido	habréis protegido
habrá protegido	habrán protegido

5   potencial simple

protegería	protegeríamos
protegerías	protegeríais
protegería	protegerían

12   potencial compuesto

habría protegido	habríamos protegido
habrías protegido	habríais protegido
habría protegido	habrían protegido

6   presente de subjuntivo

proteja	protejamos
protejas	protejáis
proteja	protejan

13   perfecto de subjuntivo

haya protegido	hayamos protegido
hayas protegido	hayáis protegido
haya protegido	hayan protegido

7   imperfecto de subjuntivo

protegiera	protegiéramos
protegieras	protegierais
protegiera	protegieran
OR	
protegiese	protegiésemos
protegieses	protegieseis
protegiese	protegiesen

14   pluscuamperfecto de subjuntivo

hubiera protegido	hubiéramos protegido
hubieras protegido	hubierais protegido
hubiera protegido	hubieran protegido
OR	
hubiese protegido	hubiésemos protegido
hubieses protegido	hubieseis protegido
hubiese protegido	hubiesen protegido

imperativo

—	protejamos
protege; no protejas	proteged; no protejáis
proteja	protejan

Words related to this verb

la protección   protection
protegido, protegida   protected, favorite, protégé
el protector, la protectriz   protector, protectress
protectorio, protectoria   protective

to polish

The Seven Simple Tenses		The Seven Compound Tenses	
Singular	Plural	Singular	Plural
1 presente de indicativo		**8 perfecto de indicativo**	
pulo	pulimos	he pulido	hemos pulido
pules	pulís	has pulido	habéis pulido
pule	pulen	ha pulido	han pulido
2 imperfecto de indicativo		**9 pluscuamperfecto de indicativo**	
pulía	pulíamos	había pulido	habíamos pulido
pulías	pulíais	habías pulido	habíais pulido
pulía	pulían	había pulido	habían pulido
3 pretérito		**10 pretérito anterior**	
pulí	pulimos	hube pulido	hubimos pulido
puliste	pulisteis	hubiste pulido	hubisteis pulido
pulió	pulieron	hubo pulido	hubieron pulido
4 futuro		**11 futuro perfecto**	
puliré	puliremos	habré pulido	habremos pulido
pulirás	puliréis	habrás pulido	habréis pulido
pulirá	pulirán	habrá pulido	habrán pulido
5 potencial simple		**12 potencial compuesto**	
puliría	puliríamos	habría pulido	habríamos pulido
pulirías	puliríais	habrías pulido	habríais pulido
puliría	pulirían	habría pulido	habrían pulido
6 presente de subjuntivo		**13 perfecto de subjuntivo**	
pula	pulamos	haya pulido	hayamos pulido
pulas	puláis	hayas pulido	hayáis pulido
pula	pulan	haya pulido	hayan pulido
7 imperfecto de subjuntivo		**14 pluscuamperfecto de subjuntivo**	
puliera	puliéramos	hubiera pulido	hubiéramos pulido
pulieras	pulierais	hubieras pulido	hubierais pulido
puliera	pulieran	hubiera pulido	hubieran pulido
OR		OR	
puliese	puliésemos	hubiese pulido	hubiésemos pulido
pulieses	pulieseis	hubieses pulido	hubieseis pulido
puliese	puliesen	hubiese pulido	hubiesen pulido

imperativo	
—	pulamos
pule; no pulas	pulid; no puláis
pula	pulan

Words related to this verb

el pulimento   polish, gloss
una pulidora   polishing machine
pulimentar   to polish
pulidamente   neatly

Consult the back pages for the section on verbs used in idiomatic expressions.

to remain, to stay

The Seven Simple Tenses		The Seven Compound Tenses	
Singular	Plural	Singular	Plural

1   presente de indicativo

me quedo	nos quedamos
te quedas	os quedáis
se queda	se quedan

8   perfecto de indicativo

me he quedado	nos hemos quedado
te has quedado	os habéis quedado
se ha quedado	se han quedado

2   imperfecto de indicativo

me quedaba	nos quedábamos
te quedabas	os quedabais
se quedaba	se quedaban

9   pluscuamperfecto de indicativo

me había quedado	nos habíamos quedado
te habías quedado	os habíais quedado
se había quedado	se habían quedado

3   pretérito

me quedé	nos quedamos
te quedaste	os quedasteis
se quedó	se quedaron

10   pretérito anterior

me hube quedado	nos hubimos quedado
te hubiste quedado	os hubisteis quedado
se hubo quedado	se hubieron quedado

4   futuro

me quedaré	nos quedaremos
te quedarás	os quedaréis
se quedará	se quedarán

11   futuro perfecto

me habré quedado	nos habremos quedado
te habrás quedado	os habréis quedado
se habrá quedado	se habrán quedado

5   potencial simple

me quedaría	nos quedaríamos
te quedarías	os quedaríais
se quedaría	se quedarían

12   potencial compuesto

me habría quedado	nos habríamos quedado
te habrías quedado	os habríais quedado
se habría quedado	se habrían quedado

6   presente de subjuntivo

me quede	nos quedemos
te quedes	os quedéis
se quede	se queden

13   perfecto de subjuntivo

me haya quedado	nos hayamos quedado
te hayas quedado	os hayáis quedado
se haya quedado	se hayan quedado

7   imperfecto de subjuntivo

me quedara	nos quedáramos
te quedaras	os quedarais
se quedara	se quedaran
OR	
me quedase	nos quedásemos
te quedases	os quedaseis
se quedase	se quedasen

14   pluscuamperfecto de subjuntivo

me hubiera quedado	nos hubiéramos quedado
te hubieras quedado	os hubierais quedado
se hubiera quedado	se hubieran quedado
OR	
me hubiese quedado	nos hubiésemos quedado
te hubieses quedado	os hubieseis quedado
se hubiese quedado	se hubiesen quedado

imperativo

—	quedémonos
quédate; no te quedes	quedaos; no os quedéis
quédese	quédense

Words and expressions related to this verb

la quedada   residence, stay
quedar   to remain, to be left; **¿Cuánto dinero queda?**   How much money is left?
   Me quedan dos dólares.   I have two dollars left (remaining).
quedar limpio   to be clean out (of money); to be broke
quedar bien   to turn out well
quedarse muerto (muerta)   to be speechless, dumbfounded

The subject pronouns are found on the page facing page 1.

quejarse Gerundio **quejándose** Part. pas. **quejado**

to complain, to grumble

The Seven Simple Tenses		The Seven Compound Tenses	
Singular	Plural	Singular	Plural

1 presente de indicativo
me quejo	nos quejamos
te quejas	os quejáis
se queja	se quejan

8 perfecto de indicativo
me he quejado	nos hemos quejado
te has quejado	os habéis quejado
se ha quejado	se han quejado

2 imperfecto de indicativo
me quejaba	nos quejábamos
te quejabas	os quejabais
se quejaba	se quejaban

9 pluscuamperfecto de indicativo
me había quejado	nos habíamos quejado
te habías quejado	os habíais quejado
se había quejado	se habían quejado

3 pretérito
me quejé	nos quejamos
te quejaste	os quejasteis
se quejó	se quejaron

10 pretérito anterior
me hube quejado	nos hubimos quejado
te hubiste quejado	os hubisteis quejado
se hubo quejado	se hubieron quejado

4 futuro
me quejaré	nos quejaremos
te quejarás	os quejaréis
se quejará	se quejarán

11 futuro perfecto
me habré quejado	nos habremos quejado
te habrás quejado	os habréis quejado
se habrá quejado	se habrán quejado

5 potencial simple
me quejaría	nos quejaríamos
te quejarías	os quejaríais
se quejaría	se quejarían

12 potencial compuesto
me habría quejado	nos habríamos quejado
te habrías quejado	os habríais quejado
se habría quejado	se habrían quejado

6 presente de subjuntivo
me queje	nos quejemos
te quejes	os quejéis
se queje	se quejen

13 perfecto de subjuntivo
me haya quejado	nos hayamos quejado
te hayas quejado	os hayáis quejado
se haya quejado	se hayan quejado

7 imperfecto de subjuntivo
me quejara	nos quejáramos
te quejaras	os quejarais
se quejara	se quejaran
OR	
me quejase	nos quejásemos
te quejases	os quejaseis
se quejase	se quejasen

14 pluscuamperfecto de subjuntivo
me hubiera quejado	nos hubiéramos quejado
te hubieras quejado	os hubierais quejado
se hubiera quejado	se hubieran quejado
OR	
me hubiese quejado	nos hubiésemos quejado
te hubieses quejado	os hubieseis quejado
se hubiese quejado	se hubiesen quejado

imperativo
—	quejémonos
quéjate; no te quejes	quejaos; no os quejéis
quéjese	quéjense

Words and expressions related to this verb

quejarse de to compain about
la queja complaint
el quejido groan, moan

Consult the back pages for verbs with prepositions.

to burn, to fire

The Seven Simple Tenses		The Seven Compound Tenses	
Singular	Plural	Singular	Plural

1 presente de indicativo		8 perfecto de indicativo	
quemo	quemamos	he quemado	hemos quemado
quemas	quemáis	has quemado	habéis quemado
quema	queman	ha quemado	han quemado

2 imperfecto de indicativo		9 pluscuamperfecto de indicativo	
quemaba	quemábamos	había quemado	habíamos quemado
quemabas	quemabais	habías quemado	habíais quemado
quemaba	quemaban	había quemado	habían quemado

3 pretérito		10 pretérito anterior	
quemé	quemamos	hube quemado	hubimos quemado
quemaste	quemasteis	hubiste quemado	hubisteis quemado
quemó	quemaron	hubo quemado	hubieron quemado

4 futuro		11 futuro perfecto	
quemaré	quemaremos	habré quemado	habremos quemado
quemarás	quemaréis	habrás quemado	habréis quemado
quemará	quemarán	habrá quemado	habrán quemado

5 potencial simple		12 potencial compuesto	
quemaría	quemaríamos	habría quemado	habríamos quemado
quemarías	quemaríais	habrías quemado	habríais quemado
quemaría	quemarían	habría quemado	habrían quemado

6 presente de subjuntivo		13 perfecto de subjuntivo	
queme	quememos	haya quemado	hayamos quemado
quemes	queméis	hayas quemado	hayáis quemado
queme	quemen	haya quemado	hayan quemado

7 imperfecto de subjuntivo		14 pluscuamperfecto de subjuntivo	
quemara	quemáramos	hubiera quemado	hubiéramos quemado
quemaras	quemarais	hubieras quemado	hubierais quemado
quemara	quemaran	hubiera quemado	hubieran quemado
OR		OR	
quemase	quemásemos	hubiese quemado	hubiésemos quemado
quemases	quemaseis	hubieses quemado	hubieseis quemado
quemase	quemasen	hubiese quemado	hubiesen quemado

imperativo

—	quememos
quema; no quemes	**quemad; no queméis**
queme	**quemen**

Words and expressions related to this verb

la quemadura   burn, scald, sunburn
el quemador de gas   gas burner
la quema   fire

quemarse las cejas   to burn the midnight oil
huir de la quema   to run away from trouble

The subject pronouns are found on the page facing page 1.   **391**

to want, to wish

The Seven Simple Tenses		The Seven Compound Tenses	
Singular	Plural	Singular	Plural
1 presente de indicativo		**8 perfecto de indicativo**	
quiero	queremos	he querido	hemos querido
quieres	queréis	has querido	habéis querido
quiere	quieren	ha querido	han querido
2 imperfecto de indicativo		**9 pluscuamperfecto de indicativo**	
quería	queríamos	había querido	habíamos querido
querías	queríais	habías querido	habíais querido
quería	querían	había querido	habían querido
3 pretérito		**10 pretérito anterior**	
quise	quisimos	hube querido	hubimos querido
quisiste	quisisteis	hubiste querido	hubisteis querido
quiso	quisieron	hubo querido	hubieron querido
4 futuro		**11 futuro perfecto**	
querré	querremos	habré querido	habremos querido
querrás	querréis	habrás querido	habréis querido
querrá	querrán	habrá querido	habrán querido
5 potencial simple		**12 potencial compuesto**	
querría	querríamos	habría querido	habríamos querido
querrías	querríais	habrías querido	habríais querido
querría	querrían	habría querido	habrían querido
6 presente de subjuntivo		**13 perfecto de subjuntivo**	
quiera	queramos	haya querido	hayamos querido
quieras	queráis	hayas querido	hayáis querido
quiera	quieran	haya querido	hayan querido
7 imperfecto de subjuntivo		**14 pluscuamperfecto de subjuntivo**	
quisiera	quisiéramos	hubiera querido	hubiéramos querido
quisieras	quisierais	hubieras querido	hubierais querido
quisiera	quisieran	hubiera querido	hubieran querido
OR		OR	
quisiese	quisiésemos	hubiese querido	hubiésemos querido
quisieses	quisieseis	hubieses querido	hubieseis querido
quisiese	quisiesen	hubiese querido	hubiesen querido

imperativo

—	queramos
quiere; no quieras	quered; no queráis
quiera	quieran

Words and expressions related to this verb

querer decir   to mean;   **¿Qué quiere Ud. decir?**   What do you mean?
  ¿Qué quiere decir esto?   What does this mean?
querido, querida   dear;   **querido amigo, querida amiga**   dear friend
querido mío, querida mía   my dear
querer bien a   to love
Querer es poder   Where there's a will there's a way.

to take off (clothing), to remove oneself, to withdraw

The Seven Simple Tenses		The Seven Compound Tenses	
Singular	Plural	Singular	Plural

1   presente de indicativo

me quito	nos quitamos		
te quitas	os quitáis		
se quita	se quitan		

8   perfecto de indicativo

me he quitado	nos hemos quitado		
te has quitado	os habéis quitado		
se ha quitado	se han quitado		

2   imperfecto de indicativo

me quitaba	nos quitábamos
te quitabas	os quitabais
se quitaba	se quitaban

9   pluscuamperfecto de indicativo

me había quitado	nos habíamos quitado
te habías quitado	os habíais quitado
se había quitado	se habían quitado

3   pretérito

me quité	nos quitamos
te quitaste	os quitasteis
se quitó	se quitaron

10   pretérito anterior

me hube quitado	nos hubimos quitado
te hubiste quitado	os hubisteis quitado
se hubo quitado	se hubieron quitado

4   futuro

me quitaré	nos quitaremos
te quitarás	os quitaréis
se quitará	se quitarán

11   futuro perfecto

me habré quitado	nos habremos quitado
te habrás quitado	os habréis quitado
se habrá quitado	se habrán quitado

5   potencial simple

me quitaría	nos quitaríamos
te quitarías	os quitaríais
se quitaría	se quitarían

12   potencial compuesto

me habría quitado	nos habríamos quitado
te habrías quitado	os habríais quitado
se habría quitado	se habrían quitado

6   presente de subjuntivo

me quite	nos quitemos
te quites	os quitéis
se quite	se quiten

13   perfecto de subjuntivo

me haya quitado	nos hayamos quitado
te hayas quitado	os hayáis quitado
se haya quitado	se hayan quitado

7   imperfecto de subjuntivo

me quitara	nos quitáramos
te quitaras	os quitarais
se quitara	se quitaran
OR	
me quitase	nos quitásemos
te quitases	os quitaseis
se quitase	se quitasen

14   pluscuamperfecto de subjuntivo

me hubiera quitado	nos hubiéramos quitado
te hubieras quitado	os hubierais quitado
se hubiera quitado	se hubieran quitado
OR	
me hubiese quitado	nos hubiésemos quitado
te hubieses quitado	os hubieseis quitado
se hubiese quitado	se hubiesen quitado

imperativo

—	quitémonos
quítate; no te quites	quitaos; no os quitéis
quítese	quítense

Words and expressions related to this verb

la quita   release (from owing money), acquittance
¡Quita de ahí!   Get away from here!
quitar   to remove, to take away; to rob, to strip
el quite   removal; **el quitasol** parasol (sunshade)

to scrape, to rub off, to erase, to wipe out

The Seven Simple Tenses		The Seven Compound Tenses	
Singular	Plural	Singular	Plural
1 presente de indicativo		**8 perfecto de indicativo**	
raigo	raemos	he raído	hemos raído
raes	raéis	has raído	habéis raído
rae	raen	ha raído	han raído
2 imperfecto de indicativo		**9 pluscuamperfecto de indicativo**	
raía	raíamos	había raído	habíamos raído
raías	raíais	habías raído	habíais raído
raía	raían	había raído	habían raído
3 pretérito		**10 pretérito anterior**	
raí	raímos	hube raído	hubimos raído
raíste	raísteis	hubiste raído	hubisteis raído
rayó	rayeron	hubo raído	hubieron raído
4 futuro		**11 futuro perfecto**	
raeré	raeremos	habré raído	habremos raído
raerás	raeréis	habrás raído	habréis raído
raerá	raerán	habrá raído	habrán raído
5 potencial simple		**12 potencial compuesto**	
raería	raeríamos	habría raído	habríamos raído
raerías	raeríais	habrías raído	habríais raído
raería	raerían	habría raído	habrían raído
6 presente de subjuntivo		**13 perfecto de subjuntivo**	
raiga	raigamos	haya raído	hayamos raído
raigas	raigáis	hayas raído	hayáis raído
raiga	raigan	haya raído	hayan raído
7 imperfecto de subjuntivo		**14 pluscuamperfecto de subjuntivo**	
rayera	rayéramos	hubiera raído	hubiéramos raído
rayeras	rayerais	hubieras raído	hubierais raído
rayera	rayeran	hubiera raído	hubieran raído
OR		OR	
rayese	rayésemos	hubiese raído	hubiésemos raído
rayeses	rayeseis	hubieses raído	hubieseis raído
rayese	rayesen	hubiese raído	hubiesen raído

	imperativo
—	raigamos
rae; no raigas	raed; no raigáis
raiga	raigan

Words related to this verb

la raedura scraping   **raerse** to wear away
el raedor, la raedora scraper

Consult the back pages for verbs used in idiomatic expressions.

to realize, to carry out, to fulfill

The Seven Simple Tenses		The Seven Compound Tenses	
Singular	Plural	Singular	Plural

1 presente de indicativo		8 perfecto de indicativo	
realizo	**realizamos**	**he realizado**	**hemos realizado**
realizas	**realizáis**	**has realizado**	**habéis realizado**
realiza	**realizan**	**ha realizado**	**han realizado**

2 imperfecto de indicativo		9 pluscuamperfecto de indicativo	
realizaba	**realizábamos**	**había realizado**	**habíamos realizado**
realizabas	**realizabais**	**habías realizado**	**habíais realizado**
realizaba	**realizaban**	**había realizado**	**habían realizado**

3 pretérito		10 pretérito anterior	
realicé	**realizamos**	**hube realizado**	**hubimos realizado**
realizaste	**realizasteis**	**hubiste realizado**	**hubisteis realizado**
realizó	**realizaron**	**hubo realizado**	**hubieron realizado**

4 futuro		11 futuro perfecto	
realizaré	**realizaremos**	**habré realizado**	**habremos realizado**
realizarás	**realizaréis**	**habrás realizado**	**habréis realizado**
realizará	**realizarán**	**habrá realizado**	**habrán realizado**

5 potencial simple		12 potencial compuesto	
realizaría	**realizaríamos**	**habría realizado**	**habríamos realizado**
realizarías	**realizaríais**	**habrías realizado**	**habríais realizado**
realizaría	**realizarían**	**habría realizado**	**habrían realizado**

6 presente de subjuntivo		13 perfecto de subjuntivo	
realice	**realicemos**	**haya realizado**	**hayamos realizado**
realices	**realicéis**	**hayas realizado**	**hayáis realizado**
realice	**realicen**	**haya realizado**	**hayan realizado**

7 imperfecto de subjuntivo		14 pluscuamperfecto de subjuntivo	
realizara	**realizáramos**	**hubiera realizado**	**hubiéramos realizado**
realizaras	**realizarais**	**hubieras realizado**	**hubierais realizado**
realizara	**realizaran**	**hubiera realizado**	**hubieran realizado**
OR		OR	
realizase	**realizásemos**	**hubiese realizado**	**hubiésemos realizado**
realizases	**realizaseis**	**hubieses realizado**	**hubieseis realizado**
realizase	**realizasen**	**hubiese realizado**	**hubiesen realizado**

imperativo

–	**realicemos**
realiza; no realices	**realizad; no realicéis**
realice	**realicen**

Words and expressions related to this verb

realizar su deseo   to have one's wish
la realización   fulfillment, realization
realizarse   to become fulfilled, to be carried out

el, la realista   realist
la realidad   reality
el realismo   realism

recibir

to receive, to get

The Seven Simple Tenses		The Seven Compound Tenses	
Singular	Plural	Singular	Plural
1 presente de indicativo		**8 perfecto de indicativo**	
recibo	recibimos	he recibido	hemos recibido
recibes	recibís	has recibido	habéis recibido
recibe	reciben	ha recibido	han recibido
2 imperfecto de indicativo		**9 pluscuamperfecto de indicativo**	
recibía	recibíamos	había recibido	habíamos recibido
recibías	recibíais	habías recibido	habíais recibido
recibía	recibían	había recibido	habían recibido
3 pretérito		**10 pretérito anterior**	
recibí	recibimos	hube recibido	hubimos recibido
recibiste	recibisteis	hubiste recibido	hubisteis recibido
recibió	recibieron	hubo recibido	hubieron recibido
4 futuro		**11 futuro perfecto**	
recibiré	recibiremos	habré recibido	habremos recibido
recibirás	recibiréis	habrás recibido	habréis recibido
recibirá	recibirán	habrá recibido	habrán recibido
5 potencial simple		**12 potencial compuesto**	
recibiría	recibiríamos	habría recibido	habríamos recibido
recibirías	recibiríais	habrías recibido	habríais recibido
recibiría	recibirían	habría recibido	habrían recibido
6 presente de subjuntivo		**13 perfecto de subjuntivo**	
reciba	recibamos	haya recibido	hayamos recibido
recibas	recibáis	hayas recibido	hayáis recibido
reciba	reciban	haya recibido	hayan recibido
7 imperfecto de subjuntivo		**14 pluscuamperfecto de subjuntivo**	
recibiera	recibiéramos	hubiera recibido	hubiéramos recibido
recibieras	recibierais	hubieras recibido	hubierais recibido
recibiera	recibieran	hubiera recibido	hubieran recibido
OR		OR	
recibiese	recibiésemos	hubiese recibido	hubiésemos recibido
recibieses	recibieseis	hubieses recibido	hubieseis recibido
recibiese	recibiesen	hubiese recibido	hubiesen recibido

imperativo	
—	recibamos
recibe; no recibas	**recibid; no recibáis**
reciba	reciban

Words and expressions related to this verb

un recibo   receipt
acusar recibo   to acknowledge receipt
la recepción   reception
recibir a cuenta   to receive on account

de recibo   acceptable; **ser de recibo**   to be acceptable
recibirse   to be admitted, to be received

to pick (up), to gather, to harvest

The Seven Simple Tenses		The Seven Compound Tenses	
Singular	Plural	Singular	Plural
1 presente de indicativo		8 perfecto de indicativo	
recojo	recogemos	he recogido	hemos recogido
recoges	recogéis	has recogido	habéis recogido
recoge	recogen	ha recogido	han recogido
2 imperfecto de indicativo		9 pluscuamperfecto de indicativo	
recogía	recogíamos	había recogido	habíamos recogido
recogías	recogíais	habías recogido	habíais recogido
recogía	recogían	había recogido	habían recogido
3 pretérito		10 pretérito anterior	
recogí	recogimos	hube recogido	hubimos recogido
recogiste	recogisteis	hubiste recogido	hubisteis recogido
recogió	recogieron	hubo recogido	hubieron recogido
4 futuro		11 futuro perfecto	
recogeré	recogeremos	habré recogido	habremos recogido
recogerás	recogeréis	habrás recogido	habréis recogido
recogerá	recogerán	habrá recogido	habrán recogido
5 potencial simple		12 potencial compuesto	
recogería	recogeríamos	habría recogido	habríamos recogido
recogerías	recogeríais	habrías recogido	habríais recogido
recogería	recogerían	habría recogido	habrían recogido
6 presente de subjuntivo		13 perfecto de subjuntivo	
recoja	recojamos	haya recogido	hayamos recogido
recojas	recojáis	hayas recogido	hayáis recogido
recoja	recojan	haya recogido	hayan recogido
7 imperfecto de subjuntivo		14 pluscuamperfecto de subjuntivo	
recogiera	recogiéramos	hubiera recogido	hubiéramos recogido
recogieras	recogierais	hubieras recogido	hubierais recogido
recogiera	recogieran	hubiera recogido	hubieran recogido
OR		OR	
recogiese	recogiésemos	hubiese recogido	hubiésemos recogido
recogieses	recogieseis	hubieses recogido	hubieseis recogido
recogiese	recogiesen	hubiese recogido	hubiesen recogido

	imperativo	
—	recojamos	
recoge; no recojas	recoged; no recojáis	
recoja	recojan	

Words and expressions related to this verb

la recogida   harvest; **la recogida de basuras**   garbage collection
un recogegotas   drip pan

For other words related to this verb, see **coger.**

The subject pronouns are found on the page facing page 1.   **397**

recomendar

Gerundio **recomendando**   Part. pas. **recomendado**

to recommend, to commend, to advise

The Seven Simple Tenses		The Seven Compound Tenses	
Singular	Plural	Singular	Plural

1   presente de indicativo

recomiendo	recomendamos		
recomiendas	recomendáis		
recomienda	recomiendan		

8   perfecto de indicativo

he recomendado	hemos recomendado
has recomendado	habéis recomendado
ha recomendado	han recomendado

2   imperfecto de indicativo

recomendaba	recomendábamos
recomendabas	recomendabais
recomendaba	recomendaban

9   pluscuamperfecto de indicativo

había recomendado	habíamos recomendado
habías recomendado	habíais recomendado
había recomendado	habían recomendado

3   pretérito

recomendé	recomendamos
recomendaste	recomendasteis
recomendó	recomendaron

10   pretérito anterior

hube recomendado	hubimos recomendado
hubiste recomendado	hubisteis recomendado
hubo recomendado	hubieron recomendado

4   futuro

recomendaré	recomendaremos
recomendarás	recomendaréis
recomendará	recomendarán

11   futuro perfecto

habré recomendado	habremos recomendado
habrás recomendado	habréis recomendado
habrá recomendado	habrán recomendado

5   potencial simple

recomendaría	recomendaríamos
recomendarías	recomendaríais
recomendaría	recomendarían

12   potencial compuesto

habría recomendado	habríamos recomendado
habrías recomendado	habríais recomendado
habría recomendado	habrían recomendado

6   presente de subjuntivo

recomiende	recomendemos
recomiendes	recomendéis
recomiende	recomienden

13   perfecto de subjuntivo

haya recomendado	hayamos recomendado
hayas recomendado	hayáis recomendado
haya recomendado	hayan recomendado

7   imperfecto de subjuntivo

recomendara	recomendáramos
recomendaras	recomendarais
recomendara	recomendaran
OR	
recomendase	recomendásemos
recomendases	recomendaseis
recomendase	recomendasen

14   pluscuamperfecto de subjuntivo

hubiera recomendado	hubiéramos recomendado
hubieras recomendado	hubierais recomendado
hubiera recomendado	hubieran recomendado
OR	
hubiese recomendado	hubiésemos recomendado
hubieses recomendado	hubieseis recomendado
hubiese recomendado	hubiesen recomendado

imperativo

—	recomendemos
recomienda; no recomiendes	recomendad; no recomendéis
recomiende	recomienden

Words related to this verb

la recomendación recommendation
recomendablemente commendably

recomendable commendable, praiseworthy
recomendar + inf. to urge + inf.

Consult the back pages for the list of over 1,000 verbs conjugated like model verbs.

to recognize, to acknowledge, to be grateful fo.

The Seven Simple Tenses		The Seven Compound Tenses	
Singular	Plural	Singular	Plural
1 presente de indicativo		**8 perfecto de indicativo**	
reconozco	reconocemos	he reconocido	hemos reconocido
reconoces	reconocéis	has reconocido	habéis reconocido
reconoce	reconocen	ha reconocido	han reconocido
2 imperfecto de indicativo		**9 pluscuamperfecto de indicativo**	
reconocía	reconocíamos	había reconocido	habíamos reconocido
reconocías	reconocíais	habías reconocido	habíais reconocido
reconocía	reconocían	había reconocido	habían reconocido
3 pretérito		**10 pretérito anterior**	
reconocí	reconocimos	hube reconocido	hubimos reconocido
reconociste	reconocisteis	hubiste reconocido	hubisteis reconocido
reconoció	reconocieron	hubo reconocido	hubieron reconocido
4 futuro		**11 futuro perfecto**	
reconoceré	reconoceremos	habré reconocido	habremos reconocido
reconocerás	reconoceréis	habrás reconocido	habréis reconocido
reconocerá	reconocerán	habrá reconocido	habrán reconocido
5 potencial simple		**12 potencial compuesto**	
reconocería	reconoceríamos	habría reconocido	habríamos reconocido
reconocerías	reconoceríais	habrías reconocido	habríais reconocido
reconocería	reconocerían	habría reconocido	habrían reconocido
6 presente de subjuntivo		**13 perfecto de subjuntivo**	
reconozca	reconozcamos	haya reconocido	hayamos reconocido
reconozcas	reconozcáis	hayas reconocido	hayáis reconocido
reconozca	reconozcan	haya reconocido	hayan reconocido
7 imperfecto de subjuntivo		**14 pluscuamperfecto de subjuntivo**	
reconociera	reconociéramos	hubiera reconocido	hubiéramos reconocido
reconocieras	reconocierais	hubieras reconocido	hubierais reconocido
reconociera	reconocieran	hubiera reconocido	hubieran reconocido
OR		OR	
reconociese	reconociésemos	hubiese reconocido	hubiésemos reconocido
reconocieses	reconocieseis	hubieses reconocido	hubieseis reconocido
reconociese	reconociesen	hubiese reconocido	hubiesen reconocido

	imperativo	
—		reconozcamos
reconoce; no reconozcas		reconoced; no reconozcáis
reconozca		reconozcan

Words related to this verb

reconocible recognizable
el reconocimiento recognition, gratitude
reconocimiento médico medical examination
reconocidamente gratefully

For other words and expressions related to this verb, see **conocer.**

to remember, to recall, to remind

The Seven Simple Tenses		The Seven Compound Tenses	
Singular	Plural	Singular	Plural
1 presente de indicativo		**8 perfecto de indicativo**	
recuerdo	recordamos	he recordado	hemos recordado
recuerdas	recordáis	has recordado	habéis recordado
recuerda	recuerdan	ha recordado	han recordado
2 imperfecto de indicativo		**9 pluscuamperfecto de indicativo**	
recordaba	recordábamos	había recordado	habíamos recordado
recordabas	recordabais	habías recordado	habíais recordado
recordaba	recordaban	había recordado	habían recordado
3 pretérito		**10 pretérito anterior**	
recordé	recordamos	hube recordado	hubimos recordado
recordaste	recordasteis	hubiste recordado	hubisteis recordado
recordó	recordaron	hubo recordado	hubieron recordado
4 futuro		**11 futuro perfecto**	
recordaré	recordaremos	habré recordado	habremos recordado
recordarás	recordaréis	habrás recordado	habréis recordado
recordará	recordarán	habrá recordado	habrán recordado
5 potencial simple		**12 potencial compuesto**	
recordaría	recordaríamos	habría recordado	habríamos recordado
recordarías	recordaríais	habrías recordado	habríais recordado
recordaría	recordarían	habría recordado	habrían recordado
6 presente de subjuntivo		**13 perfecto de subjuntivo**	
recuerde	recordemos	haya recordado	hayamos recordado
recuerdes	recordéis	hayas recordado	hayáis recordado
recuerde	recuerden	haya recordado	hayan recordado
7 imperfecto de subjuntivo		**14 pluscuamperfecto de subjuntivo**	
recordara	recordáramos	hubiera recordado	hubiéramos recordado
recordaras	recordarais	hubieras recordado	hubierais recordado
recordara	recordaran	hubiera recordado	hubieran recordado
OR		OR	
recordase	recordásemos	hubiese recordado	hubiésemos recordado
recordases	recordaseis	hubieses recordado	hubieseis recordado
recordase	recordasen	hubiese recordado	hubiesen recordado

imperativo	
—	recordemos
recuerda; no recuerdes	recordad; no recordéis
recuerde	recuerden

Words and expressions related to this verb

el recuerdo memory, recollection
los recuerdos regards, compliments
recordable memorable

recordar algo a uno to remind someone of
    something
un recordatorio memento, reminder

to refer, to relate

The Seven Simple Tenses		The Seven Compound Tenses	
Singular	Plural	Singular	Plural

1   presente de indicativo

refiero	referimos		
refieres	referís		
refiere	refieren		

2   imperfecto de indicativo

refería	referíamos
referías	referíais
refería	referían

3   pretérito

referí	referimos
referiste	referisteis
refirió	refirieron

4   futuro

referiré	referiremos
referirás	referiréis
referirá	referirán

5   potencial simple

referiría	referiríamos
referirías	referiríais
referiría	referirían

6   presente de subjuntivo

refiera	refiramos
refieras	refiráis
refiera	refieran

7   imperfecto de subjuntivo

refiriera	refiriéramos
refirieras	refirierais
refiriera	refirieran
OR	
refiriese	refiriésemos
refirieses	refirieseis
refiriese	refiriesen

8   perfecto de indicativo

he referido	hemos referido
has referido	habéis referido
ha referido	han referido

9   pluscuamperfecto de indicativo

había referido	habíamos referido
habías referido	habíais referido
había referido	habían referido

10   pretérito anterior

hube referido	hubimos referido
hubiste referido	hubisteis referido
hubo referido	hubieron referido

11   futuro perfecto

habré referido	habremos referido
habrás referido	habréis referido
habrá referido	habrán referido

12   potencial compuesto

habría referido	habríamos referido
habrías referido	habríais referido
habría referido	habrían referido

13   perfecto de subjuntivo

haya referido	hayamos referido
hayas referido	hayáis referido
haya referido	hayan referido

14   pluscuamperfecto de subjuntivo

hubiera referido	hubiéramos referido
hubieras referido	hubierais referido
hubiera referido	hubieran referido
OR	
hubiese referido	hubiésemos referido
hubieses referido	hubieseis referido
hubiese referido	hubiesen referido

imperativo

—	refiramos
refiere; no refieras	referid; no refiráis
refiera	refieran

Words related to this verb

la referencia   reference, account (narration)
referente   concerning, referring, relating (to)
el referéndum   referendum

preferir   to prefer
el referido, la referida   the person
referred to

to give as a present, to make a present of, to give as a gift

The Seven Simple Tenses		The Seven Compound Tenses	
Singular	Plural	Singular	Plural
1 presente de indicativo		**8 perfecto de indicativo**	
regalo	regalamos	he regalado	hemos regalado
regalas	regaláis	has regalado	habéis regalado
regala	regalan	ha regalado	han regalado
2 imperfecto de indicativo		**9 pluscuamperfecto de indicativo**	
regalaba	regalábamos	había regalado	habíamos regalado
regalabas	regalabais	habías regalado	habíais regalado
regalaba	regalaban	había regalado	habían regalado
3 pretérito		**10 pretérito anterior**	
regalé	regalamos	hube regalado	hubimos regalado
regalaste	regalasteis	hubiste regalado	hubisteis regalado
regaló	regalaron	hubo regalado	hubieron regalado
4 futuro		**11 futuro perfecto**	
regalaré	regalaremos	habré regalado	habremos regalado
regalarás	regalaréis	habrás regalado	habréis regalado
regalará	regalarán	habrá regalado	habrán regalado
5 potencial simple		**12 potencial compuesto**	
regalaría	regalaríamos	habría regalado	habríamos regalado
regalarías	regalaríais	habrías regalado	habríais regalado
regalaría	regalarían	habría regalado	habrían regalado
6 presente de subjuntivo		**13 perfecto de subjuntivo**	
regale	regalemos	haya regalado	hayamos regalado
regales	regaléis	hayas regalado	hayáis regalado
regale	regalen	haya regalado	hayan regalado
7 imperfecto de subjuntivo		**14 pluscuamperfecto de subjuntivo**	
regalara	regaláramos	hubiera regalado	hubiéramos regalado
regalaras	regalarais	hubieras regalado	hubierais regalado
regalara	regalaran	hubiera regalado	hubieran regalado
OR		OR	
regalase	regalásemos	hubiese regalado	hubiésemos regalado
regalases	regalaseis	hubieses regalado	hubieseis regalado
regalase	regalasen	hubiese regalado	hubiesen regalado

imperativo

—	regalemos
regala; no regales	regalad; no regaléis
regale	regalen

Words and expressions related to this verb

regalar el oído   to flatter
un regalo, una regalaría   gift, present

un regalejo   small gift
de regalo   free, gratis, complimentary

Consult the back pages for the section on verbs with prepositions.

to water, to irrigate, to sprinkle

The Seven Simple Tenses		The Seven Compound Tenses	
Singular	Plural	Singular	Plural
1 presente de indicativo		**8 perfecto de indicativo**	
riego	regamos	he regado	hemos regado
riegas	regáis	has regado	habéis regado
riega	riegan	ha regado	han regado
2 ımperfecto de indicativo		**9 pluscuamperfecto de indicativo**	
regaba	regábamos	había regado	habíamos regado
regabas	regabais	habías regado	habíais regado
regaba	regaban	había regado	habían regado
3 pretérıto		**10 pretérito anterior**	
regué	regamos	hube regado	hubimos regado
regaste	regasteis	hubiste regado	hubisteis regado
regó	regaron	hubo regado	hubieron regado
4 futuro		**11 futuro perfecto**	
regaré	regaremos	habré regado	habremos regado
regarás	regaréis	habrás regado	habréis regado
regará	regarán	habrá regado	habrán regado
5 potencıal simple		**12 potencial compuesto**	
regaría	regaríamos	habría regado	habríamos regado
regarías	regaríais	habrías regado	habríais regado
regaría	regarían	habría regado	habrían regado
6 presente de subjuntivo		**13 perfecto de subjuntivo**	
riegue	reguemos	haya regado	hayamos regado
riegues	reguéis	hayas regado	hayáis regado
riegue	rieguen	haya regado	hayan regado
7 imperfecto de subjuntivo		**14 pluscuamperfecto de subjuntivo**	
regara	regáramos	hubiera regado	hubiéramos regado
regaras	regarais	hubieras regado	hubierais regado
regara	regaran	hubiera regado	hubieran regado
OR		OR	
regase	regásemos	hubiese regado	hubiésemos regado
regases	regaseis	hubieses regado	hubieseis regado
regase	regasen	hubiese regado	hubiesen regado

imperativo	
—	reguemos
riega; no riegues	regad; no reguéis
riegue	rieguen

Words and expressions related to this verb

una regata   regatta, boat race; irrigation ditch
el riego   irrigation, sprinkling

boca de riego   hydrant
un carro de riego   irrigator

Consult the back pages for the section on verbs with prepositions.

to return, to go back, to regress

The Seven Simple Tenses		The Seven Compound Tenses	
Singular	Plural	Singular	Plural
1 presente de indicativo		**8 perfecto de indicativo**	
regreso	regresamos	he regresado	hemos regresado
regresas	regresáis	has regresado	habéis regresado
regresa	regresan	ha regresado	han regresado
2 imperfecto de indicativo		**9 pluscuamperfecto de indicativo**	
regresaba	regresábamos	había regresado	habíamos regresado
regresabas	regresabais	habías regresado	habíais regresado
regresaba	regresaban	había regresado	habían regresado
3 pretérito		**10 pretérito anterior**	
regresé	regresamos	hube regresado	hubimos regresado
regresaste	regresasteis	hubiste regresado	hubisteis regresado
regresó	regresaron	hubo regresado	hubieron regresado
4 futuro		**11 futuro perfecto**	
regresaré	regresaremos	habré regresado	habremos regresado
regresarás	regresaréis	habrás regresado	habréis regresado
regresará	regresarán	habrá regresado	habrán regresado
5 potencial simple		**12 potencial compuesto**	
regresaría	regresaríamos	habría regresado	habríamos regresado
regresarías	regresaríais	habrías regresado	habríais regresado
regresaría	regresarían	habría regresado	habrían regresado
6 presente de subjuntivo		**13 perfecto de subjuntivo**	
regrese	regresemos	haya regresado	hayamos regresado
regreses	regreséis	hayas regresado	hayáis regresado
regrese	regresen	haya regresado	hayan regresado
7 imperfecto de subjuntivo		**14 pluscuamperfecto de subjuntivo**	
regresara	regresáramos	hubiera regresado	hubiéramos regresado
regresaras	regresarais	hubieras regresado	hubierais regresado
regresara	regresaran	hubiera regresado	hubieran regresado
OR		OR	
regresase	regresásemos	hubiese regresado	hubiésemos regresado
regresases	regresaseis	hubieses regresado	hubieseis regresado
regresase	regresasen	hubiese regresado	hubiesen regresado

imperativo

–	regresemos
regresa; no regreses	**regresad; no regreséis**
regrese	**regresen**

Words and expressions related to this verb

progresar to progress
la regresión regression
regresivo, regresiva regressive
ingresar en to join a club, etc.
ingresado, ingresada someone newly admitted

el regreso return
estar de regreso to be back
el ingreso income; ingress, admission, entry;
   ingreso imponible taxable income

to laugh

The Seven Simple Tenses		The Seven Compound Tenses	
Singular	Plural	Singular	Plural

1 presente de indicativo

		8 perfecto de indicativo	
río	reímos	he reído	hemos reído
ríes	reís	has reído	habéis reído
ríe	ríen	ha reído	han reído

2 imperfecto de indicativo   **9 pluscuamperfecto de indicativo**

reía	reíamos	había reído	habíamos reído
reías	reíais	habías reído	habíais reído
reía	reían	había reído	habían reído

3 pretérito   **10 pretérito anterior**

reí	reímos	hube reído	hubimos reído
reíste	reísteis	hubiste reído	hubisteis reído
rió	rieron	hubo reído	hubieron reído

4 futuro   **11 futuro perfecto**

reiré	reiremos	habré reído	habremos reído
reirás	reiréis	habrás reído	habréis reído
reirá	reirán	habrá reído	habrán reído

5 potencial simple   **12 potencial compuesto**

reiría	reiríamos	habría reído	habríamos reído
reirías	reiríais	habrías reído	habríais reído
reiría	reirían	habría reído	habrían reído

6 presente de subjuntivo   **13 perfecto de subjuntivo**

ría	riamos	haya reído	hayamos reído
rías	riáis	hayas reído	hayáis reído
ría	rían	haya reído	hayan reído

7 imperfecto de subjuntivo   **14 pluscuamperfecto de subjuntivo**

riera	riéramos	hubiera reído	hubiéramos reído
rieras	rierais	hubieras reído	hubierais reído
riera	rieran	hubiera reído	hubieran reído
riese	riésemos	hubiese reído	hubiésemos reído
rieses	rieseis	hubieses reído	hubieseis reído
riese	riesen	hubiese reído	hubiesen reído

imperativo

—	riamos
ríe; no rías	reíd; no riáis
ría	rían

Common idiomatic expressions using this verb

reír a carcajadas to laugh loudly   **risible** laughable
reír de to laugh at, to make fun of   **risueño, risueña** smiling
la risa laugh, laughter

For additional words and expressions related to this verb, see **sonreír** and **reírse.**

to laugh

The Seven Simple Tenses		The Seven Compound Tenses	
Singular	Plural	Singular	Plural
1 presente de indicativo		**8 perfecto de indicativo**	
me río	nos reímos	me he reído	nos hemos reído
te ríes	os reís	te has reído	os habéis reído
se ríe	se ríen	se ha reído	se han reído
2 imperfecto de indicativo		**9 pluscuamperfecto de indicativo**	
me reía	nos reíamos	me había reído	nos habíamos reído
te reías	os reíais	te habías reído	os habíais reído
se reía	se reían	se había reído	se habían reído
3 pretérito		**10 pretérito anterior**	
me reí	nos reímos	me hube reído	nos hubimos reído
te reíste	os reísteis	te hubiste reído	os hubisteis reído
se rió	se rieron	se hubo reído	se hubieron reído
4 futuro		**11 futuro perfecto**	
me reiré	nos reiremos	me habré reído	nos habremos reído
te reirás	os reiréis	te habrás reído	os habréis reído
se reirá	se reirán	se habrá reído	se habrán reído
5 potencial simple		**12 potencial compuesto**	
me reiría	nos reiríamos	me habría reído	nos habríamos reído
te reirías	os reiríais	te habrías reído	os habríais reído
se reiría	se reirían	se habría reído	se habrían reído
6 presente de subjuntivo		**13 perfecto de subjuntivo**	
me ría	nos riamos	me haya reído	nos hayamos reído
te rías	os riáis	te hayas reído	os hayáis reído
se ría	se rían	se haya reído	se hayan reído
7 imperfecto de subjuntivo		**14 pluscuamperfecto de subjuntivo**	
me riera	nos riéramos	me hubiera reído	nos hubiéramos reído
te rieras	os rierais	te hubieras reído	os hubierais reído
se riera	se rieran	se hubiera reído	se hubieran reído
me riese	nos riésemos	me hubiese reído	nos hubiésemos reído
te rieses	os rieseis	te hubieses reído	os hubieseis reído
se riese	se riesen	se hubiese reído	se hubiesen reído

	imperativo	
—	riámonos	
ríete; no te rías	reíos; no os riáis	
ríase	ríanse	

Words and expressions related to this verb

reírse de to laugh at, to make fun of
reírse de uno en sus propias barbas
    to laugh up one's sleeve
una cosa de risa a laughing matter

reír a carcajadas to laugh loudly
la risa laughter; **¡Qué risa!** What a laugh!
una risa reprimida smirk

For other words related to this verb, see **sonreír** and **reír**.

to refill, to fill again, to stuff

The Seven Simple Tenses		The Seven Compound Tenses	
Singular	Plural	Singular	Plural

1 presente de indicativo

		8 perfecto de indicativo	
relleno	rellenamos	he rellenado	hemos rellenado
rellenas	rellenáis	has rellenado	habéis rellenado
rellena	rellenan	ha rellenado	han rellenado

2 imperfecto de indicativo

		9 pluscuamperfecto de indicativo	
rellenaba	rellenábamos	había rellenado	habíamos rellenado
rellenabas	rellenabais	habías rellenado	habíais rellenado
rellenaba	rellenaban	había rellenado	habían rellenado

3 pretérito

		10 pretérito anterior	
rellené	rellenamos	hube rellenado	hubimos rellenado
rellanste	rellenasteis	hubiste rellenado	hubisteis rellenado
rellenó	rellenaron	hubo rellenado	hubieron rellenado

4 futuro

		11 futuro perfecto	
rellenaré	rellenaremos	habré rellenado	habremos rellenado
rellenarás	rellenaréis	habrás rellenado	habréis rellenado
rellenará	rellenarán	habrá rellenado	habrán rellenado

5 potencial simple

		12 potencial compuesto	
rellenaría	rellenaríamos	habría rellenado	habríamos rellenado
rellenarías	rellenaríais	habrías rellenado	habríais rellenado
rellenaría	rellenarían	habría rellenado	habrían rellenado

6 presente de subjuntivo

		13 perfecto de subjuntivo	
rellene	rellenemos	haya rellenado	hayamos rellenado
rellenes	rellenéis	hayas rellenado	hayáis rellenado
rellene	rellenen	haya rellenado	hayan rellenado

7 imperfecto de subjuntivo

		14 pluscuamperfecto de subjuntivo	
rellenara	rellenáramos	hubiera rellenado	hubiéramos rellenado
rellenaras	rellenarais	hubieras rellenado	hubierais rellenado
rellenara	rellenaran	hubiera rellenado	hubieran rellenado
OR		OR	
rellenase	rellenásemos	hubiese rellenado	hubiésemos rellenado
rellenases	rellenaseis	hubieses rellenado	hubieseis rellenado
rellenase	rellenasen	hubiese rellenado	hubiesen rellenado

imperativo

—	rellenemos
rellena; no rellenes	rellenad; no rellenéis
rellene	rellenen

Words related to this verb

el relleno filling, stuffing   **rellenable** refillable
relleno, rellena stuffed, filled

For other words and expressions related to this verb, see **llenar.**

to remit, to forward, to transmit

The Seven Simple Tenses		The Seven Compound Tenses	
Singular	Plural	Singular	Plural
1　presente de indicativo		**8　perfecto de indicativo**	
remito	remitimos	he remitido	hemos remitido
remites	remitís	has remitido	habéis remitido
remite	remiten	ha remitido	han remitido
2　imperfecto de indicativo		**9　pluscuamperfecto de indicativo**	
remitía	remitíamos	había remitido	habíamos remitido
remitías	remitíais	habías remitido	habíais remitido
remitía	remitían	había remitido	habían remitido
3　pretérito		**10　pretérito anterior**	
remití	remitimos	hube remitido	hubimos remitido
remitiste	remitisteis	hubiste remitido	hubisteis remitido
remitió	remitieron	hubo remitido	hubieron remitido
4　futuro		**11　futuro perfecto**	
remitiré	remitiremos	habré remitido	habremos remitido
remitirás	remitiréis	habrás remitido	habréis remitido
remitirá	remitirán	habrá remitido	habrán remitido
5　potencial simple		**12　potencial compuesto**	
remitiría	remitiríamos	habría remitido	habríamos remitido
remitirías	remitiríais	habrías remitido	habríais remitido
remitiría	remitirían	habría remitido	habrían remitido
6　presente de subjuntivo		**13　perfecto de subjuntivo**	
remita	remitamos	haya remitido	hayamos remitido
remitas	remitáis	hayas remitido	hayáis remitido
remita	remitan	haya remitido	hayan remitido
7　imperfecto de subjuntivo		**14　pluscuamperfecto de subjuntivo**	
remitiera	remitiéramos	hubiera remitido	hubiéramos remitido
remitieras	remitierais	hubieras remitido	hubierais remitido
remitiera	remitieran	hubiera remitido	hubieran remitido
OR		OR	
remitiese	remitiésemos	hubiese remitido	hubiésemos remitido
remitieses	remitieseis	hubieses remitido	hubieseis remitido
remitiese	remitiesen	hubiese remitido	hubiesen remitido

imperativo	
—	remitamos
remite; no remitas	remitid; no remitáis
remita	remitan

Words and expressions related to this verb

remitirse a　to refer oneself to　　　**la remisión**　remission
el, la remitente　sender, shipper　　　**la remisión de los pecados**　remission of sins

Be sure to consult the back pages for sections on verbs used in idiomatic expressions, verbs with prepositions, and the list of over 1,000 verbs conjugated like model verbs.

to scold, to quarrel

The Seven Simple Tenses		The Seven Compound Tenses	
Singular	Plural	Singular	Plural
1 presente de indicativo		**8 perfecto de indicativo**	
riño	reñimos	he reñido	hemos reñido
riñes	reñís	has reñido	habéis reñido
riñe	riñen	ha reñido	han reñido
2 imperfecto de indicativo		**9 pluscuamperfecto de indicativo**	
reñía	reñíamos	había reñido	habíamos reñido
reñías	reñíais	habías reñido	habíais reñido
reñía	reñían	había reñido	habían reñido
3 pretérito		**10 pretérito anterior**	
reñí	reñimos	hube reñido	hubimos reñido
reñiste	reñisteis	hubiste reñido	hubisteis reñido
riñó	riñeron	hubo reñido	hubieron reñido
4 futuro		**11 futuro perfecto**	
reñiré	reñiremos	habré reñido	habremos reñido
reñirás	reñiréis	habrás reñido	habréis reñido
reñirá	reñirán	habrá reñido	habrán reñido
5 potencial simple		**12 potencial compuesto**	
reñiría	reñiríamos	habría reñido	habríamos reñido
reñirías	reñiríais	habrías reñido	habríais reñido
reñiría	reñirían	habría reñido	habrían reñido
6 presente de subjuntivo		**13 perfecto de subjuntivo**	
riña	riñamos	haya reñido	hayamos reñido
riñas	riñáis	hayas reñido	hayáis reñido
riña	riñan	haya reñido	hayan reñido
7 imperfecto de subjuntivo		**14 pluscuamperfecto de subjuntivo**	
riñera	riñéramos	hubiera reñido	hubiéramos reñido
riñeras	riñerais	hubieras reñido	hubierais reñido
riñera	riñeran	hubiera reñido	hubieran reñido
OR		OR	
riñese	riñésemos	hubiese reñido	hubiésemos reñido
riñeses	riñeseis	hubieses reñido	hubieseis reñido
riñese	riñesen	hubiese reñido	hubiesen reñido

imperativo	
—	riñamos
riñe; no riñas	reñid; no riñáis
riña	riñan

Words related to this verb

reñidor, reñidora quarreller   **la reñidura** reprimand, scolding
reñidamente stubbornly

Consult the back pages for verbs used in weather expressions and Spanish proverbs.

to mend, to repair, to notice, to observe

The Seven Simple Tenses		The Seven Compound Tenses	
Singular	Plural	Singular	Plural
1 presente de indicativo		**8 perfecto de indicativo**	
reparo	reparamos	he reparado	hemos reparado
reparas	reparáis	has reparado	habéis reparado
repara	reparan	ha reparado	han reparado
2 imperfecto de indicativo		**9 pluscuamperfecto de indicativo**	
reparaba	reparábamos	había reparado	habíamos reparado
reparabas	reparabais	habías reparado	habíais reparado
reparaba	reparaban	había reparado	habían reparado
3 pretérito		**10 pretérito anterior**	
reparé	reparamos	hube reparado	hubimos reparado
reparaste	reparasteis	hubiste reparado	hubisteis reparado
reparó	repararon	hubo reparado	hubieron reparado
4 futuro		**11 futuro perfecto**	
repararé	repararemos	habré reparado	habremos reparado
repararás	repararéis	habrás reparado	habréis reparado
reparará	repararán	habrá reparado	habrán reparado
5 potencial simple		**12 potencial compuesto**	
repararía	repararíamos	habría reparado	habríamos reparado
repararías	repararíais	habrías reparado	habríais reparado
repararía	repararían	habría reparado	habrían reparado
6 presente de subjuntivo		**13 perfecto de subjuntivo**	
repare	reparemos	haya reparado	hayamos reparado
repares	reparéis	hayas reparado	hayáis reparado
repare	reparen	haya reparado	hayan reparado
7 imperfecto de subjuntivo		**14 pluscuamperfecto de subjuntivo**	
reparara	reparáramos	hubiera reparado	hubiéramos reparado
repararas	reparararais	hubieras reparado	hubierais reparado
reparara	repararan	hubiera reparado	hubieran reparado
OR		OR	
reparase	reparásemos	hubiese reparado	hubiésemos reparado
reparases	reparaseis	hubieses reparado	hubieseis reparado
reparase	reparasen	hubiese reparado	hubiesen reparado

imperativo

—	reparemos
repara; no repares	reparad; no reparéis
repare	reparen

Words and expressions related to this verb

reparar en to notice, to pay attention to
un reparo repairs, repairing; notice
una reparación repairing, reparation

reparaciones provisionales temporary repairs
reparable reparable; noteworthy
un reparador, una reparadora repairer

Consult the back pages for the section on verbs with prepositions.

to distribute, to deal cards

The Seven Simple Tenses		The Seven Compound Tenses	
Singular	Plural	Singular	Plural

1   presente de indicativo

		8 perfecto de indicativo	
reparto	repartimos	he repartido	hemos repartido
repartes	repartís	has repartido	habéis repartido
reparte	reparten	ha repartido	han repartido

2   imperfecto de indicativo

		9 pluscuamperfecto de indicativo	
repartía	repartíamos	había repartido	habíamos repartido
repartías	repartíais	habías repartido	habíais repartido
repartía	repartían	había repartido	habían repartido

3   pretérito

		10 pretérito anterior	
repartí	repartimos	hube repartido	hubimos repartido
repartiste	repartisteis	hubiste repartido	hubisteis repartido
repartió	repartieron	hubo repartido	hubieron repartido

4   futuro

		11 futuro perfecto	
repartiré	repartiremos	habré repartido	habremos repartido
repartirás	repartiréis	habrás repartido	habréis repartido
repartirá	repartirán	habrá repartido	habrán repartido

5   potencial simple

		12 potencial compuesto	
repartiría	repartiríamos	habría repartido	habríamos repartido
repartirías	repartiríais	habrías repartido	habríais repartido
repartiría	repartirían	habría repartido	habrían repartido

6   presente de subjuntivo

		13 perfecto de subjuntivo	
reparta	repartamos	haya repartido	hayamos repartido
repartas	repartáis	hayas repartido	hayáis repartido
reparta	repartan	haya repartido	hayan repartido

7   imperfecto de subjuntivo

		14 pluscuamperfecto de subjuntivo	
repartiera	repartiéramos	hubiera repartido	hubiéramos repartido
repartieras	repartierais	hubieras repartido	hubierais repartido
repartiera	repartieran	hubiera repartido	hubieran repartido
OR		OR	
repartiese	repartiésemos	hubiese repartido	hubiésemos repartido
repartieses	repartieseis	hubieses repartido	hubieseis repartido
repartiese	repartiesen	hubiese repartido	hubiesen repartido

imperativo

—	repartamos
reparte; no repartas	repartid; no repartáis
reparta	repartan

Words and expressions related to this verb

repartir un dividendo   to declare a dividend
la repartición, el repartimiento   distribution
repartible   distributable

See also **partir.**
Consult the back pages for the section on verbs used in idiomatic expressions.

The subject pronouns are found on the page facing page 1.   **411**

to repeat

The Seven Simple Tenses		The Seven Compound Tenses	
Singular	Plural	Singular	Plural
1 presente de indicativo		**8 perfecto de indicativo**	
repito	repetimos	he repetido	hemos repetido
repites	repetís	has repetido	habéis repetido
repite	repiten	ha repetido	han repetido
2 imperfecto de indicativo		**9 pluscuamperfecto de indicativo**	
repetía	repetíamos	había repetido	habíamos repetido
repetías	repetíais	habías repetido	habíais repetido
repetía	repetían	había repetido	habían repetido
3 pretérito		**10 pretérito anterior**	
repetí	repetimos	hube repetido	hubimos repetido
repetiste	repetisteis	hubiste repetido	hubisteis repetido
repitió	repitieron	hubo repetido	hubieron repetido
4 futuro		**11 futuro perfecto**	
repetiré	repetiremos	habré repetido	habremos repetido
repetirás	repetiréis	habrás repetido	habréis repetido
repetirá	repetirán	habrá repetido	habrán repetido
5 potencial simple		**12 potencial compuesto**	
repetiría	repetiríamos	habría repetido	habríamos repetido
repetirías	repetiríais	habrías repetido	habríais repetido
repetiría	repetirían	habría repetido	habrían repetido
6 presente de subjuntivo		**13 perfecto de subjuntivo**	
repita	repitamos	haya repetido	hayamos repetido
repitas	repitáis	hayas repetido	hayáis repetido
repita	repitan	haya repetido	hayan repetido
7 imperfecto de subjuntivo		**14 pluscuamperfecto de subjuntivo**	
repitiera	repitiéramos	hubiera repetido	hubiéramos repetido
repitieras	repitierais	hubieras repetido	hubierais repetido
repitiera	repitieran	hubiera repetido	hubieran repetido
OR		OR	
repitiese	repitiésemos	hubiese repetido	hubiésemos repetido
repitieses	repitieseis	hubieses repetido	hubieseis repetido
repitiese	repitiesen	hubiese repetido	hubiesen repetido

imperativo

—	**repitamos**
repite; no repitas	**repetid; no repitáis**
repita	**repitan**

Words related to this verb

la repetición repetition   **repitiente** (*adj.*) repeating
repetidamente repeatedly   **repetirse** to repeat to oneself

Consult the back pages for various sections on verb usage.

to resolve, to solve (a problem)

The Seven Simple Tenses		The Seven Compound Tenses	
Singular	Plural	Singular	Plural

1   presente de indicativo

		8 perfecto de indicativo	
resuelvo	resolvemos	he resuelto	hemos resuelto
resuelves	resolvéis	has resuelto	habéis resuelto
resuelve	resuelven	ha resuelto	han resuelto

2   imperfecto de indicativo

		9 pluscuamperfecto de indicativo	
resolvía	resolvíamos	había resuelto	habíamos resuelto
resolvías	resolvíais	habías resuelto	habíais resuelto
resolvía	resolvían	había resuelto	habían resuelto

3   pretérito

		10 pretérito anterior	
resolví	resolvimos	hube resuelto	hubimos resuelto
resolviste	resolvisteis	hubiste resuelto	hubisteis resuelto
resolvió	resolvieron	hubo resuelto	hubieron resuelto

4   futuro

		11 futuro perfecto	
resolveré	resolveremos	habré resuelto	habremos resuelto
resolverás	resolveréis	habrás resuelto	habréis resuelto
resolverá	resolverán	habrá resuelto	habrán resuelto

5   potencial simple

		12 potencial compuesto	
resolvería	resolveríamos	habría resuelto	habríamos resuelto
resolverías	resolveríais	habrías resuelto	habríais resuelto
resolvería	resolverían	habría resuelto	habrían resuelto

6   presente de subjuntivo

		13 perfecto de subjuntivo	
resuelva	resolvamos	haya resuelto	hayamos resuelto
resuelvas	resolváis	hayas resuelto	hayáis resuelto
resuelva	resuelvan	haya resuelto	hayan resuelto

7   imperfecto de subjuntivo

		14 pluscuamperfecto de subjuntivo	
resolviera	resolviéramos	hubiera resuelto	hubiéramos resuelto
resolvieras	resolvierais	hubieras resuelto	hubierais resuelto
resolviera	resolvieran	hubiera resuelto	hubieran resuelto
OR		OR	
resolviese	resolviésemos	hubiese resuelto	hubiésemos resuelto
resolvieses	resolvieseis	hubieses resuelto	hubieseis resuelto
resolviese	resolviesen	hubiese resuelto	hubiesen resuelto

imperativo	
—	resolvamos
resuelve; no resuelvas	resolved; no resolváis
resuelva	resuelvan

Words and expressions related to this verb

resolver un conflicto   to settle a dispute
resolverse   to resolve (oneself)
resolverse a + inf.   to resolve + inf.
una resolución   resolution

una resolución definitiva   final decision
resolutivamente   resolutely
resoluto, resoluta   resolute

The subject pronouns are found on the page facing page 1.

responder   Gerundio **respondiendo**   Part. pas. **respondido**

to answer, to reply, to respond

The Seven Simple Tenses		The Seven Compound Tenses	
Singular	Plural	Singular	Plural

1   presente de indicativo

		8 perfecto de indicativo	
respondo	respondemos	he respondido	hemos respondido
respondes	respondéis	has respondido	habéis respondido
responde	responden	ha respondido	han respondido

2   imperfecto de indicativo

		9 pluscuamperfecto de indicativo	
respondía	respondíamos	había respondido	habíamos respondido
respondías	respondíais	habías respondido	habíais respondido
respondía	respondían	había respondido	habían respondido

3   pretérito

		10 pretérito anterior	
respondí	respondimos	hube respondido	hubimos respondido
respondiste	respondisteis	hubiste respondido	hubisteis respondido
respondió	respondieron	hubo respondido	hubieron respondido

4   futuro

		11 futuro perfecto	
responderé	responderemos	habré respondido	habremos respondido
responderás	responderéis	habrás respondido	habréis respondido
responderá	responderán	habrá respondido	habrán respondido

5   potencial simple

		12 potencial compuesto	
respondería	responderíamos	habría respondido	habríamos respondido
responderías	responderíais	habrías respondido	habríais respondido
respondería	responderían	habría respondido	habrían respondido

6   presente de subjuntivo

		13 perfecto de subjuntivo	
responda	respondamos	haya respondido	hayamos respondido
respondas	respondáis	hayas respondido	hayáis respondido
responda	respondan	haya respondido	hayan respondido

7   imperfecto de subjuntivo

		14 pluscuamperfecto de subjuntivo	
respondiera	respondiéramos	hubiera respondido	hubiéramos respondido
respondieras	respondierais	hubieras respondido	hubierais respondido
respondiera	respondieran	hubiera respondido	hubieran respondido
OR		OR	
respondiese	respondiésemos	hubiese respondido	hubiésemos respondido
respondieses	respondieseis	hubieses respondido	hubieseis respondido
respondiese	respondiesen	hubiese respondido	hubiesen respondido

imperativo

—	respondamos
responde; no respondas	responded; no respondáis
responda	respondan

Words related to this verb

una respuesta answer, reply, response
respondiente respondent
la correspondencia correspondence
correspondientemente correspondingly

responsivo, responsiva responsive
corresponder to correspond
corresponder a to reciprocate

to retire, to withdraw

The Seven Simple Tenses		The Seven Compound Tenses	
Singular	Plural	Singular	Plural

1 presente de indicativo		8 perfecto de indicativo	
retiro	retiramos	he retirado	hemos retirado
retiras	retiráis	has retirado	habéis retirado
retira	retiran	ha retirado	han retirado

2 imperfecto de indicativo		9 pluscuamperfecto de indicativo	
retiraba	retirábamos	había retirado	habíamos retirado
retirabas	retirabais	habías retirado	habíais retirado
retiraba	retiraban	había retirado	habían retirado

3 pretérito		10 pretérito anterior	
retiré	retiramos	hube retirado	hubimos retirado
retiraste	retirasteis	hubiste retirado	hubisteis retirado
retiró	retiraron	hubo retirado	hubieron retirado

4 futuro		11 futuro perfecto	
retiraré	retiraremos	habré retirado	habremos retirado
retirarás	retiraréis	habrás retirado	habréis retirado
retirará	retirarán	habrá retirado	habrán retirado

5 potencial simple		12 potencial compuesto	
retiraría	retiraríamos	habría retirado	habríamos retirado
retirarías	retiraríais	habrías retirado	habríais retirado
retiraría	retirarían	habría retirado	habrían retirado

6 presente de subjuntivo		13 perfecto de subjuntivo	
retire	retiremos	haya retirado	hayamos retirado
retires	retiréis	hayas retirado	hayáis retirado
retire	retiren	haya retirado	hayan retirado

7 imperfecto de subjuntivo		14 pluscuamperfecto de subjuntivo	
retirara	retiráramos	hubiera retirado	hubiéramos retirado
retiraras	retirarais	hubieras retirado	hubierais retirado
retirara	retiraran	hubiera retirado	hubieran retirado
OR		OR	
retirase	retirásemos	hubiese retirado	hubiésemos retirado
retirases	retiraseis	hubieses retirado	hubieseis retirado
retirase	retirasen	hubiese retirado	hubiesen retirado

imperativo	
—	retiremos
retira; no retires	retirad; no retiréis
retire	retiren

Words and expressions related to this verb

retirarse   to retire
retirarse a dormir   to turn in (go to bed)
el retiro   retirement, withdrawal
El Retiro (El Buen Retiro)   name of a famous
 beautiful park in Madrid

la retirada   retirement, retreat
el retiramiento   retirement
el retiro obrero   social security

The subject pronouns are found on the page facing page 1.   **415**

retrasar

Gerundio **retrasando**   Part. pas. **retrasado**

to delay, to retard

The Seven Simple Tenses		The Seven Compound Tenses	
Singular	Plural	Singular	Plural
1 presente de indicativo		**8 perfecto de indicativo**	
retraso	retrasamos	he retrasado	hemos retrasado
retrasas	retrasáis	has retrasado	habéis retrasado
retrasa	retrasan	ha retrasado	han retrasado
2 imperfecto de indicativo		**9 pluscuamperfecto de indicativo**	
retrasaba	retrasábamos	había retrasado	habíamos retrasado
retrasabas	retrasabais	habías retrasado	habíais retrasado
retrasaba	retrasaban	había retrasado	habían retrasado
3 pretérito		**10 pretérito anterior**	
retrasé	retrasamos	hube retrasado	hubimos retrasado
retrasaste	retrasasteis	hubiste retrasado	hubisteis retrasado
retrasó	retrasaron	hubo retrasado	hubieron retrasado
4 futuro		**11 futuro perfecto**	
retrasaré	retrasaremos	habré retrasado	habremos retrasado
retrasarás	retrasaréis	habrás retrasado	habréis retrasado
retrasará	retrasarán	habrá retrasado	habrán retrasado
5 potencial simple		**12 potencial compuesto**	
retrasaría	retrasaríamos	habría retrasado	habríamos retrasado
retrasarías	retrasaríais	habrías retrasado	habríais retrasado
retrasaría	retrasarían	habría retrasado	habrían retrasado
6 presente de subjuntivo		**13 perfecto de subjuntivo**	
retrase	retrasemos	haya retrasado	hayamos retrasado
retrases	retraséis	hayas retrasado	hayáis retrasado
retrase	retrasen	haya retrasado	hayan retrasado
7 imperfecto de subjuntivo		**14 pluscuamperfecto de subjuntivo**	
retrasara	retrasáramos	hubiera retrasado	hubiéramos retrasado
retrasaras	retrasarais	hubieras retrasado	hubierais retrasado
retrasara	retrasaran	hubiera retrasado	hubieran retrasado
OR		OR	
retrasase	retrasásemos	hubiese retrasado	hubiésemos retrasado
retrasases	retrasaseis	hubieses retrasado	hubieseis retrasado
retrasase	retrasasen	hubiese retrasado	hubiesen retrasado

	imperativo	
—	retrasemos
retrasa; no retrases	retrasad; no retraséis
retrase	retrasen

Words and expressions related to this verb

retrasarse en + inf. to be slow in, to be late + pres. part.
el retraso delay, lag, slowness
con retraso late (behind time)
atrasar to be slow, slow down (watch, clock); **el atraso** delay, tardiness; **en atraso** in arrears
atrás backward, back; **atrás de** behind, back of; **días atrás** days ago; **hacia atrás** backwards; **quedarse atrás** to lag behind

to assemble, to get together, to meet, to gather

The Seven Simple Tenses		The Seven Compound Tenses	
Singular	Plural	Singular	Plural

1   presente de indicativo

me reúno	nos reunimos	
te reúnes	os reunís	
se reúne	se reúnen	

8   perfecto de indicativo

me he reunido	nos hemos reunido
te has reunido	os habéis reunido
se ha reunido	se han reunido

2   imperfecto de indicativo

me reunía	nos reuníamos
te reunías	os reuníais
se reunía	se reunían

9   pluscuamperfecto de indicativo

me había reunido	nos habíamos reunido
te habías reunido	os habíais reunido
se había reunido	se habían reunido

3   pretérito

me reuní	nos reunimos
te reuniste	os reunisteis
se reunió	se reunieron

10   pretérito anterior

me hube reunido	nos hubimos reunido
te hubiste reunido	os hubisteis reunido
se hube reunido	se hubieron reunido

4   futuro

me reuniré	nos reuniremos
te reunirás	os reuniréis
se reunirá	se reunirán

11   futuro perfecto

me habré reunido	nos habremos reunido
te habrás reunido	os habréis reunido
se habrá reunido	se habrán reunido

5   potencial simple

me reuniría	nos reuniríamos
te reunirías	os reuniríais
se reuniría	se reunirían

12   potencial compuesto

me habría reunido	nos habríamos reunido
te habrías reunido	os habríais reunido
se habría reunido	se habrían reunido

6   presente de subjuntivo

me reúna	nos reunamos
te reúnas	os reunáis
se reúna	se reúnan

13   perfecto de subjuntivo

me haya reunido	nos hayamos reunido
te hayas reunido	os hayáis reunido
se haya reunido	se hayan reunido

7   imperfecto de subjuntivo

me reuniera	nos reuniéramos
te reunieras	os reunierais
se reuniera	se reunieran
OR	
me reuniese	nos reuniésemos
te reunieses	os reunieseis
se reuniese	se reuniesen

14   pluscuamperfecto de subjuntivo

me hubiera reunido	nos hubiéramos reunido
te hubieras reunido	os hubierais reunido
se hubiera reunido	se hubieran reunido
OR	
me hubiese reunido	nos hubiésemos reunido
te hubieses reunido	os hubieseis reunido
se hubiese reunido	se hubiesen reunido

imperativo

—	reunámonos
reúnete; no te reúnas	reuníos; no os reunáis
reúnase	reúnanse

Words and expressions related to this verb

reunirse con   to meet with
la reunión   reunion, meeting, gathering
una reunión en masa   mass meeting

una reunión plenaria   full meeting
la libertad de reunión   free assemblage
una reunión extraordinaria   special meeting

For other words related to this verb, see **unir.**

to revoke, to repeal

The Seven Simple Tenses		The Seven Compound Tenses	
Singular	Plural	Singular	Plural
1 presente de indicativo		**8 perfecto de indicativo**	
revoco	revocamos	he revocado	hemos revocado
revocas	revocáis	has revocado	habéis revocado
revoca	revocan	ha revocado	han revocado
2 imperfecto de indicativo		**9 pluscuamperfecto de indicativo**	
revocaba	revocábamos	había revocado	habíamos revocado
revocabas	revocabais	habías revocado	habíais revocado
revocaba	revocaban	había revocado	habían revocado
3 pretérito		**10 pretérito anterior**	
revoqué	revocamos	hube revocado	hubimos revocado
revocaste	revocasteis	hubiste revocado	hubisteis revocado
revocó	revocaron	hubo revocado	hubieron revocado
4 futuro		**11 futuro perfecto**	
revocaré	revocaremos	habré revocado	habremos revocado
revocarás	revocaréis	habrás revocado	habréis revocado
revocará	revocarán	habrá revocado	habrán revocado
5 potencial simple		**12 potencial compuesto**	
revocaría	revocaríamos	habría revocado	habríamos revocado
revocarías	revocaríais	habrías revocado	habríais revocado
revocaría	revocarían	habría revocado	habrían revocado
6 presente de subjuntivo		**13 perfecto de subjuntivo**	
revoque	revoquemos	haya revocado	hayamos revocado
revoques	revoquéis	hayas revocado	hayáis revocado
revoque	revoquen	haya revocado	hayan revocado
7 imperfecto de subjuntivo		**14 pluscuamperfecto de subjuntivo**	
revocara	revocáramos	hubiera revocado	hubiéramos revocado
revocaras	revocarais	hubieras revocado	hubierais revocado
revocara	revocaran	hubiera revocado	hubieran revocado
OR		OR	
revocase	revocásemos	hubiese revocado	hubiésemos revocado
revocases	revocaseis	hubieses revocado	hubieseis revocado
revocase	revocasen	hubiese revocado	hubiesen revocado

imperativo

—	revoquemos
revoca; no revoques	revocad; no revoquéis
revoque	revoquen

Words related to this verb

la revocación revocation	**irrevocado, irrevocada** unrevoked
revocable revocable, reversible	**irrevocable** irrevocable, irreversible
revocablemente revocably	**irrevocablemente** irrevocably

Consult the back pages for various sections on verb usage.

to revolve, to turn around, to turn over, to turn upside down

The Seven Simple Tenses		The Seven Compound Tenses	
Singular	Plural	Singular	Plural

1 presente de indicativo

revuelvo	revolvemos
revuelves	revolvéis
revuelve	revuelven

8 perfecto de indicativo

he revuelto	hemos revuelto
has revuelto	habéis revuelto
ha revuelto	han revuelto

2 imperfecto de indicativo

revolvía	revolvíamos
revolvías	revolvíais
revolvía	revolvían

9 pluscuamperfecto de indicativo

había revuelto	habíamos revuelto
habías revuelto	habíais revuelto
había revuelto	habían revuelto

3 pretérito

revolví	revolvimos
revolviste	revolvisteis
revolvió	revolvieron

10 pretérito anterior

hube revuelto	hubimos revuelto
hubiste revuelto	hubisteis revuelto
hubo revuelto	hubieron revuelto

4 futuro

revolveré	revolveremos
revolverás	revolveréis
revolverá	revolverán

11 futuro perfecto

habré revuelto	habremos revuelto
habrás revuelto	habréis revuelto
habrá revuelto	habrán revuelto

5 potencial simple

revolvería	revolveríamos
revolverías	revolveríais
revolvería	revolverían

12 potencial compuesto

habría revuelto	habríamos revuelto
habrías revuelto	habríais revuelto
habría revuelto	habrían revuelto

6 presente de subjuntivo

revuelva	revolvamos
revuelvas	revolváis
revuelva	revuelvan

13 perfecto de subjuntivo

haya revuelto	hayamos revuelto
hayas revuelto	hayáis revuelto
haya revuelto	hayan revuelto

7 imperfecto de subjuntivo

revolviera	revolviéramos
revolvieras	revolvierais
revolviera	revolvieran
OR	
revolviese	revolviésemos
revolvieses	revolvieseis
revolviese	revolviesen

14 pluscuamperfecto de subjuntivo

hubiera revuelto	hubiéramos revuelto
hubieras revuelto	hubierais revuelto
hubiera revuelto	hubieran revuelto
OR	
hubiese revuelto	hubiésemos revuelto
hubieses revuelto	hubieseis revuelto
hubiese revuelto	hubiesen revuelto

imperativo

–	**revolvamos**
revuelve; no revuelvas	**revolved; no revolváis**
revuelva	**revuelvan**

Words and expressions related to this verb

huevos revueltos scrambled eggs   **el revolvimiento** revolving, revolution
la revolución revolution   **revueltamente** upside down

For other words and expressions related to this verb, see **volver.**

The subject pronouns are found on the page facing page 1.   **419**

to rob, to steal

The Seven Simple Tenses		The Seven Compound Tenses	
Singular	Plural	Singular	Plural
1 presente de indicativo		**8 perfecto de indicativo**	
robo	robamos	he robado	hemos robado
robas	robáis	has robado	habéis robado
roba	roban	ha robado	han robado
2 imperfecto de indicativo		**9 pluscuamperfecto de indicativo**	
robaba	robábamos	había robado	habíamos robado
robabas	robabais	habías robado	habíais robado
robaba	robaban	había robado	habían robado
3 pretérito		**10 pretérito anterior**	
robé	robamos	hube robado	hubimos robado
robaste	robasteis	hubiste robado	hubisteis robado
robó	robaron	hubo robado	hubieron robado
4 futuro		**11 futuro perfecto**	
robaré	robaremos	habré robado	habremos robado
robarás	robaréis	habrás robado	habréis robado
robará	robarán	habrá robado	habrán robado
5 potencial simple		**12 potencial compuesto**	
robaría	robaríamos	habría robado	habríamos robado
robarías	robaríais	habrías robado	habríais robado
robaría	robarían	habría robado	habrían robado
6 presente de subjuntivo		**13 perfecto de subjuntivo**	
robe	robemos	haya robado	hayamos robado
robes	robéis	hayas robado	hayáis robado
robe	roben	haya robado	hayan robado
7 imperfecto de subjuntivo		**14 pluscuamperfecto de subjuntivo**	
robara	robáramos	hubiera robado	hubiéramos robado
robaras	robarais	hubieras robado	hubierais robado
robara	robaran	hubiera robado	hubieran robado
OR		OR	
robase	robásemos	hubiese robado	hubiésemos robado
robases	robaseis	hubieses robado	hubieseis robado
robase	robasen	hubiese robado	hubiesen robado

	imperativo	
—	robemos	
roba; no robes	robad; no robéis	
robe	roben	

Words and expressions related to this verb

robarle algo a alguien   to rob somebody of something
robado, robada   stolen
un robador, una robadora   robber, thief
el robamiento   robbery, theft

Consult the back pages for various sections on verb usage.

to supplicate, to ask, to ask for, to request, to beg, to pray

The Seven Simple Tenses		The Seven Compound Tenses	
Singular	Plural	Singular	Plural
1 presente de indicativo		**8 perfecto de indicativo**	
ruego	rogamos	he rogado	hemos rogado
ruegas	rogáis	has rogado	habéis rogado
ruega	ruegan	ha rogado	han rogado
2 imperfecto de indicativo		**9 pluscuamperfecto de indicativo**	
rogaba	rogábamos	había rogado	habíamos rogado
rogabas	rogabais	habías rogado	habíais rogado
rogaba	rogaban	había rogado	habían rogado
3 pretérito		**10 pretérito anterior**	
rogué	rogamos	hube rogado	hubimos rogado
rogaste	rogasteis	hubiste rogado	hubisteis rogado
rogó	rogaron	hubo rogado	hubieron rogado
4 futuro		**11 futuro perfecto**	
rogaré	rogaremos	habré rogado	habremos rogado
rogarás	rogaréis	habrás rogado	habréis rogado
rogará	rogarán	habrá rogado	habrán rogado
5 potencial simple		**12 potencial compuesto**	
rogaría	rogaríamos	habría rogado	habríamos rogado
rogarías	rogaríais	habrías rogado	habríais rogado
rogaría	rogarían	habría rogado	habrían rogado
6 presente de subjuntivo		**13 perfecto de subjuntivo**	
ruegue	roguemos	haya rogado	hayamos rogado
ruegues	roguéis	hayas rogado	hayáis rogado
ruegue	rueguen	haya rogado	hayan rogado
7 imperfecto de subjuntivo		**14 pluscuamperfecto de subjuntivo**	
rogara	rogáramos	hubiera rogado	hubiéramos rogado
rogaras	rogarais	hubieras rogado	hubierais rogado
rogara	rogaran	hubiera rogado	hubieran rogado
OR		OR	
rogase	rogásemos	hubiese rogado	hubiésemos rogado
rogases	rogaseis	hubieses rogado	hubieseis rogado
rogase	rogasen	hubiese rogado	hubiesen rogado

imperativo

—	roguemos
ruega; no ruegues	rogad; no roguéis
ruegue	rueguen

Sentences using this verb and words related to it

A Dios rogando y con el mazo dando.   Put your faith in God and keep your powder dry.
rogador, rogadora   supplicant
rogativo, rogativa   supplicatory
rogar por   to plead for

to break, to shatter, to tear

The Seven Simple Tenses		The Seven Compound Tenses	
Singular	Plural	Singular	Plural
1 presente de indicativo		**8 perfecto de indicativo**	
rompo	rompemos	he roto	hemos roto
rompes	rompéis	has roto	habéis roto
rompe	rompen	ha roto	han roto
2 imperfecto de indicativo		**9 pluscuamperfecto de indicativo**	
rompía	rompíamos	había roto	habíamos roto
rompías	rompíais	habías roto	habíais roto
rompía	rompían	había roto	habían roto
3 pretérito		**10 pretérito anterior**	
rompí	rompimos	hube roto	hubimos roto
rompiste	rompisteis	hubiste roto	hubisteis roto
rompió	rompieron	hubo roto	hubieron roto
4 futuro		**11 futuro perfecto**	
romperé	romperemos	habré roto	habremos roto
romperás	romperéis	habrás roto	habréis roto
romperá	romperán	habrá roto	habrán roto
5 potencial simple		**12 potencial compuesto**	
rompería	romperíamos	habría roto	habríamos roto
romperías	romperíais	habrías roto	habríais roto
rompería	romperían	habría roto	habrían roto
6 presente de subjuntivo		**13 perfecto de subjuntivo**	
rompa	rompamos	haya roto	hayamos roto
rompas	rompáis	hayas roto	hayáis roto
rompa	rompan	haya roto	hayan roto
7 imperfecto de subjuntivo		**14 pluscuamperfecto de subjuntivo**	
rompiera	rompiéramos	hubiera roto	hubiéramos roto
rompieras	rompierais	hubieras roto	hubierais roto
rompiera	rompieran	hubiera roto	hubieran roto
OR		OR	
rompiese	rompiésemos	hubiese roto	hubiésemos roto
rompieses	rompieseis	hubieses roto	hubieseis roto
rompiese	rompiesen	hubiese roto	hubiesen roto

imperativo

—	rompamos
rompe; no rompas	romped; no rompáis
rompa	rompan

Words and expressions related to this verb

un rompenueces nutcracker
una rompedura breakage, rupture
romper la cabeza to rack one's brains
romper con to break relations with

romper a + inf. to start suddenly + inf.
romper a llorar to break into tears
romper las relaciones to break off relations, an engagement

to know, to know how

The Seven Simple Tenses		The Seven Compound Tenses	
Singular	Plural	Singular	Plural

1 presente de indicativo

		8 perfecto de indicativo	
sé	sabemos	he sabido	hemos sabido
sabes	sabéis	has sabido	habéis sabido
sabe	saben	ha sabido	han sabido

2 imperfecto de indicativo

		9 pluscuamperfecto de indicativo	
sabía	sabíamos	había sabido	habíamos sabido
sabías	sabíais	habías sabido	habíais sabido
sabía	sabían	había sabido	habían sabido

3 pretérito

		10 pretérito anterior	
supe	supimos	hube sabido	hubimos sabido
supiste	supisteis	hubiste sabido	hubisteis sabido
supo	supieron	hubo sabido	hubieron sabido

4 futuro

		11 futuro perfecto	
sabré	sabremos	habré sabido	habremos sabido
sabrás	sabréis	habrás sabido	habréis sabido
sabrá	sabrán	habrá sabido	habrán sabido

5 potencial simple

		12 potencial compuesto	
sabría	sabríamos	habría sabido	habríamos sabido
sabrías	sabríais	habrías sabido	habríais sabido
sabría	sabrían	habría sabido	habrían sabido

6 presente de subjuntivo

		13 perfecto de subjuntivo	
sepa	sepamos	haya sabido	hayamos sabido
sepas	sepáis	hayas sabido	hayáis sabido
sepa	sepan	haya sabido	hayan sabido

7 imperfecto de subjuntivo

		14 pluscuamperfecto de subjuntivo	
supiera	supiéramos	hubiera sabido	hubiéramos sabido
supieras	supierais	hubieras sabido	hubierais sabido
supiera	supieran	hubiera sabido	hubieran sabido
OR		OR	
supiese	supiésemos	hubiese sabido	hubiésemos sabido
supieses	supieseis	hubieses sabido	hubieseis sabido
supiese	supiesen	hubiese sabido	hubiesen sabido

imperativo

—	sepamos
sabe; no sepas	sabed; no sepáis
sepa	sepan

Words and expressions related to this verb

sabio, sabia wise, learned
un sabidillo, una sabidilla a know-it-all individual
la sabiduría knowledge, learning, wisdom
¿Sabe Ud. nadar? Do you know how to swim?
Sí, yo sé nadar. Yes, I know how to swim.

Que yo sepa. . . As far as I know. . .
¡Quién sabe! Who knows! Perhaps! Maybe!

Consult the back pages for verbs used in idiomatic expressions.

The subject pronouns are found on the page facing page 1.

423

to take out, to get

The Seven Simple Tenses		The Seven Compound Tenses	
Singular	Plural	Singular	Plural

1　presente de indicativo

saco	sacamos	
sacas	sacáis	
saca	sacan	

8　perfecto de indicativo

he sacado	hemos sacado
has sacado	habéis sacado
ha sacado	han sacado

2　imperfecto de indicativo

sacaba	sacábamos
sacabas	sacabais
sacaba	sacaban

9　pluscuamperfecto de indicativo

había sacado	habíamos sacado
habías sacado	habíais sacado
había sacado	habían sacado

3　pretérito

saqué	sacamos
sacaste	sacasteis
sacó	sacaron

10　pretérito anterior

hube sacado	hubimos sacado
hubiste sacado	hubisteis sacado
hubo sacado	hubieron sacado

4　futuro

sacaré	sacaremos
sacarás	sacaréis
sacará	sacarán

11　futuro perfecto

habré sacado	habremos sacado
habrás sacado	habréis sacado
habrá sacado	habrán sacado

5　potencial simple

sacaría	sacaríamos
sacarías	sacaríais
sacaría	sacarían

12　potencial compuesto

habría sacado	habríamos sacado
habrías sacado	habríais sacado
habría sacado	habrían sacado

6　presente de subjuntivo

saque	saquemos
saques	saquéis
saque	saquen

13　perfecto de subjuntivo

haya sacado	hayamos sacado
hayas sacado	hayáis sacado
haya sacado	hayan sacado

7　imperfecto de subjuntivo

sacara	sacáramos
sacaras	sacarais
sacara	sacaran
OR	
sacase	sacásemos
sacases	sacaseis
sacase	sacasen

14　pluscuamperfecto de subjuntivo

hubiera sacado	hubiéramos sacado
hubieras sacado	hubierais sacado
hubiera sacado	hubieran sacado
OR	
hubiese sacado	hubiésemos sacado
hubieses sacado	hubieseis sacado
hubiese sacado	hubiesen sacado

imperativo

—	saquemos
saca; no saques	sacad; no saquéis
saque	saquen

Words and expressions related to this verb

sacar agua　to draw water
sacar a paseo　to take out for a walk; **ensacar**　to put in a bag, to bag
un saco　bag, sack; **saco de noche**　overnight bag
un sacapuntas　pencil sharpener **(un afilalápices)**

to shake, to jerk, to jolt

The Seven Simple Tenses		The Seven Compound Tenses	
Singular	Plural	Singular	Plural
1 presente de indicativo		**8 perfecto de indicativo**	
sacudo	sacudimos	he sacudido	hemos sacudido
sacudes	sacudís	has sacudido	habéis sacudido
sacude	sacuden	ha sacudido	han sacudido
2 imperfecto de indicativo		**9 pluscuamperfecto de indicativo**	
sacudía	sacudíamos	había sacudido	habíamos sacudido
sacudías	sacudíais	habías sacudido	habíais sacudido
sacudía	sacudían	había sacudido	habían sacudido
3 pretérito		**10 pretérito anterior**	
sacudí	sacudimos	hube sacudido	hubimos sacudido
sacudiste	sacudisteis	hubiste sacudido	hubisteis sacudido
sacudió	sacudieron	hubo sacudido	hubieron sacudido
4 futuro		**11 futuro perfecto**	
sacudiré	sacudiremos	habré sacudido	habremos sacudido
sacudirás	sacudiréis	habrás sacudido	habréis sacudido
sacudirá	sacudirán	habrá sacudido	habrán sacudido
5 potencial simple		**12 potencial compuesto**	
sacudiría	sacudiríamos	habría sacudido	habríamos sacudido
sacudirías	sacudiríais	habrías sacudido	habríais sacudido
sacudiría	sacudirían	habría sacudido	habrían sacudido
6 presente de subjuntivo		**13 perfecto de subjuntivo**	
sacuda	sacudamos	haya sacudido	hayamos sacudido
sacudas	sacudáis	hayas sacudido	hayáis sacudido
sacuda	sacudan	haya sacudido	hayan sacudido
7 imperfecto de subjuntivo		**14 pluscuamperfecto de subjuntivo**	
sacudiera	sacudiéramos	hubiera sacudido	hubiéramos sacudido
sacudieras	sacudierais	hubieras sacudido	hubierais sacudido
sacudiera	sacudieran	hubiera sacudido	hubieran sacudido
OR		OR	
sacudiese	sacudiésemos	hubiese sacudido	hubiésemos sacudido
sacudieses	sacudieseis	hubieses sacudido	hubieseis sacudido
sacudiese	sacudiesen	hubiese sacudido	hubiesen sacudido

imperativo	
—	sacudamos
sacude; no sacudas	sacudid; no sacudáis
sacuda	sacudan

Words and expressions related to this verb

un sacudimiento shaking, jolt, jerk
sacudidamente in a jerky way
una sacudida jerk, jolt, shake

sacudir el yugo to shake off the yoke (to become independent)
a sacudidas in jerks

Consult the back pages for the list of over 1,000 verbs conjugated like model verbs.

to go out, to leave

The Seven Simple Tenses		The Seven Compound Tenses	
Singular	Plural	Singular	Plural

1 presente de indicativo		8 perfecto de indicativo	
salgo	salimos	he salido	hemos salido
sales	salís	has salido	habéis salido
sale	salen	ha salido	han salido

2 imperfecto de indicativo		9 pluscuamperfecto de indicativo	
salía	salíamos	había salido	habíamos salido
salías	salíais	habías salido	habíais salido
salía	salían	había salido	habían salido

3 pretérito		10 pretérito anterior	
salí	salimos	hube salido	hubimos salido
saliste	salisteis	hubiste salido	hubisteis salido
salió	salieron	hubo salido	hubieron salido

4 futuro		11 futuro perfecto	
saldré	saldremos	habré salido	habremos salido
saldrás	saldréis	habrás salido	habréis salido
saldrá	saldrán	habrá salido	habrán salido

5 potencial simple		12 potencial compuesto	
saldría	saldríamos	habría salido	habríamos salido
saldrías	saldríais	habrías salido	habríais salido
saldría	saldrían	habría salido	habrían salido

6 presente de subjuntivo		13 perfecto de subjuntivo	
salga	salgamos	haya salido	hayamos salido
salgas	salgáis	hayas salido	hayáis salido
salga	salgan	haya salido	hayan salido

7 imperfecto de subjuntivo		14 pluscuamperfecto de subjuntivo	
saliera	saliéramos	hubiera salido	hubiéramos salido
salieras	salierais	hubieras salido	hubierais salido
saliera	salieran	hubiera salido	hubieran salido
OR		OR	
saliese	saliésemos	hubiese salido	hubiésemos salido
salieses	salieseis	hubieses salido	hubieseis salido
saliese	saliesen	hubiese salido	hubiesen salido

imperativo

—	salgamos
sal; no salgas	salid; no salgáis
salga	salgan

Words and expressions related to this verb

la salida   exit
sin salida   no exit, dead-end street
salir de compras   to go out shopping
salir mal   to go wrong, to do badly

salir a   to resemble, to look like
salir al encuentro de   to go to meet
salir de   to leave from, to get out of

Consult the back pages for verbs used in idiomatic expressions.

to jump, to leap, to hop, to spring

The Seven Simple Tenses		The Seven Compound Tenses	
Singular	Plural	Singular	Plural

1   presente de indicativo

		8 perfecto de indicativo	
salto	saltamos	he saltado	hemos saltado
saltas	saltáis	has saltado	habéis saltado
salta	saltan	ha saltado	han saltado

2   imperfecto de indicativo   **9   pluscuamperfecto de indicativo**

saltaba	saltábamos	había saltado	habíamos saltado
saltabas	saltabais	habías saltado	habíais saltado
saltaba	saltaban	había saltado	habían saltado

3   pretérito   **10   pretérito anterior**

salté	saltamos	hube saltado	hubimos saltado
saltaste	saltasteis	hubiste saltado	hubisteis saltado
saltó	saltaron	hubo saltado	hubieron saltado

4   futuro   **11   futuro perfecto**

saltaré	saltaremos	habré saltado	habremos saltado
saltarás	saltaréis	habrás saltado	habréis saltado
saltará	saltarán	habrá saltado	habrán saltado

5   potencial simple   **12   potencial compuesto**

saltaría	saltaríamos	habría saltado	habríamos saltado
saltarías	saltaríais	habrías saltado	habríais saltado
saltaría	saltarían	habría saltado	habrían saltado

6   presente de subjuntivo   **13   perfecto de subjuntivo**

salte	saltemos	haya saltado	hayamos saltado
saltes	saltéis	hayas saltado	hayáis saltado
salte	salten	haya saltado	hayan saltado

7   imperfecto de subjuntivo   **14   pluscuamperfecto de subjuntivo**

saltara	saltáramos	hubiera saltado	hubiéramos saltado
saltaras	saltarais	hubieras saltado	hubierais saltado
saltara	saltaran	hubiera saltado	hubieran saltado
OR		OR	
saltase	saltásemos	hubiese saltado	hubiésemos saltado
saltases	saltaseis	hubieses saltado	hubieseis saltado
saltase	saltasen	hubiese saltado	hubiesen saltado

imperativo

—	saltemos
salta; no saltes	saltad; no saltéis
salte	salten

Words and expressions related to this verb

hacer saltar la banca   to break the bank
    (in gambling)
saltar de gozo   to jump with joy
saltar por   to jump over

un salto   jump, leap
un salto con esquí   ski jump
un salto del ángel   swan dive

The subject pronouns are found on the page facing page 1.   **427**

saludar

Gerundio **saludando**   Part. pas. **saludado**

to greet, to salute

The Seven Simple Tenses		The Seven Compound Tenses	
Singular	Plural	Singular	Plural
1 presente de indicativo		**8 perfecto de indicativo**	
saludo	saludamos	he saludado	hemos saludado
saludas	saludáis	has saludado	habéis saludado
saluda	saludan	ha saludado	han saludado
2 imperfecto de indicativo		**9 pluscuamperfecto de indicativo**	
saludaba	saludábamos	había saludado	habíamos saludado
saludabas	saludabais	habías saludado	habíais saludado
saludaba	saludaban	había saludado	habían saludado
3 pretérito		**10 pretérito anterior**	
saludé	saludamos	hube saludado	hubimos saludado
saludaste	saludasteis	hubiste saludado	hubisteis saludado
saludó	saludaron	hubo saludado	hubieron saludado
4 futuro		**11 futuro perfecto**	
saludaré	saludaremos	habré saludado	habremos saludado
saludarás	saludaréis	habrás saludado	habréis saludado
saludará	saludarán	habrá saludado	habrán saludado
5 potencial simple		**12 potencial compuesto**	
saludaría	saludaríamos	habría saludado	habríamos saludado
saludarías	saludaríais	habrías saludado	habríais saludado
saludaría	saludarían	habría saludado	habrían saludado
6 presente de subjuntivo		**13 perfecto de subjuntivo**	
salude	saludemos	haya saludado	hayamos saludado
saludes	saludéis	hayas saludado	hayáis saludado
salude	saluden	haya saludado	hayan saludado
7 imperfecto de subjuntivo		**14 pluscuamperfecto de subjuntivo**	
saludara	saludáramos	hubiera saludado	hubiéramos saludado
saludaras	saludarais	hubieras saludado	hubierais saludado
saludara	saludaran	hubiera saludado	hubieran saludado
OR		OR	
saludase	saludásemos	hubiese saludado	hubiésemos saludado
saludases	saludaseis	hubieses saludado	hubieseis saludado
saludase	saludasen	hubiese saludado	hubiesen saludado

	imperativo
—	saludemos
saluda; no saludes	saludad; no saludéis
salude	saluden

Words and expressions related to this verb

la salutación   greeting, salutation
el saludo   salutation, greeting, salute
el saludo final   closing (of a letter)
saludarse uno a otro   to greet each other

la salud   health; **¡A su salud!**   To your health!
estar bien de salud   to be in good health
estar mal de salud   to be in bad health

Consult the back pages for the section on verbs with prepositions.

The Seven Simple Tenses		The Seven Compound Tenses	
Singular	Plural	Singular	Plural
1 presente de indicativo		**8 perfecto de indicativo**	
satisfago	satisfacemos	he satisfecho	hemos satisfecho
satisfaces	satisfacéis	has satisfecho	habéis satisfecho
satisface	satisfacen	ha satisfecho	han satisfecho
2 imperfecto de indicativo		**9 pluscuamperfecto de indicativo**	
satisfacía	satisfacíamos	había satisfecho	habíamos satisfecho
satisfacías	satisfacíais	habías satisfecho	habíais satisfecho
satisfacía	satisfacían	había satisfecho	habían satisfecho
3 pretérito		**10 pretérito anterior**	
satisfice	satisficimos	hube satisfecho	hubimos satisfecho
satisficiste	satisficisteis	hubiste satisfecho	hubisteis satisfecho
satisfizo	satisficieron	hubo satisfecho	hubieron satisfecho
4 futuro		**11 futuro perfecto**	
satisfaré	satisfaremos	habré satisfecho	habremos satisfecho
satisfarás	satisfaréis	habrás satisfecho	habréis satisfecho
satisfará	satisfarán	habrá satisfecho	habrán satisfecho
5 potencial simple		**12 potencial compuesto**	
satisfaría	satisfaríamos	habría satisfecho	habríamos satisfecho
satisfarías	satisfaríais	habrías satisfecho	habríais satisfecho
satisfaría	satisfarían	habría satisfecho	habrían satisfecho
6 presente de subjuntivo		**13 perfecto de subjuntivo**	
satisfaga	satisfagamos	haya satisfecho	hayamos satisfecho
satisfagas	satisfagáis	hayas satisfecho	hayáis satisfecho
satisfaga	satisfagan	haya satisfecho	hayan satisfecho
7 imperfecto de subjuntivo		**14 pluscuamperfecto de subjuntivo**	
satisficiera	satisficiéramos	hubiera satisfecho	hubiéramos satisfecho
satisficieras	satisficierais	hubieras satisfecho	hubierais satisfecho
satisficiera	satisficieran	hubiera satisfecho	hubieran satisfecho
OR		OR	
satisficiese	satisficiésemos	hubiese satisfecho	hubiésemos satisfecho
satisficieses	satisficieseis	hubieses satisfecho	hubieseis satisfecho
satisficiese	satisficiesen	hubiese satisfecho	hubiesen satisfecho

imperativo

—	satisfagamos
satisfaz (satisface); no satisfagas	satisfaced; no satisfagáis
satisfaga	satisfagan

Words and expressions related to this verb

la satisfacción   satisfaction
a satisfacción   satisfactorily
a satisfacción de   to the satisfaction of
satisfacer una demanda   to meet a demand

satisfecho, satisfecha   satisfied
satisfactorio, satisfactoria   satisfactory
satisfaciente   satisfying

The subject pronouns are found on the page facing page 1.

to dry, to wipe dry

The Seven Simple Tenses		The Seven Compound Tenses	
Singular	Plural	Singular	Plural
1 presente de indicativo		**8 perfecto de indicativo**	
seco	secamos	he secado	hemos secado
secas	secáis	has secado	habéis secado
seca	secan	ha secado	han secado
2 imperfecto de indicativo		**9 pluscuamperfecto de indicativo**	
secaba	secábamos	había secado	habíamos secado
secabas	secabais	habías secado	habíais secado
secaba	secaban	había secado	habían secado
3 pretérito		**10 pretérito anterior**	
sequé	secamos	hube secado	hubimos secado
secaste	secasteis	hubiste secado	hubisteis secado
secó	secaron	hubo secado	hubieron secado
4 futuro		**11 futuro perfecto**	
secaré	secaremos	habré secado	habremos secado
secarás	secaréis	habrás secado	habréis secado
secará	secarán	habrá secado	habrán secado
5 potencial simple		**12 potencial compuesto**	
secaría	secaríamos	habría secado	habríamos secado
secarías	secaríais	habrías secado	habríais secado
secaría	secarían	habría secado	habrían secado
6 presente de subjuntivo		**13 perfecto de subjuntivo**	
seque	sequemos	haya secado	hayamos secado
seques	sequéis	hayas secado	hayáis secado
seque	sequen	haya secado	hayan secado
7 imperfecto de subjuntivo		**14 pluscuamperfecto de subjuntivo**	
secara	secáramos	hubiera secado	hubiéramos secado
secaras	secarais	hubieras secado	hubierais secado
secara	secaran	hubiera secado	hubieran secado
OR		OR	
secase	secásemos	hubiese secado	hubiésemos secado
secases	secaseis	hubieses secado	hubieseis secado
secase	secasen	hubiese secado	hubiesen secado

	imperativo	
—		sequemos
seca; no seques		secad; no sequéis
seque		sequen

Words and expressions related to this verb

seco, seca   dry, dried up   **limpiar en seco**   to dry-clean
la seca   drought   **en seco**   high and dry
secado al sol   sun dried

For other words and expressions related to this verb, see **secarse** to dry oneself

The Seven Simple Tenses		The Seven Compound Tenses	
Singular	Plural	Singular	Plural

1 presente de indicativo

me seco	nos secamos
te secas	os secáis
se seca	se secan

8 perfecto de indicativo

me he secado	nos hemos secado
te has secado	os habéis secado
se ha secado	se han secado

2 imperfecto de indicativo

me secaba	nos secábamos
te secabas	os secabais
se secaba	se secaban

9 pluscuamperfecto de indicativo

me había secado	nos habíamos secado
te habías secado	os habíais secado
se había secado	se habían secado

3 pretérito

me sequé	nos secamos
te secaste	os secasteis
se secó	se secaron

10 pretérito anterior

me hube secado	nos hubimos secado
te hubiste secado	os hubisteis secado
se hubo secado	se hubieron secado

4 futuro

me secaré	nos secaremos
te secarás	os secaréis
se secará	se secarán

11 futuro perfecto

me habré secado	nos habremos secado
te habrás secado	os habréis secado
se habrá secado	se habrán secado

5 potencial simple

me secaría	nos secaríamos
te secarías	os secaríais
se secaría	se secarían

12 potencial compuesto

me habría secado	nos habríamos secado
te habrías secado	os habríais secado
se habría secado	se habrían secado

6 presente de subjuntivo

me seque	nos sequemos
te seques	os sequéis
se seque	se sequen

13 perfecto de subjuntivo

me haya secado	nos hayamos secado
te hayas secado	os hayáis secado
se haya secado	se hayan secado

7 imperfecto de subjuntivo

me secara	nos secáramos
te secaras	os secarais
se secara	se secaran
OR	
me secase	nos secásemos
te secases	os secaseis
se secase	se secasen

14 pluscuamperfecto de subjuntivo

me hubiera secado	nos hubiéramos secado
te hubieras secado	os hubierais secado
se hubiera secado	se hubieran secado
OR	
me hubiese secado	nos hubiésemos secado
te hubieses secado	os hubieseis secado
se hubiese secado	se hubiesen secado

imperativo

—	sequémonos
sécate; no te seques	secaos; no os sequéis
séquese	séquense

Words and expressions related to this verb

la secarropa clothes drier   **dejar seco (seca)** to dumbfound
secado, secada dried   **el vino seco** dry wine

For other words and expressions related to this verb, see **secar.**

to follow, to pursue, to continue

The Seven Simple Tenses		The Seven Compound Tenses	
Singular	Plural	Singular	Plural
1 presente de indicativo		**8 perfecto de indicativo**	
sigo	seguimos	he seguido	hemos seguido
sigues	seguís	has seguido	habéis seguido
sigue	siguen	ha seguido	han seguido
2 imperfecto de indicativo		**9 pluscuamperfecto de indicativo**	
seguía	seguíamos	había seguido	habíamos seguido
seguías	seguíais	habías seguido	habíais seguido
seguía	seguían	había seguido	habían seguido
3 pretérito		**10 pretérito anterior**	
seguí	seguimos	hube seguido	hubimos seguido
seguiste	seguisteis	hubiste seguido	hubisteis seguido
siguió	siguieron	hubo seguido	hubieron seguido
4 futuro		**11 futuro perfecto**	
seguiré	seguiremos	habré seguido	habremos seguido
seguirás	seguiréis	habrás seguido	habréis seguido
seguirá	seguirán	habrá seguido	habrán seguido
5 potencial simple		**12 potencial compuesto**	
seguiría	seguiríamos	habría seguido	habríamos seguido
seguirías	seguiríais	habrías seguido	habríais seguido
seguiría	seguirían	habría seguido	habrían seguido
6 presente de subjuntivo		**13 perfecto de subjuntivo**	
siga	sigamos	haya seguido	hayamos seguido
sigas	sigáis	hayas seguido	hayáis seguido
siga	sigan	haya seguido	hayan seguido
7 imperfecto de subjuntivo		**14 pluscuamperfecto de subjuntivo**	
siguiera	siguiéramos	hubiera seguido	hubiéramos seguido
siguieras	siguierais	hubieras seguido	hubierais seguido
siguiera	siguieran	hubiera seguido	hubieran seguido
OR		OR	
siguiese	siguiésemos	hubiese seguido	hubiésemos seguido
siguieses	siguieseis	hubieses seguido	hubieseis seguido
siguiese	siguiesen	hubiese seguido	hubiesen seguido

	imperativo	
—		**sigamos**
	sigue; no sigas	**seguid; no sigáis**
	siga	**sigan**

Words and expressions related to this verb

según according to
al día siguiente on the following day
las frases siguientes the following sentences
seguir + pres. part. to keep on + pres. part.;
  Siga leyendo Keep on reading.

conseguir to attain, to get,
  to obtain
proseguir to prosecute
perseguir to pursue
seguirle los pasos a uno to keep
  one's eye on someone

to sit down

The Seven Simple Tenses		The Seven Compound Tenses	
Singular	Plural	Singular	Plural

1   presente de indicativo

me siento	nos sentamos	
te sientas	os sentáis	
se sienta	se sientan	

8   perfecto de indicativo

me he sentado	nos hemos sentado
te has sentado	os habéis sentado
se ha sentado	se han sentado

2   imperfecto de indicativo

me sentaba	nos sentábamos
te sentabas	os sentabais
se sentaba	se sentaban

9   pluscuamperfecto de indicativo

me había sentado	nos habíamos sentado
te habías sentado	os habíais sentado
se había sentado	se habían sentado

3   pretérito

me senté	nos sentamos
te sentaste	os sentasteis
se sentó	se sentaron

10   pretérito anterior

me hube sentado	nos hubimos sentado
te hubiste sentado	os hubisteis sentado
se hubo sentado	se hubieron sentado

4   futuro

me sentaré	nos sentaremos
te sentarás	os sentaréis
se sentará	se sentarán

11   futuro perfecto

me habré sentado	nos habremos sentado
te habrás sentado	os habréis sentado
se habrá sentado	se habrán sentado

5   potencial simple

me sentaría	nos sentaríamos
te sentarías	os sentaríais
se sentaría	se sentarían

12   potencial compuesto

me habría sentado	nos habríamos sentado
te habrías sentado	os habríais sentado
se habría sentado	se habrían sentado

6   presente de subjuntivo

me siente	nos sentemos
te sientes	os sentéis
se siente	se sienten

13   perfecto de subjuntivo

me haya sentado	nos hayamos sentado
te hayas sentado	os hayáis sentado
se haya sentado	se hayan sentado

7   imperfecto de subjuntivo

me sentara	nos sentáramos
te sentaras	os sentarais
se sentara	se sentaran
me sentase	nos sentásemos
te sentases	os sentaseis
se sentase	se sentasen

14   pluscuamperfecto de subjuntivo

me hubiera sentado	nos hubiéramos sentado
te hubieras sentado	os hubierais sentado
se hubiera sentado	se hubieran sentado
me hubiese sentado	nos hubiésemos sentado
te hubieses sentado	os hubieseis sentado
se hubiese sentado	se hubiesen sentado

imperativo

–	sentémonos; no nos sentemos
siéntate; no te sientes	sentaos; no os sentéis
siéntese; no se siente	siéntense; no se sienten

Words and expressions related to this verb

un asiento   a seat
sentado, sentada   seated
¡Siéntese Ud.!   Sit down!
¡Vamos a sentarnos!   Let's sit down!

sentar, asentar   to seat
una sentada   a sitting; **de una sentada**   in one sitting

The subject pronouns are found on the page facing page 1.   **433**

to feel sorry, to regret, to feel

The Seven Simple Tenses		The Seven Compound Tenses	
Singular	Plural	Singular	Plural
1 presente de indicativo		**8 perfecto de indicativo**	
siento	sentimos	he sentido	hemos sentido
sientes	sentís	has sentido	habéis sentido
siente	sienten	ha sentido	han sentido
2 imperfecto de indicativo		**9 pluscuamperfecto de indicativo**	
sentía	sentíamos	había sentido	habíamos sentido
sentías	sentíais	habías sentido	habíais sentido
sentía	sentían	había sentido	habían sentido
3 pretérito		**10 pretérito anterior**	
sentí	sentimos	hube sentido	hubimos sentido
sentiste	sentisteis	hubiste sentido	hubisteis sentido
sintió	sintieron	hubo sentido	hubieron sentido
4 futuro		**11 futuro perfecto**	
sentiré	sentiremos	habré sentido	habremos sentido
sentirás	sentiréis	habrás sentido	habréis sentido
sentirá	sentirán	habrá sentido	habrán sentido
5 potencial simple		**12 potencial compuesto**	
sentiría	sentiríamos	habría sentido	habríamos sentido
sentirías	sentiríais	habrías sentido	habríais sentido
sentiría	sentirían	habría sentido	habrían sentido
6 presente de subjuntivo		**13 perfecto de subjuntivo**	
sienta	sintamos	haya sentido	hayamos sentido
sientas	sintáis	hayas sentido	hayáis sentido
sienta	sientan	haya sentido	hayan sentido
7 imperfecto de subjuntivo		**14 pluscuamperfecto de subjuntivo**	
sintiera	sintiéramos	hubiera sentido	hubiéramos sentido
sintieras	sintierais	hubieras sentido	hubierais sentido
sintiera	sintieran	hubiera sentido	hubieran sentido
sintiese	sintiésemos	hubiese sentido	hubiésemos sentido
sintieses	sintieseis	hubieses sentido	hubieseis sentido
sintiese	sintiesen	hubiese sentido	hubiesen sentido

imperativo

—	sintamos
siente; no sientas	sentid; no sintáis
sienta	sientan

Words and expressions related to this verb

Lo siento. I regret it; I'm sorry. **el sentir** feeling; judgment
el sentimiento feeling, sentiment **un, una sentimental** sentimentalist
sentimentalmente sentimentally

For additional words and expressions related to this verb, see **sentirse**.

The Seven Simple Tenses		The Seven Compound Tenses	
Singular	Plural	Singular	Plural

1   presente de indicativo

me siento	nos sentimos	
te sientes	os sentís	
se siente	se sienten	

8   perfecto de indicativo

me he sentido	nos hemos sentido
te has sentido	os habéis sentido
se ha sentido	se han sentido

2   imperfecto de indicativo

me sentía	nos sentíamos
te sentías	os sentíais
se sentía	se sentían

9   pluscuamperfecto de indicativo

me había sentido	nos habíamos sentido
te habías sentido	os habíais sentido
se había sentido	se habían sentido

3   pretérito

me sentí	nos sentimos
te sentiste	os sentisteis
se sintió	se sintieron

10   pretérito anterior

me hube sentido	nos hubimos sentido
te hubiste sentido	os hubisteis sentido
se hubo sentido	se hubieron sentido

4   futuro

me sentiré	nos sentiremos
te sentirás	os sentiréis
se sentirá	se sentirán

11   futuro perfecto

me habré sentido	nos habremos sentido
te habrás sentido	os habréis sentido
se habrá sentido	se habrán sentido

5   potencial simple

me sentiría	nos sentiríamos
te sentirías	os sentiríais
se sentiría	se sentirían

12   potencial compuesto

me habría sentido	nos habríamos sentido
te habrías sentido	os habríais sentido
se habría sentido	se habrían sentido

6   presente de subjuntivo

me sienta	nos sintamos
te sientas	os sintáis
se sienta	se sientan

13   perfecto de subjuntivo

me haya sentido	nos hayamos sentido
te hayas sentido	os hayáis sentido
se haya sentido	se hayan sentido

7   imperfecto de subjuntivo

me sintiera	nos sintiéramos
te sintieras	os sintierais
se sintiera	se sintieran
OR	
me sintiese	nos sintiésemos
te sintieses	os sintieseis
se sintiese	se sintiesen

14   pluscuamperfecto de subjuntivo

me hubiera sentido	nos hubiéramos sentido
te hubieras sentido	os hubierais sentido
se hubiera sentido	se hubieran sentido
OR	
me hubiese sentido	nos hubiésemos sentido
te hubieses sentido	os hubieseis sentido
se hubiese sentido	se hubiesen sentido

imperativo

—	sintámonos
siéntete; no te sientas	sentíos; no os sintáis
siéntase	siéntanse

Words and expressions related to this verb

¿Cómo se siente Ud.?   How do you feel?   **Me siento mal.**   I feel sick.
el sentido   sense;   **los sentidos**   the senses

For additional words and expressions related to this verb, see **sentir**.

señalar

to signal, to indicate, to point out, to show

The Seven Simple Tenses		The Seven Compound Tenses	
Singular	Plural	Singular	Plural
1 presente de indicativo		**8 perfecto de indicativo**	
señalo	señalamos	he señalado	hemos señalado
señalas	señaláis	has señalado	habéis señalado
señala	señalan	ha señalado	han señalado
2 imperfecto de indicativo		**9 pluscuamperfecto de indicativo**	
señalaba	señalábamos	había señalado	habíamos señalado
señalabas	señalabais	habías señalado	habíais señalado
señalaba	señalaban	había señalado	habían señalado
3 pretérito		**10 pretérito anterior**	
señalé	señalamos	hube señaldo	hubimos señalado
señalaste	señalasteis	hubiste señalado	hubisteis señalado
señaló	señalaron	hubo señalado	hubieron señalado
4 futuro		**11 futuro perfecto**	
señalaré	señalaremos	habré señalado	habremos señalado
señalarás	señalaréis	habrás señalado	habréis señalado
señalará	señalarán	habrá señalado	habrán señalado
5 potencial simple		**12 potencial compuesto**	
señalaría	señalaríamos	habría señalado	habríamos señalado
señalarías	señalaríais	habrías señalado	habríais señalado
señalaría	señalarían	habría señalado	habrían señalado
6 presente de subjuntivo		**13 perfecto de subjuntivo**	
señale	señalemos	haya señalado	hayamos señalado
señales	señaléis	hayas señalado	hayáis señalado
señale	señalen	haya señalado	hayan señalado
7 imperfecto de subjuntivo		**14 pluscuamperfecto de subjuntivo**	
señalara	señaláramos	hubiera señalado	hubiéramos señalado
señalaras	señalarais	hubieras señalado	hubierais señalado
señalara	señalaran	hubiera señalado	hubieran señalado
OR		OR	
señalase	señalásemos	hubiese señalado	hubiésemos señalado
señalases	señalaseis	hubieses señalado	hubieseis señalado
señalase	señalasen	hubiese señalado	hubiesen señalado

imperativo

—	señalemos
señala; no señales	señalad; no señaléis
señale	señalen

Words and expressions related to this verb

señalar un día   to set a day
señalar una fecha   to set a date
señalar con el dedo   to point out, to indicate (with your finger)

una seña   mark, sign, signal
por señas   by signs
dar señas de   to show signs of
una señal   sign, mark; **señal de parada**   stop sign

436

to separate, to detach, to sort, to set apart

The Seven Simple Tenses		The Seven Compound Tenses	
Singular	Plural	Singular	Plural
1 presente de indicativo		**8 perfecto de indicativo**	
separo	separamos	he separado	hemos separado
separas	separáis	has separado	habéis separado
separa	separan	ha separado	han separado
2 imperfecto de indicativo		**9 pluscuamperfecto de indicativo**	
separaba	separábamos	había separado	habíamos separado
separabas	separabais	habías separado	habíais separado
separaba	separaban	había separado	habían separado
3 pretérito		**10 pretérito anterior**	
separé	separamos	hube separado	hubimos separado
separaste	separasteis	hubiste separado	hubisteis separado
separó	separaron	hubo separado	hubieron separado
4 futuro		**11 futuro perfecto**	
separaré	separaremos	habré separado	habremos separado
separarás	separaréis	habrás separado	habréis separado
separará	separarán	habrá separado	habrán separado
5 potencial simple		**12 potencial compuesto**	
separaría	separaríamos	habría separado	habríamos separado
separarías	separaríais	habrías separado	habríais separado
separaría	separarían	habría separado	habrían separado
6 presente de subjuntivo		**13 perfecto de subjuntivo**	
separe	separemos	haya separado	hayamos separado
separes	separéis	hayas separado	hayáis separado
separe	separen	haya separado	hayan separado
7 imperfecto de subjuntivo		**14 pluscuamperfecto de subjuntivo**	
separara	separáramos	hubiera separado	hubiéramos separado
separaras	separarais	hubieras separado	hubierais separado
separara	separaran	hubiera separado	hubieran separado
OR		OR	
separase	separásemos	hubiese separado	hubiésemos separado
separases	separaseis	hubieses separado	hubieseis separado
separase	separasen	hubiese separado	hubiesen separado

	imperativo
—	separemos
separa; no separes	separad; no separéis
separe	separen

Words and expressions related to this verb

la separación   separation
separante   separating
separar un asiento   to reserve a seat
por separado   separately

una separata   reprint
separativo, separativa   separative
separado, separada   separate, separated

The subject pronouns are found on the page facing page 1.

437

to be

The Seven Simple Tenses		The Seven Compound Tenses	
Singular	Plural	Singular	Plural
1 presente de indicativo		**8 perfecto de indicativo**	
soy	somos	he sido	hemos sido
eres	sois	has sido	habéis sido
es	son	ha sido	han sido
2 imperfecto de indicativo		**9 pluscuamperfecto de indicativo**	
era	éramos	había sido	habíamos sido
eras	erais	habías sido	habíais sido
era	eran	había sido	habían sido
3 pretérito		**10 pretérito anterior**	
fui	fuimos	hube sido	hubimos sido
fuiste	fuisteis	hubiste sido	hubisteis sido
fue	fueron	hubo sido	hubieron sido
4 futuro		**11 futuro perfecto**	
seré	seremos	habré sido	habremos sido
serás	seréis	habrás sido	habréis sido
será	serán	habrá sido	habrán sido
5 potencial simple		**12 potencial compuesto**	
sería	seríamos	habría sido	habríamos sido
serías	seríais	habrías sido	habríais sido
sería	serían	habría sido	habrían sido
6 presente de subjuntivo		**13 perfecto de subjuntivo**	
sea	seamos	haya sido	hayamos sido
seas	seáis	hayas sido	hayáis sido
sea	sean	haya sido	hayan sido
7 imperfecto de subjuntivo		**14 pluscuamperfecto de subjuntivo**	
fuera	fuéramos	hubiera sido	hubiéramos sido
fueras	fuerais	hubieras sido	hubierais sido
fuera	fueran	hubiera sido	hubieran sido
OR		OR	
fuese	fuésemos	hubiese sido	hubiésemos sido
fueses	fueseis	hubieses sido	hubieseis sido
fuese	fuesen	hubiese sido	hubiesen sido

	imperativo	
—		seamos
sé; no seas		sed; no seáis
sea		sean

Common idiomatic expressions using this verb

Dime con quien andas y te diré quien eres. Tell me who your friends are and I will tell
  you who you are.
es decir that is, that is to say; **Si yo fuera usted. . .** If I were you. . .
¿Qué hora es? What time is it?   **Es la una.** It is one o'clock.   **Son las dos.**
  It is two o'clock.

See the back pages for verbs used in idiomatic expressions.

438

Gerundio **sirviendo**   Part. pas. **servido**   **servir**

to serve

The Seven Simple Tenses | The Seven Compound Tenses

Singular	Plural	Singular	Plural

1 presente de indicativo

sirvo	servimos
sirves	servís
sirve	sirven

8 perfecto de indicativo

he servido	hemos servido
has servido	habéis servido
ha servido	han servido

2 imperfecto de indicativo

servía	servíamos
servías	servíais
servía	servían

9 pluscuamperfecto de indicativo

había servido	habíamos servido
habías servido	habíais servido
había servido	habían servido

3 pretérito

serví	servimos
serviste	servisteis
sirvió	sirvieron

10 pretérito anterior

hube servido	hubimos servido
hubiste servido	hubisteis servido
hubo servido	hubieron servido

4 futuro

serviré	serviremos
servirás	serviréis
servirá	servirán

11 futuro perfecto

habré servido	habremos servido
habrás servido	habréis servido
habrá servido	habrán servido

5 potencial simple

serviría	serviríamos
servirías	serviríais
serviría	servirían

12 potencial compuesto

habría servido	habríamos servido
habrías servido	habríais servido
habría servido	habrían servido

6 presente de subjuntivo

sirva	sirvamos
sirvas	sirváis
sirva	sirvan

13 perfecto de subjuntivo

haya servido	hayamos servido
hayas servido	hayáis servido
haya servido	hayan servido

7 imperfecto de subjuntivo

sirviera	sirviéramos
sirvieras	sirvierais
sirviera	sirvieran
OR	
sirviese	sirviésemos
sirvieses	sirvieseis
sirviese	sirviesen

14 pluscuamperfecto de subjuntivo

hubiera servido	hubiéramos servido
hubieras servido	hubierais servido
hubiera servido	hubieran servido
OR	
hubiese servido	hubiésemos servido
hubieses servido	hubieseis servido
hubiese servido	hubiesen servido

imperativo

—	sirvamos
sirve; no sirvas	servid; no sirváis
sirva	sirvan

Words and expressions related to this verb

servidor, servidora servant, waiter, waitress
el servicio service
una servilleta table napkin
servirse to serve oneself
¡Sírvase usted! Help yourself!

Esto no sirve para nada This serves no purpose; This is good for nothing.
servir para to be good for, to be used for

The subject pronouns are found on the page facing page 1.   **439**

to help, to aid, to assist, to succor

The Seven Simple Tenses		The Seven Compound Tenses	
Singular	Plural	Singular	Plural
1 presente de indicativo		**8 perfecto de indicativo**	
socorro	socorremos	he socorrido	hemos socorrido
socorres	socorréis	has socorrido	habéis socorrido
socorre	socorren	ha socorrido	han socorrido
2 imperfecto de indicativo		**9 pluscuamperfecto de indicativo**	
socorría	socorríamos	había socorrido	habíamos socorrido
socorrías	socorríais	habías socorrido	habíais socorrido
socorría	socorrían	había socorrido	habían socorrido
3 pretérito		**10 pretérito anterior**	
socorrí	socorrimos	hube socorrido	hubimos socorrido
socorriste	socorristeis	hubiste socorrido	hubisteis socorrido
socorrió	socorrieron	hubo socorrido	hubieron socorrido
4 futuro		**11 futuro perfecto**	
socorreré	socorreremos	habré socorrido	habremos socorrido
socorrerás	socorreréis	habrás socorrido	habréis socorrido
socorrerá	socorrerán	habrá socorrido	habrán socorrido
5 potencial simple		**12 potencial compuesto**	
socorrería	socorreríamos	habría socorrido	habríamos socorrido
socorrerías	socorreríais	habrías socorrido	habríais socorrido
socorrería	socorrerían	habría socorrido	habrían socorrido
6 presente de subjuntivo		**13 perfecto de subjuntivo**	
socorra	socorramos	haya socorrido	hayamos socorrido
socorras	socorráis	hayas socorrido	hayáis socorrido
socorra	socorran	haya socorrido	hayan socorrido
7 imperfecto de subjuntivo		**14 pluscuamperfecto de subjuntivo**	
socorriera	socorriéramos	hubiera socorrido	hubiéramos socorrido
socorrieras	socorrierais	hubieras socorrido	hubierais socorrido
socorriera	socorrieran	hubiera socorrido	hubieran socorrido
OR		OR	
socorriese	socorriésemos	hubiese socorrido	hubiésemos socorrido
socorrieses	socorrieseis	hubieses socorrido	hubieseis socorrido
socorriese	socorriesen	hubiese socorrido	hubiesen socorrido

imperativo

—	socorramos
socorre; no socorras	socorred; no socorráis
socorra	socorran

Words and expressions related to this verb

el socorro help;   **¡Socorro! ¡Socorro!** Help! Help!
un puesto de socorro first-aid station

Consult the back pages for various sections on verb usage.

440

to choke, to smother, to suffocate, to stifle

The Seven Simple Tenses		The Seven Compound Tenses	
Singular	Plural	Singular	Plural

1 presente de indicativo		8 perfecto de indicativo	
sofoco	sofocamos	he sofocado	hemos sofocado
sofocas	sofocáis	has sofocado	habéis sofocado
sofoca	sofocan	ha sofocado	han sofocado

2 imperfecto de indicativo		9 pluscuamperfecto de indicativo	
sofocaba	sofocábamos	había sofocado	habíamos sofocado
sofocabas	sofocabais	habías sofocado	habíais sofocado
sofocaba	sofocaban	había sofocado	habían sofocado

3 pretérito		10 pretérito anterior	
sofoqué	sofocamos	hube sofocado	hubimos sofocado
sofocaste	sofocasteis	hubiste sofocado	hubisteis sofocado
sofocó	sofocaron	hubo sofocado	hubieron sofocado

4 futuro		11 futuro perfecto	
sofocaré	sofocaremos	habré sofocado	habremos sofocado
sofocarás	sofocaréis	habrás sofocado	habréis sofocado
sofocará	sofocarán	habrá sofocado	habrán sofocado

5 potencial simple		12 potencial compuesto	
sofocaría	sofocaríamos	habría sofocado	habríamos sofocado
sofocarías	sofocaríais	habrías sofocado	habríais sofocado
sofocaría	sofocarían	habría sofocado	habrían sofocado

6 presente de subjuntivo		13 perfecto de subjuntivo	
sofoque	sofoquemos	haya sofocado	hayamos sofocado
sofoques	sofoquéis	hayas sofocado	hayáis sofocado
sofoque	sofoquen	haya sofocado	hayan sofocado

7 imperfecto de subjuntivo		14 pluscuamperfecto de subjuntivo	
sofocara	sofocáramos	hubiera sofocado	hubiéramos sofocado
sofocaras	sofocarais	hubieras sofocado	hubierais sofocado
sofocara	sofocaran	hubiera sofocado	hubieran sofocado
OR		OR	
sofocase	sofocásemos	hubiese sofocado	hubiésemos sofocado
sofocases	sofocaseis	hubieses sofocado	hubieseis sofocado
sofocase	sofocasen	hubiese sofocado	hubiesen sofocado

imperativo

—	sofoquemos
sofoca; no sofoques	sofocad; no sofoquéis
sofoque	sofoquen

Words and expressions related to this verb

sofocarse to get out of breath   **la sofocación** suffocation, choking
sofocarse por to get excited over   **sofocante** suffocating, stifling

Consult the back pages for the section on verbs with prepositions.

soler

to be accustomed to, to be in the habit of, to have the custom of

The Seven Simple Tenses		The Seven Compound Tenses	
Singular	Plural	Singular	Plural
1 presente de indicativo		**8 perfecto de indicativo**	
suelo	solemos	he solido	hemos solido
sueles	soléis	has solido	habéis solido
suele	suelen	ha solido	han solido
2 imperfecto de indicativo			
solía	solíamos		
solías	solíais		
solía	solían		
6 presente de subjuntivo			
suela	solamos		
suelas	soláis		
suela	suelan		

This verb is defective and it is, therefore, used primarily in the tenses given above. When used, it is always followed by an infinitive.

Suelo acostarme a las diez. Mi hermanito suele acostarse a las ocho y mis padres suelen acostarse a las once. Durante las vacaciones del verano pasado, solía levantarme tarde.

Be sure to consult the sections on verbs used in idiomatic expressions, verbs with prepositions, and the list of over 1,000 verbs conjugated like model verbs in the back pages.

to sob, to whimper

The Seven Simple Tenses		The Seven Compound Tenses	
Singular	Plural	Singular	Plural
1 presente de indicativo		**8 perfecto de indicativo**	
sollozo	sollozamos	he sollozado	hemos sollozado
sollozas	sollozáis	has sollozado	habéis sollozado
solloza	sollozan	ha sollozado	han sollozado
2 imperfecto de indicativo		**9 pluscuamperfecto de indicativo**	
sollozaba	sollozábamos	había sollozado	habíamos sollozado
sollozabas	sollozabais	habías sollozado	habíais sollozado
sollozaba	sollozaban	había sollozado	habían sollozado
3 pretérito		**10 pretérito anterior**	
sollocé	sollozamos	hube sollozado	hubimos sollozado
sollozaste	sollozasteis	hubiste sollozado	hubisteis sollozado
sollozó	sollozaron	hubo sollozado	hubieron sollozado
4 futuro		**11 futuro perfecto**	
sollozaré	sollozaremos	habré sollozado	habremos sollozado
sollozarás	sollozaréis	habrás sollozado	habréis sollozado
sollozará	sollozarán	habrá sollozado	habrán sollozado
5 potencial simple		**12 potencial compuesto**	
sollozaría	sollozaríamos	habría sollozado	habríamos sollozado
sollozarías	sollozaríais	habrías sollozado	habríais sollozado
sollozaría	sollozarían	habría sollozado	habrían sollozado
6 presente de subjuntivo		**13 perfecto de subjuntivo**	
solloce	sollocemos	haya sollozado	hayamos sollozado
solloces	sollocéis	hayas sollozado	hayáis sollozado
solloce	sollocen	haya sollozado	hayan sollozado
7 imperfecto de subjuntivo		**14 pluscuamperfecto de subjuntivo**	
sollozara	sollozáramos	hubiera sollozado	hubiéramos sollozado
sollozaras	sollozarais	hubieras sollozado	hubierais sollozado
sollozara	sollozaran	hubiera sollozado	hubieran sollozado
OR		OR	
sollozase	sollozásemos	hubiese sollozado	hubiésemos sollozado
sollozases	sollozaseis	hubieses sollozado	hubieseis sollozado
sollozase	sollozasen	hubiese sollozado	hubiesen sollozado

imperativo

—	sollocemos
solloza; no solloces	sollozad; no sollocéis
solloce	sollocen

Words related to this verb

un sollozo sob   **sollozante** sobbing

Be sure to consult the back pages for sections on verbs used in idiomatic expressions, verbs with prepositions, and the list of over 1,000 verbs conjugated like model verbs.

The subject pronouns are found on the page facing page 1.

someter

Gerundio **sometiendo**   Part. pas. **sometido**

to subdue, to subject, to surrender, to submit

The Seven Simple Tenses		The Seven Compound Tenses	
Singular	Plural	Singular	Plural

1   presente de indicativo

		8 perfecto de indicativo	
someto	sometemos	he sometido	hemos sometido
sometes	sometéis	has sometido	habéis sometido
somete	someten	ha sometido	han sometido

2   imperfecto de indicativo

		9 pluscuamperfecto de indicativo	
sometía	sometíamos	había sometido	habíamos sometido
sometías	sometíais	habías sometido	habíais sometido
sometía	sometían	había sometido	habían sometido

3   pretérito

		10 pretérito anterior	
sometí	sometimos	hube sometido	hubimos sometido
sometiste	sometisteis	hubiste sometido	hubisteis sometido
sometió	sometieron	hubo sometido	hubieron sometido

4   futuro

		11 futuro perfecto	
someteré	someteremos	habré sometido	habremos sometido
someterás	someteréis	habrás sometido	habréis sometido
someterá	someterán	habrá sometido	habrán sometido

5   potencial simple

		12 potencial compuesto	
sometería	someteríamos	habría sometido	habríamos sometido
someterías	someteríais	habrías sometido	habríais sometido
sometería	someterían	habría sometido	habrían sometido

6   presente de subjuntivo

		13 perfecto de subjuntivo	
someta	sometamos	haya sometido	hayamos sometido
sometas	sometáis	hayas sometido	hayáis sometido
someta	sometan	haya sometido	hayan sometido

7   imperfecto de subjuntivo

		14 pluscuamperfecto de subjuntivo	
sometiera	sometiéramos	hubiera sometido	hubiéramos sometido
sometieras	sometierais	hubieras sometido	hubierais sometido
sometiera	sometieran	hubiera sometido	hubieran sometido
OR		OR	
sometiese	sometiésemos	hubiese sometido	hubiésemos sometido
sometieses	sometieseis	hubieses sometido	hubieseis sometido
sometiese	sometiesen	hubiese sometido	hubiesen sometido

	imperativo	
—	sometamos	
somete; no sometas	someted; no sometáis	
someta	sometan	

Words and expressions related to this verb

someterse   to surrender, to humble oneself   **el sometimiento**   submission
~tido, sometida   submissive, docile   **someter la renuncia**   to resign

~ back pages for the list of over 1,000 verbs conjugated like model verbs.

to ring, to echo, to resound, to sound

The Seven Simple Tenses		The Seven Compound Tenses	
Singular	Plural	Singular	Plural
1 presente de indicativo		**8 perfecto de indicativo**	
sueno	sonamos	he sonado	hemos sonado
suenas	sonáis	has sonado	habéis sonado
suena	suenan	ha sonado	han sonado
2 imperfecto de indicativo		**9 pluscuamperfecto de indicativo**	
sonaba	sonábamos	había sonado	habíamos sonado
sonabas	sonabais	habías sonado	habíais sonado
sonaba	sonaban	había sonado	habían sonado
3 pretérito		**10 pretérito anterior**	
soné	sonamos	hube sonado	hubimos sonado
sonaste	sonasteis	hubiste sonado	hubisteis sonado
sonó	sonaron	hubo sonado	hubieron sonado
4 futuro		**11 futuro perfecto**	
sonaré	sonaremos	habré sonado	habremos sonado
sonarás	sonaréis	habrás sonado	habréis sonado
sonará	sonarán	habrá sonado	habrán sonado
5 potencial simple		**12 potencial compuesto**	
sonaría	sonaríamos	habría sonado	habríamos sonado
sonarías	sonaríais	habrías sonado	habríais sonado
sonaría	sonarían	habría sonado	habrían sonado
6 presente de subjuntivo		**13 perfecto de subjuntivo**	
suene	sonemos	haya sonado	hayamos sonado
suenes	sonéis	hayas sonado	hayáis sonado
suene	suenen	haya sonado	hayan sonado
7 imperfecto de subjuntivo		**14 pluscuamperfecto de subjuntivo**	
sonara	sonáramos	hubiera sonado	hubiéramos sonado
sonaras	sonarais	hubieras sonado	hubierais sonado
sonara	sonaran	hubiera sonado	hubieran sonado
OR		OR	
sonase	sonásemos	hubiese sonado	hubiésemos sonado
sonases	sonaseis	hubieses sonado	hubieseis sonado
sonase	sonasen	hubiese sonado	hubiesen sonado

imperativo

—	sonemos
suena; no suenes	**sonad; no sonéis**
suene	**suenen**

Words and expressions related to this verb

sonar a   to seem like
sonarse   to blow one's nose
sonante   sonant, sonorous, sounding

una sonata   sonata
una sonatina   sonatina

to smile

The Seven Simple Tenses		The Seven Compound Tenses	
Singular	Plural	Singular	Plural

1　presente de indicativo

		8　perfecto de indicativo	
sonrío	sonreímos	he sonreído	hemos sonreído
sonríes	sonreís	has sonreído	habéis sonreído
sonríe	sonríen	ha sonreído	han sonreído

2　imperfecto de indicativo

		9　pluscuamperfecto de indicativo	
sonreía	sonreíamos	había sonreído	habíamos sonreído
sonreías	sonreíais	habías sonreído	habíais sonreído
sonreía	sonreían	había sonreído	habían sonreído

3　pretérito

		10　pretérito anterior	
sonreí	sonreímos	hube sonreído	hubimos sonreído
sonreíste	sonreísteis	hubiste sonreído	hubisteis sonreído
sonrió	sonrieron	hubo sonreído	hubieron sonreído

4　futuro

		11　futuro perfecto	
sonreiré	sonreiremos	habré sonreído	habremos sonreído
sonreirás	sonreiréis	habrás sonreído	habréis sonreído
sonreirá	sonreirán	habrá sonreído	habrán sonreído

5　potencial simple

		12　potencial compuesto	
sonreiría	sonreiríamos	habría sonreído	habríamos sonreído
sonreirías	sonreiríais	habrías sonreído	habríais sonreído
sonreiría	sonreirían	habría sonreído	habrían sonreído

6　presente de subjuntivo

		13　perfecto de subjuntivo	
sonría	sonriamos	haya sonreído	hayamos sonreído
sonrías	sonriáis	hayas sonreído	hayáis sonreído
sonría	sonrían	haya sonreído	hayan sonreído

7　imperfecto de subjuntivo

		14　pluscuamperfecto de subjuntivo	
sonriera	sonriéramos	hubiera sonreído	hubiéramos sonreído
sonrieras	sonrierais	hubieras sonreído	hubierais sonreído
sonriera	sonrieran	hubiera sonreído	hubieran sonreído
OR		OR	
sonriese	sonriésemos	hubiese sonreído	hubiésemos sonreído
sonrieses	sonrieseis	hubieses sonreído	hubieseis sonreído
sonriese	sonriesen	hubiese sonreído	hubiesen sonreído

imperativo	
—	sonriamos
sonríe; no sonrías	sonreíd; no sonriáis
sonría	sonrían

Words related to this verb

la sonrisa, el sonriso　smile　　　　**un, una sonriente**　smiling person

For additional words and expressions related to this verb, see **reír.**

The Seven Simple Tenses		The Seven Compound Tenses	
Singular	Plural	Singular	Plural

1   presente de indicativo

sueño	soñamos		
sueñas	soñáis		
sueña	sueñan		

8   perfecto de indicativo

he soñado	hemos soñado
has soñado	habéis soñado
ha soñado	han soñado

2   imperfecto de indicativo

soñaba	soñábamos
soñabas	soñabais
soñaba	soñaban

9   pluscuamperfecto de indicativo

había soñado	habíamos soñado
habías soñado	habíais soñado
había soñado	habían soñado

3   pretérito

soñé	soñamos
soñaste	soñasteis
soñó	soñaron

10   pretérito anterior

hube soñado	hubimos soñado
hubiste soñado	hubisteis soñado
hubo soñado	hubieron soñado

4   futuro

soñaré	soñaremos
soñarás	soñaréis
soñará	soñarán

11   futuro perfecto

habré soñado	habremos soñado
habrás soñado	habréis soñado
habrá soñado	habrán soñado

5   potencial simple

soñaría	soñaríamos
soñarías	soñaríais
soñaría	soñarían

12   potencial compuesto

habría soñado	habríamos soñado
habrías soñado	habríais soñado
habría soñado	habrían soñado

6   presente de subjuntivo

sueñe	soñemos
sueñes	soñéis
sueñe	sueñen

13   perfecto de subjuntivo

haya soñado	hayamos soñado
hayas soñado	hayáis soñado
haya soñado	hayan soñado

7   imperfecto de subjuntivo

soñara	soñáramos
soñaras	soñarais
soñara	soñaran
OR	
soñase	soñásemos
soñases	soñaseis
soñase	soñasen

14   pluscuamperfecto de subjuntivo

hubiera soñado	hubiéramos soñado
hubieras soñado	hubierais soñado
hubiera soñado	hubieran soñado
OR	
hubiese soñado	hubiésemos soñado
hubieses soñado	hubieseis soñado
hubiese soñado	hubiesen soñado

imperativo

—	soñemos
sueña; no sueñes	soñad; no soñéis
sueñe	sueñen

Words and expressions related to this verb

soñar con, soñar en   to dream of   **tener sueño**   to be sleepy
soñar despierto   to daydream   **un sueño hecho realidad**   a dream come true
soñador, soñadora   dreamer   **sueño pesado**   sound sleep
el sueño   sleep, dream   **echar un sueño**   to take a nap

The subject pronouns are found on the page facing page 1.   **447**

soplar

to blow, to blow out

The Seven Simple Tenses		The Seven Compound Tenses	
Singular	Plural	Singular	Plural

1 presente de indicativo		8 perfecto de indicativo	
soplo	soplamos	he soplado	hemos soplado
soplas	sopláis	has soplado	habéis soplado
sopla	soplan	ha soplado	han soplado

2 imperfecto de indicativo		9 pluscuamperfecto de indicativo	
soplaba	soplábamos	había soplado	habíamos soplado
soplabas	soplabais	habías soplado	habíais soplado
soplaba	soplaban	había soplado	habían soplado

3 pretérito		10 pretérito anterior	
soplé	soplamos	hube soplado	hubimos soplado
soplaste	soplasteis	hubiste soplado	hubisteis soplado
sopló	soplaron	hubo soplado	hubieron soplado

4 futuro		11 futuro perfecto	
soplaré	soplaremos	habré soplado	habremos soplado
soplarás	soplaréis	habrás soplado	habréis soplado
soplará	soplarán	habrá soplado	habrán soplado

5 potencial simple		12 potencial compuesto	
soplaría	soplaríamos	habría soplado	habríamos soplado
soplarías	soplaríais	habrías soplado	habríais soplado
soplaría	soplarían	habría soplado	habrían soplado

6 presente de subjuntivo		13 perfecto de subjuntivo	
sople	soplemos	haya soplado	hayamos soplado
soples	sopléis	hayas soplado	hayáis soplado
sople	soplen	haya soplado	hayan soplado

7 imperfecto de subjuntivo		14 pluscuamperfecto de subjuntivo	
soplara	sopláramos	hubiera soplado	hubiéramos soplado
soplaras	soplarais	hubieras soplado	hubierais soplado
soplara	soplaran	hubiera soplado	hubieran soplado
OR		OR	
soplase	soplásemos	hubiese soplado	hubiésemos soplado
soplases	soplaseis	hubieses soplado	hubieseis soplado
soplase	soplasen	hubiese soplado	hubiesen soplado

imperativo	
—	soplemos
sopla; no soples	soplad; no sopléis
sople	soplen

Words and expressions related to this verb

un soplamocos a punch in the nose
una sopladura air hole
un soplón, una soplona tattletale

un soplete atomizador paint sprayer
un soplo puff;   **en un soplo** in a jiffy

to surprise, to astonish

The Seven Simple Tenses		The Seven Compound Tenses	
Singular	Plural	Singular	Plural
1 presente de indicativo		**8 perfecto de indicativo**	
sorprendo	sorprendemos	he sorprendido	hemos sorprendido
sorprendes	sorprendéis	has sorprendido	habéis sorprendido
sorprende	sorprenden	ha sorprendido	han sorprendido
2 imperfecto de indicativo		**9 pluscuamperfecto de indicativo**	
sorprendía	sorprendíamos	había sorprendido	habíamos sorprendido
sorprendías	sorprendíais	habías sorprendido	habíais sorprendido
sorprendía	sorprendían	había sorprendido	habían sorprendido
3 pretérito		**10 pretérito anterior**	
sorprendí	sorprendimos	hube sorprendido	hubimos sorprendido
sorprendiste	sorprendisteis	hubiste sorprendido	hubisteis sorprendido
sorprendió	sorprendieron	hubo sorprendido	hubieron sorprendido
4 futuro		**11 futuro perfecto**	
sorprenderé	sorprenderemos	habré sorprendido	habremos sorprendido
sorprenderás	sorprenderéis	habrás sorprendido	habréis sorprendido
sorprenderá	sorprenderán	habrá sorprendido	habrán sorprendido
5 potencial simple		**12 potencial compuesto**	
sorprendería	sorprenderíamos	habría sorprendido	habríamos sorprendido
sorprenderías	sorprenderíais	habrías sorprendido	habríais sorprendido
sorprendería	sorprenderían	habría sorprendido	habrían sorprendido
6 presente de subjuntivo		**13 perfecto de subjuntivo**	
sorprenda	sorprendamos	haya sorprendido	hayamos sorprendido
sorprendas	sorprendáis	hayas sorprendido	hayáis sorprendido
sorprenda	sorprendan	haya sorprendido	hayan sorprendido
7 imperfecto de subjuntivo		**14 pluscuamperfecto de subjuntivo**	
sorprendiera	sorprendiéramos	hubiera sorprendido	hubiéramos sorprendido
sorprendieras	sorprendierais	hubieras sorprendido	hubierais sorprendido
sorprendiera	sorprendieran	hubiera sorprendido	hubieran sorprendido
OR		OR	
sorprendiese	sorprendiésemos	hubiese sorprendido	hubiésemos sorprendido
sorprendieses	sorprendieseis	hubieses sorprendido	hubieseis sorprendido
sorprendiese	sorprendiesen	hubiese sorprendido	hubiesen sorprendido

imperativo	
—	sorprendamos
sorprende; no sorprendas	sorprended; no sorprendáis
sorprenda	sorprendan

Words and expressions related to this verb

sorprender en el hecho to catch in the act
una sorpresa surprise

coger de sorpresa to take by surprise
sorprendente surprising

to suspect

The Seven Simple Tenses		The Seven Compound Tenses	
Singular	Plural	Singular	Plural
1 presente de indicativo		**8 perfecto de indicativo**	
sospecho	sospechamos	he sospechado	hemos sospechado
sospechas	sospecháis	has sospechado	habéis sospechado
sospecha	sospechan	ha sospechado	han sospechado
2 imperfecto de indicativo		**9 pluscuamperfecto de indicativo**	
sospechaba	sospechábamos	había sospechado	habíamos sospechado
sospechabas	sospechabais	habías sospechado	habíais sospechado
sospechaba	sospechaban	había sospechado	habían sospechado
3 pretérito		**10 pretérito anterior**	
sospeché	sospechamos	hube sospechado	hubimos sospechado
sospechaste	sospechasteis	hubiste sospechado	hubisteis sospechado
sospechó	sospecharon	hubo sospechado	hubieron sospechado
4 futuro		**11 futuro perfecto**	
sospecharé	sospecharemos	habré sospechado	habremos sospechado
sospecharás	sospecharéis	habrás sospechado	habréis sospechado
sospechará	sospecharán	habrá sospechado	habrán sospechado
5 potencial simple		**12 potencial compuesto**	
sospecharía	sospecharíamos	habría sospechado	habríamos sospechado
sospecharías	sospecharíais	habrías sospechado	habríais sospechado
sospecharía	sospecharían	habría sospechado	habrían sospechado
6 presente de subjuntivo		**13 perfecto de subjuntivo**	
sospeche	sospechemos	haya sospechado	hayamos sospechado
sospeches	sospechéis	hayas sospechado	hayáis sospechado
sospeche	sospechen	haya sospechado	hayan sospechado
7 imperfecto de subjuntivo		**14 pluscuamperfecto de subjuntivo**	
sospechara	sospecháramos	hubiera sospechado	hubiéramos sospechado
sospecharas	sospecharais	hubieras sospechado	hubierais sospechado
sospechara	sospecharan	hubiera sospechado	hubieran sospechado
OR		OR	
sospechase	sospechásemos	hubiese sospechado	hubiésemos sospechado
sospechases	sospechaseis	hubieses sospechado	hubieseis sospechado
sospechase	sospechasen	hubiese sospechado	hubiesen sospechado

imperativo

–	sospechemos
sospecha; no sospeches	sospechad; no sospechéis
sospeche	sospechen

Words related to this verb

sospechar de to suspect **la sospecha** suspicion, doubt
sospechable suspicious **sospechoso, sospechosa** suspect

Consult the back pages for the section on verbs with prepositions.

to sustain, to support, to maintain, to uphold

The Seven Simple Tenses		The Seven Compound Tenses	
Singular	Plural	Singular	Plural

1 presente de indicativo

sostengo	sostenemos		
sostienes	sostenéis		
sostiene	sostienen		

8 perfecto de indicativo

he sostenido	hemos sostenido		
has sostenido	habéis sostenido		
ha sostenido	han sostenido		

2 imperfecto de indicativo

sostenía	sosteníamos
sostenías	sosteníais
sostenía	sostenían

9 pluscuamperfecto de indicativo

había sostenido	habíamos sostenido
habías sostenido	habíais sostenido
había sostenido	habían sostenido

3 pretérito

sostuve	sostuvimos
sostuviste	sostuvisteis
sostuvo	sostuvieron

10 pretérito anterior

hube sostenido	hubimos sostenido
hubiste sostenido	hubisteis sostenido
hubo sostenido	hubieron sostenido

4 futuro

sostendré	sostendremos
sostendrás	sostendréis
sostendrá	sostendrán

11 futuro perfecto

habré sostenido	habremos sostenido
habrás sostenido	habréis sostenido
habrá sostenido	habrán sostenido

5 potencial simple

sostendría	sostendríamos
sostendrías	sostendríais
sostendría	sostendrían

12 potencial compuesto

habría sostenido	habríamos sostenido
habrías sostenido	habríais sostenido
habría sostenido	habrían sostenido

6 presente de subjuntivo

sostenga	sostengamos
sostengas	sostengáis
sostenga	sostengan

13 perfecto de subjuntivo

haya sostenido	hayamos sostenido
hayas sostenido	hayáis sostenido
haya sostenido	hayan sostenido

7 imperfecto de subjuntivo

sostuviera	sostuviéramos
sostuvieras	sostuvierais
sostuviera	sostuvieran
OR	
sostuviese	sostuviésemos
sostuvieses	sostuvieseis
sostuviese	sostuviesen

14 pluscuamperfecto de subjuntivo

hubiera sostenido	hubiéramos sostenido
hubieras sostenido	hubierais sostenido
hubiera sostenido	hubieran sostenido
OR	
hubiese sostenido	hubiésemos sostenido
hubieses sostenido	hubieseis sostenido
hubiese sostenido	hubiesen sostenido

imperativo

–	**sostengamos**
sosten; no sostengas	**sostened; no sostengáis**
sostenga	**sostengan**

Words related to this verb

el sostén, el sostenimiento support, sustenance
sosteniente supporting, sustaining
sostenido, sostenida supported, sustained

subir

Gerundio **subiendo**   Part. pas. **subido**

to go up, to come up, to climb, to rise, to mount, to get on (a train, bus, etc.)

The Seven Simple Tenses		The Seven Compound Tenses	
Singular	Plural	Singular	Plural
1 presente de indicativo		**8 perfecto de indicativo**	
subo	subimos	he subido	hemos subido
subes	subís	has subido	habéis subido
sube	suben	ha subido	han subido
2 imperfecto de indicativo		**9 pluscuamperfecto de indicativo**	
subía	subíamos	había subido	habíamos subido
subías	subíais	habías subido	habíais subido
subía	subían	había subido	habían subido
3 pretérito		**10 pretérito anterior**	
subí	subimos	hube subido	hubimos subido
subiste	subisteis	hubiste subido	hubisteis subido
subió	subieron	hubo subido	hubieron subido
4 futuro		**11 futuro perfecto**	
subiré	subiremos	habré subido	habremos subido
subirás	subiréis	habrás subido	habréis subido
subirá	subirán	habrá subido	habrán subido
5 potencial simple		**12 potencial compuesto**	
subiría	subiríamos	habría subido	habríamos subido
subirías	subiríais	habrías subido	habríais subido
subiría	subirían	habría subido	habrían subido
6 presente de subjuntivo		**13 perfecto de subjuntivo**	
suba	subamos	haya subido	hayamos subido
subas	subáis	hayas subido	hayáis subido
suba	suban	haya subido	hayan subido
7 imperfecto de subjuntivo		**14 pluscuamperfecto de subjuntivo**	
subiera	subiéramos	hubiera subido	hubiéramos subido
subieras	subierais	hubieras subido	hubierais subido
subiera	subieran	hubiera subido	hubieran subido
OR		OR	
subiese	subiésemos	hubiese subido	hubiésemos subido
subieses	subieseis	hubieses subido	hubieseis subido
subiese	subiesen	hubiese subido	hubiesen subido

	imperativo	
—		subamos
sube; no subas		subid; no subáis
suba		suban

Words related to this verb

subir a *or* **en**   to get on (a train, etc.)
subir pasajeros   to take on passengers
súbitamente, subitáneamente   all of a sudden, suddenly
súbito, súbita   sudden, suddenly

to underline, to underscore, to emphasize

The Seven Simple Tenses		The Seven Compound Tenses	
Singular	Plural	Singular	Plural

1   presente de indicativo

subrayo	subrayamos		
subrayas	subrayáis		
subraya	subrayan		

8   perfecto de indicativo

he subrayado	hemos subrayado		
has subrayado	habéis subrayado		
ha subrayado	han subrayado		

2   imperfecto de indicativo

subrayaba	subrayábamos
subrayabas	subrayabais
subrayaba	subrayaban

9   pluscuamperfecto de indicativo

había subrayado	habíamos subrayado
habías subrayado	habíais subrayado
había subrayado	habían subrayado

3   pretérito

subrayé	subrayamos
subrayaste	subrayasteis
subrayó	subrayaron

10   pretérito anterior

hube subrayado	hubimos subrayado
hubiste subrayado	hubisteis subrayado
hubo subrayado	hubieron subrayado

4   futuro

subrayaré	subrayaremos
subrayarás	subrayaréis
subrayará	subrayarán

11   futuro perfecto

habré subrayado	habremos subrayado
habrás subrayado	habréis subrayado
habrá subrayado	habrán subrayado

5   potencial simple

subrayaría	subrayaríamos
subrayarías	subrayaríais
subrayaría	subrayarían

12   potencial compuesto

habría subrayado	habríamos subrayado
habrías subrayado	habríais subrayado
habría subrayado	habrían subrayado

6   presente de subjuntivo

subraye	subrayemos
subrayes	subrayéis
subraye	subrayen

13   perfecto de subjuntivo

haya subrayado	hayamos subrayado
hayas subrayado	hayáis subrayado
haya subrayado	hayan subrayado

7   imperfecto de subjuntivo

subrayara	subrayáramos
subrayaras	subrayarais
subrayara	subrayaran
OR	
subrayase	subrayásemos
subrayases	subrayaseis
subrayase	subrayasen

14   pluscuamperfecto de subjuntivo

hubiera subrayado	hubiéramos subrayado
hubieras subrayado	hubierais subrayado
hubiera subrayado	hubieran subrayado
OR	
hubiese subrayado	hubiésemos subrayado
hubieses subrayado	hubieseis subrayado
hubiese subrayado	hubiesen subrayado

imperativo

—	subrayemos
subraya; no subrayes	subrayad; no subrayéis
subraye	subrayen

Words and expressions related to this verb

subrayado, subrayada underlined, underlining
rayar to draw lines, to rule or line paper, to cross out
un rayo de sol sunbeam; **un rayo lunar** moonbeam
rayos X X-rays

Consult the back pages for the section on verbs with prepositions.

subscribir

Gerundio **subscribiendo**   Part. pas. **subscrito**

to subscribe, to agree to, to sign

The Seven Simple Tenses		The Seven Compound Tenses	
Singular	Plural	Singular	Plural
1 presente de indicativo		**8 perfecto de indicativo**	
subscribo	subscribimos	he subscrito	hemos subscrito
subscribes	subscribís	has subscrito	habéis subscrito
subscribe	subscriben	ha subscrito	han subscrito
2 imperfecto de indicativo		**9 pluscuamperfecto de indicativo**	
subscribía	subscribíamos	había subscrito	habíamos subscrito
subscribías	subscribíais	habías subscrito	habíais subscrito
subscribía	subscribían	había subscrito	habían subscrito
3 pretérito		**10 pretérito anterior**	
subscribí	subscribimos	hube subscrito	hubimos subscrito
subscribiste	subscibisteis	hubiste subscrito	hubisteis subscrito
subscribió	subscribieron	hubo subscrito	hubieron subscrito
4 futuro		**11 futuro perfecto**	
subscribiré	subscribiremos	habré subscrito	habremos subscrito
subscribirás	subscribiréis	habrás subscrito	habréis subscrito
subscribirá	subscribirán	habrá subscrito	habrán subscrito
5 potencial simple		**12 potencial compuesto**	
subscribiría	subscribiríamos	habría subscrito	habríamos subscrito
subscribirías	subscribiríais	habrías subscrito	habríais subscrito
subscribiría	subscribirían	habría subscrito	habrían subscrito
6 presente de subjuntivo		**13 perfecto de subjuntivo**	
subscriba	subscribamos	haya subscrito	hayamos subscrito
subscribas	subscribáis	hayas subscrito	hayáis subscrito
subscriba	subscriban	haya subscrito	hayan subscrito
7 imperfecto de subjuntivo		**14 pluscuamperfecto de subjuntivo**	
subscribiera	subscribiéramos	hubiera subscrito	hubiéramos subscrito
subscribieras	subscribierais	hubieras subscrito	hubierais subscrito
subscribiera	subscribieran	hubiera subscrito	hubieran subscrito
OR		OR	
subscribiese	subscribiésemos	hubiese subscrito	hubiésemos subscrito
subscribieses	subscribieseis	hubieses subscrito	hubieseis subscrito
subscribiese	subscribiesen	hubiese subscrito	hubiesen subscrito

imperativo	
—	subscribamos
subscribe; no subscribas	subscribid; no subscribáis
subscriba	subscriban

Words and expressions related to this verb

subscribirse a   to subscribe to (a magazine, etc.)
la subscripción   subscription
subscrito, subscrita   subscribed, signed

For other words and expressions related to this verb, see **escribir**.

454

The Seven Simple Tenses		The Seven Compound Tenses	
Singular	Plural	Singular	Plural
1 presente de indicativo		8 perfecto de indicativo	
sucede	**suceden**	**ha sucedido**	**han sucedido**
2 imperfecto de indicativo		9 pluscuamperfecto de indicativo	
sucedía	**sucedían**	**había sucedido**	**habían sucedido**
3 pretérito		10 pretérito anterior	
sucedió	**sucedieron**	**hubo sucedido**	**hubieron sucedido**
4 futuro		11 futuro perfecto	
sucederá	**sucederán**	**habrá sucedido**	**habrán sucedido**
5 potencial simple		12 potencial compuesto	
sucedería	**sucederían**	**habría sucedido**	**habrían sucedido**
6 presente de subjuntivo		13 perfecto de subjuntivo	
suceda	**sucedan**	**haya sucedido**	**hayan sucedido**
7 imperfecto de subjuntivo		14 pluscuamperfecto de subjuntivo	
sucediera	**sucedieran**	**hubiera sucedido**	**hubieran sucedido**
OR		OR	
sucediese	**sucediesen**	**hubiese sucedido**	**hubiesen sucedido**

imperativo

¡Que suceda!   **¡Que sucedan!**
Let it happen!   Let them happen!

Words and expressions related to this verb

suceder a   to succeed to (a high position, etc.)   **un sucedido**   event, happening
suceder con   to happen to   **sucediente**   succeeding, following

Suceda lo que sucediere.   Come what may.
The verb form **sucediere** is the future subjunctive. For the formation and use of the future
subjunctive, see p. xxxvii.

to suffer, to endure, to bear up, to undergo

The Seven Simple Tenses		The Seven Compound Tenses	
Singular	Plural	Singular	Plural
1 presente de indicativo		**8 perfecto de indicativo**	
sufro	sufrimos	he sufrido	hemos sufrido
sufres	sufrís	has sufrido	habéis sufrido
sufre	sufren	ha sufrido	han sufrido
2 imperfecto de indicativo		**9 pluscuamperfecto de indicativo**	
sufría	sufríamos	había sufrido	habíamos sufrido
sufrías	sufríais	habías sufrido	habíais sufrido
sufría	sufrían	había sufrido	habían sufrido
3 pretérito		**10 pretérito anterior**	
sufrí	sufrimos	hube sufrido	hubimos sufrido
sufriste	sufristeis	hubiste sufrido	hubisteis sufrido
sufrió	sufrieron	hubo sufrido	hubieron sufrido
4 futuro		**11 futuro perfecto**	
sufriré	sufriremos	habré sufrido	habremos sufrido
sufrirás	sufriréis	habrás sufrido	habréis sufrido
sufrirá	sufrirán	habrá sufrido	habrán sufrido
5 potencial simple		**12 potencial compuesto**	
sufriría	sufriríamos	habría sufrido	habríamos sufrido
sufrirías	sufriríais	habrías sufrido	habríais sufrido
sufriría	sufrirían	habría sufrido	habrían sufrido
6 presente de subjuntivo		**13 perfecto de subjuntivo**	
sufra	suframos	haya sufrido	hayamos sufrido
sufras	sufráis	hayas sufrido	hayáis sufrido
sufra	sufran	haya sufrido	hayan sufrido
7 imperfecto de subjuntivo		**14 pluscuamperfecto de subjuntivo**	
sufriera	sufriéramos	hubiera sufrido	hubiéramos sufrido
sufrieras	sufrierais	hubieras sufrido	hubierais sufrido
sufriera	sufrieran	hubiera sufrido	hubieran sufrido
OR		OR	
sufriese	sufriésemos	hubiese sufrido	hubiésemos sufrido
sufrieses	sufrieseis	hubieses sufrido	hubieseis sufrido
sufriese	sufriesen	hubiese sufrido	hubiesen sufrido

	imperativo
—	suframos
sufre; no sufras	sufrid; no sufráis
sufra	sufran

Words and expressions related to this verb

el sufrimiento suffering   **sufrir una multa** to be given a fine
sufrible sufferable   **sufrir un accidente** to have an accident
insufrible insufferable   **sufrir una pérdida** to suffer a loss

Consult the back pages for the list of over 1,000 verbs conjugated like model verbs.

to hint, to insinuate, to suggest

The Seven Simple Tenses		The Seven Compound Tenses	
Singular	Plural	Singular	Plural
1 presente de indicativo		**8 perfecto de indicativo**	
sugiero	sugerimos	he sugerido	hemos sugerido
sugieres	sugerís	has sugerido	habéis sugerido
sugiere	sugieren	ha sugerido	han sugerido
2 imperfecto de indicativo		**9 pluscuamperfecto de indicativo**	
sugería	sugeríamos	había sugerido	habíamos sugerido
sugerías	sugeríais	habías sugerido	habíais sugerido
sugería	sugerían	había sugerido	habían sugerido
3 pretérito		**10 pretérito anterior**	
sugerí	sugerimos	hube sugerido	hubimos sugerido
sugeriste	sugeristeis	hubiste sugerido	hubisteis sugerido
sugirió	sugirieron	hubo sugerido	hubieron sugerido
4 futuro		**11 futuro perfecto**	
sugeriré	sugeriremos	habré sugerido	habremos sugerido
sugerirás	sugeriréis	habrás sugerido	habréis sugerido
sugerirá	sugerirán	habrá sugerido	habran sugerido
5 potencial simple		**12 potencial compuesto**	
sugeriría	sugeriríamos	habría sugerido	habríamos sugerido
sugerirías	sugeriríais	habrías sugerido	habríais sugerido
sugeriría	sugerirían	habría sugerido	habrían sugerido
6 presente de subjuntivo		**13 perfecto de subjuntivo**	
sugiera	sugiramos	haya sugerido	hayamos sugerido
sugieras	sugiráis	hayas sugerido	hayáis sugerido
sugiera	sugieran	haya sugerido	hayan sugerido
7 imperfecto de subjuntivo		**14 pluscuamperfecto de subjuntivo**	
sugiriera	sugiriéramos	hubiera sugerido	hubiéramos sugerido
sugirieras	sugirierais	hubieras sugerido	hubierais sugerido
sugiriera	sugirieran	hubiera sugerido	hubieran sugerido
OR		OR	
sugiriese	sugiriésemos	hubiese sugerido	hubiésemos sugerido
sugirieses	sugirieseis	hubieses sugerido	hubieseis sugerido
sugiriese	sugiriesen	hubiese sugerido	hubiesen sugerido

imperativo	
—	sugiramos
sugiere; no sugieras	sugerid; no sugiráis
sugiera	sugieran

Words related to this verb

una sugestión, una sugerencia suggestion   **sugestivo, sugestiva** suggestive
la sugestibilidad suggestibility   **sugerente** suggestive

Consult the back pages for the section on verbs used with prepositions.

to submerge, to plunge, to immerse, to sink

The Seven Simple Tenses		The Seven Compound Tenses	
Singular	Plural	Singular	Plural

1 presente de indicativo		8 perfecto de indicativo	
sumerjo	sumergimos	he sumergido	hemos sumergido
sumerges	sumergís	has sumergido	habéis sumergido
sumerge	sumergen	ha sumergido	han sumergido

2 imperfecto de indicativo		9 pluscuamperfecto de indicativo	
sumergía	sumergíamos	había sumergido	habíamos sumergido
sumergías	sumergíais	habías sumergido	habíais sumergido
sumergía	sumergían	había sumergido	habían sumergido

3 pretérito		10 pretérito anterior	
sumergí	sumergimos	hube sumergido	hubimos sumergido
sumergiste	sumergisteis	hubiste sumergido	hubisteis sumergido
sumergió	sumergieron	hubo sumergido	hubieron sumergido

4 futuro		11 futuro perfecto	
sumergiré	sumergiremos	habré sumergido	habremos sumergido
sumergirás	sumergiréis	habrás sumergido	habréis sumergido
sumergirá	sumergirán	habrá sumergido	habrán sumergido

5 potencial simple		12 potencial compuesto	
sumergiría	sumergiríamos	habría sumergido	habríamos sumergido
sumergirías	sumergiríais	habrías sumergido	habríais sumergido
sumergiría	sumergirían	habría sumergido	habrían sumergido

6 presente de subjuntivo		13 perfecto de subjuntivo	
sumerja	sumerjamos	haya sumergido	hayamos sumergido
sumerjas	sumerjáis	hayas sumergido	hayáis sumergido
sumerja	sumerjan	haya sumergido	hayan sumergido

7 imperfecto de subjuntivo		14 pluscuamperfecto de subjuntivo	
sumergiera	sumergiéramos	hubiera sumergido	hubiéramos sumergido
sumergieras	sumergierais	hubieras sumergido	hubierais sumergido
sumergiera	sumergieran	hubiera sumergido	hubieran sumergido
OR		OR	
sumergiese	sumergiésemos	hubiese sumergido	hubiésemos sumergido
sumergieses	sumergieseis	hubieses sumergido	hubieseis sumergido
sumergiese	sumergiesen	hubiese sumergido	hubiesen sumergido

imperativo

—	sumerjamos
sumerge; no sumerjas	sumergid; no sumerjáis
sumerja	sumerjan

Words related to this verb

el sumergimiento submersion, sinking   **la sumersión** submersion
el sumergible submarine

Consult the back pages for the section on verbs used in idiomatic expressions.

to suppose, to assume

The Seven Simple Tenses		The Seven Compound Tenses	
Singular	Plural	Singular	Plural
1 presente de indicativo		**8 perfecto de indicativo**	
supongo	suponemos	he supuesto	hemos supuesto
supones	suponéis	has supuesto	habéis supuesto
supone	suponen	ha supuesto	han supuesto
2 imperfecto de indicativo		**9 pluscuamperfecto de indicativo**	
suponía	suponíamos	había supuesto	habíamos supuesto
suponías	suponías	habías supuesto	habíais supuesto
suponía	suponían	había supuesto	habían supuesto
3 pretérito		**10 pretérito anterior**	
supuse	supusimos	hube supuesto	hubimos supuesto
supusiste	supusisteis	hubiste supuesto	hubisteis supuesto
supuso	supusieron	hubo supuesto	hubieron supuesto
4 futuro		**11 futuro perfecto**	
supondré	supondremos	habré supuesto	habremos supuesto
supondrás	supondréis	habrás supuesto	habréis supuesto
supondrá	supondrán	habrá supuesto	habrán supuesto
5 potencial simple		**12 potencial compuesto**	
supondría	supondríamos	habría supuesto	habríamos supuesto
supondrías	supondríais	habrías supuesto	habríais supuesto
supondría	supondrían	habría supuesto	habrían supuesto
6 presente de subjuntivo		**13 perfecto de subjuntivo**	
suponga	supongamos	haya supuesto	hayamos supuesto
supongas	supongáis	hayas supuesto	hayáis supuesto
suponga	supongan	haya supuesto	hayan supuesto
7 imperfecto de subjuntivo		**14 pluscuamperfecto de subjuntivo**	
supusiera	supusiéramos	hubiera supuesto	hubiéramos supuesto
supusieras	supusierais	hubieras supuesto	hubierais supuesto
supusiera	supusieran	hubiera supuesto	hubieran supuesto
OR		OR	
supusiese	supusiésemos	hubiese supuesto	hubiésemos supuesto
supusieses	supusieseis	hubieses supuesto	hubieseis supuesto
supusiese	supusiesen	hubiese supuesto	hubiesen supuesto

imperativo

—	supongamos
supón; no supongas	suponed; no supongáis
suponga	supongan

Words related to this verb

un suponer, una suposición supposition   **proponer** to propose
poner to put

Be sure to consult the back pages for sections on verbs used in idiomatic expressions, verbs with prepositions, and the list of over 1,000 verbs conjugated like model verbs.

suprimir   Gerundio **suprimiendo**   Part. pas. **suprimido (supreso,** *as an adj.*)

to suppress, to abolish, to cancel (in mathematics), to eliminate

The Seven Simple Tenses		The Seven Compound Tenses	
Singular	Plural	Singular	Plural
1 presente de indicativo		**8 perfecto de indicativo**	
suprimo	suprimimos	he suprimido	hemos suprimido
suprimes	suprimís	has suprimido	habéis suprimido
suprime	suprimen	ha suprimido	han suprimido
2 imperfecto de indicativo		**9 pluscuamperfecto de indicativo**	
suprimía	suprimíamos	había suprimido	habíamos suprimido
suprimías	suprimíais	habías suprimido	habíais suprimido
suprimía	suprimían	había suprimido	habían suprimido
3 pretérito		**10 pretérito anterior**	
suprimí	suprimimos	hube suprimido	hubimos suprimido
suprimiste	suprimisteis	hubiste suprimido	hubisteis suprimido
suprimió	suprimieron	hubo suprimido	hubieron suprimido
4 futuro		**11 futuro perfecto**	
suprimiré	suprimiremos	habré suprimido	habremos suprimido
suprimirás	suprimiréis	habrás suprimido	habréis suprimido
suprimirá	suprimirán	habrá suprimido	habrán suprimido
5 potencial simple		**12 potencial compuesto**	
suprimiría	suprimiríamos	habría suprimido	habríamos suprimido
suprimirías	suprimiríais	habrías suprimido	habríais suprimido
suprimiría	suprimirían	habría suprimido	habrían suprimido
6 presente de subjuntivo		**13 perfecto de subjuntivo**	
suprima	suprimamos	haya suprimido	hayamos suprimido
suprimas	suprimáis	hayas suprimido	hayáis suprimido
suprima	supriman	haya suprimido	hayan suprimido
7 imperfecto de subjuntivo		**14 pluscuamperfecto de subjuntivo**	
suprimiera	suprimiéramos	hubiera suprimido	hubiéramos suprimido
suprimieras	suprimierais	hubieras suprimido	hubierais suprimido
suprimiera	suprimieran	hubiera suprimido	hubieran suprimido
OR		OR	
suprimiese	suprimiésemos	hubiese suprimido	hubiésemos suprimido
suprimieses	suprimieseis	hubieses suprimido	hubieseis suprimido
suprimiese	suprimiesen	hubiese suprimido	hubiesen suprimido

imperativo

—	suprimamos
suprime; no suprimas	suprimid; no suprimáis
suprima	supriman

Words related to this verb

la supresión suppression
suprimido, suprimida suppresssed

suprimible suppressible
supreso, supresa suppressed

Consult the back pages for the list of over 1,000 verbs conjugated like model verbs.

to surge, to appear, to spout, to spurt

The Seven Simple Tenses		The Seven Compound Tenses	
Singular	Plural	Singular	Plural
1 presente de indicativo		**8 perfecto de indicativo**	
surjo	surgimos	he surgido	hemos surgido
surges	surgís	has surgido	habéis surgido
surge	surgen	ha surgido	han surgido
2 imperfecto de indicativo		**9 pluscuamperfecto de indicativo**	
surgía	surgíamos	había surgido	habíamos surgido
surgías	surgíais	habías surgido	habíais surgido
surgía	surgían	había surgido	habían surgido
3 pretérito		**10 pretérito anterior**	
surgí	surgimos	hube surgido	hubimos surgido
surgiste	surgisteis	hubiste surgido	hubisteis surgido
surgió	surgieron	hubo surgido	hubieron surgido
4 futuro		**11 futuro perfecto**	
surgiré	surgiremos	habré surgido	habremos surgido
surgirás	surgiréis	habrás surgido	habréis surgido
surgirá	surgirán	habrá surgido	habrán surgido
5 potencial simple		**12 potencial compuesto**	
surgiría	surgiríamos	habría surgido	habríamos surgido
surgirías	surgiríais	habrías surgido	habríais surgido
surgiría	surgirían	habría surgido	habrían surgido
6 presente de subjuntivo		**13 perfecto de subjuntivo**	
surja	surjamos	haya surgido	hayamos surgido
surjas	surjáis	hayas surgido	hayáis surgido
surja	surjan	haya surgido	hayan surgido
7 imperfecto de subjuntivo		**14 pluscuamperfecto de subjuntivo**	
surgiera	surgiéramos	hubiera surgido	hubiéramos surgido
surgieras	surgierais	hubieras surgido	hubierais surgido
surgiera	surgieran	hubiera surgido	hubieran surgido
OR		OR	
surgiese	surgiésemos	hubiese surgido	hubiésemos surgido
surgieses	surgieseis	hubieses surgido	hubieseis surgido
surgiese	surgiesen	hubiese surgido	hubiesen surgido

imperativo	
—	surjamos
surge; no surjas	surgid; no surjáis
surja	surjan

Words related to this verb

surgente surging, salient   **urgir** to be urgent
urgente urgent   **urgentemente** urgently

Be sure to consult the back pages for sections on verbs used in idiomatic expressions, verbs with prepositions, and the list of over 1,000 verbs conjugated like model verbs.

to sigh

The Seven Simple Tenses		The Seven Compound Tenses	
Singular	Plural	Singular	Plural

1 presente de indicativo

suspiro	suspiramos
suspiras	suspiráis
suspira	suspiran

8 perfecto de indicativo

he suspirado	hemos suspirado
has suspirado	habéis suspirado
ha suspirado	han suspirado

2 imperfecto de indicativo

suspiraba	suspirábamos
suspirabas	suspirabais
suspiraba	suspiraban

9 pluscuamperfecto de indicativo

había suspirado	habíamos suspirado
habías suspirado	habíais suspirado
había suspirado	habían suspirado

3 pretérito

suspiré	suspiramos
suspiraste	suspirasteis
suspiró	suspiraron

10 pretérito anterior

hube suspirado	hubimos suspirado
hubiste suspirado	hubisteis suspirado
hubo suspirado	hubieron suspirado

4 futuro

suspiraré	suspiraremos
suspirarás	suspiraréis
suspirará	suspirarán

11 futuro perfecto

habré suspirado	habremos suspirado
habrás suspirado	habréis suspirado
habrá suspirado	habrán suspirado

5 potencial simple

suspiraría	suspiraríamos
suspirarías	suspiraríais
suspiraría	suspirarían

12 potencial compuesto

habría suspirado	habríamos suspirado
habrías suspirado	habríais suspirado
habría suspirado	habrían suspirado

6 presente de subjuntivo

suspire	suspiremos
suspires	suspiréis
suspire	suspiren

13 perfecto de subjuntivo

haya suspirado	hayamos suspirado
hayas suspirado	hayáis suspirado
haya suspirado	hayan suspirado

7 imperfecto de subjuntivo

suspirara	suspiráramos
suspiraras	suspirarais
suspirara	suspiraran
OR	
suspirase	suspirásemos
suspirases	suspiraseis
suspirase	suspirasen

14 pluscuamperfecto de subjuntivo

hubiera suspirado	hubiéramos suspirado
hubieras suspirado	hubierais suspirado
hubiera suspirado	hubieran suspirado
OR	
hubiese suspirado	hubiésemos suspirado
hubieses suspirado	hubieseis suspirado
hubiese suspirado	hubiesen suspirado

imperativo

—	suspiremos
suspira; no suspires	suspirad; no suspiréis
suspire	suspiren

Words and expressions related to this verb

suspirar por   to long for
el suspiro   sigh, breath; **exhalar el último suspiro**   to breathe one's last breath

Consult the back pages for the section on verbs with prepositions.

to pluck, to play (a stringed musical instrument)

The Seven Simple Tenses		The Seven Compound Tenses	
Singular	Plural	Singular	Plural

1 presente de indicativo		8 perfecto de indicativo	
taño	tañemos	he tañido	hemos tañido
tañes	tañéis	has tañido	habéis tañido
tañe	tañen	ha tañido	han tañido

2 imperfecto de indicativo		9 pluscuamperfecto de indicativo	
tañía	tañíamos	había tañido	habíamos tañido
tañías	tañíais	habías tañido	habíais tañido
tañía	tañían	había tañido	habían tañido

3 pretérito		10 pretérito anterior	
tañí	tañimos	hube tañido	hubimos tañido
tañiste	tañisteis	hubiste tañido	hubisteis tañido
tañó	tañeron	hubo tañido	hubieron tañido

4 futuro		11 futuro perfecto	
tañeré	tañeremos	habré tañido	habremos tañido
tañerás	tañeréis	habrás tañido	habréis tañido
tañerá	tañerán	habrá tañido	habrán tañido

5 potencial simple		12 potencial compuesto	
tañería	tañeríamos	habría tañido	habríamos tañido
tañerías	tañeríais	habrías tañido	habríais tañido
tañería	tañerían	habría tañido	habrían tañido

6 presente de subjuntivo		13 perfecto de subjuntivo	
taña	tañamos	haya tañido	hayamos tañido
tañas	tañáis	hayas tañido	hayáis tañido
taña	tañan	haya tañido	hayan tañido

7 imperfecto de subjuntivo		14 pluscuamperfecto de subjuntivo	
tañera	tañéramos	hubiera tañido	hubiéramos tañido
tañeras	tañerais	hubieras tañido	hubierais tañido
tañera	tañeran	hubiera tañido	hubieran tañido
OR		OR	
tañese	tañésemos	hubiese tañido	hubiésemos tañido
tañeses	tañeseis	hubieses tañido	hubieseis tañido
tañese	tañesen	hubiese tañido	hubiesen tañido

	imperativo	
—	tañamos	
tañe; no tañas	tañed; no tañáis	
taña	tañan	

Words related to this verb

el tañido sound, tone; twang of a stringed musical instrument; **el tañimiento** plucking, strumming of a stringed musical instument

Be sure to consult the back pages for sections on verbs used in idiomatic expressions, verbs with prepositions, and the list of over 1,000 verbs conjugated like model verbs.

telefonear

Gerundio **telefoneando**   Part. pas. **telefoneado**

to telephone

The Seven Simple Tenses		The Seven Compound Tenses	
Singular	Plural	Singular	Plural
1 presente de indicativo		**8 perfecto de indicativo**	
telefoneo	telefoneamos	he telefoneado	hemos telefoneado
telefoneas	telefoneáis	has telefoneado	habéis telefoneado
telefonea	telefonean	ha telefoneado	han telefoneado
2 imperfecto de indicativo		**9 pluscuamperfecto de indicativo**	
telefoneaba	telefoneábamos	había telefoneado	habíamos telefoneado
telefoneabas	telefoneabais	habías telefoneado	habíais telefoneado
telefoneaba	telefoneaban	había telefoneado	habían telefoneado
3 pretérito		**10 pretérito anterior**	
telefoneé	telefoneamos	hube telefoneado	hubimos telefoneado
telefoneaste	telefoneasteis	hubiste telefoneado	hubisteis telefoneado
telefoneó	telefonearon	hubo telefoneado	hubieron telefoneado
4 futuro		**11 futuro perfecto**	
telefonearé	telefonearemos	habré telefoneado	habremos telefoneado
telefonearás	telefonearéis	habrás telefoneado	habréis telefoneado
telefoneará	telefonearán	habrá telefoneado	habrán telefoneado
5 potencial simple		**12 potencial compuesto**	
telefonearía	telefonearíamos	habría telefoneado	habríamos telefoneado
telefonearías	telefonearíais	habrías telefoneado	habríais telefoneado
telefonearía	telefonearían	habría telefoneado	habrían telefoneado
6 presente de subjuntivo		**13 perfecto de subjuntivo**	
telefonee	telefoneemos	haya telefoneado	hayamos telefoneado
telefonees	telefoneéis	hayas telefoneado	hayáis telefoneado
telefonee	telefoneen	haya telefoneado	hayan telefoneado
7 imperfecto de subjuntivo		**14 pluscuamperfecto de subjuntivo**	
telefoneara	telefoneáramos	hubiera telefoneado	hubiéramos telefoneado
telefonearas	telefonearais	hubieras telefoneado	hubierais telefoneado
telefoneara	telefonearan	hubiera telefoneado	hubieran telefoneado
OR		OR	
telefonease	telefoneásemos	hubiese telefoneado	hubiésemos telefoneado
telefoneases	telefoneaseis	hubieses telefoneado	hubieseis telefoneado
telefonease	telefoneasen	hubiese telefoneado	hubiesen telefoneado

	imperativo
—	telefoneemos
telefonea; no telefonees	telefonead; no telefoneéis
telefonee	telefoneen

Words and expressions related to this verb

el teléfono telephone
telefonista telephone operator
telefónico, telefónica telephonic
marcar el número de teléfono to dial
a telephone number

la guía telefónica telephone book
la cabina telefónica telephone booth
el número de teléfono telephone number
por teléfono by telephone

to telegraph, to cable

The Seven Simple Tenses		The Seven Compound Tenses	
Singular	Plural	Singular	Plural

1   presente de indicativo

telegrafío	telegrafiamos
telegrafías	telegrafiáis
telegrafía	telegrafían

8   perfecto de indicativo

he telegrafiado	hemos telegrafiado
has telegrafiado	habéis telegrafiado
ha telegrafiado	han telegrafiado

2   imperfecto de indicativo

telegrafiaba	telegrafiábamos
telegrafiabas	telegrafiabais
telegrafiaba	telegrafiaban

9   pluscuamperfecto de indicativo

había telegrafiado	habíamos telegrafiado
habías telegrafiado	habíais telegrafiado
había telegrafiado	habían telegrafiado

3   pretérito

telegrafié	telegrafiamos
telegrafiaste	telegrafiasteis
telegrafió	telegrafiaron

10   pretérito anterior

hube telegrafiado	hubimos telegrafiado
hubiste telegrafiado	hubisteis telegrafiado
hubo telegrafiado	hubieron telegrafiado

4   futuro

telegrafiaré	telegrafiaremos
telegrafiarás	telegrafiaréis
telegrafiará	telegrafiarán

11   futuro perfecto

habré telegrafiado	habremos telegrafiado
habrás telegrafiado	habréis telegrafiado
habrá telegrafiado	habrán telegrafiado

5   potencial simple

telegrafiaría	telegrafiaríamos
telegrafiarías	telegrafiaríais
telegrafiaría	telegrafiarían

12   potencial compuesto

habría telegrafiado	habríamos telegrafiado
habrías telegrafiado	habríais telegrafiado
habría telegrafiado	habrían telegrafiado

6   presente de subjuntivo

telegrafíe	telegrafiemos
telegrafíes	telegrafiéis
telegrafíe	telegrafíen

13   perfecto de subjuntivo

haya telegrafiado	hayamos telegrafiado
hayas telegrafiado	hayáis telegrafiado
haya telegrafiado	hayan telegrafiado

7   imperfecto de subjuntivo

telegrafiara	telegrafiáramos
telegrafiaras	telegrafiarais
telegrafiara	telegrafiaran
OR	
telegrafiase	telegrafiásemos
telegrafiases	telegrafiaseis
telegrafiase	telegrafiasen

14   pluscuamperfecto de subjuntivo

hubiera telegrafiado	hubiéramos telegrafiado
hubieras telegrafiado	hubierais telegrafiado
hubiera telegrafiado	hubieran telegrafiado
OR	
hubiese telegrafiado	hubiésemos telegrafiado
hubieses telegrafiado	hubieseis telegrafiado
hubiese telegrafiado	hubiesen telegrafiado

imperativo

—	**telegrafiemos**
telegrafía; no telegrafíes	**telegrafiad; no telegrafiéis**
telegrafíe	**telegrafíen**

Words and expressions related to this verb

el telégrafo telegraph	**la telegrafía** telegraphy
el telegrama telegram, cablegram	**el telégrafo sin hilos** wireless telegraph
telegrafista telegraph operator	

The subject pronouns are found on the page facing page 1.

to tremble, to quake, to quiver, to shake, to shiver

The Seven Simple Tenses		The Seven Compound Tenses	
Singular	Plural	Singular	Plural

1 presente de indicativo		8 perfecto de indicativo	
tiemblo	temblamos	he temblado	hemos temblado
tiemblas	tembláis	has temblado	habéis temblado
tiembla	tiemblan	ha temblado	han temblado

2 imperfecto de indicativo		9 pluscuamperfecto de indicativo	
temblaba	temblábamos	había temblado	habíamos temblado
temblabas	temblabais	habías temblado	habíais temblado
temblaba	temblaban	había temblado	habían temblado

3 pretérito		10 pretérito anterior	
temblé	temblamos	hube temblado	hubimos temblado
temblaste	temblasteis	hubiste temblado	hubisteis temblado
tembló	temblaron	hubo temblado	hubieron temblado

4 futuro		11 futuro perfecto	
temblaré	temblaremos	habré temblado	habremos temblado
temblarás	temblaréis	habrás temblado	habréis temblado
temblará	temblarán	habrá temblado	habrán temblado

5 potencial simple		12 potencial compuesto	
temblaría	temblaríamos	habría temblado	habríamos temblado
temblarías	temblaríais	habrías temblado	habríais temblado
temblaría	temblarían	habría temblado	habrían temblado

6 presente de subjuntivo		13 perfecto de subjuntivo	
tiemble	temblemos	haya temblado	hayamos temblado
tiembles	tembléis	hayas temblado	hayáis temblado
tiemble	tiemblen	haya temblado	hayan temblado

7 imperfecto de subjuntivo		14 pluscuamperfecto de subjuntivo	
temblara	tembláramos	hubiera temblado	hubiéramos temblado
temblaras	temblarais	hubieras temblado	hubierais temblado
temblara	temblaran	hubiera temblado	hubieran temblado
OR		OR	
temblase	temblásemos	hubiese temblado	hubiésemos temblado
temblases	temblaseis	hubieses temblado	hubieseis temblado
temblase	temblasen	hubiese temblado	hubiesen temblado

imperativo	
—	temblemos
tiembla; no tiembles	temblad; no tembléis
tiemble	tiemblen

Words and expressions related to this verb

temblante trembling, shaking; **el temblante** bracelet
el temblor tremor, shaking
un temblor de tierra earthquake; **un temblor de voz** quivering of one's voice

Consult the back pages for the section on verbs with prepositions.

to fear, to dread

The Seven Simple Tenses		The Seven Compound Tenses	
Singular	Plural	Singular	Plural

1   presente de indicativo

temo	tememos
temes	teméis
teme	temen

8   perfecto de indicativo

he temido	hemos temido
has temido	habéis temido
ha temido	han temido

2   imperfecto de indicativo

temía	temíamos
temías	temíais
temía	temían

9   pluscuamperfecto de indicativo

había temido	habíamos temido
habías temido	habíais temido
había temido	habían temido

3   pretérito

temí	temimos
temiste	temisteis
temió	temieron

10   pretérito anterior

hube temido	hubimos temido
hubiste temido	hubisteis temido
hubo temido	hubieron temido

4   futuro

temeré	temeremos
temerás	temeréis
temerá	temerán

11   futuro perfecto

habré temido	habremos temido
habrás temido	habréis temido
habrá temido	habrán temido

5   potencial simple

temería	temeríamos
temerías	temeríais
temería	temerían

12   potencial compuesto

habría temido	habríamos temido
habrías temido	habríais temido
habría temido	habrían temido

6   presente de subjuntivo

tema	temamos
temas	temáis
tema	teman

13   perfecto de subjuntivo

haya temido	hayamos temido
hayas temido	hayáis temido
haya temido	hayan temido

7   imperfecto de subjuntivo

temiera	temiéramos
temieras	temierais
temiera	temieran
OR	
temiese	temiésemos
temieses	temieseis
temiese	temiesen

14   pluscuamperfecto de subjuntivo

hubiera temido	hubiéramos temido
hubieras temido	hubierais temido
hubiera temido	hubieran temido
OR	
hubiese temido	hubiésemos temido
hubieses temido	hubieseis temido
hubiese temido	hubiesen temido

imperativo

–	temamos
teme; no temas	temed; no temáis
tema	teman

Words and expressions related to this verb

temer + inf.   to fear + inf.
temer por   to fear for
temedor, temedora   afraid, fearing
temedero, temedera   dreadful, fearful

Consult the back pages for the section on verbs used in idiomatic expressions.

The subject pronouns are found on the page facing page 1.   **467**

tender

Gerundio **tendiendo**   Part. pas. **tendido**

to extend, to offer, to stretch, to spread out, to hang out (washing)

The Seven Simple Tenses		The Seven Compound Tenses	
Singular	Plural	Singular	Plural
1 presente de indicativo		**8 perfecto de indicativo**	
tiendo	tendemos	he tendido	hemos tendido
tiendes	tendéis	has tendido	habéis tendido
tiende	tienden	ha tendido	han tendido
2 imperfecto de indicativo		**9 pluscuamperfecto de indicativo**	
tendía	tendíamos	había tendido	habíamos tendido
tendías	tendíais	habías tendido	habíais tendido
tendía	tendían	había tendido	habían tendido
3 pretérito		**10 pretérito anterior**	
tendí	tendimos	hube tendido	hubimos tendido
tendiste	tendisteis	hubiste tendido	hubisteis tendido
tendió	tendieron	hubo tendido	hubieron tendido
4 futuro		**11 futuro perfecto**	
tenderé	tenderemos	habré tendido	habremos tendido
tenderás	tenderéis	habrás tendido	habréis tendido
tenderá	tenderán	habrá tendido	habrán tendido
5 potencial simple		**12 potencial compuesto**	
tendería	tenderíamos	habría tendido	habríamos tendido
tenderías	tenderíais	habrías tendido	habríais tendido
tendería	tenderían	habría tendido	habrían tendido
6 presente de subjuntivo		**13 perfecto de subjuntivo**	
tienda	tendamos	haya tendido	hayamos tendido
tiendas	tendáis	hayas tendido	hayáis tendido
tienda	tiendan	haya tendido	hayan tendido
7 imperfecto de subjuntivo		**14 pluscuamperfecto de subjuntivo**	
tendiera	tendiéramos	hubiera tendido	hubiéramos tendido
tendieras	tendierais	hubieras tendido	hubierais tendido
tendiera	tendieran	hubiera tendido	hubieran tendido
OR		OR	
tendiese	tendiésemos	hubiese tendido	hubiésemos tendido
tendieses	tendieseis	hubieses tendido	hubieseis tendido
tendiese	tendiesen	hubiese tendido	hubiesen tendido

imperativo	
—	tendamos
tiende; no tiendas	tended; no tendáis
tienda	tiendan

Words and expressions related to this verb

tender a + inf.   to tend + inf.
un tendero, una tendera   shopkeeper
un tenderete   booth, stand (for selling merchandise)
una tienda   shop, store; **tienda de pacotilla**   junk store; **tienda de campaña**   tent

to have, to hold

The Seven Simple Tenses		The Seven Compound Tenses	
Singular	Plural	Singular	Plural

1   presente de indicativo

		8 perfecto de indicativo	
tengo	tenemos	he tenido	hemos tenido
tienes	tenéis	has tenido	habéis tenido
tiene	tienen	ha tenido	han tenido

2   imperfecto de indicativo

		9 pluscuamperfecto de indicativo	
tenía	teníamos	había tenido	habíamos tenido
tenías	teníais	habías tenido	habíais tenido
tenía	tenían	había tenido	habían tenido

3   pretérito

		10 pretérito anterior	
tuve	tuvimos	hube tenido	hubimos tenido
tuviste	tuvisteis	hubiste tenido	hubisteis tenido
tuvo	tuvieron	hubo tenido	hubieron tenido

4   futuro

		11 futuro perfecto	
tendré	tendremos	habré tenido	habremos tenido
tendrás	tendréis	habrás tenido	habréis tenido
tendrá	tendrán	habrá tenido	habrán tenido

5   potencial simple

		12 potencial compuesto	
tendría	tendríamos	habría tenido	habríamos tenido
tendrías	tendríais	habrías tenido	habríais tenido
tendría	tendrían	habría tenido	habrían tenido

6   presente de subjuntivo

		13 perfecto de subjuntivo	
tenga	tengamos	haya tenido	hayamos tenido
tengas	tengáis	hayas tenido	hayáis tenido
tenga	tengan	haya tenido	hayan tenido

7   imperfecto de subjuntivo

		14 pluscuamperfecto de subjuntivo	
tuviera	tuviéramos	hubiera tenido	hubiéramos tenido
tuvieras	tuvierais	hubieras tenido	hubierais tenido
tuviera	tuvieran	hubiera tenido	hubieran tenido
OR		OR	
tuviese	tuviésemos	hubiese tenido	hubiésemos tenido
tuvieses	tuvieseis	hubieses tenido	hubieseis tenido
tuviese	tuviesen	hubiese tenido	hubiesen tenido

imperativo

—	tengamos
ten; no tengas	tened; no tengáis
tenga	tengan

Common idiomatic expressions using this verb

Anda despacio que tengo prisa.   Make haste slowly.
tener prisa   to be in a hurry   **tener frío**   to be (feel) cold (persons)
tener hambre   to be hungry   **tener calor**   to be (feel) warm (persons)
tener sed   to be thirsty   **retener**   to retain

Consult the back pages for the section on verbs used in idiomatic expressions.

The subject pronouns are found on the page facing page 1.   **469**

to examine by touch, to feel with the fingers, to attempt, to try

The Seven Simple Tenses		The Seven Compound Tenses	
Singular	Plural	Singular	Plural
1 presente de indicativo		**8** perfecto de indicativo	
tiento	tentamos	he tentado	hemos tentado
tientas	tentáis	has tentado	habéis tentado
tienta	tientan	ha tentado	han tentado
2 imperfecto de indicativo		**9** pluscuamperfecto de indicativo	
tentaba	tentábamos	había tentado	habíamos tentado
tentabas	tentabais	habías tentado	habíais tentado
tentaba	tentaban	había tentado	habían tentado
3 pretérito		**10** pretérito anterior	
tenté	tentamos	hube tentado	hubimos tentado
tentaste	tentasteis	hubiste tentado	hubisteis tentado
tentó	tentaron	hubo tentado	hubieron tentado
4 futuro		**11** futuro perfecto	
tentaré	tentaremos	habré tentado	habremos tentado
tentarás	tentaréis	habrás tentado	habréis tentado
tentará	tentarán	habrá tentado	habrán tentado
5 potencial simple		**12** potencial compuesto	
tentaría	tentaríamos	habría tentado	habríamos tentado
tentarías	tentaríais	habrías tentado	habríais tentado
tentaría	tentarían	habría tentado	habrían tentado
6 presente de subjuntivo		**13** perfecto de subjuntivo	
tiente	tentemos	haya tentado	hayamos tentado
tientes	tentéis	hayas tentado	hayáis tentado
tiente	tienten	haya tentado	hayan tentado
7 imperfecto de subjuntivo		**14** pluscuamperfecto de subjuntivo	
tentara	tentáramos	hubiera tentado	hubiéramos tentado
tentaras	tentarais	hubieras tentado	hubierais tentado
tentara	tentaran	hubiera tentado	hubieran tentado
OR		OR	
tentase	tentásemos	hubiese tentado	hubiésemos tentado
tentases	tentaseis	hubieses tentado	hubieseis tentado
tentase	tentasen	hubiese tentado	hubiesen tentado

	imperativo	
—	tentemos	
tienta; no tientes	tentad; no tentéis	
tiente	tienten	

Words and expressions related to this verb

tentar a uno a + inf. to tempt somebody + inf.
tentar al diablo to tempt the devil (to look for trouble)
el tentador the devil; **un tentador** tempter; **una tentadora** temptress
la tentación temptation

to end, to terminate, to finish

The Seven Simple Tenses		The Seven Compound Tenses	
Singular	Plural	Singular	Plural

1 presente de indicativo		8 perfecto de indicativo	
termino	terminamos	he terminado	hemos terminado
terminas	termináis	has terminado	habéis terminado
termina	terminan	ha terminado	han terminado

2 imperfecto de indicativo		9 pluscuamperfecto de indicativo	
terminaba	terminábamos	había terminado	habíamos terminado
terminabas	terminabais	habías terminado	habíais terminado
terminaba	terminaban	había terminado	habían terminado

3 pretérito		10 pretérito anterior	
terminé	terminamos	hube terminado	hubimos terminado
terminaste	terminasteis	hubiste terminado	hubisteis terminado
terminó	terminaron	hubo terminado	hubieron terminado

4 futuro		11 futuro perfecto	
terminaré	terminaremos	habré terminado	habremos terminado
terminarás	terminaréis	habrás terminado	habréis terminado
terminará	terminarán	habrá terminado	habrán terminado

5 potencial simple		12 potencial compuesto	
terminaría	terminaríamos	habría terminado	habríamos terminado
terminarías	terminaríais	habrías terminado	habríais terminado
terminaría	terminarían	habría terminado	habrían terminado

6 presente de subjuntivo		13 perfecto de subjuntivo	
termine	terminemos	haya terminado	hayamos terminado
termines	terminéis	hayas terminado	hayáis terminado
termine	terminen	haya terminado	hayan terminado

7 imperfecto de subjuntivo		14 pluscuamperfecto de subjuntivo	
terminara	termináramos	hubiera terminado	hubiéramos terminado
terminaras	terminarais	hubieras terminado	hubierais terminado
terminara	terminaran	hubiera terminado	hubieran terminado
OR		OR	
terminase	terminásemos	hubiese terminado	hubiésemos terminado
terminases	terminaseis	hubieses terminado	hubieseis terminado
terminase	terminasen	hubiese terminado	hubiesen terminado

imperativo

—	terminemos
termina; no termines	terminad; no terminéis
termine	terminen

Words and expressions related to this verb

la terminación   termination, ending, completion
el término   end, ending; term
en otros términos   in other terms, in other words
determinar   to determine

a término   on credit
estar en buenos términos con   to be
  on good terms with

The subject pronouns are found on the page facing page 1.   **471**

to pull, to draw, to pitch (a ball), to shoot (a gun), to throw, to fling

The Seven Simple Tenses		The Seven Compound Tenses	
Singular	Plural	Singular	Plural
1 presente de indicativo		**8 perfecto de indicativo**	
tiro	tiramos	he tirado	hemos tirado
tiras	tiráis	has tirado	habéis tirado
tira	tiran	ha tirado	han tirado
2 imperfecto de indicativo		**9 pluscuamperfecto de indicativo**	
tiraba	tirábamos	había tirado	habíamos tirado
tirabas	tirabais	habías tirado	habíais tirado
tiraba	tiraban	había tirado	habían tirado
3 pretérito		**10 pretérito anterior**	
tiré	tiramos	hube tirado	hubimos tirado
tiraste	tirasteis	hubiste tirado	hubisteis tirado
tiró	tiraron	hubo tirado	hubieron tirado
4 futuro		**11 futuro perfecto**	
tiraré	tiraremos	habré tirado	habremos tirado
tirarás	tiraréis	habrás tirado	habréis tirado
tirará	tirarán	habrá tirado	habrán tirado
5 potencial simple		**12 potencial compuesto**	
tiraría	tiraríamos	habría tirado	habríamos tirado
tirarías	tiraríais	habrías tirado	habríais tirado
tiraría	tirarían	habría tirado	habrían tirado
6 presente de subjuntivo		**13 perfecto de subjuntivo**	
tire	tiremos	haya tirado	hayamos tirado
tires	tiréis	hayas tirado	hayáis tirado
tire	tiren	haya tirado	hayan tirado
7 imperfecto de subjuntivo		**14 pluscuamperfecto de subjuntivo**	
tirara	tiráramos	hubiera tirado	hubiéramos tirado
tiraras	tirarais	hubieras tirado	hubierais tirado
tirara	tiraran	hubiera tirado	hubieran tirado
OR		OR	
tirase	tirásemos	hubiese tirado	hubiésemos tirado
tirases	tiraseis	hubieses tirado	hubieseis tirado
tirase	tirasen	hubiese tirado	hubiesen tirado

imperativo	
—	tiremos
tira; no tires	tirad; no tiréis
tire	tiren

Words and expressions related to this verb

tirar a   to shoot at
tirar una línea   to draw a line
a tiro   within reach; **a tiro de piedra**   within a stone's throw; **ni a tiros**   not for love nor
    money; **al tiro**   right away

to play (music or a musical instrument), to touch

The Seven Simple Tenses		The Seven Compound Tenses	
Singular	Plural	Singular	Plural
1 presente de indicativo		8 perfecto de indicativo	
toco	tocamos	he tocado	hemos tocado
tocas	tocáis	has tocado	habéis tocado
toca	tocan	ha tocado	han tocado
2 imperfecto de indicativo		9 pluscuamperfecto de indicativo	
tocaba	tocábamos	había tocado	habíamos tocado
tocabas	tocabais	habías tocado	habíais tocado
tocaba	tocaban	había tocado	habían tocado
3 pretérito		10 pretérito anterior	
toqué	tocamos	hube tocado	hubimos tocado
tocaste	tocasteis	hubiste tocado	hubisteis tocado
tocó	tocaron	hubo tocado	hubieron tocado
4 futuro		11 futuro perfecto	
tocaré	tocaremos	habré tocado	habremos tocado
tocarás	tocaréis	habrás tocado	habréis tocado
tocará	tocarán	habrá tocado	habrán tocado
5 potencial simple		12 potencial compuesto	
tocaría	tocaríamos	habría tocado	habríamos tocado
tocarías	tocaríais	habrías tocado	habríais tocado
tocaría	tocarían	habría tocado	habrían tocado
6 presente de subjuntivo		13 perfecto de subjuntivo	
toque	toquemos	haya tocado	hayamos tocado
toques	toquéis	hayas tocado	hayáis tocado
toque	toquen	haya tocado	hayan tocado
7 imperfecto de subjuntivo		14 pluscuamperfecto de subjuntivo	
tocara	tocáramos	hubiera tocado	hubiéramos tocado
tocaras	tocarais	hubieras tocado	hubierais tocado
tocara	tocaran	hubiera tocado	hubieran tocado
OR		OR	
tocase	tocásemos	hubiese tocado	hubiésemos tocado
tocases	tocaseis	hubieses tocado	hubieseis tocado
tocase	tocasen	hubiese tocado	hubiesen tocado

imperativo

—	toquemos
toca; no toques	tocad; no toquéis
toque	toquen

Common idiomatic expressions using this verb

¿Sabe Ud. tocar el piano?   Do you know how to play the piano?
Sí, yo sé tocar el piano   Yes, I know how to play the piano.
tocar a la puerta   to knock on the door
el tocadiscos   record player
tocar a uno   to be someone's turn; **Le toca a Juan**   It's John's turn.

Consult the back pages for verbs used in idiomatic expressions.

The subject pronouns are found on the page facing page 1.

to take, to have (something to eat or drink)

The Seven Simple Tenses		The Seven Compound Tenses	
Singular	Plural	Singular	Plural
1　presente de indicativo		**8　perfecto de indicativo**	
tomo	tomamos	he tomado	hemos tomado
tomas	tomáis	has tomado	habéis tomado
toma	toman	ha tomado	han tomado
2　imperfecto de indicativo		**9　pluscuamperfecto de indicativo**	
tomaba	tomábamos	había tomado	habíamos tomado
tomabas	tomabais	habías tomado	habíais tomado
tomaba	tomaban	había tomado	habían tomado
3　pretérito		**10　pretérito anterior**	
tomé	tomamos	hube tomado	hubimos tomado
tomaste	tomasteis	hubiste tomado	hubisteis tomado
tomó	tomaron	hubo tomado	hubieron tomado
4　futuro		**11　futuro perfecto**	
tomaré	tomaremos	habré tomado	habremos tomado
tomarás	tomaréis	habrás tomado	habréis tomado
tomará	tomarán	habrá tomado	habrán tomado
5　potencial simple		**12　potencial compuesto**	
tomaría	tomaríamos	habría tomado	habríamos tomado
tomarías	tomaríais	habrías tomado	habríais tomado
tomaría	tomarían	habría tomado	habrían tomado
6　presente de subjuntivo		**13　perfecto de subjuntivo**	
tome	tomemos	haya tomado	hayamos tomado
tomes	toméis	hayas tomado	hayáis tomado
tome	tomen	haya tomado	hayan tomado
7　imperfecto de subjuntivo		**14　pluscuamperfecto de subjuntivo**	
tomara	tomáramos	hubiera tomado	hubiéramos tomado
tomaras	tomarais	hubieras tomado	hubierais tomado
tomara	tomaran	hubiera tomado	hubieran tomado
OR		OR	
tomase	tomásemos	hubiese tomado	hubiésemos tomado
tomases	tomaseis	hubieses tomado	hubieseis tomado
tomase	tomasen	hubiese tomado	hubiesen tomado

imperativo

—	tomemos
toma; no tomes	tomad; no toméis
tome	tomen

Sentences and expressions using this verb and words related to it

¿A qué hora toma Ud. el desayuno?　At what time do you have breakfast?
Tomo el desayuno a las siete y media.　I have breakfast at seven thirty.
¿Qué toma Ud. en el desayuno?　What do you have for breakfast?
　　　　　　　　　　　　　　tomar en cuenta　to consider
tomar el sol　to take a sun bath　　**tomar parte en**　to take part in

See the back pages for the section on verbs used in idiomatic expressions.

to toast, to tan, to roast (coffee)

The Seven Simple Tenses		The Seven Compound Tenses	
Singular	Plural	Singular	Plural
1 presente de indicativo		**8 perfecto de indicativo**	
tuesto	tostamos	he tostado	hemos tostado
tuestas	tostáis	has tostado	habéis tostado
tuesta	tuestan	ha tostado	han tostado
2 imperfecto de indicativo		**9 pluscuamperfecto de indicativo**	
tostaba	tostábamos	había tostado	habíamos tostado
tostabas	tostabais	habías tostado	habíais tostado
tostaba	tostaban	había tostado	habían tostado
3 pretérito		**10 pretérito anterior**	
tosté	tostamos	hube tostado	hubimos tostado
tostaste	tostasteis	hubiste tostado	hubisteis tostado
tostó	tostaron	hubo tostado	hubieron tostado
4 futuro		**11 futuro perfecto**	
tostaré	tostaremos	habré tostado	habremos tostado
tostarás	tostaréis	habrás tostado	habréis tostado
tostará	tostarán	habrá tostado	habrán tostado
5 potencial simple		**12 potencial compuesto**	
tostaría	tostaríamos	habría tostado	habríamos tostado
tostarías	tostaríais	habrías tostado	habríais tostado
tostaría	tostarían	habría tostado	habrían tostado
6 presente de subjuntivo		**13 perfecto de subjuntivo**	
tueste	tostemos	haya tostado	hayamos tostado
tuestes	tostéis	hayas tostado	hayáis tostado
tueste	tuesten	haya tostado	hayan tostado
7 imperfecto de subjuntivo		**14 pluscuamperfecto de subjuntivo**	
tostara	tostáramos	hubiera tostado	hubiéramos tostado
tostaras	tostarais	hubieras tostado	hubierais tostado
tostara	tostaran	hubiera tostado	hubieran tostado
OR		OR	
tostase	tostásemos	hubiese tostado	hubiésemos tostado
tostases	tostaseis	hubieses tostado	hubieseis tostado
tostase	tostasen	hubiese tostado	hubiesen tostado

imperativo

—	tostemos
tuesta; no tuestes	**tostad; no tostéis**
tueste	**tuesten**

Words and expressions related to this verb

un tostador   toaster, toasting machine
pan tostado   toast, toasted bread; **una tostada**   piece of toast

Be sure to consult the back pages for sections on verbs used in idiomatic expressions, verbs with prepositions, and the list of over 1,000 verbs conjugated like model verbs.

to work, to labor

The Seven Simple Tenses		The Seven Compound Tenses	
Singular	Plural	Singular	Plural
1 presente de indicativo		**8 perfecto de indicativo**	
trabajo	trabajamos	he trabajado	hemos trabajado
trabajas	trabajáis	has trabajado	habéis trabajado
trabaja	trabajan	ha trabajado	han trabajado
2 imperfecto de indicativo		**9 pluscuamperfecto de indicativo**	
trabajaba	trabajábamos	había trabajado	habíamos trabajado
trabajabas	trabajabais	habías trabajado	habíais trabajado
trabajaba	trabajaban	había trabajado	habían trabajado
3 pretérito		**10 pretérito anterior**	
trabajé	trabajamos	hube trabajado	hubimos trabajado
trabajaste	trabajasteis	hubiste trabajado	hubisteis trabajado
trabajó	trabajaron	hubo trabajado	hubieron trabajado
4 futuro		**11 futuro perfecto**	
trabajaré	trabajaremos	habré trabajado	habremos trabajado
trabajarás	trabajaréis	habrás trabajado	habréis trabajado
trabajará	trabajarán	habrá trabajado	habrán trabajado
5 potencial simple		**12 potencial compuesto**	
trabajaría	trabajaríamos	habría trabajado	habríamos trabajado
trabajarías	trabajaríais	habrías trabajado	habríais trabajado
trabajaría	trabajarían	habría trabajado	habrían trabajado
6 presente de subjuntivo		**13 perfecto de subjuntivo**	
trabaje	trabajemos	haya trabajado	hayamos trabajado
trabajes	trabajéis	hayas trabajado	hayáis trabajado
trabaje	trabajen	haya trabajado	hayan trabajado
7 imperfecto de subjuntivo		**14 pluscuamperfecto de subjuntivo**	
trabajara	trabajáramos	hubiera trabajado	hubiéramos trabajado
trabajaras	trabajarais	hubieras trabajado	hubierais trabajado
trabajara	trabajaran	hubiera trabajado	hubieran trabajado
OR		OR	
trabajase	trabajásemos	hubiese trabajado	hubiésemos trabajado
trabajases	trabajaseis	hubieses trabajado	hubieseis trabajado
trabajase	trabajasen	hubiese trabajado	hubiesen trabajado

	imperativo
—	trabajemos
trabaja; no trabajes	trabajad; no trabajéis
trabaje	trabajen

Words and expressions related to this verb

el trabajo work
trabajador, trabajadora worker
trabajar de manos to do manual work

trabajar en + inf. to strive + inf.
tener trabajo que hacer to have work to do

The Seven Simple Tenses		The Seven Compound Tenses	
Singular	Plural	Singular	Plural

1 presente de indicativo		8 perfecto de indicativo	
traduzco	traducimos	he traducido	hemos traducido
traduces	traducís	has traducido	habéis traducido
traduce	traducen	ha traducido	han traducido

2 imperfecto de indicativo		9 pluscuamperfecto de indicativo	
traducía	traducíamos	había traducido	habíamos traducido
traducías	traducíais	habías traducido	habíais traducido
traducía	traducían	había traducido	habían traducido

3 pretérito		10 pretérito anterior	
traduje	tradujimos	hube traducido	hubimos traducido
tradujiste	tradujisteis	hubiste traducido	hubisteis traducido
tradujo	tradujeron	hubo traducido	hubieron traducido

4 futuro		11 futuro perfecto	
traduciré	traduciremos	habré traducido	habremos traducido
traducirás	traduciréis	habrás traducido	habréis traducido
traducirá	traducirán	habrá traducido	habrán traducido

5 potencial simple		12 potencial compuesto	
traduciría	traduciríamos	habría traducido	habríamos traducido
traducirías	traduciríais	habrías traducido	habríais traducido
traduciría	traducirían	habría traducido	habrían traducido

6 presente de subjuntivo		13 perfecto de subjuntivo	
traduzca	traduzcamos	haya traducido	hayamos traducido
traduzcas	traduzcáis	hayas traducido	hayáis traducido
traduzca	traduzcan	haya traducido	hayan traducido

7 imperfecto de subjuntivo		14 pluscuamperfecto de subjuntivo	
tradujera	tradujéramos	hubiera traducido	hubiéramos traducido
tradujeras	tradujerais	hubieras traducido	hubierais traducido
tradujera	tradujeran	hubiera traducido	hubieran traducido
OR		OR	
tradujese	tradujésemos	hubiese traducido	hubiésemos traducido
tradujeses	tradujeseis	hubieses traducido	hubieseis traducido
tradujese	tradujesen	hubiese traducido	hubiesen traducido

imperativo

—	traduzcamos
traduce; no traduzcas	traducid; no traduzcáis
traduzca	traduzcan

Words related to this verb

la traducción   translation
traducible   translatable
traductor, traductora   translator

to bring

The Seven Simple Tenses		The Seven Compound Tenses	
Singular	Plural	Singular	Plural
1 presente de indicativo		**8 perfecto de indicativo**	
traigo	traemos	he traído	hemos traído
traes	traéis	has traído	habéis traído
trae	traen	ha traído	han traído
2 imperfecto de indicativo		**9 pluscuamperfecto de indicativo**	
traía	traíamos	había traído	habíamos traído
traías	traíais	habías traído	habíais traído
traía	traían	había traído	habían traído
3 pretérito		**10 pretérito anterior**	
traje	trajimos	hube traído	hubimos traído
trajiste	trajisteis	hubiste traído	hubisteis traído
trajo	trajeron	hubo traído	hubieron traído
4 futuro		**11 futuro perfecto**	
traeré	traeremos	habré traído	habremos traído
traerás	traeréis	habrás traído	habréis traído
traerá	traerán	habrá traído	habrán traído
5 potencial simple		**12 potencial compuesto**	
traería	traeríamos	habría traído	habríamos traído
traerías	traeríais	habrías traído	habríais traído
traería	traerían	habría traído	habrían traído
6 presente de subjuntivo		**13 perfecto de subjuntivo**	
traiga	traigamos	haya traído	hayamos traído
traigas	traigáis	hayas traído	hayáis traído
traiga	traigan	haya traído	hayan traído
7 imperfecto de subjuntivo		**14 pluscuamperfecto de subjuntivo**	
trajera	trajéramos	hubiera traído	hubiéramos traído
trajeras	trajerais	hubieras traído	hubierais traído
trajera	trajeran	hubiera traído	hubieran traído
OR		OR	
trajese	trajésemos	hubiese traído	hubiésemos traído
trajeses	trajeseis	hubieses traído	hubieseis traído
trajese	trajesen	hubiese traído	hubiesen traído

	imperativo	
—	traigamos
trae; no traigas	traed; no traigáis
traiga	traigan

Words and expressions related to this verb

el traje costume, dress, suit
el traje de baño bathing suit
el traje hecho ready-made suit

traer entre ojos to hate
contraer to contract

478

to try, to treat a subject

The Seven Simple Tenses		The Seven Compound Tenses	
Singular	Plural	Singular	Plural
1 presente de indicativo		**8 perfecto de indicativo**	
trato	tratamos	he tratado	hemos tratado
tratas	tratáis	has tratado	habéis tratado
trata	tratan	ha tratado	han tratado
2 imperfecto de indicativo		**9 pluscuamperfecto de indicativo**	
trataba	tratábamos	había tratado	habíamos tratado
tratabas	tratabais	habías tratado	habíais tratado
trataba	trataban	había tratado	habían tratado
3 pretérito		**10 pretérito anterior**	
traté	tratamos	hube tratado	hubimos tratado
trataste	tratasteis	hubiste tratado	hubisteis tratado
trató	trataron	hubo tratado	hubieron tratado
4 futuro		**11 futuro perfecto**	
trataré	trataremos	habré tratado	habremos tratado
tratarás	trataréis	habrás tratado	habréis tratado
tratará	tratarán	habrá tratado	habrán tratado
5 potencial simple		**12 potencial compuesto**	
trataría	trataríamos	habría tratado	habríamos tratado
tratarías	trataríais	habrías tratado	habríais tratado
trataría	tratarían	habría tratado	habrían tratado
6 presente de subjuntivo		**13 perfecto de subjuntivo**	
trate	tratemos	haya tratado	hayamos tratado
trates	tratéis	hayas tratado	hayáis tratado
trate	traten	haya tratado	hayan tratado
7 imperfecto de subjuntivo		**14 pluscuamperfecto de subjuntivo**	
tratara	tratáramos	hubiera tratado	hubiéramos tratado
trataras	tratarais	hubieras tratado	hubierais tratado
tratara	trataran	hubiera tratado	hubieran tratado
OR		OR	
tratase	tratásemos	hubiese tratado	hubiésemos tratado
tratases	trataseis	hubieses tratado	hubieseis tratado
tratase	tratasen	hubiese tratado	hubiesen tratado

	imperativo	
—		tratemos
trata; no trates		tratad; no tratéis
trate		traten

Words and expressions related to this verb

tratar de + inf. to try + inf.   **tratarse con** to have to do with
tratar con to deal with   **un tratado** treatise; treaty
el trato agreement; treatment   **¡Trato hecho!** It's a deal!

Consult the back pages for the section on verbs used with prepositions.

The subject pronouns are found on the page facing page 1.   **479**

to stumble, to blunder

The Seven Simple Tenses		The Seven Compound Tenses	
Singular	Plural	Singular	Plural

1 presente de indicativo

		8 perfecto de indicativo	
tropiezo	tropezamos	he tropezado	hemos tropezado
tropiezas	tropezáis	has tropezado	habéis tropezado
tropieza	tropiezan	ha tropezado	han tropezado

2 imperfecto de indicativo

		9 pluscuamperfecto de indicativo	
tropezaba	tropezábamos	había tropezado	habíamos tropezado
tropezabas	tropezabais	habías tropezado	habíais tropezado
tropezaba	tropezaban	había tropezado	habían tropezado

3 pretérito

		10 pretérito anterior	
tropecé	tropezamos	hube tropezado	hubimos tropezado
tropezaste	tropezasteis	hubiste tropezado	hubisteis tropezado
tropezó	tropezaron	hubo tropezado	hubieron tropezado

4 futuro

		11 futuro perfecto	
tropezaré	tropezaremos	habré tropezado	habremos tropezado
tropezarás	tropezaréis	habrás tropezado	habréis tropezado
tropezará	tropezarán	habrá tropezado	habrán tropezado

5 potencial simple

		12 potencial compuesto	
tropezaría	tropezaríamos	habría tropezado	habríamos tropezado
tropezarías	tropezaríais	habrías tropezado	habríais tropezado
tropezaría	tropezarían	habría tropezado	habrían tropezado

6 presente de subjuntivo

		13 perfecto de subjuntivo	
tropiece	tropecemos	haya tropezado	hayamos tropezado
tropieces	tropecéis	hayas tropezado	hayáis tropezado
tropiece	tropiecen	haya tropezado	hayan tropezado

7 imperfecto de subjuntivo

		14 pluscuamperfecto de subjuntivo	
tropezara	tropezáramos	hubiera tropezado	hubiéramos tropezado
tropezaras	tropezarais	hubieras tropezado	hubierais tropezado
tropezara	tropezaran	hubiera tropezado	hubieran tropezado
OR		OR	
tropezase	tropezásemos	hubiese tropezado	hubiésemos tropezado
tropezases	tropezaseis	hubieses tropezado	hubieseis tropezado
tropezase	tropezasen	hubiese tropezado	hubiesen tropezado

imperativo

—	tropecemos
tropieza; no tropieces	tropezad; no tropecéis
tropiece	tropiecen

Words and expressions related to this verb

tropezar con alguien　 to run across someone, to meet someone unexpectedly
la tropezadura　 stumbling
tropezador, tropezadora　 tripper, stumbler
dar un tropezón　 to trip, to stumble

to connect, to unite, to join, to bind, to attach

The Seven Simple Tenses		The Seven Compound Tenses	
Singular	Plural	Singular	Plural
1 presente de indicativo		**8 perfecto de indicativo**	
uno	unimos	he unido	hemos unido
unes	unís	has unido	habéis unido
une	unen	ha unido	han unido
2 imperfecto de indicativo		**9 pluscuamperfecto de indicativo**	
unía	uníamos	había unido	habíamos unido
unías	uníais	habías unido	habíais unido
unía	unían	había unido	habían unido
3 pretérito		**10 pretérito anterior**	
uní	unimos	hube unido	hubimos unido
uniste	unisteis	hubiste unido	hubisteis unido
unió	unieron	hubo unido	hubieron unido
4 futuro		**11 futuro perfecto**	
uniré	uniremos	habré unido	habremos unido
unirás	uniréis	habrás unido	habréis unido
unirá	unirán	habrá unido	habrán unido
5 potencial simple		**12 potencial compuesto**	
uniría	uniríamos	habría unido	habríamos unido
unirías	uniríais	habrías unido	habríais unido
uniría	unirían	habría unido	habrían unido
6 presente de subjuntivo		**13 perfecto de subjuntivo**	
una	unamos	haya unido	hayamos unido
unas	unáis	hayas unido	hayáis unido
una	unan	haya unido	hayan unido
7 imperfecto de subjuntivo		**14 pluscuamperfecto de subjuntivo**	
uniera	uniéramos	hubiera unido	hubiéramos unido
unieras	unierais	hubieras unido	hubierais unido
uniera	unieran	hubiera unido	hubieran unido
OR		OR	
uniese	uniésemos	hubiese unido	hubiésemos unido
unieses	unieseis	hubieses unido	hubieseis unido
uniese	uniesen	hubiese unido	hubiesen unido

	imperativo	
—		unamos
une; no unas		unid; no unáis
una		unan

Words and expressions related to this verb

unido, unida   united
los Estados Unidos   the United States
la unión   union, agreement, harmony

unirse   to be united; to get married
La unión hace la fuerza   There is strength in unity.

For other words and expressions related to this verb, see **reunirse.**

The subject pronouns are found on the page facing page 1.

usar

Gerundio **usando**   Part. pas. **usado**

to use, to employ, to wear

The Seven Simple Tenses		The Seven Compound Tenses	
Singular	Plural	Singular	Plural
1 presente de indicativo		**8 perfecto de indicativo**	
uso	usamos	he usado	hemos usado
usas	usáis	has usado	habéis usado
usa	usan	ha usado	han usado
2 imperfecto de indicativo		**9 pluscuamperfecto de indicativo**	
usaba	usábamos	había usado	habíamos usado
usabas	usabais	habías usado	habíais usado
usaba	usaban	había usado	habían usado
3 pretérito		**10 pretérito anterior**	
usé	usamos	hube usado	hubimos usado
usaste	usasteis	hubiste usado	hubisteis usado
usó	usaron	hubo usado	hubieron usado
4 futuro		**11 futuro perfecto**	
usaré	usaremos	habré usado	habremos usado
usarás	usaréis	habrás usado	habréis usado
usará	usarán	habrá usado	habrán usado
5 potencial simple		**12 potencial compuesto**	
usaría	usaríamos	habría usado	habríamos usado
usarías	usaríais	habrías usado	habríais usado
usaría	usarían	habría usado	habrían usado
6 presente de subjuntivo		**13 perfecto de subjuntivo**	
use	usemos	haya usado	hayamos usado
uses	uséis	hayas usado	hayáis usado
use	usen	haya usado	hayan usado
7 imperfecto de subjuntivo		**14 pluscuamperfecto de subjuntivo**	
usara	usáramos	hubiera usado	hubiéramos usado
usaras	usarais	hubieras usado	hubierais usado
usara	usaran	hubiera usado	hubieran usado
OR		OR	
usase	usásemos	hubiese usado	hubiésemos usado
usases	usaseis	hubieses usado	hubieseis usado
usase	usasen	hubiese usado	hubiesen usado

	imperativo	
—	usemos	
usa; no uses	usad; no uséis	
use	usen	

Words and expressions related to this verb

¿Usa usted guantes? Do you wear gloves?
el uso use, usage
usado, usada used
desusar to disuse
desusarse to be no longer in use

en buen uso in good condition
en uso in use, in service
usar + inf. to be used + inf.; to be accustomed + inf.

The Seven Simple Tenses		The Seven Compound Tenses	
Singular	Plural	Singular	Plural

1 presente de indicativo		8 perfecto de indicativo	
utilizo	utilizamos	he utilizado	hemos utilizado
utilizas	utilizáis	has utilizado	habéis utilizado
utiliza	utilizan	ha utilizado	han utilizado

2 imperfecto de indicativo		9 pluscuamperfecto de indicativo	
utilizaba	utilizábamos	había utilizado	habíamos utilizado
utilizabas	utilizabais	habías utilizado	habíais utilizado
utilizaba	utilizaban	había utilizado	habían utilizado

3 pretérito		10 pretérito anterior	
utilicé	utilizamos	hube utilizado	hubimos utilizado
utilizaste	utilizasteis	hubiste utilizado	hubisteis utilizado
utilizó	utilizaron	hubo utilizado	hubieron utilizado

4 futuro		11 futuro perfecto	
utilizaré	utilizaremos	habré utilizado	habremos utilizado
utilizarás	utilizaréis	habrás utilizado	habréis utilizado
utilizará	utilizarán	habrá utilizado	habrán utilizado

5 potencial simple		12 potencial compuesto	
utilizaría	utilizaríamos	habría utilizado	habríamos utilizado
utilizarías	utilizaríais	habrías utilizado	habríais utilizado
utilizaría	utilizarían	habría utilizado	habrían utilizado

6 presente de subjuntivo		13 perfecto de subjuntivo	
utilice	utilicemos	haya utilizado	hayamos utilizado
utilices	utilicéis	hayas utilizado	hayáis utilizado
utilice	utilicen	haya utilizado	hayan utilizado

7 imperfecto de subjuntivo		14 pluscuamperfecto de subjuntivo	
utilizara	utilizáramos	hubiera utilizado	hubiéramos utilizado
utilizaras	utilizarais	hubieras utilizado	hubierais utilizado
utilizara	utilizaran	hubiera utilizado	hubieran utilizado
OR		OR	
utilizase	utilizásemos	hubiese utilizado	hubiésemos utilizado
utilizases	utilizaseis	hubieses utilizado	hubieseis utilizado
utilizase	utilizasen	hubiese utilizado	hubiesen utilizado

	imperativo	
—	utilicemos
utiliza; no utilices	utilizad; no utilicéis
utilice	utilicen

Words and expressions related to this verb

la utilización utilization
utilizable usable, available
útil useful

la utilidad utility, usefulness
la utilidad pública public utility
ser útil to serve, to be useful

to empty

The Seven Simple Tenses		The Seven Compound Tenses	
Singular	Plural	Singular	Plural

1   presente de indicativo

vacío	vaciamos
vacías	vaciáis
vacía	vacían

8   perfecto de indicativo

he vaciado	hemos vaciado
has vaciado	habéis vaciado
ha vaciado	han vaciado

2   imperfecto de indicativo

vaciaba	vaciábamos
vaciabas	vaciabais
vaciaba	vaciaban

9   pluscuamperfecto de indicativo

había vaciado	habíamos vaciado
habías vaciado	habíais vaciado
había vaciado	habían vaciado

3   pretérito

vacié	vaciamos
vaciaste	vaciasteis
vació	vaciaron

10   pretérito anterior

hube vaciado	hubimos vaciado
hubiste vaciado	hubisteis vaciado
hubo vaciado	hubieron vaciado

4   futuro

vaciaré	vaciaremos
vaciarás	vaciaréis
vaciará	vaciarán

11   futuro perfecto

habré vaciado	habremos vaciado
habrás vaciado	habréis vaciado
habrá vaciado	habrán vaciado

5   potencial simple

vaciaría	vaciaríamos
vaciarías	vaciaríais
vaciaría	vaciarían

12   potencial compuesto

habría vaciado	habríamos vaciado
habrías vaciado	habríais vaciado
habría vaciado	habrían vaciado

6   presente de subjuntivo

vacíe	vaciemos
vacíes	vaciéis
vacíe	vacíen

13   perfecto de subjuntivo

haya vaciado	hayamos vaciado
hayas vaciado	hayáis vaciado
haya vaciado	hayan vaciado

7   imperfecto de subjuntivo

vaciara	vaciáramos
vaciaras	vaciarais
vaciara	vaciaran
OR	
vaciase	vaciásemos
vaciases	vaciaseis
vaciase	vaciasen

14   pluscuamperfecto de subjuntivo

hubiera vaciado	hubiéramos vaciado
hubieras vaciado	hubierais vaciado
hubiera vaciado	hubieran vaciado
OR	
hubiese vaciado	hubiésemos vaciado
hubieses vaciado	hubieseis vaciado
hubiese vaciado	hubiesen vaciado

imperativo

–	vaciemos
vacía; no vacíes	vaciad; no vaciéis
vacíe	vacíen

Words and expressions related to this verb

el vacío   void; vacancy; **un vacío de aire**   air pocket (aviation)
vacío, vacía   empty

Be sure to consult the back pages for sections on verbs used in idiomatic expressions, verbs with prepositions, and the list of over 1,000 verbs conjugated like model verbs.

484

The Seven Simple Tenses		The Seven Compound Tenses	
Singular	Plural	Singular	Plural

1 presente de indicativo		8 perfecto de indicativo	
valgo	**valemos**	**he valido**	**hemos valido**
vales	**valéis**	**has valido**	**habéis valido**
vale	**valen**	**ha valido**	**han valido**

2 imperfecto de indicativo		9 pluscuamperfecto de indicativo	
valía	**valíamos**	**había valido**	**habíamos valido**
valías	**valíais**	**habías valido**	**habíais valido**
valía	**valían**	**había valido**	**habían valido**

3 pretérito		10 pretérito anterior	
valí	**valimos**	**hube valido**	**hubimos valido**
valiste	**valisteis**	**hubiste valido**	**hubisteis valido**
valió	**valieron**	**hubo valido**	**hubieron valido**

4 futuro		11 futuro perfecto	
valdré	**valdremos**	**habré valido**	**habremos valido**
valdrás	**valdréis**	**habrás valido**	**habréis valido**
valdrá	**valdrán**	**habrá valido**	**habrán valido**

5 potencial simple		12 potencial compuesto	
valdría	**valdríamos**	**habría valido**	**habríamos valido**
valdrías	**valdríais**	**habrías valido**	**habríais valido**
valdría	**valdrían**	**habría valido**	**habrían valido**

6 presente de subjuntivo		13 perfecto de subjuntivo	
valga	**valgamos**	**haya valido**	**hayamos valido**
valgas	**valgáis**	**hayas valido**	**hayáis valido**
valga	**valgan**	**haya valido**	**hayan valido**

7 imperfecto de subjuntivo		14 pluscuamperfecto de subjuntivo	
valiera	**valiéramos**	**hubiera valido**	**hubiéramos valido**
valieras	**valierais**	**hubieras valido**	**hubierais valido**
valiera	**valieran**	**hubiera valido**	**hubieran valido**
OR		OR	
valiese	**valiésemos**	**hubiese valido**	**hubiésemos valido**
valieses	**valieseis**	**hubieses valido**	**hubieseis valido**
valiese	**valiesen**	**hubiese valido**	**hubiesen valido**

imperativo	
—	**valgamos**
val; no valgas	**valed; no valgáis**
valga	**valgan**

Sentences using this verb and words related to it

Más vale pájaro en mano que ciento volando.   A bird in the hand is worth two in the bush.
Más vale tarde que nunca.   Better late than never.
el valor   value, price, valor   **valorar**   to appraise, to increase the value
valor facial   face value   **No vale la pena**   It's not worth the trouble.

to stay awake, to guard, to watch over

The Seven Simple Tenses		The Seven Compound Tenses	
Singular	Plural	Singular	Plural
1 presente de indicativo		8 perfecto de indicativo	
velo	velamos	he velado	hemos velado
velas	veláis	has velado	habéis velado
vela	velan	ha velado	han velado
2 imperfecto de indicativo		9 pluscuamperfecto de indicativo	
velaba	velábamos	había velado	habíamos velado
velabas	velabais	habías velado	habíais velado
velaba	velaban	había velado	habían velado
3 pretérito		10 pretérito anterior	
velé	velamos	hube velado	hubimos velado
velaste	velasteis	hubiste velado	hubisteis velado
veló	velaron	hubo velado	hubieron velado
4 futuro		11 futuro perfecto	
velaré	velaremos	habré velado	habremos velado
velarás	velaréis	habrás velado	habréis velado
velará	velarán	habrá velado	habrán velado
5 potencial simple		12 potencial compuesto	
velaría	velaríamos	habría velado	habríamos velado
velarías	velaríais	habrías velado	habríais velado
velaría	velarían	habría velado	habrían velado
6 presente de subjuntivo		13 perfecto de subjuntivo	
vele	velemos	haya velado	hayamos velado
veles	veléis	hayas velado	hayáis velado
vele	velen	haya velado	hayan velado
7 imperfecto de subjuntivo		14 pluscuamperfecto de subjuntivo	
velara	veláramos	hubiera velado	hubiéramos velado
velaras	velarais	hubieras velado	hubierais velado
velara	velaran	hubiera velado	hubieran velado
OR		OR	
velase	velásemos	hubiese velado	hubiésemos velado
velases	velaseis	hubieses velado	hubieseis velado
velase	velasen	hubiese velado	hubiesen velado

imperativo	
—	velemos
vela; no veles	velad; no veléis
vele	velen

Words and expressions related to this verb

un velador watchman, night guard; wooden candlestick
la vela vigil; candle; **en vela** without sleeping; **quedarse en velas** to stay up
    (during the night); **estar entre dos velas** to be tipsy

to conquer, to overcome, to defeat

The Seven Simple Tenses		The Seven Compound Tenses	
Singular	Plural	Singular	Plural

1 presente de indicativo		8 perfecto de indicativo	
venzo	**vencemos**	**he vencido**	**hemos vencido**
vences	**vencéis**	**has vencido**	**habéis vencido**
vence	**vencen**	**ha vencido**	**han vencido**

2 imperfecto de indicativo		9 pluscuamperfecto de indicativo	
vencía	**vencíamos**	**había vencido**	**habíamos vencido**
vencías	**vencíais**	**habías vencido**	**habíais vencido**
vencía	**vencían**	**había vencido**	**habían vencido**

3 pretérito		10 pretérito anterior	
vencí	**vencimos**	**hube vencido**	**hubimos vencido**
venciste	**vencisteis**	**hubiste vencido**	**hubisteis vencido**
venció	**vencieron**	**hubo vencido**	**hubieron vencido**

4 futuro		11 futuro perfecto	
venceré	**venceremos**	**habré vencido**	**habremos vencido**
vencerás	**venceréis**	**habrás vencido**	**habréis vencido**
vencerá	**vencerán**	**habrá vencido**	**habrán vencido**

5 potencial simple		12 potencial compuesto	
vencería	**venceríamos**	**habría vencido**	**habríamos vencido**
vencerías	**venceríais**	**habrías vencido**	**habríais vencido**
vencería	**vencerían**	**habría vencido**	**habrían vencido**

6 presente de subjuntivo		13 perfecto de subjuntivo	
venza	**venzamos**	**haya vencido**	**hayamos vencido**
venzas	**venzáis**	**hayas vencido**	**hayáis vencido**
venza	**venzan**	**haya vencido**	**hayan vencido**

7 imperfecto de subjuntivo		14 pluscuamperfecto de subjuntivo	
venciera	**venciéramos**	**hubiera vencido**	**hubiéramos vencido**
vencieras	**vencierais**	**hubieras vencido**	**hubierais vencido**
venciera	**vencieran**	**hubiera vencido**	**hubieran vencido**
OR		OR	
venciese	**venciésemos**	**hubiese vencido**	**hubiésemos vencido**
vencieses	**vencieseis**	**hubieses vencido**	**hubieseis vencido**
venciese	**venciesen**	**hubiese vencido**	**hubiesen vencido**

imperativo	
—	**venzamos**
vence; no venzas	**venced; no venzáis**
venza	**venzan**

Words and expressions related to this verb

vencedor, vencedora victor   **darse por vencido** to give in
vencible conquerable   **vencerse** to control oneself

See also **convencer.**

vender

Gerundio **vendiendo**   Part. pas. **vendido**

to sell

The Seven Simple Tenses		The Seven Compound Tenses	
Singular	Plural	Singular	Plural
1 presente de indicativo		**8 perfecto de indicativo**	
vendo	vendemos	he vendido	hemos vendido
vendes	vendéis	has vendido	habéis vendido
vende	venden	ha vendido	han vendido
2 imperfecto de indicativo		**9 pluscuamperfecto de indicativo**	
vendía	vendíamos	había vendido	habíamos vendido
vendías	vendíais	habías vendido	habíais vendido
vendía	vendían	había vendido	habían vendido
3 pretérito		**10 pretérito anterior**	
vendí	vendimos	hube vendido	hubimos vendido
vendiste	vendisteis	hubiste vendido	hubisteis vendido
vendió	vendieron	hubo vendido	hubieron vendido
4 futuro		**11 futuro perfecto**	
venderé	venderemos	habré vendido	habremos vendido
venderás	venderéis	habrás vendido	habréis vendido
venderá	venderán	habrá vendido	habrán vendido
5 potencial simple		**12 potencial compuesto**	
vendería	venderíamos	habría vendido	habríamos vendido
venderías	venderíais	habrías vendido	habríais vendido
vendería	venderían	habría vendido	habrían vendido
6 presente de subjuntivo		**13 perfecto de subjuntivo**	
venda	vendamos	haya vendido	hayamos vendido
vendas	vendáis	hayas vendido	hayáis vendido
venda	vendan	haya vendido	hayan vendido
7 imperfecto de subjuntivo		**14 pluscuamperfecto de subjuntivo**	
vendiera	vendiéramos	hubiera vendido	hubiéramos vendido
vendieras	vendierais	hubieras vendido	hubierais vendido
vendiera	vendieran	hubiera vendido	hubieran vendido
OR		OR	
vendiese	vendiésemos	hubiese vendido	hubiésemos vendido
vendieses	vendieseis	hubieses vendido	hubieseis vendido
vendiese	vendiesen	hubiese vendido	hubiesen vendido

imperativo	
—	vendamos
vende; no vendas	vended; no vendáis
venda	vendan

Words and expressions related to this verb

vendedor, vendedora   seller, sales person
la venta   sale
venta al mayor, venta por mayor   wholesale
venta al menor, venta por menor   retail sale

vender a comisión   to sell on
   commission
vender al peso   to sell by weight
revender   to resell

Gerundio **viniendo**   Part. pas. **venido**   **venir**

The Seven Simple Tenses		The Seven Compound Tenses	
Singular	Plural	Singular	Plural
1 presente de indicativo		**8 perfecto de indicativo**	
vengo	venimos	he venido	hemos venido
vienes	venís	has venido	habéis venido
viene	vienen	ha venido	han venido
2 imperfecto de indicativo		**9 pluscuamperfecto de indicativo**	
venía	veníamos	había venido	habíamos venido
venías	veníais	habías venido	habíais venido
venía	venían	había venido	habían venido
3 pretérito		**10 pretérito anterior**	
vine	vinimos	hube venido	hubimos venido
viniste	vinisteis	hubiste venido	hubisteis venido
vino	vinieron	hubo venido	hubieron venido
4 futuro		**11 futuro perfecto**	
vendré	vendremos	habré venido	habremos venido
vendrás	vendréis	habrás venido	habréis venido
vendrá	vendrán	habrá venido	habrán venido
5 potencial simple		**12 potencial compuesto**	
vendría	vendríamos	habría venido	habríamos venido
vendrías	vendríais	habrías venido	habríais venido
vendría	vendrían	habría venido	habrían venido
6 presente de subjuntivo		**13 perfecto de subjuntivo**	
venga	vengamos	haya venido	hayamos venido
vengas	vengáis	hayas venido	hayáis venido
venga	vengan	haya venido	hayan venido
7 imperfecto de subjuntivo		**14 pluscuamperfecto de subjuntivo**	
viniera	viniéramos	hubiera venido	hubiéramos venido
vinieras	vinierais	hubieras venido	hubierais venido
viniera	vinieran	hubiera venido	hubieran venido
OR		OR	
viniese	viniésemos	hubiese venido	hubiésemos venido
vinieses	vinieseis	hubieses venido	hubieseis venido
viniese	viniesen	hubiese venido	hubiesen venido

imperativo

—	**vengamos**
ven; no vengas	**venid; no vengáis**
venga	**vengan**

Common idiomatic expressions using this verb

la semana que viene next week
el mes que viene next month
el porvenir the future
Venga lo que viniere Come what may.

See also **convenir**.

venir a las manos to come to blows
venir a buscar to come for, to get
en lo por venir hereafter

to see

The Seven Simple Tenses		The Seven Compound Tenses	
Singular	Plural	Singular	Plural

1 presente de indicativo

		8 perfecto de indicativo	
veo	vemos	he visto	hemos visto
ves	veis	has visto	habéis visto
ve	ven	ha visto	han visto

2 imperfecto de indicativo

		9 pluscuamperfecto de indicativo	
veía	veíamos	había visto	habíamos visto
veías	veíais	habías visto	habíais visto
veía	veían	había visto	habían visto

3 pretérito

		10 pretérito anterior	
vi	vimos	hube visto	hubimos visto
viste	visteis	hubiste visto	hubisteis visto
vio	vieron	hubo visto	hubieron visto

4 futuro

		11 futuro perfecto	
veré	veremos	habré visto	habremos visto
verás	veréis	habrás visto	habréis visto
verá	verán	habrá visto	habrán visto

5 potencial simple

		12 potencial compuesto	
vería	veríamos	habría visto	habríamos visto
verías	veríais	habrías visto	habríais visto
vería	verían	habría visto	habrían visto

6 presente de subjuntivo

		13 perfecto de subjuntivo	
vea	veamos	haya visto	hayamos visto
veas	veáis	hayas visto	hayáis visto
vea	vean	haya visto	hayan visto

7 imperfecto de subjuntivo

		14 pluscuamperfecto de subjuntivo	
viera	viéramos	hubiera visto	hubiéramos visto
vieras	vierais	hubieras visto	hubierais visto
viera	vieran	hubiera visto	hubieran visto
OR		OR	
viese	viésemos	hubiese visto	hubiésemos visto
vieses	vieseis	hubieses visto	hubieseis visto
viese	viesen	hubiese visto	hubiesen visto

imperativo

—	veamos
ve; no veas	ved; no veáis
vea	vean

Words and expressions related to this verb

¡**Vamos a ver!** Let's see
¡**A ver!** Let's see!
Ver es creer. Seeing is believing.
la vista sight, seeing, view, vision
vivir para ver to live and learn

Está por ver It remains to be seen.
Es de ver It is worth seeing.
ver claro to see clearly
¡**Ya se ve!** Of course! Certainly!

to dress oneself, to get dressed

The Seven Simple Tenses		The Seven Compound Tenses	
Singular	Plural	Singular	Plural

1 presente de indicativo		8 perfecto de indicativo	
me visto	nos vestimos	me he vestido	nos hemos vestido
te vistes	os vestís	te has vestido	os habéis vestido
se viste	se visten	se ha vestido	se han vestido

2 imperfecto de indicativo		9 pluscuamperfecto de indicativo	
me vestía	nos vestíamos	me había vestido	nos habíamos vestido
te vestías	os vestíais	te habías vestido	os habíais vestido
se vestía	se vestían	se había vestido	se habían vestido

3 pretérito		10 pretérito anterior	
me vestí	nos vestimos	me hube vestido	nos hubimos vestido
te vestiste	os vestisteis	te hubiste vestido	os hubisteis vestido
se vistió	se vistieron	se hubo vestido	se hubieron vestido

4 futuro		11 futuro perfecto	
me vestiré	nos vestiremos	me habré vestido	nos habremos vestido
te vestirás	os vestiréis	te habrás vestido	os habréis vestido
se vestirá	se vestirán	se habrá vestido	se habrán vestido

5 potencial simple		12 potencial compuesto	
me vestiría	nos vestiríamos	me habría vestido	nos habríamos vestido
te vestirías	os vestiríais	te habrías vestido	os habríais vestido
se vestiría	se vestirían	se habría vestido	se habrían vestido

6 presente de subjuntivo		13 perfecto de subjuntivo	
me vista	nos vistamos	me haya vestido	nos hayamos vestido
te vistas	os vistáis	te hayas vestido	os hayáis vestido
se vista	se vistan	se haya vestido	se hayan vestido

7 imperfecto de subjuntivo		14 pluscuamperfecto de subjuntivo	
me vistiera	nos vistiéramos	me hubiera vestido	nos hubiéramos vestido
te vistieras	os vistierais	te hubieras vestido	os hubierais vestido
se vistiera	se vistieran	se hubiera vestido	se hubieran vestido
me vistiese	nos vistiésemos	me hubiese vestido	nos hubiésemos vestido
te vistieses	os vistieseis	te hubieses vestido	os hubieseis vestido
se vistiese	se vistiesen	se hubiese vestido	se hubiesen vestido

imperativo	
—	vistámonos; no nos vistamos
vístete; no te vistas	vestíos; no os vistáis
vístase; no se vista	vístanse; no se vistan

Words and expressions related to this verb

vestir to clothe, to dress
desvestirse to undress oneself, to get undressed
el vestido clothing, clothes, dress
vestidos usados secondhand clothing

bien vestido well dressed
vestir de uniforme to dress in uniform
vestir de blanco to dress in white

The subject pronouns are found on the page facing page 1.

to travel

The Seven Simple Tenses		The Seven Compound Tenses	
Singular	Plural	Singular	Plural

1 presente de indicativo

viajo	viajamos		
viajas	viajáis		
viaja	viajan		

8 perfecto de indicativo

he viajado	hemos viajado
has viajado	habéis viajado
ha viajado	han viajado

2 imperfecto de indicativo

viajaba	viajábamos
viajabas	viajabais
viajaba	viajaban

9 pluscuamperfecto de indicativo

había viajado	habíamos viajado
habías viajado	habíais viajado
había viajado	habían viajado

3 pretérito

viajé	viajamos
viajaste	viajasteis
viajó	viajaron

10 pretérito anterior

hube viajado	hubimos viajado
hubiste viajado	hubisteis viajado
hubo viajado	hubieron viajado

4 futuro

viajaré	viajaremos
viajarás	viajaréis
viajará	viajarán

11 futuro perfecto

habré viajado	habremos viajado
habrás viajado	habréis viajado
habrá viajado	habrán viajado

5 potencial simple

viajaría	viajaríamos
viajarías	viajaríais
viajaría	viajarían

12 potencial compuesto

habría viajado	habríamos viajado
habrías viajado	habríais viajado
habría viajado	habrían viajado

6 presente de subjuntivo

viaje	viajemos
viajes	viajéis
viaje	viajen

13 perfecto de subjuntivo

haya viajado	hayamos viajado
hayas viajado	hayáis viajado
haya viajado	hayan viajado

7 imperfecto de subjuntivo

viajara	viajáramos
viajaras	viajarais
viajara	viajaran
OR	
viajase	viajásemos
viajases	viajaseis
viajase	viajasen

14 pluscuamperfecto de subjuntivo

hubiera viajado	hubiéramos viajado
hubieras viajado	hubierais viajado
hubiera viajado	hubieran viajado
OR	
hubiese viajado	hubiésemos viajado
hubieses viajado	hubieseis viajado
hubiese viajado	hubiesen viajado

imperativo

—	viajemos
viaja; no viajes	viajad; no viajéis
viaje	viajen

Words and expressions related to this verb

el viaje trip
hacer un viaje to take a trip
un viaje de ida y vuelta round trip
viajero, viajera traveler

¡Buen viaje! Have a good trip!
un viaje de negocios business trip
un viaje redondo round trip
viajes espaciales space travel

to watch (over), to keep guard, to look out for

The Seven Simple Tenses		The Seven Compound Tenses	
Singular	Plural	Singular	Plural
1 presente de indicativo		**8 perfecto de indicativo**	
vigilo	vigilamos	he vigilado	hemos vigilado
vigilas	vigiláis	has vigilado	habéis vigilado
vigila	vigilan	ha vigilado	han vigilado
2 imperfecto de indicativo		**9 pluscuamperfecto de indicativo**	
vigilaba	vigilábamos	había vigilado	habíamos vigilado
vigilabas	vigilabais	habías vigilado	habíais vigilado
vigilaba	vigilaban	había vigilado	habían vigilado
3 pretérito		**10 pretérito anterior**	
vigilé	vigilamos	hube vigilado	hubimos vigilado
vigilaste	vigilasteis	hubiste vigilado	hubisteis vigilado
vigiló	vigilaron	hubo vigilado	hubieron vigilado
4 futuro		**11 futuro perfecto**	
vigilaré	vigilaremos	habré vigilado	habremos vigilado
vigilarás	vigilaréis	habrás vigilado	habréis vigilado
vigilará	vigilarán	habrá vigilado	habrán vigilado
5 potencial simple		**12 potencial compuesto**	
vigilaría	vigilaríamos	habría vigilado	habríamos vigilado
vigilarías	vigilaríais	habrías vigilado	habríais vigilado
vigilaría	vigilarían	habría vigilado	habrían vigilado
6 presente de subjuntivo		**13 perfecto de subjuntivo**	
vigile	vigilemos	haya vigilado	hayamos vigilado
vigiles	vigiléis	hayas vigilado	hayáis vigilado
vigile	vigilen	haya vigilado	hayan vigilado
7 imperfecto de subjuntivo		**14 pluscuamperfecto de subjuntivo**	
vigilara	vigiláramos	hubiera vigilado	hubiéramos vigilado
vigilaras	vigilarais	hubieras vigilado	hubierais vigilado
vigilara	vigilaran	hubiera vigilado	hubieran vigilado
OR		OR	
vigilase	vigilásemos	hubiese vigilado	hubiésemos vigilado
vigilases	vigilaseis	hubieses vigilado	hubieseis vigilado
vigilase	vigilasen	hubiese vigilado	hubiesen vigilado

	imperativo	
—		vigilemos
vigila; no vigiles		vigilad; no vigiléis
vigile		vigilen

Words and expressions related to this verb

vigilar de cerca   to keep a close watch on
el, la vigilante   vigilante; vigilant, wakeful
la vigilancia   vigilance, watchfulness
vigilantemente   vigilantly

Consult the back pages for various sections on verb usage.

The subject pronouns are found on the page facing page 1.

to visit

The Seven Simple Tenses		The Seven Compound Tenses	
Singular	Plural	Singular	Plural
1 presente de indicativo		**8 perfecto de indicativo**	
visito	visitamos	he visitado	hemos visitado
visitas	visitáis	has visitado	habéis visitado
visita	visitan	ha visitado	han visitado
2 imperfecto de indicativo		**9 pluscuamperfecto de indicativo**	
visitaba	visitábamos	había visitado	habíamos visitado
visitabas	visitabais	habías visitado	habíais visitado
visitaba	visitaban	había visitado	habían visitado
3 pretérito		**10 pretérito anterior**	
visité	visitamos	hube visitado	hubimos visitado
visitaste	visitasteis	hubiste visitado	hubisteis visitado
visitó	visitaron	hubo visitado	hubieron visitado
4 futuro		**11 futuro perfecto**	
visitaré	visitaremos	habré visitado	habremos visitado
visitarás	visitaréis	habrás visitado	habréis visitado
visitará	visitarán	habrá visitado	habrán visitado
5 potencial simple		**12 potencial compuesto**	
visitaría	visitaríamos	habría visitado	habríamos visitado
visitarías	visitaríais	habrías visitado	habríais visitado
visitaría	visitarían	habría visitado	habrían visitado
6 presente de subjuntivo		**13 perfecto de subjuntivo**	
visite	visitemos	haya visitado	hayamos visitado
visites	visitéis	hayas visitado	hayáis visitado
visite	visiten	haya visitado	hayan visitado
7 imperfecto de subjuntivo		**14 pluscuamperfecto de subjuntivo**	
visitara	visitáramos	hubiera visitado	hubiéramos visitado
visitaras	visitarais	hubieras visitado	hubierais visitado
visitara	visitaran	hubiera visitado	hubieran visitado
OR		OR	
visitase	visitásemos	hubiese visitado	hubiésemos visitado
visitases	visitaseis	hubieses visitado	hubieseis visitado
visitase	visitasen	hubiese visitado	hubiesen visitado

imperativo

–	visitemos
visita; no visites	visitad; no visitéis
visite	visiten

Words and expressions related to this verb

una visita visit
visitante visitor
visitarse to visit one another
hacer una visita to pay a call a visit

una visitación visitation
pagar la visita to return a visit
tener visita to have company

The Seven Simple Tenses		The Seven Compound Tenses	
Singular	Plural	Singular	Plural

1 presente de indicativo

		8 perfecto de indicativo	
vivo	vivimos	he vivido	hemos vivido
vives	vivís	has vivido	habéis vivido
vive	viven	ha vivido	han vivido

2 imperfecto de indicativo

		9 pluscuamperfecto de indicativo	
vivía	vivíamos	había vivido	habíamos vivido
vivías	vivíais	habías vivido	habíais vivido
vivía	vivían	había vivido	habían vivido

3 pretérito

		10 pretérito anterior	
viví	vivimos	hube vivido	hubimos vivido
viviste	vivisteis	hubiste vivido	hubisteis vivido
vivió	vivieron	hubo vivido	hubieron vivido

4 futuro

		11 futuro perfecto	
viviré	viviremos	habré vivido	habremos vivido
vivirás	viviréis	habrás vivido	habréis vivido
vivirá	vivirán	habrá vivido	habrán vivido

5 potencial simple

		12 potencial compuesto	
viviría	viviríamos	habría vivido	habríamos vivido
vivirías	viviríais	habrías vivido	habríais vivido
viviría	vivirían	habría vivido	habrían vivido

6 presente de subjuntivo

		13 perfecto de subjuntivo	
viva	vivamos	haya vivido	hayamos vivido
vivas	viváis	hayas vivido	hayáis vivido
viva	vivan	haya vivido	hayan vivido

7 imperfecto de subjuntivo

		14 pluscuamperfecto de subjuntivo	
viviera	viviéramos	hubiera vivido	hubiéramos vivido
vivieras	vivierais	hubieras vivido	hubierais vivido
viviera	vivieran	hubiera vivido	hubieran vivido
OR		OR	
viviese	viviésemos	hubiese vivido	hubiésemos vivido
vivieses	vivieseis	hubieses vivido	hubieseis vivido
viviese	viviesen	hubiese vivido	hubiesen vivido

imperativo

—	vivamos
vive; no vivas	vivid; no viváis
viva	vivan

Words and expressions related to this verb

vivir de   to live on
la vida   life
en vida   while living, while alive
ganarse la vida   to earn one's living

vivir del aire   to live on thin air
vivir para ver   to live and learn
vivir a oscuras   to live in ignorance
revivir   to revive

The subject pronouns are found on the page facing page 1.

volar

Gerundio **volando**   Part. pas. **volado**

to fly

The Seven Simple Tenses		The Seven Compound Tenses	
Singular	Plural	Singular	Plural
1 presente de indicativo		**8 perfecto de indicativo**	
vuelo	volamos	he volado	hemos volado
vuelas	voláis	has volado	habéis volado
vuela	vuelan	ha volado	han volado
2 imperfecto de indicativo		**9 pluscuamperfecto de indicativo**	
volaba	volábamos	había volado	habíamos volado
volabas	volabais	habías volado	habíais volado
volaba	volaban	había volado	habían volado
3 pretérito		**10 pretérito anterior**	
volé	volamos	hube volado	hubimos volado
volaste	volasteis	hubiste volado	hubisteis volado
voló	volaron	hubo volado	hubieron volado
4 futuro		**11 futuro perfecto**	
volaré	volaremos	habré volado	habremos volado
volarás	volaréis	habrás volado	habréis volado
volará	volarán	habrá volado	habrán volado
5 potencial simple		**12 potencial compuesto**	
volaría	volaríamos	habría volado	habríamos volado
volarías	volaríais	habrías volado	habríais volado
volaría	volarían	habría volado	habrían volado
6 presente de subjuntivo		**13 perfecto de subjuntivo**	
vuele	volemos	haya volado	hayamos volado
vueles	voléis	hayas volado	hayáis volado
vuele	vuelen	haya volado	hayan volado
7 imperfecto de subjuntivo		**14 pluscuamperfecto de subjuntivo**	
volara	voláramos	hubiera volado	hubiéramos volado
volaras	volarais	hubieras volado	hubierais volado
volara	volaran	hubiera volado	hubieran volado
OR		OR	
volase	volásemos	hubiese volado	hubiésemos volado
volases	volaseis	hubieses volado	hubieseis volado
volase	volasen	hubiese volado	hubiesen volado

	imperativo
—	volemos
vuela; no vueles	volad; no voléis
vuele	vuelen

Words and expressions related to this verb

el vuelo   flight
Más vale pájaro en mano que ciento volando   A bird in the hand is worth two in the bush.
Las horas vuelan   The hours go flying by.
volear   to volley (a ball); **el voleo**   volley
el volante   steering wheel

496

to return, to go back

The Seven Simple Tenses		The Seven Compound Tenses	
Singular	Plural	Singular	Plural

1   presente de indicativo

vuelvo	volvemos	
vuelves	volvéis	
vuelve	vuelven	

8   perfecto de indicativo

he vuelto	hemos vuelto
has vuelto	habéis vuelto
ha vuelto	han vuelto

2   imperfecto de indicativo

volvía	volvíamos
volvías	volvíais
volvía	volvían

9   pluscuamperfecto de indicativo

había vuelto	habíamos vuelto
habías vuelto	habíais vuelto
había vuelto	habían vuelto

3   pretérito

volví	volvimos
volviste	volvisteis
volvió	volvieron

10   pretérito anterior

hube vuelto	hubimos vuelto
hubiste vuelto	hubisteis vuelto
hubo vuelto	hubieron vuelto

4   futuro

volveré	volveremos
volverás	volveréis
volverá	volverán

11   futuro perfecto

habré vuelto	habremos vuelto
habrás vuelto	habréis vuelto
habrá vuelto	habrán vuelto

5   potencial simple

volvería	volveríamos
volverías	volveríais
volvería	volverían

12   potencial compuesto

habría vuelto	habríamos vuelto
habrías vuelto	habríais vuelto
habría vuelto	habrían vuelto

6   presente de subjuntivo

vuelva	volvamos
vuelvas	volváis
vuelva	vuelvan

13   perfecto de subjuntivo

haya vuelto	hayamos vuelto
hayas vuelto	hayáis vuelto
haya vuelto	hayan vuelto

7   imperfecto de subjuntivo

volviera	volviéramos
volvieras	volvierais
volviera	volvieran
OR	
volviese	volviésemos
volvieses	volvieseis
volviese	volviesen

14   pluscuamperfecto de subjuntivo

hubiera vuelto	hubiéramos vuelto
hubieras vuelto	hubierais vuelto
hubiera vuelto	hubieran vuelto
OR	
hubiese vuelto	hubiésemos vuelto
hubieses vuelto	hubieseis vuelto
hubiese vuelto	hubiesen vuelto

imperativo

—	volvamos
vuelve; no vuelvas	**volved; no volváis**
vuelva	**vuelvan**

Common idiomatic expressions using this verb

volver en sí   to regain consciousness, to come to
volver sobre sus pasos   to retrace one's steps
una vuelta   turn, revolution, turning
dar una vuelta   to take a stroll

un revólver   revolver, pistol
revolver   to revolve, to shake (up), to turn around
revolverse   to turn around (oneself)

See also **devolver** and **revolver**.

The subject pronouns are found on the page facing page 1.

to vote, to vow

The Seven Simple Tenses		The Seven Compound Tenses	
Singular	Plural	Singular	Plural

1 presente de indicativo

voto	votamos
votas	votáis
vota	votan

8 perfecto de indicativo

he votado	hemos votado
has votado	habéis votado
ha votado	han votado

2 imperfecto de indicativo

votaba	votábamos
votabas	votabais
votaba	votaban

9 pluscuamperfecto de indicativo

había votado	habíamos votado
habías votado	habíais votado
había votado	habían votado

3 pretérito

voté	votamos
votaste	votasteis
votó	votaron

10 pretérito anterior

hube votado	hubimos votado
hubiste votado	hubisteis votado
hubo votado	hubieron votado

4 futuro

votaré	votaremos
votarás	votaréis
votará	votarán

11 futuro perfecto

habré votado	habremos votado
habrás votado	habréis votado
habrá votado	habrán votado

5 potencial simple

votaría	votaríamos
votarías	votaríais
votaría	votarían

12 potencial compuesto

habría votado	habríamos votado
habrías votado	habríais votado
habría votado	habrían votado

6 presente de subjuntivo

vote	votemos
votes	votéis
vote	voten

13 perfecto de subjuntivo

haya votado	hayamos votado
hayas votado	hayáis votado
haya votado	hayan votado

7 imperfecto de subjuntivo

votara	votáramos
votaras	votarais
votara	votaran
OR	
votase	votásemos
votases	votaseis
votase	votasen

14 pluscuamperfecto de subjuntivo

hubiera votado	hubiéramos votado
hubieras votado	hubierais votado
hubiera votado	hubieran votado
OR	
hubiese votado	hubiésemos votado
hubieses votado	hubieseis votado
hubiese votado	hubiesen votado

imperativo

—	votemos
vota; no votes	votad; no votéis
vote	voten

Words and expressions related to this verb

votar en pro to vote for; **votar en contra** to vote against
el votador, la votadora voter
el voto vote, vow; **voto de gracias** vote of thanks; **voto activo** right to vote;
   voto de confianza vote of confidence; **echar votos** to curse, to swear

498

to lie down, to be lying down, to lie in a grave

The Seven Simple Tenses		The Seven Compound Tenses	
Singular	Plural	Singular	Plural
1 presente de indicativo		**8 perfecto de indicativo**	
yazco	yacemos	he yacido	hemos yacido
yaces	yacéis	has yacido	habéis yacido
yace	yacen	ha yacido	han yacido
2 imperfecto de indicativo		**9 pluscuamperfecto de indicativo**	
yacía	yacíamos	había yacido	habíamos yacido
yacías	yacíais	habías yacido	habíais yacido
yacía	yacían	había yacido	habían yacido
3 pretérito		**10 pretérito anterior**	
yací	yacimos	hube yacido	hubimos yacido
yaciste	yacisteis	hubiste yacido	hubisteis yacido
yació	yacieron	hubo yacido	hubieron yacido
4 futuro		**11 futuro perfecto**	
yaceré	yaceremos	habré yacido	habremos yacido
yacerás	yaceréis	habrás yacido	habréis yacido
yacerá	yacerán	habrá yacido	habrán yacido
5 potencial simple		**12 potencial compuesto**	
yacería	yaceríamos	habría yacido	habríamos yacido
yacerías	yaceríais	habrías yacido	habríais yacido
yacería	yacerían	habría yacido	habrían yacido
6 presente de subjuntivo		**13 perfecto de subjuntivo**	
yazca	yazcamos	haya yacido	hayamos yacido
yazcas	yazcáis	hayas yacido	hayáis yacido
yazca	yazcan	haya yacido	hayan yacido
7 imperfecto de subjuntivo		**14 pluscuamperfecto de subjuntivo**	
yaciera	yaciéramos	hubiera yacido	hubiéramos yacido
yacieras	yacierais	hubieras yacido	hubierais yacido
yaciera	yacieran	hubiera yacido	hubieran yacido
OR		OR	
yaciese	yaciésemos	hubiese yacido	hubiésemos yacido
yacieses	yacieseis	hubieses yacido	hubieseis yacido
yaciese	yaciesen	hubiese yacido	hubiesen yacido

imperativo	
—	yazcamos
yaz (or yace); no yazcas	yaced; no yazcáis
yazca	yazcan

Words and expressions related to this verb

la yacija   bed, couch; grave, tomb
el yacimiento   mineral deposit

Aquí yace don Juan   Here lies Don Juan.
una estatua yacente   statue lying in state
(usually on a catafalque)

Be sure to consult the back pages for verbs used in idiomatic expressions, Spanish proverbs using verbs, weather expressions using verbs, verbs with prepositions, and over 1,000 Spanish verbs conjugated like model verbs among the 501 in this book.

The subject pronouns are found on the page facing page 1.

zumbar

Gerundio **zumbando**   Part. pas. **zumbado**

to buzz, to hum, to flutter around

The Seven Simple Tenses		The Seven Compound Tenses	
Singular	Plural	Singular	Plural
1 presente de indicativo		**8 perfecto de indicativo**	
zumbo	zumbamos	he zumbado	hemos zumbado
zumbas	zumbáis	has zumbado	habéis zumbado
zumba	zumban	ha zumbado	han zumbado
2 imperfecto de indicativo		**9 pluscuamperfecto de indicativo**	
zumbaba	zumbábamos	había zumbado	habíamos zumbado
zumbabas	zumbabais	habías zumbado	habíais zumbado
zumbaba	zumbaban	había zumbado	habían zumbado
3 pretérito		**10 pretérito anterior**	
zumbé	zumbamos	hube zumbado	hubimos zumbado
zumbaste	zumbasteis	hubiste zumbado	hubisteis zumbado
zumbó	zumbaron	hubo zumbado	hubieron zumbado
4 futuro		**11 futuro perfecto**	
zumbaré	zumbaremos	habré zumbado	habremos zumbado
zumbarás	zumbaréis	habrás zumbado	habréis zumbado
zumbará	zumbarán	habrá zumbado	habrán zumbado
5 potencial simple		**12 potencial compuesto**	
zumbaría	zumbaríamos	habría zumbado	habríamos zumbado
zumbarías	zumbaríais	habrías zumbado	habríais zumbado
zumbaría	zumbarían	habría zumbado	habrían zumbado
6 presente de subjuntivo		**13 perfecto de subjuntivo**	
zumbe	zumbemos	haya zumbado	hayamos zumbado
zumbes	zumbéis	hayas zumbado	hayáis zumbado
zumbe	zumben	haya zumbado	hayan zumbado
7 imperfecto de subjuntivo		**14 pluscuamperfecto de subjuntivo**	
zumbara	zumbáramos	hubiera zumbado	hubiéramos zumbado
zumbaras	zumbarais	hubieras zumbado	hubierais zumbado
zumbara	zumbaran	hubiera zumbado	hubieran zumbado
OR		OR	
zumbase	zumbásemos	hubiese zumbado	hubiésemos zumbado
zumbases	zumbaseis	hubieses zumbado	hubieseis zumbado
zumbase	zumbasen	hubiese zumbado	hubiesen zumbado

imperativo	
—	zumbemos
zumba; no zumbes	zumbad; no zumbéis
zumbe	zumben

Words and expressions related to this verb

Me zumban los cincuenta años   I am close to fifty years old.
zumbarse de   to make fun of
una zumba, un zumbador   top (toy)
un zumbo, un zumbido   buzz, hum; **un zumbido de comunicación**   busy signal of a
   telephone

to darn, to mend

The Seven Simple Tenses		The Seven Compound Tenses	
Singular	Plural	Singular	Plural

1 presente de indicativo

		8 perfecto de indicativo	
zurzo	zurcimos	he zurcido	hemos zurcido
zurces	zurcís	has zurcido	habéis zurcido
zurce	zurcen	ha zurcido	han zurcido

2 imperfecto de indicativo

		9 pluscuamperfecto de indicativo	
zurcía	zurcíamos	había zurcido	habíamos zurcido
zurcías	zurcíais	habías zurcido	habíais zurcido
zurcía	zurcían	había zurcido	habían zurcido

3 pretérito

		10 pretérito anterior	
zurcí	zurcimos	hube zurcido	hubimos zurcido
zurciste	zurcisteis	hubiste zurcido	hubisteis zurcido
zurció	zurcieron	hubo zurcido	hubieron zurcido

4 futuro

		11 futuro perfecto	
zurciré	zurciremos	habré zurcido	habremos zurcido
zurcirás	zurciréis	habrás zurcido	habréis zurcido
zurcirá	zurcirán	habrá zurcido	habrán zurcido

5 potencial simple

		12 potencial compuesto	
zurciría	zurciríamos	habría zurcido	habríamos zurcido
zurcirías	zurciríais	habrías zurcido	habríais zurcido
zurciría	zurcirían	habría zurcido	habrían zurcido

6 presente de subjuntivo

		13 perfecto de subjuntivo	
zurza	zurzamos	haya zurcido	hayamos zurcido
zurzas	zurzáis	hayas zurcido	hayáis zurcido
zurza	zurzan	haya zurcido	hayan zurcido

7 imperfecto de subjuntivo

		14 pluscuamperfecto de subjuntivo	
zurciera	zurciéramos	hubiera zurcido	hubiéramos zurcido
zurcieras	zurcierais	hubieras zurcido	hubierais zurcido
zurciera	zurcieran	hubiera zurcido	hubieran zurcido
OR		OR	
zurciese	zurciésemos	hubiese zurcido	hubiésemos zurcido
zurcieses	zurcieseis	hubieses zurcido	hubieseis zurcido
zurciese	zurciesen	hubiese zurcido	hubiesen zurcido

imperativo

–	zurzamos
zurce; no zurzas	zurcid; no zurzáis
zurza	zurzan

Words related to this verb

la zurcidura darning, mending
zurcido, zurcida darned, mended

Be sure to consult the back pages for verbs used in idiomatic expressions, Spanish proverbs using verbs, weather expressions using verbs, verbs with prepositions, and over 1,000 Spanish verbs conjugated like model verbs among the 501 in this book.

The subject pronouns are found on the page facing page 1.

Appendix

Index of English-Spanish Verbs

The purpose of this index is to give you instantly the Spanish verb for the English verb you have in mind to use. This saves you time if you do not have a standard English-Spanish word dictionary at your fingertips.

When you find the Spanish verb you need through the English verb, look up its verb forms in this book where all verbs are listed alphabetically at the top of each page. If it is not listed among the 501 verbs in this book, consult the list of Over 1,000 Spanish Verbs Conjugated Like Model Verbs Among the 501 which begins on p. 549.

The preposition *to* has been omitted in front of the English verb.

A

abandon **abandonar**
able, to be **poder**
abolish **abolir, suprimir**
absolve **absolver**
abstain **abstenerse**
accelerate **acelerar**
accept **aceptar**
acclaim **aclamar**
accompany **acompañar**
accuse **acusar**
ache **doler**
acknowledge **reconocer**
acquainted with, to be **conocer**
acquire **adquirir**
acquit **absolver**
act (a part) **desempeñar**
add **agregar, añadir, sumar**
adjust **arreglar**
admire **admirar**
admit **admitir, permitir**
adopt **adoptar**
adore **adorar**
advance **adelantar, avanzar**
advantage, to take **aprovecharse**
advise **aconsejar, advertir, recomendar**
affirm **asegurar**
aggravate **agravar**
aggregate **agregar**
agitate **agitar**
agree **convenir**
agree to **subscribir**

agree upon **acordar**
aid **ayudar, socorrer**
allow **dejar, permitir**
allure **atraer**
amaze **asombrar**
angry, to become **enfadarse**
announce **anunciar**
annoy **aburrir, enojar**
annul **anular**
anoint **untar**
answer **contestar, responder**
apologize **disculparse**
appear **aparecer, surgir**
appear (seem) **parecer**
appertain **pertenecer**
applaud **aclamar, aplaudir**
appraise **apreciar**
appreciate **apreciar**
approach **acercarse**
approve **aprobar**
arrange **arreglar, ordenar, organizar**
arrive **llegar**
articulate **articular**
ask **preguntar, rogar**
ask for **pedir, rogar**
assail **asaltar**
assault **asaltar**
assemble **reunirse**
assert **asegurar**
assist **ayudar, socorrer**
assume **suponer**
assure **asegurar**

astonish **asombrar, sorprender**
attach **unir**
attack **atacar**
attain **conseguir, lograr**
attempt **tentar**
attend **acudir, asistir**
attest **certificar**
attract **atraer**
avail oneself **aprovecharse**
awaken **despertar**

B

bake **cocer**
baptize **bautizar**
bath, to take a **bañarse**
bathe oneself **bañarse**
battle **batallar**
be **estar, ser**
be able **poder**
be accustomed **acostumbrar, soler**
be acquainted with **conocer**
be bored **aburrirse**
be born **nacer**
be called **llamarse**
be concerned **preocuparse**
be contained in **caber**
be divorced **divorciarse**
be enough **bastar**
be frightened **asustarse**
be (get) high (tipsy) **alumbrarse**
be glad **alegrarse**
be grateful for **reconocer**
be guilty **delinquir**
be ignorant of **ignorar**
be important **importar**
be in the habit of **acostumbrar, soler**
be interested in **interesarse**
be lacking **faltar**
be lying down **yacer**
be mistaken **equivocarse**
be named **llamarse**
be pleasing **agradar**
be pleasing to **gustar**
be prepared **prepararse**
be present at **asistir**

be present frequently **acudir**
be scared **asustarse**
be silent **callarse**
be sorry for **lastimarse**
be sufficient **bastar**
be thankful for **agradecer**
be wanting **faltar**
be worth **valer**
bear up (endure) **sufrir**
beat **pegar**
become **ponerse**
become angry **calentarse, enfadarse, enojarse**
become excited **calentarse**
become ill **enfermarse**
become lively (from liquor) **alumbrarse**
become sick **enfermarse**
become tired **cansarse**
become weary **cansarse**
beg **implorar, rogar**
begin **comenzar, empezar, iniciar, principiar**
believe **creer**
belong **pertenecer**
bind **atar, unir**
bite **morder**
bless **bendecir**
blow **soplar**
blow out **soplar**
blunder **tropezar**
boil **bullir, cocer**
bore **aburrir**
bored, to be **aburrirse**
born, to be **nacer**
bow **inclinar**
break **romper;** — the law **delinquir**
breakfast, to (have) **desayunar(se)**
breed **criar**
bring **traer**
bring near **acercar**
bring up (breed, rear) **criar**
bronze **broncear**
brush **cepillar**
burden **cargar**
build **construir**
burn **abrasar, quemar**
bustle **bullir**

buy **comprar**
buzz **zumbar**

C

cable **telegrafiar**
call **llamar**
call together **convocar**
called, to be **llamarse**
calm **tranquilizar**
calm down **tranquilizar**
can **poder**
cancel (in mathematics) **suprimir**
carry (away) **llevar**
carry out **ejecutar, realizar**
cast **echar**
cast away **botar**
catch **coger, agarrar**
cause **producir**
cause grief **doler**
cause regret **doler**
celebrate **celebrar, festejar**
certify **certificar**
change **cambiar**
change one's clothes **mudarse**
change one's place of residence
  mudarse
characterize **caracterizar**
charm **atraer**
chat **charlar, platicar**
choke **sofocar**
choose **escoger, elegir**
christen **bautizar**
clamp **abrazar**
clarify **aclarar**
clean **limpiar**
clean oneself **limpiarse**
clear **aclarar**
climb **subir, montar**
clinch **fijar**
close **cerrar**
clothe **vestir**
clothe oneself **vestirse**
clutch **agarrar**
collate **agregar**
collect **agregar, colegir**
color (one's hair, *etc.*) **pintarse**

comb one's hair **peinarse**
come **venir**
come across or upon **encontrarse,**
  hallar
come down **bajar**
come (in) **entrar**
come to an agreement **arreglarse**
come to the rescue **acudir**
come up **subir**
come upon **agarrar**
command **ordenar**
commence **comenzar**
commend **recomendar**
compare **medir**
complain **lastimarse, quejarse**
complete **acabar, completar**
compose **componer**
compromise **arreglarse**
conduct **conducir**
confess **confesar**
confide **fiar**
confine **encerrar**
confirm **confirmar**
conform **arreglarse**
congratulate **felicitar**
connect **juntar, unir**
conquer **vencer**
consecrate **bendecir**
consider **considerar**
constitute **constituir**
construct **construir**
contain **contener**
contained, to be **caber**
continue **continuar, seguir**
contradict **contradecir**
contribute **contribuir**
convene **convocar, convenir**
convert **convertir**
convince **convencer**
convoke **convocar**
cook **cocer, cocinar**
copy **copiar**
correct **corregir**
cost **costar**
counsel **aconsejar**
count **contar**
cover **cubrir, tapar**
cover up **tapar**

creak (as doors, hinges, *etc.*) **gruñir**
crease **chafar**
cross **atravesar, cruzar**
cross out **borrar**
crumple **chafar**
cry out **gritar**
cry (weep) **llorar**
curse **maldecir**
custom, to have the **soler**
cut **acuchillar, cortar**
cut off **cortar**
cut open **acuchillar**
cut out (eliminate) **suprimir, cortar**

D

dance **bailar**
dare **atreverse, osar**
darn **zurcir**
deal cards **repartir**
decide **decidir**
declare **declarar**
dedicate **dedicar**
defeat **vencer**
defend **defender**
delay **retrasar**
delineate **describir**
deliver **entregar**
demand **exigir**
demonstrate **demostrar**
denounce **denunciar**
deny **negar**
depart **partir**
depend on **atenerse, depender**
descend **bajar**
describe **describir**
deserve **merecer**
design **dibujar**
desire **desear**
destroy **destruir, deshacer**
detach **despegar, separar**
detain **detener**
devote **dedicar**
devote oneself **dedicarse**
die **morir**
direct **dirigir**
discharge **desempeñar**
discover **descubrir**

discuss **discutir, platicar**
dismiss **despedir**
dispense **dispensar**
display **presentar**
distinguish **distinguir**
distribute **dispensar, repartir**
divide **partir**
divine **adivinar**
divorced, to be (get) **divorciarse**
do **hacer**
do (something) right **acertar**
doubt **dudar**
draw **dibujar**
draw near **acercarse**
draw (pull) **tirar**
dread **temer**
dream **soñar**
dress **vestir**
dress oneself **vestirse**
drink **beber**
drive (a car) **conducir, manejar**
dry **secar**
dry oneself **secarse**
dwell **habitar**

E

earn **ganar**
ease **suavizar**
eat **comer**
eat breakfast **desayunar(se)**
eat lunch **almorzar**
eat supper **cenar**
echo **sonar**
economize **ahorrar**
elect **elegir**
eliminate **suprimir**
embrace **abrazar**
emphasize **subrayar**
employ **emplear, usar**
empty **vaciar**
enclose **encerrar, incluir**
encounter **encontrar**
end **acabar, terminar**
endure **sufrir**
enjoy **gozar**
enjoy oneself **divertirse**

enlarge **agrandar**
enliven **despertar**
enroll **inscribirse**
enter **entrar**
entertain **festejar**
entreat **implorar**
enunciate **enunciar**
erase **borrar, raer**
erect **erguir**
err **errar**
escape **huir**
escort **acompañar**
establish **establecer**
esteem **estimar, apreciar**
estimate **estimar**
examine **considerar**
examine by touch **tentar**
excite **mover**
excuse **dispensar, perdonar**
excuse oneself **disculparse**
execute **ejecutar**
exempt **dispensar**
exercise **ejercer**
exert **ejercer**
exhaust **agotar**
expect **aguardar, esperar**
explain **aclarar, explicar**
express **expresar**
extend **tender**
extinguish **apagar**

F

fabricate **fabricar**
fall **caer**
fall asleep **dormirse**
fall down **caerse**
fall ill **enfermarse**
fall sick **enfermarse**
fasten **fijar**
fatigue **cansar**
fear **temer**
feast **festejar**
feel **sentir(se)**
feel sorry **sentir**
feel (touch) **tentar**
feign **fingir, simular**

felicitate **felicitar**
fight **batallar, luchar**
fill **llenar**
fill again **rellenar**
find **encontrar(se), hallar**
find out **averiguar, informarse**
finish **acabar, terminar**
fire (burn) **abrasar, quemar**
fit (into) **caber**
fix **arreglar**
fix (fasten) **fijar**
fix (in the mind) **imprimir**
flatten **chafar**
flee **huir**
fling **arrojar, botar, echar,
          lanzar, tirar**
flow **correr**
fluctuate **vacilar**
fly **volar**
fly away **volarse**
follow **seguir**
forbid **defender, prohibir**
forecast **predecir**
foretell **adivinar, predecir**
forget **olvidar**
forgive **perdonar**
form **formar**
forsake **abandonar**
forward (remit) **remitir**
freeze **helar**
fret **apurarse**
frighten **asombrar, asustar**
fry **freír**
fulfill **cumplir, realizar**
fun of, to make **burlarse**
function (machine) **marchar,
                      funcionar**

G

gain **ganar**
gape **bostezar**
gather **agregar, recoger**
gather (unite, meet) **reunir(se)**
get **adquirir, conseguir, lograr,
        obtener, recibir, sacar**
get angry **calentarse, enojarse**

get cross **enojarse**
get divorced **divorciarse**
get dressed **vestirse**
get excited **calentarse**
get ill **enfermarse**
get married **casarse**
get on **montar, subir**
get ready **prepararse**
get sick **enfermarse**
get tipsy **alumbrarse**
get tired **cansarse**
get together **reunirse**
get undressed **desvestirse**
get up **levantarse**
get weary **cansarse**
get wet **mojarse**
give **dar**
give as a gift **regalar**
give as a present **regalar**
give back (an object) **devolver**
give (hand over) **entregar**
give notice **advertir**
give up **abandonar**
give warning **advertir**
glitter **brillar**
glue **pegar**
go **ir**
go ahead **adelantar, adelantarse**
go around, turn around **versar**
go away **irse, marcharse**
go back **regresar, volver**
go down **bajar**
go forward **adelantarse**
go in **entrar**
go out **salir**
go through **atravesar**
go to bed **acostarse**
go up **subir, montar**
go with **acompañar**
good-by, to say **despedirse**
good time, to have a **divertirse**
govern **gobernar**
grab **coger**
grant **admitir, permitir**
grasp **agarrar, asir, coger**
gratify **placer**
grease **untar**
greet **saludar**

grieve **apurarse, gemir**
groan **gemir**
group **agrupar**
grow **crecer**
grow larger **agrandar**
grow tired **aburrirse**
grow weary **aburrirse**
growl **gruñir**
grumble **gruñir, quejarse**
grunt **gruñir**
guard **velar**
guess **adivinar**
guide **guiar**

H

habit, to be in the **soler**
hail **aclamar**
hand over **entregar**
handle **manejar**
hang out (washing) **tender**
hang up **colgar**
happen **pasar, suceder, ocurrir**
harm **herir**
harvest **recoger**
hasten **apresurarse, acelerar**
have (as an auxiliary verb) **haber**
have (hold) **tener**
have a good time **divertirse**
have breakfast **desayunarse**
have lunch **almorzar**
have something to eat or drink
     tomar
have supper **cenar**
have the custom of **soler**
have to **deber, tener (que)**
hear **oír**
heat **calentar**
heave **alzar**
help **ayudar, socorrer**
hesitate **vacilar**
hesitate (in speech) **balbucear**
hide (cover up) **tapar**
hide oneself **ocultarse**
hinder **impedir**
hint **sugerir**

hire (rent) **alquilar**
hit **pegar**
hit the mark **acertar**
hit upon **acertar**
hold **contener, tener**
hold fast (overcome) **sujetar**
hop **saltar**
hope **esperar**
hug **abrazar**
hum **zumbar**
humor **placer**
hurl **arrojar, echar, lanzar**
hurry **apresurarse, acelerar**
hurt **doler, herir**
hurt oneself **lastimarse**

I

ill (to get, fall) **enfermarse**
illuminate **alumbrar**
imbibe **embeber**
immerse **sumergir**
impede **impedir**
implore **implorar**
important, to be **importar**
impress **impresionar**
impress (imprint) **imprimir**
imprint **imprimir**
improve mejorar
incite **encender**
incline **inclinar**
include **incluir**
increase **agrandar**
indicate **indicar, señalar**
induce **inducir**
inflame **encender**
influence **inducir, influir**
inform oneself **informarse**
inhabit **habitar**
inherit **heredar**
initiate **iniciar**
inquire **averiguar, preguntar**
inscribe **inscribir**
insinuate **sugerir**
insist **insistir**

insure **asegurar**
introduce **introducir, presentar**
intrust **fiar**
investigate **averiguar**
invite **invitar**
irrigate **regar**
irritate **enojar**

J

jerk **sacudir**
join **juntar, reunir, unir**
jolt **sacudir**
judge **medir, juzgar**
jump **saltar**

K

keep (a promise) **cumplir**
keep company **acompañar**
keep guard **vigilar**
keep quiet **callarse**
keep still **callarse**
keep up (maintain) **mantener**
kill **matar**
kindle **encender**
knife **acuchillar**
knock down **abatir, derribar**
know **conocer, saber**
know how **saber**
know not, be unaware of **ignorar**

L

labor **trabajar**
lack **faltar**
lacking, to be **faltar**
laugh **reír(se)**
launch **lanzar, botar**
lead **conducir, guiar**
leap **saltar**
learn **aprender**

leave dejar, marcharse, partir, salir
leave (go out) salir
lend prestar
let dejar
let down bajar
let go dejar, soltar
let loose soltar
lie down acostarse, yacer
lie in a grave yacer
lie (tell a lie) mentir
lift alzar, levantar
light alumbrar
light (a flame) encender
like (be pleasing to) gustar
listen (to) escuchar
live vivir
live in (reside) habitar
load cargar
lock up encerrar
look mirar
look alike parecerse
look at mirar
look at oneself mirarse
look for buscar
look out (for) vigilar
loosen soltar
lose perder
love amar
lower bajar
lunch almorzar

M

maintain mantener, sostener
make hacer
make presents regalar
make an impression impresionar
make angry enojar
make clear aclarar
make fun of burlarse
make up (constitute) constituir
make up one's face maquillarse, pintarse
make void (annul) anular
make worse agravar
manage manejar
manufacture fabricar

march marchar
mark marcar, notar
marry casarse
matter importar
measure medir
meet encontrar(se), reunir(se)
mend zurcir, reparar
mention mencionar
merit merecer
miss errar, faltar
mistaken, to be equivocarse
moan gemir
moisten untar
mount subir, montar
move mover
move ahead adelantarse
move along caminar
move (change residence) mudarse
mumble chistar
must deber
mutter chistar

N

name llamar
named, to be llamarse
navigate navegar
need faltar, necesitar
not to know ignorar
note marcar, notar
notice notar, reparar

O

obey obedecer
observe marcar, notar, observar, reparar
obtain adquirir, agarrar, conseguir, lograr, obtener, recibir
occupy ocupar
occur ocurrir
offend delinquir, ofender
offer ofrecer, tender
oil untar
open abrir

operate (a vehicle) **manejar**
oppose **oponer**
order **ordenar**
organize **organizar**
ought **deber**
overcome **sujetar, vencer**
overtake **alcanzar**
overthrow **abatir, derribar, vencer**
overturn **voltear**
owe **deber**
own **poseer**

P

pain **doler**
paint **pintar**
parade **pasearse**
pardon **perdonar**
pass a test **aprobar**
pass (by) **pasar**
paste **pegar**
pay **pagar**
pay attention **fijarse**
perceive **percibir**
perform **ejecutar**
perform (a duty) **desempeñar**
permit **admitir, dejar, permitir**
persist **insistir**
persuade **inducir, mover**
pertain **pertenecer**
pick **recoger**
pick up **alzar, recoger**
pitch **echar**
pitch (a ball) **tirar**
place **colocar, poner**
place near **acercar**
play (a game) **jugar**
play (a string instrument) **tañer**
play (music or a musical instrument)
  tocar
play (a part in) **desempeñar**
play (a sport) **jugar**
please **agradar, placer**
pluck **tañer**
plug up **tapar**
plunge **sumergir**

point out **enseñar, indicar, mostrar,
    señalar**
poke fun at **burlarse**
polish **pulir**
possess **poseer**
possession, to take **apoderarse**
power, to take **apoderarse**
practice **practicar**
prattle **charlar**
pray **rogar**
preach **predicar**
predict **predecir**
prefer **preferir**
prepare **preparar**
prepare oneself **prepararse**
present **presentar**
pretend **fingir, simular**
prevent **impedir**
print **imprimir**
proclaim **anunciar, proclamar**
procure **lograr**
produce **producir**
progress **adelantar**
prohibit **defender, prohibir**
promulgate **proclamar**
pronounce **pronunciar**
pronounce distinctly **articular**
protect **proteger**
prove **demostrar, probar**
provide for **mantener**
publish **publicar**
pull **tirar**
pull up (out) **arrancar**
purchase **comprar**
pursue **seguir**
put **colocar, poner**
put cosmetics on **maquillarse**
put in order **ordenar**
put makeup on **maquillarse**
put on clothing **ponerse**
put on (shoes) **calzar**
put out (flame, fire) **apagar**

Q

quake **temblar**
quarrel **reñir**

question **preguntar**
quiet down **tranquilizar**
quiet, to keep **callarse**
quiver **temblar**

R

race **correr**
rain **llover**
raise (breed) **criar**
raise (lift) **levantar**
raise (prices) **alzar**
reach **alcanzar**
reach one's birthday **cumplir**
read **leer**
realize (fulfill) **realizar**
rear (bring up, breed) **criar**
recall **recordar**
receive **recibir**
recognize **reconocer**
recommend **recomendar**
record (inscribe) **inscribir**
refer **referir**
refill **rellenar**
refund **devolver**
register **inscribirse**
register (a letter) **certificar**
regress **regresar**
regret **lastimarse, sentir**
regulate **arreglar**
rejoice **alegrarse**
relate **contar, referir**
rely on **atenerse**
remain **quedarse**
remark **notar**
remember **acordarse, recordar**
remind **recordar**
remit **remitir**
remove (oneself) **quitarse**
rent **alquilar**
repair **arreglar, reparar**
repeal **abolir, revocar**
repeat **repetir**
reply **contestar, responder**
request **pedir, rogar**
require **exigir**
resemble each other **parecerse**

reside **habitar**
resolve **resolver**
resound **sonar**
respect **estimar**
respond **responder**
respond (to a call) **acudir**
rest **descansar**
result **resultar**
retard **retrasar**
retire **retirar**
return (an object) **devolver**
return (go back) **regresar, volver**
revoke **revocar**
revolve **revolver, voltear**
ridicule **burlarse**
ring **sonar**
rinse **aclarar**
rise (get up) **levantarse**
rise (go up) **subir**
roam **errar**
roast (coffee) **tostar**
rob **robar**
root up (out) **arrancar**
rub off **raer**
rule **gobernar**
run **correr**
run away **huir**
run (machine) **marchar, funcionar**
run through **atravesar**
rush **apresurarse**

S

sail **navegar**
salute **saludar**
satisfy **satisfacer**
save (money) **ahorrar**
say **decir**
say good-by to **despedirse**
scan (verses) **medir**
scare **asustar**
scatter **esparcir**
scent **oler**
scold **reñir**
scramble (eggs) **revolver**
scrape **raer**
scream **gritar**

scrub	**fregar**	smell	**oler**
see	**ver**	smile	**sonreír**
seek	**buscar**	smoke	**fumar**
seem	**parecer**	smooth	**suavizar**
seize	**agarrar, asir, coger**	smother	**sofocar**
select	**escoger, elegir**	snatch	**arrancar**
sell	**vender**	snow	**nevar**
send	**enviar**	soak in	**embeber**
separate	**separar**	soak up	**embeber**
serve	**servir**	sob	**sollozar**
set apart	**separar**	soften	**suavizar**
set (of sun)	**ponerse**	solve (a problem)	**resolver**
set on fire	**incendiar**	sort	**separar**
set up (organize)	**organizar**	sound	**sonar**
set up straight	**erguir**	sparkle	**brillar**
settle	**arreglar, arreglarse**	speak	**hablar**
settle in	**fijarse**	speed	**acelerar**
shake	**sacudir**	spend (money)	**gastar**
shake (tremble)	**temblar**	spend (time)	**pasar**
shake up	**agitar**	split	**partir**
sham	**simular**	spout	**surgir**
shape	**formar**	spread out	**tender**
shatter	**romper**	spread (scatter)	**esparcir**
shave oneself	**afeitarse**	spring	**saltar**
shine	**brillar**	sprinkle	**regar**
shiver	**temblar**	spurt	**surgir**
shoe	**calzar**	stagger	**vacilar**
shoot (a gun)	**tirar**	stammer	**balbucear**
shout	**aclamar, gritar**	stand erect	**erguirse**
show	**enseñar, mostrar, presentar,**	start	**comenzar, empezar, iniciar**
	señalar	state	**enunciar**
show up	**aparecer**	stay	**quedarse**
shower oneself	**ducharse**	stay awake	**velar**
shriek	**gritar**	steal	**robar**
sick (to get, fall)	**enfermarse**	step on	**pisar**
sigh	**suspirar**	stick	**pegar**
sign	**subscribir, firmar**	stifle	**sofocar**
signal	**señalar**	still, to keep	**callarse**
simulate	**simular**	stir	**agitar**
sing	**cantar**	stop (oneself)	**detenerse, pararse**
sink	**sumergir**	stop (someone or something)	
sit down	**sentarse**		**detener, parar**
sit erect	**erguirse**	stop up	**tapar**
sketch	**describir, dibujar**	straighten up (oneself)	**erguirse**
ski	**esquiar**	stretch	**tender**
slap	**pegar**	stretch (oneself)	**desperezarse**
slash	**acuchillar**	strive	**luchar**
sleep	**dormir**	struggle	**batallar, luchar**
slip away	**huir**	study	**estudiar**

stuff **rellenar**
stumble **tropezar**
subdue **someter, sujetar**
subject **someter, sujetar**
submerge **sumergir**
submit **someter**
subscribe **subscribir**
succeed **lograr**
succeed (in) **acertar**
succor **socorrer**
suck **chupar**
suck in **embeber**
suffer **sufrir**
suffice **bastar**
suffocate **sofocar**
suggest **sugerir**
sum up **sumar**
summon **convocar**
supplicate **rogar**
support **mantener, sostener**
suppose **suponer**
suppress **suprimir**
surge **surgir**
surprise **sorprender**
surrender **someter**
suspect **sospechar**
sustain **sostener**
swear **jurar**
sweep **barrer**
swim **nadar**

T

take **coger, tomar**
take a bath **bañarse**
take a shower **ducharse**
take a walk **pasearse**
take advantage **aprovecharse**
take apart **deshacer**
take care of oneself **cuidarse**
take on oath **jurar**
take away **llevar**
take leave of **despedirse**
take notice (of) **advertir, fijarse**
take off (airplane) **despegar**
take off (clothing) **quitarse**
take out of pawn **desempeñar**

take out (something) **sacar**
take possession **apoderarse**
take power **apoderarse**
take the lead **adelantarse**
talk **hablar**
talk over **platicar**
tan **broncear, tostar**
teach **enseñar**
tear (break) **romper**
tear down **derribar**
tear off (away) **arrancar**
telegraph **telegrafiar**
telephone **telefonear**
tell **contar, decir**
tell a lie **mentir**
temper **suavizar**
tempt **tentar**
terminate **terminar**
test **probar**
thank **agradecer**
think **pensar**
think over **considerar**
throw **arrojar, echar, lanzar, tirar**
throw away **botar**
throw down **abatir, derribar**
tie **atar**
tilt **inclinar**
tint (one's hair, *etc.*) **teñir**
tire **cansar**
toast **tostar**
touch **tocar**
trample **pisar**
tranquilize **tranquilizar**
translate **traducir**
transmit **remitir**
travel **viajar**
tread on **pisar**
treat (a subject) **tratar**
tremble **temblar**
trot **trotar**
try **probar, tentar, tratar**
try on **probar(se)**
tumble **caerse**
turn **versar, voltear**
turn around **versar, voltear**
turn around (revolve) **revolver**
turn off (flame, fire, light) **apagar**
turn over **revolver**
turn upside down **revolver**

U

undergo **sufrir**
underline **subrayar**
underscore **subrayar**
understand **comprender, entender**
undo **deshacer**
undress (oneself) **desvestirse**
unfasten **soltar**
unglue **despegar**
unite **juntar, reunir, unir**
unstick **despegar**
untie **soltar**
uphold **sostener**
urge **exigir**
use **usar, emplear**
use up **agotar**
utilize **utilizar**

V

vacillate **vacilar**
value **estimar**
venture **osar, atreverse**
verify **confirmar**
vex **aburrir, enojar**
vibrate **vibrar**
visit **visitar**
vote **votar**
vow **votar**

W

wait for **aguardar, esperar**
wake up (oneself) **despertarse**
walk **andar, caminar, marchar**
walk, to take a **pasearse**
wander **errar**
want **desear, querer**

wanting, to be **faltar**
warm up **calentar**
warn **advertir**
wash **lavar**
wash dishes **fregar**
wash oneself **lavarse**
waste **gastar**
watch **mirar**
watch over **velar, vigilar**
water **regar**
wave **agitar**
waver **vacilar**
wear **llevar, usar**
wear out **gastar**
wear (shoes) **calzar**
weary **cansar**
weep **llorar**
weigh **medir**
wet oneself **mojarse**
whimper **sollozar**
whine **llorar**
whisk **barrer**
win **ganar**
wind (a watch) **montar**
wipe dry **secar**
wipe out **raer**
wish **desear, querer**
withdraw **quitarse, retirar**
work **trabajar**
worried, to be **preocuparse**
worry **apurarse, preocuparse**
worship **adorar**
worth, to be **valer**
wound **herir**
wrap up **envolver**
wrestle **luchar**
write **escribir**

Y

yawn **bostezar**

Index of Common Irregular Spanish Verb Forms
Identified by Infinitives

The purpose of this index is to help you identify those verb forms which cannot be readily identified because they are irregular in some way. For example, if you come across the verb form *fui* (which is very common) in your Spanish readings, this index will tell you that *fui* is a form of *ir* or *ser*. Then you look up *ir* and *ser* in this book and you will find that verb form on the page where all the forms of *ir* and *ser* are given.

Verb forms whose first three or four letters are the same as the infinitive have not been included because they can easily be identified by referring to the alphabetical listing of the 501 verbs in this book.

After you find the verb of an irregular verb form, if it is not given among the 501 verbs. consult the list of Over 1,000 Spanish Verbs Conjugated Like Model Verbs which begins on p. 549

A

abierto **abrir**
acierto, *etc.* **acertar**
acuerdo, *etc.* **acordar**
acuesto, *etc.* **acostarse**
alce, *etc.* **alzar**
andes **andar**
anduve, *etc.* **andar**
apruebo, *etc.* **aprobar**
ase, *etc.* **asir**
asgo, *etc* **asir**
ataque, *etc.* **atacar**
ate, *etc.* **atar**

C

cabré, *etc.* **caber**
caí, *etc.* **caer**
caía, *etc.* **caer**
caigo, *etc.* **caer**
calce, *etc.* **calzar**
caliento, *etc.* **calentar**
cayera, *etc.* **caer**
cierro, *etc.* **cerrar**
cojo, *etc.* **coger**
colija, *etc.* **colegir**
consigo, *etc.* **conseguir**
cuece, *etc.* **cocer**
cuelgo, *etc.* **colgar**
cuento, *etc.* **contar**

cuesta, *etc.* **costar**
cuezo, *etc.* **cocer**
cupe, *etc.* **caber**
cupiera, *etc.* **caber**

D

da, *etc.* **dar**
dad **dar**
das **dar**
dé **dar**
demos **dar**
den **dar**
des **dar**
di, *etc.* **dar, decir**
dice, *etc.* **decir**
diciendo **decir**
dicho **decir**
diera, *etc.* **dar**
diese, *etc.* **dar**
digo, *etc.* **decir**
dije, *etc.* **decir**
dimos, *etc.* **dar**
dio **dar**
diré, *etc.* **decir**
diría, *etc.* **decir**
diste **dar**
doy **dar**
duelo, *etc.* **doler**
duermo, *etc.* **dormir**
durmamos **dormir**
durmiendo **dormir**

E

eliges, *etc.* **elegir**
eligiendo **elegir**
eligiera, *etc.* **elegir**
elijo, *etc.* **elegir**
era, *etc.* **ser**
eres **ser**
es **ser**
estoy **estar**
estuve, *etc.* **estar**
exija, *etc.* **exigir**

F

fíe, *etc.* **fiar**
finja, *etc.* **fingir**
fío, *etc.* **fiar**
friego, *etc.* **fregar**
friendo **freír**
friera, *etc.* **freír**
frío, *etc.* **freír**
frito **freír**
fue, *etc.* **ir, ser**
fuera, *etc.* **ir, ser**
fuese, *etc.* **ir, ser**
fui, *etc.* **ir, ser**

G

gima, *etc.* **gemir**
gimiendo **gemir**
gimiera, *etc.* **gemir**
gimiese, *etc.* **gemir**
gimo, *etc.* **gemir**
goce, *etc.* **gozar**
gocé **gozar**

H

ha **haber**
había, *etc.* **haber**
habré *etc.* **haber**
haga, *etc.* **hacer**
hago, *etc.* **hacer**
han **haber**

haría, *etc.* **hacer**
has **haber**
haya, *etc.* **haber**
haz **hacer**
he **haber**
hecho **hacer**
hemos **haber**
hice, *etc.* **hacer**
hiciera, *etc.* **hacer**
hiciese, *etc.* **hacer**
hiela **helar**
hiele **helar**
hiera, *etc.* **herir**
hiero, *etc.* **herir**
hiramos **herir**
hiriendo **herir**
hiriera, *etc.* **herir**
hiriese, *etc.* **herir**
hizo **hacer**
hube, *etc.* **haber**
hubiera, *etc.* **haber**
hubiese, *etc.* **haber**
huela, *etc.* **oler**
huelo, *etc.* **oler**
huya, *etc.* **huir**
huyendo **huir**
huyera, *etc.* **huir**
huyese, *etc.* **huir**
huyo, *etc.* **huir**

I

iba, *etc.* **ir**
id **ir**
ido **ir**
idos **irse**
irgo, *etc.* **erguir**
irguiendo **erguir**
irguiera, *etc.* **erguir**
irguiese, *etc.* **erguir**

J

juego, *etc.* **jugar**
juegue, *etc.* **jugar**

L

lea, *etc.* **leer**
leído **leer**
leo, *etc.* **leer**
leyendo **leer**
leyera, *etc.* **leer**
leyese, *etc.* **leer**

LL

llueva **llover**
llueve **llover**

M

mida, *etc.* **medir**
midiendo **medir**
midiera, *etc.* **medir**
midiese, *etc.* **medir**
mido, *etc.* **medir**
mienta, *etc.* **mentir**
miento, *etc.* **mentir**
mintiendo **mentir**
mintiera, *etc.* **mentir**
mintiese, *etc.* **mentir**
muerda, *etc.* **morder**
muerdo, *etc.* **morder**
muero, *etc.* **morir**
muerto **morir**
muestre, *etc.* **mostrar**
muestro, *etc.* **mostrar**
mueva, *etc.* **mover**
muevo, *etc.* **mover**
muramos **morir**
muriendo **morir**
muriera, *etc.* **morir**
muriese, *etc.* **morir**

N

nazca, *etc.* **nacer**
nazco **nacer**

niego, *etc.* **negar**
niegue, *etc.* **negar**
nieva **nevar**
nieve **nevar**

O

oíd **oír**
oiga, *etc.* **oír**
oigo, *etc.* **oír**
oliendo **oler**
oliera, *etc.* **oler**
oliese, *etc.* **oler**
oye, *etc.* **oír**
oyendo **oír**
oyera, *etc.* **oír**
oyese, *etc.* **oír**

P

pida, *etc.* **pedir**
pidamos **pedir**
pidiendo **pedir**
pidiera, *etc.* **pedir**
pidiese, *etc.* **pedir**
pido, *etc.* **pedir**
pienso, *etc.* **pensar**
pierda, *etc.* **perder**
pierdo, *etc.* **perder**
plegue **placer**
plugo **placer**
pluguiera **placer**
pluguieron **placer**
pluguiese **placer**
ponga, *etc.* **poner**
pongámonos **ponerse**
ponte **ponerse**
pruebe, *etc.* **probar**
pruebo, *etc.* **probar**
pude, *etc.* **poder**
pudiendo **poder**
pudiera, *etc.* **poder**
pudiese, *etc.* **poder**
puedo, *etc.* **poder**
puesto **poner**

puse, *etc.* poner
pusiera, *etc.* poner
pusiese, *etc.* poner

Q

quepo, *etc.* caber
quiebro quebrar
quiero, *etc.* querer
quise, *etc.* querer
quisiera, *etc.* querer
quisiese, *etc.* querer

R

raí, *etc.* raer
raía, *etc.* raer
raiga, *etc.* raer
raigo, *etc.* raer
rayendo raer
rayera, *etc.* raer
rayese *etc* raer
ría, *etc* reír
riamos reír
riego, *etc* regar
riendo reír
riera, *etc.* reír
riese, *etc.* reír
riña, *etc.* reñir
riñendo reñir
riñera, *etc.* reñir
riñese, *etc.* reñir
riño, *etc.* reñir
río, *etc.* reír
roto romper
ruego, *etc.* rogar
ruegue, *etc.* rogar

S

sal, salgo, *etc.* salir
saque, *etc.* sacar
sé saber, ser
sea, *etc.* ser
sed ser

sepa, *etc.* saber
seque, *etc.* secar
sido ser
siendo ser
siento, *etc.* sentar, sentir
sigo, *etc.* seguir
siguiendo seguir
siguiera, *etc.* seguir
siguiese, *etc.* seguir
sintiendo sentir
sintiera, *etc.* sentir
sintiese, *etc.* sentir
sintió sentir
sirviendo servir
sirvo, *etc.* servir
sois ser
somos ser
son ser
soy ser
suela, *etc.* soler
suelo, *etc.* soler
suelto, *etc.* soltar
sueno, *etc.* sonar
sueño, *etc.* soñar
supe, *etc.* saber
supiera, *etc.* saber
supiese, *etc.* saber
surja, *etc.* surgir

T

ten, tengo tener
tiemblo, *etc.* temblar
tiendo, *etc.* tender
tienes, *etc.* tener
tiento, *etc.* tentar
toque, *etc.* tocar
traigo, *etc.* traer
traje, *etc.* traer
tuesto, *etc.* tostar
tuve, *etc.* tener

U

uno, *etc.* unir

V

va ir
vais ir
val, valgo, *etc.* valer
vámonos irse
vamos ir
van ir
vas ir
vaya, *etc.* ir
ve ir, ver
vea, *etc.* ver
ved ver
ven venir, ver
vendré, *etc.* venir
venga, vengo venir
veo, *etc.* ver
ves ver
vete irse
vi ver
viendo ver
viene, *etc.* venir
viera, *etc.* ver

viese, *etc.* ver
vimos, *etc.* ver
vine, *etc.* venir
vio ver
viste ver, vestir
vistiendo vestir
vistiéndose vestirse
vistiese vestirse
visto ver, vestir
voy ir
vuelo, *etc.* volar
vuelto volver
vuelvo, *etc.* volver

Y

yaz yacer
yazco, *etc.* yacer
yendo ir
yergo, *etc.* erguir
yerro, *etc.* errar

Verbs Used in Idiomatic Expressions

On the pages containing 501 verbs given in this book, I offer simple sentences, idiomatic expressions, or words and expressions related to verbs. They can help build your Spanish vocabulary and knowledge of Spanish idioms.

When you look up the verb forms of a particular verb in this book, consult the following list so that you may learn some common idiomatic expressions. Consulting this list will save you time because you will not have to use a standard Spanish-English word dictionary to find out what the verbal idiom means. Also, if you do this, you will learn two things at the same time: the verb forms for a particular verb and verbal idioms.

Remember that not all verbs in the Spanish language are used in idioms. Those given below are used very frequently in Spanish readings and in conversation. Some of the following entries contain words, usually nouns, that are related to the verb entry. This, too, will help build your vocabulary. I also include a few proverbs containing verbs because they are interesting, colorful, useful, and they help build your knowledge of Spanish words and idiomatic expressions.

acabar de + inf.

> The Spanish idiomatic expression **acabar de + inf.** is expressed in English as *to have just* + past participle.

> *In the present indicative:*
> **María acaba de llegar.**   Mary has just arrived.
> **Acabo de comer.**   I have just eaten.
> **Acabamos de terminar la lección.**   We have just finished the lesson.

> *In the imperfect indicative:*
> **María acababa de llegar.**   Mary had just arrived.
> **Acababa de comer.**   I had just eaten.
> **Acabábamos de terminar la lección.**   We had just finished the lesson.

> Note:
> (a) When you use **acabar** in the present tense, it indicates that the action of the main verb (+ inf.) has just occurred now in the present. In English, we express this by using *have just* + the past participle of the main verb: *Acabo de llegar/*I have just arrived. (See the other examples above under present indicative.)

> (b) When you use **acabar** in the imperfect indicative, it indicates that the action of the main verb (+ inf.) had occurred at some time in the past when another action occurred in the past. In English, we express this by using *had just* + the past participle of the main verb: *Acabábamos de entrar en la casa cuando el teléfono sonó/*We had just entered the house when the telephone rang. (See the other examples above under imperfect indicative.)

> Note also that when **acabar** is used in the imperfect indicative + the inf. of the main verb being expressed, the verb in the other clause is usually in the preterit.

523

conocer and **saber** (See also **poder** and **saber**)

These two verbs mean *to know* but they are each used in a distinct sense:

(a) Generally speaking, **conocer** means to know in the sense of *being acquainted* with a person, a place, or a thing: *¿Conoce Ud. a María?*/Do you know Mary? *¿Conoce Ud. bien los Estados Unidos?*/Do you know the United States well? *¿Conoce Ud. este libro?*/Do you know (Are you acquainted with) this book?

In the preterit tense, **conocer** means *met* in the sense of *first met, first became acquainted with someone*: *¿Conoce Ud. a Elena?*/Do you know Helen? *Sí, (yo) la conocí anoche en casa de un amigo mío*/Yes, I met her (for the first time) last night at the home of one of my friends.

(b) Generally speaking, **saber** means to know a fact, to know something thoroughly: *¿Sabe Ud. qué hora es?*/Do you know what time it is? *¿Sabe Ud. la lección?*/Do you know the lesson?

When you use **saber + inf.**, it means *to know how*: *¿Sabe Ud. nadar?*/Do you know how to swim? *Sí, (yo) sé nadar*/Yes, I know how to swim.

In the preterit tense, **saber** means *found out*: *¿Lo sabe Ud.?*/Do you know it? *Sí, lo supe ayer*/Yes, I found it out yesterday.

dar and **darse**

dar a   to face (*El comedor da al jardín*/The dining room faces the garden.)

dar con algo   to find something, to come upon something (*Esta mañana di con dinero en la calle*/This morning I found money in the street.)

dar con alguien   to meet someone, to run into someone, to come across someone, to find someone (*Anoche, di con mi amiga Elena en el cine*/Last night I met my friend Helen at the movies.)

dar cuerda al reloj   to wind a watch

dar de beber a   to give something to drink to

dar de comer a   to feed, to give something to eat to (*Me gusta dar de comer a los pájaros en el parque*/I like to feed the birds in the park.)

dar en   to hit against, to strike against

dar en el blanco   to hit the target, to hit it right

dar gritos   to shout

dar la bienvenida   to welcome

dar la hora   to strike the hour

dar la mano a alguien   to shake hands with someone

dar las buenas noches a alguien   to say good evening (good night) to someone

dar las gracias a alguien   to thank someone

dar los buenos días a alguien   to say good morning (hello) to someone

dar por + past part.   to consider (*Lo doy por perdido*/I consider it lost.)

dar recuerdos a   to give one's regards (best wishes) to

dar un abrazo   to embrace

dar un paseo   to take a walk

dar un paseo a caballo   to go horseback riding

dar un paseo en automóvil   to go for a drive

dar una vuelta   to go for a short walk, to go for a stroll

dar unas palmadas   to clap one's hands

dar voces   to shout

darse cuenta de   to realize, to be aware of, to take into account

darse la mano   to shake hands with each other

darse por + past part.   to consider oneself (*Me doy por insultado*/I consider myself insulted.)

darse prisa   to hurry

deber, deber de and tener que

Generally speaking, use **deber** when you want to express a moral obligation, something you ought to do but that you may or may not actually do: *Debo estudiar esta noche pero estoy cansado y no me siento bien*/I ought to study tonight but I am tired and I do not feel well.

Generally speaking, **deber de + inf.** is used to express a supposition, something that is probable: *La señora Gómez debe de estar enferma porque sale de casa raramente*/Mrs. Gómez must be sick (is probably sick) because she goes out of the house rarely.

Generally speaking, use **tener que** when you want to say that you *have to* do something: *No puedo salir esta noche porque tengo que estudiar*/I cannot go out tonight because I have to study.

decir

decirle al oído   to whisper in one's ear

dicho y hecho   no sooner said than done

Es decir   That is to say . . .

querer decir   to mean (*¿Qué quiere decir este muchacho?*/What does this boy mean?)

dejar, salir, and salir de

These verbs mean *to leave*, but notice the difference in use:

Use **dejar** when you leave someone or when you leave something behind you: *El alumno dejó sus libros en la sala de clase*/The pupil left his books in the classroom.

Dejar also means *to let* or *to allow* or *to let go*: *Déjelo!*/Let it! (Leave it!)

Use **salir de** when you mean *to leave* in the sense of *to go out of* (a place): *El alumno salió de la sala de clase*/The pupil left the classroom; *¿Dónde está su madre? Mi madre salió*/Where is your mother? My mother went out.

dejar de + inf. and dejar caer

Use **dejar de + inf.** when you mean *to stop* or *to fail to*: *Los alumnos dejaron de hablar cuando la profesora entró en la sala de clase*/The students stopped talking when the teacher came into the classroom; *¡No deje Ud. de llamarme!*/Don't fail to call me!

Dejar caer means *to drop*: *Luis dejó caer sus libros*/Louis dropped his books.

estar (See also **ser** and **estar** beginning on p. 533)

está bien all right, okay

estar a punto de + inf. to be about + inf. (*Estoy a punto de salir*/I am about to go out.)

estar a sus anchas to be comfortable

estar aburrido (aburrida) to be bored

estar al día to be up to date

estar bien to be well

estar conforme con to be in agreement with

estar de acuerdo to agree

estar de acuerdo con to be in agreement with

estar de boga to be in fashion, to be fashionable

estar de buenas to be in a good mood

estar de más to be unnecessary

estar de pie to be standing

estar de vuelta to be back

estar en boga to be in fashion, to be fashionable

estar listo (lista) to be ready

estar mal to be ill

estar para + inf. to be about to (*Estoy para salir*/I am about to go out.)

estar por to be in favor of

no estar para bromas not to be in the mood for jokes

gastar and pasar

These two verbs mean *to spend*, but notice the difference in use:

Use **gastar** when you spend money: *No me gusta gastar mucho dinero*/I do not like to spend much money.

Use **pasar** when you spend time: *Me gustaría pasar un año en España*/I would like to spend a year in Spain.

gustar

(a) Essentially, the verb **gustar** means *to be pleasing to* . . .

(b) In English, we say, for example, *I like ice cream.* In Spanish, we say *Me gusta el helado*; that is to say, "Ice cream is pleasing to me (To me ice cream is pleasing)."

(c) In English, the thing that you like is the direct object. In Spanish, the thing that you like is the subject. Also, in Spanish, the person who likes the thing is the indirect object: to me, to you, etc.: *A Roberto le gusta el helado*/Robert likes ice cream; in other words, "To Robert, ice cream is pleasing to him."

(d) In Spanish, therefore, the verb **gustar** is used in the third person, either in the singular or plural, when you talk about something that you like—something that is pleasing to you. Therefore, the verb form must agree with the subject; if the thing liked is singular, the verb is third person singular; if the thing liked is plural, the verb **gustar** is third person plural: *Me gusta el café*/I like coffee; *Me gustan el café y la leche*/I like coffee and milk (Coffee and milk are pleasing to me).

(e) When you mention the person or the persons who like something, you must use the preposition **a** in front of the person; you must also use the indirect object pronoun of the noun which is the person: *A los muchachos y a las muchachas les gusta jugar*/Boys and girls like to play; that is to say, "To play is pleasing to them, to boys and girls."

(f) Other examples:

Me gusta leer.   I like to read.

Te gusta leer.   You (*familiar*) like to read.

A Felipe le gusta el helado.   Philip likes ice cream.

Al chico le gusta la leche.   The boy likes milk.

A Carlota le gusta bailar.   Charlotte likes to dance.

A las chicas les gustó el libro.   The girls liked the book.

Nos gustó el cuento.   We liked the story.

¿Le gusta a Ud. el español?   Do you like Spanish?

A Pedro y a Ana les gustó la película.   Peter and Anna liked the film.

A mi amigo le gustaron los chocolates.   My friend liked the chocolates; that is to say, "The chocolates were pleasing (pleased) to him (to my friend)."

haber

ha habido . . .   there has been . . . , there have been . . .

había . . .   there was . . . , there were . . .

habrá . . .   there will be . . .

habría . . .   there would be . . .

hubo . . .   there was . . . , there were . . .

haber, haber de + inf., and tener

The verb **haber** (to have) is used as an auxiliary verb (or helping verb) in order to form the seven compound tenses, which are as follows:

Compound Tenses	Example (in the 1st person sing.)
Present Perfect (or Perfect) Indicative	**he hablado** (I have spoken)
Pluperfect (or Past Perfect) Indicative	**había hablado** (I had spoken)
Preterit Perfect (or Past Anterior)	**hube hablado** (I had spoken)
Future Perfect (or Future Anterior)	**habré hablado** (I will have spoken)
Conditional Perfect	**habría hablado** (I would have spoken)
Present Perfect (or Past) Subjunctive	**haya hablado** (I may have spoken)
Pluperfect (or Past Perfect) Subjunctive	**hubiera hablado** *or* **hubiese hablado** (I might have spoken)

For an explanation of the formation of these tenses, see pp. xxxviii—xl.

The verb **haber** is also used to form the perfect (or past) infinitive: *haber hablado* (to have spoken). As you can see, this is formed by using the infinitive form of haber + the past participle of the main verb.

The verb **haber** is also used to form the perfect participle: *habiendo hablado* (having spoken). As you can see, this is formed by using the present participle of haber + the past participle of the main verb.

The verb **haber** + **de** + **inf.** is equivalent to the English use of "to be supposed to . . ." or "to be to . . .": *María ha de traer un pastel, yo he de traer el helado, y mis amigos han de traer sus discos*/Mary is supposed to bring a pie, I am supposed to bring the ice cream, and my friends are to bring their records.

The verb **tener** is used to mean *to have* in the sense of *to possess* or *to hold*: *Tengo un perro y un gato*/I have a dog and a cat; *Tengo un lápiz en la mano*/ I have (am holding) a pencil in my hand.

In the preterit tense, **tener** can mean *received*: *Ayer mi padre tuvo un cheque*/ Yesterday my father received a check.

hay and hay que + inf.

The word **hay** is not a verb. You might regard it as an impersonal irregular form of **haber**. Actually, the word is composed of **ha** + the archaic **y**, meaning *there*. It is generally regarded as an adverbial expression because it points out that something or someone "is there." Its English equivalent is *There is . . .* or *There are . . .*, for example: *Hay muchos libros en la mesa*/There are many books on the table; *Hay una mosca en la sopa*/There is a fly in the soup; *Hay veinte alumnos en esta clase*/There are twenty students in this class.

Hay que + **inf.** is an impersonal expression that denotes an obligation and it is commonly translated into English as: *One must . . .* or *It is necessary to . . .* Examples: *Hay que estudiar para aprender*/It is necessary to study in order to learn; *Hay que comer para vivir*/One must eat in order to live.

hacer and **hacerse** (See also **Weather Expressions Using Verbs** on p. 539)

hace poco   a little while ago

hace un año   a year ago

Hace un mes que partió el señor Molina.   Mr. Molina left one month ago.

hace una hora   an hour ago

hacer caso de   to pay attention to

hacer daño a algo   to harm something

hacer daño a alguien   to harm someone

hacer de   to act as (*El señor González siempre hace de jefe*/Mr. González always acts as a boss.)

hacer el baúl   to pack one's trunk

hacer el favor de + inf.   please (*Haga Ud. el favor de entrar*/Please come in.)

hacer el papel de   to play the role of

hacer la maleta   to pack one's suitcase

hacer pedazos   to smash, to break, to tear into pieces

hacer un viaje   to take a trip

hacer una broma   to play a joke

hacer una pregunta   to ask a question

hacer una visita   to pay a visit

hacerle falta   to need (*A Juan le hace falta un lápiz*/John needs a pencil.)

hacerse   to become (*Elena se hizo dentista*/Helen became a dentist.)

hacerse daño   to hurt oneself, to harm oneself

hacerse tarde   to be getting late (*Vámonos; se hace tarde*/Let's leave; it's getting late.)

¿Cuánto tiempo hace que + present tense . . . ?

(a) Use this formula when you want to ask *How long + the present perfect tense* in English:

¿Cuánto tiempo hace que Ud. estudia español?   How long have you been studying Spanish?

¿Cuánto tiempo hace que Ud. espera el autobús?   How long have you been waiting for the bus?

(b) When this formula is used, you generally expect the person to tell you how long a time it has been, e.g., one year, two months, a few minutes.

(c) This is used when the action began at some time in the past and continues up to the present moment. That is why you must use the present tense of the verb—the action of studying, waiting, etc. is still going on at the present.

Hace + length of time + que + present tense

(a) This formula is the usual answer to the question **¿Cuánto tiempo hace que + present tense . . . ?**

(b) Since the question is asked in terms of *how long,* the usual answer is in terms of time: a year, two years, a few days, months, minutes, etc.:
Hace tres años que estudio español.   I have been studying Spanish for three years.
Hace veinte minutos que espero el autobús.   I have been waiting for the bus for twenty minutes.

(c) The same formula is used if you want to ask *how many weeks, how many months, how many minutes,* etc.:
¿Cuántos años hace que Ud. estudia español?   How many years have you been studying Spanish?
¿Cuántas horas hace que Ud. mira la televisión?   How many hours have you been watching television?

¿Desde cuándo + present tense . . . ?

¿Desde cuándo estudia Ud. español?   How long have you been studying Spanish?

Present tense + desde hace + length of time

Estudio español desde hace tres años.   I have been studying Spanish for three years.

¿Cuánto tiempo hacía que + imperfect tense

(a) If the action of the verb began in the past and ended in the past, use the imperfect tense.

(b) This formula is equivalent to the English: *How long + past perfect tense:*
¿Cuánto tiempo hacía que Ud. hablaba cuando entré en la sala de clase?
How long had you been talking when I entered into the classroom?

(c) Note that the action of talking in this example began in the past and ended in the past when I entered the classroom.

Hacía + length of time + que + imperfect tense

The imperfect tense of the verb is used here because the action began in the past and ended in the past; it is not going on at the present moment.

Hacía una hora que yo hablaba cuando Ud. entró en la sala de clase.   I had been talking for one hour when you entered the classroom.

¿Desde cuándo + imperfect tense . . . ?

¿Desde cuándo hablaba Ud. cuando yo entré en la sala de clase? How long had you been talking when I entered into the classroom?

Imperfect tense + desde hacía + length of time

(Yo) hablaba desde hacía una hora cuando Ud. entró en la sala de clase. I had been talking for one hour when you entered into the classroom.

ir, irse

Use **ir** when you simply mean *to go*: *Voy al cine/*I am going to the movies.

Use **irse** when you mean *to leave* in the sense of *to go away*: *Mis padres se fueron al campo para visitar a mis abuelos/*My parents left for (went away to) the country to visit my grandparents.

ir a caballo   to ride horseback
ir a medias   to go halves
ir a pie   to walk (to go on foot)
ir bien   to get along well
ir con tiento   to go quietly, softly
ir delante   to go ahead
ir por   to go for, to go ahead
irse de prisa   to rush away
¡Qué va!   Nonsense! Rubbish!
¡Vaya!   You don't say!
Vaya con Dios.   God be with you.

jugar and tocar

Both these verbs mean *to play* but they have different uses. **Jugar a** means to play a sport, a game: *¿Juega Ud. al tenis?/*Do you play tennis? *Me gusta jugar a la pelota/*I like to play ball.

The verb **tocar** means to play a musical instrument: *Carmen toca muy bien el piano/*Carmen plays the piano very well.

The verb **tocar** has other meanings, too. It is commonly used as follows:
to be one's turn, in which case it takes an indirect object: *¿A quién le toca?/*Whose turn is it? *Le toca a Juan/*It is John's turn.
to knock on a door (tocar a la puerta): *Alguien toca a la puerta/*Someone is knocking on (at) the door.

Essentially, **tocar** means *to touch*.

llegar a ser, hacerse and ponerse

These three verbs mean *to become*. Note the difference in use:

Use **llegar a ser + a noun**, e.g., *to become a doctor, to become a teacher*; in other words, the noun indicates the goal that you are striving for: *Quiero llegar a ser doctor*/I want to become a doctor. **Hacerse** is used similarly: *Juan se hizo abogado*/John became a lawyer.

Use **ponerse + an adj.**, e.g., *to become pale, to become sick*; in other words, the adj. indicates the state or condition (physical or mental) that you have become: *Cuando vi el accidente, me puse pálido*/When I saw the accident, I became pale; *Mi madre se puso triste al oír la noticia desgraciada*/My mother became sad upon hearing the unfortunate news.

llevar and tomar

These two verbs mean *to take* but note the difference in use:

Llevar means *to take* in the sense of carry or transport from place to place: *José llevó la silla de la cocina al comedor*/Joseph took the chair from the kitchen to the dining room.

The verb **llevar** is also used when you *take someone somewhere*: *Pedro llevó a María al baile anoche*/Peter took Mary to the dance last night.

As you probably know, **llevar** also means *to wear*: *María, ¿por qué llevas la falda nueva?*/Mary, why are you wearing your new skirt?

Tomar means *to take* in the sense of grab or catch: *La profesora tomó el libro y comenzó a leer a la clase*/The teacher took the book and began to read to the class; *Mi amigo tomó el tren esta mañana a las siete*/My friend took the train this morning at seven o'clock.

pedir and preguntar

Both these verbs mean *to ask* but note the difference:

Pedir means *to ask for something* or *to request*: *El alumno pidió un lápiz al profesor*/The pupil asked the teacher for a pencil.

Preguntar means *to inquire, to ask a question*: *La alumna preguntó a la profesora cómo estaba*/The pupil asked the teacher how she was.

pensar de and pensar en

Both these verbs mean *to think of* but note the difference:

Pensar is used with the prep. **de** when you ask someone what he/she thinks of someone or something, when you ask for someone's opinion: *¿Qué piensa Ud. de este libro?*/What do you think of this book? *Pienso que es bueno*/I think that it is good.

Pensar is used with the prep. **en** when you ask someone what or whom he/she is thinking about: *Miguel, no hablas mucho; ¿en qué piensas?*/Michael, you are not talking much; of what are you thinking? (what are you thinking of?); *Pienso en las vacaciones de verano*/I'm thinking of summer vacation.

poder and **saber** (See also **conocer** and **saber**)

Both these verbs mean *can* but the difference in use is as follows:

Poder means *can* in the sense of *ability*: *No puedo ayudarle; lo siento*/I cannot (am unable to) help you; I'm sorry.

Saber means *can* in the sense of *to know how*: *Este niño no sabe contar*/This child can't (does not know how to) count.

In the preterit tense **poder** has the special meaning of *succeeded*: *Después de algunos minutos, Juan pudo abrir la puerta*/After a few minutes, John succeeded in opening the door.

In the preterit tense, **saber** has the special meaning of *found out*: *Lo supe ayer*/I found it out yesterday.

no poder más   to be exhausted, to be all in
No puede ser.   It's impossible. (It can't be.)

poner and **ponerse**

al poner del sol   at sunset
poner coto a   to put a stop to
poner el dedo en la llaga   to hit the nail right on the head
poner en claro   to explain simply and clearly
poner en duda   to doubt, to question
poner en marcha   to set in motion
poner en ridículo   to ridicule
poner los puntos sobre las íes   to mind one's p's and q's; to mind one's own business; to dot the i's
poner por escrito   to put in writing
ponerse de acuerdo   to reach an agreement
ponerse cómodo   to make oneself at home
ponerse en marcha   to start (out)
ponerse mal   to get sick

ser

Debe de ser . . .   It is probably . . .
Debe ser . . .   It ought to be . . .

Es de lamentar.   It's too bad.

Es de mi agrado.   It's to my liking.

Es hora de . . .   It is time to . . .

Es lástima or **Es una lástima.**   It's a pity; It's too bad.

Es que . . .   The fact is . . .

para ser   in spite of being (*Para ser tan viejo, él es muy ágil/*In spite of being so old, he is very nimble.)

sea lo que sea   whatever it may be

ser aficionado a   to be a fan of (*Soy aficionado al béisbol/*I'm a baseball fan.)

ser amable con   to be kind to (*Mi profesora de español es amable conmigo/* My Spanish teacher is kind to me.)

ser todo oídos   to be all ears (*Te escucho; soy todo oídos/*I'm listening to you; I'm all ears.)

si no fuera por . . .   if it were not for . . .

ser and **estar** (See also **estar** on p. 526)

These two verbs mean *to be* but note the differences in use:

Generally speaking, use **ser** when you want to express *to be.*

Use **estar** when *to be* is used in the following ways:

(a) Health:
    (1) *¿Cómo está Ud.?*   How are you?
    (2) *Estoy bien.*   I am well.
    (3) *Estoy enfermo (enferma).*   I am sick.

(b) Location: persons, places, things
    (1) *Estoy en la sala de clase.*   I am in the classroom.
    (2) *La escuela está lejos.*   The school is far.
    (3) *Barcelona está en España.*   Barcelona is (located) in Spain.
    (4) *Los libros están en la mesa.*   The books are on the table.

(c) State or condition: persons
    (1) *Estoy contento (contenta).*   I am happy.
    (2) *Los alumnos están cansados. (Las alumnas están cansadas.)* The students are tired.
    (3) *María está triste hoy.*   Mary is sad today.
    (4) *Estoy listo (lista).*   I am ready.
    (5) *Estoy pálido (pálida).*   I am pale.
    (6) *Estoy ocupado (ocupada).*   I am busy.
    (7) *Estoy seguro (segura).*   I am sure.
    (8) *Este hombre está vivo.*   This man is alive.

(9) *Ese hombre está muerto.*   That man is dead.

(10) *Este hombre está borracho.*   This man is drunk.

(d) State or condition: things and places

(1) *La ventana está abierta.*   The window is open.

(2) *La taza está llena.*   The cup is full.

(3) *El té está caliente.*   The tea is hot.

(4) *La limonada está fría.*   The lemonade is cold.

(5) *La biblioteca está cerrada los domingos.*   The library is closed on Sundays.

(e) To form the progressive present of a verb, use the present tense of **estar** + the present part. of the main verb:

Estoy estudiando en mi cuarto y no puedo salir esta noche.
I am studying in my room and I cannot go out tonight.

(f) To form the progressive past of a verb, use the imperfect tense of **estar** + the present part. of the main verb:

Mi hermano estaba leyendo cuando (yo) entré en el cuarto.
My brother was reading when I entered (came into) the room.

ser aburrido   to be boring

ser de   to belong to; **Este libro es de María.**   This book is Mary's.

ser de rigor   to be indispensable

ser de ver   to be worth seeing

ser listo (lista)   to be clever

estar aburrido (aburrida)   to be bored

estar de buenas   to be lucky

estar de buen humor   to be in good spirits, a good mood

estar listo (lista)   to be ready

See also the verbs **ser** and **estar** among the 501s in this book.

tener and tenerse

¿Cuántos años tienes?   ¿Cuántos años tiene Ud.?   How old are you?
Tengo diez y seis años.   I am sixteen years old.

¿Qué tienes?   ¿Qué tiene Ud.?   What's the matter?   What's the matter with you?   **No tengo nada.**   There's nothing wrong; There's nothing the matter (with me).

tener algo que hacer   to have something to do

tener apetito   to have an appetite

tener calor   to feel (to be) warm (persons)

tener cuidado   to be careful

tener dolor de cabeza   to have a headache

tener dolor de estómago   to have a stomach ache

tener en cuenta   to take into account

tener éxito   to be successful

tener frío   to feel (to be) cold (persons)

tener ganas de + inf.   to feel like + pres. part. (*Tengo ganas de tomar un helado*/I feel like having an ice cream.)

tener gusto en + inf.   to be glad + inf. (*Tengo mucho gusto en conocerle*/ I am very glad to meet you.)

tener hambre   to feel (to be) hungry

tener la bondad de   please, please be good enough to . . . (*Tenga la bondad de cerrar la puerta*/Please close the door.)

tener la culpa de algo   to take the blame for something, to be to blame for something (*Tengo la culpa de eso*/I am to blame for that.)

tener lugar   to take place (*El accidente tuvo lugar anoche*/The accident took place last night.)

tener miedo de   to be afraid of

tener mucha sed   to feel (to be) very thirsty (persons)

tener mucho calor   to feel (to be) very warm (persons)

tener mucho frío   to feel (to be) very cold (persons)

tener mucho que hacer   to have a lot to do

tener poco que hacer   to have little to do

tener por   to consider as

tener prisa   to be in a hurry

tener que + inf.   to have + inf. (*Tengo que estudiar*/I have to study.)

tener que ver con   to have to do with (*No tengo nada que ver con él*/I have nothing to do with him.)

tener razón   to be right (*Usted tiene razón*/You are right.) **no tener razón** to be wrong (*Usted no tiene razón*/You are wrong.)

tener sed   to feel (to be) thirsty (persons)

tener sueño   to feel (to be) sleepy

tener suerte   to be lucky

tener vergüenza de   to be ashamed of

tenerse en pie   to stand

volver and **devolver**

These two verbs mean *to return* but note the difference:

Volver means *to return* in the sense of *to come back*: *Voy a volver a casa*/I am going to return home. A synonym of **volver** is **regresar**: *Los muchachos* *regresaron a las ocho de la noche*/The boys came back (returned) at eight o'clock.

Devolver means *to return* in the sense of *to give back*: *Voy a devolver el libro a la biblioteca*/I am going to return the book to the library.

See also the section on verbs with prepositions farther on.

A Dios rogando y con el mazo dando.   Put your faith in God and keep your powder dry. (Praise the Lord and pass the ammunition.)

Anda despacio que tengo prisa.   Make haste slowly.

Cuando el gato va a sus devociones, bailan los ratones.   When the cat is away, the mice will play.

Dicho y hecho.   No sooner said than done.

Dime con quien andas y te diré quien eres.   Tell me who your friends are and I will tell you who you are.

La práctica hace maestro al novicio.   Practice makes perfect.

El que mucho abarca poco aprieta.   Do not bite off more than you can chew.

El que no se aventura no cruza la mar: Quien no se arriesga no pasa la mar.   Nothing ventured, nothing gained.

El tiempo da buen consejo.   Time will tell.

Más vale pájaro en mano que ciento volando.   A bird in the hand is worth two in the bush.

Más vale tarde que nunca.   Better late than never.

Mientras hay vida hay esperanza.   Where there is life there is hope.

Perro que ladra no muerde.   A barking dog does not bite.

Piedra movediza, el moho no la cobija.   A rolling stone gathers no moss.

Querer es poder.   Where there's a will there's a way.

Quien canta su mal espanta.   When you sing you drive away your grief.

Quien siembra vientos recoge tempestades.   If you sow the wind, you will reap the whirlwind.

Si a Roma fueres, haz como vieres.   When in Rome do as the Romans do. [Note that it is not uncommon to use the future subjunctive in proverbs, as in *fueres* (**ir** or **ser**) and *vieres* (**ver**); see p. xxxvii.]

Ver y creer (or: **Ver es creer**).   Seeing is believing.

Weather Expressions Using Verbs

Weather expressions using hacer and hay

¿Qué tiempo hace?   What is the weather like?

Hace buen tiempo.   The weather is good.

Hace calor.   It is warm (hot).

Hace fresco hoy.   It is cool today.

Hace frío.   It is cold.

Hace mal tiempo.   The weather is bad.

Hace sol.   It is sunny.

Hace viento.   It is windy.

¿Qué tiempo hacía cuando usted salió esta mañana?   What was the weather like when you went out this morning?

Hacía mucho frío ayer por la noche.   It was very cold yesterday evening.

Hacía mucho viento.   It was very windy.

¿Qué tiempo hará mañana?   What will the weather be like tomorrow?

Se dice que hará mucho calor.   They say it will be very hot.

Hay lodo.   It is muddy.   **Había lodo.**   It was muddy.

Hay luna.   The moon is shining *or* There is moonlight.   **Había luna ayer por la noche.**   There was moonlight yesterday evening.

¿Hay mucha nieve aquí en el invierno?   Is there much snow here in winter?

Hay neblina.   It is foggy.   **Había mucha neblina.**   It was very foggy.

Hay polvo.   It is dusty.   **Había mucho polvo.**   It was very dusty.

Other weather expressions using other verbs

Está lloviendo ahora.   It is raining now.

Está nevando.   It is snowing.

Esta mañana llovía cuando tomé el autobús.   This morning it was raining when I took the bus.

Estaba lloviendo cuando tomé el autobús.   It was raining when I took the bus.

Estaba nevando cuando me desperté.   It was snowing when I woke up.

¿Nieva mucho aquí en el invierno?   Does it snow much here in winter?

Las estrellas brillan.   The stars are shining.

¿Le gusta a usted la lluvia?   Do you like rain?

¿Le gusta a usted la nieve?   Do you like snow?

Verbs with Prepositions

Spanish verbs are used with certain prepositions or no preposition at all. At times, the preposition used with a particular verb changes the meaning entirely, e.g., **contar** means *to count, to relate,* or *to tell*; **contar con** means *to rely on, to count on.*

When you look up a verb among the 501 to find its verb forms (or in the section of Over 1,000 Spanish Verbs Conjugated Like Model Verbs Among the 501), also consult all the categories given below so that you will learn what preposition that verb requires, if any.

The following are used frequently in Spanish readings and in conversation.

A. *Verbs of motion take the prep. a + inf.*

apresurarse a   to hasten to, to hurry to
dirigirse a   to go to, to go toward
ir a   to go to
regresar a   to return to
salir a   to go out to
venir a   to come to
volver a   to return to

> Examples:
> *Me apresuré a tomar el tren.*   I hurried to take the train.
> *El profesor se dirigió a abrir la puerta.*   The teacher went to open the door.
> *María fue a comer.*   Mary went to eat.

B. *The following verbs take the prep. a + inf.*

acertar a   to happen to
acostumbrarse a   to become used to, to become accustomed to
aficionarse a hacer algo   to become fond of doing something
alcanzar a   to succeed in (doing something)
aprender a   to learn to, to learn how to
aspirar a   to aspire to
atreverse a   to dare to
ayudar a (hacer algo)   to help to
comenzar a   to begin to
condenar a   to condemn to
convidar a   to invite to
decidirse a   to decide to
dedicarse a   to devote oneself to
detenerse a   to pause to, to stop to
disponerse a   to get ready to
echarse a   to begin to, to start to
empezar a   to begin to, to start to
enseñar a   to teach to

exponerse a   to run the risk of
invitar a   to invite to
negarse a   to refuse to
obligar a   to oblige to, to obligate to
ponerse a   to begin to, to start to
prepararse a   to prepare (oneself) to
principiar a   to begin to, to start to
resignarse a   to resign oneself to
resolverse a   to make up one's mind to
someter a   to submit to, to subdue to
venir a   to end up by
volver a   to (do something) again

Examples:

Me acostumbré a estudiar mis lecciones todas las noches.   I became used to studying my lessons every evening.

No me atreví a responder.   I did not dare to answer.

El hombre comenzó a llorar.   The man began to cry.

Me dispuse a salir.   I got ready to go out.

Me eché a llorar.   I began to cry.

El señor Gómez se negó a ir.   Mr. Gómez refused to go.

Juana se puso a correr.   Jane began to run.

El muchacho volvió a jugar.   The boy played again.

C. *The following verbs take the prep. a + noun (or pronoun if that is the required dependent element)*

---

acercarse a   to approach
acostumbrarse a   to become accustomed to, to become used to
aficionarse a   to become fond of
asemejarse a   to resemble, to look like
asistir a   to attend, to be present at
asomarse a   to appear at
cuidar a alguien   to take care of someone
dar a   to face, to overlook, to look out upon, to look out over
dedicarse a   to devote oneself to
echar una carta al correo   to mail, to post a letter
echar la culpa a alguien   to blame someone, to put the blame on someone
jugar a   to play (a game, sport, cards)
llegar a ser   to become
llevar a cabo   to carry out, to accomplish
oler a   to smell of, to smell like
parecerse a   to resemble, to look like
querer a   to love
saber a   to taste of, to taste like, to have the flavor of
ser aficionado a   to be fond of, to be a fan of
sonar a   to sound like

subir a   to get on, to get into (a bus, a train, a vehicle)
tocarle a una persona   to be a person's turn

Examples:

Nos acercamos a la ciudad.   We are approaching the city.

Una muchacha bonita se asomó a la puerta.   A pretty girl appeared at the door.

Mi cuarto da al jardín.   My room faces the garden.

Me dedico a mis estudios.   I devote myself to my studies.

Me gusta jugar al tenis.   I like to play tennis.

Enrique llegó a ser profesor de matemáticas.   Henry became a mathematics teacher.

Jorge llevó a cabo sus responsabilidades.   George carried out his responsibilities.

Mi hermano se parece a mi padre y yo me parezco a mi madre.   My brother resembles my father and I resemble my mother.

Quiero a mi patria.   I love my country.

Soy aficionado a los deportes.   I am fond of sports.

Subí al tren.   I got on the train.

Le toca a Juan.   It is John's turn.

D. *The following verbs take the prep. con + inf.*

amenazar con   to threaten to
contar con   to count on, to rely on
contentarse con   to be satisfied with
soñar con   to dream of, to dream about

Examples:

Cuento con tener éxito.   I am counting on being successful.

Me contento con quedarme en casa.   I am satisfied with staying at home.

Sueño con ir a Chile.   I dream of going to Chile.

E. *The following verbs take the prep. con + noun (or pronoun if that is the required dependent element)*

acabar con   to finish, to put an end to, to make an end of, to finish off
casarse con   to marry, to get married to
conformarse con   to put up with
contar con   to count on, to rely on
contentarse con   to be satisfied with
cumplir con   to fulfill
dar con   to meet, to find, to come upon
encontrarse con   to run into, to meet by chance
entenderse con   to come to an understanding with
meterse con   to pick a quarrel with
quedarse con   to keep, to hold on to
soñar con   to dream of, to dream about
tropezar con   to come upon, to run across unexpectedly, to run into

Examples:

José se casó con Ana.   Joseph married Anna.

Me conformo con tus ideas.   I put up with your ideas.

Contamos con nuestros padres.   We count on our parents.

Me contento con poco dinero.   I am satisfied with little money.

Siempre cumplo con mi promesa.   I always fulfill my promise.

Anoche di con mis amigos en el cine.   Last night I met my friends at the movies.

Ayer por la tarde me encontré con un amigo mío.   Yesterday afternoon I ran into a friend of mine.

Me quedo con el dinero.   I am keeping the money; I am holding on to the money.

Sueño con un verano agradable.   I am dreaming of a pleasant summer.

F. *The following verbs take the prep. de + inf.*

acabar de   to have just
acordarse de   to remember to
alegrarse de   to be glad to
arrepentirse de   to repent
cansarse de   to become tired of
cesar de   to cease, to stop
dejar de   to stop, to fail to
encargarse de   to take charge of
haber de   *see* the section "Verbs used in idiomatic expressions" on p. 523.
ocuparse de   to be busy with, to attend to
olvidarse de   to forget to
tratar de   to try to
tratarse de   to be a question of

Examples:

Guillermo acaba de llegar.   William has just arrived.

Felipe acababa de partir.   Philip had just left.

Me alegro de hablarle.   I am glad to talk to you.

Me canso de esperar el autobús.   I'm getting tired of waiting for the bus.

Cesó de llover.   It stopped raining.

Jaime dejó de escribir la redacción.   James failed to write the composition.

Mi padre se ocupa de preparar la comida.   My father is busy preparing the meal.

Andrés se olvidó de estudiar.   Andrew forgot to study.

Siempre trato de hacer un buen trabajo.   I always try to do a good job

Se trata de abstenerse.   It is a question of abstaining.

G. *The following verbs take the prep. de + noun (or pronoun if that is the required dependent element)*

abusar de   to abuse, to overindulge in
acordarse de   to remember

alejarse de to go away from
apartarse de to keep away from
apoderarse de to take possession of
aprovecharse de to take advantage of
bajar de to get out of, to descend from, to get off
burlarse de to make fun of
cambiar de to change (trains, buses, clothes, etc.)
cansarse de to become tired of
carecer de to lack
compadecerse de to feel sorry for, to pity, to sympathize with
constar de to consist of
cuidar de algo to take care of something
depender de to depend on
despedirse de to say good-bye to, to take leave of
despojarse de to take off (clothing)
disfrutar de to enjoy
enamorarse de to fall in love with
encogerse de hombros to shrug one's shoulders
enterarse de to find out about
fiarse de alguien to trust someone
gozar de algo to enjoy something
ocuparse de to be busy with, to attend to
oír hablar de to hear of, to hear about
olvidarse de to forget
pensar de to think of (**pensar de** is used when asking for an opinion)
perder de vista to lose sight of
ponerse de acuerdo to come to an agreement
preocuparse de to worry about, to be concerned about
quejarse de to complain about
reírse de to laugh at
saber de memoria to know by heart, to memorize
salir de to go out of, to leave from
servir de to serve as
servirse de to make use of, to use
tratarse de to be a question of, to deal with

Examples:
Me acuerdo de aquel hombre. I remember that man.
Vamos a aprovecharnos de esta oportunidad. Let's take advantage of this opportunity.
Después de bajar del tren, fui a comer. After getting off the train, I went to eat.
Todos los días cambio de ropa. Every day I change my clothes.
Me canso de este trabajo. I am getting tired of this work.
Esta composición carece de calidad. This composition lacks quality.
Me compadezco de ese pobre hombre. I pity that poor man.
Ahora tengo que despedirme de usted. Now I have to say good-bye.

Eduardo se enamoró de Carmen.   Edward fell in love with Carmen.

Mi madre se ocupa de mi padre que está enfermo.   My mother is busy with my father who is sick.

Oí hablar de la boda de Anita.   I heard about Anita's wedding.

Carlos se olvidó del aniversario de sus padres.   Charles forgot about his parents' anniversary.

¿Qué piensa Ud de nuestro profesor de español?   What do you think of our Spanish teacher?

¡Mira! El mono se ríe de nosotros!   Look! The monkey is laughing at us.

Siempre salgo de casa a las ocho de la mañana.   I always leave (from, go out of) the house at eight in the morning.

En nuestro club, Cristóbal sirve de presidente.   In our club, Christopher serves as president.

H. *The following verbs generally take the prep. en + inf.*

complacerse en   to be pleased to, to delight in
consentir en   to consent to
convenir en   to agree to, to agree on
empeñarse en   to persist in, to insist on
esforzarse en   to strive for, to force oneself to, to try hard to
insistir en   to insist on
quedar en   to agree to, to agree on
tardar en   to be late (to delay) in

Examples:
La señora Pardo consintió en asistir a la conferencia.   Mrs. Pardo consented to attending the meeting.

El muchacho se empeñó en salir.   The boy insisted on going out.

Mis amigos insistieron en venir a verme.   My friends insisted on coming to see me.

El avión tardó en llegar.   The plane was late in arriving.

I. *The following verbs generally take the prep. en + noun (or pronoun if that is the required dependent element)*

apoyarse en   to lean against, to lean on
confiar en   to rely on, to trust in
consistir en   to consist of
convertirse en   to become, to convert to
entrar en   to enter (into), to go into
fijarse en   to stare at, to notice, to take notice, to observe
meterse en   to get involved in, to plunge into
pensar en   to think of, to think about [**pensar en** is used when asking or when stating what or whom a person is thinking of]
ponerse en camino   to set out, to start out
reparar en   to notice, to observe
volver en sí   to regain consciousness, to be oneself again

Examples:

Me apoyé en la puerta.　　I leaned against the door.

Entré en el restaurante.　　I entered (I went into) the restaurant.

¿En qué piensa Ud.?　　What are you thinking of?

Pienso en mi trabajo.　　I am thinking of my work.

¿En quién piensa Ud.?　　Whom are you thinking of?

Pienso en mi madre.　　I am thinking of my mother.

¿En quiénes piensa Ud.?　　Whom are you thinking of?

Pienso en mis padres.　　I am thinking of my parents.

J. *The following verbs generally take the prep. por + inf., noun, pronoun, adj., if that is the required dependent element*

acabar por　　to end up by

dar por　　to consider, to regard as

darse por　　to pretend (to be something), to think oneself (to be something)

estar por　　to be in favor of

interesarse por　　to take an interest in

pasar por　　to be considered as

preguntar por　　to ask for, to inquire about

tener por　　to consider something, to have an opinion on something

tomar por　　to take someone for

Examples:

Domingo acabo por casarse con Elena.　　Dominic finally ended up by marrying Helen.

¿Mi libro de español? Lo doy por perdido.　　My Spanish book? I consider it lost.

La señorita López se da por actriz.　　Miss López pretends to be an actress.

Estamos por quedarnos en casa esta noche.　　We are in favor of staying at home this evening.

El señor Pizarro pasa por experto.　　Mr. Pizarro is considered an expert.

Pregunto por el señor Pardo. ¿Está en casa?　　I am asking for Mr. Pardo. Is he at home?

K. *Verb + NO PREPOSITION + inf. The following verbs do not ordinarily take a preposition when followed by an infinitive*

deber + inf.　　must, ought to

Debo hacer mis lecciones.　　I must (ought to) do my lessons.

dejar + inf.　　to allow to, to let

Mi madre me dejó salir.　　My mother allowed me to go out.

Dejé caer mi libro.　　I dropped my book (I let my book fall).

desear + inf.　　to desire to, to wish to

Deseo tomar un café.　　I wish to have a cup of coffee.

esperar + inf.　　to expect to, to hope to

Espero ir a la América del Sur este invierno.　　I expect to go to South America this winter.

546

hacer + inf.   to do, to make, to have something made or done
Tú me haces llorar.   You make me cry.
Mi padre hace construir una casita.   My father is having a small house built [by someone].
  Note that the use of *hacer + inf.* can be described as the "causative (causal)" use of *hacer*
  when there is an inf. directly after it. The construction *hacer + inf.* indicates that something is being made or being done by someone. Further examples: *hacer firmar*/to have
  (something) signed (by someone); *hacer confesar*/to have (someone) confess or to make
  (someone) confess. This causative use of *hacer* is used in a verb tense that is needed + inf.
  form of the verb which tells what action is being done or being made: *Mi padre hizo
  construir una casita*/My father had a little house built; *Le haré confesar*/I shall make him
  confess; *El señor López lo hizo firmar la carta*/Mr. López made him sign the letter.

necesitar + inf.   to need
Necesito pasar una hora en la biblioteca.   I need to spend an hour in the library.

oír + inf.   to hear
Le oí entrar por la ventana.   I heard him enter through the window.
He oído hablar de su buena fortuna.   I have heard (talk) about your good fortune.
He oído decir que la señora Sierra está enferma.   I have heard (tell) that Mrs. Sierra is
  sick.

pensar + inf.   to intend to, to plan to
Pienso hacer un viaje a México.   I plan to take a trip to Mexico.

poder + inf.   to be able to, can
Puedo venir a verle a la una.   I can come to see you at one o'clock.

preferir + inf.   to prefer
Prefiero quedarme en casa esta noche.   I prefer to stay at home this evening.

prometer + inf.   to promise
Prometo venir a verle a las ocho.   I promise to come to see you at eight o'clock.

querer + inf.   to want to, to wish to
Quiero comer ahora.   I want to eat now.
¿Qué quiere decir este muchacho?   What does this boy mean?

saber + inf.   to know how to
¿Sabe Ud. nadar?   Do you know how to swim?
Sí, yo sé nadar.   Yes, I know how to swim.

ver + inf.   to see
Veo venir el tren.   I see the train coming.

L. *The following verbs do not ordinarily require a preposition, whereas in English
     a preposition is used*

---

agradecer   to thank for, to be thankful (to someone) for (something)
Le agradecí su paciencia.   I thanked him for his patience.

aprovechar   to take advantage of
¿No quiere Ud. aprovechar la oportunidad?   Don't you want to take advantage of the
  opportunity?

buscar   to look for, to search for
Busco mi libro.   I am looking for my book.

escuchar   to listen to
Escucho la música.   I am listening to the music.

esperar   to wait for
Espero el autobús.   I am waiting for the bus.

guardar cama   to stay in bed
La semana pasada guardé cama.   Last week I stayed in bed.

lograr   to succeed in
El alumno logró hacerlo.   The pupil succeeded in doing it.

mirar   to look at
Miro el cielo.   I am looking at the sky.

pagar   to pay for
Pagué los billetes.   I paid for the tickets.

pedir   to ask for
Pido un libro.   I am asking for a book.

soler + inf.   to be accustomed to, to be in the habit of
(Yo) suelo acompañar a mis amigos en el autobús.   I am in the habit of accompanying my
   friends on the bus.

Over 1,000 Spanish Verbs Conjugated Like Model Verbs Among the 501

The number after each verb is the page number in this book where a model verb is shown fully conjugated.

A

abadanar 247
abalanzar 81
abalear 204
abalizar 342
abanar 247
abanderar 225
abandonar 474
abanicar 117
abaratar 309
abarcar 473
abarrotar 11
abatatar 11
abatatarse 11, 292
abatir 1
abdicar 99
abjurar 72
abnegar 328
abominar 471
abonar 474
aborrecer 59
abrasar 2
abrazar 3
abrigar 344
abrogar 421
absorber 91
abstraer 478
abusar 25
acamar 296
acaparar 346
acelerar 10
acentuar 137
aclamar 15
aclarar 16
acoger 119
acompasar 350
acopiar 106
acorrer 144
acostar 21
acrecer 147
activar 288
actuar 137

acuchillar 23
acudir 24
acumular 84
adaptar 11
adelantar 26
adicionar 474
adivinar 28
administrar 213
adoptar 31
adscribir 222
adular 258
advenir 489
afamar 54
afeitar 35
afianzar 286
aficionar 341
afirmar 474
afligir 231
afluir 264
afrontar 109
agarrar 36
agitar 37
agotar 38
agrandar 41
agravar 42
agregar 43
agrupar 44
ahorrar 46
ahumar 54
ajustar 258
alagar 344
alambrar 72
alanzar 286
alar 258
alarmar 54
alienar 247
aligar 344
alimentar 291
alocar 473
alojar 85
alotar 11

alumbrar 51
alumbrarse 52
amanecer 130
ampliar 54
amplificar 117
analizar 90
anegar 328
animar 54
anotar 11
antepagar 344
anteponer 367
anular 258
anunciar 56
apaciguar 82
apagar 58
aparar 472
apetecer 314
aplicar 99
apocar 99
apoderar 61
apreciar 62
aprehender 63
aprestar 379
apresurar 64
apretar 355
aprobar 65
apropiar 106
aprovechar 66
apurar 67
apurarse 67
arar 54
armar 54
aromar 54
arreglar 69
arreglarse 69
arrepentirse 435
arrestar 136
arrogar 344
articular 71
asaltar 11
asignar 114

551